Atualização em Medicina Intensiva Cirúrgica

Editores

FLÁVIO EDUARDO NÁCUL
Doutorado em Medicina pela UERJ, RJ
Especialização em Medicina Intensiva pela AMIB
CTI-Cirúrgico, Hospital Pró-Cardíaco, RJ
CTI-Hospital Universitário Clementino Fraga Filho – UERJ, RJ

JOSÉ MAURO VIEIRA JÚNIOR
Doutorado em Medicina pela USP, SP
Especialização em Medicina Intensiva pela AMIB
CTI-Cirúrgico, Hospital Pró-Cardíaco, RJ
Professor Visitante de Nefrologia – Universidade do Estado do Rio de Janeiro, RJ

FERNANDO GUTIERREZ
Doutorado em Medicina pela UFRJ, RJ
Especialização em Medicina Intensiva pela AMIB
CTI-Cirúrgico, Hospital Pró-Cardíaco, RJ
CTI-Instituto Nacional de Câncer, RJ
CTI-Instituto Nacional de Cardiologia, RJ

MARCO AURÉLIO FERNANDES
MBA Executivo Saúde Coppead – UFRJ, RJ
Especialização em Medicina Intensiva pela AMIB
Coordenador, CTI-Cirúrgico, Hospital Pró-Cardíaco, RJ

Atualização em Medicina Intensiva Cirúrgica

Flávio Eduardo Nácul

José Mauro Vieira Júnior

Fernando Gutierrez

Marco Aurélio Fernandes

Atualização em Medicina Intensiva Cirúrgica
Copyright © 2013 by Livraria e Editora Revinter Ltda.

ISBN 978-85-372-0506-8

Todos os direitos reservados.
É expressamente proibida a reprodução
deste livro, no seu todo ou em parte,
por quaisquer meios, sem o consentimento
por escrito da Editora.

Contato com o autor:
FLÁVIO EDUARDO NÁCUL
fnacul@uol.com.br

CIP-BRASIL. CATALOGAÇÃO-NA-FONTE
SINDICATO NACIONAL DOS EDITORES DE LIVROS, RJ

A898

Atualização em medicina intensiva cirúrgica / Flávio Eduardo Nácul... [et al.]. - Rio de Janeiro: Revinter, 2013.
   il.

   Inclui bibliografia e índice
   ISBN 978-85-372-0506-8

   1. Tratamento intensivo cirúrgico. I. Nácul, Flávio Eduardo.

13-0356.   CDD: 616.028
                            CDU: 616-07

A precisão das indicações, as reações adversas e as relações de dosagem para as drogas citadas nesta obra podem sofrer alterações.
Solicitamos que o leitor reveja a farmacologia dos medicamentos aqui mencionados.
A responsabilidade civil e criminal, perante terceiros e perante a Editora Revinter, sobre o conteúdo total desta obra, incluindo as ilustrações e autorizações/créditos correspondentes, é do(s) autor(es) da mesma.

Livraria e Editora REVINTER Ltda.
Rua do Matoso, 170 – Tijuca
20270-135 – Rio de Janeiro – RJ
Tel.: (21) 2563-9700 – Fax: (21) 2563-9701
livraria@revinter.com.br – www.revinter.com.br

Aos meus filhos, Mariana e Rafael, e à minha esposa, Alessandra, com amor.

Flávio Eduardo Nácul

À Silvia, pelo apoio e companheirismo.

José Mauro Vieira Júnior

Aos meus filhos, André e Artur, meus maiores aprendizados.

Fernando Gutierrez

À minha esposa, Rafaela, e aos meus filhos, Gabriel e Catarina, com amor.

Marco Aurélio Fernandes

AGRADECIMENTOS

Agradecemos a todos aqueles que, direta ou indiretamente, colaboraram com a realização deste trabalho. À Editora Revinter, em particular Sergio Dortas, Laércio Dortas, Leonardo Dortas, Renata Barcellos Dias, Luiz de Oliveira Telles e Fernando Bellucio, pelo profissionalismo. Aos colegas Valentine Lima e Carolina Príncipe, pela competência na revisão dos capítulos. À equipe de enfermagem do CTI-Cirúrgico do Hospital Pró-Cardíaco, em especial às enfermeiras Carla Lima e Vanessa Freitas, pelo coleguismo, amizade, respeito e sugestões inteligentes. E, finalmente, agradecemos a todo o grupo de profissionais com quem temos o prazer de trabalhar diariamente, pelo constante estímulo para melhorar.

Flávio Eduardo Nácul
José Mauro Vieira Júnior
Fernando Gutierrez
Marco Aurélio Fernandes

APRESENTAÇÃO

Temos o prazer de apresentar este livro de Medicina Intensiva Cirúrgica, com 31 capítulos, abordando temas relevantes da especialidade. O livro apresenta assuntos gerais, como analgesia e sedação, reposição volêmica e uso de drogas vasoativas, bem como tópicos mais sofisticados, como a avaliação da microcirculação e uso de ECMO, passando por assuntos importantes do dia a dia do intensivista, como sepse, ventilação mecânica, neurointensivismo, infecções, injúria renal aguda, hiperglicemia, insuficiência suprarrenal, nutrição, escores prognósticos e cuidados paliativos. Nosso objetivo jamais foi cobrir todos os tópicos importantes da Medicina Intensiva Cirúrgica, mas sim selecionar alguns temas que julgamos importantes e atuais. Além de colegas do Hospital Pró-Cardíaco, importantes nomes da Medicina Intensiva Brasileira participaram da elaboração dos capítulos, fazendo com que, além do Rio de Janeiro, tenhamos colaboradores de São Paulo, Rio Grande do Sul e Bahia. Todos os capítulos apresentam uma revisão fisiopatológica atualizada e uma abordagem diagnóstica moderna, especialmente, os aspectos práticos no tratamento do paciente grave. Ao final de cada capítulo, o leitor encontrará as referências da literatura mais importantes de cada assunto. Esperamos que este livro o ajude a compreender e conviver cada vez melhor com as situações mais comuns da especialidade, e que seja um instrumento útil na árdua tarefa de cuidar dos nossos pacientes com qualidade, ética e humanismo.

Flávio Eduardo Nácul
José Mauro Vieira Júnior
Fernando Gutierrez
Marco Aurélio Fernandes

PREFÁCIO

A medicina intensiva do paciente cirúrgico é, hoje, uma das áreas de maior crescimento técnico-científico e vem incorporando boa ciência a longa experiência clínica. Novos conceitos fisiopatológicos, ao lado de modernas tecnologias para monitoração, têm permitido o desenvolvimento de novas abordagens terapêuticas. Além disto, observa-se a incorporação de conceitos de medicina baseada em evidências científicas, tornando a prática do intensivista menos empírica e mais segura.

As sociedades de terapia intensiva em todo o mundo têm desenvolvido diretrizes direcionadas para o paciente cirúrgico, enfatizando a importância da implementação de protocolos à beira do leito. Hoje, protocolos assistenciais representam o dia a dia das unidades de terapia intensiva cirúrgica, construídos com base nas melhores evidências disponíveis, e ajustados para a realidade estrutural de cada instituição. A monitoração dos resultados assistenciais é, também, uma etapa fundamental para consolidar a cultura de segurança e a qualidade no ambiente das terapias intensivas. Os sistemas de informação dão importante suporte para a organização dos dados assistenciais.

Este livro foi escrito por renomados intensivistas do nosso país e representa uma grande contribuição para a educação continuada nesta área crescente e cada vez mais especializada. A experiência deste seleto grupo de profissionais de excelência é compartilhada com os leitores, ao lado de uma visão crítica da incorporação das evidências científicas hoje disponíveis.

O paciente cirúrgico deve receber excelência no planejamento pré-operatório, nas ações preventivas (*bundles* de cuidado) e no *checklist* cirúrgico, hoje considerados os pilares para a redução da morbimortalidade. A correta comunicação entre as equipes assistenciais e o trabalho multidisciplinar são, também, elementos para o sucesso, cabendo ao intensivista liderar o processo de cuidado do paciente durante o período na unidade de terapia intensiva.

O desafio atual envolve selecionar, estratificar e abordar de forma precoce os pacientes que necessitam de cuidados agudos; afinal, vivemos em escassez de vagas e de profissionais habilitados e comprometidos com a excelência assistencial.

Ao lado disto, o custo crescente da nossa saúde pública e privada, assim como o repensar bioético, têm levado à incorporação de cuidados paliativos e a uma redefinição de alocação de recursos no ambiente da terapia intensiva.

As soluções cirúrgicas, na última década, têm evoluído para procedimentos menos invasivos por meio da incorporação da robótica, salas híbricas, endopróteses e cirurgias videoassistidas, todas elas visando reduzir o trauma cirúrgico.

Por outro lado, os pacientes encaminhados à cirurgia são cada vez mais idosos e possuem mais comorbidades; é, portanto, maior o potencial de necessidades de cuidados intensivos. Todos estes desafios contemporâneos são abordados de forma objetiva e didática pelos autores em cada um dos respectivos capítulos.

O Hospital Pró-Cardíaco, um centro de alta complexidade, reconhece a importância estratégica da capacitação dos profissionais que atuam nas unidades de terapia intensiva, tendo em vista que nestas unidades são tratadas as complicações das condições cirúrgicas complexas.

O presente livro-texto é uma importante ferramenta para a capacitação das equipes das unidades intensivas cirúrgicas e também serve como fonte de atualização para intensivistas experientes ao estabelecer o estado da arte dos principais temas em medicina intensiva.

Recomendo este livro para os clínicos, os intensivistas, os cirurgiões e todos aqueles interessados no manuseio do paciente cirúrgico. Boa leitura!

Professor Dr. Evandro Tinoco Mesquita
Diretor-Clínico do Hospital Pró-Cardíaco
Professor-Associado de Cardiologia da UFF
Presidente do Departamento de Cardiologia da
Clínica da Sociedade Brasileira de Cardiologia
etmesquita@gmail.com

COLABORADORES

Alexandre Marini Isola
Hospital do Servidor Público Estadual, SP
Hospital Abreu Sodré – AACD, SP

Aluysio Saulo Beiler Júnior
Hospital Pró-Cardíaco, RJ
Hospital Quinta D'Or, RJ
Hospital de Clínicas de Niterói, RJ

André Miguel Japiassú
Instituto de Pesquisa Clínica Evandro Chagas da Fiocruz, RJ
Casa de Saúde São José, RJ
Instituto D'Or de Pesquisa e Ensino, RJ

Anna Karinina Bitarães de Sá
Hospital Pró-Cardíaco, RJ
Hospital Samaritano, RJ

Antonio Aversa do Souto
Hospital Universitário Clementino Fraga Filho da UFRJ, RJ
Instituto Nacional de Câncer, RJ

Antonio Tonete Bafi
Hospital São Paulo da UNIFESP, SP
Hospital do Rim e Hipertensão, SP

Bruno de Arruda Bravim
Hospital Israelita Albert Einstein, SP

Daniela Beraldo Silva Mendes
Hospital Pró-Cardíaco, RJ
Hospital RioMar, RJ

Diamantino Salgado
Hospital Universitário Clementino Fraga Filho da UFRJ, RJ
Hospital Barra D'Or, RJ

Eduardo Leite Vieira Costa
Hospital das Clínicas da FMUSP, SP
Hospital Sírio-Libanês, SP

Eduardo Tibiriçá
Laboratório de Investigação Cardiovascular do
Instituto Oswaldo Cruz (Fiocruz), RJ
Núcleo Integrador de Investigação Cardiovascular IOC/INC, RJ

Fernando Borges Rodriguez
Hospital Pró-Cardíaco, RJ
Hospital de Clínicas de Niterói, RJ
Instituto Nacional de Traumatologia e Ortopedia, RJ

Fernando Huauji Chacur
Hospital Pró-Cardíaco, RJ

Flávia Freitas Martins
Hospital Pró-Cardíaco, RJ

Flávio Geraldo Rezende de Freitas
Hospital São Paulo da UNIFESP, SP
Hospital do Rim e Hipertensão da UNIFESP, SP

Gerson Luiz de Macedo
Universidade Severino Sombra – Vassouras, RJ
Hospital Universitário Sul Fluminense – Vassouras, RJ

Jamary Oliveira Filho
Universidade Federal da Bahia, BA
Hospital Santa Izabel, BA

João Manoel Silva Junior
Hospital das Clínicas da FMUSP, SP
Hospital do Servidor Público Estadual, SP

José Rodolfo Rocco
Hospital Universitário Clementino Fraga Filho da UFRJ, RJ

Lara Kretzer
Hospital Universitário da UFSC, SC
Hospital Nereu Ramos, SC

Leonardo Baumworcel
Instituto Nacional de Cardiologia, RJ
Hospital Pró-Cardíaco, RJ
Hospital Quinta D'Or, RJ

Colaboradores

Luciano Cesar Pontes de Azevedo
Hospital das Clínicas da FMUSP, SP
Hospital Sírio-Libanês, SP
Hospital São Paulo da UNIFESP, SP

Luiz Claudio Lazzarini
Universidade Federal do Rio de Janeiro, RJ
Hospital Pró-Cardíaco, RJ
Universidade Gama Filho, RJ

Marcelo Duarte Magalhães
Hospital Pró-Cardíaco, RJ

Marcelo Kern
Hospital Moinhos de Vento, RS

Marcelo Park
Hospital das Clínicas da FMUSP, SP
Hospital Sírio-Libanês, SP

Márcia Freitas
Instituto Nacional de Cardiologia, RJ
Hospital Pró-Cardíaco, RJ
Casa de Saúde São José, RJ

Marcos Miranda
Hospital Universitário Pedro Ernesto, UERJ, RJ
Hospital Federal da Lagoa, RJ

Maria Hermínia Hansen de Almeida
Instituto Nacional de Cardiologia, RJ
Hospital Pró-Cardíaco, RJ

Murillo Santucci Cesar de Assunção
Hospital Israelita Albert Einstein, SP

Paula Rocha Braga
Hospital Pró-Cardíaco, RJ

Paulo César Ribeiro
Hospital Sírio-Libanês, SP

Pedro Vitale Mendes
Hospital das Clínicas da FMUSP, SP
Hospital Sírio-Libanês, SP

Ramon Teixeira Costa
Hospital do Câncer A. C. Camargo, SP
Hospital Alemão Oswaldo Cruz, SP

Renata Carnevale Carneiro
Hospital Copa D'Or, RJ

Rubens Carmo Costa Filho
Hospital Pró-Cardíaco, RJ

Sheila Cristina Ouriques Martins
Hospital Moinhos de Vento, RS
Hospital de Clínicas de Porto Alegre, UFRGS, RS

Thiago G. Fukuda
Hospital Santa Izabel, BA
Hospital Roberto Santos, BA

Thiago Thomaz Mafort
Hospital Universitário Pedro Ernesto, UERJ, RJ
Hospital Universitário Antônio Pedro, UFF, RJ

Vanessa Estato
Laboratório de Investigação Cardiovascular da Fiocruz, RJ

SUMÁRIO

Capítulo 1
ANALGESIA E SEDAÇÃO 1
Paula Rocha Braga

Capítulo 2
DELIRIUM 13
Maria Hermínia Hansen de Almeida

Capítulo 3
MONITORAÇÃO NEUROLÓGICA MULTIMODAL 25
Marcelo Duarte Magalhães

Capítulo 4
TRATAMENTO DO VASOSPASMO CEREBRAL APÓS HEMORRAGIA
SUBARACNÓIDEA 29
Thiago G. Fukuda ◆ Jamary Oliveira Filho

Capítulo 5
MANEJO NEUROINTENSIVO NO ACIDENTE VASCULAR CEREBRAL
HEMORRÁGICO 39
Sheila Cristina Ouriques Martins ◆ Marcelo Kern

Capítulo 6
PROTOCOLO DE MANEJO DAS DERIVAÇÕES VENTRICULARES EXTERNAS 45
Marcelo Kern

Capítulo 7
CRANIECTOMIA DESCOMPRESSIVA 61
Antonio Aversa do Souto

Capítulo 8
REPOSIÇÃO VOLÊMICA COM SEGURANÇA 71
João Manoel Silva Junior ◆ Fernando Gutierrez

Capítulo 9
DROGAS VASOPRESSORAS E INOTRÓPICAS 85
Flávio Eduardo Nácul ◆ Vanessa Estato ◆ Eduardo Tibiriçá

Capítulo 10
COMO AVALIAR A RESPOSTA À INFUSÃO DE FLUIDOS EM PACIENTES GRAVES .. 97
Flávio Geraldo Rezende de Freitas

Capítulo 11
MONITORAÇÃO HEMODINÂMICA NO PACIENTE CIRÚRGICO – QUANDO,
QUAL E QUANTO? 107
Murillo Santucci Cesar de Assunção ♦ *Bruno de Arruda Bravim*

Capítulo 12
CONTROVÉRSIAS NO TRATAMENTO DA SEPSE 125
Ramon Teixeira Costa ♦ *Luciano Cesar Pontes de Azevedo*

Capítulo 13
AVALIAÇÃO DA MICROCIRCULAÇÃO EM PACIENTES GRAVES 137
Antonio Tonete Bafi

Capítulo 14
PÓS-OPERATÓRIO DE CIRURGIA CARDÍACA 153
Márcia Freitas

Capítulo 15
DIAGNÓSTICO DE INFARTO DO MIOCÁRDIO NO PÓS-OPERATÓRIO –
IMPORTÂNCIA DA TROPONINA 165
Anna Karinina Bitarães de Sá

Capítulo 16
FIBRILAÇÃO ATRIAL NO PACIENTE CRÍTICO 177
Daniela Beraldo Silva Mendes ♦ *Leonardo Baumworcel*

Capítulo 17
MONITORAÇÃO DA OXIGENAÇÃO TECIDUAL 189
Alexandre Marini Isola

Capítulo 18
COMPLICAÇÕES PULMONARES NO PACIENTE CIRÚRGICO 199
Luiz Claudio Lazzarini ♦ *Fernando Huauji Chacur*

Capítulo 19
ASSISTÊNCIA VENTILATÓRIA 205
Luiz Claudio Lazzarini ♦ *Fernando Huauji Chacur*

Capítulo 20
ECMO PARA TRATAMENTO DE HIPOXEMIA REFRATÁRIA 215
Pedro Vitale Mendes ♦ *Marcelo Park* ♦ *Eduardo Leite Vieira Costa*
Luciano Cesar Pontes de Azevedo

Capítulo 21
PNEUMONIA NOSOCOMIAL 227
Fernando Borges Rodriguez ♦ *Thiago Thomaz Mafort*

Sumário

Capítulo 22
INFECÇÕES INTRA-ABDOMINAIS 245
Gerson Luiz de Macedo ♦ André Miguel Japiassú

Capítulo 23
INJÚRIA RENAL AGUDA NO PACIENTE CRÍTICO 253
José Mauro Vieira Júnior

Capítulo 24
DISNATREMIAS NO PACIENTE CRÍTICO 275
José Mauro Vieira Júnior

Capítulo 25
TERAPIA NUTRICIONAL NO PACIENTE CIRÚRGICO 289
Paulo César Ribeiro

Capítulo 26
HIPERGLICEMIA NO PACIENTE CRÍTICO 299
Aluysio Saulo Beiler Júnior

Capítulo 27
INSUFICIÊNCIA SUPRARRENAL NO PACIENTE GRAVE 307
Flávio Eduardo Nácul ♦ Renata Carnevale Carneiro ♦ Diamantino Salgado

Capítulo 28
HEMOTRANSFUSÃO 315
Marcos Miranda ♦ Flávia Freitas Martins ♦ Flávio Eduardo Nácul

Capítulo 29
ANORMALIDADES DA COAGULAÇÃO EM PACIENTES CRÍTICOS 333
Rubens Carmo Costa Filho

Capítulo 30
CUIDADOS PALIATIVOS EM UTI 359
Lara Kretzer

Capítulo 31
ÍNDICES DE GRAVIDADE NO PACIENTE CIRÚRGICO – MARCADORES
PROGNÓSTICOS 367
Flávio Eduardo Nácul ♦ José Rodolfo Rocco

ÍNDICE REMISSIVO 375

Atualização em Medicina Intensiva Cirúrgica

Capítulo 1

ANALGESIA E SEDAÇÃO

Paula Rocha Braga

INTRODUÇÃO

A maior parte dos pacientes, internados em unidades de terapia intensiva cirúrgica, requer o uso de agentes analgésicos e sedativos. Seu uso adequado é de fundamental importância para reduzir a dor e a ansiedade, proporcionar conforto, facilitar a intubação traqueal e o manejo dos pacientes em ventilação mecânica.[1,2]

EFEITOS FISIOLÓGICOS DA ANSIEDADE E DA DOR

Ansiedade, agitação e dor provocam uma resposta orgânica complexa, que pode afetar o funcionamento de células, tecidos, órgãos e sistemas. A ansiedade e a dor ativam o sistema nervoso simpático, provocando aumento da frequência cardíaca, pressão arterial e consumo de oxigênio pelo miocárdio. No sistema respiratório, a dor especialmente quando relacionada com a cirurgia de tórax e abdome, diminui a capacidade vital, o volume expiratório forçado no primeiro segundo e a capacidade residual funcional que pode levar à formação de atelectasias e hipoxemia arterial. No sistema endócrino e metabólico, ansiedade, agitação e dor provocam a elevação dos níveis plasmáticos de catecolaminas, cortisol, glucagon, vasopressina, hormônio do crescimento e endorfinas. Consequentemente, ocorrem aumento da neoglicogênese, resistência à insulina, hiperglicemia, catabolismo proteico, retenção de sódio e água e diminuição da resposta imune.[1,2]

ANALGESIA

Os principais objetivos da analgesia são otimizar o conforto do paciente e reduzir a resposta ao estresse. A dor é comumente encontrada em pacientes internados na UTI, causada, geralmente, por cirurgias, lesões traumáticas, presença de sondas, cateteres ou tubos orotraqueais.

É importante que antes de iniciar a analgesia, a causa do desconforto tente ser identificada para que os fatores predisponentes possam ser tratados. Estratégias não farmacológicas devem ser implementadas simultaneamente e incluem a comunicação frequente e transmissão de tranquilidade ao paciente, visitas familiares regulares e facilitação de ciclos sono-vigília fisiológicos.[3]

O autorrelato do paciente é o melhor indicador da dor, especificamente, quando se utiliza a escala de classificação numérica.[4] No entanto, muitos pacientes, criticamente doentes, são incapazes de se comunicar efetivamente, e a avaliação da dor pode ficar comprometida. A escala numérica de dor baseia-se em uma classificação verbal de 0 a 10, sendo 10 a pior dor que o paciente já experimentou. Em pacientes incapazes de se comunicar, deverá ser observado manifestações indiretas de dor, como hipertensão arterial, taquicardia, agitação, dispneia e expressão facial. Porém, estes sinais têm menos acurácia e, portanto, devem ser correlacionados com a condição clínica do paciente para que não seja realizada analgesia desnecessária.[5]

O analgésico ideal seria aquele com rápido inicio de ação, sem metabólitos ativos e sem toxicidade. Infelizmente, no entanto, ainda não há nenhum agente com todas estas características disponíveis no mercado. Após a administração do agente analgésico, há necessidade de monitorar a resposta à medicação e o aparecimento de efeitos colaterais.

AGENTES ANALGÉSICOS

Derivados da Morfina (opiáceos e opioides)

Há mais de dois milênios, os derivados do ópio têm sido os preferidos para controle da dor aguda. Eles produzem analgesia rápida e potente quando administrados por via parenteral. O seu uso prolongado pode causar tolerância, sendo necessário o uso de doses crescentes para o controle efetivo da dor.[6]

Para a dor moderada ou forte é preferível a administração por via intravenosa em *bolus* ou infusão contínua. Sua dose deve ser titulada de acordo com a necessidade do paciente, evitando, assim, efeitos adversos como depressão respiratória e instabilidade hemodinâmica. A administração de *bolus* também pode ser programada para antes de procedimentos dolorosos como troca de curativos, por exemplo.

Morfina

A morfina é o principal derivado do ópio, ainda sendo amplamente utilizada na terapia intensiva.[7] Apresenta pico de ação entre 15 e 20 minutos e meia-vida de eliminação de 3 a 7 horas.[4] Os seus efeitos adversos incluem hipotensão arterial, broncospasmo e prurido por liberação de histamina. Pode provocar bradicardia pelo efeito vagotônico. A morfina é metabolizada no fígado em morfina-6-glicuronídeo, metabólito ativo com excreção renal. Em casos de insuficiência renal, pode ocorrer acúmulo do metabólito, provocando sedação prolongada.[8] A dose recomendada para infusão intermitente é de *bolus* intravenosos de 0,01 a 0,15 mg/kg a cada 1 a 2 horas e para infusão contínua, a dose deverá ser de 0,07 a 0,50 mg/kg/h.[4]

Analgesia e Sedação

Fentanil

O fentanil é um derivado sintético com potência 100 vezes maior que a morfina com pico de ação de aproximadamente 4 minutos. É altamente lipofílico e possui melhor penetração na barreira hematoencefálica do que a morfina, levando ao início de ação mais rápida e à duração mais curta que a morfina. Seu metabolismo é quase exclusivamente hepático e não apresenta metabólitos ativos.[4] Comparado com a morfina, o fentanil promove, apenas, mínima liberação de histamina, provocando menos efeitos hemodinâmicos. Quando administrado por infusão prolongada, o fentanil acumula em tecidos adiposos, o que pode resultar em sedação prolongada.[7,9] A dose recomendada para infusão contínua é de 0,7 a 10 mcg/kg/h.[4,7]

Remifentanil

Tem potência analgésica semelhante a do fentanil, mas apresenta início de ação mais rápida e meia vida de 3 minutos apenas, razão pela qual é muito utilizado na indução anestésica. Seu uso não é comum no ambiente de cuidados intensivos, pois não foi amplamente estudado em pacientes críticos. Pode ser vantajoso em pacientes com necessidade de interrupções frequentes da analgesia para avaliação neurológica.[10]

Meperidina

É um derivado sintético metabolizado no fígado. Seu metabólito ativo, a normeperidina, é neurotóxico e pode provocar alterações do estado mental e crises convulsivas. Sua metabolização é reduzida em idosos e em pacientes com insuficiência renal ou hepática.[11] Não deve ser utilizado em doentes críticos em decorrência da neurotoxicidade do seu metabólito.[12]

Tramadol

Agente com potência de 10 a 15 vezes menor do que a morfina indicado para o tratamento de dores leves a moderadas, sendo conhecido por causar menos efeitos adversos que os demais derivados da morfina. Os efeitos secundários mais importantes associados ao seu uso são náuseas e vômitos. Não deve ser administrado em pacientes com antecedentes convulsivos.[13]

Algumas formas especializadas de analgesia têm apresentado vantagens em alguns pacientes de UTI. A analgesia controlada pelo paciente (PCA) pode ser preferível em pacientes conscientes e em pós-operatório. Trata-se de um método individualizado, em que uma bomba infusora com analgésicos é programada para infusão contínua e/ou em demanda, pela via venosa ou peridural. O PCA pode ser acionado em forma de *bolus* pelo próprio paciente com dose limitada, o que torna este tipo de analgesia muito prática e segura, pois a administração da medicação ocorre mais rapidamente e com maior autonomia ao paciente. Esta forma de analgesia está associada ao alívio eficaz da dor e ao menor consumo de opioides, gerando maior satisfação ao paciente, quando comparada com outros métodos.[14-19]

Não Opioides

Anti-inflamatórios não esteroides

Os anti-inflamatórios não esteroides (AINEs) possuem efeito analgésico, anti-inflamatório e antipirético, pela inibição da enzima ciclo-oxigenase, envolvida na síntese de prostaglandinas. A utilização de AINEs no pós-operatório pode reduzir a necessidade de derivados da morfina, diminuindo as complicações decorrentes do seu uso, como instabilidade hemodinâmica, íleo e depressão respiratória,[20] com a vantagem de não causar sedação ou depressão respiratória. Porém, devem ser utilizados com cautela em pacientes criticamente enfermos, pois podem provocar insuficiência renal, hemorragia digestiva e disfunção plaquetária.[4,21]

O cetorolaco é um AINE potente que pode ser utilizado em pós-operatório de cirurgia de grande porte associada à derivados da morfina.[22] No entanto, é contraindicado na vigência de insuficiência renal e não deve ser administrado por mais de 5 dias consecutivos.[20]

Para pacientes com dores leves ou moderadas, ou quando os AINEs estão contraindicados, pode-se utilizar o acetaminofeno (500-1.000 mg VO a cada 4-6 horas)[25] ou a dipirona (1-2 g IV a cada 6 horas).[24] O acetaminofeno tem poucos efeitos adversos, mas é hepatotóxico em doses mais elevadas. A dipirona pode provocar reações alérgicas e hipotensão arterial e muito raramente agranulocitose e anemia.[25]

SEDAÇÃO

Ansiedade e agitação são comuns no paciente crítico cirúrgico e suas causas são multifatoriais e, geralmente, secundárias à dificuldade de comunicação, excesso de ruído e luminosidade no ambiente, analgesia inadequada, imobilidade e privação de sono. A agitação pode levar à remoção inadvertida de tubos e cateteres e contribuir para a assincronia ventilatória.[26-30] Diante de um quadro de agitação psicomotora, a primeira conduta é tentar identificar e tratar o distúrbio fisiopatológico causador, como hipoxemia, hipoglicemia, hipotensão arterial, dor e abstinência a álcool e outras drogas.[29]

Um dos grandes desafios da terapia intensiva, atualmente, é instituir a sedação de forma adequada, evitando, assim, a sedação inadvertidamente superficial ou excessivamente profunda. Atualmente, tem sido priorizado o uso das drogas sedativas através de metas e protocolos pré-definidos por uma equipe multidisciplinar. Essa estratégia evita seu uso excessivo ou desnecessariamente prolongado, o que gera riscos e aumento de custos.

O uso de escalas para quantificação da sedação, analgesia e *delirium*, deve ser realizado diariamente, com o objetivo de titular mais precisamente as drogas sedativas e analgésicas. A infusão contínua destes fármacos é a forma mais comum de administração nas unidades de terapia intensiva. Contudo, estudos randomizados sugerem que infusões intermitentes, com interrupções diárias, têm-se mostrado superiores para reduzir o tempo de ventilação mecânica e complicações inerentes ao uso destas drogas.[31-35]

Analgesia e Sedação

A sedação deve ser individualizada para cada paciente, titulando-a de acordo com suas peculiaridades, como presença de disfunção renal ou hepática, idade avançada e nível prévio de consciência. É fundamental o estabelecimento de objetivos com relação ao nível de sedação e reavaliações frequentes da terapia instituída. Para atingir esses objetivos é recomendada a utilização de escalas. O método de avaliação da sedação ideal deve apresentar sensibilidade e especificidade satisfatórias, simplicidade, reprodutividade, aplicação rápida, mínimo desconforto para o paciente e não necessitar de exames complementares. Todas essas características são importantes para a aplicação do método a beira do leito por todos os membros da equipe da UTI.[36]

Os escores mais utilizados para avaliação dos níveis de sedação são as escalas de Ramsay e Richmond. A escala de Ramsay (Quadro 1-1) foi descrita em 1974 e baseia-se em critérios clínicos para classificar o nível de sedação, seguindo a numeração de 1 a 6 para graduar níveis de ansiedade, agitação ou ambas, até o coma irresponsivo.[37] O escore de sedação e agitação de Richmond (Quadro 1-2),[38] foi recentemente revisado e validado,[39] apresentando como vantagem sobre a escala de Ramsay, a presença da graduação do nível de agitação e ansiedade. O paciente alerta e calmo representa o zero da escala. Existem quatro níveis de agitação, graduados de forma crescente, de 1 a 4, e mais cinco níveis de sedação, graduados de 1 a 5 negativos. A parte negativa da escala é equivalente ao proposto pelo escore de Ramsay, enquanto os escores positivos discriminam graus de agitação que variam de inquieto a agressivo.

Atualmente, tem-se observado um interesse crescente pela utilização de dispositivos complementares para avaliação objetiva do nível de sedação, como o índice bispectral (BIS). O BIS foi desenvolvido na década de 1990 para monitorar os efeitos dos anestésicos e outras drogas sobre o cérebro durante a cirurgia. Este dispositivo transforma o sinal eletroencefalográfico de maneira que possa ser interpretado a beira do leito, por meio de uma escala de zero (EEG isoelétrico, sem atividade cortical) a 100 (paciente acordado). No entanto, uma variedade de fatores pode influenciar no valor do BIS e gerar confusão na sua interpretação, como a atividade eletromiográfica elevada, que pode aumentar seus valores e bloqueadores neuromusculares, que podem causar sua diminuição.[40-42] Por esta razão, uso dos monitores de funções cerebrais como monitores objetivos da profundidade da sedação ainda não foram universalmente adotados.[43] Esses monitores podem ter grande benefício em situações em que as escalas clínicas de sedação não podem ser aplicadas, como nas sedações muito profundas ou em uso de bloqueadores neuromusculares.[44,45]

Quadro 1-1 Escala de Ramsay[37]

Nível 1	Paciente ansioso, agitado ou inquieto
Nível 2	Paciente cooperativo, orientado ou tranquilo
Nível 3	Paciente somente responde a comandos
Nível 4	Uma leve resposta a um leve toque glabelar ou a um estímulo auditivo alto
Nível 5	Resposta ao estímulo doloroso glabelar ou a um estímulo auditivo alto
Nível 6	Não responde a um leve toque glabelar ou a um estímulo auditivo alto

Quadro 1-2 Escala de Richmond: agitação e sedação (RASS)[38]

Pontos	Classificação	Descrição
4	Agressivo	Violento; perigoso
3	Muito agitado	Conduta agressiva; remoção de tubos ou cateteres
2	Agitado	Movimentos sem coordenação frequente
1	Inquieto	Ansioso ou apreensivo, mas sem movimentos agressivos ou vigorosos
0	Alerta, calmo	
−1	Sonolento	Não se encontra totalmente alerta, mas tem o despertar sustentado ao som da voz (mais que 10 segundos)
−2	Sedação leve	Acorda rapidamente e faz contato visual com o som da voz (menos que 10 segundos)
−3	Sedação moderada	Movimento ou abertura dos olhos ao som da voz, mas sem visual
−4	Sedação profunda	Não responde ao som da voz, mas movimenta ou abre os olhos com estimulação física
−5	Incapaz de ser despertado	Não responde ao som da voz ou ao estímulo físico

Procedimento para avaliação do paciente:
1. Observar o paciente.
Paciente está alerta, inquieto ou agitado (0 a +4):
2. Se não está alerta, dizer o nome do paciente e pedir para ele abrir os olhos e olhar para o profissional.
Paciente acordado com abertura de olhos sustentada e realizando contato visual (−1).
Paciente acordado realizando abertura de olhos e contato visual, mas não sustentada (−2).
Paciente é capaz de fazer algum tipo de movimento, porém sem contato visual (−3) 3.
Quando o paciente não responde ao estímulo verbal, realizar estímulos físicos.
Paciente realiza algum movimento ao estímulo físico (−4).
Paciente não responde a qualquer estímulo (−5).

Agentes Sedativos

Benzodiazepínicos

Os benzodiazepínicos são agentes hipnossedativos que agem nos receptores GABA, facilitando a entrada intracelular de íons cloreto e provocando hiperpolarização neuronal. As suas principais ações incluem sedação, hipnose, amnésia anterógrada, redução da atividade psicomotora, elevação do limiar convulsivante e relaxamento muscular. Os principais efeitos adversos são depressão excessiva do sistema nervoso, depressão respiratória, hipotensão arterial e *delirium*. Os benzodiazepínicos também podem ser utilizados na abstinência alcoólica.

Analgesia e Sedação

Midazolam

Produz ansiólise e amnésia, mas não apresenta propriedades analgésicas. Seu início de ação é de 2 a 5 minutos, com duração podendo variar de 3 a 11 horas. Tem metabólitos ativos, mas com potência menor que o midazolam. Sua dose recomendada é de 0,02 a 0,08 mg/kg IV para administração intermitente e 0,04 a 0,2 mg/kg/h IV para infusão contínua.[4]

O seu antagonista competitivo é o flumazenil, que apresenta rápido início de ação, mas meia-vida curta, o que pode levar ao fenômeno da ressedação, exigindo o uso de doses repetidas. O flumazenil pode provocar náuseas, confusão mental, crises convulsivas e crise de abstinência naqueles pacientes que desenvolveram dependência aos benzodiazepínicos.

Outros benzodiazepínicos como Lorazepan e Diazepam são menos utilizados no paciente crítico, pois apresentam mais efeitos colaterais e propriedades amnésicas inferiores quando comparados com Midazolam.[46]

Propofol

O propofol é um agente altamente lipofílico e, portanto, atravessa a barreira hematoencefálica rapidamente. Age em até 40 segundos, com duração de aproximadamente 6 minutos. Produz efeitos sedativo e amnésico, mas não tem efeito analgésico. É muito empregado em unidades de terapia intensiva pelo seu rápido início de ação e de eliminação.[47,48] A dose inicial recomendada é de 0,5 mg/kg IV, podendo ser repetida a cada 3 a 5 minutos, conforme necessário, até atingir o nível adequado de sedação.[47] Os principais efeitos colaterais incluem hipotensão arterial, bradicardia e dor à infusão venosa periférica. Como é preparado em veículo lipídico, se utilizado em doses altas, deve ser considerado a sua oferta energética (1 mL = 1 Kcal) e o perfil lipídico do paciente deverá ser monitorado.

Recentemente, a Síndrome da Infusão do Propofol (SIP) tem sido destacada na literatura. É rara e frequentemente fatal, caracterizada por acidose metabólica grave, rabdomiólise, colapso cardiovascular e morte. Parece existir relação entre doses maiores que 80 mcg/kg/min e duração de infusão superior a 48 horas.[49,50] O tratamento da SIP é realizado com a suspensão imediata do fármaco, medidas de suporte e diálise. Quando a diálise não pode ser empregada, a mortalidade chega a 100%.[51]

Etomidato

Pode ser útil na intubação traqueal em pacientes com choque circulatório ou potencial para hipotensão arterial por não causar instabilidade hemodinâmica. A sua administração está associada à insuficiência suprarrenal, fazendo com que alguns autores sugiram que seu uso não deva ser liberado em pacientes críticos.[52,53]

Agentes Alfa-Agonistas Centrais

Clonidina

Agente com propriedades sedativa, hipnótica e analgésica. Tem sido utilizada para otimizar os efeitos de outros agentes sedativos e derivados da morfina e para o tratamento da síndrome de abstinência a drogas. Pode causar hipotensão arterial.[54,55]

Dexmedetomidina

É um agonista alfa-2-adrenérgico com ações sedativa, hipnótica e analgésica. A dose para infusão contínua deverá ser de 0,2 a 0,7 mcg/kg/h. Seus efeitos colaterais mais comuns são bradicardia e hipotensão arterial.[56] Evidências sugerem que o uso de dexmedetomidina está relacionada com menor incidência de *delirium* quando comparado com os benzodiazepínicos.[56-58]

REFERÊNCIAS BIBLIOGRÁFICAS

1. Desai PM. Pain management and pulmonary dysfunction. *Crit Care Clin* 1999;15:151.
2. Gust R, Pecher S, Gust A. Effect of patient controlled analgesia on pulmonary complications after coronary artery by-pass grafting. *Crit Care Clin* 1999;27:2218.
3. Fontaine DK. Nonpharmacologic management of patient distress during mechanical ventilation. *Crit Care Clin* 1994;10:695.
4. Jacobi J, Fraser GL, Coursin DB *et al.* Clinical pactice guidelines for the sustained use of sedatives and analgesics in the critically ill adult. *Crit Care Med* 2002;30:119-41.
5. Aïssaoui Y, Zeggwagh AA, Zekraoui A *et al.* Validation of a behavioral pain scale in critically ill, sedated, and mechanically ventilated patients. *Anesth Analg* 2005;101:1470-76.
6. Erstad BL, Puntillo K, Gilbert HC *et al.* Pain management principles in the critically ill. *Chest* 2009;135:1075-86.
7. Liu LL, Gropper MA. Postoperative analgesia and sedation in the adult intensive care unit. A guide to drug selection. *Drugs* 2003;63:755-67.
8. Peterson GM, Randall CT, Paterson J. Plasma levels of morphine and morphine glucuronides in the treatment of cancer pain: relationship to renal function and route of administration. *Eur J Clin Pharmacol* 1990;38:121.
9. Björkman S, Stanski DR, Harashima H *et al.* Tissue distribution of fentanyl and alfentanil in the rat cannot be described by a blood flow limited model. *J Pharmacokinet Biopharm* 1993;21:255.
10. Tipps LB, Coplin WM, Murry KR *et al.* Safety and feasibility of continuous infusion of remifentanil in the neurosurgical intensive care unit. *Neurosurgery* 2000;46:596.
11. Latta KS, Ginsberg B, Barkin RL. Meperidine: a critical review. *Am J Ther* 2002;9:53.
12. Murdoch S, Cohen A. Intensive care sedation: a review of current British practice. *Intensive Care Med* 2000;26:922-28.
13. Amaral JLG, Issy AM, Conceição NA *et al. Recomendações da Associação de Medicina Intensiva Brasileira sobre analgesia, sedação e bloqueio neuromuscular em terapia intensiva.* Associação de Medicina Intensiva Brasileira – AMIB, 1999.

14. Choiniere M, Grenier R, Paquette C. PCA-a double blind study in burns patients. *Anaesthesia* 1992;47:467-72.
15. White PF. Use of patient controlled analgesia for management of acute pain. *JAMA* 1988;256:243-47.
16. Lindley C. Overview of current development in PCA. *Support Cancer Care* 1994;2:319-26.
17. Chumbley GM, Hall GM, Salmon P. Why do patients feel positive about PCA? *Anaesthesia* 1999;54:372-92.
18. Chumbley GM, Hall GM, Salmon P. PCA-an assessment by 200 patients. *Anaesthesia* 1998;53:216-21.
19. Taylor NM, Hall GM, Salmon P. Patient's experiences of PCA. *Anaesthesia* 1996;51:525-28.
20. Martin J, Franck M, Fisher M *et al.* Sedation and analgesia in German intensive care units: how is it done in reality? Results of a patient-based survey of analgesia and sedation. *Intensive Care Med* 2006;32:1137-42.
21. Vender JS, Szokol JW, Murphy GS *et al.* Sedation, analgesia, and neuromuscular blockade in sepsis: an evidence-based review. *Crit Care Med* 2004;32(11):S554-61.
22. O'Hara DA, Fragen RJ, Kinzer M *et al.* Ketorolac tromethamine as compared with morphine sulphate for treatment of postoperative pain. *Clin Pharmacol Ther* 1987;41:556.
23. Peduto VA, Ballabio M, Stefanini S. Efficacy of propacetamol in the treatment of postoperative pain. Morphine sparing effect in orthopedic surgery. Italian Collaborative Group on Propacetamol. *Acta Anaesthesiol Scand* 1998;42:293-98.
24. Pereira AV, Penckowski L, Vosgerau M *et al.* Determinação espectrofotométrica de dipirona em produtos farmacêuticos por injeção em fluxo pela geração de íons triiodeto. *Quim Nova* 2002;25(4):553-57.
25. Gozzani JL. Opióides e antagonistas. *Rev Bras Anestesiol* 1994;44:65-73.
26. Fraser GL, Prato S, Berthiaume D *et al.* Evaluation of agitation in ICU patients: incidence, severity, and treatment in the young versus the elderly. *Pharmacotherapy* 2000;20:75-82.
27. Atkins PM, Mion LC, Mendelson W *et al.* Characteristics and outcomes of patients who self-extubate from ventilatory support: a case-control study. *Chest* 1997;112:1317-23.
28. Vassal T, Anh NGD, Gabillet JM *et al.* Prospective evaluation of self-extubations in a medical intensive care unit. *Intensive Care Med* 1993;19:340-42.
29. Fraser GL, Riker RR, Prato BS *et al.* The frequency and cost of patient-initiated device removal in the ICU. *Pharmacotherapy* 2001;21:1-6.
30. Conti J, Smith D. Haemodynamic responses to extubation after cardiac surgery with and without continued sedation. *Br J Anaesth* 1998;80:834-36.
31. Strom T, Martinussen T, Toft P. A protocol of no sedation for critically ill patients receiving mechanical ventilation: a randomized trial. *Lancet* 2010;375:475.
32. Kollef MH, Levy NT, Ahrens TS *et al.* The use of continuous i.v. sedation is associated with prolongation of mechanical ventilation. *Chest* 1998;114:541.
33. Kress JP, Pohlman AS, O'Connor MF *et al.* Daily interruption of sedative infusions in critically ill patients undergoing mechanical ventilation. *N Engl J Med* 2000;342:1471.
34. Carson SS, Kress JP, Rodgers JE *et al.* A randomized trial of intermittent lorazepam versus propofol with daily interruption in mechanically ventilated patients. *Crit Care Med* 2006;34:1326.

35. Schweickert WD, Gehlbach BK, Pohlman AS *et al.* Daily interruption of sedative infusions and complications of critical illness in mechanically ventilated patients. *Crit Care Med* 2004;32:1272.
36. De Jonghe B, Cook D, Appere-De-Vecchi C *et al.* Using and understanding sedation scoring systems: a systematic review. *Intensive Care Med* 2000;26(3):275-85.
37. Ely E, Truman B, Shintani A *et al.* Monitoring sedation status over time in icu patientsreliability and validity of the richmond agitation-sedation scale (rass). *JAMA* 2003;289(22):2983-91.
38. Sessler CN, Gosnell MS, Grap MJ *et al.* The Richmond Agitation-Sedation Scale: validity and reliability in adult intensive care unit patients. *Am J Respir Crit Care Med* 2002;166:1338-44.
39. Soliman HM, Mélot C, Vincent JL. Sedative and analgesic practice in the intensive care unit: the results of a European survey. *Br J Anaesth* 2001;87(2):186-92. Comment in: *Br J Anaesth* 2001;87(2):183-85. *Br J Anaesth* 2002;88(2):304; author reply 304.
40. Vivien B, Di Maria S, Ouattara A *et al.* Overestimation of Bispectral Index in sedated intensive care unit patients revealed by administration of muscle relaxant. *Anesthesiology* 2003;99:9-17.
41. Bruhn J, Bouillon TW, Shafer SL. Electromyographic activity falsely elevates the bispectral index. *Anesthesiology* 2000;92:1485-87.
42. Baldesi O, Bruder N, Velly L *et al.* Spurious bispectral index values due to electromyographic activity. *Eur J Anaesthesiol* 2004;21:324-25.
43. LeBlanc JM, Dasta JF, Kane-Gill SL. Role of the bispectral index in sedation monitoring in the ICU. *Ann Pharmacother* 2006;40:490-500.
44. Tonner PH, Paris A, Scholz J. Monitoring consciousness in intensive care medicine. *Best Pract Res Clin Anaesthesiol* 2006;20:191-200.
45. Riker RR, Fraser GL. Monitoring sedation, agitation, analgesia, neuromuscular blockade, and delirium in adult ICU patients. *Semin Respir Crit Care Med* 2001;22:189-98.
46. Bahn EL, Holt KR. Procedural sedation and analgesia: a review and new concepts. *Emerg Med Clin North Am* 2005;23:503.
47. Miner JR, Burton JH. Clinical practice advisory: emergency department procedural sedation with propofol. *Ann Emerg Med* 2007;50:182.
48. Swanson ER, Seaberg DC, Mathias S. The use of propofol for sedation in the emergency department. *Acad Emerg Med* 1996;3:234.
49. Kam PC, Cardone D. Propofol infusion syndrome. *Anaesthesia* 2007;62:690-701.
50. Corbett SM, Moore J, Rebuck JA *et al.* Survival of propofol infusion syndrome in a head-injured patient. *Crit Care Med* 2006;34:2479-83.
51. Bray RJ. The propofol infusion syndrome in infants and children: can we predict the risk? *Curr Opin Anaesthesiol* 2002;15:339-42.
52. Mohammad Z, Afessa B, Finkielman JD. The incidence of relative adrenal insufficiency in patients with septic shock after the administration of etomidate. *Crit Care* 2006;10:R105.
53. Lipiner-Friedman D, Sprung CL, Laterre PF *et al.* Adrenal function in sepsis: the retrospective Corticus cohort study. *Crit Care Med* 2007;35:1012-18.
54. Spies CD, Dubisz N, Neumann T *et al.* Therapy of alcohol withdrawal syndrome in intensive care unit patients following trauma: results of a prospective, randomized trial. *Crit Care Med* 1996;24:414-22.

Analgesia e Sedação

55. Ip Yam PC, Forbes A, Kox WJ. Clonidine in the treatment of alcohol withdrawal in the intensive care unit. *Br J Anaesth* 1992;69:328.
56. Jakob SM, Ruokonen E, Grounds RM *et al.* Dexmedetomidine vs midazolam or propofol for sedation during prolonged mechanical ventilation: two randomized controlled trials. *JAMA* 2012;307:1151.
57. Venn RM, Bradshaw CJ, Spencer R *et al.* Preliminary UK experience of dexmedetomidine, a novel agent for postoperative sedation in the intensive care unit. *Anaesthesia* 1999;54:1136.
58. Pandharipande PP, Pun BT, Herr DL *et al.* Effect of sedation with dexmedetomidine vs lorazepam on acute brain dysfunction in mechanically ventilated patients: the MENDS randomized controlled trial. *JAMA* 2007;298:2644.

Capítulo 2

DELIRIUM

Maria Hermínia Hansen de Almeida

INTRODUÇÃO

O *delirium* é um distúrbio da consciência, atenção, cognição e percepção caracterizado por início agudo e flutuante da função cognitiva, de forma que a capacidade do paciente receber, processar, armazenar e recordar informações está marcadamente alterada[1]. Ele ocorre em curto período variando de horas a dias, é geralmente reversível e pode ser conseqüência direta de uma condição médica, intoxicação, sindrome de abstinência, uso de drogas (mesmo em concentração terapêutica), ou a combinação destes fatores.

O *delirium* possui mais de 25 sinônimos, incluindo encefalopatias aguda e séptica, psicose tóxica, psicose do CTI e estado agudo confusional, porém, o termo *delirium* tem sido bastante usado em artigos científicos por ter sido desenvolvido e validado pela *Diagnostical and Statistical Manual of Mental Disorders, Fourth Edition* (DSMIV).[1-4]

INCIDÊNCIA E MORBIMORTALIDADE

A prevalência de *delirium* em pacientes críticos varia entre os diversos estudos e pode acometer cerca de 80% dos pacientes internados em Unidade de Terapia Intensiva em uso de ventilação mecânica, porém, apenas 32% a 66% dos pacientes são corretamente diagnosticados e tratados. O *delirium* tem sido associado a maior tempo de permanência do paciente no hospital, aumento da mortalidade e uma maior incidência de demência a longo prazo.[5-7]

ETIOLOGIA E FATORES DE RISCO

Delirium é tipicamente multifatorial incluindo a redução prévia da congnição, idade avançada presença de doença crítica e administração de certos medicamentos (Quadro 2-1). Entre os medicamentos destacam-se o uso de benzodiazepínicos, que são fatores de risco independente para o desenvolvimento de *delirium*.

PATOGÊNESE

Os mecanismos fisiopatológicos exatos envolvidos no desenvolvimento e progressão do *delirium* ainda permanecem desconhecidos. Provavelmente, estes mecanismos

Quadro 2-1 Fatores predisponentes e precipitantes para *delirium*

Fatores predisponentes
• Idade (> 65 anos)
• Alteração cognitiva prévia (depressão, demência)
• *Status* funcional (dependência, imobilidade)
• História prévia de AVC
• Parkinson
• Múltiplas comorbidades
• Alteração na acuidade visual
• Alteração na acuidade auditiva
• Sexo masculino
• História de etilismo
• Doenças coexistentes
Fatores precipitantes
• Problema médico agudo
• Exacerbação de doença crônica
• Cirurgia/anestesia
• Medicação (sedativos, narcóticos, anticolinérgicos, polifarmácia)
• AVC agudo
• Dor
• Alteração no ambiente
• Retenção urinária/constipação intestinal
• Alteração eletrolítica
• Desidratação, desnutrição
• Anemia
• Sepse
• Ambientais (contenção no leito, cateter vesical)
• Privação prolongada do sono

estejam relacionados com alterações nas concentrações de neurotransmissores, que modulam o controle da função cognitiva, comportamento e humor. Os neurotransmissores provavelmente associados aos sintomas característicos do *delirium* são a acetilcolina, serotonina, dopamina, noradrenalina e GABA, sendo que o excesso de liberação de dopamina ou uma função colinérgica diminuída estão associados ao seu aparecimento. Sabe-se que fármacos antipsicóticos antagonizam a dopamina e podem ser utilizados para combater o *delirium*, enquanto fármacos com atividade anticolinérgica reduzem a ação da acetilcolina e podem produzir *delirium*. Sabe-se que o plasma de pacientes internados que apresentaram *delirium* apresentava um aumento na atividade anticolinérgica sugerindo que substâncias anticolinérgicas endógenas possam ser produzidas durante a doença aguda.

Delirium

As hipóteses acerca da sua fisiopatologia são baseadas em pesquisas com animais. De acordo com a hipótese dos neurotransmissores, uma diminuição do metabolismo oxidativo no cérebro causa disfunção cerebral em razão de anormalidades de vários sistemas de neurotransmissores, podem realçar os diferentes sintomas e apresentações clínicas do *delirium*. Por outro lado, a hipótese anti-inflamatória sugere que um aumento da secreção de citocinas poderia estar relacionado com sua ocorrência. Sabe-se que as citocinas podem influenciar a atividade de vários sistemas de neurotransmissores e estes mecanismos podem interagir entre si.

ABORDAGEM DO PACIENTE

O diagnóstico de *delirium* se baseia exclusivamente na história e no exame físico. Não há exames laboratoriais ou de imagem que façam o diagnóstico, embora uma avaliação clínica completa seja mandatória (Quadro 2-2).

História

É obtida com familiares e cuidadores. Os principais elementos a serem obtidos são a função cognitiva de base, o tempo e a evolução da doença atual e das alterações cognitivas, bem como as medicações habituais. Alguns pacientes podem apresentar exacerbação dos sintomas ao anoitecer *(sundowning)*, razão pela qual a avaliação deste paciente somente pela manhã pode não auxiliar o diagnóstico.[11]

Exame Físico

Deve-se procurar por sinais de infecção como febre, taquipneia, consolidações pulmonares, rigidez de nuca e sopros cardíacos. Deve ser avaliada a presença de desidratação ou de sobrecarga hídrica, assim como a presença de hipoxemia.

Métodos para o diagnóstico

Atualmente utiliza-se o método de Avaliação CAM-ICU (*Confusion Assessment Method in a Intensive Care Unit*) para diagnosticar o *delirium* em pacientes críticos (Quadros 2-3 e 2-4 e Fig. 2-1). Este método foi adaptado do método CAM, desenvolvido inicialmente para médicos não psiquiatras com o objetivo de identificá-lo em pacientes capazes de se comunicar verbalmente. A utilização do método CAM-ICU exige apenas um rápido treinamento, já que o formulário para diagnóstico é de fácil aplicação. Esta nova ferramenta permite, portanto, uma rápida e acurada medida em pacientes críticos.

Para diagnóstico do *delirium*, é preciso associar a monitorização da sedação e do *delirium*, através do método de duas etapas. O primeiro passo se refere à avaliação da sedação, que é quantificada pela escala de agitação e sedação de Richmond (*The Richmond Agitation and Sedation Scale – RASS*).[15] Se o RASS (Quadro 2-2) for superior a -4 (-3 até +4), deve-se, então, seguir para o segundo passo, que é a avaliação do *delirium* propriamente dito.

Quadro 2-2 Avaliação da etiologia do *delirium*[11]

Avaliação inicial
• História
• Exame
• Hemograma
• Eletrólitos
• Hepatograma
• Função renal
Avaliação secundária
• Avaliar a presença de infecção sistêmica
• Urinocultura
• Radiografia de tórax
Hemoculturas
• Eletrocardiograma
• Gasometria arterial
• Exame toxicológico (em jovens pode fazer parte da avaliação inicial)
• Punção lombar
• Eletroencefalograma
Avaliação terciária
• Dosagem de B12, folato, tiamina,
• Avaliação de TSH, T4 livre, cortisol
• Amônia sérica
• VHS
• Painel autoimune
• Sorologias para infecção (fúngica, viral, HIV)
• Ressonância de SNC

Com base em Josephson AS, Miller BL.

DELIRIUM PÓS-OPERATÓRIO

A incidência do *delirium* pós-operatório varia entre 10 e 55%, dependendo do tipo do procedimento, com maior incidência em cirurgia ortopédica. Seu aparecimento ocorre tipicamente 24 a 48 horas após a cirurgia. Faz parte de um espectro de alterações cognitivas que podem surgir no período pós- operatório: *Delirium* da recuperação anestésica, *delirium* pós-operatório, declínio cognitivo pós-operatório e demência pós-operatória.[16] Estes achados são o resultado da interação de fatores preexistentes e de eventos associados à cirurgia e do cuidado pós-operatório. Podem ser o sinal de alerta para a presença de complicações pós-operatórias, como sepse e disfunções orgânicas.[17]

Delirium

Quadro 2-3. Escala de Richmond de Agitação-Sedação (RASS).

Pontos	Classificação	Descrição
+4	Agressivo	Violento; perigoso
+3	Muito agitado	Conduta agressiva; remoção de tubos ou cateteres
+2	Agitado	Movimentos sem coordenação frequentes
+1	Inquieto	Ansioso, mas sem movimentos agressivos ou vigorosos
0	Alerta, calmo	
-1	Sonolento	Não se encontra totalmente alerta, mas tem o despertar sustentado ao som da voz (> 10 s)
-2	Sedação leve	Acorda rapidamente e faz contato visual com o som da voz (< 10 s)
-3	Sedação moderada	Movimento ou abertura dos olhos ao som da voz (mas sem contato visual)
-4	Sedação profunda	Não responde ao som da voz, mas movimenta ou abre os olhos com estimulação física
-5	Incapaz de ser despertado	Não responde ao som da voz ou ao estímulo físico

Procedimento da medida do RASS:
1. Observar o paciente
   - Paciente está alerta, inquieto ou agitado (0 a +4).
2. Se não está alerta, dizer o nome do paciente e pedir para ele abrir os olhos e olhar para o profissional.
   - Paciente acordado com abertura de olhos sustentada e realizando contato visual (−1).
   - Paciente acordado realizando abertura de olhos e contato visual, porém breve (−2).
   - Paciente é capaz de fazer algum tipo de movimento, porém sem contato visual (−3).
3. Quando paciente não responde ao estimulo verbal realizar estímulos físicos.
   - Paciente realiza algum movimento ao estímulo físico (−4).
   - Paciente não responde a qualquer estímulo (−5).

Existe a hipótese de que eventos intraoperatórios como o tipo de anestésico utilizado, episódios hipotensivos, perda sanguínea e a quantidade de fluidos e hemoderivados administrados afetam a incidência de *delirium* neste período.[18] Em 1998, Marcantonio *et al.* avaliaram como estes fatores influenciavam o surgimento de *delirium*. Foi estudada uma população com mais de 50 anos que foi submetida à cirurgia não cardíaca de grande porte. Observou-se que a perda sanguínea e o volume de hemoderivados administrados estavam associados à maior incidência de *delirium*.

Estudos recentes mostram que fatores associados a cirurgia como o tipo de anestesia, podem influenciar o surgimento de *delirirum*. Apesar de poucos estudos sobre esse tema, vale lembrar que a dor é fator desencadeante para o *delirium* e seu controle traz benefícios para a sua prevenção. Além disso, o uso menor de opiáceos, a redução do estresse cirúrgico, do tempo de imobilidade e de hospitalização, também diminui o tempo de reabilitação e recuperação.[19] Já no período pós-operatório, a polifarmácia, abstinência alcoólica, privação do sono e a imobilidade contribuem para o surgimento de *delirium*.

Quadro 2-4 Manual CAM-ICU para diagnóstico do *delirium*

CAM-ICU – **Características e Descrições**		
Característica 1: Início agudo ou curso flutuante	Ausente ( )	Presente ( )
A. Há evidência de uma alteração aguda no estado mental em relação ao estado basal? ou B. Este comportamento (anormal) flutuou nas últimas 24 horas, isto é, teve tendência a ir e vir, ou aumentar ou diminuir na sua gravidade, tendo sido evidenciado por flutuações na escala de sedação (p. ex.: RASS), Glascow, ou avaliação de *delirium* prévio?		
Característica 2: Falta de atenção	Ausente ( )	Presente ( )
A. O paciente teve dificuldades em focar a atenção, tal como evidenciado por índices inferiores a 8, quer no componente visual quer no componente auditivo do Teste de Atenção *(Attention Screening Examination – ASE)*?		
Característica 3: Pensamento desorganizado	Ausente ( )	Presente ( )
Existem sinais de pensamento desorganizado ou incoerente tal como evidenciado por respostas incorretas a 2 ou mais das 4 questões e/ou incapacidade de obedecer aos seguintes comandos:		
Questões (alternar conjunto A e conjunto B)		
Conjunto A	Conjunto B	
1. Uma pedra pode flutuar na água? 2. Existem peixes no mar? 3. Um quilo pesa mais do que dois quilos? 4. Pode usar-se um martelo para pesar uma agulha?	1. Uma folha pode flutuar na água? 2. Existem elefantes no mar? 3. Dois quilos pesam mais do que um quilo? 4. Pode usar-se um martelo para cortar madeira?	
Característica 4. Nível de consciência alterado	Ausente ( )	Presente ( )
O nível de consciência do paciente é outro qualquer que não o alerta, tal como o vigil, letárgico ou estuporoso? (p. ex.: RASS diferente de "0" na altura da avaliação)		
CAM-ICU Global (Características 1 e 2 + característica 3 ou 4)	Sim ( )	Não ( )

Polifarmácia

Habitualmente, no período pós-operatório os pacientes são submetidos a múltiplas medicações, o que predispõe o aparecimento de *delirium*. As que são mais comumente associadas ao *delirium* são os benzodiazepínicos.

Abstinência do Álcool

Por ser muito utilizada mundialmente, o seu uso apresenta impacto no pós-operatório. Até 25% dos pacientes que utilizam álcool podem apresentar síndrome de abstinência. Sua morbidade se deve pelo aumento no tempo de internação e comprometi-

Delirium

```
┌─────────────────────────────────────────────────────────┐
│                    Característica 1                     │
│         Início agudo de alteração do estado             │
│              mental ou curso flutuante                  │
│                          +                              │
│                    Característica 2                     │
│                    Falta de atenção                     │
│              ↙                          ↘               │
│   Característica 3                  Característica 4    │
│                          ou                             │
│  Pensamento desorganizado    Nível alterado de consciência│
│              ↘                          ↙               │
│                       DELIRIUM                          │
└─────────────────────────────────────────────────────────┘
```

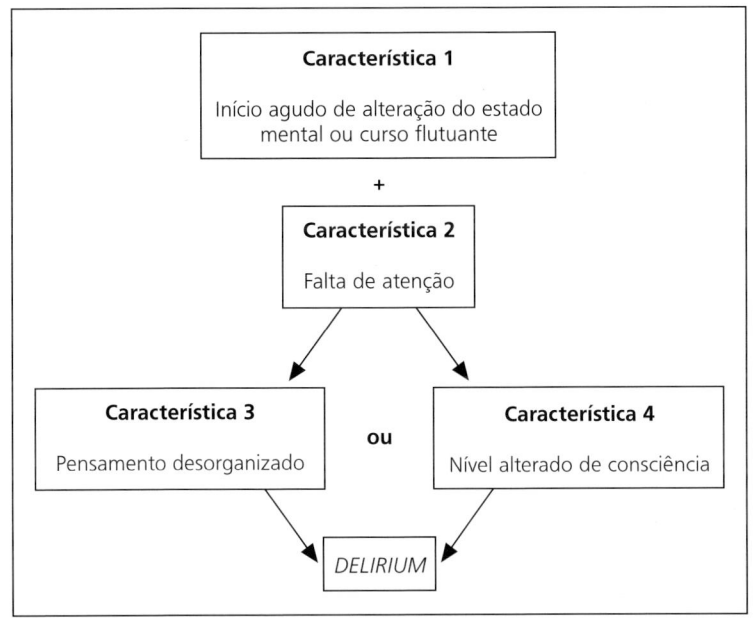

Fig. 2-1 Diagrama de Fluxo do Método CAM-ICU.
Para diagnóstico do *delirium* é preciso identificar a presença de alterações do estado mental, desatenção e pensamento desorganizado ou nível alterado da consciência. Retirado de Ely EW *et al.* 2001.

mento dos resultados pós-operatórios.[20] A identificação de pacientes com risco da síndrome de abstinência é importante para a sua prevenção.

Privação de Sono

Sabe-se que a privação de sono pode ser fator de risco para o surgimento do *delirium*, especialmente em idosos. Como a qualidade do sono em pacientes críticos é sabidamente limitada, este fator de risco deve desempenhar papel importante na gênese do *delirium*.

Cirurgia Cardíaca e *Delirium*

Disfunção cognitiva é comum após cirurgia cardíaca. Encefalopatia e *delirium* fazem parte destas alterações. Sua ocorrência pode estar presente em até 83% dos pacientes em curto prazo e até 60% a longo prazo.[21] O *delirium*, neste cenário, pode apresentar resolução rápida ou mesmo tornar-se distúrbio permanente. Sua fisiopatologia é complexa e envolve efeitos anestésicos, *stress* cirúrgico, microembolizações relacionadas com a circulação extracorpórea, a manipulação da aorta, ou de válvulas calcificadas, hipoperfusão cerebral e hipoxemia.

São fatores de risco: risco cirúrgico elevado, demonstrado pelo EUROESCORE, presença de comorbidades, disfunção cognitiva prévia, aumento da creatinina pré-operatória, disfunção ventricular, cirurgia longa, infecção e disglicemia pós-operatória em pacientes não diabéticos.[22]

A disfunção cognitiva pós-operatória cardíaca pode apresentar-se como alteração na memória, concentração, compreensão da linguagem e, até, na integração social. Apesar de ter sido denominada anteriormente de síndrome pós-perfusional, estudos mais recentes mostraram que o surgimento de alterações cognitivas pode ocorrer mesmo em procedimentos sem circulação extracorpórea.[23]

PREVENÇÃO E TRATAMENTO

A prevenção do *delirium* deve ser o principal objetivo no cuidado do paciente, para reduzir sua incidência e complicações.[14] Embora nenhuma droga seja capaz de prevenir o surgimento de *delirium*, uma abordagem multidisciplinar pode ser capaz de reduzir a incidência de *delirium* em até 40%, através de práticas que incluem a redução da imobilidade, diminuição do uso de benzodiazepínicos e opiáceos e limitação do uso de cateter vesical. Além disso, a presença da família e a adoção de medidas que evitem a privação de sono também podem contribuir para reduzir o surgimento de *delirium* intra-hospitalar.

Em um estudo para prevenção do *delirium* realizado na Universidade de Yale,[24] protocolos de intervenção estimulando a mobilidade precoce, minimização do uso de drogas psicoativas, redução da privação de sono e o uso de próteses auditivas e óculos mostraram-se eficazes na redução da incidência de *delirium*.

Uma vez que ocorra o *delirium*, o aspecto-chave em seu manejo é o tratamento da causa, terapia de suporte, prevenção de suas complicações e controle dos sintomas comportamentais. A abordagem multidisciplinar tem como objetivo a criação de um ambiente calmo, confortável, com calendários, relógios e objetos familiares. A comunicação regular com a equipe de saúde a fim de reorientar o paciente, o envolvimento de membros da família, a limitação na troca nos membros da equipe de saúde, a alteração horário das medicações e da aferição de sinais vitais a fim de evitar a interrupção do sono, reduzir ruídos e abrir persianas também é imprescindível.[3]

A droga utilizada no seu tratamento deve ser administrada na menor dose e durante o menor tempo possível, sendo que os neurolépticos são consideradas as drogas de escolha. Os antipsicóticos são classificados em agentes de primeira e segunda geração (antipsicóticos atípicos). Entre os agente de primeira geração destaca-se o haloperidol, a droga mais utilizada, que é um antagonista dos receptores corticais da dopamina (D_2). Os antipsicóticos de segunda geração incluem risperidona, olanzapina e quetiapina, que provocam o bloqueio simultâneo de receptores dopaminérgicos D_2 e serotoninérgicos 5-HT2A, razão pela qual produzem menos efeitos adversos. Os benzodiazepínicos não são recomendados para o tratamento do *delirium*, por sua tendência a causar sedação e piorar o estado confusional, porém, são a droga de escolha para síndrome de abstinência alcoólica (Quadro 2-5).[15]

Delirium

Quadro 2-5 Tratamento farmacológico do *delirium*[3]

Droga	Posologia	Efeitos Adversos	Observação
Haloperidol (Haldol®)	0,5-1 mg a cada 60 minutos doses maiores podem ser utilizadas na terapia intensiva	Sintomas extrapiramidais. Aumento do QT.	Agente de escolha Evitar em síndrome de abstinência, insuficiência hepática e síndrome neuroléptica maligna
Risperidona (Risperdal®)	0,5-1 mg a cada 4 horas	Efeitos extrapiramidais e prolongamento do QT	Testados em estudos pequenos
Olanzapina (Zyprexa®)	2,5-10 mg dia		
Quetiapina (Seroquel®)	25-50 mg 2 vezes ao dia		

Contenção física pode ser necessária para o controle de comportamento violento e para prevenção da remoção de tubos e de acessos vasculares, especialmente na terapia intensiva. Quando utilizado deve ser frequentemente reavaliada. Vale lembrar que a contenção pode prolongar o *delirium*.

OPINIÃO DO ESPECIALISTA

Na maioria dos casos *delirium* pode e deve ser conduzido pelo clínico. O parecer do especialista é útil se a causa do distúrbio permanecer sem elucidação. Existem alguns estudos com o objetivo de avaliar a participação do especialista e seus resultados foram controversos. Apesar desses resultados, não devemos deixar de consultar o mesmo em casos complexos.[25]

DELIRIUM, UM INDICADOR DE QUALIDADE

Delirium é um dos principais efeitos adversos evitáveis durante a hospitalização. Pode, portanto, ser utilizado como critério para a avaliação da qualidade do atendimento hospitalar.[3] Levando em consideração que muitos aspectos do atendimento ao paciente envolvem a utilização de drogas, imobilidade, alteração do sono, desequilíbrio eletrolítico de 30 a 40% dos casos de *delirium* podem ser evitados. Atualmente, o *delirium* é utilizado em alguns países como marcador da qualidade do atendimento à saúde. De modo geral, alta incidência de *delirium* está associada à pior qualidade de cuidado hospitalar.[26]

CONCLUSÃO

Delirium é alteração aguda do nível e do conteúdo da consciência de caráter flutuante, comumente manifestada durante a hospitalização especialmente em idosos. *Delirium* prolonga o tempo de internação, eleva custos e aumenta a morbimortalidade. Múltiplos fatores estão relacionados com o desenvolvimento do *delirium*, que se pode manifestar nas formas hiperativa, hipoativa ou mista. Causas reversíveis de *delirium* devem ser identificadas e tratadas e seus fatores precipitantes controlados. Várias ferramentas foram validadas para o diagnóstico do *delirium* a fim de que sua abordagem multidisciplinar seja efetiva. *Delirium* é uma complicação que pode ser devastadora. A equipe multidisciplinar deve estar alerta para evitar, identificar e tratar prontamente o mesmo.

REFERÊNCIAS BIBLIOGRÁFICAS

1. Marcantonio ER. In the clinic, delirium. *Ann Inter Med* 2011 June 7;154(11).
2. Maldonado JR. Delirium in acute care setting: characteristics, diagnosis, and treatment. *Crit Care Clin* 2008;24:657-722.
3. Inouye SK. Delirium in older persons. *N Engl J Med* 2006;354:1157-65.
4. Whitlock EL. Postoperative delirium. *Minerva Anestesiol* 2011;77(4):448-56.
5. Moran JA, Dorevitch MI. Delirium in the hospitalized elderly. *Aust J Hosp Pharm* 2001;31:35-40.
6. Lat I, McMillian W, Taylor S *et al.* The impact of delirium on clinical outcomes in mechanically ventilated surgical and trauma patients. *Crit Care Med* 2009;37:1898-905.
7. American Psychiatric Association. Practice guideline for the treatment of patients with delirium. *Am J Psychiatry* 1999;156(Suppl):1-20.
8. Ely EW, Margolin R, Francis J *et al.* Evaluation of delirium in critically ill patients: validation of the Confusion Assesment Method for the Intensive Care Unit (CAM-ICU). *Crit Care Med* 2001;29:1370-79.
9. Bergeron N, Dubois MJ, Dumont M *et al.* Intensice care delirium screening checklist: evaluation of a new screening tool. *Intensive Care Med* 2001;27:859-64.
10. van Eijk MM, van den Boogaard M, van Marum RJ *et al.* Routine use of the confusion assesment method for the intensive care unit a multicenter study. *Am J RespCritCare Med* 2011;184:340-44.
11. Josephson AS, Miller BL. Confusion and delirium. In: Logo D, Fauci A, Kasper D *et al.* (Eds.). *Harrison's principles of internal medicine*. 18th ed. McGraw-Hill 2012. p. 196-201, vol. 1.
12. Cole MG, McCusker J, Bellavance F *et al.* Systematic detection and multidisciplinary care of delirium in older medical inpatients:a randomized teial. *CMAJ* 2002;167:753-59.
13. Wong CL, Holroyd-Leduc J, Simel DL *et al.* Does this patient have delirium? Value of bedside instruments. *JAMA* 2010;304:779-86.
14. Caplan JP, Rabinowitz T. An approach to the patient with cognitive impairment: delirium and dementia. *Med Clin N Am* 2010;94:1103-16.
15. Inouye SK. Delirium or acute mental status change in the older patient. In: Goldman L, Schafer AI. *Goldman's Cecil medicine*. 24th ed. Philadelphia: Saunders, an Imprint of Elsevier, 2011 Chap 27.

16. Monk TG, Price CC. Postoperative cognitive disorders. *Curr Opin Crit Care* 2011;17:376-81.
17. Dardik A, Berger DH, Rosenthal RA. Surgery in the Geriatric Patient. In: Townsed: *sabiston textbook of surgery*. 19th ed. Philadelphia: Sauders, an Imprint of Elsevier, 2012.
18. Allen SR, Frankel HL. Postoperative complications: delirium. *Sur Clin N Am* 2012;92:409-31.
19. Halaszynski TM. Pain management in the elderly and cognitively impaired patient: the role of regional anesthesia and analgesia. *Curr Opin Anaesthesiol* 2009;22:594-99.
20. Chang PH, Steinberg MB. Alcohol withdrawal. *Med Clin North Am* 2001;85:1191.
21. Gray RJ, Sethna DH. Medical management of the patient undergoing cardiac surgery. In: Libby P *et al*. *Braunwald's heart disease a textbook of cardiovascular medicine*. 9th ed. Philadelphia: Elsevier Saunders, 2012. p. 1793-810.
22. Bakker RC, Osse RJ, Tulen JHM *et al*. Perioperative and operative predictors od delirium after cardiac surgery in elderly patients. *Eur J Cardio-Thoracic Surg* 2012;41:544-49.
23. Shroyer AL, Groover FL, Hattler B *et al*. For the Veterans Affairs Randomized On/Off Bypass (ROOBY) Study Group. On-Pump versus off-pump coronary bypass surgery. *N Engl J Med* 2009;361:1827-37.
24. Inouye SK, Bogardus Jr ST, Charpentier PA *et al*. A multicomponent intervention to prevent delirium in hospitalized older patients. *N Engl J Med* 1999;340:669-76.
25. Pitkala KH, Laurila JV, Strandberg TE *et al*. Multicomponent geriatric intervention for elderly inpatients with delirium: a randomized, controlled trial. *J Gerontol A BiolSci Med Sci* 2006;61:176-81.
26. Sloss EM, Solomon DH, Shekelle PG *et al*. Selecting target conditions for quality of care improvement in vulnerable older adults. *J Amer Geriatr Soc* 2000;48:363-69.

Capítulo 3

MONITORAÇÃO NEUROLÓGICA MULTIMODAL

Marcelo Duarte Magalhães

INTRODUÇÃO

A monitoração multimodal consiste na aquisição de diversas informações de diferentes órgãos e sistemas e sua apresentação, de forma integrada, tem como objetivo facilitar a tomada de decisões diante de situações de alta complexidade. Embora ela já faça parte da prática clínica diária de todos os intensivistas, é feita de forma ainda muito intuitiva, já que as ferramentas de processamento das informações nem sempre estão disponíveis. Isso significa que a tomada de decisão a beira leito de pacientes complexos depende de uma estrutura sofisticada, composta por uma série de equipamentos com sensores de alta definição, que exportam os dados colhidos para um computador equipado com *softwares* de integração com capacidade de processamento das informações, gerando conhecimento sobre o paciente para facilitar as tomadas de decisões. Após a realização da intervenção, o sistema faz um rígido acompanhamento visando controlar as respostas para avaliar se os objetivos propostos foram alcançados. Além disso, esse processo gera conhecimento por parte do sistema e da equipe, que pode levar à melhora das práticas clínicas.[1] É importante reforçar que a monitoração multimodal envolve uma equipe multidisciplinar incluindo não só médicos, mas também engenheiros, farmacêuticos, biólogos, físicos, matemáticos e uma série de profissionais que participam tanto da elaboração dos sistemas bem como da sua constante análise crítica.[2]

CONTEÚDO

O critério de inclusão de dados que vão impactar nos desfechos finais ainda não foram completamente definidos pela literatura.[3,4]

A capacitação de cada serviço exige um grau de responsabilidade e comprometimento muito grande, associado ao esforço em aceitar novos conceitos e paradigmas. O treinamento se faz necessário haja vista que o conhecimento matemático no meio médico, quando existe, resume-se, praticamente, à matemática aplicada à estatística básica. Compreender conceitos matemáticos mais profundos é condição fundamental para entender os modelos e os algoritmos a serem implementados.

Uma maneira simples, mas corriqueira, de exemplificar o primitivismo da interpretação não armada de dados multimodais é por meio da utilização de dados como da oxigenação cerebral, por sua leitura simples e descontextualizada (como se interpreta por exemplo o valor do potássio sérico) e identificados valores considerados baixos, sejam tomadas medidas para sua correção entre as quais a elevação da pressão arterial, induzindo nos pacientes muito graves a elevação da pressão intracraniana, já que há concomitante perda da autorregulação. Evolutivamente, a inferência de que trata-se de hipertensão intracraniana refratária, pode induzir a iatrogenias sequenciais, como indicação de craniectomia descompressiva. Os programas de interpretação e auxílio a tomada de decisão tendem a excluir estes erros, uma vez que são capacitados a checar todas as variáveis em tempo real.[5]

MONITORAÇÃO MULTIMODAL CEREBRAL

Pressão Intracraniana

Seja por origem traumática[6] ou vascular,[7,8] os valores elevados relacionam-se com morbidade e mortalidade, apesar de a revisão da Cochrane[3] reconhecer esta atitude como controversa. Esta conclusão refere-se ao fato de que monitoração que não resulta em uma intervenção não altera o curso natural da doença. Este fato só corrobora com a ideia de que a pressão deva ser monitorada, para que uma atitude terapêutica que beneficie o paciente possa ser tomada.

A pressão intracraniana normal em adultos saudáveis na posição supina varia de 7 a 15 mmHg. Valores superiores a 20 mmHg por um período superior a 10 minutos são considerados pela maioria dos autores como o limiar para iniciar o tratamento. Considerando-se que o fluxo sanguíneo cerebral (FSC) é mantido pela pressão de perfusão cerebral (PPC), constituída pela diferença de pressão entre a entrada de sangue arterial e a saída de venoso, para efeitos práticos, a pressão nas artérias cerebrais corresponde à diferença entre pressão arterial média (PAM) e PIC ou seja, PPC = PAM − PIC, cujo valor normal pode variar nos diferentes pacientes, mas geralmente situa-se entre 60 e 70 mmHg. A monitoração da PIC também permite a análise das ondas de pressão que podem fornecer informações adicionais importantes.

Pressão Tecidual de Oxigênio Cerebral

Reflete de forma simplificada a diferença entre as pressões arteriovenosa de oxigênio, estando embutidas aí a interferência da oferta, difusão e extração.[9] Tem-se demonstrado muito útil, principalmente, na HSA e no trauma,[10,11] sendo a sua indicação sustentadas por *guidelines* internacionais.[12,13]

Microdiálise Cerebral

A microdiálise é um método que consiste na inserção intraparenquimatosa de um cateter de fino diâmetro que permite a infusão e a reabsorção contínua de uma solução a partir da qual as concentrações de lactato, piruvato, glicerol, glicose e glutamato são medidas. Assim, a microdiálise monitora, dinamicamente, as alterações neuroquímicas dos pacientes, permitindo diagnósticos e intervenções mais precoces.[14,16]

Doppler Trancraniano

O Doppler transcraniano (DTC) é método relativamente novo, não invasivo, que utiliza a técnica do ultrassom para medir, indiretamente, o fluxo nas porções proximais das principais artérias intracranianas, oferecendo informações dinâmicas da circulação cerebral. O exame foi descrito em 1982, por Rune Aaslid, e, desde então, vem sendo progressivamente introduzido na prática clínica mundial. A sua utilização em momentos de instabilidade permite associar informações muitas vezes divergentes com relação ao que realmente está acontecendo com o paciente como, por exemplo, um quadro de hipertensão intracraniana secundário à hiperemia e não à hipoxemia. Isso pode permitir, por exemplo, o ajuste da PPC, ou até mesmo a utilização da hiperventilação como forma de correção do evento.

Eletroencefalografia

Embora o exame neurológico ainda permaneça como o principal parâmetro de avaliação do comprometimento cerebral, o eletroencéfalograma é um exame de fácil realização, baixo custo e que não oferece riscos significativos ao paciente. Além de reconhecer crises eletrográficas,[17] pode predizer isquemia tardia em pacientes com HSA de baixo grau, pela variabilidade da potência dos ritmos α e δ.[18,19]

CONCLUSÕES

Apesar de citarmos monitorações cerebrais, o conceito de monitoração multimodal incorpora todas as monitorações pertinentes aos diversos pacientes e se relaciona muito mais com a integração destas monitorações em processos computacionais avançados, permitindo aproveitamento muito superior das informações e evitando iatrogenias.[20]

Cabe a todos nós, nos prepararmos para mais esse desafio bastante promissor no que se refere ao refinamento dos cuidados oferecidos aos pacientes muito graves.

REFERÊNCIAS BIBLIOGRÁFICAS

1. Hemphill JC, Andrews P, De Georgia M. Multimodal monitoring and neuro & critical care bioinformatics. *Nat Rev Neurol* 2011;7:451-60.
2. Piper I, Chambers I, Citerio G *et al*. The brain monitoring with information technology (BrainIT) collaborative network: EC feasibility study results and future direction. *Acta Neurochir* (Wien) 2010;152:1859-71.

3. Forsyth RJ, Wolny S, Rodrigues B. Routine intracranial pressure monitoringin acute coma. *Cochrane Database Syst Rev* 2010(2):CD002043.
4. Stein SC, Georgoff P, Meghan S et al. Relationship of aggressive monitoring and treatment to improved outcomes in severe traumatic brain injury. *J Neurosurg* 2010;112:1105-12.
5. Jaeger M, Dengl M, Meixensberger J et al. Effects of cerebro- vascular pressure reactivity-guided optimization of cerebral perfusion pres- sure on brain tissue oxygenation after traumatic brain injury. *Crit Care Med* 2010;38:1343-47.
6. Bratton SL, Chestnut RM, Ghajar J et al. Guidelines for the management of severe traumatic brain injury. VI. Indications for intracranial pressure monitoring. *J Neurotrauma* 2007;24(Suppl 1):S37-44.
7. Andrews PJ, Citerio G. Intracranial pressure. Part one: historical overview and basic concepts. *Intensive Care Med* 2004;30:1730-33.
8. Citerio G, Andrews PJ. Intracranial pressure. Part two: clinical applications and technology. *Intensive Care Med* 2004;30:1882-85.
9. Rosenthal G, Hemphill JC 3rd, Sorani M et al. Brain tissue oxygen tension is more indicative of oxygen diffusion than oxygen delivery and metabolism in patients with traumatic brain injury. *Crit Care Med* 2008;36:1917-24.
10. Jaeger M, Dengl M, Meixensberger J et al. Effects of cerebrovascular pressure reactivity-guided optimization of cerebral perfusion pressure on brain tissue oxygenation after traumatic brain injury. *Crit Care Med* 2010;38:1343-47.
11. Jaeger M, Schuhmann MU, Soehle M et al. Continuous monitoring of cerebrovascular autoregulation after subarachnoid hemorrhage by brain tissue oxygen pressure reactivity and its relation to delayed cerebral infarction. *Stroke* 2007;38:981-86.
12. Bratton SL, Chestnut RM, Ghajar J et al. Guidelines for the management of 483. severe traumatic brain injury. X. Brain oxygen monitoring and thresholds. *J Neurotrauma* 2007;24(Suppl 1):S65-70.
13. Hanggi D. Monitoring and detection of vasospasm II: EEG and invasive monitoring. *Neurocrit Care* 2011;15:318-23.
14. Adamides AA, Rosenfeldt FL, Winter CD et al. Brain tissue lactate elevations predict episodes of intracranial hypertension in patients with traumatic brain injury. *J Am Coll Surg* 2009;209:531-39.
15. Dayon L, Turck N, Garci-Berrocoso T et al. Brain extracellular fluid protein changes in acute stroke patients. *J Proteome Res* 2011;10:1043-51.
16. Petzold A, Tisdall MM, Girbes AR et al. In vivo monitoring of neuronal loss in traumatic brain injury: a microdialysis study. *Brain* 2011;134(Pt 2):464-83.
17. Karakis I, Montouris GD, Otis JA et al. A quick and reliable EEG montage for the detection of seizures in the critical care setting. *J Clin Neurophysiol* 2010;27:100-5.
18. Classed J, Hirsch LJ, Kreiter KT et al. Quantitative continuous EEG for detecting delayed cerebral ischemia in patients with poor-grade subarachnoid hemorrhage. *Clin Neurophysiol* 2004;115:2699-710.
19. Rathakrishnan R, Gotman J, Dubeau F et al. Using continuous electroencephalography in the management of delayed cerebral ischemia following subarachnoid hemorrhage. *Neurocrit Care* 2011;14:152-61.
20. Oddo M, Villa F, Citerio G. Brain mutimodality monitoring: an update. *Curr Opin Crit Care* 2012;18:111-18.

Capítulo 4

TRATAMENTO DO VASOSPASMO CEREBRAL APÓS HEMORRAGIA SUBARACNÓIDEA

Thiago G. Fukuda
Jamary Oliveira Filho

INTRODUÇÃO

O vasospasmo cerebral (VC) é um "estreitamento" das artérias cerebrais que pode ocorrer após uma hemorragia subaracnóidea (HSA).[1] Embora o vasospasmo angiográfico seja detectado em até 70% dos pacientes com HSA aneurismática, sintomas decorrentes do mesmo ocorre em 20-30% dos pacientes.[2] O período de maior incidência é entre o 3° e o 21° dia pós-HSA com um pico entre o 7° e o 10° dia.[3] O volume de sangue no espaço subaracnóideo é um dos principais fatores preditores de vasospasmo sintomático.[4]

Embora o mecanismo patogênico não seja completamente conhecido, acredita-se que envolve principalmente a oxi-hemoglobina derivada da lise dos coágulos que estimularia a liberação de radicais livres e agentes vasoativos (ecosanoides e endotelina), além de inibir mecanismos de relaxamento vascular dependentes do endotélio.[5-7]

O padrão ouro para o diagnóstico é com a realização de angiografia com subtração digital. O Doppler transcraniano, angiotomografia, angiorressonância e estudos de perfusão cerebral são úteis como métodos de triagem e para o diagnóstico, apesar de menor sensibilidade e/ou especificidade destes métodos.

A presença de vasospasmo está intimamente associado à ocorrência de isquemia cerebral tardia (ICT) e com o déficit isquêmico neurológico tardio (DINT).[8] A ICT é a ocorrência de infarto cerebral até 6 semanas pós-HSA detectado por meio de exames de imagem (TC ou RM), não devendo ser atribuído a outras causas como manipulação cirúrgica ou pós-clipagem/embolização do aneurisma.[1] O DINT é definido como a ocorrência de uma deterioração neurológica (qualquer déficit focal ou queda ≥ 2 pontos na escala de coma de Glasgow) que persista por mais que 1 hora e não esteja relacionado com o fechamento do aneurisma ou outras condições clínicas.[1] O VC e a ICT são as principais causas de piora neurológica em um paciente com HSA e está relacionada com o aumento da morbimortalidade, o que torna fundamental seu reconhecimento e manejo adequados.[9]

As estratégias terapêuticas que envolvem o manejo do vasospasmo e a prevenção de ICT têm como principais objetivos: a prevenção do vasospasmo, a reversão do vasospasmo e a proteção cerebral contra isquemia.

PREVENÇÃO DO VASOSPASMO

Com base em teorias fisiopatogênicas têm sido testadas diversas estratégias terapêuticas com o objetivo de prevenção de vasospasmo e que serão discutidas abaixo.

Nimodipina

É um antagonista dos canais de cálcio, que apesar de não haver comprovação na redução da incidência de vasospasmo, uma metanálise reunindo sete estudos randomizados demonstrou melhora do desfecho clínico e na ocorrência de isquemia cerebral tardia.[10] Outros mecanismos que não o relaxamento de músculo liso pelo bloqueio do cálcio podem estar envolvidos nestes achados. Sabemos que o mecanismo de depressão alastrante, inflamação, microtrombose e falta de colaterais podem estar associados à ICT independente da ocorrência de vasospasmo. É recomendado o uso de 60 mg de 4/4 horas por via oral durante os primeiros 21 dias do *ictus*, a não ser que fatores hemodinâmicos contraindiquem sua utilização.

O implante intracraniano de nicardipina na cisterna basal foi avaliada em um estudo pequeno de fase IIa com 32 pacientes demonstrando redução no vasospasmo e ICT.[11] São necessários estudos maiores para indicar o seu uso rotineiro.

Manutenção Hídrica

A hipovolemia e a redução do fluxo sanguíneo cerebral em pacientes vítimas de HSA aumentam o risco de vasospasmo sintomático. A tentativa de instituir a terapia dos 3H (hipervolemia, hipertenção e hemodiluição) ou apenas de hipervolemia não foi superior a manutenção de normovolemia na prevenção de vasospasmo.[12,13] Recomendamos manutenção de euvolemia em pacientes após HSA.

Sulfato de Magnésio e Outros Eletrólitos

O magnésio é um competidor fisiológico do cálcio e antagonista não competitivo do receptor NMDA (N-metil-D-aspartato) e em estudos animais foi demonstrado redução de vasospasmo e ICT. Estudo de fase II em humanos demonstrou redução de 34% no risco de ICT no grupo de tratamento do sulfato de magnésio, no entanto, recentemente, a publicação do estudo randomizado placebo controlado, MASH-II, não demonstrou benefício no desfecho clínico de pacientes que utilizaram sulfato de magnésio.[14,15] Atualmente não existem evidências clínicas que suportem o uso rotineiro de sulfato de magnésio na prevenção de vasospasmo na HSA.

Cerca de 30% dos paciente com HSA apresentam hiponatremia, alguns relatos associam a ocorrência de vasospasmo.[16] Tanto o uso de mineralocorticoides (fludrocortisona), quanto salina hipertônica são seguros e eficazes para correção da hiponatremia. Como não existe evidência sobre qual a concentração de sódio plasmático mais adequada neste cenário, sugerimos manter os pacientes eunatrêmicos.

Estatinas

As estatinas são inibidores da enzima HMG-CoA redutase e agem tanto reduzindo o colesterol quanto por efeitos pleiotrópicos. Em pacientes com HSA, elas podem atuar com aumento da atividade da enzima endotelial sintetizadora de NO (óxido nítrico) e por mecanismo anti-inflamatório. Foi demonstrado em dois pequenos estudos fase II melhora do vasospasmo e ocorrência de ICT, no entanto, o mesmo benefício não foi mantido durante metanálise recentemente publicada com inclusão de 190 pacientes em quatro ensaios clínicos.[17] O primeiro estudo fase III (STASH) sobre o tema está em andamento e recrutando pacientes até o início de 2013 (http:// www.stashtrial.com/recruit.html). Até a publicação deste estudo não havia grandes evidências para uso rotineiro de estatinas na prevenção de vasospasmo. Os pacientes que usam qualquer tipo de estatina previamente ao evento devem manter seu uso durante a internação.

Antagonistas da Endotelina-1

A endotelina 1 é um peptídeo que atua por meio de dois tipos de receptores, sendo que sua ação sobre o ET-A leva a uma importante vasoconstrição. O clazosentan, que é um inibidor específico do receptor ET-A, foi avaliado por dois ensaios clínicos randomizados fase III (O CONSCIOUS-2 e o CONSCIOUS-3) que estudaram, respectivamente, pacientes com aneurismas clipados ou embolizados. Foi vista uma redução na incidência de vasospasmo angiográfico sem mudança no desfecho clínico ou na prevalência de ICT ou DINT.[18,19] É importante lembrar que o estudo CONSCIOUS-3 foi interrompido precocemente pelo FDA após a publicação dos resultados do CONSCIOUS-2 com apenas 38% do número de pacientes planejados para o estudo e a dose maior de 15 mg não foi avaliado no CONSCIOUS-2. Desse modo, no momento não há evidências que suportem o uso dos antagonistas da endotelina-1.

Drenagem Lombar Precoce

Uma outra abordagem com objetivo de prevenção de ocorrência de vasospasmo cerebral é a drenagem lombar precoce. Alguns estudos preliminares demonstraram algum benefício deste método, cujo objetivo primário é reduzir a quantidade de sangue circulando no espaço subaracnóideo, considerado o principal fator que gera o vasospasmo. Atualmente, dois ensaios clínicos com objetivo de avaliar a incidência de vasospasmo e o desfecho clínico estão em andamento: *lumbar drainage in subarachnoid hemorrhage* (LUMAS) e o *early lumbar cerebroespinal fluid drainage in aneurismal subarachnoid hemorrhage* (EARLYDRAIN).[20]

Trombolítico Intratecal

O uso de trombolítico intratecal também é fundamentado no conhecimento que a quantidade de sangue no espaço subaracnoide aumenta o risco de ICT e a lise dos coágulos poderia facilitar sua absorção. Uma metanálise recente demonstrou redução em ICT e vasospasmo nos pacientes tratados com rtPA ou uroquinase intratecal, sem aumento em infecção ou sangramento.[21] Alguns centros usam de forma rotineira a dose de 1 mg de rtPA a cada 8 horas. Em razão da variabilidade de metodologia utilizada nos trabalhos analisados e inclusão de estudos pequenos o seu uso rotineiro ainda não é recomendado, sendo aguardada a realização de estudos randomizados de maior porte.

Outras Terapias em Estudo

Depressão cortical alastrante (DCA)

Apesar da forte associação de VC com ICT e DINT, alguns pacientes apresentam deteriorização neurológica e isquêmica cerebral na ausência de vasospasmo. Um dos mecanismo que podem estar envolvidos é conhecido com depressão cortical alastrante e atualmente o estudo DISCHARGE-1 está em andamento com objetivo e avaliar essa associação. Potenciais terapias para inibição da DCA são os antagonistas NMDA, correção de hipeglicemia e hiperóxia bem como a utilização de alguns anticonvulsivantes.[22,23]

TRATAMENTO DO VASOSPASMO

Após instalação do vasospasmo cerebral utilizaremos terapias com objetivo de reversão do vasospasmo e proteção do tecido cerebral viável contra isquemia causada pelo estreitamento arterial. A abordagem pode ser realizada por terapia clínica e por via endovascular ou intratecal.

Terapia dos "3 H"

A expressão "terapia dos 3 H" consiste na utilização Hipervolemia, Hipertenção e Hemodiluição com base de uma terapia hemodinâmica para o manejo do VC. É importante lembrar que a utilização desse tipo de abordagem só deve ser realizada após o tratamento do aneurisma (embolização ou clipagem cirúrgica) decorrente de risco de ressangramento. Não existem trabalhos clínicos randomizados com objetivo de avaliar eficácia dessa terapia no VC, as recomendações são fundamentadas em séries de casos com melhora do fluxo sanguíneo cerebral com redução de isquemia e melhora clínica concomitante. Como já citado anteriormente não há benefício de utilizar a "terapia dos 3 H" de forma profilática.

A hipertensão pode ser conseguida através de aminas vasoativas (noradrenalina ou fenilefrina) e deve ter como objetivo atingir uma nível de pressão arterial média individualizado que esteja associada a um melhor *status* neurológico do paciente e não leve a complicações clínicas. A hipervolemia tem sido substituída pela euvolemia por causa de estudos que não mostraram diferença no desfecho de pacientes euvolêmicos ou hipervolêmicos. A hemodiluição é a terapia com menor evidência de eficácia e deve ser utilizada apenas em casos selecionados como a presença de eritrocitemia.[24] Na maioria dos casos, a expansão volêmica associada à coleta de exames laboratoriais de rotina já atinge o objetivo de hemodiluição.

Milrinona Venosa

A milrinona é inibidor seletivo da fosfodiesterase III nos miócitos cardíacos e musculatura lisa vascular e produz efeitos tanto com inotrópico cardíaco como vasodilatador. Em modelos animais e humanos o seu uso foi associado à reversão do vasospasmo. Recentemente, o Hospital Neurológico de Montreal publicou a maior série de casos com o uso de protocolo de milrinona venosa (88 pacientes), demonstrou viabilidade e segurança nesses pacientes.[25] Apesar da ausência de estudos randomizados, temos utilizado na prática clínica por via intravenosa (*bolus* de 0,1-,0,2 mg/kg e manutenção de 0,5-1,5 mcg/kg/min). O principal efeito adverso é a indução de taquiarritmias, motivo pelo qual evita-se aumentar a taxa de infusão se a frequência cardíaca subir acima de 100/min. A utlilização do milrinona não deve interferir no tempo de indicação da terapia endovascular e deve ser utilizada em conjunto com outras terapias-padrão. Recomendamos a manutenção da infusão por 14 dias ou até reversão do vasospasmo.

Terapia Endovascular

A terapia endovascular deve ser utilizada nos casos de vasospasmo refratário, que persiste a despeito da terapia do "Triplo H". Pode ser realizada por meio de angioplastia com balão ou com a injeção de substâncias vasodilatadoras diretamente no vaso acometido ou próximo, no caso de acometimento de ramos distais.[26,27]

Eficácia e segurança da angioplastia com balão foi avaliada apenas por estudos retrospectivos ou série de casos. Nestes estudos foi relatada uma taxa de complicação baixa, com resposta dramática em até 37% dos pacientes que realizaram o procedimento nas primeiras 24 horas do início dos sintomas e melhora angiográfica significativa em até 72% dos pacientes.

Da mesma forma que a angioplastia, não há estudos clínicos avaliando o uso intra-arterial de substâncias vasodilatadoras. Em relato de séries de casos com uso de nicardipina, milrinona, verapamil, papaverina e nimodipina resultou em reversão angiográfica do vasospasmo na maioria dos pacientes (até 76%) e melhora clínica em até 42%.[28] A experiência de alguns centros asiáticos demonstrou maior eficácia do tratamento combinado de angioplastia com vasodilatadores arteriais. De forma geral, a angioplastia apresenta um efeito terapêutico mais permanente, por romper fibras musculares da camada média das artérias cerebrais proximais, que não voltam a contrair em vasospasmo. No caso das substâncias vasodilatadoras, a resposta terapêutica é boa a vários agentes, mas a duração do efeito é fugaz e varia de um agente para outro (maior com nicardipina e milrinona em comparação com os demais agentes mencionados).

Bloqueio Simpático Regional

Uma série publicada, com pequeno número de pacientes (n = 9) com VC e utilização da técnica de bloqueio anestésico cervical simpático, apresentou melhora na perfusão cerebral sem modificação no calibre vascular. No momento, o seu uso deve ser encarado como experimental, não havendo evidências suficientes para uso na prática clínica.[29]

Nitroprussiato de Sódio Intraventricular

Outra terapia promissora no tratamento do vasospasmo refratário é o uso de nitroprussiato de sódio intratecal. Algumas séries de caso de 10 e 21 pacientes foram publicadas e demonstraram uma melhora na velocidade média no Doppler transcraniano (DTC) e reversão parcial na angiografia da maioria dos pacientes estudados, sem presença de efeitos colaterais graves.[30,31] Por não haver estudos randomizados, não é possível a análise de desfecho clínico.

Temos utilizado o nitroprussiato intraventricular em pacientes com vasospasmo refratário e com indicação prévia de derivação ventricular externa (DVE). Deve ser retirado 5-6 mL de liquor da DVE e infundido o nitroprussiato (concentração 4 mg/mL) 1 mL a cada 5 minutos até melhora clínica ou normalização de velocidade de artéria cerebral média no DTC, com dose máxima de 40 mg. É importante a prévia administração de antieméticos e/ou corticoide para prevenção de vômitos, que é o efeito colateral mais frequente. Durante todo o período o paciente deve estar monitorado com DTC.

PROTEÇÃO CONTRA ISQUÊMIA CEREBRAL

Além de prevenir e tratar o vasospasmo devemos ter em mente que é importante a nutrição e a proteção do tecido cerebral viável. As terapias utilizadas no tratamento do vasospasmo tal qual a terapia dos 3H e o uso de medicações que melhorem o débito cardíaco, como o milrinona, já proporcionam um melhor fluxo cerebral a despeito da reversão do vasospasmo.

Um recente estudo publicado demonstrou que a administração de altas dose de eritropoetina leva a uma melhor oxigenação cerebral avaliada por meio da pressão parcial de oxigenio tecidual, não sendo avaliado o desfecho clínico.[32] Diversas outras classes de medicações têm sido testadas com intuito de neuroproteção, como: fator de crescimento derivado de plaquetas, inibidores de protease (FUT 175) e varredores de radicais livres, albumina humana, dantrolene dentre outros.[33-36] Nenhum dos estudos envolvendo essas medicações publicadas até o momento demonstraram melhora no desfecho clínico, ainda não sendo recomendadas.

REFERÊNCIAS BIBLIOGRÁFICAS

1. Diringer MN, Bleck TP et al. Critical care management of patients following aneurysmal subarachnoid hemorrhage: recommendations from the Neurocritical Care Society's Multidisciplinary Consensus Conference. Neurocrit Care 2011;15:211-40.
2. Kassell NF, Sasaki T et al. Cerebral vasospasm following aneurysmal subarachnoid hemorrhage. Stroke 1985 July.-Aug.16(4):562-72.
3. Connolly Jr ES, Alejandro A et al. Guidelines for the management of aneurysmal subarachnoid hemorrhage: a guideline for healthcare professionals from the American Heart Association/American Stroke Association. Stroke 2012;43:1711-37.
4. Fisher CM, Kistler JP, Davis JM. Relation of cerebral vasospasm to subarachnoid hemorrhage visualized by CT scanning. Neurosurgery 1980;6:1.
5. Rabinstein AA, Lanzino G, Wijdicks EF. Multidisciplinary management and emerging therapeutic strategies in aneurysmal subarachnoid haemorrhage. Lancet Neurol 2010;9:504-19.
6. Pradilla G, Chaichana KL, Hoang S et al. Inflammation and cerebral vasospasm after subarachnoid hemorrhage. Neurosurg Clin N Am 2010;21(2):365-79.
7. Pluta RM, Hansen Schwartz J, Dreier J et al. Cerebral vasospasm following subarachnoid hemorrhage: time for a new world of thought. Neurol Res 2009;31(2):151-58.
8. Al Tamimi YZ, Orsi NM et al. A review of delayed ischemic neurologic deficit following aneurysmal subarachnoid hemorrhage: historical overview, current treatment, and pathophysiology. World Neurosurg 2010 June;73(6):654-67.
9. Mervyn DI. Vergouwen.Vasospasm Versus Delayed Cerebral Ischemia as an Outcome Event in Clinical Trials and Observational Studies. Neurocrit Care 2011;15:308-11.
10. Barker FG 2nd, Ogilvy CS. Efficacy of prophylactic nimodipine for delayed ischemic deficit after subarachnoid hemorrhage: a metaanalysis. J Neurosurg 1996;84:405.
11. Barth M, Capelle HH et al. Effect of nicardipine prolonged.release implants on cerebral vasospasm and clinical outcome after severe aneurysmal subarachnoid hemorrhage: a prospective, randomized, double.blind phase IIa study. Stroke 2007;38(2):330.
12. Lennihan L, Mayer SA, Fink ME et al. Effect of hypervolemic therapy on cerebral blood flow after subarachnoid hemorrhage: a randomized controlled trial. Stroke 2000;31:383.
13. Treggiari MM, Walder B et al. Systematic review of the prevention of delayed ischemic neurological deficits with hypertension, hypervolemia, and hemodilution therapy following subarachnoid hemorrhage. J Neurosurg 2003;98:978.
14. Wong GK, Poon WS, Chan MT et al. Intravenous magnesium sulphate for aneurysmal subarachnoid hemorrhage (IMASH): a randomized, Double blinded, placebo.controlled, multicenter phase III trial. Stroke 2010;41:921-26.
15. Mees SM, Algra A et al. Magnesium for aneurysmal subarachnoid haemorrhage (MASH.2): a randomised placebo.controlled trial. Lancet 2012 July 7;380(9836):44-49.
16. McGirt MJ, Blessing R, Nimjee SM et al. Correlation of serum brain natriuretic peptide with hyponatremia and delayed ischemic neurological deficits after subarachnoid hemorrhage. Neurosurgery 2004;54:1369-73.

17. Vergouwen MD, de Haan RJ et al. Effect of statin treatment on vasospasm, delayed cerebral ischemia, and functional outcome in patients with aneurysmal subarachnoid hemorrhage: a systematic review and meta.analysis update. *Stroke* 2010;41:e47.
18. Macdonald RL, Higashida RT, Keller E et al. Preventing vasospasm improves outcome after aneurysmal subarachnoid hemorrhage: rationale and design of CONSCIOUS 2 and CONSCIOUS 3 trials. *Neurocrit Care* 2010;13:416-24.
19. Macdonald RL, Higashida RT, Keller E et al. Clazosentan, an endothelin receptor antagonist, in patients with aneurysmal subarachnoid haemorrhage undergoing surgical clipping: a randomised, double.blind, placebo.controlled phase 3 trial (Conscious 2). *Lancet Neurol* 2011;10:618-25.
20. Bardutzky J, Witsch J, Juttler E et al. EARLYDRAIN – Outcome after early lumbar CSF.drainage in aneurysmal subarachnoid hemorrhage: study protocol for a randomized controlled trial. *Trials* 2011;12:203.
21. Kramer AH, Fletcher JJ. Locally.administered intrathecal thrombolytics following aneurysmal subarachnoid hemorrhage: a systematic review and metaanalysis. *Neurocrit Care* 2011;14:489-99.
22. Dreier JP. The role of spreading depression, spreading depolarization and spreading ischemia in neurological disease. *Nat Med* 2011;17:439-47.
23. Leng LZ, Fink ME, Iadecola C. Spreading depolarization: a possible new culprit in the delayed cerebral ischemia of subarachnoid hemorrhage. *Arch Neurol* 2011;68:31-36.
24. Chittiboina P, Conrad S, McCarthy P et al. The evolving role of hemodilution in treatment of cerebral vasospasm: a historical perspective. *World Neurosurg* 2011;75:660-64.
25. Lannes M, Teitelbaum J et al. Milrinone and homeostasis to treat cerebral vasospasm associated with subarachnoid hemorrhage: the Montreal neurological hospital protocol. *Neurocrit Care* 2012;16:354-62.
26. Jun P, Ko NU, English JD et al. Endovascular treatment of medically refractory cerebral vasospasm following aneurysmal subarachnoid hemorrhage. *Am J Neuroradiol* 2010;31:1911-91.
27. Kimball MM, Velat GJ, Hoh BL. Critical care guidelines on the endovascularmanagement of cerebral vasospasm. *Neurocrit Care* 2011;15:336-41.
28. Bejjani GK, Bank WO et al. The efficacy and safety of angioplasty for cerebral vasospasm after subarachnoid hemorrhage. *Neurosurgery* 1998;42(5):979.
29. Treggiari MM, Romand JA et al. Cervical sympathetic block to reverse delayed ischemic neurological deficits after aneurysmal subarachnoid hemorrhage. *Stroke* 2003;34(4):961.
30. Thomas JE, Rosenwasser RH et al. Safety of intrathecal sodium nitroprusside for the treatment and prevention of refractory cerebral vasospasm and ischemia in humans. *Stroke* 1999 July;30(7):1409-16.
31. Thomas JE, McGinnis G. Safety of intraventricular sodium nitroprusside and thiosulfate for the treatment of cerebral vasospasm in the intensive care unit setting. *Stroke* 2002 Feb.;33(2):486-92.
32. Helbok R, Shaker E et al. High dose Erythropoietin increases brain tissue oxygen tension in Severe Vasospasm after Subarachnoid Hemorrhage. *BMC Neurol* 2012 June 6;12(1):32.
33. Suarez JI, Martin RH. Treatment of subarachnoid hemorrhage with human albumin: ALISAH study. Rationale and design. *Neurocrit Care* 2010;13:263-77.

34. Liu GJ, Wang ZJ, Wang YF *et al.* Systematic assessment and meta.analysis of the efficacy and safety of fasudil in the treatment of cerebral vasospasm in patients with subarachnoid hemorrhage. *Eur J Clin Pharmacol* 2011. Dói 10.1007/s00228.011.1100.x.
35. Rabinstein AA, Lanzino G, Wijdicks EF. Multidisciplinary management and emerging therapeutic strategies in aneurysmal subarachnoid haemorrhage. *Lancet Neurol* 2010;9:504-19.
36. Muehlschlegel S, Rordorf G, Sims J. Effects of a single dose of dantrolene in patients with cerebral vasospasm after subarachnoid hemorrhage: a prospective pilot study. *Stroke* 2011;42:1301-6.

Capítulo 5

MANEJO NEUROINTENSIVO NO ACIDENTE VASCULAR CEREBRAL HEMORRÁGICO

Sheila Cristina Ouriques Martins
Marcelo Kern

INTRODUÇÃO

A hemorragia intracerebral espontânea ou acidente vascular cerebral hemorrágico (AVCh) responde por até 20% de todos os casos de acidentes vasculares cerebrais (AVC), e em cerca de 40% a evolução é fatal. Dos sobreviventes, cerca de 50% apresentam incapacidade funcional grave. Os principais fatores relacionados com a evolução desfavorável descrito na literatura são idade do paciente, volume e localização do hematoma, escala de coma de Glasgow na admissão e extensão hemorrágica intraventricular. A expansão do hematoma cerebral que ocorre nas primeiras horas após o ictus inicial foi identificado como fator principal para piora neurológica.[1] Existem muitas dúvidas acerca do melhor manejo, tanto no que se refere ao manejo clínico/intensivo, quanto nas indicações e técnicas de cirurgia. Neste artigo revisaremos de forma objetiva as dúvidas principais e discutiremos, de forma sucinta, as dúvidas secundárias do manejo intensivo, dando ênfase à filosofia de atendimento.

PRINCIPAIS DÚVIDAS NO TRATAMENTO

Para tornar objetivo e didático, podemos eleger como principais dúvidas: quais os melhores indicadores prognósticos? Qual o melhor tratamento neurointensivo? Quando indicar cirurgia? A escolha dos agentes anti-hipertensivos, uso ou não de anticonvulsivantes, início de terapêutica antitrombótica profilática e as modalidades de monitoração foram consideradas dúvidas secundárias, por não haver muitas controvérsias nestes temas.

Indicadores Prognósticos

Desenvolvido por Hemphill *et al.*[2] e publicado na revista *Stroke*, em 2001, o ICH escore consegue, de forma simples e confiável, identificar variáveis independentes, que se relacionam com a mortalidade em 30 dias após a admissão hospitalar. Tal trabalho foi realizado após análise retrospectiva por regressão logística de 152 pacientes com AVCh, atendidos entre 1997 e 1998. O escore de coma de Glasgow (ECG) na admissão (P < 0,001), idade maior ou igual a 80 anos (P < 0,001), localização infratentorial do hematoma (P < 0,03), volume do hematoma (P < 0,047), presença de hemorragia ventricular (P < 0,052), relacionaram-se com pior prognóstico. O escore foi obtido com a identificação da força de associação de cada variável, aplicando critérios de pontos a cada uma delas. Apesar deste escore já ter sido atualizado pelos mesmos autores, ele continua sendo amplamente utilizado como indicador prognóstico.

Expansão do hematoma

Após o evento hemorrágico cerebral inicial, aproximadamente 38% dos pacientes sofrerão expansão deste hematoma nas 24 horas seguintes. Vários estudos apontam este fenômeno como o maior determinante de piora neurológica. Brott et al.[3] identificam, em sua casuística, que a expansão do hematoma foi a variável responsável pela piora clínica em até 50% das vezes.

Muitas estratégias terapêuticas, com base em princípios fisiopatogênicos aplicáveis à expansão dos hematomas no AVCh, foram testadas, e a identificação de fatores que podem prever sua ocorrência tornaram-se muito importantes. Não há certeza se tal expansão ocorre por conta de nova hemorragia vascular ou pela atividade inflamatória intensa que acontece em torno da área afetada pelo sangramento, produzindo aumento de permeabilidade pela barreira hematoencefálica. Foi identificado um aumento de mediadores inflamatórios, como interleucina-6 e fator de necrose tumoral, bem como uma diminuição de fatores protrombínicos, o que serviu de base teórica para estudos com agentes pró-coagulantes.

"Spot sign"

Em 2007, Goldstein et al.[4] publicaram na revista Neurology estudo em que correlacionaram o acúmulo de contraste iodado em pontos no interior do hematoma cerebral, através de angiotomografia, com aumento da taxa de expansão. Apresentando uma concordância interobservador de 0,92, tal fenômeno chamado de *SPOT SIGN*, apresentava uma sensibilidade de 91%, especificidade de 89%, valor preditivo positivo de 77% e negativo de 96% para risco de expansão, independentemente do tempo de início dos sintomas, relacionando-se, também, com pior prognóstico clínico e neurológico.

Atualmente, o *SPOT SIGN* tem sido muito utilizado como estratificador de risco de expansão e está presente em muitos protocolos assistenciais, orientando uma terapêutica mais radical na prevenção de expansão, quando este sinal está presente.

Tratamento Neurointensivo

Para disponibilizarmos o melhor tratamento clínico/intensivo, a premissa deve ser atender pacientes neurocríticos em unidades intensivas especializadas em neurointensivismo, em consonância com que já vem sendo apontado por vários estudos.

Manejo Neurointensivo no Acidente Vascular Cerebral Hemorrágico

Manejo da pressão arterial

Muitas dúvidas existem sobre qual nível de pressão arterial deveria ser mantido nos pacientes com AVCh. A base para este questionamento vem do binômio taxa de ressangramento ou expansão do hematoma *vs.* isquemia perilesional. Em função do edema com componente celular e vasogênico e da compressão pelo efeito de massa dos hematomas cerebrais, alguns autores relatam a ocorrência de um fenômeno de penumbra isquêmica em torno da área envolvida em hemorragia. Além disso, boa parte dos pacientes envolvidos em AVCh são hipertensos e, muitas vezes, apresentam a curva de regulação do fluxo sanguíneo cerebral desviada para a direita. Com isso, a redução da pressão arterial poderia produzir uma diminuição do fluxo sanguíneo cerebral a ponto de agravar a isquemia, produzindo piora neurológica. Por isso, até recentemente, as diretrizes de manejo de pressão arterial eram bastante liberais, permitindo níveis sistólicos de até 200 mmHg. Entretanto, já foi amplamente demonstrado que níveis pressóricos elevados estão associados a aumento da taxa de expansão do hematoma, com piora neurológica ou morte.

Em artigo publicado na revista Neurology em 2001, Powers *et al.*[5] não encontraram redução do fluxo sanguíneo perilesional, medido por PET-TC, quando a pressão arterial era reduzida de forma controlada. Em estudo de perfusão por ressonância magnética, 68% dos hematomas cerebrais não eram acompanhados de penumbra perilesional.

Já é consenso que os valores de pressão arterial devem ser menores que 180 mmHg na fase aguda do AVCh. Em nosso serviço, como em muitos, a redução da pressão é bem mais radical, principalmente nas primeiras 12 horas após o início dos sintomas. É neste período que 60% dos hematomas aumentam de volume. Utilizamos o valor sistólico da pressão arterial com balizador, pois é este que mais se relaciona com sangramento cerebral. Nesta fase mantemos a pressão sistólica em 140 mmHg nas primeiras 6 horas, permitindo 160 mmHg da 7ª até a 24ª hora. Após o primeiro dia, flexibilizamos o manejo da pressão, pois as taxas de ressangramento diminuem de maneira muito significativa. Portanto, neste binômio, ressangramento *vs.* isquemia perilesional, fazemos uma clara opção por priorizar a prevenção da expansão, por se tratar de uma realidade fortemente relacionada com o prognóstico.

Mais recentemente, alguns trabalhos científicos randomizados procuraram identificar qual valor de pressão arterial é ideal: ATACH, em fase 2 e o INTERACT[6] também em fase 2. Os dois trabalhos demonstraram segurança na utilização de níveis pressóricos reduzidos, mas sem diferenças significativas no que se refere à morte ou à incapacidade. Os estudos de fase 3 para aplicação clínica em mundo real ainda são aguardados.

Para a redução da pressão procuramos sempre utilizar agentes endovenosos por serem tituláveis e de meia-vida menor. Em nosso meio ainda não estão disponíveis agentes bloqueadores de cálcio com efeito anti-hipertensivo importante e sem influência significativa na velocidade de condução átrio ventricular. Na maioria das vezes utilizamos agentes betabloqueadores, como o esmolol, ou vasodilatadores, como nitroprussiato de sódio e hidralazina.

Reversão de anticoagulação

A prevalência de anticoagulação oral ou de antiagregação plaquetária agressiva aumentou de forma significativa nas últimas duas décadas. Os avanços no tratamento do acidente vascular cerebral isquêmico, com o melhor entendimento dos mecanismos fisiopatogênicos dos eventos tromboembólicos cerebrais, cardíacos e periféricos, aumentaram o uso de anticoagulantes orais. Pacientes anticoagulados têm o dobro de chance de apresentar AVCh e chance 6 vezes maior de expandir o hematoma. Portanto, a rápida reversão da anticoagulação é imperativa. Considerando o AVCh em paciente anticoagulado uma emergência médica, a reversão da anticoagulação deve ser obtida o mais prontamente possível. Utilização de complexo protrombínico concentrado proporciona rápida reversão para níveis adequados (INR < 1,5). A dose utilizada é indexada pelo peso do paciente e o nível de INR encontrado. Em geral, a dose gira em torno de 30 a 50 unidades/kg.

Terapia antitrombótica

A partir dos conhecimentos fisiopatogênicos envolvidos na expansão do hematoma cerebral, em que a redução de fatores de coagulação protrombínicos perilesionais tem participação importante, a ideia de utilizar fatores pró-coagulantes tornou-se sedutora. A utilização de fator VII ativado foi testada em estudo randomizado multicêntrico, demonstrando segurança e eficácia nas fases 1 e 2 do estudo. Houve redução na taxa de expansão do hematoma cerebral na proporção da dose utilizada de fator VII ativado, em comparação com placebo, sem aumento importante de eventos trombóticos, alcançando significância estatística com a dose de 160 mg/kg e com o tratamento combinado.

Entretanto, o *FAST TRIAL*,[7] estudo de fase 3, não conseguiu demonstrar benefício em termos de redução de mortalidade nem de grau de incapacidade funcional.

A análise demográfica dos pacientes envolvidos no *FAST TRIAL* apontou algumas diferenças entre os grupos alocados para receber placebo, fator VII 20 mg ou 80 mg, que podem ter contribuído para o baixo rendimento do grupo tratado. Nos grupos com droga ativa, a escala de coma de Glasgow era menor e, portanto, mais grave e com perspectiva de desfecho pior, em concordância com o que já fora apontado no trabalho que desenvolveu o ICH escore. A prevalência de hemorragia ventricular (HIV), outra variável independente associada a pior prognóstico, foi significativamente também maior no grupo tratado com fator VII. Esta última variável assume uma importância ainda maior, uma vez que as linhas de tratamento desta patologia consistem na remoção do coágulo intraventricular para restabelecimento da permeabilidade do terceiro e quarto ventrículos de forma mecânica ou trombolítica.

O ensaio clínico randomizado multicêntrico Clear – *Clot Lysis Evaluating Accelerated Resolution Of Intraventricular Hemorrhage* – atualmente em fase 3, avalia o efeito do uso do trombolítico RTPA instilado por cateter de derivação ventricular externa na dose de 1 mg a cada 8 horas no que se refere a desfechos duros (morte e incapacidade). Os estudos de fase 1 e 2 demonstraram segurança, com baixa taxa de infecção, com resolução de 78% dos coágulos ventriculares em 72 horas de tratamento.

Quando Indicar a Cirurgia e que Tipo de Cirurgia

É difícil de acreditar que uma cirurgia de boa qualidade, capaz de remover todo ou grande parte do volume de hematoma, reduzindo o efeito de massa possa não produzir benefício clínico mensurável. Não existe consenso sobre quais pacientes operar, nem sobre qual técnica cirúrgica é melhor.

Alguns autores têm sugerido melhora da função neurológica em pacientes operados entre 12 e 24 horas de evolução. Kaneko *et al.*[8] evidenciaram melhor prognóstico (mortalidade de 7% em 6 meses) em pacientes operados até 7 horas desde o evento ictal. Entretanto, Morgenstern *et al.*[9] demonstraram aumento na taxa de ressangramento em pacientes operados com menos de 4 horas do *ictus*. O único estudo randomizado direcionado em responder essa questão mostrou que pacientes operados precocemente têm tendência a melhor prognóstico (não estatisticamente significante), e o estudo multicêntrico internacional STICH[10] não revelou nenhum efeito benéfico em termos de prognóstico com a cirurgia precoce após hemorragias supratentoriais. Entretanto, tais estudos receberam várias críticas no que se refere à técnica cirúrgica, aos conceitos de precocidade de tratamento e à heterogeneidade no manejo intensivo. Naqueles estudos, em que foram realizados tratamentos cirúrgicos ultra-precoces sem resultados positivos na redução da taxa de expansão de hematoma, a abordagem cirúrgica era feita por craniotomia. Alguns autores já apontam para a abordagem minimamente invasiva por via endoscópica como melhor via para drenar o hematoma com mínima lesão tecidual e reduzir a taxa de expansão.

Há um estudo randomizado com a avaliação de 100 pacientes em que foi comparada a aspiração endoscópica com o tratamento clínico. A mortalidade em 6 meses no grupo cirúrgico foi de 42% e no grupo clínico foi de 70%, resultado significativo estatisticamente. No caso de hematomas com volume maior do que 50 mL, especificamente, houve melhora da qualidade de vida do primeiro grupo, mas a mortalidade foi semelhante nos dois grupos.

O estudo STICH recebeu críticas ainda mais contundentes, muitas delas realizadas a partir das discordâncias de conceitos assistenciais e de desenho do estudo. A randomização era iniciada a partir da dúvida da equipe assistente quanto à necessidade ou não de cirurgia, o que dava margem a interpretações diferentes, condicionadas a cultura médica de cada centro envolvido no estudo. Também, o conceito de precocidade foi questionado, uma vez que alguns pacientes poderiam ser tratados cirurgicamente em até 96 horas após o início dos sintomas, diferentemente dos conceitos de precocidade atuais.

CONCLUSÃO

Apesar do que foi exposto, não existe consenso na linha de conduta a ser seguida no manejo do AVCh, para que se possa construir um protocolo assistencial utilizando apenas procedimentos baseado em evidências. Entretanto, podemos oferecer uma filosofia de tratamento com base em conhecimentos existentes e, principalmente, no bom-senso. Devemos dar enfoque especial no tempo, oferecendo terapêutica radical clínica e/ou cirúrgica em consonância aos preditores de expansão e desfechos clínicos, oferecendo a melhor técnica cirúrgica com mínima agressão. A não construção de amplo consenso no manejo do AVCh não deve significar descrença na possibilidade de recuperação destes pacientes.

REFERÊNCIAS BIBLIOGRÁFICAS

1. Freeman WD, Aguilar MI. Intracranial hemorrhage: diagnosis and management. *Neurol Clin* 2012 Feb.;30(1):211-40.
2. Hemphill JC 3rd, Bonovich DC, Besmertis L *et al.* The ICH escore: a simple, reliable grading scale for intracerebral hemorrhage. *Stroke* 2001 Apr.;32(4):891-97.
3. Brott T, Broderick J, Kothari R *et al.* Early hemorrhage growth in patients with intracerebral hemorrhage. *Stroke* 1997 Jan.;28(1):1-5.
4. Goldstein JN, Fazen LE, Snider R *et al.* Contrast extravasation on CT angiography predicts hematoma expansion in intracerebral hemorrhage. *Neurology* 2007 Mar. 20;68(12):889-94.
5. Powers WJ, Zazulia AR, Videen TO *et al.* Autoregulation of cerebral blood flow surrounding acute (6 to 22 hours) intracerebral hemorrhage. *Neurology* 2001 July 10;57(1):18-24.
6. Alqadri SL, Qureshi AI. Management of acute hypertensive response in patients with intracerebral hemorrhage. *Curr Atheroscler Rep* 2012 Aug.;14(4):322-27.
7. Steiner T, Vincent C, Morris S *et al.* Neurosurgical outcomes after intracerebral hemorrhage: results of the Factor Seven for Acute Hemorrhagic Stroke Trial (FAST). *J Stroke Cerebrovasc Dis* 2011 July-Aug.;20(4):287-94.
8. Kaneko M, Tanaka K, Shimada T *et al.* Long-term evaluation of ultraearly operation for hypertensive intracerebral hemorrhage in 100 cases. *J Neurosurg* 1983 June;58(6):838-42.
9. Morgenstern LB, Frankowski RF, Shedden P *et al.* Surgical treatment for intracerebral hemorrhage (STICH): a single-center, randomized clinical trial. *Neurology* 1998 Nov.;51(5):1359-63.
10. Mendelow AD, Gregson BA, Fernandes HM *et al.* STICH investigators. Early surgery versus initial conservative treatment in patients with spontaneous supratentorial intracerebral haematomas in the International Surgical Trial in Intracerebral Haemorrhage (STICH): a randomised trial. *Lancet* 2005 Jan. 29-Feb. 4;365(9457):387-97.

Capítulo 6

PROTOCOLO DE MANEJO DAS DERIVAÇÕES VENTRICULARES EXTERNAS

Marcelo Kern

INTRODUÇÃO

Em 1881, Wernicke realizou, pela primeira vez, a punção ventricular com drenagem externa do líquido cefalorraquidiano (LCR).[2] Desde então, incorporando algumas modificações inerentes à evolução das técnicas cirúrgicas, a ventriculostomia, ou derivação ventricular externa (DVE), tornou-se um dos procedimentos mais frequentes na prática neurocirúrgica. Constitui o método mais acurado de aferição da pressão intracraniana (PIC),[7,40] e ferramenta terapêutica valiosa no controle da hipertensão intracraniana, por meio da drenagem liquórica. Entretanto, traz consigo o risco de infecção grave do sistema nervoso central (meningite/ventriculite).

Foram publicados, em 2005, estudos bem delineados[15,18] demonstrando redução significativa dos índices de infecção associada à ventriculostomia após a implementação de protocolo rígido referente ao manejo do sistema de drenagem liquórica. Estudos subsequentes reafirmaram essa conclusão, enfatizando que os poucos casos de ventriculite relacionados com a DVE decorriam de violações do protocolo instituído.[8,13]

SOBRE O PROTOCOLO

Este protocolo foi elaborado com a finalidade de atender de forma atualizada e padronizada os pacientes portadores de derivação ventricular externa, hospitalizados na unidade de terapia intensiva (UTI).

PROPOSTA/ESCOPO

Este protocolo tem como objetivo, além da melhora da qualidade assistencial traduzida por índices de infecção menores, produzir resultados clínicos mensuráveis que serão submetidos a avaliações constantes. A análise destes resultados, juntamente com a de outras variáveis, permitir-nos-á fazer eventuais ajustes que se mostrem necessários. O protocolo se aplica a todos os pacientes com derivação ventricular externa internados em UTI, padronizando as medidas gerais de manejo do sistema de drenagem liquórica, desde sua instalação até sua remoção pela equipe neurocirúrgica.

NÍVEL DE EVIDÊNCIA

A implementação de protocolo de manejo das derivações ventriculares externas, visando a redução do índice de infecção a elas relacionado, constitui classe 1 (nível B) de evidência da AHA/ACC. Quando analisadas individualmente, entretanto, fica claro que muitas das medidas propostas não foram testadas cientificamente, sendo sua inclusão neste protocolo resultado de consenso entre os neurocirurgiões (nível C de evidência) com o objetivo de rotinizar o atendimento. Isso não desmerece, contudo, as recomendações contidas neste protocolo, visto que muitas das diretrizes que compõe o *guidelines* são fruto do consenso de especialistas, com nível de evidência similar.

PROTOCOLO

Considerações Gerais

- DVE é colocada habitualmente no centro cirúrgico (CC). Entretanto, sua colocação no leito constitui alternativa segura em situações emergenciais;[14,32] há, contudo, maior risco de complicação hemorrágica.[10]
- Cateter ventricular impregnado com antibiótico parece reduzir a incidência de infecção relacionada com o sistema de drenagem,[19,39] sugerindo custo-efetividade positiva.[9]
- Tunelização longa do cateter ventricular pelo tecido subcutâneo ainda traz resultados conflitantes quanto ao risco de infecção.[16,20]
- Não há indicação de manutenção de antibiótico profilático em vigência da DVE, exceto no peroperatório: tal medida não modifica mortalidade nem risco de infecção,[28,33,36] porém, seleciona germes resistentes.[1,22]
- Violações no protocolo de manejo da DVE relacionam-se com maior incidência de infecção.[3,4,8,18]

Aspectos Técnicos Referentes à Inserção da DVE

- A administração de antibiótico profilático deve preceder o procedimento (habitualmente cefazolina 2 g endovenoso 30 minutos antes da incisão cutânea). Pacientes já em vigência de terapia antimicrobiana deverão ser avaliados individualmente quanto à necessidade de cobertura adicional. Certificar-se da administração correta do antibiótico profilático antes de iniciar a cirurgia é responsabilidade do cirurgião.
- Será utilizado como rotina o ponto de Kocher para trepanação, salvo em situações especiais.
- Após a punção ventricular, LCR deve ser coletado e enviado imediatamente para análise (não se deve aguardar o término da cirurgia para o envio do LCR ao laboratório).
- O cateter da DVE deve ser tunelizado através do subcutâneo, e seu ponto de exteriorização deve distar pelo menos 5 cm da incisão cutânea.

Protocolo de Manejo das Derivações Ventriculares Externas

- Quando for utilizada, simultaneamente à DVE, monitoração da PIC por transdutor de pressão (por meio de coluna líquida), o sistema deverá ser cuidadosamente preenchido com solução fisiológica (a adição de gentamicina 80 mg é opcional), desde o *domus* à extremidade proximal, a ser conectada ao cateter ventricular. A persistência de bolhas de ar no trajeto implica manipulação posterior do sistema *(flush)*, elevando o risco de infecção.
- A conexão do cateter ventricular ao sistema de drenagem externa deve ser feita pelo cirurgião em ambiente estéril, precedendo a retirada dos campos.
- Ao término do procedimento, a DVE deve estar fechada e assim permanecer até seu posicionamento adequado na UTI.

Transportando o Paciente com DVE

Após sua colocação, quando realizada no CC, a DVE deve ser transportada sempre fechada, só devendo ser aberta após adequadamente montada na UTI:

- O reservatório da DVE deve ser transportado sempre na posição vertical, evitando, assim, que o líquido no seu interior molhe o filtro de ar e, com isso, provoque sua pressurização, com prejuízo da drenagem (Fig. 6-1).
- A cabeceira do paciente deve ser mantida a 30°.

Montagem do Sistema

- Confirma-se que a cabeceira do paciente está a 30°.
- O ponto zero (referencial que estima a posição do forame de Monro) é definido no paciente como o ponto médio sobre uma reta imaginária traçada entre o meato acústico externo e o epicanto lateral (Fig. 6-2).
- Quando utilizada monitoração da PIC por transdutor de pressão por meio de coluna líquida:
  - Posiciona-se o *domus* com o auxílio de uma régua de nível, na mesma altura do ponto zero do paciente, assim como o ponto zero da escala de pressão, fixada à câmara coletora móvel.
  - Deve-se confirmar a inexistência de bolhas de ar ao longo de todo o trajeto do sistema, desde o paciente até o dômus, o que prejudica a aferição acurada da PIC; caso haja ar no sistema, a equipe neurocirúrgica deve ser informada.
  - Após conectado o *domus* ao monitor, este é fechado para o paciente e aberto para o ambiente, e o sistema é zerado.
- Posiciona-se o ponto de drenagem do sistema na altura prescrita pela equipe neurocirúrgica, a qual será definida individualmente conforme a doença tratada (o padrão costuma ser a 20 cm acima do ponto zero do paciente): essa altura deve estar registrada junto à DVE, para facilitar seu reposicionamento adequado após mobilizações da DVE.

Capítulo 6

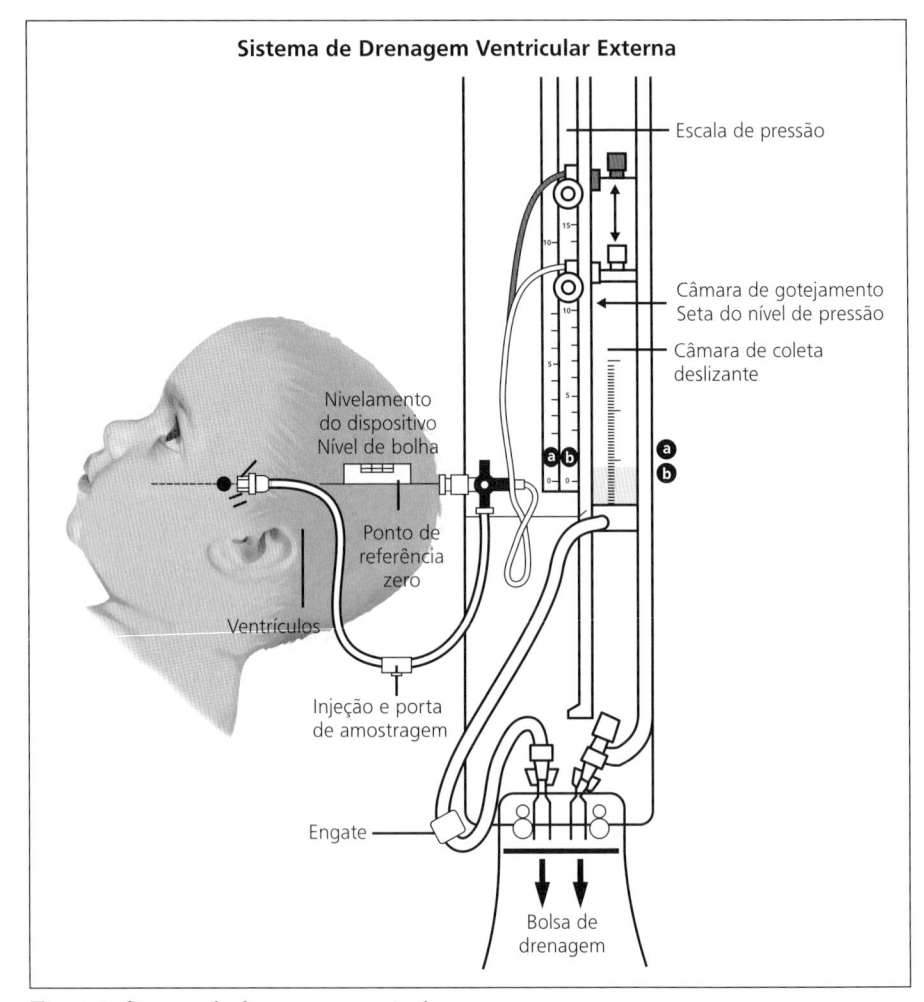

Fig. 6-1. Sistema de drenagem ventricular externa.

Definindo a Altura da DVE

- O cenário clínico no qual a DVE é indicada e as condições do paciente tratado definirão a altura da drenagem.
- Quando se utiliza transdutor de pressão com coluna líquida para aferição da PIC, pode-se optar por manter a DVE fechada, apenas como método de monitoração contínua da PIC.
- Essas decisões são reservadas à equipe neurocirúrgica e serão individualizadas a cada paciente; segue, contudo, sugestão de conduta frente às indicações mais frequentes de DVE (Quadro 6-1).

Protocolo de Manejo das Derivações Ventriculares Externas

Ponto Zero Referencial

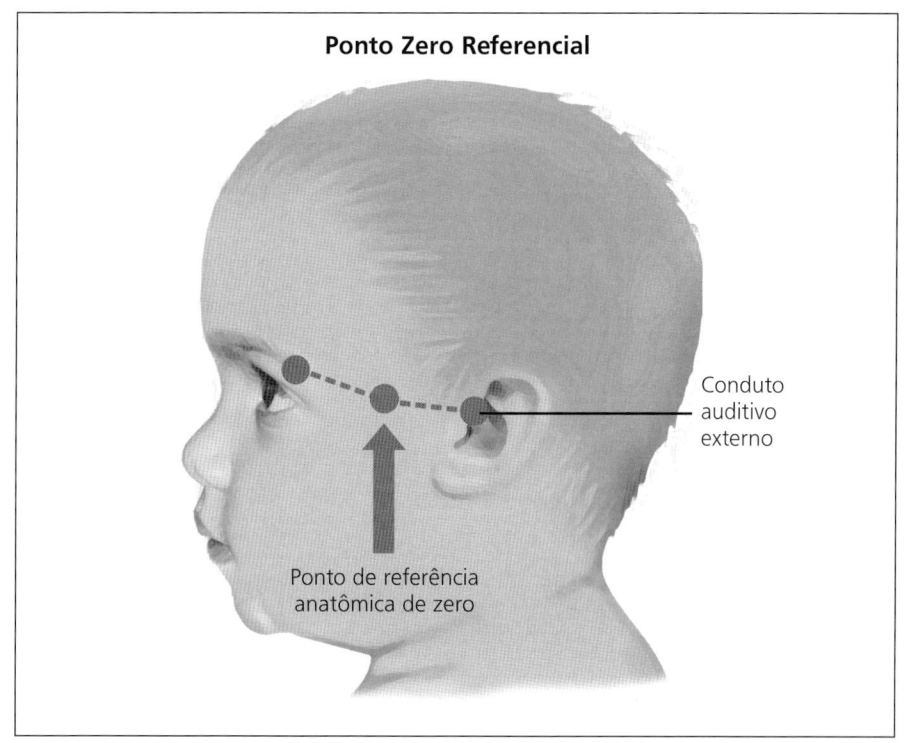

- Conduto auditivo externo
- Ponto de referência anatômica de zero

Fig. 6-2. Ponto zero referencial.

Discussão

No TCE, as dimensões ventriculares usualmente reduzidas e a PIC elevada predispõe à hiperdrenagem liquórica, com colapso ventricular subsequente e aferições pressóricas incorretas.[29] Previne-se isso mantendo-se a DVE fechada. Em algumas situações, faz-se necessária a monitoração da PIC no pós-operatório neurocirúrgico, em que a preocupação central costuma ser o edema cerebral e não a hidrocefalia, tornando a drenagem de LCR desnecessária. Há indícios, contudo, de que a estase de LCR no sistema fechado possa predispor a infecção.[31]

Por outro lado, nas cirurgias intraventriculares, opta-se, muitas, vezes pela manutenção de cateter ventricular para evitar o acúmulo de sangue intraventricular no pós-operatório, prevenindo-se hidrocefalia. Raciocínio similar é utilizado em cirurgias de fossa posterior, quando eventual presença de edema no leito cirúrgico poderia causar compressão do IV ventrículo, com hidrocefalia supratentorial. Tais complicações podem ser evitadas com a DVE aberta a 20 cm acima do ponto zero. Pode-se optar por mantê-la fechada nas primeiras horas após a cirurgia, com o objetivo de favorecer a reabsorção do pneumoencéfalo pós-operatório.

Quadro 6-1 Definição da altura da DVE

Indicação	Objetivo principal	DVE
TCE	Monitorizar PIC	Fechada
PO neurocirúrgico	Monitorizar PIC	Fechada
PO cirurgia intraventricular	Evitar sangue intraventricular	Aberta a 20 cm
HSA (aneurisma não clipado)	Tratar hidrocefalia aguda	Aberta a 20 cm
HSA (aneurisma clipado)	favorecer tto do vasospasmo	Aberta: 5 a 20 cm
Hematoma intraventricular	Facilitar "lavagem" do hematoma	Aberta: 5 a 20 cm

TCE = trauma cranioencefálico; HSA = hemorragia subaracnóidea; PO = pós-operatório; PPC = pressão de perfusão cerebral.

Pacientes com hemorragia subaracnoide e grau clínico elevado (Hunt-Hess III a V) podem demonstrar melhora neurológica substancial após a DVE pela redução da PIC, decorrente do controle da hidrocefalia aguda. Entretanto, essa redução da PIC acarreta elevação da pressão transmural, podendo favorecer o ressangramento de um aneurisma ainda não tratado.[23,30] Assim, preconiza-se DVE aberta a 20 cm (15 mmHg). Passada a fase aguda da hemorragia subaracnóidea, após tratamento do aneurisma roto, a manutenção de PIC mais baixa pode favorecer à prevenção e ao tratamento do vasospasmo, por meio da manutenção de uma PPC maior. Pode-se conseguir isso mantendo-se a DVE aberta a alturas inferiores (abaixo de 20 cm). Da mesma forma, na presença de uma hematoma intraventricular, é desejável uma drenagem liquórica volumosa para favorecer a saída do LCR hemorrágico ("lavagem" do hematoma). Entretanto, quanto mais baixa a altura da DVE (aberta) maior o risco de hiperdrenagem e colapso ventricular, com perda do método de aferição da PIC.[6,29]

Registro da PIC

- Sempre que a DVE for utilizada simultaneamente para drenagem liquórica e monitoração da PIC (através de um transdutor de pressão com coluna líquida), o sistema deve ser fechado para drenagem no momento de se registrar o valor da PIC; caso contrário, este será subestimado.[5,29,38]
- Deve-se, portanto:
  - Fechar a via de drenagem.
  - Zerar o transdutor.
  - Registrar o valor da PIC.
  - Reabrir a via de drenagem.
- A PIC deve ser registrada na folha de sinais a cada hora.
- Não havendo curva após zerado o sistema, deve-se comunicar a equipe neurocirúrgica.
- Estando o sistema de drenagem pérvio (confirmado ao se observar a pulsatilidade do LCR no interior do cateter de drenagem), a altura do nível da coluna líquida representa a forma mais fidedigna de se obter o valor da PIC (em cmH_2O).

Protocolo de Manejo das Derivações Ventriculares Externas

Drenagem Liquórica

- O débito da DVE deve ser registrado a cada 6 horas (esse intervalo pode ser reduzido em casos de drenagem excessiva).
- Débito de LCR superior a 100 mL em 6 horas deve ser comunicado à equipe neurocirúrgica, pelo risco de colapso ventricular.[38]
- O conteúdo da câmara coletora deve ser drenado para a bolsa coletora a cada 6 horas, ou sempre que o volume de LCR se aproximar da capacidade máxima daquela (nesse caso, a hora e o volume drenados devem ser registrados).
- Não se deve permitir que a capacidade máxima da câmara coletora (habitualmente 100 mL) seja atingida, pelo risco de que o filtro de ar na sua extremidade superior seja molhado com LCR, o que causa pressurização do reservatório e dificulta a drenagem.
- A bolsa coletora deve ser esvaziada sempre que atingir 3/4 da sua capacidade: isso deve ser realizado pelo enfermeiro, com técnica asséptica:
  - Antissepsia com clorexidina alcoólica – aguarde secar espontaneamente.
  - Campos, avental e luvas estéreis.
  - Evitar entrada de ar na bolsa coletora: não desconectar a seringa da agulha enquanto esta estiver introduzida na porta de drenagem da bolsa coletora.
- Juntamente com o débito, o aspecto do LCR deve ser registrado (límpido, turvo, hemorrágico etc.) e modificações nele informadas.

Manejo da DVE

- Sempre que o paciente for transportado, reposicionado, ou tiver a altura de sua cabeceira modificada, o sistema de drenagem deve ser fechado **previamente**, a fim de evitar hiperdrenagem e colapso ventricular. Após reposicionado adequadamente, o sistema deve ser novamente zerado e reaberto.
- O paciente com DVE deve ser sempre mobilizado com cautela, para evitar tração e/ou desconexão do sistema.
- Caso o cateter ventricular seja tracionado acidentalmente, a equipe neurocirúrgica deve ser informada imediatamente.
- Caso haja desconexão acidental do sistema, o cateter ventricular deve ser clampeado próximo ao paciente, sua extremidade proximal lavada externamente com clorexidina alcoólica e envolta em compressa estéril e a equipe neurocirúrgica informada imediatamente.
- Qualquer vazamento de liquor deve ser imediatamente informado à equipe neurocirúrgica, pelo risco de infecção.[3]
- Idealmente, as linhas de drenagem e monitoração da DVE devem permanecer em posição intermediária entre o ponto zero do paciente e o ponto de drenagem.[37]
- Todas as torneiras do sistema devem ser protegidas com esparadrapo, para evitar a administração inadvertida de medicações pela DVE.

Aspiração e Fisioterapia

- Aspiração das vias aéreas gera sempre aumento da PIC, devendo, por isso, ser realizada da forma mais breve e rápida possível, com a DVE aberta, atentando-se para os valores de PIC e volume de drenagem gerados.
- Fisioterapia motora passiva habitualmente associa-se a elevações transitórias da PIC, porém acompanhadas por aumento simultâneo da pressão arterial média (PAM), o que resulta em manutenção da pressão de perfusão cerebral (PPC), sem prejuízo funcional.[24]
- Dessa forma, fisioterapia motora e respiratória passivas podem ser realizadas com a DVE aberta, desde que se observe atentamente os valores da PIC e a drenagem de LCR: aumentos sustentados da PIC e/ou da drenagem liquórica devem implicar interrupção imediata da fisioterapia, comunicando-se o médico do ocorrido.
- Em pacientes com DVE fechada, a atenção aos valores da PIC durante a fisioterapia deve ser redobrada: em caso de elevação sustentada, pode-se optar pela abertura transitória da DVE.

Curativo

- Na ausência de infecção, o curativo pode ser trocado semanalmente, ou sempre que necessário (quando úmido ou sujo).
- O curativo deve ser inspecionado a cada troca de turno da enfermagem, buscando-se sinais de sangramento e/ou saída de liquor.
- Na troca do curativo, sinais flogísticos, saída de sangue e/ou liquor devem ser buscados, e, caso presentes, informados à equipe neurocirúrgica.
- Saída de LCR circunjacente ao cateter deve ser tratada assim que possível, com sutura de reforço.
- Em caso de fístula liquórica persistente, deve-se considerar a remoção e/ou substituição do dreno, sob pena de infecção.[3]

Coletas de LCR

- Assegura-se de que o trajeto para a bolsa de drenagem está clampeado, evitando, assim, a coleta inadvertida de liquor de estase.
- A coleta deve ser realizada preferencialmente através da porta emborrachada, com auxílio de agulha e de seringa, evitando, assim, a entrada de ar no sistema.
- Não se deve permitir desconexão entre seringa e agulha enquanto esta estiver inserida na porta de coleta, sob o risco de entrada de ar no sistema.
- Toda coleta de LCR obtida da DVE deve ser realizada com técnica asséptica:
  - Antissepsia com clorexidina alcoólica – aguarde secar espontaneamente.
  - Campos, avental e luvas estéreis.

Protocolo de Manejo das Derivações Ventriculares Externas

- Desprezar os 2 mL iniciais (LCR de estase, presente no sistema de drenagem).
- O LCR deve ser coletado em frasco apropriado e encaminhado imediatamente para análise, sendo entregue pessoalmente ao laboratório (qualquer atraso resulta em alteração substancial dos resultados e prejuízo de interpretação).
- Devem ser registrados hora, dia e local da coleta (LCR proveniente da DVE ou de punção lombar – PL).
- Pode-se realizar coletas regulares a cada 3 dias, ou sempre que houver suspeita de infecção, previamente ao início de antibióticos.
- A frequência de coletas de LCR e manipulação invasiva (lavagem/*flush*) da DVE está diretamente relacionada com o risco de infecção.[3,13,22]

Administração Intratecal de Drogas

- Realizada, exclusivamente, por médico treinado, com técnica meticulosa e asséptica.
- Técnica:
  - Revisar prescrição, assegurando-se da identidade do paciente a receber a droga.
  - Clampear sistema de drenagem distal à porta emborrachada de coleta.
  - Lavar cuidadosamente as mãos.
  - Usar avental e luvas estéreis.
  - Antissepsia da porta de coleta e linhas circunjacentes com clorexidina alcoólica – deixe secar espontaneamente.
  - Campo estéril fenestrado.
  - Lentamente, aspirar 2 mL de LCR, o qual deve ser desprezado.
  - Administre a droga, previamente preparada conforme prescrição do paciente, seguido de lavagem do sistema *(flush)* com solução fisiológica.
  - Manter a DVE fechada por 1 hora após o procedimento, permitindo-se aberturas transitórias do sistema para drenagem liquórica caso ocorra elevação da PIC.

Obstrução do Sistema

- Suspeita-se de obstrução da DVE quando não há LCR na bolsa de coleta, quando não se observa a pulsatilidade do nível da coluna de LCR e quando há coágulo denso e/ou material encefálico no sistema.
- Confirma-se obstrução da DVE quando não se obtém drenagem de LCR ao ser abaixar transitoriamente a câmara coletora.
- Quando identificada obstrução da DVE, deve-se comunicar imediatamente a equipe neurocirúrgica.
- Em caso de obstrução do sistema, deve-se considerar a possibilidade de ter havido hiperdrenagem liquórica, com subsequente colapso ventricular. Nesta situação, quando se utiliza transdutor de pressão com coluna líquida para aferição conco-

mitante da PIC, os valores de PIC obtidos não traduzem a realidade. TC de crânio pode ser utilizada para avaliar o tamanho ventricular.
- Pode-se realizar lavagem do sistema com solução fisiológica *(flush)* na tentativa de desbloquear as vias de drenagem, sempre por profissional treinado (membro da equipe neurocirúrgica) com técnica asséptica: a adição de antibiótico (gentamicina 80 mg) à solução fisiológica usada no *flush* é opcional.

Infecção Relacionada com DVE

- Os índices relatados na literatura variam de 2 a 27%,[3,4] em média 6,3 casos de infecção a cada 1.000 dias de DVE.[34]
- Fatores de risco:[3]
  - DVE por > 11 dias.
  - Frequência das coletas de LCR (manipulação).[3,13]
  - Hemorragia intraventricular.
  - Técnica cirúrgica pobre.
  - Inexistência de rotinas de manejo da DVE bem estabelecidas.[8,13,15,18]
- Tipos de infecção mais frequentes:[3]
  - Pele e tecidos moles.
  - Ventriculite/meningite.
  - Cerebrite/abscesso.
  - Empiema subdural.
  - Osteomielite.
  - Sepse.
  - Endocardite.
- A validade de coletas regulares de LCR objetivando diagnóstico precoce de infecção relacionada com DVE (precedendo suspeita clínica) é questionável;[12] contudo, a análise seriada dos diversos parâmetros liquóricos auxilia na definição desse diagnóstico.
- O número de coletas por meio da DVE relaciona-se diretamente com o risco de infecção do sistema.[3,13,22]
- Respeitando-se protocolo rígido de manejo da DVE, esta poderá ser mantida pelo tempo que for necessário (a ser definido pela condição do paciente) sem incremento significativo no risco de infecção, não havendo data limite para sua permanência.[15,27,32]
- Substituição profilática da DVE não está indicada.[3,21,22]
- Em casos de infecção confirmada da DVE, a remoção do sistema deve ser considerada.[11]
- Estase liquórica na DVE mantida fechada pode favorecer infecção do sistema.[31]
- A diferenciação entre contaminação, colonização e infecção do sistema é difícil em muitos casos (Quadro 6-2).[22]
- Associam-se a diagnóstico precoce da ventriculite relacionada com DVE:

Quadro 6-2 Definição das infecções do líquido cefalorraquidiano em pacientes submetidos à ventriculostomia

Termo	Definição
Contaminação	Coloração de Gram e/ou cultura isolada de LCR positiva Nível de glicose e perfil proteico do LCR normais Contagem de células no LCR normal
Colonização na ventriculostomia	Múltiplas culturas e/ou colorações de Gram-positivas no LCR Perfil proteico do LCR normal Contagem de células no LCR normal Ausência de sintomas clínicos outros que não a febre
Suspeita de infecção associada à ventriculostomia	Redução progressiva dos níveis de glicose no LCR Aumento da concentração proteica no LCR Pleocitose no LCR Ausência de culturas ou colorações de Gram-positivas no LCR
Infecção relacionada com a ventriculostomia	Redução progressiva dos níveis de glicose no LCR Aumento da concentração proteica no LCR Pleocitose no LCR Uma ou mais culturas ou colorações de Gram-positivas no LCR Escassez de sintomas outros que não a febre
Ventriculite	Baixo nível de glicose no LCR Alta concentração proteica no LCR Pleocitose no LCR Febre Sinais clínicos de meningite, incluindo rigidez de nuca, fotofobia, redução do nível de consciência, convulsões ou aparência moribunda

LCR = líquido cefalorraquidiano.

- Pleiocitose progressiva no LCR.[27]
- Aumento progressivo do Índice Celular, em casos de LCR hemorrágico (Fig. 6-3).[3,25]
- Nos casos de dúvida diagnóstica, os valores de lactato, glicose e celularidade liquóricos obtidos por PL são superponíveis àqueles obtidos por meio da DVE.[35]
- Vancomicina intratecal constitui método seguro e eficaz de tratamento da ventriculite, devendo ser considerado nos casos de evolução desfavorável com antibiótico sistêmico, quando isolado *staphylococcus* no LCR.[3,26]
- Aminoglicosídeo intratecal pode ser usado em casos de múltiplas culturas liquóricas positivas para bactérias Gram-negativas a despeito de terapia antimicrobiana sistêmica adequada.[3]

$$\text{Índice celular} = \frac{\text{LEU}_{LCR}\,[mm^3] \div \text{HEM}_{LCR}\,[mm^3]}{\text{LEU}_{sangue}\,[mm^3] \div \text{HEM}_{sangue}\,[mm^3]}$$

Cálculo do índice celular [31] em pacientes com LCR hemorrágico

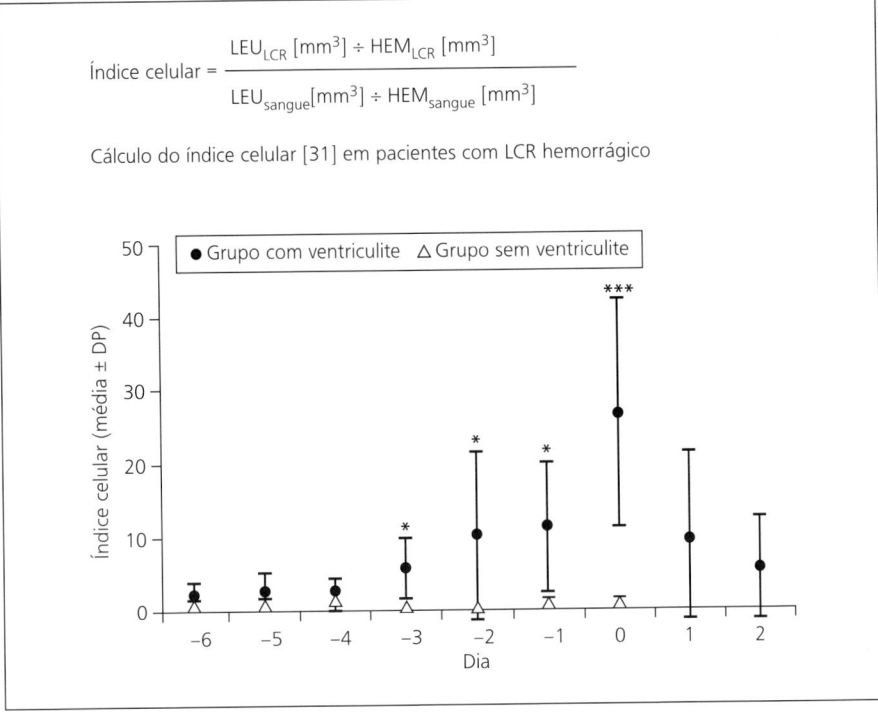

Fig. 6-3. Período de tempo do índice celular médio (± DP) dos pacientes com ventriculite relacionada com DVE (círculos preenchidos) comparado com os pacientes sem ventriculite relacionada com DVE (triângulos). Aumento estatisticamente significante no índice celular precedeu o diagnóstico por métodos convencionais (ou seja, cultura do LCR positiva no dia "0"), em média, por 3 dias (adaptada com permissão).[3,25] LEU = leucócitos; HEM = hemácias.

Remoção da DVE

- Pode ser realizada na UTI, com técnica asséptica.
- Em casos de drenagem liquórica volumosa, pode-se optar por fechar a DVE e observar a PIC por 24 horas, certificando-se de que o paciente não terá prejuízo com a remoção do dreno. Elevações sustentadas da PIC podem ser contornadas com abertura transitória da DVE (drenar 5 mL de LCR), seguido de novo clampeamento do sistema.
- Caso o paciente não tolere o fechamento da DVE e na inexistência de infecção, deve-se considerar a conversão da DVE para um sistema de drenagem liquórica interno (DVA/DVP).
- Antecedendo a conversão da DVE para DVA/DVP, pode-se fechar o dreno por 12 horas com o objetivo de distender os ventrículos e assim facilitar a substituição

Protocolo de Manejo das Derivações Ventriculares Externas

do cateter ventricular. Elevações sustentadas da PIC podem ser contornadas com drenagens intermitentes de LCR.
- Não há evidência de benefício com elevações graduais da DVE precedendo sua retirada.[17]

Indicadores de Qualidade

- Incidência de infecção relacionada com DVE.
- Incidência de obstrução da DVE.

REFERÊNCIAS BIBLIOGRÁFICAS

1. Desai PM. Pain management and pulmonary dysfunction. *Crit Care Clin* 1999;15:151.
2. Gust R, Pecher S, Gust A. Effect of patient controlled analgesia on pulmonary complications after coronary artery by-pass grafting. *Crit Care Clin* 1999;27:2218.
3. Fontaine DK. Nonpharmacologic management of patient distress during mechanical ventilation. *Crit Care Clin* 1994;10:695.
4. Jacobi J, Fraser GL, Coursin DB *et al*. Clinical pactice guidelines for the sustained use of sedatives and analgesics in the critically ill adult. *Crit Care Med* 2002;30:119-41.
5. Aïssaoui Y, Zeggwagh AA, Zekraoui A *et al*. Validation of a behavioral pain scale in critically ill, sedated, and mechanically ventilated patients. *Anesth Analg* 2005;101:1470-76.
6. Erstad BL, Puntillo K, Gilbert HC *et al*. Pain management principles in the critically ill. *Chest* 2009;135:1075-86.
7. Liu LL, Gropper MA. Postoperative analgesia and sedation in the adult intensive care unit. A guide to drug selection. *Drugs* 2003;63:755-67.
8. Peterson GM, Randall CT, Paterson J. Plasma levels of morphine and morphine glucuronides in the treatment of cancer pain: relationship to renal function and route of administration. *Eur J Clin Pharmacol* 1990;38:121.
9. Björkman S, Stanski DR, Harashima H *et al*. Tissue distribution of fentanyl and alfentanil in the rat cannot be described by a blood flow limited model. *J Pharmacokinet Biopharm* 1993;21:255.
10. Tipps LB, Coplin WM, Murry KR *et al*. Safety and feasibility of continuous infusion of remifentanil in the neurosurgical intensive care unit. *Neurosurgery* 2000;46:596.
11. Latta KS, Ginsberg B, Barkin RL. Meperidine: a critical review. *Am J Ther* 2002;9:53.
12. Murdoch S, Cohen A. Intensive care sedation: a review of current British practice. *Intensive Care Med* 2000;26:922-28.
13. Amaral JLG, Issy AM, Conceição NA *et al. Recomendações da Associação de Medicina Intensiva Brasileira sobre analgesia, sedação e bloqueio neuromuscular em terapia intensiva.* Associação de Medicina Intensiva Brasileira – AMIB, 1999.
14. Choiniere M, Grenier R, Paquette C. PCA: a double blind study in burns patients. *Anaesthesia* 1992;47:467-72.
15. White PF. Use of patient controlled analgesia for management of acute pain. *JAMA* 1988;256:243-47.
16. Lindley C. Overview of current development in PCA. *Support Cancer Care* 1994;2:319-26.

17. Chumbley GM, Hall GM, Salmon P. Why do patients feel positive about PCA? *Anaesthesia* 1999;54:372-92.
18. Chumbley GM, Hall GM, Salmon P. PCA: an assessment by 200 patients. *Anaesthesia* 1998;53:216-21.
19. Taylor NM, Hall GM, Salmon P. Patient's experiences of PCA. *Anaesthesia* 1996;51:525-28.
20. Martin J, Franck M, Fisher M et al. Sedation and analgesia in German intensive care units: how is it done in reality? Results of a patient-based survey of analgesia and sedation. *Intensive Care Med* 2006;32:1137-42.
21. Vender JS, Szokol JW, Murphy GS et al. Sedation, analgesia, and neuromuscular blockade in sepsis: an evidence-based review. *Crit Care Med* 2004;32(11):S554-61.
22. O'Hara DA, Fragen RJ, Kinzer M et al. Ketorolac tromethamine as compared with morphine sulphate for treatment of postoperative pain. *Clin Pharmacol Ther* 1987;41:556.
23. Peduto VA, Ballabio M, Stefanini S. Efficacy of propacetamol in the treatment of postoperative pain. Morphine sparing effect in orthopedic surgery. Italian Collaborative Group on Propacetamol. *Acta Anaesthesiol Scand* 1998;42:293-98.
24. Pereira AV, Penckowski L, Vosgerau M et al. Determinação espectrofotométrica de dipirona em produtos farmacêuticos por injeção em fluxo pela geração de íons triiodeto. *Quim Nova* 2002;25(4):553-57.
25. Gozzani JL. Opióides e antagonistas. *Rev Bras Anestesiol* 1994;44:65-73.
26. Fraser GL, Prato S, Berthiaume D et al. Evaluation of agitation in ICU patients: incidence, severity, and treatment in the young versus the elderly. *Pharmacotherapy* 2000;20:75-82.
27. Atkins PM, Mion LC, Mendelson W et al. Characteristics and outcomes of patients who self-extubate from ventilatory support: a case-control study. *Chest* 1997;112:1317-23.
28. Vassal T, Anh NGD, Gabillet JM et al. Prospective evaluation of self-extubations in a medical intensive care unit. *Intensive Care Med* 1993;19:340-42.
29. Fraser GL, Riker RR, Prato BS et al. The frequency and cost of patient-initiated device removal in the ICU. *Pharmacotherapy* 2001;21:1-6.
30. Conti J, Smith D. Haemodynamic responses to extubation after cardiac surgery with and without continued sedation. *Br J Anaesth* 1998;80:834-36.
31. Strom T, Martinussen T, Toft P. A protocol of no sedation for critically ill patients receiving mechanical ventilation: a randomized trial. *Lancet* 2010;375:475.
32. Kollef MH, Levy NT, Ahrens TS et al. The use of continuous i.v. sedation is associated with prolongation of mechanical ventilation. *Chest* 1998;114:541.
33. Kress JP, Pohlman AS, O'Connor MF et al. Daily interruption of sedative infusions in critically ill patients undergoing mechanical ventilation. *N Engl J Med* 2000;342:1471.
34. Carson SS, Kress JP, Rodgers JE et al. A randomized trial of intermittent lorazepam versus propofol with daily interruption in mechanically ventilated patients. *Crit Care Med* 2006;34:1326.
35. Schweickert WD, Gehlbach BK, Pohlman AS et al. Daily interruption of sedative infusions and complications of critical illness in mechanically ventilated patients. *Crit Care Med* 2004;32:1272.
36. De Jonghe B, Cook D, Appere-De-Vecchi C et al. Using and understanding sedation scoring systems: a systematic review. *Intensive Care Med* 2000;26(3):275-85.

37. Ely E, Truman B, Shintani A et al. Monitoring sedation status over time in icu patientsreliability and validity of the richmond agitation-sedation scale (rass). *JAMA* 2003;289(22):2983-91.
38. Sessler CN, Gosnell MS, Grap MJ et al. The Richmond Agitation-Sedation Scale: validity and reliability in adult intensive care unit patients. *Am J Respir Crit Care Med* 2002;166:1338-44.
39. Soliman HM, Mélot C, Vincent JL. Sedative and analgesic practice in the intensive care unit: the results of a European survey. *Br J Anaesth* 2001;87(2):186-92. Comment in: *Br J Anaesth* 2001;87(2):183-85. *Br J Anaesth* 2002;88(2):304; author reply 304.
40. Vivien B, Di Maria S, Ouattara A et al. Overestimation of Bispectral Index in sedated intensive care unit patients revealed by administration of muscle relaxant. *Anesthesiology* 2003;99:9-17.
41. Bruhn J, Bouillon TW, Shafer SL. Electromyographic activity falsely elevates the bispectral index. *Anesthesiology* 2000;92:1485-87.
42. Baldesi O, Bruder N, Velly L et al. Spurious bispectral index values due to electromyographic activity. *Eur J Anaesthesiol* 2004;21:324-25.
43. LeBlanc JM, Dasta JF, Kane-Gill SL. Role of the bispectral index in sedation monitoring in the ICU. *Ann Pharmacother* 2006;40:490-500.
44. Tonner PH, Paris A, Scholz J. Monitoring consciousness in intensive care medicine. *Best Pract Res Clin Anaesthesiol* 2006;20:191-200.
45. Riker RR, Fraser GL. Monitoring sedation, agitation, analgesia, neuromuscular blockade, and delirium in adult ICU patients. *Semin Respir Crit Care Med* 2001;22:189-98.
46. Bahn EL, Holt KR. Procedural sedation and analgesia: a review and new concepts. *Emerg Med Clin North Am* 2005;23:503.
47. Miner JR, Burton JH. Clinical practice advisory: emergency department procedural sedation with propofol. *Ann Emerg Med* 2007;50:182.
48. Swanson ER, Seaberg DC, Mathias S. The use of propofol for sedation in the emergency department. *Acad Emerg Med* 1996;3:234.
49. Kam PC, Cardone D. Propofol infusion syndrome. *Anaesthesia* 2007;62:690-701.
50. Corbett SM, Moore J, Rebuck JA et al. Survival of propofol infusion syndrome in a head-injured patient. *Crit Care Med* 2006;34:2479-83.
51. Bray RJ. The propofol infusion syndrome in infants and children: can we predict the risk? *Curr Opin Anaesthesiol* 2002;15:339-42.
52. Mohammad Z, Afessa B, Finkielman JD. The incidence of relative adrenal insufficiency in patients with septic shock after the administration of etomidate. *Crit Care* 2006;10:R105.
53. Lipiner-Friedman D, Sprung CL, Laterre PF et al. Adrenal function in sepsis: the retrospective Corticus cohort study. *Crit Care Med* 2007;35:1012-18.
54. Spies CD, Dubisz N, Neumann T et al. Therapy of alcohol withdrawal syndrome in intensive care unit patients following trauma: results of a prospective, randomized trial. *Crit Care Med* 1996;24:414-22.
55. Ip Yam PC, Forbes A, Kox WJ. Clonidine in the treatment of alcohol withdrawal in the intensive care unit. *Br J Anaesth* 1992;69:328.
56. Jakob SM, Ruokonen E, Grounds RM et al. Dexmedetomidine vs midazolam or propofol for sedation during prolonged mechanical ventilation: two randomized controlled trials. *JAMA* 2012;307:1151.

57. Venn RM, Bradshaw CJ, Spencer R *et al.* Preliminary UK experience of dexmedetomidine, a novel agent for postoperative sedation in the intensive care unit. *Anaesthesia* 1999;54:1136.
58. Pandharipande PP, Pun BT, Herr DL *et al.* Effect of sedation with dexmedetomidine vs lorazepam on acute brain dysfunction in mechanically ventilated patients: the MENDS randomized controlled trial. *JAMA* 2007;298:2644.

Capítulo 7

CRANIECTOMIA DESCOMPRESSIVA

Antonio Aversa do Souto

INTRODUÇÃO

A hipertensão intracraniana é a principal causa de deterioração neurológica e de morte nos traumatismos cranianos graves e nos infartos cerebrais maciços. Apesar da melhor compreensão da fisiopatogenia e do desenvolvimento de novas estratégias terapêuticas ocorridos nas últimas décadas, muitos pacientes ainda evoluem para hipertensão intracraniana refratária, herniações cerebrais e morte.

A craniectomia descompressiva foi utilizada desde o início da neurocirurgia como um tratamento paliativo da hipertensão intracraniana em diversas situações, sendo o seu primeiro relato feito por Annandale, em 1894. A técnica foi, então, abandonada por várias décadas pelos seus resultados iniciais insatisfatórios. Nas últimas 3 décadas houve o recrudescimento do interesse na descompressão cirúrgica do crânio como alternativa para o controle da pressão intracraniana (PIC) e prevenção de hérnias cerebrais nas situações de falência do tratamento clínico da hipertensão intracraniana.[1-4]

Embora seja considerado um procedimento que possa salvar um paciente que esteja em uma situação de morte iminente, a craniectomia descompressiva ainda carrega a ideia predominante de que apenas transforma o desfecho do paciente que, em vez de morrer, vai apresentar um estado vegetativo persistente ou incapacidade grave. Alguns estudos analisando o prognóstico dos pacientes submetidos à craniectomia descompressiva, entretanto, evidenciam que a maioria dos sobreviventes evolui para uma condição de incapacidade moderada.[5]

Embora os resultados recentes das craniectomias descompressivas tenham sido bastante encorajadores, muitas questões ainda permanecem com relação à seleção dos pacientes candidatos ao procedimento, o momento ideal para a sua realização, a técnica cirúrgica e as complicações.

FISIOPATOGENIA

O objetivo racional com a craniectomia descompressiva é de converter uma lesão tecidual restrita a uma caixa fechada com volume fixo, em um sistema aberto com capacidade de acomodar aumentos de volume. Como consequência imediata da descompressão craniana, ocorre um aumento da complacência do tecido cerebral, retorno de deslocamentos teciduais que poderiam produzir compressões críticas sobre o tronco encefálico e melhora imediata nos parâmetros de perfusão cerebral. Já são bem conhecidos os efeitos de garroteamento vascular e prejuízo à microcirculação na hipertensão tecidual e nas herniações teciduais. Nesse aspecto, as craniectomias descompresivas têm um efeito semelhante às fasciotomias de relaxamento na prevenção de injúria isquêmica nos membros. Estudos de fluxo sanguíneo cerebral com SPECT ou tomografia de crânio com xenônio demonstram uma otimização do fluxo sanguíneo cerebral e aumento do metabolismo tecidual após o procedimento, tendo sido, inclusive, demonstrado uma melhora na circulação do líquido cefalorraquidiano.[6] Por outro lado, discute-se se a perda da autorregulação cerebrovascular associada à lesão cerebral primária pode ser agravada após a descompressão do tecido cerebral, levando à hiperemia tecidual.

TÉCNICA

O tamanho da craniectomia deve ser grande o suficiente para evitar encarceramento do tecido encefálico sobre os bordos da craniectomia e compressão sobre as veias cerebrais, com o potencial agravamento do edema cerebral. O tamanho adequado da craniectomia deve exceder 14 cm no seu maior diâmetro, com a descompressão principalmente do lobo temporal. A descompressão efetiva do encéfalo só é obtida, entretanto, após a ampla abertura da dura-máter, com reconstrução aumentativa da mesma (duraplastia) com enxerto de pericrânio ou com implantes substitutos durais para a prevenção de fístulas liquóricas e infecções. Idealmente, deve-se conservar o retalho ósseo sob condições estéreis em *ultrafreezer* (-80°C) para posterior reposicionamento,[7] embora essa prática seja de difícil execução em nosso meio. Pode-se, ainda, implantar temporariamente o retalho ósseo no tecido subcutâneo, embora o índice de complicações como seromas e infecção com consequente perda do retalho seja bastante elevado podendo chegar até a 50%. Alguns grupos, no entanto, preferem descartar o retalho ósseo e realizar uma cranioplastia posterior com cimento ósseo, placas de titânio e/ou próteses estereotipadas. Deve-se proceder a cranioplastia logo que possível, após a regressão do edema cerebral e da herniação transcalvariana.

INDICAÇÕES

Com base no melhor conhecimento da fisiopatologia, diversas condições que cursam com hipertensão intracraniana grave como os traumatismos cranioencefálicos (TCE) fechados graves, traumatismos cranianos penetrantes, especialmente os por projétil de arma de fogo, hemorragia subaracnoide, hematomas intracranianos espontâneos, encefalopatia anóxica, infartos cerebrais maciços, encefalites infecciosas, tumores cerebrais, pós-operatório de neurocirurgias, entre outros, seriam candidatos potenciais à realização do procedimento. Salvo em situações excepcionais, entretanto, o uso sistemático da craniectomia descompressiva tem sido indicado apenas em casos de TCEs graves que cursam com HIC refratária, nos infartos malignos da artéria cerebral média e em alguns pós-operatórios neurocirúrgicos.

Craniectomia Descompressiva

Apesar da indicação da craniectomia descompressiva nos pacientes com hemorragia subaracnóidea ainda não ser bem estabelecida, autores como Guresir sugerem a sua utilização com base de uma casuística de 79 pacientes com hemorragia subaracnoide complicada com hipertensão intracraniana refratária.[8]

A ideia do uso da craniectomia descompressiva como uma panaceia para o tratamento de todas as causas de HIC não deve ser considerada uma vez que o procedimento também está associado a diversas complicações e tem a sua efetividade clínica demonstrada apenas em algumas situações específicas. Apesar de obter-se o controle da PIC com a craniectomia descompressiva nos pacientes com TCEs e hipertensão intracraniana (HIC) refratária, a letalidade e o potencial de prognóstico reservado e de incapacidade neurológica nesses pacientes como consequência das injúrias neurológicas primárias permanecem bastante significativos. Além do prognóstico global intrínseco ruim nos pacientes com TCE gravíssimo, especialmente nos indivíduos idosos, diversos fatores como as diferenças na complacência tecidual e, principalmente, o potencial de recuperação neurológica decorrente de neuroplasticidade nos diferentes grupos etários deve contribuir para as diferenças de resultados com a craniectomia descompressiva relacionadas com a idade dos pacientes. Em todas as séries cirúrgicas de craniectomia descompressiva e na experiência individual dos neurocirurgiões, os resultados mais significativos em termos de recuperação neurológica funcional são muito mais frequentes em crianças e indivíduos jovens, um pouco menos frequentes em adultos até 60 anos e raros em indivíduos idosos. Essa significativa diferença de resultados tem levado à tendência de evitar indicação precoce de craniectomia descompressiva nos infartos malignos da artéria cerebral média em idosos, pelo prognóstico neurológico desfavorável e pela já conhecida diferença de complacência cerebral com o envelhecimento. Em razão da atrofia cerebral preexistente, há maior capacidade de acomodação de aumentos volumétricos teciduais e uma menor chance de herniação do uncus e compressão do tronco encefálico nos idosos.

Trauma

As alterações fisiopatogênicas relacionadas com o TCE podem ser classificadas como lesões primárias e secundárias:

- *Lesões primárias:* são relacionadas com a dissipação de energia ao encéfalo e a caixa craniana, a desaceleração e as forças de estiramento e cisalhamento, que vão agir sobre os diferentes componentes de densidades teciduais cerebrais, no momento do trauma.
- *Lesões secundárias:* incluem sangramentos, hematomas, inchaço cerebral por perda da autorregulação do fluxo sanguíneo cerebral, edema cerebral vasogênico e citotóxico, HIC, redução da perfusão cerebral, disfunção das bombas de íons, liberação excessiva de neurotransmissores e radicais livres e inflamação. Esse processo tende a evoluir com isquemia, infarto e necrose tecidual cerebral.

Todas as medidas terapêuticas no TCE visam o tratamento das lesões secundárias e a prevenção da sequência de eventos em cascata que levam à HIC e ao prejuízo da perfusão cerebral. Diversas medidas clínicas têm sido utilizadas para o controle da PIC incluindo uso de cabeceira elevada, drenagem do LCR, soluções osmóticas, hiperventilação transitória e moderada, sedação e analgesia vigorosas, prevenção de hipertermia e redução do metabolismo cerebral com barbitúricos e hipotermia. Com a monitoração contínua da PIC nos pacientes com TCE grave, observa-se, entretanto, que uma parcela desses pacientes tende a evoluir para HIC refratária às medidas terapêuticas (Fig. 7-1). Essa situação é particularmente mais comum em indivíduos mais jovens em coma profundo desde a admissão, com múltiplas lesões cerebrais ou sinais de lesão axonal difusa grave, apagamento difuso de cisternas ou sulcos ou nos pós-operatórios de hematomas subdurais agudos com grandes desvios da linha média. Os resultados satisfatórios obtidos nos últimos 20 anos com a craniectomia descompressiva nos indivíduos com TCE grave tem tornado este procedimento cada vez mais usado

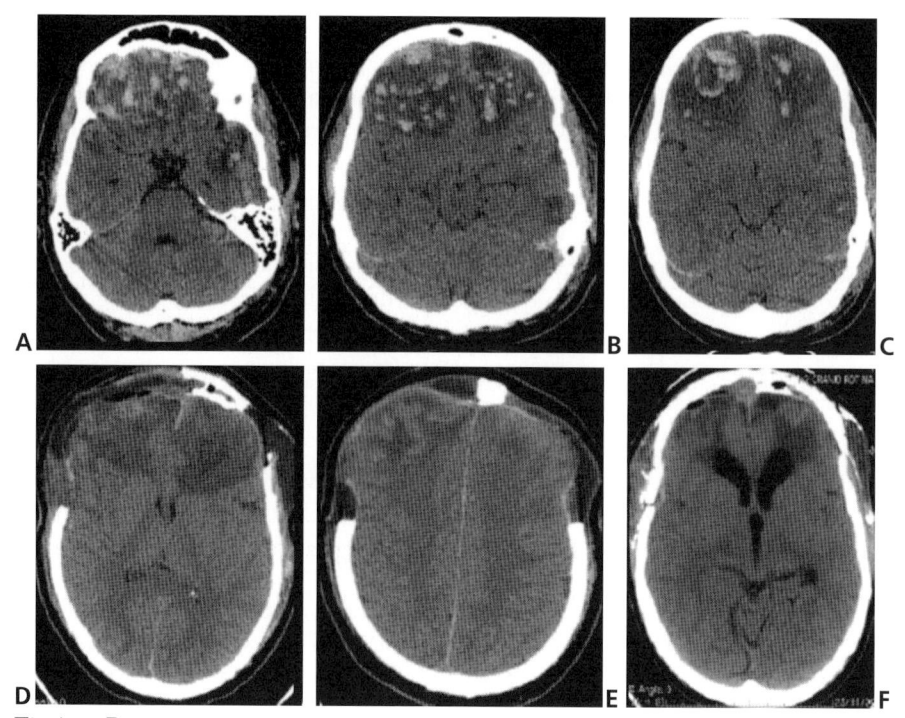

Fig. 7-1. Paciente masculino de 41 anos, sofreu TCE por queda de patins. Deu entrada no Hospital com EC Glasgow 11, e com TC inicial mostrando contusões cerebrais hemorrágicas frontais bilaterais. (A-C) Evoluiu com piora progressiva do nível de consciência e HIC refratária, com PIC > 40 mmHg. Submetido a tratamento cirúrgico das contusões e craniectomia descompressiva bifrontal. (D e E) Com controle da PIC após. Colocação do retalho ósseo no subcutâneo do abdome. Realizada cranioplastia 40 dias após o trauma. Após melhora neurológica e regressão do edema cerebral (F).

Craniectomia Descompressiva

na condução desses. Tais resultados, entretanto, têm sido baseados em séries individuais heterogêneas, retrospectivas e envolvendo um pequeno número de casos, impossibilitando uma definição das indicações do procedimento fundamentada em níveis de evidência ideais, assim como da técnica cirúrgica ideal. Diferenças de resultado significativas têm sido relatadas de acordo com a idade, com resultados especialmente mais encorajadores em crianças. Taylor em 2001[9] publicou um estudo prospectivo e randomizado em um pequeno grupo de 27 crianças que demonstrou resultados satisfatórios no controle da PIC e no prognóstico funcional das crianças submetidas à craniectomia bitemporal precoce quando comparado com o grupo não cirúrgico. Polin,[10] por sua vez, analisando retrospectivamente um grupo de 35 crianças submetidas à craniectomia bifrontal descompressiva, descreveu, ainda, que as crianças operadas tinham um prognóstico favorável em 80%, significativamente melhor do que no grupo-controle, com 24% de resultados favoráveis. Bell,[11] estudando retrospectivamente pacientes predominantemente vítimas de TCE por PAF no conflito do Iraque, evidenciou que os indivíduos submetidos à craniectomia descompressiva eram pacientes com TCE mais grave, mas, ainda assim, aparentemente apresentam uma evolução melhor do que a esperada pela gravidade do trauma. Estes autores recomendam a craniectomia descompressiva para o controle do dano e a otimização do tratamento do inchaço cerebral nos pacientes com TCE por PAF.

Dois estudos multicêntricos e randomizados, com maior volume de pacientes, predominantemente adultos, foram idealizados recentemente na tentativa de se obter uma conclusão mais evidente do papel das craniectomia descompressivas no TCE grave. O estudo DECRA[12] mostrou que pacientes submetidos à craniectomia descompressiva apresentavam pior prognóstico. O estudo recebeu, no entanto, várias críticas com relação ao seu desenho, grande número de tratamentos cruzados (cirurgias tardias no grupo clínico) e diferenças entre os grupos. O estudo randomizado RESCUE-icp encontra-se em andamento e pretende estudar o papel da craniectomia descompressiva em adultos e crianças com TCE e HIC refratária mais prolongada.[13] Na presente data, a craniectomia descompressiva para indivíduos com TCE grave permanece com a indicação controversa, principalmente quanto à seleção dos melhores candidatos ao procedimento, à melhor técnica cirúrgica e ao momento ideal para a realização da cirurgia.[12,13]

Infarto Maligno da Artéria Cerebral Média

Há evidências atuais demonstrando um papel positivo no tratamento dos infartos malignos da ACM com a craniectomia descompressiva.[14-17] O objetivo do procedimento é diminuir o efeito de massa do edema associado ao infarto cerebral, prevenir herniação cerebral e compressão com dano irreversível do tronco encefálico (Fig. 7-2). Segundo evidências experimentais, a descompressão precoce poderia, ainda, produzir melhora na microcirculação na zona de penumbra e restringir a extensão do infarto cerebral.

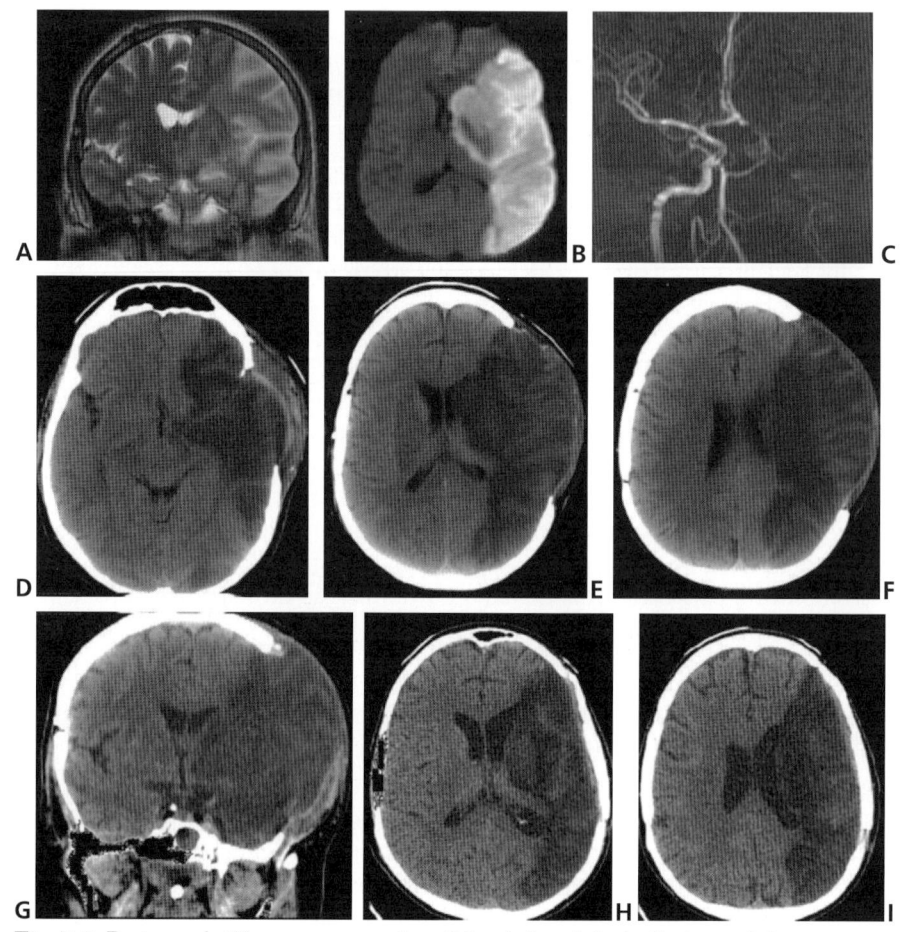

Fig. 7-2. Paciente de 52 anos com quadro súbito de hemiplegia direita e afasia. Ressonância magnética, 6 horas após o início dos sintomas, mostra área de isquemia extensa em todo o território da artéria cerebral média esquerda. T2 coronal e difusão: (A e B) Angio-RM mostra oclusão da carótida interna esquerda. (C) Realizada craniectomia descompressiva frontotemporoparietal esquerda. TC realizada 10 dias após o *ictus* mostra a extensão da área de infarto cerebral com grande edema associado e herniação transcalvariana do tecido encefálico, mas sem desvio do plano mediano ou compressão significativa do tronco encefálico. (D-G) Após 40 dias do evento, com estabilização neurológica e regressão do edema cerebral, foi realizada cranioplastia com o retalho ósseo que permaneceu preservado no subcutâneo abdominal. (H e I) Paciente apresentou melhora neurológica significativa meses após o AVC, evoluindo com retorno da vida de relação, disfasia de expressão e hemiparesia predominantemente braquial.

Craniectomia Descompressiva

Três recentes estudos randomizados europeus, o francês DECIMAL, o holandês HAMLET e o alemão DESTINY, demonstraram que a craniectomia descompressiva para os indivíduos de até 60 anos com infartos cerebrais malignos hemisféricos proporcionava uma redução de 50% da mortalidade em 1 ano quando comparado ao melhor tratamento clínico.[14-17] Permanecem, entretanto, muitas questões como a seleção dos melhores candidatos ao procedimento e ao melhor momento de sua realização. Discute-se, ainda, que o ganho de sobrevida com a craniectomia descompressiva nos acidentes vasculares cerebrais esteja, entretanto, associado a alto número de pacientes sobreviventes com uma condição neurológica precária ou mesmo estado vegetativo persistente,[18] especialmente nos indivíduos idosos. A idade avançada é um importante fator prognóstico desfavorável nos acidentes vasculares cerebrais isquêmicos. Isso, provavelmente, decorre de diversos fatores como um maior número de comorbidades, incapacidades preexistentes e, provavelmente, de um menor potencial de neuroplasticidade nos pacientes idosos. Uma análise retrospectiva de 19 estudos realizada por Arac[19] mostrou que até 80% dos pacientes acima de 60 anos com infartos cerebrais malignos submetidos à craniectomia descompressiva que sobreviveram tiveram prognóstico neurológico pior quando comparados com o grupo mais jovem (80 *vs.* 33%, p < 0,01). Com relação à mortalidade, pacientes acima de 60 anos submetidos à craniectomia descompressiva para infartos hemisféricos têm um prognóstico significativamente pior que os pacientes com menos de 60 anos (51 *vs.* 21%, p < 0,01).[19]

COMPLICAÇÕES

A craniectomia descompressiva certamente não é um procedimento simples e sem complicações. As complicações pós-operatórias incluem aquelas inerentes a uma grande craniotomia e, principalmente, as decorrentes das alterações fisiopatológicas provocadas pela descompressão cirúrgica da cavidade craniana.[20,21]

Imediatamente após à craniectomia descompressiva, pode ocorrer um aumento de hematomas intracerebrais, contusões hemorrágicas, além de hematomas subdurais e epidurais junto à craniotomia, contralateralmente, ou até mesmo a distância, causadas pela liberação do efeito de tamponamento com a descompressão craniana. Pacientes idosos e, principalmente, aqueles que fazem uso de anticoagulantes e antiagregante plaquetários têm maior risco de complicações. Hematomas subgaleais volumosos podem comprimir o tecido encefálico e ainda estarem associados a aumento da incidência de infecção.

Quando realizada de uma forma inadequada, o procedimento pode provocar compressão do tecido encefálico contra os bordos da craniectomia levando à isquemia e inchaço cerebral adjacentes. Higromas subdurais secundários às alterações da dinâmica da circulação do líquido cefalorraquidiano (LCR) podem ocorrer tardiamente. No estudo de Aarabi[22] observou-se uma incidência de 50% de higromas em média no 8º dia após as craniectomias descompressivas. Alguns desses higromas podem crescer progressivamente necessitando de drenagem cirúrgica. Outra possível complicação é a hidrocefalia tardia sendo que a instalação da derivação ventriculoperitoneal para tratamento da hidrocefalia deve ser realizada preferencialmente após a reconstrução da falha óssea craniana.

Outra complicação descrita é a síndrome de herniação cerebral paradoxal nos pacientes com craniectomia descompressiva submetidos à punção lombar diagnóstica ou mesmo a piora neurológica nos indivíduos com grandes defeitos da calvária quando assumem a posição ortostática.[20] A cranioplastia precoce pode reduzir esse gradiente de pressão negativa e prevenir esse tipo de complicação.

Isquemia do couro cabeludo suprajacente à craniectomia descompressiva pode ocorrer e deve ser prevenida pelo adequado planejamento do retalho, geralmente extenso, com preservação dos pedículos vasculares e manutenção da integridade da gálea aponeurótica. Entretanto, pequenas áreas de isquemia e, eventualmente, deiscência da sutura do couro cabeludo podem ocorrer. Fístula liquórica e infecção podem complicar os problemas com o retalho do couro cabeludo.

A craniectomia descompressiva é sempre seguida de uma nova cirurgia para reconstrução craniana, que se constitui em um fator adicional para complicações infecciosas relacionadas com o armazenamento prolongado do retalho ósseo e/ou o uso de próteses para reconstituição do defeito ósseo. Seromas e infecção no sítio de implante subcutâneo do retalho ósseo são frequentes, com a necessidade de retirada e perda do retalho ósseo e antibioticoterapia sistêmica. Reabsorção parcial do retalho ósseo deve ser considerada no planejamento da cranioplastia, levando à necessidade da utilização de material sintético complementar.

Nas fases tardias de recuperação e de reabilitação, alguns indivíduos podem apresentar alterações cognitivas, neurológicas ou psicológicas na chamada "síndrome do trefinado". Os sintomas mais comuns são cefaleia, tonteiras, irritabilidade, alterações do humor, déficits de concentração e memória e, até, déficits neurológicos progressivos, alguns meses após a craniectomia descompressiva.[20] O diagnóstico pode ser negligenciado, uma vez que muitos sintomas podem ser atribuídos à lesão neurológica primária.

CONCLUSÃO

A craniectomia descompressiva pode ser um procedimento bastante útil em algumas situações específicas. Atualmente, a sua indicação em infartos hemisféricos malignos, especialmente em pacientes mais jovens tem substrato na literatura. Nos indivíduos com TCE grave e HIC refratária, consegue-se o controle da PIC, mas os resultados clínicos da craniectomia descompressiva ainda necessitam de estudos randomizados maiores. A indicação da craniectomia descompressiva deve ser feita de uma maneira individualizada, discutindo-se com os familiares do paciente os benefícios potenciais e o prognóstico da doença de base. As diversas complicações possíveis devem sempre ser levadas em consideração.

REFERÊNCIAS BIBLIOGRÁFICAS

1. Pereira WC, Neves VJ, Rodrigues Y. Craniotomia descompressive bifrontal to tratamento do edema cerebral grave. *Arq Neuropsiquiatr* 1977;35:99-111.
2. Ransohoff J, Benjamin MV, Gage Jr EL *et al.* Hemicraniectomy in the management of acute subdural hematoma. *J Neurosurg* 1971;34:70-76.
3. Whitfield PC, Patel H, Hutchinson PJ *et al.* Bifrontal decompressive craniectomy in the management of posttraumatic intracranial hypertension. *Br J Neurosurg* 2001;15:500-7.
4. Yamaura A, Uemura K, Makino H. Large decompressive craniectomy in management of severe cerebral contusion. A review of 207 cases. *Neurol Med Chir* 1979;19:717-28.
5. Danish SF, Barone D, Lega BC *et al.* Quality of life after hemicraniectomy for traumatic brain injury in adults a review of the literature. *Neurosurg Focus* 2009;26(6):E2.
6. Yamakami I, Yamaura A. Effects of decompressive craniectomy on regional cerebral blood flow in severe head trauma patients. *Neurol Med Chir* 1993;33:616-20.
7. Iwama T, Yamada J, Imai S *et al.* The use of frozen autogenous bone flaps in delayed cranioplasty revisited. *Neurosurgery* 2003;52:591-96.
8. Guresir E, Schuss P, Vatter H *et al.* Decompressive craniectomy in subarachnoid hemorrhage. *Neurosurg Focus* 2009 June;26(6):E4.
9. Taylor A, Butt W, Rosenfeld J *et al.* A randomized trial of very early decompressive craniectomy in children with traumatic brain injury and sustained intracranial hypertension. *Childs Nerv Syst* 2001;17:154-62.
10. Polin RS, Shaffrey ME, Bogaev CA *et al.* Decompressive bifrontal craniectomy in the treatment of severe refractory posttraumatic cerebral edema. *Neurosurgery* 1997;41:84-92.
11. Bell RS, Mossop CM, Dirks MS *et al.* Early decompressive craniectomy for severe penetrating and closed head injury during wartime. *Neurosurg Focus* 2010;28(5):E1.
12. Cooper DJ, Rosenfeld JV, Murray L *et al.* DECRA trial investigators; Australian and New Zealand intensive care society clinical trials group: decompressive craniectomy in diffuse traumatic brain injury. *N Engl J Med* 2011;364:1493-502.
13. Hutchinson PJ, Corteen E, Czosnyka M *et al.* Decompressive craniectomy in traumatic brain injury: the randomized multicenter RESCUEicp study (www.RESCUEicp.com). *Acta Neurochir Suppl* 2006;96:17-20.
14. Hofmeijer J, Kappelle LJ, Algra A *et al.* Surgical decompression for space-occupying cerebral infarction (the hemicraniectomy after middle cerebral artery infarction with Life-threatening Edema Trial [HAMLET]): a multicentre, open, randomised trial. *Lancet Neurol* 2009 Apr.;8(4):326-33. Epub 2009 Mar. 5.
15. Jüttler E, Schwab S, Schmiedek P *et al.* decompressive surgery for the treatment of malignant infarction of the middle cerebral artery (DESTINY): a randomized, controlled trial. *Stroke* 2007;38:2518-25.
16. Vahedi K, Hofmeijer J, Juettler E *et al.* Early decompressive surgery in malignant infarction of the middle cerebral artery: a pooled analysis of three randomised controlled trials. *Lancet Neurol* 2007;6:215-22.
17. Vahedi K, Vicaut E, Mateo J *et al.* Sequential-design, multicenter, randomized, controlled trial of early decompressive craniectomy in malignant middle cerebral artery infarction (DECIMAL trial). *Stroke* 2007 Sept.;38(9):2506-17.

18. Green TL, Newcommon N, Demchuk A. Quality of life and caregiver outcomes following decompressive hemicraniectomy for severe stroke: a narrative literature review. *Can J Neurosci Nurs* 2010;32:24-33.
19. Arac A, Blanchard V, Lee M *et al.* Assessment of outcome following decompressive craniectomy for malignant middle cerebral artery infarction in patients older than 60 years of age. *Neurosurg Focus* 2009 June;26(6):E3.
20. Stiver SI. Complications of decompressive craniectomy for traumatic brain injury. *Neurosurg Focus* 2009;26(6):E7.
21. Yang XF, Wen L, Shen F *et al.* Surgical complications secondary to decompressive craniectomy in patients with a head injury: a series of 108 consecutive cases. *Acta Neurochir* (Wien) 2008;150:1241-47.
22. Aarabi B, Hesdorffer DC, Ahn ES *et al.* Outcome following decompressive craniectomy for malignant swelling due to severe head injury. *J Neurosurg* 2006;104:469-79.

Capítulo 8

REPOSIÇÃO VOLÊMICA COM SEGURANÇA

João Manoel Silva Junior
Fernando Gutierrez

INTRODUÇÃO

A administração de fluidos intravenosos representa um ponto-chave no cuidado dos pacientes cirúrgicos. O objetivo consiste em manter um volume intravascular adequado, assegurar o equilíbrio hidreletrolítico e acidobásico e, principalmente, otimizar a perfusão tecidual garantindo uma oferta tecidual de oxigênio adequada.

O manejo da volemia (vol = volume; emico = sangue) em pacientes cirúrgicos é fundamentado, primeiramente, pela manutenção do volume intravascular, por meio da restauração das perdas insensíveis e reposição das necessidades hídricas diárias de manutenção. Pacientes em pós-operatório que apresentam alterações hemodinâmicas (vasodilatação e depressão miocárdica) e/ou inflamatórias (aumento da permeabilidade vascular) podem ter aumento destas necessidades. Em pacientes com choque secundário a diminuição da pré-carga (hipovolemia), a ressuscitação volêmica é essencial para restaurar o débito cardíaco, a pressão sanguínea e a perfusão tecidual.[1] Dessa forma, uma adequada ressuscitação volêmica tem por objetivo preservar o fluido intravascular, restaurando a perfusão e o equilíbrio entre oferta e consumo de oxigênio aos tecidos. Pacientes com sepse, muitas vezes, apenas com uma reposição volêmica adequada, conseguem aumentar o débito cardíaco e aumentar a oferta de oxigênio aos tecidos, sem necessidade de drogas inotrópicas ou vasopressoras.[2-4]

Por outro lado, o insulto agudo associado às características do paciente crítico (doenças crônicas preexistentes) podem alterar a resposta normal do organismo à administração de fluidos. Frequentemente, encontramos alterações na complacência e contratilidade miocárdica, resistência vascular sistêmica, distribuição regional do fluxo, capacitância venosa e na permeabilidade capilar. Estas modificações do sistema cardiovascular tornam a atuação do intensivista um grande desafio, e a escolha da fluidoterapia adequada (tipo e quantidade de fluido) pode alterar o prognóstico desses pacientes críticos.

CONCEITOS FUNDAMENTAIS

O manejo volêmico é um dos grandes determinantes de morbimortalidade em pacientes cirúrgicos, sendo, muitas vezes, um aspecto negligenciado por parte da equipe profissional envolvida.

Distribuição dos Fluidos Corporais

Para reposição volêmica adequada, é necessário o conhecimento da distribuição dos fluidos, sódio e proteínas no corpo humano. A água corporal total corresponde a 60% do peso de um indivíduo, sendo 40% distribuídos no espaço intracelular (líquido intracelular – LIC) e 20% no espaço extracelular (líquido extracelular – LEC). O volume plasmático corresponde a cerca de 1/5 do LEC e o restante, em sua maioria, distribui-se no interstício (Fig. 8-1).

Além da pressão hidrostática, a concentração de sódio e de albumina são importantes determinantes na distribuição dos fluidos pelos compartimentos. A distribuição de sódio no líquido extracelular ocorre com concentrações iguais tanto no líquido plasmático quanto no intersticial (140 mEq/L). Já a albumina, o principal constituinte da pressão oncótica do líquido extracelular, é diferentemente distribuída entre plasma e interstício com concentrações de 4 g/dL e 1 g/dL, respectivamente. No meio intracelular, o íon predominante é o potássio, com concentração aproximada de 150 mEq/L.

Fisiologia

Os principais benefícios da administração de fluidos intravenosos são repor as perdas e expandir o volume do espaço extracelular (volume plasmático e volume intersticial). O aumento do volume plasmático pode produzir diversos efeitos benéficos

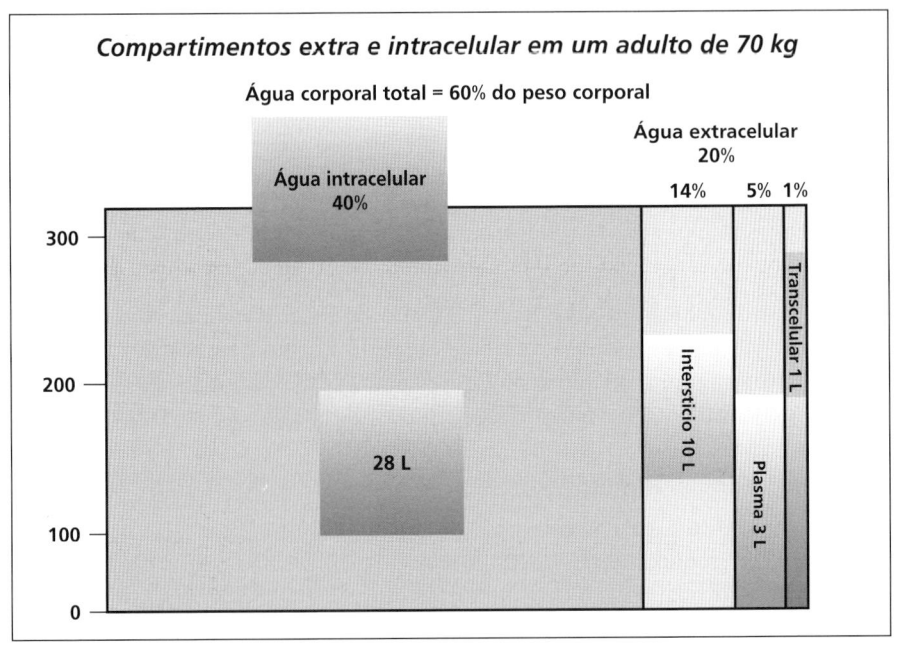

Fig. 8-1. Distribuição dos fluidos corporais em adulto de 70 kg.

Reposição Volêmica com Segurança

como aumento da pressão arterial, da oferta de oxigênio aos tecidos e do débito urinário.

Com a expansão do volume plasmático, espera-se aumentar o volume diastólico final de ventrículo esquerdo e, consequentemente, do volume de ejeção e do débito cardíaco, pelo mecanismo de Frank-Starling. Entretanto, há outros fatores interligados que alteram a pressão de perfusão sistêmica e a oferta de oxigênio aos tecidos. A infusão de fluidos reduz o nível de hemoglobina (redução do conteúdo arterial de oxigênio) através de hemodiluição e, também, pode diminuir a resistência vascular sistêmica. Desta forma, a infusão liberal de solução salina e o aumento do volume de ejeção não têm, unicamente, origem no aumento do volume diastólico final, mas também na redução da resistência vascular sistêmica e na redução do hematócrito.

O uso de anestésicos em pacientes cirúrgicos também podem alterar a resposta natural do organismo à administração de fluidos. Em animais conscientes, estudos cinéticos após a administração de cristaloides demonstraram aumento moderado do volume intersticial e rápida eliminação urinária. Em contraste, em animais anestesiados, os agentes halogenados alteram significativamente a farmacodinâmica e a cinética dos fluidos, ocorrendo um acúmulo substancial no espaço intersticial com diminuição do débito urinário.[5]

O sistema imunológico também pode sofrer influência da reposição de fluidos. A administração de cristaloides ou coloides artificias pode ativar neutrófilos e a expressão de fatores de adesão determinando ou agravando um estado de inflamação sistêmica. O efeito, provavelmente, não ocorre pelo processo dilucional, pois o uso de solução de albumina humana não demonstram nenhum efeito nos neutrófilos. Além disso, o aumento na concentração extracelular de sódio, pelo uso de solução salina hipertônica, demonstra diminuição na ativação e na adesão desses neutrófilos.[6]

Distribuição dos Líquidos Infundidos

A predição clínica da expansão plasmática após a infusão de líquidos assume que o volume corporal seja estático. Sendo assim, uma perda sanguínea aguda de 2.000 mL (40% do volume sanguíneo total) em um adulto de 70 kg seria compensada com a administração de 28 litros de solução glicosada e 9,1 L de solução de ringer com lactato (Fig. 8-2).

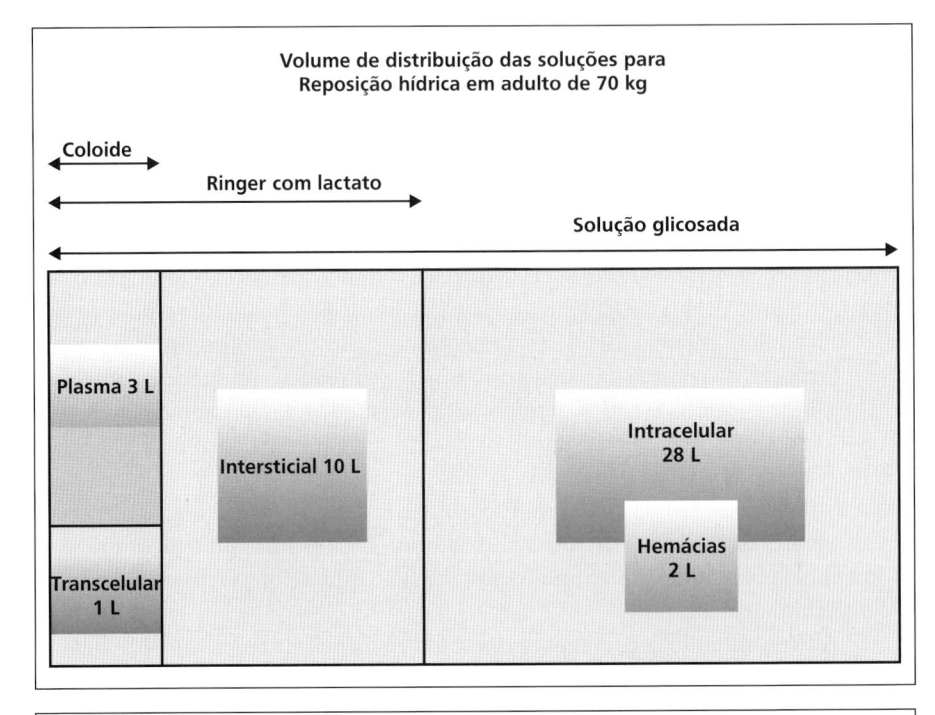

Volume de distribuição das soluções para Reposição hídrica em adulto de 70 kg

Coloide ↔

Ringer com lactato ↔

Solução glicosada ↔

- Plasma 3 L
- Transcelular 1 L
- Intersticial 10 L
- Intracelular 28 L
- Hemácias 2 L

$$\text{Volume de expansão plasmática} = \frac{\text{Volume infundido} \times \text{Volume plasmático normal}}{\text{Volume de distribuição}}$$

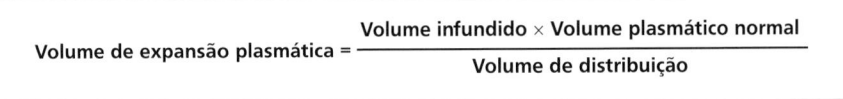

$$\text{Volume infundido} = \frac{\text{Volume de expansão plasmática} \times \text{Volume de distribuição}}{\text{Volume plasmático normal}}$$

Fig. 8-2. Volume de distribuição das soluções para reposição hídrica.

Entretanto, em termos práticos, esta fórmula estática torna-se simplista. A expansão plasmática é resultado de um sistema complexo que objetiva a manutenção do volume intravascular, intersticial e intracelular. O modelo cinético de fluidoterapia intravenosa, proposto por Svensén and Hahn,[7] permite predizer com maior acurácia o efeito da reposição de fluidos. Este modelo de distribuição de fluidos, permite discriminar para cada tipo de fluido infundido, o início das mudanças no volume plasmático, seu pico de expansão e das taxas de *clearance* (Fig. 8-3).

Reposição Volêmica com Segurança

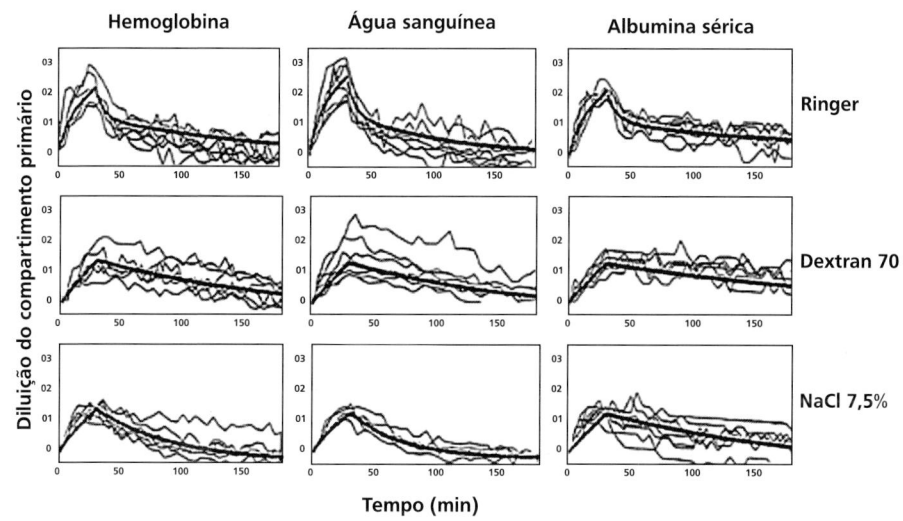

Fig. 8-3. Curva cinética após infusão de solução ringer com lactato, dextrana 70 ou solução hipertônica. A diluição plasmática é calculada por mudanças na concentração de hemoglobina, quantidade de água no sangue e concentração de albumina.
(Adaptada de Svensén C, Hahn RG.)[7]

TIPOS DE FLUIDOS

Cristaloides

Consistem em soluções de íons inorgânicos ou de pequenas moléculas orgânicas diluídas em água que se comportam como expansores plasmáticos de curta duração incluindo soluções de cloreto de sódio, glicosadas, ringer simples e ringer com lactato. Quando administrados por via intravenosa, aproximadamente 75% do volume de expansão passa ao espaço intersticial em cerca de 20 minutos.

As soluções cristaloides podem ser classificadas, com relação ao plasma, em hipotônicas, isotônicas ou hipertônicas:

- *Hipotônicas (soluções de glicose):* contraindicadas para reposição volêmica em cirurgias. Indicadas no tratamento de alterações eletrolíticas, como na hipernatremia por perda urinária de água livre (diabetes insípido) e na depleção de água corporal total (desidratação crônica).
- *Isotônicas (as mais utilizadas e conhecidas são a solução isotônica de cloreto de sódio a 0,9% e solução de ringer com lactato):* o principal componente é o cloreto de sódio. A solução de ringer com lactato contém outros íons como potássio e cálcio em concentrações aproximadas ao do plasma o que permite a redução da quantidade de sódio administrada enquanto a adição de lactato (28 mEq/L) permite a redução da concentração de cloro da solução (Quadro 8-1).

Quadro 8-1 Composição dos fluidos

Eletrólitos mEq/L	Solução salina 0,9%	Ringer com Lactato
Sódio	154	130
Cloreto	154	109
Potássio	0	4
Cálcio	0	3
Lactato	0	28
Osmolaridade nOsm/L	308	273
pH	5,0	6,5

- *Hipertônicas (NaCl 7,5%):* utilizadas na dose de 4 a 6 mL/kg no choque hipovolêmico, com boa eficácia na restauração do volume intravascular, dos padrões hemodinâmicos e na redução da resposta imune exacerbada.

Coloides

Podem ser agrupados em naturais (albumina humana) e semissintéticos (Dextrana, gelatinas e derivados de amidos).

Coloides naturais

A albumina é sintetizada no fígado pelos hepatócitos. Composta de 584 aminoácidos e com peso molecular entre 66.000 e 69.000 Daltons é liberada nos sinusoides para a corrente sanguínea. Tem concentração plasmática normal de 4 a 5 g/L e corresponde até 80% da pressão coloidosmótica do plasma (28 mmHg). Possui carga elétrica negativa, porém tem sítios de ligação tanto para cátions quanto para ânions, orgânicos ou inorgânicos. Apresenta meia-vida de 18 horas e somente 10% da quantidade infundida permanecem no meio intravascular após 2 horas.

Há dois tipos de soluções de albumina humana no mercado para uso clínico, ambas produzidas por fracionamento do plasma a frio com etanol: solução a 5% em frasco de 500 mL e solução a 20% em frasco com 50 mL. A primeira tem pressão coloidosmótica semelhante à do plasma, e a segunda é capaz de transportar, para o intravascular, até 5 vezes o seu volume administrado (lembrar que cada grama de albumina transporta até 18 mililitros de água).

A albumina tem sido utilizada como fluido de ressuscitação desde 1940, mas apenas recentemente sua administração tem sido questionada. Uma metanálise, publicada em 1998 incluindo 30 estudos e 1.419 pacientes, demonstrou aumento de mortalidade em pacientes tratados com albumina, sendo para cada 17 doentes que recebiam albumina, ocorria um óbito.[8] Esta metanálise foi largamente questionada em decorrência dos critérios de seleção dos estudos incluídos. Posteriormente, outra metanálise, reali-

Reposição Volêmica com Segurança

zada com 42 estudos, evidenciou diminuição de mortalidade.[9] As incertezas com relação à associação entre o uso de albumina e a mortalidade se mantiveram. Em 2004, foi publicado um grande ensaio clínico randomizado (ECR) com cerca de 7.000 pacientes, analisando a segurança e a eficácia do uso da albumina em pacientes críticos *(SAFE study)*.[10] O resultado não mostrou diferença de prognóstico em pacientes tratados com albumina humana 4% ou solução salina 0,9%, porém uma análise de subgrupo revelou benefícios em pacientes com sepse.[10] Finalmente, em um estudo observacional conduzido na Europa (SOAP *study*), publicado em 2005 com 3.147 pacientes, os pacientes críticos que receberam albumina apresentaram menor sobrevida.[11]

Coloides semissintéticos

Este grupo é composto por diversas soluções tipo emulsão coloidal orgânica, estáveis, hidrófilas e com peso molecular muito variável. O efeito expansor é dependente da carga elétrica, do grau de hidratação das moléculas e, principalmente, do grau de afinidade pela água. A diminuição gradual de sua concentração no plasma após sua administração e a velocidade com que passa ao interstício, depende do peso e do tamanho molecular. A duração do efeito de expansão plasmática é basicamente dependente da quantidade infundida, da pressão oncótica de cada solução e da meia-vida de eliminação específica. Os principais efeitos adversos relacionados com a administração deste tipo de solução são: sobrecarga volêmica, coagulopatia, reações anafiláticas e alterações da função renal.

Dextranas

São soluções de polissacarídeos de origem bacteriana originados do açúcar da beterraba. Estas soluções foram substituídas ao longo dos anos, por outros coloides pela ocorrência de coagulopatia.

Gelatinas

Proteínas sintetizadas a partir da hidrólise do colágeno bovino. Apresentam-se por soluções de gelatinas ligadas a ureia (Haemacel® e Isocel®) e succiniladas (Gelafundin®) sendo que a primeira possui quantidade maior de cálcio e potássio. Promovem expansão plasmática proporcional a 80% do volume de solução infundida com duração média de 2,5 horas sendo que após 1 hora de infusão, apenas 50% da quantidade administrada permanece na circulação.

Hidroxietilamido (HEA)

Grupo de soluções compostas por polissacarídeos naturais modificados e extraídos do amido do milho. A expansão plasmática é maior que o volume infundido em razão do aumento da pressão coloidosmótica do plasma e da passagem de água para o intravascular. Essa expansão plasmática atinge seu pico em 3 a 4 horas e tem duração de, aproximadamente, 24 horas com cerca de 40% ainda presente no espaço intravascular. Os efeitos colaterais possíveis são reduzidos em dose diária de 20 mL/kg (amidos de 3ª geração) a 50 mL/kg (outros amidos).

MANEJO VOLÊMICO

Cristaloide vs. Coloide

A escolha do tipo de fluido para reposição volêmica deve basear-se, primeiramente, na tentativa de expansão do volume plasmático com aumento mínimo do volume intersticial ocasionando menos edema e promovendo poucos efeitos colaterais. Entretanto, as evidências não apontam uma única solução como superior em todos os aspectos.[10,12] Sendo que cada uma apresenta vantagens e desvantagens (Quadros 8-2 e 8-3).

Os cristaloides ainda são considerados a primeira escolha para reposição volêmica, em especial nos politraumatizados, apesar de algumas evidências demonstrarem uma diminuição de mortalidade associada ao uso de coloides.[12] Em pacientes submetidos à cirurgia abdominal de grande porte, a reposição com coloides também parece estar associada à menor mortalidade.[13] Os coloides expandem o volume intravascular mais rapidamente, restaurando o volume plasmático e o fluxo sanguíneo com manutenção ou até ligeira elevação da pressão coloidosmótica do plasma. Entretanto, da mesma forma que mobilizam água do extravascular para o intravascular, essas soluções podem agravar ou mesmo desencadear um quadro de desidratação celular.[14] Os cristaloides, por sua vez, promovem maior diluição das proteínas plasmáticas, diminuindo a pressão coloidosmótica do plasma com expansão do interstício e seus consequentes efeitos deletérios.

Quadro 8-2 Soluções cristaloides

Vantagens	Desvantagens
Baixo custo	Otimização hemodinâmica transitória
Aumentam o fluxo renal	Edema periférico (diluição proteica)
Repõe o volume intersticial	Edema pulmonar
Facilmente disponíveis	Acidose metabólica hiperclorêmica (solução salina 0,9%)
	Distúrbio de coagulação por hemodiluição
	Redistribuição intersticial e maior volume para reposição

Quadro 8-3 Soluções coloidais

Vantagens	Desvantagens
Baixo volume infundido	Alto custo
Expansão plasmática mais prolongada	Coagulopatia (Dextrana > HES)
Menor edema cerebral	Edema pulmonar
Facilmente disponíveis	Diminui taxa de filtração glomerular

HES = amido.

A solução salina hipertônica (NaCl a 7,5%), por sua vez, é um cristaloide que poderia causar menos edema e gerar efeitos hemodinâmicos mais prolongados mesmo quando administrada em pequenos volumes (4 a 6 mL/kg).[15,16] Estudos experimentais demonstraram que as soluções hipertônicas têm efeitos imunomodulatórios favoráveis na ativação de glóbulos brancos.[17,18] Os dados sugerem que a hipertonicidade poderia diminuir a aderência e a ativação dos neutrófilos, estimulando a proliferação linfocitária inibindo a produção de citocinas pró-inflamatórias e estimulando a produção de citocinas anti-inflamatória pelos monócitos e macrófagos.[18] Assim, estratégias de ressuscitação volêmica com soluções salinas hipertônicas (NaCl 7,5% a 4 mL/kg) poderiam ter propriedades anti-inflamatórias em pacientes apresentando choque hemorrágico e vítimas de trauma.

Manejo Restritivo *versus* Liberal

Além do tipo de fluido a ser infundido, outra questão é o volume a ser infundido. Se por um lado, a restrição hídrica exagerada pode levar à hipoperfusão tecidual,[19] por outro, existem evidências claras de que grandes volumes infundidos estão associados ao aumento da mortalidade.[20,21]

As consequências da sobrecarga hídrica estão bem estabelecidas na literatura. Uma sobrecarga volêmica resulta em edema tecidual levando a déficit na difusão de oxigênio e metabólitos, a distorção da arquitetura com obstrução do fluxo sanguíneo capilar, da drenagem linfática e a distúrbios da interação entre as células contribuindo para disfunção orgânica. Estes efeitos são ainda mais pronunciados em órgãos encapsulados como rins e fígado por possuírem capacidade restrita para acomodar volumes adicionais sem aumentar sua pressão intersticial e comprometer o fluxo sanguíneo.[10,22]

O edema que se desenvolve após uma sobrecarga hídrica pode determinar alterações funcionais importantes (Fig. 8-4). O edema pulmonar compromete a troca gasosa e torna o paciente susceptível a infecções pulmonares. O edema no trato gastrointestinal prolonga o íleo paralítico pós-operatório e o esvaziamento gástrico, além de reduzir a drenagem linfática e a oxigenação local, diminuindo a recuperação dos tecidos e principalmente das anastomoses.[21] Em estudo recente, o balanço hídrico positivo superior a 1.200 mL, durante o período intraoperatório, esteve associado a complicações pulmonares pós-operatórias, maior tempo de internação hospitalar e mortalidade.[23] O aumento de líquido no intravascular também pode gerar consequências deletérias ao coração, como o aumento de demanda pelo miocárdio, o que pode deslocar a curva cardíaca de Starling para a direita culminando em aumento de morbidade cardíaca (Fig. 8-5).[24]

Outro evento adverso associado a reposição com volume excessivo de cristaloides é a acidose hiperclorêmica, geralmente secundária a uma reposição excessiva com solução salina isotônica (NaCla 0,9%). Esta condição é consequência do excessivo aumento da concentração de cloro no plasma e subsequente eliminação de bicarbonato renal. Esta entidade não apresenta sinais ou sintomas clínicos específicos, porém, pode causar efeitos deletérios nas funções pulmonares, cardiovasculares, neurológicas e

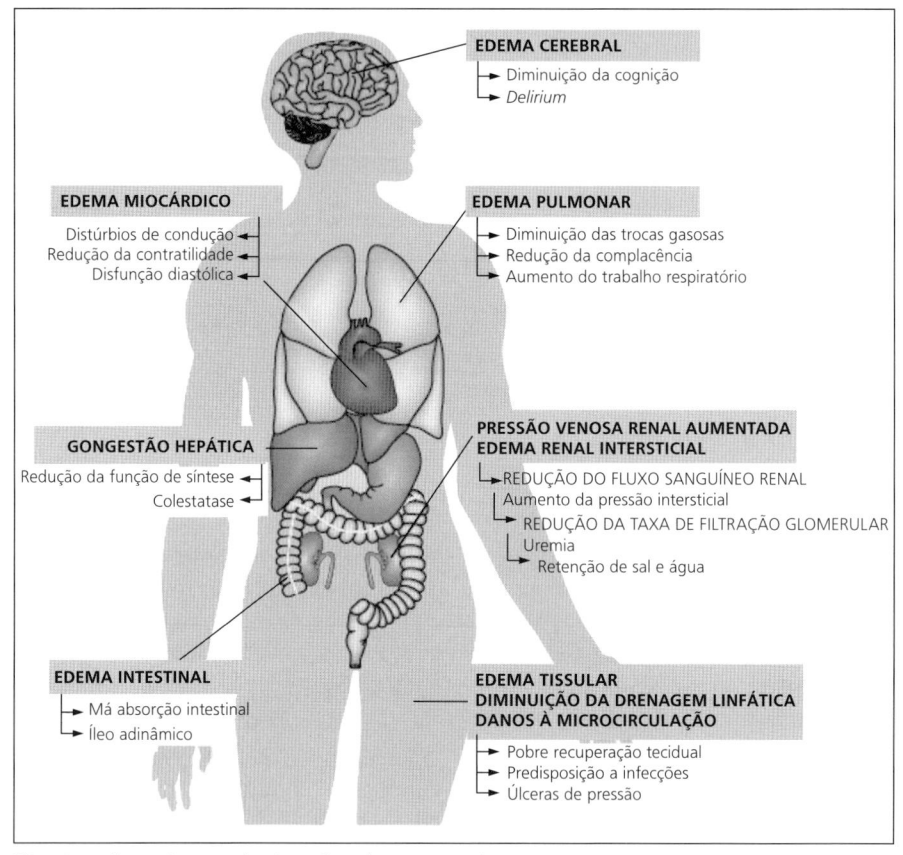

EDEMA CEREBRAL
- Diminuição da cognição
- *Delirium*

EDEMA MIOCÁRDICO
- Distúrbios de condução
- Redução da contratilidade
- Disfunção diastólica

EDEMA PULMONAR
- Diminuição das trocas gasosas
- Redução da complacência
- Aumento do trabalho respiratório

GONGESTÃO HEPÁTICA
- Redução da função de síntese
- Colestatase

PRESSÃO VENOSA RENAL AUMENTADA
EDEMA RENAL INTERSTICIAL
- REDUÇÃO DO FLUXO SANGUÍNEO RENAL
- Aumento da pressão interticial
- REDUÇÃO DA TAXA DE FILTRAÇÃO GLOMERULAR
- Uremia
- Retenção de sal e água

EDEMA INTESTINAL
- Má absorção intestinal
- Íleo adinâmico

EDEMA TISSULAR
DIMINUIÇÃO DA DRENAGEM LINFÁTICA
DANOS À MICROCIRCULAÇÃO
- Pobre recuperação tecidual
- Predisposição a infecções
- Úlceras de pressão

Fig. 8-4. Sequelas patológicas da sobrecarga volêmica nos sistemas orgânicos. (Adaptada de Prowle JR, Echeverri JE, Ligabo EV, Ronco C, Bellomo R.)[22]

da musculatura esquelética, com aumento da mortalidade. A hipercloremia no intraoperatório está associada à administração de grandes quantidades de soluções fisiológicas isotônicas.[25]

Algumas evidências reforçam a ideia de que um balanço hídrico menos positivo pode estar associado a melhor prognóstico em diversos cenários clínicos. Lobo *et al.*[26] descreveram menor tempo de internação e uma diminuição de complicações, especialmente gastrointestinais, em pacientes com uma estratégia de restrição hídrica de até 2 litros por dia de solução cristaloide quando comparados com os pacientes que recebiam regime padrão de 3 litros por dia. Brandstrup *et al.*,[21] analisando pacientes cirúrgicos, também evidenciaram menos complicações cardiopulmonares em pacientes que tiveram restrição hídrica no peroperatorio quando comparados com uma estratégia de reposição de fluidos mais liberal. Em pacientes cirúrgicos eletivos, o balanço hídrico positivo na ordem de 5 a 10% do peso corporal parece estar associado a pior prognóstico.[22]

Reposição Volêmica com Segurança

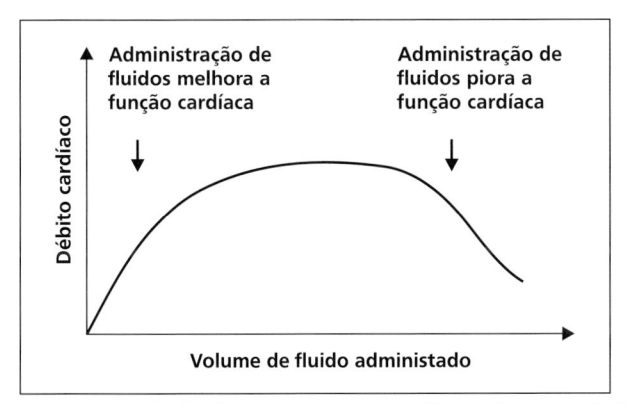

Fig. 8-5. Efeitos da terapia de fluidos peroperatória na Curva Cardíaca de Starling. (Adaptada de Holte K, Jensen P, Kehlet H.)[20]

Nisanevich et al.[27] compararam duas estratégias de hidratação (4 ou 12 mL/kg) em pacientes submetidos à cirurgia abdominal. O regime restrito foi acompanhado de menor tempo de internação, menos tempo de recuperação pulmonar, moderado ganho de peso e menos complicações. Em contraste, Holte et al.[28] demonstraram superioridade do regime com 40 mL/kg em vez de 15 mL/kg de solução de ringer com lactato em cirurgias de colecistectomia laparoscópica na preservação de função pulmonar pós-operatória enquanto MacKay[29] não encontrou diferença entre o regime liberal e de restrição hídrica com relação ao tempo de internação hospitalar. Outra situação em que uma reposição volêmica liberal parece ser superior a uma estratégia restritiva é no paciente com sepse. Rivers et al.[30] demonstraram que em pacientes com sepse grave e choque séptico, uma estratégia liberal na reposição inicial de fluidos esteve associada a menor mortalidade. A precocidade na reposição volêmica parece realmente ser um fator importante. Mesmo em pacientes cirúrgicos, a reposição volêmica precoce, não necessariamente restritiva, esteve associada à menor mortalidade.[19]

CONCLUSÃO

Diversos fatores parecem determinar o sucesso de uma reposição volêmica. O conhecimento das propriedades farmacocinéticas e farmacodinâmicas de cada tipo de fluido, a precocidade da restauração da volemia e a limitação de uma administração de fluidos de maneira excessiva, principalmente em uma fase tardia, parecem ser os principais determinantes de um sucesso da intervenção. Não há dúvidas de que a restrição inadequada de fluidos pode levar à hipoperfusão tecidual e que o excesso de água também é deletério. Para a grande maioria dos pacientes o manejo volêmico com base em sinais clínicos convencionais é suficiente e adequado. Porém, nos pacientes de alto risco, monitorar marcadores de perfusão tecidual e hemodinâmicos pode garantir uma adequada expansão volêmica, prevenindo uma administração excessiva dos fluidos.

REFERÊNCIAS BIBLIOGRÁFICAS

1. Shields CJ. Towards a new standard of perioperative fluid management. *Ther Clin Risk Manag* 2008;4:569-71.
2. Haupt MT, Gilbert EM, Carlson RW. Fluid loading increases oxygen consumption in septic patients with lactic acidosis. *Am Rev Respir Dis* 1985;131:912-16.
3. Packman MI, Rackow EC. Optimum left heart filling pressure during fluid resuscitation of patients with hypovolemic and septic shock. *Crit Care Med* 1983;11:165-69.
4. Sugerman HJ, Diaco JF, Pollock TW *et al.* Physiologic management of septicemic shock in man. *Surg Forum* 1971;22:3-5.
5. Johnston WE. PRO: fluid restriction in cardiac patients for noncardiac surgery is beneficial. *Anesth Analg* 2006;102:340-43.
6. Bascom JU, Zikria BA, Gosling P. Systemic inflammatory response syndrome. *Br J Surg* 1998;85:1017.
7. Svensen C, Hahn RG. Volume kinetics of ringer solution, dextran 70, and hypertonic saline in male volunteers. *Anesthesiology* 1997;87:204-12.
8. Human albumin administration in critically ill patients: systematic review of randomised controlled trials. Cochrane Injuries Group Albumin Reviewers. *BMJ* 1998;317:235-40.
9. Wilkes MM, Navickis RJ. Patient survival after human albumin administration. A meta-analysis of randomized, controlled trials. *Ann Intern Med* 2001;135:149-64.
10. Finfer S, Bellomo R, Boyce N *et al.* A comparison of albumin and saline for fluid resuscitation in the intensive care unit. *N Engl J Med* 2004;350:2247-56.
11. Vincent JL, Sakr Y, Reinhart K *et al.* Is albumin administration in the acutely ill associated with increased mortality? Results of the SOAP study. *Crit Care* 2005;9:R745-54.
12. Choi PT, Yip G, Quinonez LG *et al.* Crystalloids vs. colloids in fluid resuscitation: a systematic review. *Crit Care Med* 1999;27:200-10.
13. Kimberger O, Arnberger M, Brandt S *et al.* Goal-directed colloid administration improves the microcirculation of healthy and perianastomotic colon. *Anesthesiology* 2009;110:496-504.
14. Trof RJ, Sukul SP, Twisk JW *et al.* Greater cardiac response of colloid than saline fluid loading in septic and non-septic critically ill patients with clinical hypovolaemia. *Intensive Care Med* 2010;36:697-701.
15. Sirieix D, Hongnat JM, Delayance S *et al.* Comparison of the acute hemodynamic effects of hypertonic or colloid infusions immediately after mitral valve repair. *Crit Care Med* 1999;27:2159-65.
16. Ramires JA, Serrano Jr CV, Cesar LA *et al.* Acute hemodynamic effects of hypertonic (7.5%) saline infusion in patients with cardiogenic shock due to right ventricular infarction. *Circ Shock* 1992;37:220-25.
17. Kolsen-Petersen JA, Nielsen JO, Tonnesen EM. Effect of hypertonic saline infusion on postoperative cellular immune function: a randomized controlled clinical trial. *Anesthesiology* 2004;100:1108-18.
18. Kolsen-Petersen JA. Immune effect of hypertonic saline: fact or fiction? *Acta Anaesthesiol Scand* 2004;48:667-78.
19. Kern JW, Shoemaker WC. Meta-analysis of hemodynamic optimization in high-risk patients. *Crit Care Med* 2002;30:1686-92.

20. Holte K, Jensen P, Kehlet H. Physiologic effects of intravenous fluid administration in healthy volunteers. *Anesth Analg* 2003;96:1504-9, table of contents.
21. Brandstrup B, Tonnesen H, Beier-Holgersen R *et al.* Effects of intravenous fluid restriction on postoperative complications: comparison of two perioperative fluid regimens: a randomized assessor-blinded multicenter trial. *Ann Surg* 2003;238:641-48.
22. Prowle JR, Echeverri JE, Ligabo EV *et al.* Fluid balance and acute kidney injury. *Nat Rev Nephrol* 2010;6:107-15.
23. Silva Jr JM, Gonzaga TB, Marti YN *et al.* Efeito do excessivo balanço hídrico na mortalidade de pacientes cirúrgicos. Anais do Congresso Brasilerio de Anestesiologia. *Rev Bras Anestesiol* 2010.
24. Holte K, Sharrock NE, Kehlet H. Pathophysiology and clinical implications of perioperative fluid excess. *Br J Anaesth* 2002;89:622-32.
25. Silva Jr JM, Neves EF, Santana TC *et al.* The importance of intraoperative hyperchloremia. *Rev Bras Anestesiol* 2009;59:304-13.
26. Lobo DN, Bostock KA, Neal KR *et al.* Effect of salt and water balance on recovery of gastrointestinal function after elective colonic resection: a randomised controlled trial. *Lancet* 2002;359:1812-18.
27. Nisanevich V, Felsenstein I, Almogy G *et al.* Effect of intraoperative fluid management on outcome after intraabdominal surgery. *Anesthesiology* 2005;103:25-32.
28. Holte K, Klarskov B, Christensen DS *et al.* Liberal versus restrictive fluid administration to improve recovery after laparoscopic cholecystectomy: a randomized, double-blind study. *Ann Surg* 2004;240:892-99.
29. MacKay G, Fearon K, McConnachie A *et al.* Randomized clinical trial of the effect of postoperative intravenous fluid restriction on recovery after elective colorectal surgery. *Br J Surg* 2006;93:1469-74.
30. Rivers E, Nguyen B, Havstad S *et al.* Early goal-directed therapy in the treatment of severe sepsis and septic shock. *N Engl J Med* 2001;345:1368-77.

Capítulo 9

DROGAS VASOPRESSORAS E INOTRÓPICAS

Flávio Eduardo Nácul
Vanessa Estato
Eduardo Tibiriçá

INTRODUÇÃO

Os fármacos vasopressores e inotrópicos são agentes frequentemente utilizados nos pacientes críticos cirúrgicos para otimizar a pressão arterial, o débito cardíaco e a perfusão tecidual. Os fármacos vasopressores provocam vasoconstrição, aumentando a resistência vascular periférica e a pressão arterial, enquanto os inotrópicos aumentam a contratilidade do miocárdio.

FÁRMACOS QUE AUMENTAM A RESISTÊNCIA VASCULAR PERIFÉRICA

Os fármacos que aumentam a resistência vascular periférica e, consequentemente, elevam a pressão arterial, incluem as catecolaminas (adrenalina, noradrenalina, dopamina), fenilefrina e vasopressina, entre outros.

Adrenalina

A adrenalina (Fig. 9-1) é considerada o protótipo das drogas simpaticomiméticas. Sua ação é mediada pelos receptores adrenérgicos dos subtipos α e β. Por meio dos receptores α-adrenérgicos dos vasos, produz vasoconstrição e aumento da pressão arterial, enquanto, pelos receptores β_1 das células miocárdicas e nodo sinoatrial apresentam efeitos inotrópico e cronotrópico positivos, respectivamente. A ação da adrenalina nos receptores β_2 da musculatura lisa dos brônquios produz broncodilatação. Outros efei-

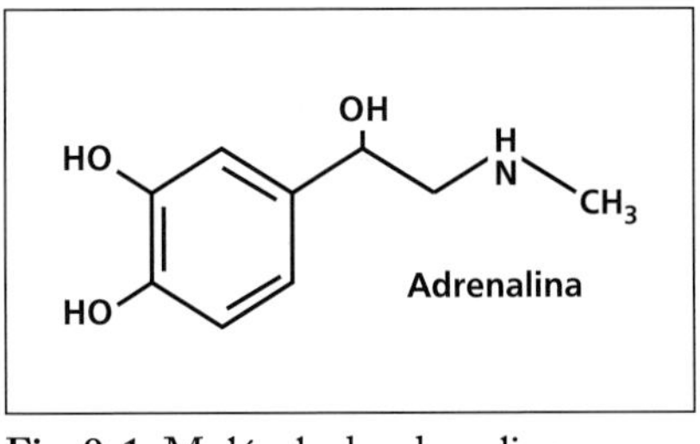

Fig. 9-1. Molécula da adrenalina.

tos da adrenalina são o aumento da concentração plasmática de glicose, ácidos graxos e lactato e diminuição do potássio.

A adrenalina pode ser utilizada na parada cardiorrespiratória (PCR), no choque anafilático, no choque séptico, no choque neurogênico e nas crises de broncospasmo. Na PCR, sua importância decorre do seu efeito α, aumentando a pressão diastólica da aorta e melhorando, assim, o fluxo sanguíneo coronariano. A utilização da adrenalina nos estados de choque circulatório tem como objetivo aumentar a pressão arterial mediante seu efeito α-adrenérgico nos vasos e β-adrenérgico no coração. No choque anafilático, a importância da adrenalina consiste em aumentar a pressão arterial bem como combater o laringospasmo e o broncospasmo (efeito broncodilatador mediado por receptores β-adrenérgicos na musculatura lisa da árvore traqueobrônquica). A adrenalina também poderia ser utilizada nas crises de broncospasmo associada à asma (geralmente por via subcutânea), embora agentes simpaticomiméticos $β_2$-seletivos (salbutamol, fenoterol), que apresentam menor incidência de efeitos adversos, tenham preferência.

Em parada cardíaca, as doses recomendadas são: 1 mg intravenoso (IV) a cada 3 e 5 minutos (pode, excepcionalmente, ser administrada no tubo endotraqueal em dose 3 vezes superior à utilizada por via IV. No choque circulatório, recomenda-se uma infusão venosa contínua com dose inicial de 1 mg/min. As enzimas MAO e COMT rapidamente inativam o fármaco no fígado, tornando a administração oral ineficaz. Os efeitos adversos são taquicardia com consequente aumento de consumo de oxigênio pelo miocárdio, arritmias cardíacas, cefaleia, ansiedade, hiperglicemia e hipopotassemia, bem como elevação dos níveis plasmáticos de ácido láctico por aumento da velocidade da via glicolítica.[1,2]

Noradrenalina

É o principal neurotransmissor do sistema nervoso autônomo e tem importante atividade agonista α-adrenérgica. A ativação dos receptores $α_1$-adrenérgicos do músculo liso vascular aumenta a resistência vascular sistêmica e a pressão arterial. Ao contrário da adrenalina, a noradrenalina (Fig. 9-2) não eleva a frequência cardíaca, já que não apresenta atividade agonista $β_1$ no miocárdio e sua ação vasoconstritora provoca um aumento da atividade vagal cardíaca (ativação do barorreflexo). Diferentemente de outros simpaticomiméticos, ela não produz broncodilatação.

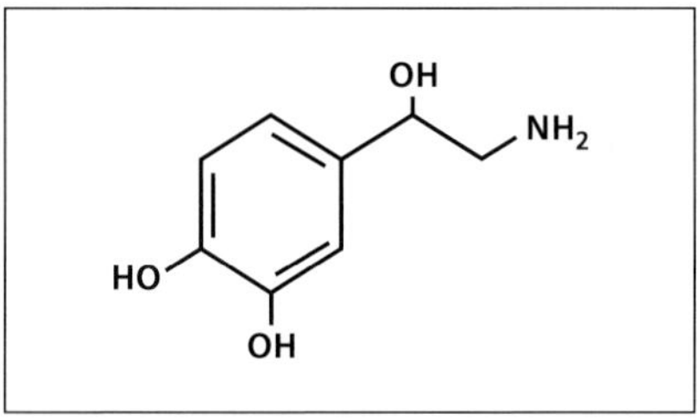

Fig. 9-2. Molécula da noradrenalina.

Drogas Vasopressoras e Inotrópicas

Está indicada, basicamente, no tratamento da hipotensão arterial grave e no choque após reposição volêmica adequada. A noradrenalina é habitualmente administrada por infusão venosa contínua com dose inicial de 2 mg/minuto, que pode ser aumentada até que a pressão desejada seja atingida. A noradrenalina não é eficaz por via oral, pois é inativada no fígado pelas enzimas MAO e COMT. Os efeitos adversos são: ansiedade, arritmias cardíacas e isquemia com necrose das extremidades.[3] Ao contrário da adrenalina, ela não aumenta a produção de lactato, pois não estimula a via glicolítica.

Dopamina

A dopamina (Fig. 9-3) é uma catecolamina natural sintetizada a partir do aminoácido tirosina, assim como as demais catecolaminas (Fig. 9-4). Possui a capacidade de estimular receptores dopaminérgicos (DA) e adrenérgicos, dependendo da dose em que ela é empregada.

Os efeitos da dopamina dependem, basicamente, da dose em que ela é utilizada. Em doses baixas (< 3 µg/kg/min), ela ativa os receptores dopaminérgicos DA_1, especialmente nos vasos renais, mesentéricos e coronários, provocando vasodilatação. A dopamina, em doses dopaminérgicas, aumenta o fluxo plasmático renal e mesentérico, a diurese e a *clearance* da creatinina em pacientes portadores de choque séptico tratados com catecolaminas vasopressoras. No entanto, esses efeitos diminuem com o tempo, provavelmente decorrente de uma dessensibilização dos receptores dopaminérgicos renais. Em doses intermediárias (3-10 µg/kg/min), ativa os receptores β_1 do miocárdio, produzindo efeitos inotrópico e cronotrópico positivos. Em doses elevadas (> 10 µg/kg/min), ativa os receptores α_1 dos vasos, produzindo vasoconstrição. A dopamina também produz vasoconstrição das veias pulmonares, o que pode provocar aumento da pressão capilar pulmonar quando aferida por monitoração hemodinâmica com um cateter de artéria pulmonar. Parte do seu efeito no miocárdio é secundário à liberação de noradrenalina armazenada nos terminais sinápticos (efeito indireto), o que explicaria a atenuação dos seus efeitos após infusão prolongada, bem como a reduzida eficácia em pacientes com tônus simpático maximizado, como ocorre na insuficiência cardíaca crônica.

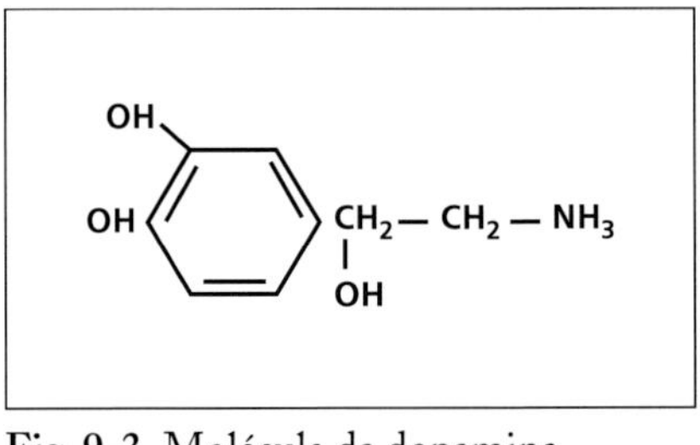

Fig. 9-3. Molécula da dopamina.

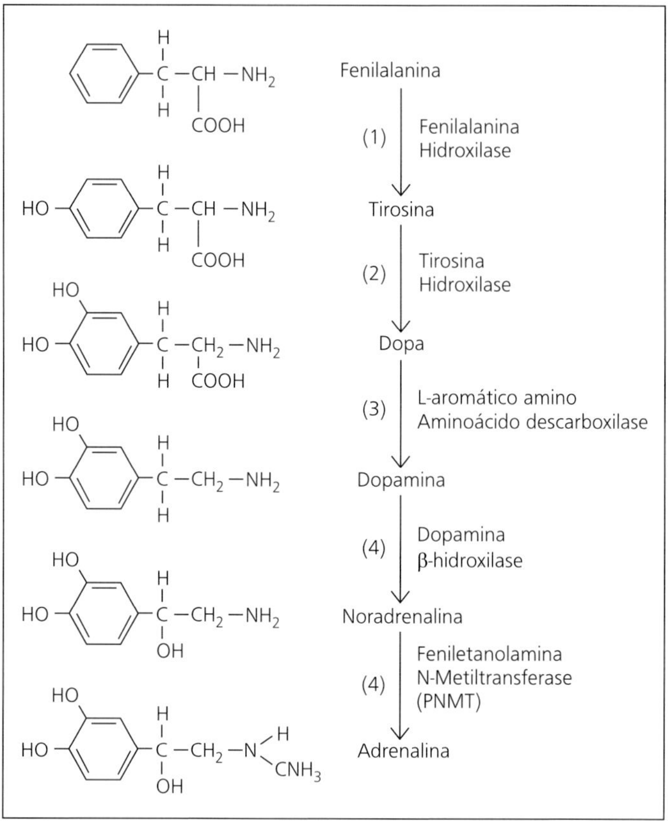

Fig. 9-4. Síntese das catecolaminas a partir da fenilalanina.

Dependendo da dose utilizada, a dopamina pode ser empregada com o objetivo de aumentar a contratilidade miocárdica (doses intermediárias) e a resistência vascular sistêmica (doses elevadas). Sua utilização em doses α ou β só está indicada nos estados de choque, após reposição volêmica adequada. A dose usual é de 3-20 μg/kg/min em infusão venosa contínua. Os efeitos adversos são taquicardia, arritmias cardíacas, náuseas, vômitos, cefaleia e isquemia tecidual. A dopamina reduz a concentração plasmática de todos os hormônios produzidos pela hipófise anterior, exceto o ACTH. A redução da produção de prolactina reduz a imunidade enquanto a diminuição de hormônio do crescimento diminui a velocidade de cicatrização das feridas.[4]

Vasopressina

A vasopressina (Fig. 9-5) é um nonapetídeo produzido na hipófise que desempenha um importante papel no metabolismo da água e do sódio. Em doses mais elevadas, produz vasoconstrição com consequente elevação da pressão arterial. Estudos recentes demonstram que baixas doses de vasopressina (0,04 U/min em infusão venosa contí-

Drogas Vasopressoras e Inotrópicas

Fig. 9-5. Vasopressina.

nua) aumentam a pressão arterial, a resistência vascular sistêmica e a diurese em pacientes portadores de choque séptico refratário a catecolaminas. A vasopressina pode produzir isquemia miocárdica e deve ser utilizada com cuidado em pacientes portadores de cardiopatia isquêmica.[5] Estudos recentes sugerem que a vasopressina pode apresentar efeitos anti-inflamatórios.[6]

Fenilefrina

A fenilefrina (Fig. 9-6) é um agente agonista seletivo α_1-sintético que produz vasoconstrição e aumento da pressão arterial. Pode ser utilizada no choque séptico, apesar de reduzir a frequência e o débito cardíaco em alguns pacientes. A dose recomendada inicial é de 0,05 µg/kg/min em infusão contínua.[7]

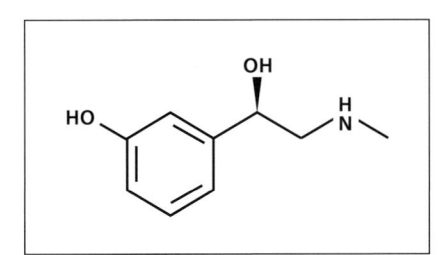

Fig. 9-6. Molécula da fenilefrina.

FÁRMACOS QUE MELHORAM A CONTRATILIDADE MIOCÁRDICA

O débito cardíaco é determinado pelo produto entre frequência cardíaca e volume sistólico. O suporte farmacológico para aumentar o débito cardíaco visa, preferencialmente, aumentar o volume sistólico a menos que a frequência cardíaca esteja muito reduzida e seja considerada responsável pela redução do débito cardíaco. O aumento inadvertido da frequência cardíaca aumenta o consumo de oxigênio pelo miocárdio, podendo precipitar isquemia cardíaca ou reduzir o tempo de enchimento ventricular, que pode levar à diminuição de débito cardíaco.

Os fármacos que melhoram a contratilidade miocárdica incluem as catecolaminas (dobutamina), inibidores da fosfodiesterase (amriniona e milrinona) e levosimendano.

Dobutamina

A dobutamina (Fig. 9-7) é uma catecolamina sintética cujo principal uso clínico decorre do seu efeito inotrópico positivo. A dobutamina aumenta o débito cardíaco (por meio de seu efeito agonista β e $α_1$) e pode reduzir a resistência vascular periférica e a pressão arterial (efeito agonista $β_2$). Sua eficácia diminui após administração prolongada, possivelmente pela *down-regulation* dos receptores adrenérgicos. A dobutamina produz menos taquicardia e arritmia que a dopamina, porque não estimula a liberação de noradrenalina pelo coração. Ao contrário da dopamina, a dobutamina reduz a resistência vascular pulmonar e sistêmica e não altera o fluxo plasmático renal. Estudos recentes sugerem que a dobutamina melhora a perfusão capilar por ação direta na microcirculação.[8] Outros efeitos incluem a inibição da ativação do fator nuclear *kappa* B[9,10] e aumento do *clearance* de água pulmonar.[11]

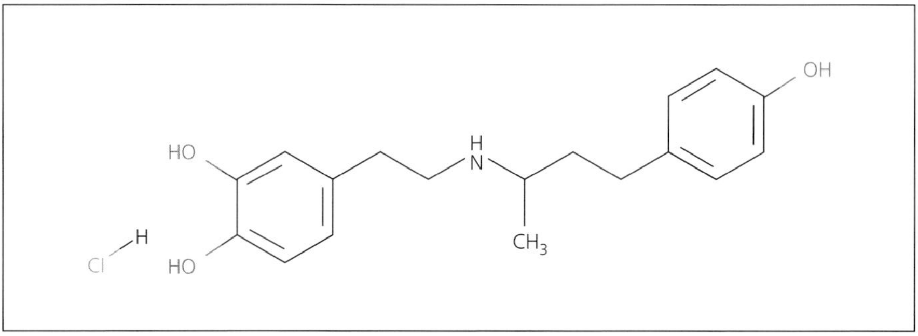

Fig. 9-7. Molécula da dobutamina.

A dobutamina é utilizada, clinicamente, como inotrópico positivo na insuficiência cardíaca, no choque cardiogênico e na disfunção miocárdica associada à sepse. Também tem sido utilizada no paciente crítico com o objetivo de aumentar a oferta de oxigênio aos tecidos (DO_2). A dose recomendada é de 2,5 a 20 µg/kg/min em infusão venosa contínua. Hipotensão arterial em pacientes hipovolêmicos e taquicardia podem ocorrer.[1]

Inibidores da Fosfodiesterase

Inibidores da enzima fosfodiesterase III (FDE III) representam um grupo heterogêneo de fármacos que podem ser utilizados no paciente crítico para aumentar o débito cardíaco. A inibição da FDE III no coração e na musculatura lisa vascular produz elevação dos níveis intracelulares de AMPc com consequente aumento da contratilidade do miocárdio e vasodilatação, razão pela qual são também conhecidos como inodilatadores. Os efeitos hemodinâmicos dos inibidores da FDE III incluem aumento do índice cardíaco e redução da resistência vascular sistêmica e pulmonar, bem como diminuição da pressão capilar pulmonar aferida pelo cateter de artéria pulmonar. Amrinona e milrinona (Fig. 9-8) são os inibidores da FDE mais conhecidos.

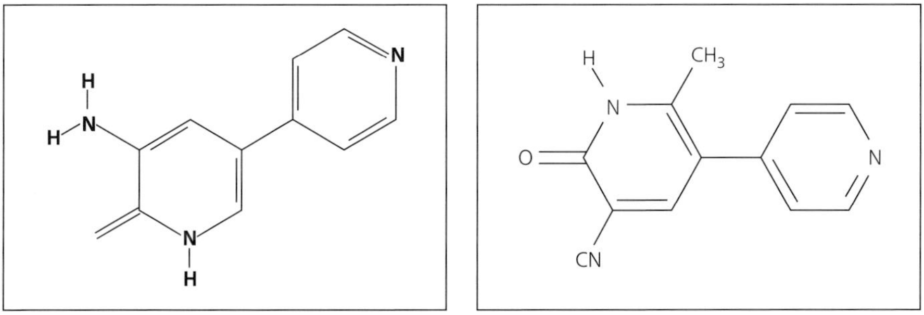

Drogas Vasopressoras e Inotrópicas

Fig. 9-8. Amrinona e milrinona.

Os inodilatadores podem ser utilizados na insuficiência cardíaca refratária e nos parentes críticos nos quais está indicado um aumento do índice cardíaco. São particularmente eficazes nos pacientes que apresentam *down-regulation* dos receptores adrenérgicos por uso prolongado de agentes simpaticomiméticos. As doses recomenadas são: amrinona, *bolus* IV de 0,75 mg/kg seguido por infusão contínua de de 5-10 μg/kg/min; milrinona: *bolus* IV de 50 μg/kg seguido por infusão contínua de 0,375-0,750 μg/kg/min. Os efeitos adversos são hipotensão arterial, trombocitopenia, arritmias e hepatotoxicidade, sendo que a milrinona produz menos trombocitopenia que amrinona. Os inibidores da fosfodiesterase devem ser utilizados com cuidado em pacientes hipotensos.

Levosimendana

A levosimendana (Fig. 9-9) é um fármaco inodilatador que melhora a contratilidade cardíaca através do aumento da sensibilidade da troponina C ao íon cálcio. Sua principal indicação é a insuficiência cardíaca grave, especialmente na insuficiência ventricular direita, já que estudos sugerem que a levosimendana é superior à dobutamina nesta indicação clínica. Outros autores sugerem que a levosimendana é um inotrópico superior à dobutamina porque, além de melhorar as disfunções sistólica e diastólica, ao contrário da dobutamina e milrinona, que só apresentam efeitos da disfunção sistólica,

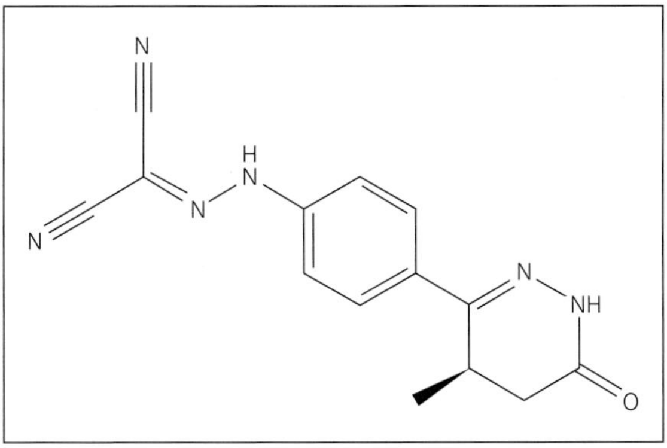

Fig. 9-9. Molécula do levosimenano.

ela é superior em reverter a disfunção microcirculatória em pacientes com choque séptico.[12,13]

A dose inicial recomendada é de 12 a 24 μg/kg IV durante 10 minutos seguidos por uma infusão contínua de 0,1 g/kg/min por 24 horas. Pode provocar redução da pressão arterial. A levosimendana não deve ser utilizada em pacientes com insuficiência hepática ou renal graves.[1,14-16]

ESTUDOS COMPARATIVOS ENTRE DROGAS VASOPRESSORAS

Com Relação à Capacidade de Restaurar a Pressão Arterial

O objetivo primário das drogas vasopressoras é reverter a hipotensão arterial por meio de uma vasoconstrição e, assim, melhorar a perfusão tecidual. Martin *et al.*[17] estudaram 32 pacientes com choque séptico randomizados para receber dopamina ou noradrenalina após resuscitação volêmica e demonstraram que o grupo que recebeu dopamina teve sucesso em restaurar a pressão arterial em apenas 31% dos casos, contra 93% no grupo que recebeu noradrenalina. Entre os pacientes que não responderam à dopamina, 90% apresentaram boa resposta à noradrenalina. Outros estudos mostraram que a adrenalina é equivalente à noradrenalina combinada ou não à dobutamina com relação à capacidade de atingir uma pressão arterial alvo em pacientes com choque séptico.[18,19] Por outro lado, vasopressina é um agente vasoconstritor superior à noradrenalina segundo uma avaliação realizada na microcirculação de *hamsters* utilizando microscopia intravital.[20]

Com relação à Mortalidade

Adrenalina e noradrenalina combinada ou não com dobutamina são equivalentes com relação à mortalidade em 280 pacientes com choque séptico.[18,19] Por sua vez, Sakr *et al.*[21] mostraram que pacientes críticos que recebem dopamina morrem mais, enquanto Povoa *et al.*[22] publicaram um estudo que mostrou que os pacientes críticos tratados com noradrenalina apresentavam uma mortalidade mais elevada.

No entanto, o estudo VASST[23] demonstrou que a vasopressina não reduziu a mortalidade quando comparada com a noradrenalina em pacientes portadores de choque séptico dependentes de catecolaminas.

Mais recentemente, De Backer *et al.*[24] demonstraram que dopamina e noradrenalina são equivalentes com relação à mortalidade em um estudo que avaliou 1.679 pacientes com choque. No entanto, nos pacientes que receberam dopamina, os efeitos adversos foram mais frequentes.

Com Relação à Circulação Esplâncnica

A perfusão esplâncnica é significativamente reduzida em ratos e pacientes com choque endotoxêmico e séptico, especialmente após o uso de aminas vasopressoras.[25-28]

Drogas Vasopressoras e Inotrópicas

Portanto, a melhor droga vasopressora seria aquela que reverte a hipotensão arterial sem produzir hipoperfusão esplâncnica. O uso de dobutamina preserva o fluxo hepático durante a endotoxemia em ratos, enquanto a associação de noradrenalina com dobutamina produziu melhor preservação do fluxo esplâncnico quando comparada com noradrenalina, adrenalina ou dopamina, utilizadas isoladamente no choque séptico de humanos.[29-31] Por outro lado, Seguin et al.[32] demonstraram que, em doses que mantêm a pressão arterial média em níveis equivalentes, a adrenalina aumenta mais a perfusão da mucosa gástrica que a combinação de noradrenalina e dobutamina.

CONCLUSÃO

As drogas vasopressoras e inotrópicas são agentes muito utilizadas no paciente crítico. A escolha do melhor fármaco depende de um sólido conhecimento de fisiologia, farmacologia e fisiopatologia pelo profissional de saúde.

REFERÊNCIAS BIBLIOGRÁFICAS

1. Hollenberg SM. Inotrope and vasopressor therapy of septic shock. *Crit Care Clin* 2009;25:781-802, ix.
2. Hollenberg SM. Vasoactive drugs in circulatory shock. *Am J Respir Crit Care Med* 2010;183:847-55.
3. Bassi G, Radermacher P, Calzia E. Catecholamines and vasopressin during critical illness. *Endocrinol Metab Clin North Am* 2006;35:839-57.
4. Van den Berghe G, de Zegher F. Anterior pituitary function during critical illness and dopamine treatment. *Crit Care Med* 1996;24:1580-90.
5. Asfar P, Radermacher P. Vasopressin and ischaemic heart disease: more than coronary vasoconstriction? *Crit Care* 2009;13:169.
6. Russell JA, Walley KR. Vasopressin and its immune effects in septic shock. *J Innate Immun* 2010;2:446-60.
7. Gregory JS, Bonfiglio MF, Dasta JF et al. Experience with phenylephrine as a component of the pharmacologic support of septic shock. *Crit Care Med* 1991;19:1395-400.
8. De Backer D, Creteur J, Dubois MJ et al. The effects of dobutamine on microcirculatory alterations in patients with septic shock are independent of its systemic effects. *Crit Care Med* 2006;34:403-8.
9. Lobo SM, Soriano FG, Barbeiro DF et al. Effects of dobutamine on gut mucosal nitric oxide production during endotoxic shock in rabbits. *Med Sci Monit* 2009;15:BR37-42.
10. Loop T, Bross T, Humar M et al. Dobutamine inhibits phorbol-myristate-acetate-induced activation of nuclear factor-kappaB in human T lymphocytes *in vitro*. *Anesth Analg* 2004;99:1508-15.
11. Wu XM, Wang HY, Li GF et al. Dobutamine enhances alveolar fluid clearance in a rat model of acute lung injury. *Lung* 2009;187:225-31.
12. Wang L, Cui L, Wei JP et al. Efficacy and safety of intravenous levosimendan compared with dobutamine in decompensated heart failure. *Zhonghua Xin Xue Guan Bing Za Zhi* 2010;38:527-30.

13. Buerkem B, Lemm H, Krohe K et al. Levosimendan in the treatment of cardiogenic shock. *Minerva Cardioangiol* 2010;58:519-30.
14. Barraud D, Faivre V, Damy T et al. Levosimendan restores both systolic and diastolic cardiac *performance* in lipopolysaccharide-treated rabbits: comparison with dobutamine and milrinone. *Crit Care Med* 2007;35:1376-82.
15. Morelli A, Donati A, Ertmer C et al. Levosimendan for resuscitating the microcirculation in patients with septic shock: a randomized controlled study. *Crit Care* 2010;14:R232.
16. Ramaswamykanive H, Bihari D, Solano TR. Myocardial depression associated with pneumococcal septic shock reversed by levosimendan. *Anaesth Intensive Care* 2007;35:409-13.
17. Martin C, Papazian L, Perrin G et al. Norepinephrine or dopamine for the treatment of hyperdynamic septic shock? *Chest* 1993;103:1826-31.
18. Myburgh JA, Higgins A, Jovanovska A et al. A comparison of epinephrine and norepinephrine in critically ill patients. *Intensive Care Med* 2008;34:2226-34.
19. Annane D, Vignon P, Renault A et al. Norepinephrine plus dobutamine *versus* epinephrine alone for management of septic shock: a randomised trial. *Lancet* 2007;370:676-84.
20. Friesenecker BE, Tsai AG, Martini J et al. Arteriolar vasoconstrictive response: comparing the effects of arginine vasopressin and norepinephrine. *Crit Care* 2006;10:R75.
21. Sakr Y, Reinhart K, Vincent JL et al. Does dopamine administration in shock influence outcome? Results of the Sepsis Occurrence in Acutely Ill Patients (SOAP) Study. *Crit Care Med* 2006;34:589-97.
22. Povoa PR, Carneiro AH, Ribeiro OS et al. Influence of vasopressor agent in septic shock mortality. Results from the Portuguese Community-Acquired Sepsis Study (SACiUCI study). *Crit Care Med* 2009;37:410-16.
23. Russell JA, Walley KR, Singer J et al. VASST Investigators. *N Engl J Med* 2008 Feb. 28;358(9):877-87.
24. De Backer D, Biston P, Devriendt J et al. Comparison of dopamine and norepinephrine in the treatment of shock. *N Engl J Med* 2010;362:779-89.
25. Secchi A, Ortanderl JM, Schmidt W et al. Effects of dobutamine and dopexamine on hepatic micro and macrocirculation during experimental endotoxemia: an intravital microscopic study in the rat. *Crit Care Med* 2001;29:597-600.
26. De Backer D, Creteur J, Silva E et al. Effects of dopamine, norepinephrine, and epinephrine on the splanchnic circulation in septic shock: which is best? *Crit Care Med* 2003;31:1659-67.
27. Nygren A, Thoren A, Ricksten SE. Vasopressors and intestinal mucosal perfusion after cardiac surgery: Norepinephrine vs. phenylephrine. *Crit Care Med* 2006;34:722-29.
28. Meier-Hellmann A, Bredle DL, Specht M et al. The effects of low-dose dopamine on splanchnic blood flow and oxygen uptake in patients with septic shock. *Intensive Care Med* 1997;23:31-37.
29. Duranteau J, Sitbon P, Teboul JL et al. Effects of epinephrine, norepinephrine, or the combination of norepinephrine and dobutamine on gastric mucosa in septic shock. *Crit Care Med* 1999;27:893-900.
30. Nacul FE, Guia IL, Lessa MA et al. The effects of vasoactive drugs on intestinal functional capillary density in endotoxemic rats: intravital video-microscopy analysis. *Anesth Analg* 2010 Feb. 1;110(2):547-54.

31. Yang Y, Qiu HB, Zhou SX *et al.* Comparison of norepinephrine-dobutamine to dopamine alone for splanchnic perfusion in sheep with septic shock. *Acta Pharmacol Sin* 2002;23:133-37.
32. Seguin P, Bellissant E, Le Tulzo Y *et al.* Effects of epinephrine compared with the combination of dobutamine and norepinephrine on gastric perfusion in septic shock. *Clin Pharmacol Ther* 2002;71:381-88.

Capítulo 10

COMO AVALIAR A RESPOSTA À INFUSÃO DE FLUIDOS EM PACIENTES GRAVES

Flávio Geraldo Rezende de Freitas

INTRODUÇÃO

A manutenção do balanço entre oferta (DO_2) e consumo (VO_2) de oxigênio é essencial para homeostase celular e prevenção de hipóxia tecidual em pacientes graves. A DO_2 é o resultado do produto do débito cardíaco (DC) e o conteúdo arterial de oxigênio (CaO_2). As cirurgias de grande porte estão associadas à resposta inflamatória mais intensa e, consequentemente, a maior demanda por oxigênio. A incapacidade de aumentar a DO_2 nessas circunstâncias, seja por inadequação do DC ou do CaO_2, pode levar a aumento de complicações e óbito no período pós-operatório.[1] Em pacientes cirúrgicos caracterizados como de "alto risco", há evidências contundentes de que a otimização hemodinâmica guiada por metas desde o período pré-operatório é ideal.[2] É possível que o processo de otimização ainda seja útil quando iniciado no pós-operatório imediato.[3] Seja no contexto peroperatório, seja após admissão na unidade de terapia intensiva, a infusão de fluidos é a intervenção mais utilizada com objetivo de aumentar a DO_2.

O propósito essencial da infusão de fluidos é aumentar o DC pelo aumento do volume sistólico. De acordo com o princípio de Frank-Starling, isso ocorre em decorrência do aumento na pré-carga dos ventrículos. Entretanto, a partir de um nível ideal de pré-carga, incrementos adicionais de fluidos não trazem aumento do volume sistólico (Fig. 10-1). Em condições normais, ambos os ventrículos encontram-se na porção ascendente da curva de Frank-Starling. Esse fato proporciona uma reserva funcional ao coração em casos de estresse agudo. Em indivíduos saudáveis, o aumento de pré- carga com fluidos resulta em aumento significativo do volume sistólico com consequente aumento da DO_2 pela elevação do DC.[4,5]

Em pacientes graves, o cenário é diferente. Estima-se que somente 50% respondam com aumento do volume sistólico mediante provas de volume.[6] Além de não trazer benefício, o uso de fluidos em pacientes "não respondedores" pode ter consequências indesejáveis. Nos últimos anos, vem surgindo uma série de evidências nesse sentido.[7-13] A reposição volêmica excessiva é fator de risco independente para o desenvolvimento de síndrome compartimental abdominal em pacientes cirúrgicos.[7] Em pacientes com síndrome do desconforto respiratório agudo e estáveis hemodinamicamente, a adoção de uma estratégia restritiva para utilização de fluidos esteve associada a melhora da função pulmonar, aumento do tempo livre de ventilação mecânica e redução do tempo de permanência na unidade de terapia intensiva.[8] Em pacientes graves com sepse, o balanço hídrico positivo também está fortemente associado à maior mortalidade.[9]

Predizer com exatidão a resposta do sistema cardiovascular à infusão de fluidos evita o uso desnecessário de líquidos e ajuda a detectar pacientes que podem beneficiar-se de expansão volêmica. Se de um lado está o risco de eventos adversos associados ao uso excessivo de fluidos, de outro está a possibilidade de hipovolemia, levando ao uso inapropriado de agentes vasopressores com aumento da chance de isquemia e hipoperfusão dos órgãos.[14]

O uso da pressão venosa central (PVC) e da pressão ocluída de artéria pulmonar (POAP) tem-se mostrado de pouco valor para predizer resposta à infusão de fluidos.[6] Existem diversas explicações para essa baixa acurácia. As variáveis de pressão estimam apenas de forma indireta a pré-carga ventricular. Variáveis volumétricas como o volume diastólico final do ventrículo direito e esquerdo podem ser mais precisas, apesar de também possuírem um valor preditivo limitado.[6] A baixa acurácia das variáveis estáticas pode estar relacionada com o fato da resposta à infusão de fluidos não depender somente do valor absoluto de pré-carga ventricular, mas sim da sua relação com a função ventricular. Identificar a posição na curva de Frank-Starling é a melhor estratégia para diferenciar respondedores de não respondedores (Fig. 10-1). Devemos considerar que a reposição de fluidos é realizada por meio de um acesso venoso central diretamente no "coração direito" e, frequentemente, os sinais de inadequação da DO_2 são obtidos da circulação sistêmica ("coração esquerdo"). Assim, só haverá

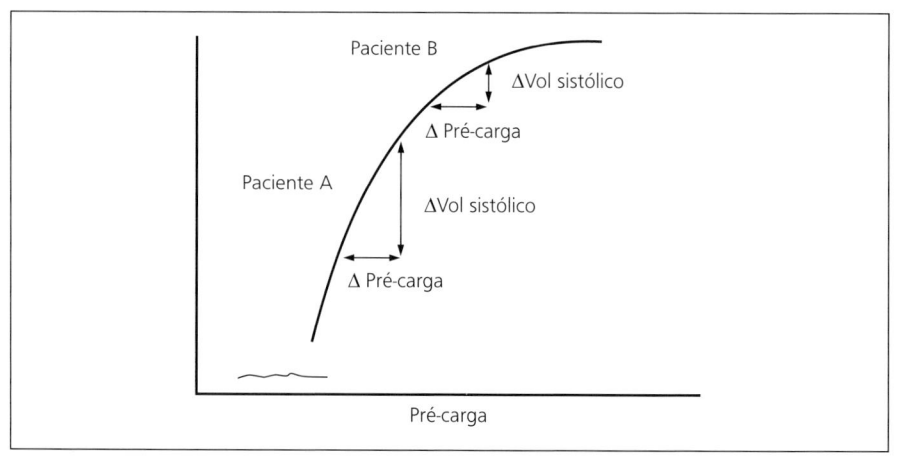

Fig. 10-1. Curva de Frank-Starling diferenciando dois pacientes. Paciente A "respondedor" à infusão de fluidos. Paciente B "não respondedor". Δ pré-carga: variação na pré-carga do ventrículo. Δ Vol. sistólico: incremento do volume sistólico do ventrículo. (Modificada de Gunn SR e Pinsky MR.)[5]

Como Avaliar a Resposta à Infusão de Fluidos em Pacientes Graves

aumento do volume sistólico e, consequentemente, do DC, se ambos os ventrículos estiverem operando na fase ascendente da curva de Frank-Starling.

Para vencer as limitações das variáveis estáticas, métodos dinâmicos têm sido propostos e validados. Eles se baseiam na resposta do sistema circulatório a variações controladas e reversíveis de pré-carga.[15] Trata-se de manobras que mimetizam o aumento do retorno venoso, como acontece na fase expiratória da ventilação mecânica e na elevação passiva dos membros inferiores. No entanto, a utilidade destes métodos dinâmicos (variáveis dinâmicas) em pacientes graves possui limitações que o intensivista precisa conhecer para a interpretação adequada.

As variáveis dinâmicas podem ser divididas didaticamente em três grupos:[15]

1. Índices que se baseiam nas variações cíclicas do volume sistólico (ou de parâmetros relacionados, como pressão de pulso e fluxo aórtico), induzidas pela ventilação mecânica.
2. Índices que se baseiam nas variações cíclicas de parâmetros não relacionados com o volume sistólico (como diâmetro da veia cava e período de preejeção ventricular), induzidas pela ventilação mecânica.
3. Índices que se baseiam em manobras que modificam a pré-carga, não relacionadas com a ventilação mecânica, como elevação passiva de membros inferiores.

- *Grupo 1:* a variação de pressão de pulso (ΔPP) (Fig. 10-2) e a variação de volume sistólico (VVS) são os mais representativos do grupo 1.[16-21] O racional de tais índices é fundamentado na fisiologia da interação coração-pulmão. Durante a fase inspiratória da ventilação mecânica, há queda no volume sistólico do ventrí-

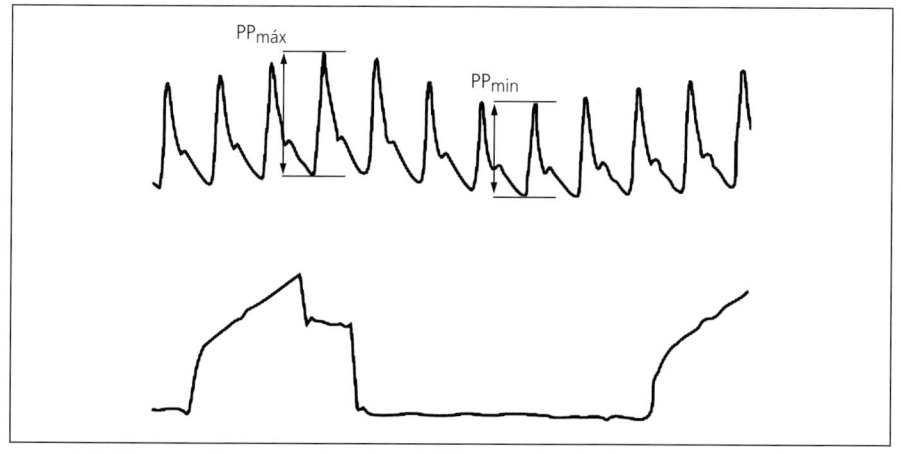

Fig. 10-2. Variação da pressão de pulso (ΔPP): a amplitude das mudanças cíclicas na pressão de pulso arterial pode ser medida como uma percentagem da diminuição expiratória. VPP = $PP_{máx} - PP_{mín}/(PP_{máx} + PP_{mín}/2)$. Onde $PP_{máx}$ é a maior pressão de pulso medida na inspiração, e $PP_{mín}$ é a menor pressão de pulso medida, geralmente, na expiração. (Modificada de Gunn SR e Pinsky MR.)[5]

culo direito (VD) por diminuição da pré-carga (redução do gradiente de pressão necessário ao retorno venoso decorrente do aumento da pressão intratorácica) e aumento na pós- carga (a insuflação pulmonar comprime os pequenos vasos perialveolares aumentando a resistência vascular pulmonar). A queda do volume sistólico do VD é máxima no final da inspiração e se reflete no enchimento ventricular esquerdo (VE) dois a três batimentos cardíacos depois, em razão do tempo de trânsito pulmonar. Quando se emprega a ventilação mecânica convencional, a redução na pré-carga do VE induz a redução no volume sistólico do VE, que atinge níveis mínimos no período expiratório. Quanto maior a variação de volume sistólico do VD e VE com os ciclos respiratórios, maior a chance dos ventrículos se encontrarem na porção ascendente da curva de Frank-Starling (Fig. 10-1).

Um número expressivo de estudos tem demonstrado que o ΔPP e a VVS apresentam boa acurácia. Valores acima de 13% são altamente preditivos de resposta à infusão de fluidos.[22,23] O desempenho do ΔPP parece ser ligeiramente superior, conforme revisão recente (área sob a curva ROC: 0,94 × 0,86 para a VVS).[23] Esse achado reflete imprecisões para se determinar o volume sistólico por meio da análise de onda de pulso pelos monitores comercialmente disponíveis, que empregam modelos e algoritmos matemáticos. Do ponto de vista estritamente fisiológico, seria esperado que a VVS fosse superior ao ΔPP, pois este seria mais susceptível a influências vasculares.[24] Há outros índices que se baseiam no mesmo racional como a variação de pressão sistólica e variação de velocidade de pico aórtico (delta Vpico), obtida com ecocardiografia transesofágica.[25]

Uma série de limitações restringe o uso desses índices na prática diária. Para que possam ser valorizados é necessário que o paciente atenda as seguintes condições:

A) Ventilação mecânica controlada, sem respiração espontânea e sem expiração ativa.
B) Volume corrente acima de 8 mL/kg.[26]
C) Ritmo sinusal sem ectopias ventriculares ou supraventriculares frequentes.
D) Ausência de *cor pulmonale*.[27]
E) Relação entre frequência cardíaca/frequência respiratória > 3,6.[28]
F) Ausência de atividade do sistema nervoso autônomo durante as medições (p. ex., estímulos como a dor, barulho e ansiedade).

Outras situações têm potencial de interferir na acurácia das medidas, como hipertensão intra-abdominal e condições de tórax aberto.[29,30]

- *Grupo 2:* entre os índices mais conhecidos do grupo 2, estão o índice de distensibilidade da veia cava inferior (IDVCI) e o índice de colabamento da veia cava superior (ICVCS).[31-33] Para o cálculo do IDVCI, o diâmetro da veia cava inferior é medido por ecocardiográfia transtorácica por meio do corte ecocardiográfico subcostal, alinhando o cursor no modo M a 2 cm do átrio direito. Para cálculo do ICVCS é necessário o uso de ecocardiografia transesofágica. Limites de 12% (usando valor máximo − mínimo/média) ou 18% (usando valor máximo − míni-

Como Avaliar a Resposta à Infusão de Fluidos em Pacientes Graves

mo/mínimo) para o IDVCI e 36% para ICVCS separam com precisão "respondedores" de "não respondedores". Esses índices foram validados em pacientes sob ventilação mecânica controlada e ventilando com baixos níveis de PEEP.

- *Grupo 3:* a elevação passiva das pernas (EPP) faz parte das variáveis do grupo 3. Durante a EPP uma quantidade de sangue é transferida dos membros inferiores e compartimento abdominal para a circulação central, determinando aumento na pré-carga do VD. Se o paciente for "responsivo" (ambos os ventrículos na fase ascendente da curva de Frank-Starling), haverá aumento no débito cardíaco. Um aspecto importante é que o aumento na pré-carga induzido pela EPP desaparece completamente quando o paciente retorna à posição horizontal. Portanto, a manobra pode ser considerada uma breve e reversível prova de volume. Deve-se salientar, também, que o efeito da EPP no débito cardíaco, quando ocorre, não é sustentado quando a elevação das pernas é prolongada. Uma vantagem desse índice é que as alterações hemodinâmicas induzidas pela EPP não são afetadas por arritmias ou modo de ventilação.[34]

Alguns cuidados são importantes para a interpretação adequada dos resultados. Sugere-se que a posição inicial da cabeceira do leito esteja elevada em 45° em vez do decúbito horizontal, uma vez que, nesse caso, a mobilização de sangue é menor (Fig. 10-3).[35] A manobra exerce efeito hemodinâmico máximo cerca de 1 minuto após o início. Isso justifica o uso de ferramentas de monitoração contínua capazes de refletir, em tempo real, mudanças no débito cardíaco, como o doppler esofágico, ecocardiografia transtorácica e monitores que analisam no débito cardíaco por análise de onda de pulso.[34,36-38]

Outro índice desse grupo é a variação de pressão venosa central, que poderia ser utilizado em ventilação espontânea. Os primeiros estudos testando o método surgiram na década de 1990.[39,40] Sugeria-se que pacientes com queda na PVC superior a 1

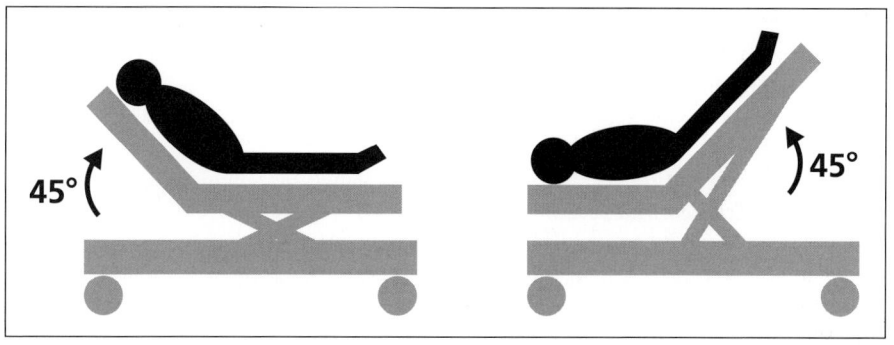

Fig. 10-3. Técnica mais adequada da Elevação Passiva das Pernas (EPP). (Modificada de Jabot J, Teboul JL, Richard C, Monnet X.)[35]

mmHg durante inspiração espontânea responderiam a infusão de fluidos. No entanto, os achados acima não se reproduziram em estudo recente.[41]

Antes de decidir qual índice utilizar para predizer a resposta à infusão de fluidos, é necessário identificar se há condições que justifiquem a administração de fluidos, como: hipotensão, oligúria, elevação dos níveis de lactato, diminuição da saturação venosa central de oxigênio e redução do débito cardíaco baixo. Um paciente "respondedor" não necessariamente precisa de fluidos. Deve ser enfatizado que o impacto clínico de guiar a infusão de fluidos por variáveis dinâmicas ainda não é conhecido, embora já comecem a surgir estudos sugerindo benefício em pacientes cirúrgicos.[42,43]

Em muitos serviços não há disponibilidade de variáveis dinâmicas. Nesse caso, lança-se mão de provas de volume.[44] A prova de volume pode ser concebida como uma intervenção para avaliar se o paciente com comprometimento hemodinâmico e necessidade de aumento do DO_2 e DC beneficia-se do uso de fluidos. O fundamento é administrar um volume predeterminado de solução cristaloide ou coloide em um curto espaço de tempo e avaliar mudanças nos parâmetros cardiovasculares. Com base no princípio de Frank-Starling, se houver aumento do volume sistólico (ou de variáveis indiretas, como SvO_2, pressão arterial, diurese etc.) novas tentativas podem ser feitas. A pressão venosa central (PVC) pode ser uma ferramenta útil durante a "prova de volume". Não há evidências de que valores absolutos, ou mesmo mudanças na PVC sejam capazes de prever resposta à infusão de fluidos. Entretanto, um aumento significativo da PVC sem melhora dos parâmetros cardiovasculares pode indicar risco de congestão sistêmica e pulmonar. O papel da PVC é mostrar que o volume infundido foi capaz de aumentar a pré-carga e ao mesmo tempo servir como um limite de segurança, pois aumentos de PVC sem melhora hemodinâmica indicam que o paciente não é responsivo a fluidos.

Os dispositivos minimamente invasivos capazes de ajudar na decisão de quando infundir fluidos vem tornando-se cada vez mais acessíveis. Cabe ao intensivista conhecer vantagens e limitações para aplicação correta na prática diária.

REFERÊNCIAS BIBLIOGRÁFICAS

1. Bland RD, Shoemaker WC, Abraham E *et al.* Hemodynamic and oxygen transport patterns in surviving and nonsurviving postoperative patients. *Crit Care Med* 1985;13(2):85-90.
2. Kern JW, Shoemaker WC. Meta-analysis of hemodynamic optimization in high-risk patients. *Crit Care Med* 2002;30(8):1686-92.
3. Pearse R, Dawson D, Fawcett J *et al.* Early goal-directed therapy after major surgery reduces complications and duration of hospital stay. A randomised, controlled trial [ISRCTN38797445]. *Crit Care* 2005;9(6):R687-93.
4. Nixon JV, Murray RG, Leonard PD *et al.* Effect of large variations in preload on left ventricular performance characteristics in normal subjects. *Circulation* 1982;65(4):698-703.

5. Gunn SR, Pinsky MR. Implications of arterial pressure variation in patients in the intensive care unit. *Curr Opin Crit Care* 2001;7:212-17.
6. Michard F, Teboul JL. Predicting fluid responsiveness in ICU patients: a critical analysis of the evidence. *Chest* 2002;121(6):2000-8.
7. McNelis J, Marini CP, Jurkiewicz A *et al*. Predictive factors associated with the development of abdominal compartment syndrome in the surgical intensive care unit. *Arch Surg* 2002;137(2):133-36.
8. Comparison of two fluid-management strategies in acute lung injury. *N Engl J Med* 2006;354(24):2564-75.
9. Vincent JL, Sakr Y, Sprung CL *et al*. Sepsis in European intensive care units: results of the SOAP study. *Crit Care Med* 2006;34(2):344-53.
10. Rosenberg AL, Dechert RE, Park PK *et al*. Review of a large clinical series: association of cumulative fluid balance on outcome in acute lung injury: a retrospective review of the ARDSnet tidal volume study cohort. *J Intensive Care Med* 2009;24(1):35-46.
11. Murphy CV, Schramm GE, Doherty JA *et al*. The importance of fluid management in acute lung injury secondary to septic shock. *Chest* 2009;136(1):102-9.
12. Boyd JH, Forbes J, Nakada TA *et al*. Fluid resuscitation in septic shock: a positive fluid balance and elevated central venous pressure are associated with increased mortality. *Crit Care Med* 2011;39(2):259-65.
13. Chung FT, Lin SM, Lin SY *et al*. Impact of extravascular lung water index on outcomes of severe sepsis patients in a medical intensive care unit. *Respir Med* 2008;102(7):956-61.
14. Murakawa K, Kobayashi A. Effects of vasopressors on renal tissue gas tensions during hemorrhagic shock in dogs. *Crit Care Med* 1988;16(8):789-92.
15. Cavallaro F, Sandroni C, Antonelli M. Functional hemodynamic monitoring and dynamic indices of fluid responsiveness. *Minerva Anestesiol* 2008;74(4):123-35.
16. Michard F, Boussat S, Chemla D *et al*. Relation between respiratory changes in arterial pulse pressure and fluid responsiveness in septic patients with acute circulatory failure. *Am J Respir Crit Care Med* 2000;162(1):134-38.
17. Hofer CK, Müller SM, Furrer L *et al*. Stroke volume and pulse pressure variation for prediction of fluid responsiveness in patients undergoing off-pump coronary artery bypass grafting. *Chest* 2005;128(2):848-54.
18. Hofer CK, Müller SM, Furrer L *et al*. Stroke volume and pulse pressure variation for prediction of fluid responsiveness in patients undergoing off-pump coronary artery bypass grafting. *Chest* 2005;128(2):848-54.
19. Preisman S, Kogan S, Berkenstadt H *et al*. Predicting fluid responsiveness in patients undergoing cardiac surgery: functional haemodynamic parameters including the Respiratory Systolic Variation Test and static preload indicators. *Br J Anaesth* 2005;95(6):746-55.
20. Hofer CK, Senn A, Weibel L *et al*. Assessment of stroke volume variation for prediction of fluid responsiveness using the modified FloTrac and PiCCOplus system. *Crit Care* 2008;12(3):R82.
21. Biais M, Nouette-Gaulain K, Cottenceau V *et al*. Uncalibrated pulse contour-derived stroke volume variation predicts fluid responsiveness in mechanically ventilated patients undergoing liver transplantation. *Br J Anaesth* 2008;101(6):761-68.
22. Cannesson M, Le Manach Y, Hofer CK *et al*. Assessing the diagnostic accuracy of pulse pressure variations for the prediction of fluid responsiveness: a "gray zone" approach. *Anesthesiology* 2011;115(2):231-41.

23. Marik P, Cavallazzi R, Vasu T *et al*. Dynamic changes in arterial waveform derived variables and fluid responsiveness in mechanically ventilated patients: a systematic review of the literature. *Crit Care Med* 2009;37(9):2642-47.
24. Marik P, Cavallazzi R, Vasu T *et al*. Dynamic changes in arterial waveform derived variables and fluid responsiveness in mechanically ventilated patients: a systematic review of the literature. *Crit Care Med* 2009;37(9):2642-47.
25. Feissel M, Michard F, Mangin I *et al*. Respiratory changes in aortic blood velocity as an indicator of fluid responsiveness in ventilated patients with septic shock. *Chest* 2001;119(3):867-73.
26. De Backer D, Heenen S, Piagnerelli M *et al*. Pulse pressure variations to predict fluid responsiveness: influence of tidal volume. *Intensive Care Med* 2005;31(4):517-23.
27. Wyler von Ballmoos M, Takala J, Roeck M *et al*. Pulse-pressure variation and hemodynamic response in patients with elevated pulmonary artery pressure: a clinical study. *Crit Care* 2010;14(3):R111.
28. De Backer D, Taccone FS, Holsten R *et al*. Influence of respiratory rate on stroke volume variation in mechanically ventilated patients. *Anesthesiology* 2009;110(5):1092-97.
29. Renner J, Gruenewald M, Quaden R *et al*. Influence of increased intra-abdominal pressure on fluid responsiveness predicted by pulse pressure variation and stroke volume variation in a porcine model. *Crit Care Med* 2009;37(2):650-58.
30. Rex S, Schälte G, Schroth S *et al*. Limitations of arterial pulse pressure variation and left ventricular stroke volume variation in estimating cardiac pre-load during open heart surgery. *Acta Anaesthesiol Scand* 2007;51(9):1258-67.
31. Barbier C, Loubières Y, Schmit C *et al*. Respiratory changes in inferior vena cava diameter are helpful in predicting fluid responsiveness in ventilated septic patients. *Intensive Care Med* 2004;30(9):1740-46.
32. Feissel M, Michard F, Faller JP *et al*. The respiratory variation in inferior vena cava diameter as a guide to fluid therapy. *Intensive Care Med* 2004;30(9):1834-37.
33. Vieillard-Baron A, Chergui K, Rabiller A *et al*. Superior vena caval collapsibility as a gauge of volume status in ventilated septic patients. *Intensive Care Med* 2004;30(9):1734-39.
34. Monnet X, Rienzo M, Osman D *et al*. Passive leg raising predicts fluid responsiveness in the critically ill. *Crit Care Med* 2006;34(5):1402-7.
35. Jabot J, Teboul JL, Richard C *et al*. Passive leg raising for predicting fluid responsiveness: importance of the postural change. *Intensive Care Med* 2009;35(1):85-90.
36. Lamia B, Ochagavia A, Monnet X *et al*. Echocardiographic prediction of volume responsiveness in critically ill patients with spontaneously breathing activity. *Intensive Care Med* 2007;33(7):1125-32.
37. Biais M, Vidil L, Sarrabay P *et al*. Changes in stroke volume induced by passive leg raising in spontaneously breathing patients: comparison between echocardiography and Vigileo/FloTrac device. *Crit Care* 2009;13(6):R195.
38. Monnet X, Bleibtreu A, Ferré A *et al*. Passive leg-raising and end-expiratory occlusion tests perform better than pulse pressure variation in patients with low respiratory system compliance. *Crit Care Med* 2012;40(1):152-57.
39. Magder S, Georgiadis G, Cheong T. Respiratory variations in right atrial pressure predict the response to fluid challenge. *J Crit Care* 1992;7(2):76-85.

40. Magder S, Lagonidis D. Effectiveness of albumin versus normal saline as a test of volume responsiveness in post-cardiac surgery patients. *J Crit Care* 1999;14(4):164-71.
41. Heenen S, De Backer D, Vincent JL. How can the response to volume expansion in patients with spontaneous respiratory movements be predicted? *Crit Care* 2006;10(4):R102.
42. Mayer J, Boldt J, Mengistu AM *et al.* Goal-directed intraoperative therapy based on autocalibrated arterial pressure waveform analysis reduces hospital stay in high-risk surgical patients: a randomized, controlled trial. *Crit Care* 2010;14(1):R18.
43. Lopes MR, Oliveira MA, Pereira VO *et al.* Goal-directed fluid management based on pulse pressure variation monitoring during high-risk surgery: a pilot randomized controlled trial. *Crit Care* 2007;11(5):R100.
44. Vincent JL, Weil MH. Fluid challenge revisited. *Crit Care Med* 2006 May;34(5):1333-37.

Capítulo 11

MONITORAÇÃO HEMODINÂMICA NO PACIENTE CIRÚRGICO – QUANDO, QUAL E QUANTO?

Murillo Santucci Cesar de Assunção
Bruno de Arruda Bravim

INTRODUÇÃO

A monitoração hemodinâmica (MH) de pacientes cirúrgicos pode ter seu início tanto dentro da sala de operações (SO) como na unidade de terapia intensiva (UTI). Atualmente, várias ferramentas para a monitoração hemodinâmica estão disponíveis, e a preferência de uma tecnologia sobre a outra está relacionada com o objetivo a ser alcançado, o tipo de paciente, a relação custo-benefício, o treinamento da equipe para obtenção e a interpretação dos dados e a disponibilidade local dos equipamentos.[1] A integração de múltiplos parâmetros, quando interpretados e obtidos de forma adequada, proporciona uma maior probabilidade de acerto na tomada de decisão sobre uma intervenção. Desta forma, o sucesso da terapêutica está na escolha adequada da monitoração, da correta obtenção e da interpretação de seus dados e do entendimento de suas limitações.

Nenhuma forma de monitoração *per se* diminui a morbimortalidade de qualquer população, principalmente, a de pacientes graves. Se não houver um objetivo estabelecido, isto é, uma meta a ser atingida e um plano terapêutico como guia, qualquer forma de monitoração será frustra e dispendiosa. Além disso, os dados devem ser obtidos de forma adequada e, para tal, a equipe deve estar treinada e familiarizada com tecnologia e equipamentos utilizados, desde a simples mensuração da pressão venosa central (PVC) até a realização de um *bolus* de solução para a estimativa do débito cardíaco. Pode-se fazer uma analogia entre as ferramentas de MH e um termômetro que informa um determinado valor de temperatura. A partir desta temperatura medida, o observador escolhe uma conduta. Deve-se considerar que, algumas vezes, o termômetro pode não ter sido zerado adequadamente ou ter deslocado-se durante o procedimento, e a temperatura aferida pode estar incorreta. Isto induz a condutas equivocadas que podem trazer complicações aos pacientes. Por isso, o treinamento da equipe e a familiarização com os métodos de monitoração são fundamentais para o uso adequado de todas as tecnologias.

OTIMIZAÇÃO DE FLUXO

O objetivo principal da MH é a manutenção e adequação da oferta de oxigênio (DO_2) a demanda metabólica. O débito cardíaco (DC) é a variável que apresenta maior peso na alteração da DO_2.

$$DO_2 = DC \times CaO_2$$
$$CaO_2 = (1,34 \times Hb \times SaO_2) + 0,003 \times PaO_2$$

Onde: DO_2 = oferta de oxigênio; DC = débito cardíaco; CaO_2 = conteúdo arterial de oxigênio; HB = hemoglobina sérica; SaO_2 = saturação arterial de oxigênio; 1,34 = constante que representa a quantidade de oxigênio que 1 g de Hb consegue carrear; PaO_2 = pressão parcial de oxigênio; 0,0031 = coeficiente de solubilidade de oxigênio no plasma.

As tecnologias utilizadas para realizar a estimativa do DC podem ser divididas em três tipos de MH: invasiva, minimamente invasiva ou não invasiva (Quadro 11-1). O DC, por sua vez, é o produto entre a frequência cardíaca e o volume sistólico e é dependente de três fatores: pré-carga, contratilidade e pós-carga. Desta forma, algumas ferramentas disponíveis para a MH podem avaliar estes três componentes de forma direta ou indireta (Quadro 11-2). Independente da tecnologia ou equipamento utilizado, as intervenções realizadas para otimização do DC são fundamentadas na avaliação clínica e em parâmetros de perfusão e oxigenação tecidual.

PERFUSÃO E OXIGENAÇÃO TECIDUAL

Lactato

O lactato sérico é um marcador de perfusão tecidual sistêmica. Em pacientes críticos com hiperlactatemia, o clareamento do lactato pode trazer informações importantes

Quadro 11-1 Classificação das tecnologias de monitoração hemodinâmica

Tecnologia	Método	Ferramenta
Invasiva	Termodiluição pulmonar	Catéter de artéria pulmonar
Minimamente invasiva	Termodiluição transpulmonar	PiCCO$_2$® – Pulsion EV1000® – Edwards Lifescience
	Diluição de indicador	LidCO Plus® – LidCo
	Análise de contorno de pulso	PiCCO® – Pulsion EV1000® – Edwards Lifescience LidCO Plus® – LidCO LidCO rapid® – LidCO
	Doppler esofágico	Cardio Q®
Não invasivo	Ultrassonografia	Ecodopplercardiograma transtorácico e transesofágico
	Condução elétrica	Bioimpedância torácica
	Método indireto de Fick	Técnica de reinalação parcial de CO_2

Monitoração Hemodinâmica no Paciente Cirúrgico...

Quadro 11-2 Parâmetros de avaliação dos componentes do débito cardíaco

Pré-carga	Contratilidade	Pós-carga
Parâmetros dinâmicos Variação da pressão de pulso Δ do volume sistólico Δ Up Δ Down Variação da pressão sistólica Variação da distensibilidade de VCI Variação da compressão de VCS	Função dos ventrículos Estimulação simpática Estimulação parassimpática Frequência cardíaca Isquemia miocárdica Agentes inotrópicos	Obstrução ao fluxo de saída das câmaras cardíacas Vasomotricidade Resistência vascular
Parâmetros estáticos PVC POAP *IVDFVD*		
Distribuição da volemia Sístole atrial Estimulação simpática		

VCI = veia cava inferior; VCS = veia cava superior; PVC = pressão venosa central; POAP = pressão de oclusão da artéria pulmonar; IVDFVD = índice de volume diastólico final de ventrículo direito.

sobre o prognóstico do paciente e também com relação à resposta terapêutica.[2-5] Na fase aguda, a presença de hiperlactatemia, até que se prove o contrário, está associada à hipoperfusão. O clareamento de lactato pode ser realizado a cada 2 a 6 horas. Isto pode variar de acordo com a gravidade e as intervenções realizadas. Em situações como a sepse, o aumento do lactato sérico pode ser decorrente de disfunção enzimática (piruvato desidrogenase), glicólise aumentada, ou metabolismo anaeróbico ou ainda secundário a disfunção hepática (Quadro 11-3). Entretanto, isto só pode ser considerado após a otimização do fluxo e uma persistência da hiperlactatemia.

Apesar de ser usado como marcador de perfusão tecidual, a normalização do lactato sérico não representa, necessariamente, uma ressuscitação da microcirculação. Como produto medido é o lactato total do organismo e podem existir hipoperfusão regionais, como, por exemplo, uma hipoperfusão esplâncnica, algumas regiões podem produzir lactato de maneira aumentada, mas como este acaba diluindo-se na circulação total não se documenta uma hiperlactatemia.

No cenário que envolve pacientes cirúrgicos, a presença de hiperlactatemia associado a sinais vitais e clínicos normais caracteriza hipoperfusão tecidual oculta, que pode aumentar o risco de morte. Estratégias para a correção deste distúrbio podem contribuir para a diminuição da morbimortalidade.[5-7]

Quadro 11-3 Causas de hiperlactatemia

Oferta de O_2 inadequada	Alterações enzimáticas
Demanda elevada	**Sepse**
• Febre	• Disfunção da piruvato desidrogenase
• Convulsão	• Anóxia
• Esforço respiratório	• Defeitos congênitos do metabolismo
Oferta reduzida	**Depuração deficiente**
• Hipovolemia	• Sepse
• Déficit contratilidade miocárdica	– Disfunção hepática
• Anemia	– Disfunção renal
• Hipoxemia	**Efeito de drogas/toxinas**
Aumento da glicólise/substrato	• Catecolaminas
• Sepse	– Adrenalina
• Estados de alcalemia	• Deficiência de tiamina
	• Endotoxinas

SATURAÇÃO VENOSA DE OXIGÊNIO

A saturação venosa mista de oxigênio (SvO_2) representa o quanto de oxigênio carreado pelo sangue retorna para o coração direito após oxigenar os tecidos. Chama-se de sangue venoso misto, pois representa o sangue misturado de todas as partes do organismo. O sangue venoso oriundo da veia cava superior e da veia cava inferior começam a se "misturar" no átrio direito, onde também recebe a drenagem da rede de Tebesius e do seio coronário, tornando-se mais homogêneo no ventrículo direito e totalmente homogeneizado na artéria pulmonar. De acordo com o local a ser mensurado, a saturação de oxigênio pode ter valores diferentes (Quadro 11-4).

Quadro 11-4 Média e variação da saturação de oxigênio em vários locais da circulação

Local	Saturação de oxigênio	
	Média (%)	Variação
Arterial sistêmica	97,3	(95-99)
Veia cava inferior	83,0	(76-88)
Veia cava superior	76,8	(66-84)
Átrio direito	79,5	(72-86)
Ventrículo direito	78,5	(64-84)
Artéria pulmonar	78,4	(73-85)
POAP	98,2	(90-100)

POAP = pressão de oclusão da artéria pulmonar. (Modificado de Nelson.)

Monitoração Hemodinâmica no Paciente Cirúrgico...

A SvO_2 está relacionada com a oferta de oxigênio (DO_2), mas também sofre influência da relação entre a DO_2 e o consumo de oxigênio (VO_2) – taxa de extração de oxigênio (TEO_2). Assumindo uma saturação arterial de oxigênio (SaO_2) adequada, a SvO_2 apresenta relação direta com o fluxo (DC) e inversa com a taxa de extração de oxigênio (TEO_2). A TEO_2 representa a porcentagem, ou fração de oxigênio que a célula consegue extrair a partir de uma determinada quantidade de oxigênio que lhe é ofertada (DO_2). Portanto, representa a relação entre o VO_2 e a DO_2 ($TEO_2 = VO_2/DO_2$). Desta forma o seu comportamento pode sofrer influência direta destas variáveis.

A DO_2 está relacionada com o fluxo e a quantidade de oxigênio que se encontra dentro dos vasos arteriais, ligada à hemoglobina e dissolvida no plasma. É por definição a real quantidade de substrato (oxigênio) que chega às células para utilizá-lo com o objetivo de atender às necessidades energéticas (demanda metabólica) do organismo. A quantidade de oxigênio que a célula consome (VO_2) se relaciona com a capacidade de extração celular de oxigênio. Desta forma, o VO_2 é definido pela quantidade de oxigênio utilizada pela célula para a produção de energia com o objetivo de atender a demanda metabólica.

Fisiologicamente, todas as vezes em que houver redução da DO_2 ocorre um aumento da taxa de extração de oxigênio (TEO_2) para manter o VO_2 estável. Nesta situação é esperado que a SvO_2 diminua, visto que representa o total de sangue oxigenado que retorna da circulação sistêmica para o coração direito e espelha o balanço entre o VO_2 e a DO_2. Entretanto, quando reduções significativas da DO_2 forem acompanhadas, paralelamente, pela redução do VO_2, inicia-se mecanismo de anaerobiose visto que aumento da extração de oxigênio não é mais capaz de manter suas necessidades. Quando inicia este processo, a DO_2 é chamada de DO_2 crítica e se estabelece a dependência VO_2/DO_2.

As alterações da SvO_2 relacionadas com o fluxo e descritas a seguir, são esperadas quando o conteúdo arterial de oxigênio esteja adequado e não haja outras interferências. Nos estados em que o fluxo sanguíneo se encontra reduzido, seja por falha da bomba cardíaca (p. ex.: choque cardiogênico), ou pela redução do conteúdo intravascular (p. ex.: choque hipovolêmico), ou por obstrução a chegada ou saída de sangue ao coração (p. ex.: choque obstrutivo), a SvO_2 estará diminuída. O racional é que ao passar lentamente na periferia, nos casos de déficit de bomba, as células retirem o máximo de oxigênio deste fluxo lentificado e, desta forma, o sangue retorne com menos oxigênio para o coração direito. O contrário ocorre nos casos em que o fluxo se encontra aumentado (p. ex.: choque distributivo) onde a SvO_2 está aumentada. Este fenômeno pode ocorrer em decorrência da própria velocidade aumentada do fluxo, que ao passar tão rápido pela célula, impede uma extração adequada de oxigênio o que faz que retorne mais sangue oxigenado para o coração direito. Outro fator que também pode contribuir para diminuição da perfusão celular é a presença de *shunts* na microcirculação. Neste caso, a SvO_2 normal ou elevada em pacientes críticos perde a confiabilidade em indicar o estado perfusional, caracterizando apenas um estado hiperdinâmico, pois esta é uma média global, podendo não indicar graves desequilíbrios entre a oferta e consumo de O_2 em nível regional. Assim, a interpretação da SvO_2 deve ser feita de maneira cuidadosa e sempre associada a variáveis de fluxo e parâmetros clínicos do paciente crítico (Fig. 11-1).

A saturação venosa central ($SvcO_2$), corresponde à quantidade de oxigênio ligado a hemoglobina do sangue que se encontra na desembocadura da veia cava superior no átrio direito. Reflete a quantidade de oxigênio que retorna ao coração oriunda dos membros superiores, do pescoço e da cabeça. Em indivíduos normais apresenta valor médio de 76,8% com variação entre 66 a 84%, enquanto a SvO_2 apresenta valor médio de 78,4% com variação entre 73 a 85%. Assim, em situações em que não exista doença, a $SvcO_2$ tende a apresentar valores menores que a SvO_2. Já nas situações em que exista alterações hemodinâmicas que acarretam modificações nas necessidades de oxigênio, como nos estados de choque, ocorre uma inversão desta tendência, passando a $SvcO_2$ a apresentar valores superiores à SvO_2. Isto está relacionado com o fato de SvO_2 incluir sangue oriundo da veia cava inferior que drena toda a circulação esplâncnica, órgãos intra-abdominais e membros inferiores. Nos estados de choque, o sangue da veia cava inferior apresenta valores de saturação de oxigênio bem inferiores

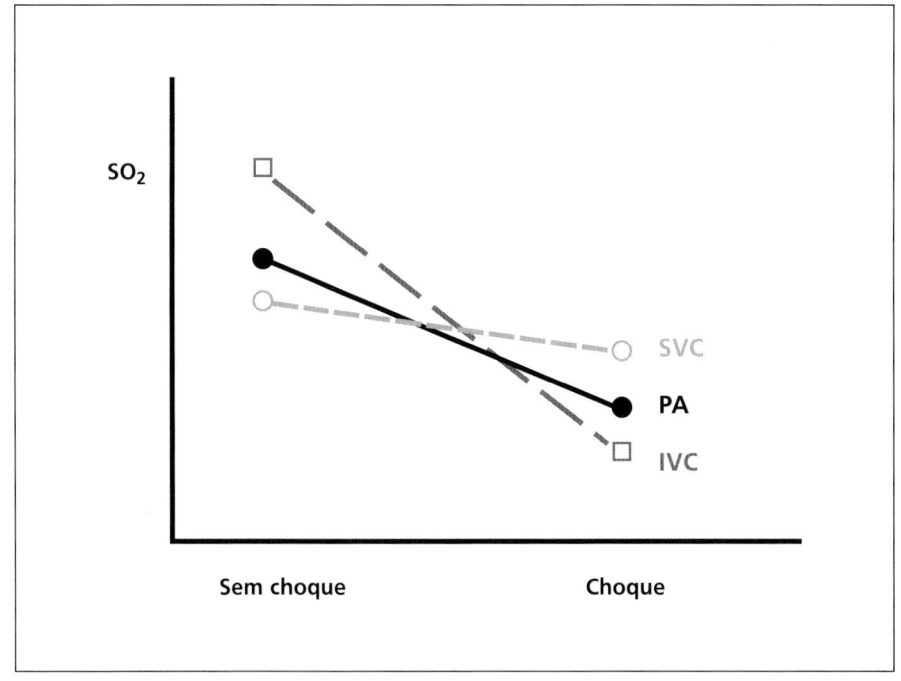

Fig. 11-1. Relação entre a saturação de oxigênio (SO_2) na veia cava superior (VCS), veia cava inferior (VCI) e artéria pulmonar (AP). Observe a inversão que existe no comportamento da SO_2 no estado de choque. (Modificada de Nelson.)

aos encontrados na veia cava superior, de tal sorte que o sangue da artéria pulmonar apresente valores de saturação de oxigênio superiores aos da veia cava inferior, mas inferiores aos da veia cava superior, pela diluição e homogeneização de toda a drenagem venosa para o coração direito. Assim, a saturação venosa central de oxigênio ($SvcO_2$) não representa, numericamente, a SvO_2 conforme demonstrado por vários estudos podendo ocorrer uma variação de até 10 percentuais.[8-11] Entretanto, ao longo do tempo, a $SvcO_2$ apresenta uma correlação de tendência com a SvO_2 sem manter uma relação fixa.[11,12]

Entre os pacientes cirúrgicos, durante o intraoperatório, a $SvcO_2$ não parece ser fidedigna como parâmetro de otimização hemodinâmica por sofrer influência da redução da demanda metabólica decorrente da anestesia. Isto implica na diminuição do VO_2, o que acarreta o aumento da $SvcO_2$ sem estar associado ao aumento do fluxo. A $SvcO_2$ tem grande importância na ressuscitação precoce guiada por metas no tratamento da sepse grave e no choque séptico. Rivers *et al.* demonstraram que a ressuscitação precoce dirigida por metas apresenta grande impacto na redução da mortalidade destes pacientes.[13] Em razão deste estudo, os médicos passaram a supervalorizar a $SvcO_2$ quando, na realidade, a principal mensagem foi a precocidade do reconhecimento associado a intervenção, e não somente a $SvcO_2$ maior ou igual a 70% em 6 horas. Hoje o que temos bem estabelecido é que independente da ferramenta a ser escolhida para a monitoração da hemodinâmica do paciente grave, o que causa impacto é a precocidade da estratégia terapêutica.

RELAÇÃO ENTRE OFERTA (DO_2); CONSUMO (VO_2) E A SATURAÇÃO VENOSA (SvO_2) DE OXIGÊNIO

A literatura tem sugerido que a avalição das alterações do débito cardíaco são importantes.[14] Atingir o ajuste da relação $DO_2:VO_2$ é o racional para a correção da hipoperfusão e estabelecimento da ressuscitação ideal. A avaliação da relação entre a TEO_2 e o índice cardíaco permite otimizar o VO_2. Estratégias para atingir valores de DO_2 supranormal não devem ser realizadas. Portanto, para avaliar se o débito cardíaco está adequado para a demanda metabólica de cada momento, mensurações frequentes da SvO_2 são essenciais.[15] Assim, a estratégia terapêutica de adequação do fluxo deve ser implementada precocemente, porque a demora na ressuscitação agressiva está associada à piora do desfecho clínico.[16-18]

Na fase aguda do choque séptico, a dependência $DO_2:VO_2$ pode ser identificada e corrigida,[19,20] e este deve ser o desfecho da ressuscitação. Incrementos do débito cardíaco que proporcionam aumento do VO_2 (Fig. 11-2) podem ser interpretados da seguinte forma: áreas que não estavam com perfusão adequada passaram a ser perfundidas. Isto produz um aumento do VO_2 e, muito provavelmente, está associado a um recrutamento da microcirculação. Mesmo se outros parâmetros de perfusão sistêmica, como SvO_2 ou lactato, estão normalizados, a adequação do débito cardíaco deve ser avaliada para que haja certeza de que a fase ressuscitação foi concluída com êxito.

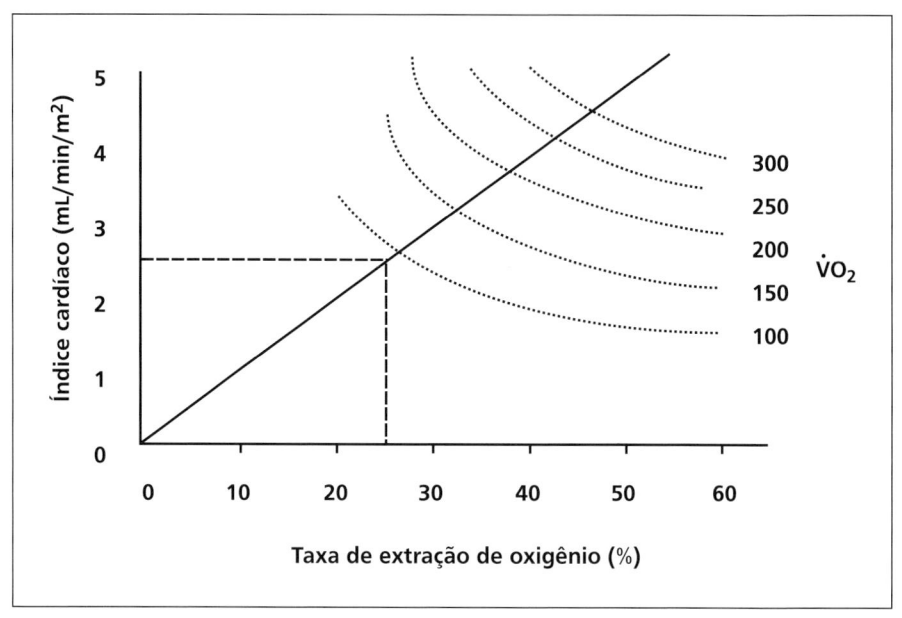

Fig. 11-2. Relação entre índice cardíaco e taxa de extração de oxigênio.

O aumento do débito cardíaco deve estar sempre associado à avaliação da TEO_2 para inferir no comportamento do VO_2. Assim, independente da melhor estratégia adotada, o aumento do fluxo (DC) com a manutenção dos valores de SvO_2, traduzidos pela conservação TEO_2, implicaria no aumento do VO_2. Em um cenário em que a SvO_2 já tenha atingido valores de 70% ou mesmo com a *clearance* de lactato normalizada, isto pode representar recrutamento de áreas não perfundidas adequadamente caracterizada pelo aumento do VO_2.

PACIENTES CIRÚRGICOS DE ALTO RISCO

No Reino Unido ocorrem cerca de 2,8 milhões de cirurgias ao ano segundo os dados do *National Confidential Enquiry into Post Operative Deaths* (NCEPOD). Desta população, 87% dos pacientes que faleceram apresentavam idade superior a 60 anos; 77% com idade superior a 70 anos e 85% apresentavam alguma doença associada (45% doença cardiovascular, 30% doença pulmonar).[21,22] Durante o período de 1999 a 2004, ocorreram 4.117.727 procedimentos cirúrgicos no Reino Unido e cerca de 12% eram em pacientes considerados de alto risco. Neste grupo de alto risco, 12,3% evoluíram para óbito. Estes números determinam que cerca de 83,8% de todos os óbitos ocorreram em apenas 12,5% dos procedimentos.[23] Ainda neste estudo pode-se observar que os pacientes de alto risco cirúrgico que realizam o pós-operatório na enfermaria apresentaram maior mortalidade do que aqueles que foram levados para a UTI no pós-operatório imediato. No Brasil, os pacientes cirúrgicos de alto risco também têm

Monitoração Hemodinâmica no Paciente Cirúrgico...

alta morbidade e podem ter uma mortalidade em 90 dias de 20%.[24] Estes dados reforçam a importância de se identificar de maneira adequada quais são os pacientes de risco elevado ainda no pré-operatório.

De uma maneira geral, deve-se considerar como de alto risco uma população cirúrgica com risco de morte de 5% ou mais. Para facilitar o reconhecimento e também aumentar a especificidade e a sensibilidade, considera-se que o paciente deve apresentar, pelo menos, dois dos critérios de Shoemaker associado a tempo cirúrgico de, pelo menos, 90 minutos (Quadro 11-5). Vários estudos sobre pacientes cirúrgicos têm utilizado estes critérios.[25-29]

Resposta ao estresse cirúrgico é o nome dado as alterações hormonais e metabólicas decorrentes do trauma cirúrgico. Todas estes efeitos podem evoluir com uma síndrome de resposta inflamatória sistêmica (SIRS), que pode ter maior ou menor intensidade de acordo com a intervenção cirúrgica e a variabilidade individual de resposta ao insulto.[30] A SIRS promove um estado de hipovolemia relativa decorrente da venodilatação e do aumento da permeabilidade capilar com extravasamento de líquido para o interstício. Esta hipovolemia relativa pode agravar uma diminuição de volume intravascular decorrente de jejum prolongado, preparo para a cirurgia e as perdas relacionadas com o próprio período intraoperatório. A hipovolemia com diminuição da perfusão do trato gastrointestinal pode promover áreas isquêmicas que levam à alteração da barreira de defesa da mucosa intestinal. Isto favorece a translocação bacteriana através da mucosa lesionada, o que intensificará a resposta inflamatória e contribuirá para a perpetuação e a intensificação da disfunção da microcirculação.

Quadro 11-5 Critérios de paciente cirúrgico de alto risco. Para considerar como paciente de alto risco cirúrgico, o mesmo deve ter pelo menos dois dos critérios associado a um tempo cirúrgico de pelo menos 90 minutos

- Doença cardíaca e respiratória prévia grave
- Extensa cirurgia ablativa por câncer
- Cirurgia prolongada (> 8 horas)
- Politrauma grave (> 3 órgãos ou > 2 sistemas ou abertura de duas cavidades)
- Idade > 70 anos
- Evidência de diminuição de reserva fisiológica ≥ 1 órgão(s)
- Choque
- Sepse, hemocultura positiva ou foco séptico
- Insuficiência respiratória
- Catástrofe abdominal aguda com instabilidade hemodinâmica
- Insuficiência renal aguda
- Doença vascular avançada com comprometimento da aorta

Desde 1960, Clowes e Del Guercio já haviam observado que os pacientes cirúrgicos que apresentavam aumento do índice cardíaco a valores superiores a 4,5 L/min/m², DO_2 superior a 600 mL/min/m² e VO_2 superior 170 mL/min/m² tinham maior chance de sobreviver.[31] Com o objetivo de adequar esta necessidade, vários estudos apontam para o emprego da monitoração do fluxo no período peroperatório associada a estratégias e metas terapêuticas bem estabelecidas.[32,33]

QUANDO MONITORAR O PACIENTE CIRÚRGICO

A vigilância do paciente cirúrgico de alto risco pode ser estendida durante todo o período peroperatório, que engloba o pré-operatório, o intraoperatório e o pós-operatório. Assim, pode-se iniciar a monitoração em três momentos distintos:

1. **Período pré-operatório:** admite-se o paciente na UTI e inicia-se a otimização guiada por metas antes do insulto cirúrgico.
2. **Período intraoperatório:** inicia-se a monitoração e otimização imediatamente antes do insulto cirúrgico e se mantém por toda a cirurgia.
3. **Período pós-operatório:** leva-se o paciente para realizar o pós-operatório na unidade de terapia intensiva, local onde será iniciada a monitoração e a otimização guiada por metas.

Os pacientes de alto risco são aqueles que mais vão beneficiar-se da monitoração hemodinâmica. Estes pacientes têm grande risco de perda de fluidos, sepse precoce[16-18] e apresentam alta taxa de mortalidade.[32,33]

QUAL A MELHOR FERRAMENTA PARA MONITORAÇÃO HEMODINÂMICA NO PACIENTE CIRÚRGICO?

A escolha da monitoração hemodinâmica deve contemplar o estado clínico atual do paciente, as possíveis alterações hemodinâmicas que possam surgir ao longo do curso de seu tratamento, o conhecimento e a disponibilidade do método escolhido na instituição.[1] A ferramenta de monitoração hemodinâmica ideal no paciente cirúrgico deve ser não invasiva ou minimamente invasiva, compacta e com capacidade de manter sua acurácia e precisão em situações que possam sofrer rápidas alterações. Atualmente, há métodos de monitoração que necessitam de calibração periódica para manter sua acurácia e métodos que possuem um sistema de autocalibração e dispensam a calibração periódica. Os métodos autocalibrados podem perder sua acurácia em situações de alteração da complacência do sistema arterial, pois é um modelo matemático não calibrado que realiza inúmeras inferências para estimativa do débito cardíaco. Por isso, ao se pensar em monitorar o paciente, deve-se salientar que é importante reconhecer suas limitações para obtenção de informações corretas para tomada de decisão adequada. A literatura demonstrou que não há nenhum método de monitoração hemodinâmico que *per se* altere desfecho clínico, isto é, redução de morbimortalidade.[1] Considerando o paciente cirúrgico de alto risco, o objetivo hemodinâmico a ser alcançado é a otimização do fluxo sanguíneo e da perfusão tecidual, ou seja, o débito cardíaco é o parâmetro a ser monitorado e otimizado. Logo, todas as ferramentas que permitam a estimativa do fluxo podem ser utilizadas, com preferência para as técnicas minimamente invasivas (Quadro 11-6).

Termodiluição Pulmonar – Cateter de Artéria Pulmonar

Inicialmente, o cateter de artéria pulmonar (CAP) foi utilizado para aferição das pressões de artéria pulmonar, das pressões de enchimento dos ventrículos direito e esquerdo e para estimativa intermitente do débito cardíaco e da mensuração da saturação venosa mista de oxigênio (SvO_2). Esta estimativa do débito cardíaco ocorre pela construção de uma curva de termodiluição pulmonar e seu cálculo pela equação de Stewart-Hamilton. Esta curva é o resultado da variação de temperatura na extremidade distal do cateter gerada pela injeção de um *bolus* de uma solução isotônica resfriada, preferencialmente soro glicosado a 5%, em sua via proximal. O volume sugerido a ser utilizado é de 10 mL, embora volumes menores (2,5 a 5 mL) possam ser utilizados em situações que necessitem de restrição volêmica. Deve-se inserir no monitor de DC a constante do cateter de artéria pulmonar de acordo com o modelo utilizado, o volume e a temperatura da solução a ser injetada. Esta constante é importante, pois está diretamente relacionada com o algoritmo do cálculo do DC pela equação de Stewart-Hamilton. O volume de *bolus* injetado não deve sofrer variações entre as estimativas, porque acarretaria erros de medida. A temperatura da solução a ser injetada pode variar de 0 a 24°C.[34]

Com a incorporação de um filamento de cobre ao corpo do cateter, permitiu-se realizar, de forma automática, o aquecimento intermitente do sangue na região proximal do cateter e aferição da variação de temperatura na artéria pulmonar. Isto permitiu a estimativa do débito cardíaco de forma contínua. O valor demonstrado de débito cardíaco no monitor é uma média dos valores obtidos nos últimos 10 minutos. Caso se opte por realizar a avaliação de fluido responsividade, esta média de valores dificulta a intepretação da resposta ao fluido, pois não é uma medida contínua. Entretanto, pode-se ajustar o monitor para o modo *STAT* e visualizar o valor de débito cardíaco a cada 55 segundos como medida isolada. Desta forma, pode-se aproximar a avaliação em tempo real para checar se há ou não aumento do débito cardíaco ao realizar prova de volume. Além do filamento de cobre, a incorporação de uma fibra óptica ao cateter de artéria pulmonar permitiu a aferição da SvO_2 de forma contínua.[35]

Associado às estimativas do débito cardíaco, das medidas de parâmetros pressóricos e de SvO_2, a utilização de um cateter de artéria pulmonar volumétrico permite a aferição do volume sistólico e da fração de ejeção do ventrículo direito. A utilização desses dados auxiliam na tomada de decisão ao fornecer informações sobre a função ventricular direita.

Apesar da invasividade e da necessidade de treinamento para a aquisição dos dados pela técnica correta, o cateter de artéria pulmonar pode ser utilizado no período peroperatório quando há necessidade de avaliação das pressões de artéria pulmonar e há necessidade de monitorar o comportamento ventricular direito de maneira objetiva.

Quadro 11-6 Exemplos de métodos disponíveis para aferição do débito cardíaco e sua disponibilidade no Brasil.

Método	Sistema	Limitações do método	Disponibilidade no Brasil[++]
Termodiluição	Cateter artéria pulmonar	Invasivo – treinamento necessário	Sim
Diluição transpulmonar de indicador	PICCOplus®, PICCO$_2$®	Acurácia reduzida? Necessidade de cateter arterial específico	Sim – PICCO$_2$®
	LiDCOplus™	Acurácia reduzida? Calibração com uso de lítio Interferência com relaxante neuromuscular adespolarizante	Sim
	COstatus®	Acurácia reduzida?	Não
	VolumeView™	Acurácia reduzida? Necessidade de cateter arterial específico	Sim
Derivado da análise da onda de pulso	PICCOplus®, PICCO$_2$®, LiDCOplus™, LiDCOrapid™, Flotrac™/Vigileo™, MostCare™	Acurácia reduzida Necessidade de traçado arterial adequado	Sim – PICCO$_2$®, LiDCOplus™, LiDCOrapid™ e Flotrac™/Vigileo™
Doppler esofágico	CardioQ™ e WAKI®TO	Treinamento necessário Medidas intermitentes	Sim – CardioQ™
Ecocardiografia	Várias empresas	Treinamento necessário Medidas intermitentes	Sim
Reabsorção parcial de CO$_2$	NiCO®	Acuráría reduzida na insuficiência respiratória	Sim
Bioimpedância	Várias empresas	Acurácia reduzida em pacientes graves Não deve ser utilizado em cirurgia cardiotorácica	Sim – Lifegard®
Bioreactância	NICOM®	Validado em apenas um estudo em pacientes críticos	Não

Estimativa do Débito Cardíaco pela Análise da Onda de Pulso

Este método de estimativa do débito cardíaco é considerado minimamente invasivo, pois necessita de uma linha arterial e de um acesso venoso central ou periférico, dependendo do monitor escolhido. Há aparelhos que necessitam de calibração periódica e aparelhos que possuem um algoritmo próprio que dispensa este procedimento. Os aparelhos que necessitam de calibração utilizam a diluição transpulmonar de um indicador para realizar a estimativa do débito cardíaco, que é empregado como referência para calibrar o sistema. O valor do débito cardíaco obtido será a referência utilizada na análise da onda de pulso para estimar o volume sistólico sob a área da curva arterial. Nos monitores que dispensam a calibração periódica, a calibração do método para estimar o débito cardíaco ocorre por um algoritmo interno que considera os dados antropométricos e o gênero do indivíduo.[36-38]

A tecnologia de análise da onda de pulso para estimar o débito cardíaco, batimento a batimento, é patenteada por cada fabricante e difere entre eles. Esta diferença é responsável pela semelhança e pela diferença do desempenho de cada uma delas dependendo do cenário clínico. Por este motivo, é importante entender a tecnologia utilizada e seu racional para poder escolher de maneira adequada qual monitor utilizar. Além do cenário clínico, a situação que afeta igualmente todos os monitores com base na análise da onda de pulso é o formato da onda obtido pelo sistema de transdução de pressão. O amortecimento do sistema por posicionamento inadequado do cateter ou pela presença de bolhas de ar são exemplos de situações que podem subestimar os valores estimados de débito cardíaco. A utilização correta desse tipo de monitor compreende, além do entendimento do sistema utilizado para estimar o débito cardíaco, a necessidade de manter o sistema de transdução do sinal arterial com traçado adequado.

A utilização da diluição transpulmonar de um indicador é característica do LiDCOplus™ (LiDCO Ltda, Londres, Reino Unido), do PiCCOplus® e PiCCO$_2$® (Pulsion Medical Systems, Munique, Alemanha) e do VolumeView™ (Edwards Lifesciences LCC, Irvine, CA, EUA).

O LiDCOplus™ utiliza lítio 0,3 mmol como indicador e esta quantidade, mesmo após injeções repetidas, dificilmente atingirá a dose plasmática tóxica deste elemento. Em situações de estabilidade clínica, sua calibração pode ser realizada a cada 24 horas. Recomenda-se uma nova calibração após alterações fisiológicas significativas. A calibração deve ser realizada antes da utilização de bloqueador neuromuscular ou após o seu uso e deve-se aguardar o tempo para que ocorra o decaimento de sua concentração plasmática máxima, pois estes fármacos interferem na leitura do lítio pelo sensor posicionado na linha arterial. A injeção de lítio pode ser realizada por via central ou periférica e uma linha arterial radial pode ser utilizada. As contraindicações para a realização da calibração com lítio, de acordo com o fabricante, são: tratamento prévio com sais de lítio, peso inferior a 40 kg e gestantes durante o 1º trimestre. O sistema de estimativa do débito cardíaco pode perder acurácia nos pacientes em uso de balão de contrapulsação aórtica, na presença de insuficiência aórtica e importante vasoconstrição arterial periférica. Após a estimativa do débito cardíaco pela diluição do lítio, o sistema utiliza o valor obtido na avaliação e na calibração do contorno da onda de pulso para estimar o débito cardíaco de forma contínua, batimento a batimento *(beat to beat)*. Este monitor também estima o volume sanguíneo intratorácico (VSI), calcula a oferta de oxigênio, a resistência vascular periférica e parâmetros de fluidorresponsividade [variação da pressão sistólica(VPS), variação do volume sistólico (VVS), variação da pressão de pulso (ΔPP) e variação da frequência cardíaca]. Os primeiros estudos de otimização perioperatória guiada por metas com resultados positivos foram realizados no Reino Unido e utilizavam o LiDCO™ como monitor.[39]

Os monitores PiCCOplus® e PiCCO$_2$®, de fabricação alemã, utilizam injeção de solução gelada por um acesso venoso central para a estimativa do débito cardíaco por técnica de termodiluição transpulmonar. A captação da diferença de temperatura é realizada por um sensor específico inserido no corpo do cateter posicionado em uma linha arterial proximal (artéria femoral, braquial ou axilar). O valor do débito cardíaco obtido pela termodiluição transpulmonar é utilizado como referência para a calibração do sistema e para a leitura e análise da onda de pulso. Após a calibração, o débito cardíaco passa a ser aferido de forma contínua, batimento a batimento, pela análise da onda de pulso. Com a termodiluição transpulmonar, além do débito cardíaco, é possível estimar outras variáveis como o volume diastólico global final (VDGF), o VSI, a água pulmonar extravascular (APEV) e o índice de permeabilidade vascular pulmonar (IPVP). Adicionalmente, pela análise da onda de pulso, podem-se obter os seguintes parâmetros: a fração de ejeção global (FEG) e o índice de contratilidade do ventrículo esquerdo (ICVE). A resistência vascular sistêmica (RVS) pode ser calculada ao inserir o valor da pressão venosa central (PVC) no monitor. Além de todas estas variáveis, este monitor ainda calcula parâmetros dinâmicos de fluidorresponsividade como a VVS e o ΔPP.[40] O monitor PiCCO$_2$® ainda permite a monitoração de parâmetros como SvcO$_2$ contínua, oferta de oxigênio, consumo de oxigênio e função hepática. A SvcO$_2$ pode ser monitorada pelo uso de uma fibra óptica inserida pelo cateter venoso central chamada de CeVOX®, e a função hepática pode ser monitorada com uso da indocianina verde pelo sistema LIMON® (ambos do mesmo fabricante do monitor, Pulsion®). As contraindicações para o uso deste monitor estão relacionadas com o acesso arterial e alterações cardiopulmonares que possam interferir com a curva de termodiluição. O acesso arterial preconizado pelo fabricante é a artéria femoral. Acesso arterial braquial ou axilar podem ser utilizados como alternativa. De acordo com o local do acesso arterial há um cateter de diâmetro e comprimento específico. A utilização do acesso radial é possível desde que se utilize um cateter longo (cerca de 50 cm) por um curto período de tempo. A curva de termodiluição transpulmonar pode ser inadequada na presença de *shunts* intracardíacos, aneurisma de aorta, estenose aórtica, insuficiência mitral ou tricúspide, pneumectomia, embolia pulmonar maciça e circulação extracorpórea e, consequentemente, pode acarretar erros significativos nos parâmetros estimados e calculados.[41]

O VolumeView™ é um sistema de monitoração clínica fundamentado na termodiluição transpulmonar intermitente para ser utilizado em conjunto com o monitor EV1000™ (Edwards Lifesciences LCC, Irvine, CA, EUA). Este sistema possui um cateter arterial específico com termistor que deve ser posicionado na artéria femoral. A injeção de solução fisiológica gelada por um acesso venoso central é utilizada para a construção da curva de termodiluição pulmonar e, desta forma, obtém-se o débito cardíaco utilizado para a calibração do sistema de análise da onda de pulso. Pela termodiluição transpulmonar pode-se obter a APEV, VSI, VDGF, IPVP e volume sistólico. Pela análise da onda de pulso, pode-se, ainda, calcular o ΔPP, a VVS e a FEG. Ao informar o valor de PVC ao monitor, pode-se calcular a RVS. Como descrito anteriormente neste texto, este sistema não é o único que permite a obtenção desses parâmetros e suas indicações e contraindicações são semelhantes as do $PiCCO_2$®. A utilização do cateter de PreSep™, da mesma empresa, com o sistema EV1000™ permite a aferição contínua da $SvcO_2$ e adiciona mais um dado com relação ao consumo de oxigênio e do estado de perfusão global do indivíduo que está sendo monitorado.

Com relação aos sistemas de estimativa do débito cardíaco por análise de onda de pulso que não utilizam um indicador para calibração, o LiDCOrapid™ (LiDCO Ltda, Londres, Reino Unido) e o Flotrac™/Vigileo™ (Edwards Lifesciences LCC, Irvine, CA, EUA) estão disponíveis no mercado brasileiro. A estimativa do débito cardíaco é realizada com base na morfologia da onda de pulso por meio de suposições sobre a complacência do sistema arterial de acordo com o gênero e dados antropométricos do indivíduo. Ambos necessitam, apenas, de uma linha arterial com traçado adequado – uma punção arterial radial está adequada, porém, uma punção arterial femoral, braquial ou axilar pode ser utilizada. O sistema Flotrac™/Vigileo™ necessita de um transdutor de pressão específico (Flotrac™) e de seu próprio monitor (Vigileo™) para funcionar. O Flotrac™ também pode ser utilizado com o sistema EV1000™, monitorando, apenas, os dados derivados da análise não calibrada da onda de pulso.

Outros Métodos de Aferição do Débito Cardíaco

A utilização da ecocardiografia transesofágica intraoperatória como ferramenta de monitoração do débito cardíaco e da função miocárdica em pacientes cirúrgicos de alto risco é uma possibilidade. No intraoperatório, esta ferramenta tem sido utilizada por anestesiologistas como forma de avaliar a função cardíaca global, a responsividade a fluidos e o débito cardíaco. Informações sobre o funcionamento valvar e a contratilidade segmentar também podem ser obtidas. A utilização desta técnica no intraoperatório requer treinamento e conhecimento das limitações do ultrassom e do princípio Doppler na aferição do débito cardíaco.[40]

A estimativa do débito cardíaco por meio do princípio de conservação das massas ou de Fick pela reinalação de CO_2 não é uma ferramenta utilizada rotineiramente na monitoração do paciente cirúrgico de alto risco, pois necessita de um indivíduo intubado, em ventilação mecânica controlada e de um período de estabilidade clínica para realizar as medidas. Alterações hemodinâmicas rápidas e a presença de *shunt* intrapulmonar diminuem a acurácia desta técnica.

QUANTO MONITORAR A HEMODINÂMICA?

A monitoração hemodinâmica tem como objetivo a adequação do fluxo sanguíneo à demanda metabólica que se encontra aumentada no pós-operatório bem como para a manutenção da perfusão tecidual. O início da monitoração objetivando a otimização do débito cardíaco no paciente cirúrgico de alto risco deve ser iniciada, quando possível, no período pré-operatório. Considerando a indisponibilidade de leitos em UTI para iniciar a otimização hemodinâmica pré-operatória, a otimização peroperatória pode ser iniciada no intraoperatório e deve continuar por um período de, pelo menos, 8 horas após admissão na UTI.

A utilização de um protocolo de ressuscitação guiada por metas (índice cardíaco > 4,5 L/min/m^2, DO_2 superior a 600 mL/min/m^2 e VO_2 superior 170 mL/min/m^2) e a avaliação de parâmetros de fluido responsividade permitem a infusão segura e adequada de fluidos.[33] Desta forma, pode-se evitar a oferta exagerada de fluidos que pode trazer prejuízos ao paciente. Cerca de 85 a 90% dos pacientes atingirão as metas acima descritas apenas com a infusão de fluidos sem a necessidade do uso de inotrópicos. É a escolha de um protocolo de monitoração e intervenção específicas e não de um monitor ou sistema de monitoração que irá garantir bons resultados com relação à redução de morbimortalidade.

A utilização do lactato como marcador de perfusão sistêmica pode ser feita pelo seu *clearance*. A redução do lactato arterial em situação de restabelecimento do débito cardíaco e da perfusão tecidual deve ocorrer em velocidade estimada superior a 20% a cada 6 horas.[2,3,6] Se o lactato inicial for de 55 mg/dL, espera-se que na 6ª hora após a adequação dos parâmetros hemodinâmicos, este valor seja inferior a 44 mg/dL ou redução maior ou igual a 20% do valor inicial.

CONCLUSÃO

O objetivo de monitorar um paciente cirúrgico de alto risco é atingir metas de perfusão tecidual. A utilização de sistemas de monitoração hemodinâmica e de perfusão tecidual são as formas escolhidas para se atingir tal objetivo. O uso de protocolos com objetivos claros a serem atingidos aliados a estas ferramentas é que vai determinar resultados satisfatórios, e não o uso de um sistema de monitoração em si. A utilização de variáveis hemodinâmicas e perfusionais em conjunto é sempre mais importante que qualquer dado isolado na decisão terapêutica dos pacientes cirúrgicos críticos.

REFERÊNCIAS BIBLIOGRÁFICAS

1. Vincent JL, Rhodes A, Perel A *et al*. Clinical review: Update on hemodynamic monitoring – a consensus of 16. *Crit Care* 2011;15(4):229.
2. Jones AE, Shapiro NI, Trzeciak S *et al*. Lactate clearance vs central venous oxygen saturation as goals of early sepsis therapy: a randomized clinical trial. *JAMA* 2010;303(8):739-46.

3. Jansen TC, van Bommel J, Schoonderbeek J et al. Early lactate-guided therapy in ICU patients: a multicenter, open-label, randomized, controlled trial. *Am J Respir Crit Care Med.* 2010 Sept. 15;182(6):752-61.
4. Nguyen HB, Rivers EP, Knoblich BP et al. Early lactate clearance is associated with improved outcome in severe sepsis and septic shock. *Crit Care Med* 2004;32(8):1637-42.
5. Nguyen HB, Loomba M, Yang JJ et al. Early lactate clearance is associated with biomarkers of inflammation, coagulation, apoptosis, organ dysfunction and mortality in severe sepsis and septic shock. *J Inflamm* (Lond) 2010;7:6.
6. Meregalli A, Oliveira RP, Friedman GFM. Occult hypoperfusion is associated with increased mortality in hemodynamically stable, high-risk, surgical patients. *Crit Care.* 2004;8(2):R60.
7. Bakker J, Gris P, Coffernils M et al. Serial blood lactate levels can predict the development of multiple organ failure following septic shock. *Am J Surg* 1996;171(2):221-26.
8. Yazigi A, El Khoury C, Jebara S et al. Comparison of central venous to mixed venous oxygen saturation in patients with low cardiac index and filling pressures after coronary artery surgery. *J Cardiothorac Vasc Anesth* 2008;22(1):77-83.
9. Machado F, Carvalho R, Freitas F et al. Central and mixed venous oxygen saturation in septic shock: is there a clinically relevant difference? *Rev Br Terapia Int* 2008;20:398-404.
10. Varpula M, Karlsson S, Ruokonen E et al. Mixed venous oxygen saturation cannot be estimated by central venous oxygen saturation in septic shock. *Intensive Care Med* 2006;32(9):1336-43.
11. Dueck MH, Klimek M, Appenrodt S et al. Trends but not individual values of central venous oxygen saturation agree with mixed venous oxygen saturation during varying hemodynamic conditions. *Anesthesiology* 2005;103(2):249-57.
12. Reinhart K, Bloos F. The value of venous oximetry. *Curr Opin Crit Care* 2005;11(3):259-63.
13. Rivers EP, Nguyen B, Havstad S et al. Early goal-directed therapy in the treatment of severe sepsis and septic shock. *N Engl J Med* 2001;345(19):1368-77.
14. Pinsky MR, Vincent JL. Let us use the pulmonary artery catheter correctly and only when we need it. *Crit Care Med* 2005;33(5):1119-22.
15. Kandel G, Aberman A. Mixed venous oxygen saturation. Its role in the assessment of the critically ill patient. *Arch Intern Med* 1983;143(7):1400-2.
16. Gattinoni L, Brazzi L, Pelosi P et al. A trial of goal-oriented hemodynamic therapy in critically ill patients. SvO$_2$ Collaborative Group. *N Engl J Med* 1995;333(16):1025-32.
17. Hayes MA, Timmins AC, Yau EH et al. Elevation of systemic oxygen delivery in the treatment of critically ill patients. *N Engl J Med* 1994;330(24):1717-22.
18. Alía I, Esteban A, Gordo F et al. A randomized and controlled trial of the effect of treatment aimed at maximizing oxygen delivery in patients with severe sepsis or septic shock. *Chest* 1999;115(2):453-61.
20. Friedman GFM, De Backer D, Shahla M et al. Oxygen supply dependency can characterize septic shock. *Intensive Care Med* 1998;24(2):118-23.
21. Edwards AE, Seymour DG, McCarthy JM et al. A 5-year survival study of general surgical patients aged 65 years and over. *Anaesthesia* 1996;51(1):3-10.

22. Cook TM, Day CJ. Hospital mortality after urgent and emergency laparotomy in patients aged 65 yr and over. Risk and prediction of risk using multiple logistic regression analysis. *Br J Anaesth* 1998;80(6):776-81.
23. Pearse RM, Harrison DA, James P *et al.* Identification and characterisation of the high-risk surgical population in the United Kingdom. *Crit Care* 2006;10(3):R81.
24. Lobo S, Rezende E, Knibel M *et al.* Epidemiology and outcomes of non-cardiac surgical patients in Brazilian intensive care units. *Rev Br Terapia Intensiva* 2008;20:376-84.
25. Pearse R, Dawson D, Fawcett J *et al.* Early goal-directed therapy after major surgery reduces complications and duration of hospital stay. A randomised, controlled trial [ISRCTN38797445]. *Crit Care* 2005;9(6):R687-93.
26. Boyd O, Grounds RM, Bennett ED. A randomized clinical trial of the effect of deliberate perioperative increase of oxygen delivery on mortality in high-risk surgical patients. *JAMA* 1993;270(22):2699-707.
27. Shoemaker W, Appel P, Kram H *et al.* Prospective trial of supranormal values of survivors as therapeutic goals in high-risk surgical patients. *Chest* 1988;94(6):1176-86.
28. Lobo SM, Salgado PF, Castillo VG *et al.* Effects of maximizing oxygen delivery on morbidity and mortality in high-risk surgical patients. *Crit Care Med* 2000;28(10):3396-404.
29. Curran JE, Grounds RM. Ward versus intensive care management of high-risk surgical patients. *Br J Surg* 1998;85(7):956-61.
30. Desborough JP. The stress response to trauma and surgery. *Br J Anaesth* 2000;85(1):109-17.
31. Clowes GH, Del Guercio LR. Circulatory response to trauma of surgical operations. *Metab Clin Exp* 1960;9:67-81.
32. Kern JW, Shoemaker WC. Meta-analysis of hemodynamic optimization in high-risk patients. *Crit Care Med* 2002;30(8):1686-92.
33. Hamilton MA, Cecconi M, Rhodes A. A systematic review and meta-analysis on the use of preemptive hemodynamic intervention to improve postoperative outcomes in moderate and high-risk surgical patients. *Anesth Analg* 2010 June;112(6):1392-402.
34. Darovic GO. *Hemodynamic monitoring: invasive and noninvasive clinical application.* 2nd ed. Philadelphia, PA: WB Saunders, 1995.
35. McGee WT, Headley JM, A. FJ. *Guia rapido para tratamento cardiopulmonar.* In: Lifescience E. (Ed.). 2nd ed. Irvine, Ca2010.
36. Funk DJ, Moretti EW, Gan TJ. Minimally invasive cardiac output monitoring in the perioperative setting. *Anesth Analg* 2009;108(3):887-97.
37. Hofer CK, Cecconi M, Marx G *et al.* Minimally invasive haemodynamic monitoring. *Eur J Anaesthesiol* 2009;26(12):996-1002.
38. Morgan P, Al-Subaie N, Rhodes A. Minimally invasive cardiac output monitoring. *Curr Opin Crit Care* 2008;14(3):322-26.
39. Sundar S, Panzica P. LiDCO systems. *Int Anesthesiol Clin* 2010;48(1):87-100.
40. Vignon P. Hemodynamic assessment of critically ill patients using echocardiography Doppler. *Curr Opin Crit Care* 2005;11(3):227-34.
41. Oren-Grinberg A. The PiCCO Monitor. *Int Anesthesiol Clin* 2010;48(1):57-85.

Capítulo **12**

CONTROVÉRSIAS NO TRATAMENTO DA SEPSE

Ramon Teixeira Costa
Luciano Cesar Pontes de Azevedo

INTRODUÇÃO

O termo sepse deriva do grego *(sepsis)* e significa putrefação, termo utilizado por Hipócrates para descrever um quadro clínico em que "a febre é contínua, a superfície externa do corpo é fria e existe, internamente, uma grande sensação de calor e sede". Somente no início do século 20, contudo (1914), começaram a ser apresentados estudos estabelecendo correlação entre esse quadro clínico e um processo infeccioso.[1] Em 1991, após uma conferência entre especialistas, foram estabelecidos os critérios diagnósticos da sepse, utilizados até hoje, definindo esta condição como uma síndrome inflamatória sistêmica associada a um foco infeccioso[2] conforme descrito no Quadro 12-1.

Quadro 12-1 Definições

• SRIS (Síndrome da Resposta Inflamatória Sistêmica): pode ser secundária a uma variedade de insultos, como: trauma, queimaduras, pancreatite, infecções. São necessários dois ou mais dos critérios abaixo para estabelecer o diagnóstico:
• Leucocitose maior que 12.000/mm^3, leucopenia menor que 4.000/mm^3 ou mais de 10% de formas imaturas (bastonetes) • Frequência cardíaca acima de 90 batimentos por minuto • Temperatura central acima de 38°C ou abaixo de 36°C • Frequência respiratória maior que 20 incursões por minuto, ou PaCO$_2$ menor que 32 mmHg ou ainda necessidade de ventilação mecânica por um processo agudo
• Sepse: síndrome da resposta inflamatória sistêmica relacionada com a infecção documentada ou presumida
• Sepse grave: sepse associada à disfunção orgânica (cardiovascular, neurológica, renal, respiratória, hepática, hematológica, metabólica)
• Choque séptico: sepse grave com hipotensão não responsiva a volume e necessidade de agentes vasopressores
• Síndrome da Disfunção de Múltiplos Órgãos (SDMO): presença de função orgânica alterada em pacientes agudamente enfermos, nos quais a homeostase não pode ser mantida sem intervenção

O choque séptico continua sendo um dos maiores desafios da medicina intensiva atual. Cerca de 10 a 15% dos pacientes internados em unidades de terapia intensiva (UTI) desenvolvem este quadro. Apesar dos crescentes avanços no entendimento de sua fisiopatologia continua a apresentar uma mortalidade extremamente elevada, variando de 50 a 60% dos casos acometidos,[3] sendo que no Brasil este número chega a 52,2%.[4] O impacto econômico é outro aspecto a ser considerado. O custo de cada paciente com sepse tratado é estimado em cerca de 50.000 dólares, com um gasto anual avaliado em 16,7 bilhões de dólares só nos EUA.[5]

Em termos fisiopatológicos, após o contato com o agente infeccioso há liberação de uma série de moléculas de superfície como lipoproteínas, flagelinas, fímbrias, peptideoglicanos, além de endotoxinas como o lipopolissacarídeo (LPS). Estas moléculas entram em contato com receptores de membrana celular específicos (*toll-like*, NOD1, NOD2) induzindo a liberação de uma série de citocinas (IL1B, IL6, IL8, TNF, IFN), assim como ativação do sistema do complemento e da coagulação. A partir deste momento, inicia-se um processo de migração de leucócitos ativados para o foco infeccioso, além de aumento na produção de células imaturas por parte da medula óssea. O contato das células endoteliais com as citocinas inflamatórias e com as endotoxinas liberadas pelo microrganismo, leva a um aumento na produção local de óxido nítrico (ON). O ON é o principal responsável pelas alterações vasculares com hiporreatividade e aumento da permeabilidade vascular sabidamente presentes nestes pacientes. Em razão destas alterações, há má distribuição do fluxo sanguíneo regional que, associado aos fenômenos trombóticos microvasculares, leva a uma redução significativa da oferta celular de oxigênio. A hipóxia tecidual em conjunto com o efeito celular das toxinas resulta em uma disfunção celular significativa que em última instância induz à insuficiência orgânica. O acúmulo destas disfunções orgânicas leva ao quadro de SDMO cuja mortalidade pode chegar até 90% conforme o número de órgãos acometidos.

TRATAMENTO DA SEPSE E SUAS CONTROVÉRSIAS

O tratamento do paciente com sepse deve ser iniciado logo que diagnosticado, independente da unidade onde este se encontre, seja no pronto-socorro, enfermaria ou UTI. Sabe-se que as primeiras 6 horas de atendimento *(golden hours)* são cruciais, visto que o retardo no atendimento influencia no surgimento de disfunções orgânicas e na maior mortalidade. Além da monitoração, o manejo da sepse baseia-se na ressuscitação volêmica, suporte hemodinâmico, tratamento/controle precoce do foco infeccioso e suporte das disfunções orgânicas.

Resssuscitação Volêmica

O primeiro passo no manejo do indivíduo com sepse é a otimização volêmica. Esta abordagem baseia-se no fato destes pacientes apresentarem um quadro de vasodilatação significativa associada ao aumento da permeabilidade vascular o que resulta em

Controvérsias no Tratamento da Sepse

redução significativa do volume intravascular e uma consequente queda na oferta tecidual de O_2.[6] Por isso, a estratégia de ressuscitação volêmica deve ser fundamentada em parâmetros perfusionais e hemodinâmicos. O Quadro 12-2 caracteriza os principais parâmetros habitualmente utilizados como meta de ressuscitação volêmica do paciente com sepse.

Quadro 12-2 Metas para a estratégia de otimização volêmica na sepse

Parâmetros hemodinâmicos e perfusionais
• Saturação venosa central $O_2 \geq 70\%$ ou mista $\geq 65\%$
• Lactato < 4 mmol/L ou redução $\geq 10\%$ em 6 horas
• PAM > 65 mmHg
• PVC entre 8-12 mmHg
• Diurese > 0,5 mL/kg/h

Estes parâmetros baseiam-se preponderantemente no estudo de Rivers *et al.*, que tratou de pacientes com sepse grave e choque séptico ressuscitados nas primeiras 6 horas, ainda na sala de emergência.[6] Neste estudo, pacientes com sepse grave eram randomizados em dois grupos. Em ambos, o tratamento era guiado pela pressão venosa central (PVC), pressão arterial média (PAM) e débito urinário sendo que, no grupo intervenção, houve a adição da saturação venosa central ($ScvO_2$) (Fig. 12-1). A meta do grupo-intervenção era uma $ScvO_2$ acima de 70%. Estas estratégias eram perseguidas pela adequação volêmica (estimada pela PVC – venosa central), pressão arterial média (estimativa de pressão de perfusão orgânica) e hematócrito, lançando-se mão, portanto, de intervenções como expansão volêmica, uso de vasopressores ou vasodilatadores, transfusões sanguíneas e uso de inotrópicos (dobutamina). Quanto aos resultados, os indivíduos ressuscitados precocemente com reposição volêmica guiada pela saturação venosa obtiveram uma correção mais rápida dos parâmetros de perfusão tecidual (lactato e excesso de base), redução dos escores de disfunção orgânica e, mais importante, redução de mortalidade hospitalar e aos 28 dias, quando comparados com os pacientes do grupo controle.

Após este estudo houve uma considerável controvérsia com relação a se esses parâmetros são, realmente, os mais indicados para guiar o suporte cardiovascular da sepse. Os principais pontos desse estudo discutiram o fato de que a PVC parece ser um mau preditor de hipovolemia ou resposta volêmica, se a transfusão de sangue é realmente necessária e se a dobutamina deve ser administrada. Além disso, os resultados obtidos no estudo de Rivers parecem ser bastante particulares à sua casuística, pois foi um estudo realizado em apenas um centro. Desta forma, outros estudos de UTI ou pronto-socorro avaliando a saturação venosa central na fase inicial da sepse não conseguiram obter valores tão baixos quanto no estudo de Rivers *et al.*[7,8]

```
                    ┌─────────────────┐
                    │  Choque séptico │
                    └────────┬────────┘
                             ▼
  ┌──────────────────────────────────────────────────────────────┐
  │ PAS < 90 mmHg após 20 a 30 mL/Kg de cristaloide ou lactato > 4 mmol/L │
  └──────────────────────────────────────────────────────────────┘
                             ▼
  ┌──────────────────────────────────────────────────────────────┐
  │ 0,5 a 1 L de cristaloide em bolus a cada 30 min até otimização volêmica │
  └──────────────────────────────────────────────────────────────┘
           ┌─────────────────┐      ┌─────────────────┐
           │  PAM < 65 mmHg  │      │  PAM > 65 mmHg  │
           └────────┬────────┘      └────────┬────────┘
                    ▼                        ▼
           ┌─────────────────┐      ┌─────────────────┐
           │   Vasopressor   │      │  Vasodilatador  │
           │  (Noradrenalina)│      │ (Nitroglicerina)│
           └─────────────────┘      └─────────────────┘
                             ▼
                    ┌─────────────────┐
                    │  ScvO₂ < 70%    │
                    └────────┬────────┘
                             ▼
              ┌──────────────────────────────────┐
              │ Avaliar necessidade de hemotransfusão │
              └────────────────┬─────────────────┘
                               ▼
                    ┌─────────────────┐
                    │  ScvO₂ < 70%    │
                    └────────┬────────┘
                             ▼
  ┌──────────────────────────────────────────────────────────────┐
  │ Iniciar dobutamina a 2,5 mcg/Kg/min aumentando em 2,5 mcg a cada 30 min │
  │        se SvO₂ < 70% (dose máxima de 20 mcg/Kg/min)          │
  └──────────────────────────────────────────────────────────────┘
```

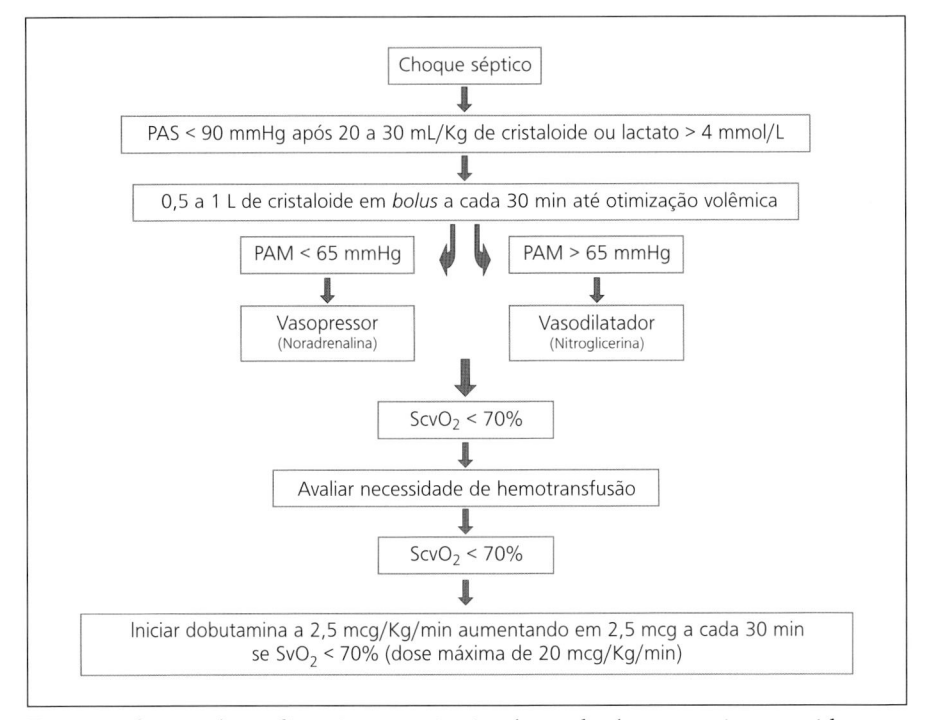

Fig. 12-1. Suporte hemodinâmico nas primeiras horas do choque séptico, sugerido por Rivers *et al.*

Mais recentemente, outros dois estudos ofereceram alternativas à ressuscitação volêmica guiada por saturação venosa de oxigênio. Um estudo em pacientes sépticos demonstrou que a ressuscitação hemodinâmica com base no clareamento do lactato em 10% nas primeiras 6 horas era equivalente à reanimação utilizando a $SvcO_2$ como referência.[9] Em outro estudo em pacientes hiperlactatêmicos na UTI (não somente sépticos), o clareamento de lactato em 20% nas primeiras 8 horas reduziu a incidência de disfunções orgânicas.[10] Contudo, um aspecto controverso deste último estudo diz respeito à utilização de vasodilatadores (ketanserina) em um percentual significativo de pacientes para "recrutamento" da microcirculação. Assim, os pacientes que mantivessem hiperlactatemia a despeito de terem $SvcO_2$ normal eram considerados como apresentando falência da microcirculação e recebiam vasodilatador. A despeito do resultado positivo deste estudo, aguardam-se melhores evidências antes de se utilizar vasodilatador nessa população de pacientes grave com hipoperfusão tecidual.

SOLUÇÃO PARA RESSUSCITAÇÃO VOLÊMICA

Outra controvérsia diz respeito ao tipo de solução a ser utilizada na ressuscitação volêmica na sepse. Quando analisamos perfusão tecidual, pressões de enchimento e mortalidade, ainda não foi demonstrada nenhuma evidência de superioridade quando comparamos coloides e cristaloides. As soluções cristaloides como soro fisiológico, ringer simples e ringer com lactato são amplamente disponíveis, baratas e consideradas o padrão para a expansão volêmica na unidade de terapia intensiva (UTI). Contudo, elas podem estar associadas a acidose hiperclorêmica (soro fisiológico) e ao desenvolvimento de edema. Das soluções cristaloides, dá-se preferência ao ringer com lactato, pois o mesmo não induz acidose hiperclorêmica. Estudos experimentais têm demonstrado associação entre a acidose hiperclorêmica e o aumento da resposta inflamatória.[11]

Nesse sentido, a ideia de utilização de coloides foi para reduzir a necessidade de grandes volumes em pacientes hipovolêmicos e hipotensos. Os coloides mais utilizados incluem a albumina humana, amidos sintéticos, dextranas e gelatinas. Os coloides possuem a vantagem teórica de permanecerem mais tempo no intravascular, o que garantiria um efeito expansor com menor necessidade de volume. Seu uso, entretanto, não está isento de riscos e existem preocupações quanto ao efeito de alguns coloides sobre a coagulação e a função renal.

Os amidos (hidroxietil amidos – HES) são polissacarídeos similares ao glicogênio, derivados do milho ou de batata com pesos moleculares diversos e que podem estar relacionados com distúrbios de coagulação e lesão renal aguda. A coagulopatia induzida pelos amidos parece ser mais importante com o uso de soluções mais antigas, especialmente as de alto peso molecular. Outros possíveis efeitos deletérios dos amidos envolvem reações anafiláticas e prurido por depósito subcutâneo do material.[11]

Os resultados do 6S *(Scandinavian Starch for Severe Sepsis/Septic Shock Trial)* devem reduzir ainda mais a utilização dos amidos em pacientes sépticos internados em UTI. Os dados, apresentados em março de 2012 no Congresso de Emergência e Medicina Intensiva, em Bruxelas, na Bélgica, e ainda não publicados, identificaram que a administração de um amido de última geração (até no máximo 1.500 mL por dia) estava associada à maior mortalidade em 90 dias e discreto aumento na incidência de lesão renal no grupo coloide. Os resultados deste estudo sugerem que a utilização de amido deve ser evitada em pacientes com sepse grave e choque séptico.

Quanto à albumina, o estudo SAFE comparou o uso de albumina 4% e cristaloide em pacientes críticos em geral (não apenas sépticos) e não evidenciou diferença quanto ao tempo de internação em UTI ou hospitalar, percentual de disfunção orgânica e mortalidade entre os dois grupos de tratamento.[12] Houve um possível benefício do uso de albumina em pacientes sépticos, dados esses confirmados em uma metanálise divulgada recentemente.[13]

Suporte Vasopressor

Muitas vezes, apesar de ter havido uma otimização volêmica adequada, os pacientes sépticos mantêm-se hipotensos e com sinais de má perfusão tecidual, sendo indicado o início de uma droga vasopressora.

Estudos evidenciaram que para manter uma oferta de oxigênio adequada é necessário uma pressão arterial média (PAM) de, no mínimo, 65 mmHg.[14] No entanto, decorrente do quadro de perda da autorregulação vascular tal meta torna-se difícil de ser atingida apenas com expansões volêmicas, fazendo-se necessária a administração deste tipo de droga. De fato, a reposição volêmica, deve ocorrer mesmo após o início das medicações vasoativas. Assim, pacientes que já estiverem em uso de vasopressores, mas apresentarem sinais de hipovolemia deverão, também, ser submetidos a ressuscitação volêmica.

As drogas de primeira linha para o suporte vasopressor no paciente em choque séptico são a noradrenalina e a dopamina. Ainda existe controvérsia na literatura sobre a superioridade de uma medicação sobre a outra, contudo, a primeira é a mais utilizada na prática clínica.

A noradrenalina é uma agonista alfa-adrenérgico com pouco efeito nos receptores beta. Por isso, não interfere de maneira representativa no inotropismo e cronotropismo do paciente. Já a dopamina, apresenta efeitos dose-dependentes. Concentrações de 5 a 10 mcg/kg/min têm efeito nos receptores beta-adrenérgicos aumentando a frequência e a contratilidade cardíaca. Em doses maiores que 10 mcg/kg/min seu papel é predominantemente alfa-adrenérgico, isto é, induz um aumento da pressão arterial as custas de vasoconstrição. Doses menores que 5 mcg/kg/min atuam sobre receptores dopaminérgicas. O uso da dopamina nestas doses com intenção de aumentar a perfusão esplâncnica e consequente diurese, não demonstrou benefício em termos de mortalidade.[15] Um estudo recente comparando a dopamina com a noradrenalina em pacientes com choque (séptico, cardiogênico e hipovolêmico) não demonstrou diferença em termos de mortalidade, mas uma maior frequência de efeitos colaterais associados a dopamina.[16] Esses dados foram confirmados em uma metanálise recente que identificou, inclusive, aumento da mortalidade com uso de dopamina.[17]

Adrenalina, vasopressina e fenilefrina não são considerados vasopressores de primeira linha e, por isso, não devem ser administrados logo no início de um quadro séptico, sendo reservadas para casos de refratariedade ao tratamento.

A adrenalina apresenta tanto efeitos beta quanto α-adrenérgicos potentes, no entanto está associada a piora da perfusão esplâncnica. Na maioria das vezes é utilizada nos casos de choque não responsivo à infusão noradrenalina ou dopamina.

A vasopressina está associada à redução na expressão da óxido nítrico sintase, assim como do GMPc relacionado com o óxido nítrico, atenuando o quadro de vasodilação. Os níveis de vasopressina apresentam um comportamento bifásico na evolução do choque séptico. Cerca de 1 hora após o início do quadro há um pico hormonal seguido por uma queda abrupta dos níveis plasmáticos atribuída ao fim dos estoques do eixo neurofisiológico, levando à deficiência relativa desse hormônio, a qual pode favorecer a perpetuação do choque. O ensaio clínico VASST *(Vasopressin and Septic Shock Trial)* incluiu 778 pacientes em choque séptico em uso de doses de noradrenalina maiores que 5 mcg/min. Os pacientes foram randomizados em dois grupos. O grupo intervenção recebeu vasopressina em baixas doses (0,01 a 0,03 mcg/min) e o grupo-controle apenas noradrenalina. Não houve qualquer diferença entre os grupos com relação à mortalidade tanto em 28 quanto em 90 dias.[18]

Controvérsias no Tratamento da Sepse

Suporte Inotrópico

Cerca de 40 a 50% dos pacientes com sepse apresentam algum tipo de disfunção miocárdica seja sistólica ou diatólica.[19] Apesar destes pacientes apresentarem fluxo coronariano muitas vezes aumentado, existem alterações da microcirculação que reduzem o aporte sanguíneo para os miócitos. O aumento da permeabilidade destes vasos leva, ainda, à migração transendotelial de neutrófilos circulantes levando a um edema do interstício cardíaco. Outro mecanismo seria uma disfunção mitocondrial o que levaria à queda da carga de adenosina trifosfato (ATP) dos miócito. Esta queda do ATP celular induziria uma alteração funcional e, em muitos casos, morte de miócitos.[19] Outro aspecto interessante é a apoptose de células do centro regulador autonômico induzindo uma disautonomia significativa vista em alguns destes casos.[19]

Desta forma, pacientes com sepse que apresentam sinais de má perfusão tecidual associados a pressões de enchimento elevadas e/ou débito cardíaco (CO) reduzido, podem-se beneficiar do uso de drogas inotrópicas tentando elevar a oferta de O_2 (DO_2) às células. Nestes casos, a droga de escolha é a dobutamina, que tem efeito sobre receptor beta 1 e beta 2 adrenérgico. Entretanto, o uso da dobutamina para elevar a DO_2 a valores supranormais em pacientes com sepse não demonstrou melhora na mortalidade.[20]

Antibioticoterapia e Controle do Foco Infeccioso

O início da terapia com antibiótico no paciente com sepse é importantíssimo. O atraso no início desta terapia e/ou uma escolha inadequada podem resultar em grande impacto na mortalidade do paciente.[21] O antibiótico deve ser iniciado na primeira hora de diagnóstico do choque séptico, logo após a coleta das culturas. É importante relembrar que as culturas não devem, de forma alguma, retardar o início destas medicações. A via de administração será a endovenosa, de preferência exclusiva para os antimicrobianos.[21,22]

Durante a escolha da antibioticoterapia deve-se considerar o foco suspeito ou confirmado, comorbidades do paciente, história de uso de antibióticos e infecções recentes. De maneira geral, inicia-se com uma cobertura ampla seguindo-se de uma redução do espectro de ação do antimicrobiano (descalonamento) em um segundo momento conforme o resultado das culturas.[21]

O tempo do tratamento, em média, será de 7 a 10 dias, no entanto poderá ser estendido conforme o foco em questão, estado imunológico e evolução clínica do paciente. A dose inicial é plena sendo depois reajustada conforme a presença de disfunções renal ou hepática.

É importante ter em mente que os antibióticos devem ser reavaliados diariamente a fim de evitar indução de resistência, gastos desnecessários e efeitos adversos relacionados com os mesmos, como a insuficiência renal.

Hemotransfusão

Uma queda na hemoglobina, em pacientes com débito cardíaco (DC) inalterado, teoricamente levaria à redução na oferta tecidual de O_2 (DO_2). Tal conclusão decorre da seguinte fórmula: $DO_2 = DC + CaO_2$ (conteúdo arterial de O_2). Este último é calculado, basicamente, pela concentração da hemoglobina sérica multiplicada pela saturação de oxigênio e multiplicado por 1,34 que é a constante de saturação da hemoglobina ($CaO_2 = Hb \times SO_2 \times 1,34$). A transfusão de concentrados de hemácias para restauração da CaO_2 e consequente aumento da DO_2 parece ter impacto, principalmente, na fase aguda do tratamento da sepse conforme demonstrado por Rivers.[6]

A hemotransfusão em pacientes críticos e mesmo sépticos em outros momentos fora da fase de ressuscitação volemica é motivo de um debate maior. Com populações e intervenções diferentes, este tema ainda é controverso. Um dos estudos de maior impacto nesta questão é o de Hebert et al.[23] ao compararem a evolução de pacientes críticos com hemoglobina sérica entre 7 e 9 g/dL a pacientes com valores entre 10 e 12 g/dL. Os autores não encontraram diferenças de mortalidade entre os dois grupos.[23]

Corticoides

Há mais de 50 anos o uso do corticoide vem sendo estudado na sepse. A resposta inflamatória induz o aumento das citocinas circulantes levando à inibição da resposta suprarrenal à descarga de hormônio corticotrófico induzida pela inflamação na sepse. Parece haver uma competição destas citocinas pelos receptores periféricos de cortisol, o que resulta em um quadro de resistência a este hormônio. A administração exógena de corticoide reverteria parcialmente a resposta inflamatória sistêmica por meio da inibição da resposta inata, reduziria a ativação endotelial e os distúrbios da coagulação relacionados com a infecção.

Em 2002, foi publicado um estudo de grande impacto mostrando redução na mortalidade em 28 dias de um grupo de pacientes com choque séptico que fizeram uso de hidrocortisona e fludrocortisona.[24] No entanto, estudos subsequentes não foram capazes de reproduzir tal resultado com relação à sobrevida, evidenciando apenas redução no tempo de reversão do choque (manutenção da PAS maior ou igual a 90 mmHg por mais de 24 horas).[25,26] Esta diferença de resultados poderia ser explicada pela diferença de gravidade dos pacientes e pelo tempo de início da terapia. A administração de corticoides a pacientes mais graves e de maneira mais precoce após a instalação do choque séptico poderia ter algum efeito benéfico.[25]

Outra questão relacionada com o uso destas medicações é o potencial aumento na taxa de infecção nestes pacientes, assim como fraqueza muscular e sangramento gastrointestinal. Porém, nenhum estudo foi capaz de estabelecer uma associação de tais complicações e a administração dos corticoides.[25]

Sendo assim, a última diretriz da Surviving Sepsis Campaign (2008) sugere o início de corticoides naqueles pacientes refratários às expansões volêmicas e que estão

Controvérsias no Tratamento da Sepse

em uso de doses crescentes de drogas vasoativas.[22] A dose recomendada é de 200 a 300 mg de hidrocortisona por dia e doses maiores não mostraram qualquer benefício. É importante lembrar que nos pacientes com sepse ou sepse grave a suplementação exógena de corticoides não está indicada.

CONTROLE GLICÊMICO INTENSIVO

Pacientes sépticos sabidamente têm uma predisposição ao descontrole glicêmico decorrente do estado hiperadrenérgico, assim como da liberação de cortisol e glucagon, que são hormônios contrarreguladores da insulina. Um controle glicêmico mais intenso (glicemia de 80 a 110 mg/dL) demonstrou estar associada a menor mortalidade em pacientes críticos cirúrgicos (especialmente cirurgia cardíaca) e em alguns grupos de pacientes críticos clínicos.[27,28] Entretanto, o risco aumentado de hipoglicemia nos pacientes com este tipo de intervenção e a não reprodução destes resultados em outros estudos promoveram questionamentos sobre qual é a melhor estratégia de controle glicêmico. A comparação entre um controle glicêmico rigoroso (80 a 110 mg/dL) com uma estratégia mais "liberal" (180 a 200 mg/dL) em pacientes com sepse severa e choque séptico não reproduziu os achados iniciais que sugeriam um controle mais rigoroso como melhor alternativa. Este grupo, além de não ter tido menor mortalidade, teve um aumento do risco de hipoglicemia.[29] Ainda mais recentemente, um grande estudo australiano foi divulgado, o qual corroborou resultados de que o controle glicêmico visando euglicemia está associado a evoluções desfavoráveis nos pacientes críticos em geral.[30] Assim, a recomendação atual é que, após a estabilização inicial, pacientes em sepse que devem ter a glicemia controlada com o uso de insulina endovenosa contínua, mantendo um nível sérico entre 110 a 150 mg/dL.[22] Nos pacientes recebendo insulina contínua as glicemias deverão ser realizadas de hora em hora e deve ser fornecido aporte calórico na forma de glicose, a fim de evitar episódios de hipoglicemia.

ESTRATÉGIA VENTILATÓRIA PROTETORA

A sepse é o principal fator de risco associado ao desenvolvimento de síndrome do desconforto respiratório agudo (SRDA). Na SDRA, a tensão exercida pela abertura e fechamento cíclicos *(tidal recruitment)* provoca uma lesão mecânica das membranas endoteliais e epiteliais e estimula a resposta inflamatória. A aplicação da pressão positiva ao final da expiração ("PEEP – *Positive End-Expiratory Pressure*") aliada ao uso de menores volumes-correntes e pressões de platô são capazes de prevenir o colapso de alvéolos e de vias aéreas distais de algumas regiões do pulmão destas regiões e o *tidal recruitment*, melhorando não apenas a troca gasosa, mas também evitando a perpetuação da lesão inflamatória. Esta estratégia, conhecida como ventilação "protetora", foi testada em inúmeros estudos de pacientes com SDRA.[31-33] O objetivo é manter uma ventilação com baixos volumes correntes (4-6 mL/kg peso corpóreo predito) e manter uma pressão de platô (alveolar) em valores menores ou iguais a 30 cmH$_2$O. A controvérsia relacionada com esses estudos diz respeito à necessidade ou não de se utilizar uma PEEP mais elevada ou não e ao uso de manobras de recrutamento. Contudo, a maior parte desses trabalhos incluiu pacientes com diferentes graus de SDRA, ou seja, com diferentes gravidades e diferentes respostas ao tratamento. Assim, foi publicada recentemente uma metanálise que sugeriu que pacientes com SDRA moderada a grave (relação PaO$_2$/FiO$_2$ menor que 200) poderiam beneficiar-se dos níveis mais elevados de PEEP.[33]

CONCLUSÃO

A sepse, por suas características epidemiológicas e de variabilidade da doença, continua a suscitar muitas dúvidas e controvérsias. Este cenário pode justificar porque até hoje inúmeros estudos que tentaram utilizar uma droga única para tratamento das diversas facetas desta condição tiveram resultados negativos. A abordagem "droga única" provavelmente é ineficaz no tratamento da sepse, na medida em que aparentemente estamos tratando diversas condições clínicas diferentes. Contudo, a melhor identificação dos perfis dos pacientes e dos padrões de resposta aos microrganismos pode levar-nos à maior compreensão da fisiopatologia. Em decorrência disto, poderemos desenvolver estratégias terapêuticas eficazes para controle da doença e redução de sua morbimortalidade.

REFERÊNCIAS BIBLIOGRÁFICAS

1. Vincent JL, Abraham E. The Last 100 Years of Sepsis. *Am J Resp Crit Care Med* 2005;1604:1-38.
2. Bone RC, Balk RA, Dellinger RP *et al*. Definitions for sepsis and organ failure and guidelines for innovative therapies in sepsis. *Chest* 1992;101:1644-55.
3. Annane D, Aegerter P, Jars-Guincestre MC*et al*. Current epidemiology of septic shock: the CUB-Rea Network. *Am J Respir Crit Care Med* 2003;1687:165-72.
4. Silva E, Pedro M de A, Sogayar AC *et al*. Brazilian Sepsis Epidemiological Study (BASES study). *Crit Care* 2004;8:R251-60.
5. Martin GS, Mannino DM, Eaton S *et al*. The Epidemiology of Sepsis in the United States from 1979 through 2000. *N Engl J Med* 2003;348:1546-54.
6. Rivers E, Nguyen B, Havstad S *et al*. Early goal-directed therapy in the treatment of severe sepsis and septic shock. *N Engl J Med* 2001;345:1368-77.
7. van Beest PA, Hofstra JJ, Schultz MJ *et al*. The incidence of low venous oxygen saturation on admission to the intensive care unit: a multi-center observational study in The Netherlands. *Crit Care* 2008;12(2):R33.
8. Perel A. The initial hemodynamic resuscitation of the septic patient according to Surviving Sepsis Campaign guidelines–does one size fit all? *Crit Care* 2008;12(5):223.
9. Jones AE, Shapiro NI, Trzeciak S *et al*. Lactate clearance vs central venous oxygen saturation as goals of early sepsis therapy: a randomized clinical trial. *JAMA* 2010;303:739-46.

10. Jansen TC, van Bommel J, Schoonderbeek J et al. Early lactate-guided therapy in icu patients: a multicenter, open-label, randomized, controlled trial. *Am J Respir Crit Care Med* 2010;182:752-61.
11. Zampieri FG, Azevedo LC. Amidos para ressuscitação volêmica na UTI: ao vencedor, as batatas! *Rev Brasil Ter Intens* 2011;23:1-3.
12. Finfer S, Bellomo R, Boyce N et al. SAFE Study Investigators. A comparison of albumin and saline for fluid resuscitation in the intensive care unit. *N Engl J Med* 2004;350:2247-56.
13. Delaney AP, Dan A, McCaffrey J et al. The role of albumin as a resuscitation fluid for patients with sepsis: a systematic review and meta-analysis. *Crit Care Med* 2011 Feb.;39(2):386-91.
14. LeDoux D, Astiz ME, Carpati CM et al. Effects of perfusion pressure on tissue perfusion in septic shock. *Crit Care Med* 2000;28:2729-32.
15. Kellum JA, M Decker J. Use of dopamine in acute renal failure: a meta-analysis. *Crit Care Med* 2001;29(8):1526-31.
16. De Backer D, Biston P, Devriendt J et al. Comparison of dopamine and norepinephrine in the treatment of shock. *N Engl J Med* 2010 Mar. 4;362(9):779-89.
17. De Backer D, Aldecoa C, Njimi H et al. Dopamine versus norepinephrine in the treatment of septic shock: a meta-analysis. *Crit Care Med* 2012 Mar.;40(3):725-30.
18. Russell JA, Walley KR, Singer J et al. Vasopressin versus norepinephrine infusion in patients with septic shock. *N Engl J Med* 2008;358:877-87.
19. Rudiger A, Singer M. Mechanisms of sepsis-induced cardiac dysfunction. *Crit Care Med* 2007;35:1599-608.
20. Gattinoni L, Brazzi L, Pelosi P et al. A trial of goal-oriented hemodynamic therapy in critically ill patients. *N Engl J Med* 1995;333:1025-32.
21. Kumar A, Roberts D, Wood KE et al. Duration of hypotension prior to initiation of effective antimicrobial therapy is the critical determinant of survival in human septic shock. *Crit Care Med* 2006;34:1589-96.
22. Dellinger RP, Levy MM, Carlet JM et al. Surviving sepsis campaign: international guidelines for management of severe sepsis and septic shock: 2008. *Intensive Care Med* 2008;34:17-60.
23. Hébert PC, Wells G, Blajchman MA et al. A multicenter, randomized, controlled clinical trial of transfusion requirements in critical care. Transfusion requirements in critical care investigators, Canadian Critical Care Trials Group. *N Engl J Med* 1999 Feb. 11;340(6):409-17.
24. Annane D, Sébille V, Charpentier C et al. Effect of treatment with low doses of hydrocortisone and fludrocortisone on mortality in patients with septic shock. *JAMA* 2002;288:862-71.
25. Ananne D, Bellisant E, Bollaert PE et al. Corticosteroids in the treatment of severe sepsis and septic shock in adults a systematic review. *JAMA* 2009;301:2362-75.
26. Sprung CL, Annane D, Keh D et al. Hydrocortisone therapy for patients with septic shock. *N Engl J Med* 2008;358:111-24.
27. Van den Berghe G, Wouters P, Weekers P et al. Intensive insulin therapy in critically ill patients. *N Engl J Med* 2001;345:1359-67.
28. Van den Berghe G, Wilmer A, Hermans G et al. Intensive insulin therapy in the medical ICU. *N Engl J Med* 2006;354:449-61.
29. Brunkhorst F, Engel C, Bloos F et al. Intensive Insulin Therapy and Pentastarch Resuscitation in Severe Sepsis. *N Engl J Med* 2008;358:125-39.

30. Finfer S, Chittock DR, Su SY *et al.* Intensive versus conventional glucose control in critically ill patients. *N Engl J Med* 2009 Mar. 26;360(13):1283-97.
31. Amato MB, Barbas CJ, Medeiros in, *et al.* Effect of a protective-ventilation strategy on mortality in the acute respiratory distress syndrome. *N Engl J Med* 1998;338:347-54.
32. Ventilation with lower tidal volumes as compared with traditional tidal volumes for acute lung injury and the acute respiratory distress syndrome. The acute respiratory distress syndrome network. *N Engl J Med* 2000;342:1301-8.
33. Briel M, Meade M, Mercat A *et al.* Higher vs lower positive end-expiratory pressure in patients with acute lung injury and acute respiratory distress syndrome: systematic review and meta-analysis. *JAMA* 2010 Mar. 3;303(9):865-73.

Capítulo 13

AVALIAÇÃO DA MICROCIRCULAÇÃO EM PACIENTES GRAVES

Antonio Tonete Bafi

INTRODUÇÃO

A perfusão tecidual adequada é o principal objetivo na terapia de reanimação do choque porque a hipoperfusão é um determinante importante da disfunção multiorgânica. A reanimação de pacientes em choque é um desafio em muitas situações, pois as variáveis hemodinâmicas globais proporcionam apenas uma estimativa aproximada da perfusão de cada orgão e seu uso pode não ser suficiente para evitar a falência de órgãos. Na realidade, a perfusão orgânica é determinada, principalmente, pela perfusão microvascular, que pode estar comprometida independentemente da presença de uma perfusão global normal.[1,2]

O sucesso no tratamento de estados de choque depende, entre muitas variáveis, do reconhecimento precoce da presença de hipoperfusão tecidual. Não existe um sinal, sintoma ou exame laboratorial que diagnostique choque isoladamente.[3] A hipotensão arterial é um indicador tardio de hipoperfusão e lesões significativas podem ocorrer antes de seu aparecimento. Além disso, mesmo quando a hipotensão é corrigida, a simples normalização da pressão arterial não garante a otimização adequada da perfusão sistêmica. Portanto, o choque precisa ser reconhecido antes que a hipotensão se instale e avaliado constantemente por meio de múltiplas variáveis clínicas e exames complementares capazes de identificar ou estimar a perfusão microcirculatória, e a condição celular de extrair oxigênio e demais nutrientes.

O uso de marcadores perfusionais globais como ferramentas diagnósticas e metas terapêuticas parecem mais precisos do que os parâmetros vitais clássicos para indicar o grau de perfusão tecidual.[4,5] Estes marcadores que estimam a perfusão global guardam correlação prognóstica e, independentemente da normalização da pressão arterial, parecem ser melhores preditores de disfunção orgânica e de mortalidade do que os parâmetros hemodinâmicos clássicos.[6,7]

Frequentemente, observa-se hipoperfusão tecidual grave mesmo sob condições normais de consumo de oxigênio (VO_2).[8,9] A avaliação da microcirculação tem-se mostrado uma ferramenta interessante nesse contexto e, teoricamente, teria mais especificidade e sensibilidade (precocidade) na detecção de hipoperfusão e/ou disfunção celular. Recentes avanços tecnológicos têm aperfeiçoado dispositivos e metodologias que permitem avaliar a anatomia microvascular e o metabolismo tecidual a beira do leito.

Neste capítulo, apresentaremos sucintamente as características da microcirculação e os principais determinantes do fluxo sanguíneo capilar, abordando vantagens e limitações das principais metodologias e dispositivos disponíveis, bem como sua aplicabilidade na prática diária.

O QUE É A MICROCIRCULAÇÃO E SUA FISIOLOGIA

A microcirculação é definida como uma rede de pequenos vasos (arteríolas, capilares e vênulas) com diâmetro inferior a 100 μm. Consiste no estreitamento dos vasos sanguíneos que ligam os sistemas arterial e venoso. As arteríolas formam uma rede de vasos divergentes que variam de arteríolas de primeira ordem para arteríolas terminais, que abastecem o leito capilar, a menor porção da microcirculação. Os capilares são definidos como as unidades com menos de 20 μm de diâmetro e representam a principal porção determinante das disfunções microcirculatórias.[10] A drenagem do sangue é carreada pelas vênulas que se agregam constituindo uma grande rede venosa. Do ponto de vista fisiológico, toda a rede deve ser considerada como uma unidade funcional. O seu comportamento funcional, no entanto, é altamente heterogêneo em cada órgão e difere tanto na anatomia, como na função.

Cada órgão tem um consumo de oxigênio e dependência de um fluxo sanguíneo próprio, de acordo com as necessidades metabólicas regionais. A regulação do fluxo sanguíneo para os órgãos e a distribuição do oxigênio é estritamente regulada sob condições fisiológicas, porém, durante as doenças graves, essa autorregulação se perde e a distribuição torna-se heterogênea, constituindo um mecanismo amplificador determinante das disfunções orgânicas.

O transporte de oxigênio para os tecidos é realizado por uma combinação de um mecanismo de convecção (fluxo de sangue) e um mecanismo de difusão, que em conjunto atingem uma oxigenação homogênea da microcirculação. Como o objetivo principal da rede de microcirculação é fornecer nutrientes essenciais e oxigênio para as células e remover os produtos metabolizados nos tecidos, em circunstâncias em que o fluxo de sangue está alterado ocorrerá um prejuízo na oferta celular de oxigênio.[11]

Em circunstâncias normais, a heterogeneidade do fluxo capilar é mínima, e a adequação entre a perfusão e o metabolismo equilibram eventuais condições de hipóxia ou de baixo fluxo.[12] Em algumas doenças, como na sepse ou após lesões de reperfusão, a heterogeneidade não melhora proporcionalmente em resposta a mudanças na demanda de O_2 ou a diminuição da oferta de O_2, com consequente comprometimento na perfusão tecidual e oxigenação.[13,14] A heterogeneidade da perfusão microvascular está associada ao aumento da distância capilar e prejudica a difusão do O_2. Os tecidos toleram melhor uma diminuição homogênea do fluxo sanguíneo capilar do que uma redução com distribuição heterogênea (Fig. 13-1).[15,16]

Avaliação da Microcirculação em Pacientes Graves

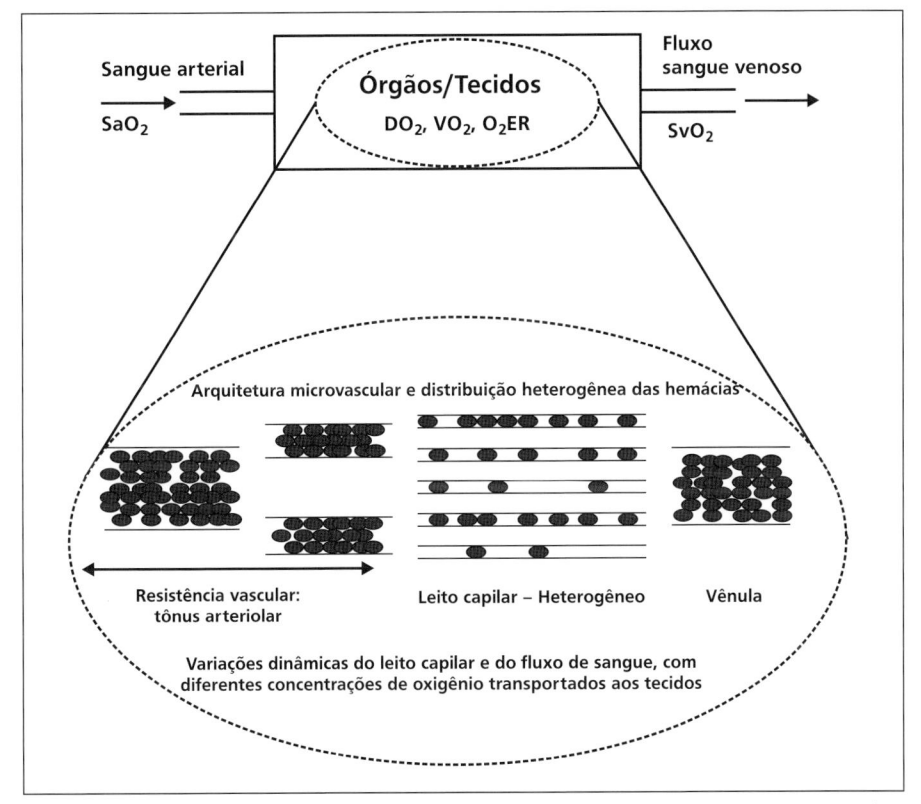

Fig. 13-1. Esquema representativo da microcirculação com diferentes concentrações de hemoglobina capilares. Situação frequentemente observada no contexto do paciente grave. Saturação arterial de oxigênio (SaO_2); oferta de oxigênio (DO_2); consumo do oxigênio (VO_2); taxa de extração do oxigênio (O_2ER); saturação venosa de oxigênio (SvO_2).

Além disso, as células endoteliais têm papel fundamental na regulação do fluxo sanguíneo microcirculatório e no recrutamento de capilares. Os principais mecanismos envolvidos podem ser divididos em três subgrupos conforme o mecanismo subjacente: o miogênico, dependente da sensibilidade ao estiramento e ao estresse na parede dos vasos; o metabólico, relacionado com variações nas concentrações locais de oxigênio, CO_2, lactato e íons H^+; e o neuro-humoral, com base em interações autócrinas e parácrinas entre os principais tipos celulares que compõem a microcirculação.[17,18]

Outras funções importantes são atribuídas aos componentes da microcirculação, entre eles um papel no controle da resistência vascular, na coagulação sanguínea, nos processos inflamatórios e na barreira imunológica.

Apesar das diversas limitações ainda existentes na interpretação dos dados obtidos da análise da microcirculação, o conhecimento das técnicas disponíveis e seus parâmetros podem auxiliar tanto na melhor compreensão dos mecanismos fisiopatológicos da disfunção celular, quanto na identificação precoce e na terapêutica otimizada da disfunção microcirculatória.

MÉTODOS DE AVALIAÇÃO DA PERFUSÃO MICROVASCULAR

Como mencionado anteriormente, avaliar a adequação do suprimento de oxigênio para os tecidos é fundamental para orientar as decisões terapêuticas no choque. Monitorar a oxigenação dos tecidos e a função dos órgãos no contexto clínico é amplamente fundamentado na aferição de variáveis hemodinâmicas globais, como na oximetria de pulso, no enchimento capilar, no débito urinário ou nos marcadores bioquímicos indiretos. No entanto, estes parâmetros são indicadores pouco sensíveis de disóxia celular. Dentre as metodologias desenvolvidas para detectar a disóxia tecidual, assim como as alterações no transporte e na oferta de oxigênio, dividimos didaticamente em técnicas que avaliam indiretamente a oxigenação sistêmica e técnicas de monitoração da perfusão e da oxigenação diretamente nos tecidos.[19] O Quadro 13-1 resume as principais metodologias, com suas principais vantagens e limitações. Discutiremos alguns aspectos sobre as principais metodologias a seguir.

Variáveis Sistêmicas Indiretas

Avaliação clínica

Alterações na microcirculação podem ser suspeitadas na presença de livedo cutâneo, acrocianose, aumento no tempo de enchimento capilar, ou aumento no gradiente da temperatura central com relação aos joelhos e pés.[20] Estes sinais têm pouca especificidade e, até mesmo, sensibilidade para identificar precocemente alterações da microcirculação sistêmica.[21] A vasoconstrição da pele é uma resposta fisiológica ao baixo débito cardíaco, que objetiva o desvio do fluxo de sangue para redistribuir aos órgãos centrais. Assim, é factível associar que estes sinais clínicos indicam a gravidade do comprometimento cardiovascular e estão associados a um pior prognóstico,[22] porém, não são capazes de fornecer informações precoces relevantes quanto a alterações na microcirculação.

Saturação venosa mista de oxigênio (SvO_2)

A saturação venosa mista (SvO_2) pode ser facilmente medida a partir da gasometria venosa mista à beira do leito ou de forma contínua por intermédio da fibra óptica do cateter de artéria pulmonar. Uma vez que a artéria pulmonar transporta o sangue de todos os leitos vasculares do organismo, o sangue venoso misto representa a quantidade de oxigênio não utilizado após a circulação pelos tecidos. Assim, a SvO_2 poderá ser interpretada como um parâmetro de oxigenação global. Os determinantes da SvO_2

Avaliação da Microcirculação em Pacientes Graves

Quadro 13-1 Principais características de metodologias para avaliação da microcirculação

Técnica de monitoração	Método	Variáveis relacionadas	Invasiva × invasiva	Vantagens	Limitações
SvO_2	Cateter de artéria pulmonar	VO_2; DO_2; O_2ER	Invasiva	Avaliação global das variáveis de oxigenação	Muito invasivo; não avalia a heterogeneidade da perfução tecidual
Lactato	Teste enzimático laboratorial	*Clearance* de lactato	Invasiva	Disponibilidade e realização fáceis	Método global; não é específico de alterações perfusionais
Laser Doppler	Fluxometria *laser*	Fluxo sanguíneo regional; vasorreatividade	Não invasiva	Avaliação funcional da reatividade microvascular	Avaliação quantitativa da perfusão limitada; baixa penetração (1 mm)
OPS/SDF	Videomicroscopia	Densidade capilar funcional; proporção dos capilares perfundidos; velocidade do fluxo das hemácias; índice de heterogeneidade	Não invasiva	Curto período de avaliação; capacidade de avaliação do fluxo regional e da heterogeneidade	Interferências na aquisição das imagens (saliva, movimentos, sangue); análise difícil e demorada
NIRS	Emissão de luz infravermelha próxima	Oxigenação da hemoglobina; recrutamento da microcirculação	Não invasiva	Fácil aplicação, curto período de análise	Dependente da penetração adequada da luz; não mensura, quantitativamente, as propriedades da microcirculação

são a saturação arterial de oxigênio (SaO_2), o consumo de oxigênio sistêmico (VO_2), o débito cardíaco (DC) e a concentração de hemoglobina (Hb), representados pela expressão a seguir:

$$SvO_2 = SaO_2 - VO_2/1{,}39 \times Hb \times DC$$

Consequentemente, um aumento no VO_2, uma redução na Hb, no débito cardíaco e/ou na oxigenação arterial poderá resultar em uma diminuição SvO_2. Porém, a interpretação dos valores da SvO_2 nem sempre guarda boa correlação com oxigenação homogênea tecidual, especialmente em condições em que as relações DO_2/VO_2 estão alteradas. Por exemplo, na sepse, a heterogeneidade perfusional com *shunt* microcirculatório arteriovenoso pode aumentar a SvO_2, sugerindo oxigenação adequada do tecido, porém, a disóxia tecidual regional está presente.[23]

Lactato

Os níveis de lactato sanguíneo devem ser considerados, porém têm baixa sensibilidade e especificidade na identificação precoce da disfunção microcirculatória e do estado atual da perfusão da microcirculação. Do ponto de vista fisiopatológico, a hipóxia tecidual aumenta os níveis de lactato por aumentar a glicólise anaeróbia, buscando manter a produção energética celular mais próxima do normal. A síndrome de choque é a principal responsável nesta situação. O principal mecanismo de hiperlactatemia nos pacientes com choque é a hipóxia tecidual.[24]

Independentemente do mecanismo da hiperlactatemia (hipóxia tecidual, inibição da piruvato desidrogenase ou redução da depuração hepática), a sua presença geralmente sinaliza atividade patológica, servindo como um guia de resolução do processo, principalmente na fase precoce. Assim, o nível sérico de lactato é especialmente útil nas fases inicias, devendo ser analisado com cautela na evolução clínica destes pacientes.[25] Vale destacar que o valor evolutivo desta variável ao longo do tempo é de maior utilidade clínica.[26,27] Diversos estudos demonstraram que as intervenções terapêuticas que induzem melhora na perfusão microvascular estão associados à redução proporcional dos níveis de lactato.[28]

Os níveis séricos de lactato não podem nem devem substituir a avaliação clínica completa, e o tratamento não deve ser guiado, unicamente, por seus níveis séricos.

Visualização Direta da Microcirculação

Microscopia intravital

A microscopia intravital é considerada o padrão ouro para a exploração direta da microcirculação *in vivo*. A técnica permite a visualização da maioria das estruturas vasculares e células circulantes (hemácias, leucócitos e plaquetas). Quando aplicada com corantes em animais, é possível visualizar os vasos contendo apenas plasma e glicocálice, além de medir a tensão de oxigênio, espécies reativas de oxigênio, óxido nítrico, entre outros. Por razões de segurança, os corantes não podem ser aplicados em humanos. A região da prega ungueal é o único local em que a microscopia intravital pode produzir imagens sem corantes, pois a espessura dos capilares da prega ungueal permite a transiluminação. Como essa área é muito sensível às mudanças da temperatura e agentes vasopressores, esta técnica perde sua acurácia nos pacientes graves.

Laser *Doppler*

O *laser* Doppler é uma técnica desenvolvida há mais de 20 anos, com base na luz de *laser* refletida pelas hemácias em movimento, o que permite quantificar o fluxo sanguíneo microcirculatório sistêmico em um pequeno volume de tecido de 0,5 a 1 mm³. A técnica pode ser aplicada em vários tecidos, e as sondas podem ser inseridas no trato digestório superior, por meio de um tubo nasogástrico.[29,30] A principal limitação da técnica tradicional é que mede o fluxo médio em uma porção do tecido e é incapaz de determiná-lo em vasos individuais, o que impede o reconhecimento da heterogeneidade na perfusão tecidual.

Novas técnicas de imagens de perfusão com *laser* Doppler permitem o estudo repetitivo de áreas maiores em imagens bidimensionais. O modo refletido de microscopia confocal com varredura a *laser* é uma metodologia aperfeiçoada, que possibilita visualizar o campo de interesse e torna factível a avaliação semiquantitativa da heterogeneidade de perfusão.[31] Apesar destas melhoras, a ergonomia do dispositivo ainda é uma limitação, cujo tamanho impede sua aplicação em diversos tecidos, limitando sua aplicabilidade rotineira nos pacientes graves em choque.

Outra possibilidade dos dispositivos de *laser* Doppler é a realização de um teste de vasorreatividade, que avalia a velocidade de recrutamento dos capilares e das arteríolas após isquemia transitória induzida por oclusão arterial com uma braçadeira em torno do membro. A capacidade de reperfusão após a oclusão transitória foi validada como um marcador da reatividade endotelial, e assim pode ser aplicado para avaliar a integridade funcional da microvasculatura. Embora não forneça o atual estado da microcirculação, este teste avalia quantitativamente a reserva microvascular.[32]

Orthogonal Polarization Spectral *(OPS)* e Sidestream Dark Field *(SDF)*

A técnica do OPS avalia a microcirculação através da mucosa sublingual e outros leitos capilares cobertos por fina camada epitelial (conjuntiva, mucosa retal, vagina). Permite a visualização da microcirculação localizada até 3 mm de profundidade, bastando, para isso, a emissão de energia luminosa, o posicionamento de dois polarizadores de luz de forma ortogonal e a inclusão de uma objetiva apropriada. A técnica baseia-se nos princípios da videomicroscopia, que objetos iluminados pela luz polarizada obedecem à lei de Beer. Esta lei determina que a constante obtida pela divisão da densidade óptica do objeto a ser estudado pelo comprimento de onda utilizado é diretamente proporcional à concentração dos constituintes que causam a absorbância, e que, no caso do estudo de microcirculação, é dado, principalmente, pela hemoglobina. Desta forma, as imagens visualizadas que absorveram a luz emitida ("campos escuros") representam as hemácias.[33]

Esta tecnologia foi incorporada a um aparelho portátil de fácil manuseio. Mais recentemente, foi descrita a técnica denominada *sidestream dark field* (SDF), com base em princípios semelhantes, com melhoras técnicas que aperfeiçoaram a qualidade das imagens. A observação ocorre em tempo real e de forma não invasiva, sendo validada em diversos estudos (Fig. 13-2).[34,35]

Verdant *et al.* demonstraram, em estudo experimental, que as alterações na microcirculação provocadas pela sepse ocorrem de maneira similar na mucosa intestinal e na mucosa sublingual, provavelmente por terem a mesma origem embrionária.[36] Diante desse conceito, o principal local utilizado na captura das imagens é a mucosa sublingual.

A análise das imagens captadas fornecem importantes informações sobre as condições atuais da microcirculação, incluindo dados de perfusão, heterogeneidade, velocidade de fluxo das hemácias, entre outros. A análise é realizada de maneira semiautomática, com um *software* específico (*Automated Vascular Analysis* – AVA), guardando uma boa correlação intra e interobservador. A obtenção padronizada de imagens com técnica adequada é fundamental. Recentemente, foram definidos critérios para aquisição das imagens, bem como a padronização dos principais índices obtidos com as análises dos vídeos. Para cada momento de aquisição das imagens e sua análise são necessários de 3 a 5 vídeos com 10 a 20 segundos cada. Os capilares representam o principal objeto de estudo, pois guardam maior correlação com as funções microcirculatórias. Na Figura 13-3 estão descritas, sucintamente, as principais variáveis obtidas com a análise das imagens do SDF.[37]

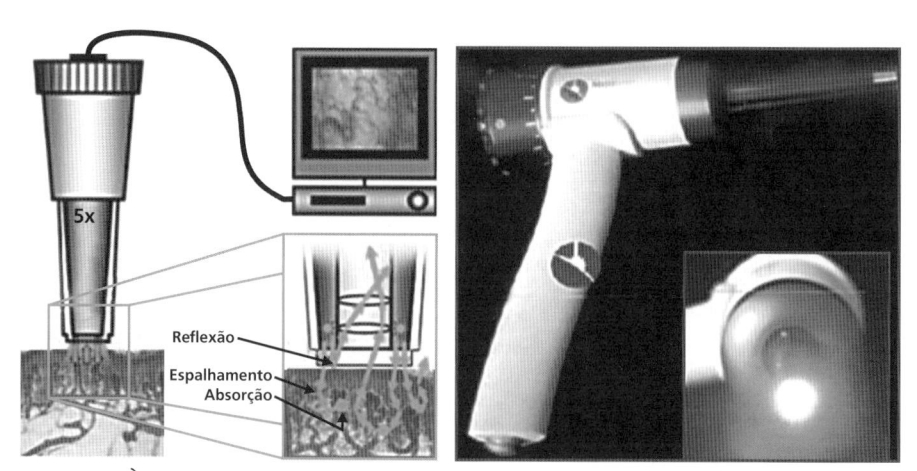

Fig. 13-2. À esquerda, representação esquemática da técnica utilizada pelo aparelho de SDF para visualização da microcirculação. O aparelho emite uma luz de LED pulsada verde, sendo a reflexão captada por jogo de lentes que formam a imagem e transmitem ao monitor. À direita, um aparelho de SDF.

Avaliação da Microcirculação em Pacientes Graves

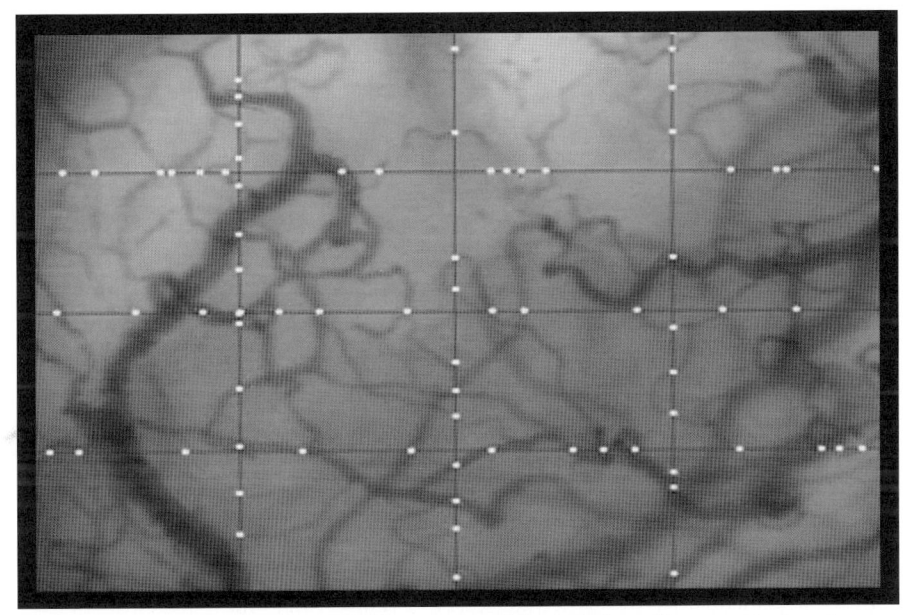

Fig. 13-3. Imagem obtida com SDF na região sublingual. A análise através do *software* permite o cálculo de algumas variáveis definidas como marcadores da função microvascular. A densidade capilar é obtida pela visão do número de capilares que cruzam as linhas aquidistantes pelo comprimento total destas. A proporção de vasos perfundidos (PPV) e a densidade de vasos perfundidos (PVD) podem ser calculadas. A heterogeneidade do fluxo microvascular, marcante em pacientes graves, é obtida pela comparação subjetiva do fluxo nos quatro quadrantes da imagem.

Utilizando imagens de SDF nos pacientes em choque, vários investigadores têm observado que as alterações da microcirculação são frequentes. Em comparação com voluntários saudáveis, os pacientes com choque cardiogênico e séptico apresentam uma diminuição na densidade capilar e uma diminuição na proporção de capilares perfundidos. Diversos estudos recentes utilizam a metodologia para determinar e compreender os efeitos de várias intervenções sobre a microcirculação em humanos. As principais limitações da técnica de videomicroscopia incluem artefatos de movimento e da presença de várias secreções, como saliva e sangue. Como a técnica usa a absorção de luz pela hemoglobina, os vasos podem ser visualizados apenas quando estão preenchidos por hemácias, limitando a identificação de vasos não perfundidos. Além disso, os pacientes precisam cooperar ou estarem adequadamente sedados para aquisição das imagens, pois podem morder ou movimentar a região sublingual, gerando interferências nos vídeos.

Avaliação Direta da Oxigenação Tecidual

Near-infrared spectroscopy (NIRS)

A espectroscopia no infravermelho próximo (NIRS) é uma tecnologia fundamentada no princípio da aplicação da luz para avaliar, de forma quantitativa e qualitativa, os componentes moleculares relacionados com a oxigenação tecidual. Infravermelho próximo é o nome dado à região "mais próxima" da região visível. As moléculas orgânicas relacionadas com a oxigenação tecidual que mais absorvem o infravermelho são a hemoglobina, a mioglobina e o citocromo oxidase mitocondrial. O princípio de análise da NIRS consiste na aplicação do infravermelho próximo com diferentes comprimentos de ondas.[38]

Atualmente, vários tipos de espectofotômetros que aplicam a NIRS estão disponíveis, variando em sua sofisticação, aplicabilidade, algoritmos usados e números de comprimentos de ondas empregados. Os instrumentos comerciais mais comuns são os espectofotômetros que aplicam ondas contínuas. Embora esses aparelhos não forneçam medidas quantitativas das concentrações absolutas dos cromóforos, permitem identificar alterações de suas concentrações a partir de um valor basal, aferindo variações na utilização do oxigênio tecidual.[39] Com o desenvolvimento de novas tecnologias, surgiram aparelhos capazes de fornecer medidas quantitativas. A simplificação dos seus algoritmos permitiu seu uso contínuo a beira leito, com a aferição da oxigenação tecidual de maneira comparativa. O aparelho é constituído basicamente de um microprocessador para a detecção da luz e de um monitor (Fig. 13-4). É conectado a um cabo de fibra óptica, cuja extremidade é composta por uma fonte de luz ligada a um sensor óptico, normalmente variando de 12 a 25 mm, que equivale à distância entre o emissor e o receptor da luz. Um conversor óptico é utilizado para exportar o sinal coletado para o monitor, que exibe os dados graficamente.[40,41]

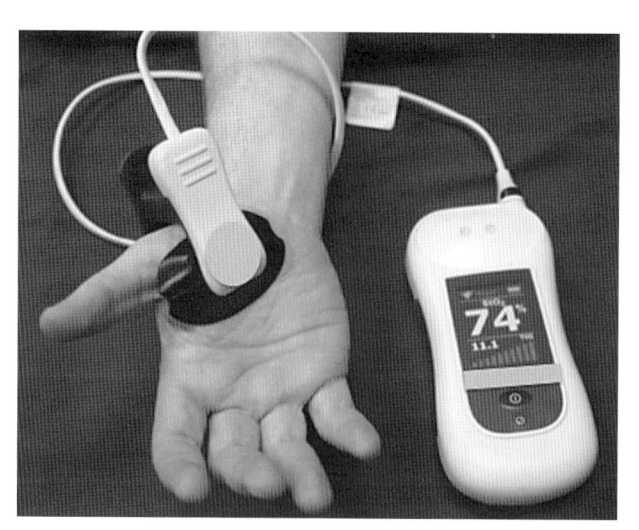

Fig. 13-4. Dispositivo com tecnologia NIRS capaz de monitorar a concentração de oxi e deoxihemoglobina na região tênar. Testes dinâmicos com oclusão arterial temporária e reperfusão. Permitem inferir a capacidade de recrutamento da microcirculação.

Avaliação da Microcirculação em Pacientes Graves

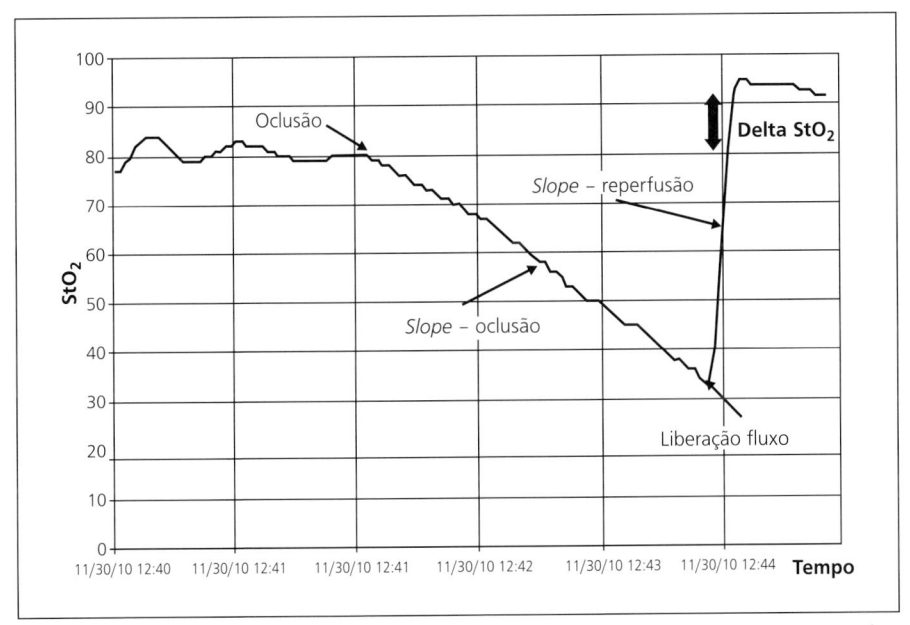

Fig. 13-5. Teste de oclusão vascular utilizando a metodologia NIRS. A característica da curva de reperfusão *(slope)* é capaz de estimar a capacidade de reatividade da microcirculação.

Com base na relação das concentrações da desoxi-hemoglobina e oxi-hemoglobina, pela NIRS obtém-se informações para o cálculo da saturação do oxigênio tecidual (StO_2), também expressa como índice de oxigenação tecidual. Embora estas características sejam atraentes, os valores de StO_2 só são claramente reduzidos em condições de baixo fluxo. Outro parâmetro mensurado é a velocidade da reoxigenação, calculada como a taxa do aumento da StO_2 presente após o término de um período de oclusão arterial. Representa o balanço entre o influxo do sangue arterial e o consumo de oxigênio muscular, que é totalmente dependente da função da microcirculação. Uma velocidade de reoxigenação tardia sugere a presença de disfunção da microcirculação (Fig. 13-5).[42,43]

Embora a NIRS tenha grande potencial no estudo da oxigenação e da perfusão tecidual, contribuindo para compreensão da microcirculação nas diversas situações das doenças críticas, seu papel na prática clínica ainda é limitado. Dentro da população de pacientes graves, tem sido utilizado, principalmente, em estudos que investigam a oxigenação cerebral ou muscular. A principal limitação da NIRS, no contexto clínico, é a incapacidade de realizar aferições quantitativas decorrentes da dispersão e da absorção da luz emitida. Além disso, valores normais da StO_2 nos diversos tecidos ainda não estão bem estabelecidas.

MICROCIRCULAÇÃO NAS CIRURGIAS DE ALTO RISCO

Diversos estudos recentes foram desenhados com intuito de avaliar a microcirculação no contexto cirúrgico. Em pacientes submetidos a cirurgias abdominais de grande porte, Jhanji et al.[44] avaliaram a microcirculação por meio de diferentes metodologias e observaram que as alterações microvasculares pré- e pós-operatórias foram mais frequentes nos pacientes que desenvolveram complicações pós-operatórias. Curiosamente, as variáveis hemodinâmicas globais não foram capazes de diferenciar os dois grupos.

Em pacientes submetidos à cirurgia cardíaca, diversas alterações da microcirculação também já foram demonstradas. Bauer et al.[45] relataram, pela primeira vez, em humanos que a perfusão da microcirculação é alterada durante e após a circulação extracorpórea. Essas alterações foram transitórias e tiveram associação ao aumento na adesão de leucócitos à superfície endotelial. Den Uil et al.[46] demonstraram, por meio da metodologia do SDF, que a microcirculação sublingual alterou-se logo após o início da circulação extracorpórea e que isto não foi relacionado com significativas mudanças na pressão arterial. De Backer et al.[47] investigaram a microcirculação de uma série de pacientes submetidos à cirurgia cardíaca com e sem circulação extracorpórea. Ambos os grupos desenvolveram alterações microvasculares, que eram mais evidentes durante o procedimento cirúrgico, especialmente nos casos com circulação extracorpórea, com posterior melhora. Um grupo-controle de pacientes submetidos à cirurgia da tireoide, com a mesma técnica anestésica, não apresentou tais alterações. A microcirculação permanecia alterada, em média, até 24 horas após a cirurgia. Estas alterações não se relacionaram com as variáveis hemodinâmicas sistêmicas, porém, tiveram boa correlação com os níveis de lactato e com a gravidade da disfunção orgânica pós-operatória.

O procedimento anestésico pode induzir algumas alterações microvasculares, mas estas são geralmente fugazes e insignificantes. Pacientes submetidos à cirurgia de tireoide e cirurgia cardíaca desenvolveram semelhantes e discretas alterações da microcirculação após a indução da anestesia, porém, estes efeitos rapidamente desapareceram. Da mesma forma, Koch et al.[48] estudaram os efeitos do propofol para anestesia de curta duração, cujos resultados determinaram pequenas alterações da microcirculação, que reverteram logo após o término da infusão.

Somando estes e outros dados, nota-se que as cirurgias de alto risco estão associadas à disfunção microvascular e que estas alterações podem desempenhar um papel no desenvolvimento da disfunção orgânica pós-operatória. O campo de estudo da microcirculação peroperatória é bastante amplo e com perspectivas promissoras, tanto no auxílio da compreensão fisiopatológica quanto na determinação de futuras metas terapêuticas com base em determinantes microcirculatórios.

Avaliação da Microcirculação em Pacientes Graves

PONTOS-CHAVE

A avaliação funcional da microcirculação consiste em uma importante ferramenta na compreensão fisiopatológica de doenças ou de condições patológicas graves. Além disso, é promissora no manejo do diagnóstico precoce da disfunção microcirculatória e nas estratégias de otimização terapêutica.

É importante reforçar que a microcirculação difere de um órgão para outro não apenas na sua anatomia e fisiologia, mas especialmente diante das diversas condições patológicas que interferem nas suas funções. É previsível que diferentes territórios microcirculatórios apresentem comportamentos heterogêneos relacionados com as características da doença de base ou da resposta ao tratamento proposto.

É importante ressaltar que as alterações microvasculares podem estar implicadas no desenvolvimento e na amplificação da insuficiência de múltiplos órgãos. A correlação entre a macro-hemodinâmica e a microcirculação é flexível, de modo que as alterações da microcirculação podem ser observadas mesmo quando a macro-hemodinâmica está satisfatória. Além disso, a resposta da microcirculação as intervenções terapêuticas são, muitas vezes, dissociadas dos efeitos macro-hemodinâmicos. No entanto, a perfusão da microcirculação pode ser afetada por inadequação no débito cardíaco ou na pressão arterial sistêmica, quando estes são criticamente alterados. Portanto, é sempre apropriado interpretar e otimizar precocemente os alvos hemodinâmicos clássicos, como o débito cardíaco, níveis de pressão arterial e demais variáveis perfusionais.

A disfunção microcirculatória possui relação direta com um pior prognóstico em diversos contextos de pacientes graves. O comprometimento da microcirculação, muitas vezes, ocorre de forma heterogênea, com áreas com capilares apresentando fluxo muito lento ou mesmo ausência de fluxo, próximas a áreas com perfusão capilar preservada, fazendo com que parte de um órgão esteja isquêmico mesmo quando a oferta global de oxigênio para esse mesmo órgão estiver preservada.

Assim, é importante compreender as funções da microcirculação, bem como monitorá-la de maneira direta e/ou indireta, com diferentes técnicas e em diferentes leitos microvasculares. O aperfeiçoamento das metodologias existentes, ou desenvolvimento de novas tecnologias, poderão integrar sua acurácia diagnóstica e terapêutica à aplicabilidade à beira do leito.

REFERÊNCIAS BIBLIOGRÁFICAS

1. den Uil CA, Klijn E, Lagrand WK et al. The microcirculation in health and critical disease. Prog Cardiovasc Dis 2008;51(2):161-70.
2. Antonelli M, Levy M, Andrews PJ et al. Hemodynamic monitoring in shock and implications for management: International Consensus Conference, Paris, France, 27-28 April 2006. Intensive Care Med 2007;33:575-90.
3. Deakin CD, Low JL. Accuracy of the advanced trauma life support guidelines for predicting systolic blood pressure using carotid, femoral, and radial pulses: observational study. BMJ 2000;321(7262):673-74.

4. Nguyen HB, Rivers EP, Knoblich BP et al. Early lactate clearance is associated with improved outcome in severe sepsis and septic shock. *Crit Care Med* 2004;32(8):1637-42.
5. Rivers E, Nguyen B, Havstad S et al. Early goal-directed therapy in the treatment of severe sepsis and septic shock. *N Engl J Med* 2001;345(19):1368-77.
6. Trzeciak S, Dellinger RP, Parrillo JE et al. Early microcirculatory perfusion derangements in patients with severe sepsis and septic shock: relationship to hemodynamics, oxygen transport, and survival. *Ann Emerg Med* 2007;49(1):88-98, 98.e1-2.
7. Sakr Y, Dubois MJ, De Backer D et al. Persistent microcirculatory alterations are associated with organ failure and death in patients with septic shock. *Crit Care Med* 2004;32(9):1825-31.
8. Vincent JL, De Backer D. Oxygen transport-the oxygen delivery controversy. *Intensive Care Med* 2004;30:1990-96.
9. Pinsky MR, Payen D. Functional hemodynamic monitoring. *Crit Care* 2005;9:566-72.
10. Trzeciak S, Rivers EP. Clinical manifestations of disordered microcirculatory perfusion in severe sepsis. *Crit Care* 2005;9(Suppl 4):S20-26.
11. Tsai AG, Johnson PC, Intaglietta M. Oxygen gradients in the microcirculation. *Physiol Rev.* 2003;83(3):933-63.
12. Zuurbier CJ, van Iterson M, Ince C. Functional heterogeneity of oxygen supply-consumption ratio in the heart. *Cardiovasc Res* 1999;44:488-97.
13. Humer MF, Phang PT, Friesen BP et al. Heterogeneity of gut capillary transit times and impaired gut oxygen extraction in endotoxemic pigs. *J Appl Physiol* 1996;81:895-904.
14. Farquhar I, Martin CM, Lam C et al. Decreased capillary density in vivo in bowel mucosa of rats with normotensive sepsis. *J Surg Res* 1996;61:190-96.
15. Ellis CG, Bateman RM, Sharpe MD et al. Effect of a maldistribution of microvascular blood flow on capillary O_2 extraction in sepsis. *Am J Physiol* 2002;282:H156-64.
16. Goldman D, Bateman RM, Ellis CG. Effect of sepsis on skeletal muscle oxygen consumption and tissue oxygenation: interpreting capillary oxygen transport data using a mathematical model. *Am J Physiol Heart Circ Physiol* 2004;287:H2535-44.
17. Ellis CG, Jagger J, Sharpe M. The microcirculation as a functional system. *Crit Care* 2005;9(Suppl 4):S3-8.
18. De Backer D, Creteur J, Dubois MJ et al. Microvascular alterations in patients with acute severe heart failure and cardiogenic shock. *Am Heart J* 2004;147:91-99.
19. Vallet B, Tavernier B, Lund N. Assessment of tissue oxygenation in the critically ill. *Eur J Anaesth* 2000;17:221-29.
20. Joly HR, Weil MH. Temperature of the great toe as an indication of the severity of shock. *Circulation* 1969;39:131-38.
21. Boerma EC, Kuiper MA, Kingma WP et al. Disparity between skin perfusion and sublingual microcirculatory alterations in severe sepsis and septic shock: a prospective observational study. *Intensive Care Med* 2008;34:1294-98.
22. Lima A, Jansen TC, van Bommel J et al. The prognostic value of the subjective assessment of peripheral perfusion in critically ill patients. *Crit Care Med* 2009;37:934-38.
23. Hanique G, Dugernier T, Laterre PF et al. Significance of pathologic oxygen supply dependency in critically ill patients: comparison between measured and calculated methods. *Intensive Care Med* 1994;20:12-18.

24. De Backer D. Lactic acidosis. *Intensive Care Med* 2003;29:699-702.
25. Otero RM, Nguyen HB, Huang DT *et al*. Early goal-directed therapy in severe sepsis and septic shock revisited: concepts, controversies, and contemporary findings. *Chest* 2006;130:1579-95.
26. Valenza F, Aletti G, Fossali T *et al*. Lactate as a marker of energy failure in critically ill patients: hypothesis. *Crit Care* 2005;9:588-93.
27. Nguyen HB, Rivers EP, Knoblich BP *et al*. Early lactate clearance is associated with improved outcome in severe sepsis and septic shock. *Crit Care Med* 2004;32:1637-42.
28. Ospina-Tascon G, Neves AP, Occhipinti G *et al*. Effects of fluids on microvascular perfusion in patients with severe sepsis. *Intensive Care Med* 2010;36:949-55.
29. Möller KO, Nilsson G, Fagrell B. Laser-Doppler Flowmetry for microcirculation monitoring. Introduction. *Technol Health Care* 1999;7(2-3):i-ii.
30. Duranteau J, Sitbon P, Teboul JL *et al*. Effects of epinephrine, norepinephrine, or the combination of norepinephrine and dobutamine on gastric mucosa in septic shock. *CritCare Med* 1999;27:893-900.
31. Altintas MA, Altintas AA, Guggenheim M *et al*. Insight in microcirculation and histomorphology during burn shock treatment using in vivo confocal-laser-scanning microscopy. *J Crit Care* 2010;25:1-7.
32. Lamblin V, Favory R, Boulo M *et al*. Microcirculatory alterations induced by sedation in intensive care patients. Effects of midazolam alone and in association with sufentanil. *Crit Care* 2006;10:R176.
33. Ince C. The microcirculation is the motor of sepsis. *Crit Care* 2005;9(Suppl 4):S13-19.
34. Harris AG, Sinitsina I, Messmer K. The cytoscan model E-II, a new reflectance microscope for intravital microscopy: comparison with the standard fluorescence method. *J Vasc Res* 2000;37(6):469-76.
35. Mathura KR, Vollebregt KC, Boer K *et al*. Comparison of OPS imaging and conventional capillary microscopy to study the human microcirculation. *J Appl Physiol* 2001;91(1):74-78.
36. Verdant CL, De Backer D, Bruhn A *et al*. Evaluation of sublingual and gut mucosal microcirculation in sepsis: a quantitative analysis. *Crit Care Med* 2009;37(11):2875-81.
37. De Backer D, Hollenberg S, Boerma C *et al*. How to evaluate the microcirculation: report of a round table conference. *Crit Care* 2007;11(5):R101.
38. McClure WF. 204 years of near infrared technology: 1800-2003. *J Near Infrared Spectrosc* 2003;11(6):487-518.
39. Ferrari M, Mottola L, Quaresima V. Principles, techniques, and limitations of near infrared spectroscopy. *Can J Appl Physiol* 2004;29(4):463-87.
40. Van Beekvelt MC, Colier WN, Wevers RA *et al*. Performance of near-infrared spectroscopy in measuring local $O(2)$ consumption and blood flow in skeletal muscle. *J Appl Physiol* 2001;90(2):511-19.
41. Ikossi DG, Knudson MM, Morabito DJ *et al*. Continuous muscle tissue oxygenation in critically injured patients: a prospective observational study. *J Trauma* 2006;61(4):780-88; discussion 788-90.
42. Boushel R, Piantadosi CA. Near-infrared spectroscopy for monitoring muscle oxygenation. *Acta Physiol Scand* 2000;168(4):615-22.
43. Hicks A, McGill S, Hughson RL. Tissue oxygenation by near-infrared spectroscopy and muscle blood flow during isometric contractions of the forearm. *Can J Appl Physiol* 1999;24(3):216-30.

44. Jhanji S, Lee C, Watson D *et al.* Microvascular flow and tissue oxygenation after major abdominal surgery: association with postoperative complications. *Intensive Care Med* 2009;35:671-77.
45. Bauer A, Kofler S, Thiel M *et al.* Monitoring of the sublingual microcirculation in cardiac surgery using orthogonal polarization spectral imaging: preliminary results. *Anesthesiology* 2007;107:939-45.
46. den Uil CA, Lagrand WK, Spronk PE *et al.* Impaired sublingual microvascular perfusion during surgery with cardiopulmonary bypass: a pilot study. *J Thorac Cardiovasc Surg* 2008;136:129-34.
47. De Backer D, Dubois MJ, Schmartz D *et al.* Microcirculatory alterations in cardiac surgery: effects of cardiopulmonary bypass and anesthesia. *Ann Thorac Surg* 2009;88:1396-403.
48. Koch M, De Backer D, Vincent JL *et al.* Effects of propofol on human microcirculation. *Br J Anaesth* 2008;101:473-78.

Capítulo 14

PÓS-OPERATÓRIO DE CIRURGIA CARDÍACA

Márcia Freitas

INTRODUÇÃO

A cirurgia cardíaca, provoca uma resposta metabólica e inflamatória intensas que são determinantes importantes da evolução pós-operatória. Uma abordagem adequada realizada por uma equipe treinada é de fundamental importância para reduzir a morbidade e mortalidade desses pacientes.[1,2]

AVALIAÇÃO INICIAL NA UTI

Ao ser admitido na UTI, o paciente é prontamente monitorado, por meio de parâmetros tais quais frequência e ritmo cardíacos, oximetria digital, pressão arterial média e pressão venosa central. Na dependência da gravidade prévia e da ocorrência de complicações cirúgicas, poderão também estar monitorados o débito cardíaco, pelo cateter de Swan Ganz ou através de métodos de avaliação do contorno de pulso arterial, menos invasivos, associados ou não à monitoração da saturação venosa central de oxigênio de forma contínua.

A avaliação laboratorial inicial deve contemplar a determinação da hemoglobina e hematócrito, gasometria arterial, dosagem de lactato arterial e saturação venosa central ou mista de oxigênio bem como a dosagem de eletrólitos e avaliação da coagulação. Também devem ser avaliados o eletrocardiograma (ritmo, frequência cardíaca, presença de desvios do segmento ST-T ou de ondas Q recentes sugestivas de infarto do miocárdio no período peroperatório) e a radiografia do tórax (para avaliação da posição do tubo endotraqueal, drenos de tórax, dos cateteres venosos, das próteses cardíacas, da ocorrência de pneumotórax ou derrame pleural, edema pulmonar, atelectasia pulmonar e área cardíaca). Outro ponto importante é a monitoração da temperatura corporal decorrente da potencial relação negativa entre a hipotermia e arritmias cardíacas, distúrbios da coagulação e depressão da função ventricular.

Ao exame físico, deve-se observar o estado de hidratação, a presença de sinais de hipoperfusão periférica, padrão respiratório, *status* neurológico/grau de sedação pós-anestésica, presença de sopros cardíacos, ruídos respiratórios anormais, exame físico do abdome para detectar complicações gastrointestinais precoces, sinais de embolização periférica, principalmente na presença de balão intra-aórtico e sinais de sangramento em mucosas, sítios de punção, curativos e drenos, bem como a presença de enfisema subcutâneo e fuga aérea pelos drenos torácicos.[3]

É importante a avaliação laboratorial sequencial do hematócrito, hemoglobina, lactato arterial, gasometria arterial e nível sérico de potássio na 4ª e 8ª hora de pós-operatório.

É igualmente importante analisar os dados do intraoperatório, incluindo o balanço hídrico, diurese, necessidade de transfusão de hemocomponentes, eletrólitos, hematócrito, glicemia e gasometria arterial, bem como a ocorrência de complicações, os tempos de circulação extracorpórea, pinçamento aórtico e parada circulatória total, além dos dados do ecocardiograma transesofágico intraoperatório.

CONDUTA TERAPÊUTICA BÁSICA

Reposição Volêmica

Neste cenário, assim como em outros pacientes críticos, a reposição volêmica é guiada por achados de hipovolemia e má perfusão periférica, como taquicardia, hipotensão, oligúria, acidose metabólica e hiperlactatemia. Dentre os parâmetros menos invasivos para guiar esta reposição, destacaríamos a pressão venosa central e os índices dinâmicos de responsividade ao volume, como a variação de pressão de pulso, desde que os pacientes estejam sedados, sem arritmias cardíacas e sob ventilação mecânica com volume corrente ≥ 8 mL/kg.

Já naqueles pacientes com grave instabilidade, disfunção grave de ventrículo esquerdo e/ou direito, em uso de vasopressores em doses crescentes e/ou necessitando de suporte circulatório mecânico, há de se considerar a monitoração invasiva das pressões cardíacas através de cateter de Swan-Ganz, lembrando-se das limitações dos índices estáticos, como pressões de enchimento, na avaliação da responsividade ao volume/infusão de líquidos.

Quanto ao tipo de solução expansora a ser utilizada, não há diferenças em termos de evolução entre coloides (amidos, gelatinas, albumina) e cristaloides (salina normal, ringer simples ou com lactato). Destaca-se, entretanto, o potencial efeito nocivo dos amidos sobre a coagulação e função renal e o risco de reação anafilactoide associado às gelatinas. O uso da albumina nesta situação é seguro ao paciente, porém com um custo elevado.[3] Por fim, é importante lembrar do potencial efeito maléfico do balanço hídrico excessivamente positivo sobre a troca gasosa pulmonar no período pós-operatório.

Analgesia

É de extrema importância, visando o conforto do paciente, bem como combater os efeitos nocivos secundários, como taquicardia, hipertensão arterial e aumento no consumo de oxigênio e permitir adequada expansão pulmonar, evitando a atelectasia. Em nosso serviço, utilizamos a dipirona, na dose de 2 g a cada 4 horas, proporcionando analgesia moderada, reservando opioides como terapia de resgate, dados os incoveni-

Pós-Operatório de Cirurgia Cardíaca

entes de seu uso como náuseas e vômitos, hipotensão, constipação e alteração da consciência. O uso de anti-inflamatórios não esteroides deve ser evitado nos idosos e naqueles com disfunção renal, hepática e insuficiência cardíaca. É fundamental verificar a presença de história de alergia prévia a drogas analgésicas e anti-inflamatórias.

Antibioticoprofilaxia

O uso de antibióticos visa prevenir as consequências devastadoras da infecção esternal e de próteses cardíacas. Os termos adequados de uso são amplamente discutidos na literatura. O esquema sugerido consiste no uso de cefazolina 1 g 3×/dia por 24 horas ou cefuroxime 1,5 g 3×/dia pelo mesmo período.

Prevenção do Tromboembolismo Venoso

A profilaxia com heparina está indicada, destacando-se antes a ocorrência de sangramento mediastinal e de plaquetopenia, comumente relacionada com circulação extracorpórea. Observar a aderência principalmente nos pacientes idosos, naqueles portadores de insuficiência cardíaca, nos acamados por instabilidade clínica, obesos e naqueles com história prévia de trombose venosa profunda.

Lembrar, também, da menor incidência de plaquetopenia e maior segurança no uso das heparinas de baixo peso molecular e a indicação de correção da sua dose na presença de *clearance* de creatinina abaixo de 30 mL/min. Na presença de contraindicação ao uso de heparina, é possível utilizar dispositivos de compressão pneumática intermitente dos membros inferiores.

Prevenção de Lesão Aguda da Mucosa Gastrointestinal (LAMG)

Hemorragia digestiva ocorre em aproximadamente 1% dos casos sendo mais frequente em pacientes portadores de DPOC, história prévia de úlcera péptica e naqueles com instabilidade hemodinâmica. A profilaxia de LAMG é feita com pantoprazol (40 mg/dia).

Reposição Eletrolítica

Considerando que potássio e magnésio são íons intracelulares e que sua redução no plasma é manifestação tardia de importante depleção intracelular, é recomendado que se mantenha a concentração sérica de potássio em torno de 4 mEq/L e a de magnésio em torno de 2 mEq/L, visando minimizar o risco de arritmias.

Desmame da Ventilação Mecânica

Os critérios para desmame da prótese ventilatória não diferem de outros pacientes em condições críticas, como nível de consciência, estabilidade hemodinâmica, além de oxigenação e de mecânica ventilatória adequadas. Usualmente, naqueles pacientes que são ventilados por menos de 24 horas, desde que preenchidos os critérios acima, não há necessidade de aplicação de testes de ventilação espontânea (tubo T ou pressão de suporte). Felizmente, esses são a maioria porque o tempo de ventilação mecânica superior a 96 horas se correlaciona com maior incidência de pneumonia.

Ácido Acetilsalicílico

Deve ser iniciado nas primeiras 24 horas no pós-operatório, na dose de 200 mg/dia, visando reduzir a possibilidade de trombose do enxerto venoso e evento cardiovascular adverso. Este efeito positivo é minimizado se for administrada após 48 horas de pós-operatório. O clopidogrel (75 mg/dia) é alternativa eficaz para pacientes com intolerância ou alergia à aspirina.[4]

Betabloqueadores

Diante da sua conhecida eficácia em prevenir a ocorrência de fibrilação atrial, os agentes betabloqueadores devem ser utilizados precocemente, se houver estabilidade hemodinâmica, na ausência das contraindicações clássicas. Recomenda-se inicialmente o atenolol (25mg VO 12/12h) ou carvedilol (3,125 mg VO 12/12h), metoprolol (25 mg VO 12/12h) ou bisoprolol (2,5mg VO ao dia) em caso de disfunção cardíaca.

Controle da Hipertensão Arterial Sistêmica

O controle da hipertensão arterial é importante para proporcionar redução do consumo de oxigênio miocárdico e reduzir a ocorrência de isquemia miocárdica, com redução também da pós-carga ao ventrículo esquerdo. Podem ser administradas nitroglicerina (5 a 400 mcg/min) ou nitroprussiato (0,25 a 10 mcg/kg/min) intravenosos, com reintrodução das drogas habituais quando possível, com especial atenção aos betabloqueadores e inibidores da enzima conversora de angiotensina, principalmente na presença de disfunção do ventrículo esquerdo.

Estatinas

Existem várias evidências que o uso de estatinas reduz a morbidade e mortalidade de pacientes submetidos à cirurgia cardíaca. Além de diminuir a concentração de colesterol plasmático, as estatinas são antiinflamatórias, antioxidantes e antitrombóticas.[4] O tipo e dose de estatina depende do protocolo de cada serviço.

Controle Glicêmico

A manutenção da glicemia abaixo de 180 mg/dL no peroperatório de cirurgia cardíaca tem efeitos benéficos documentados em diversas publicações científicas, com redução da morbidade e mortalidade e redução na ocorrência de infecção de ferida operatória e no tempo de permanência hospitalar.[5] É mesmo possível que nesse cenário a manutenção da glicemia em níveis ainda mais baixos possa trazer benefício adicional, porém aumentando os riscos de hipoglicemia. Em nosso serviço, no pós-operatório imediato, o controle glicêmico é realizado pela infusão contínua de insulina regular intravenosa, sob protocolo institucional estritamente controlado pela enfermagem e validado internamente.

Hemotransfusão

A transfusão de concentrados de hemácias está associada ao aumento da morbidade pós-operatória após cirurgia de revascularização miocárdica e cada unidade está relacionada com o risco proprocional de evento adverso (mortalidade, insuficiência renal, suporte ventilatório prolongado, infecção grave, complicações cardíacas, eventos neurológicos).[6] Assim, a transfusão deve ser individualizada de acordo com a presença de instabilidade hemodinâmica, associação à disfunção ventricular esquerda e parâmetros de oxigenação teciduais como concentração de lactato e saturação venosa de oxigênio e não com níveis arbitrários de hemoglobina.

COMPLICAÇÕES ESPECÍFICAS

Choque Vasoplégico

A vasoplegia é definida como: pressão arterial média < 50 mmHg, RVS < 800 dyna.s/cm^5, índice cardíaco > 2,5L/min/m^2, pressão no átrio direito < 5 mmHg e pressão atrial esquerda < 10 mmHg durante a infusão de vasoconstritores. A sua incidência desta síndrome no pós- operatório de cirurgia cardíaca é de aproximadamente 10%. A mortalidade pode chegar a 25%, por falência orgânica múltipla, especialmente quando é resistente a catecolaminas e dura mais de 48 horas. O tratamento compreende o uso de vasopressores como a noradrenalina (0,01 a 3 mcg/kg/min) e vasopressina (0,01 a 0,03 U/min).[2] Tem sido relatada eficácia do azul de metileno como agente de resgate para vasoplegia refratária ao tratamento inicial, na dose de 1 a 2 mg/kg, por via intravenosa.[7]

Dada a possibilidade de insuficiência suprarrenal relativa no contexto de doença crítica, há que ser considerado o uso de hidrocortisona 200-300 mg/dia, naqueles pacientes dependentes de drogas vasopressoras, recomendação não baseada em fortes evidências científicas.

Infarto do Miocárdio no Peroperatório

A incidência de infarto agudo do miocárdio no PO é de 4-5%. O diagnóstico é feito por intermédio de um conjunto de avaliações clinicolaboratoriais, como aumento maior do que 5 vezes o valor de referência da CKMB e a presença de ondas Q novas no eletrocardiograma, bloqueio de ramo esquerdo novo, oclusão de enxerto coronariano ou vaso nativo, angiograficamente documentada, ou evidência, no ecocardiograma, de alterações de contratilidade em áreas previamente normais.[8,9]

Na vigência de instabilidade hemodinâmica, nossa conduta tem sido o retorno ao centro cirúrgico e a revisão dos enxertos e confecção de enxertos "sentinela" quando indicado, muitas vezes em associação à contrapulsação aórtica. A revascularização percutânea dos enxertos recentemente confeccionados está associada a risco potencial de perfuração e o implante de *stent* coronariano e necessidade de dupla antiagregação plaquetária colocam o paciente em risco de sangramento, embora não possa ser considerada como objeto de contraindicação, sendo, entretanto, preferida no paciente hemodinamicamente estável.[4]

Choque Cardiogênico Pós-Cardiotomia

Após o *bypass* cardiopulmonar, a função ventricular está deprimida a partir da 2ª hora de pós-operatório, recuperando-se a partir da 8ª a 10ª hora, com plena recuperação em 24-48 horas.

A etiologia da disfunção miocárdica no pós-operatório de cirurgia cardíaca pode estar ligada à prévia depressão das funções sistólica e/ou diastólica dos ventrículos, proteção miocárdica inadequada e dificuldades técnicas durante o ato operatório, infarto/isquemia do miocárdio no peroperatório, complicação mecânica/disfunção valvar ou tamponamento cardíaco.

Alguns fatores de risco para esta condição incluem: fração de ejeção do ventrículo esquerdo menor que 20%, reoperação, cirurgia de emergência, gênero feminino, diabetes melito, idade maior que 70 anos, lesão do tronco da coronária esquerda, infarto do miocárdio recente e doença coronariana grave trivascular.

No manejo terapêutico desta condição devemos inicialmente descartar complicações passíveis de correção cirúrgica, com enorme destaque para a utilização do ecocardiograma neste cenário. A presença de pressões de enchimento elevadas em câmaras esquerdas e direitas, súbita redução no débito do dreno mediastinal e progressiva necessidade de suporte vasopressor sugere tamponamento cardíaco, que deve ser prontamente avaliado pelo ecocardiograma, com resolução por meio de drenagem pericárdica/revisão cirúrgica.

A otimização do ritmo e frequência cardíaca (objetivo = 80-100 bpm), com uso de drogas ou estimulação por marca-passo é fundamental.

Também são importantes estímulo inotrópico com dobutamina (2,5-20 mcg/kg/min) ou milrinona (0,375-0,75 mcg/kg/min) e utilização de noradrenalina (dose inicial a partir de 8-12 mcg/min) para reversão da hipotensão arterial.

O manejo destas drogas é mais bem realizado sob monitoração hemodinâmica por cateter de Swan-Ganz, visando, especialmente, a avaliação e correção de hipovolemia, com manutenção da pressão de oclusão da artéria pulmonar entre 15-18 mmHg e otimização do índice cardíaco (maior ou igual a 2,5) e da saturação venosa central de oxigênio.[2]

Com papel bem estabelecido na abordagem terapêutica do choque cardiogênico, o suporte circulatório por meio de contrapulsação com balão intra-aórtico deve ser

Pós-Operatório de Cirurgia Cardíaca

precocemente avaliado e instituído na presença de disfunção ventricular esquerda, com o papel de aumentar o débito cardíaco, reduzir o consumo de oxigênio miocárdico e aumentar a perfusão coronariana.

Na presença de choque refratário, uma opção terapêutica é a oxigenação extracorpórea por membrana, que poderá ser convertida para suporte com dispositivo de assistência ventricular após 48-72 horas. Há necessidade de treinamento e de conhecimento por parte da equipe assistente na UTI, para as suas complicações, como manifestação tromboembólicas, sangramento, infecção e disfunção hepática, bem como o manejo da situação hemodinâmica do paciente.[10,11]

Sabendo que a mortalidade do paciente com choque cardiogênico pós-cardiotomia é próxima a 100%, deverá ser considerada a utilização de dispositivo de assistência ventricular, com resultados encorajadores neste cenário, com relação à redução da mortalidade, porém, sem estudos prospectivos que demonstrem tal efeito. Estudos recentes mostram redução da morbimortalidade específica relacionada com a utilização destes dispositivos, possivelmente relacionada com aperfeiçoamento da técnica de implante e com os cuidados no pós-operatório.[12]

Disfunção Ventricular Direita

Pode complicar a evolução dos pacientes após cardiotomia, principalmente nas cirurgias para troca valvar. Além dos inotrópicos, como a dobutamina e a milrinona, merece destaque o óxido nítrico inalatório, que favorece vasodilatação pulmonar, reduzindo a pós-carga ao ventrículo direito. Deve ser pesquisada a presença de meta-hemoglobinemia durante o tratamento (manter seus níveis abaixo de 3%).

Os inibidores da fosfodiesterase III, como amrinona e milrinona, reduzem a pressão da artéria pulmonar e aumentam o débito cardíaco. O sildenafil, inibidor da fosfodiesterase V reduz a pressão da artéria pulmonar e pode ser utilizado na dose de 20 mg, por via oral, 3 vezes ao dia, em intervalos de 4 a 6 horas.

Sangramentos

Sangramentos significativos ocorrem em até 5% dos casos, com taxas de reoperação para revisão de 3-14% e fonte anatômica reparável em 50-67% dos pacientes. Sangramento e reoperação são preditores independentes de prognóstico ruim neste cenário.

Conforme descrito abaixo, a reexploração cirúrgica imediata deve ser considerada nas seguintes situações, de acordo com o débito sanguíneo pelos drenos mediastinais:

- 500 mL na primeira hora.
- 400 mL por hora por 2 horas.
- 300 mL por hora por 3 horas.
- 200 mL por hora por 6 horas.

Ao deparar-se com o paciente apresentando sangramento, pronta coleta de material para determinação do hematócrito, contagem plaquetária, medidas de PTTa, TAP bem como a dosagem de fibrinogênio devem ser providenciadas e a ressuscitação volêmica e transfusão de concentrados de hemácias devem ser consideradas. Medidas para correção de fatores que possam manter eventual discrasia sanguínea, como hipotermia, acidose metabólica e hipocalcemia também devem ser instituídas.

Na evidência de efeito residual da heparina utilizada durante o *bypass* cardiopulmonar, a administração imediata de protamina, 0,5-1 mg/kg, via IV é realizada, com atenção à ocorrência de hipotensão e reação anafilática.

A transfusão de plaquetas está indicada nos sangramentos importantes independente da contagem de plaquetas, TAP e PTTa (1 unidade para cada 10 kg de peso).

Se TAP e PTTa estiverem alargados, considera-se o uso de fibrinogênio se a concentração de fibrinogênio estiver menor do que 1 g/L, (crioprecipitado, na dose de 1 unidade IV para cada 10 Kg de peso ou concentrado de fibrinogênio na dose de 1 a 2 g IV). Se a concentração de fibrinogênio for maior do que 1 g/L, administra-se plasma fresco congelado (10-15 mL/kg de peso) ou concentrado protrombínico.

Pacientes em uso de antiplaquetários e com disfunção renal prévia podem beneficiar-se do uso de DDAVP (0,3 mcg/kg em 30 min). Já naqueles pacientes em que fibrinólise excessiva é considerada fator contribuinte para o risco de sangramento aumentado, o uso de ácido tranexâmico (10-20 mg/kg) e ácido aminocaproico é apropriado.[13]

Quanto ao uso da tromboelastografia, para avaliar a presença de coagulopatia, a evidência atual é fraca para suportar seu uso como ferramenta para guiar reposição de hemocomponentes e hemoderivados em pacientes com sangramento grave.[14]

Fibrilação atrial

Ocorre em 15-40% dos pacientes após revascularização miocárdica e em 37-50% após cirurgia valvar. Está ligada à presença de fatores, como: pericardite, manipulação e canulação atrial, sobrecarga atrial aguda, proteção inadequada durante *bypass*, infarto e isquemia atriais, estado hiperadrenérgico, complicações pulmonares, hipocalemia e hipomagnesemia. A maioria dos episódios ocorre entre o 2º e 3º dia de pós-operatório.

A fibrilação atrial tem sido correlacionada com aumento nas taxas de acidente vascular cerebral intra-hospitalar e, também, ao maior tempo de permanência hospitalar. O tratamento em pouco difere das recomendações em outras circunstâncias clínicas, reforçando-se, no entanto a disponibilidade do uso dos eletrodos epicárdicos ventriculares para rápido estímulo elétrico na eventualidade da ocorrência de bradiarritmia. Na presença de instabilidade clínica (choque, edema pulmonar, angina), procede-se a cardioversão elétrica e no paciente estável, a reversão do ritmo com amiodarona e/ou ao controle da frequência com beta-bloqueadores, diltiazem ou amiodarona. Na evidência de persistência de alteração do ritmo por mais de 72 horas, está indicada anticoagulação para a prevenção de eventos tromboembólicos. Mais uma vez reforçamos a eficácia do uso de betabloqueadores na prevenção da ocorrência de fibrilação atrial, seja pela continuação do uso prévio ou pela introdução precoce no período pós-operatório.[15]

Mediastinite

A ocorrência desta complicação potencialmente fatal é de 1-5%, com mortalidade entre 8-25%, sendo mais frequente entre o 5º e 7º dia de pós-operatório. Importantes, neste contexto, são a presença de sintomas, febre, descarga purulenta pela ferida operatória e instabilidade esternal, que demandam a pronta coleta de hemoculturas e avaliação radiológica por tomografia computadorizada, lembrando, entretanto, a maior especificidade do método na 2ª ou 3ª semanas de pós-operatório. A suspeita indica início imediato de antibioticoterapia de amplo espectro, dirigida para cobertura de microrganismos Gram-positivos e Gram-negativos, de acordo com a flora do ambiente hospitalar que o paciente se encontra. O tratamento definitivo consiste na abordagem cirúrgica por meio de exploração, lavagem e drenagem da cavidade mediastinal, sendo em alguns casos necessário mantê-la aberta, com explorações frequentes, havendo na literatura descrição recente da eficácia dos curativos com sistema a vácuo no tratamento da mediastinite.[16]

Lesão Renal Aguda Pós-Cirurgia Cardíaca

Para revisão, consulte o capítulo de Lesão Renal Aguda.

Delirium na Pós-Cirurgia Cardíaca

Para revisão, consulte o capítulo de *Delirium*.

Outros

Com incidência de 1,4-3,8%, a ocorrência de acidente vascular cerebral deve ser considerada no pós-operatório. Outra complicação que merece ser destacada é a síndrome da angústia respiratória aguda (SARA), com incidência de 0,5-1%, relacionada com os eventos pró-inflamatórios induzidos pela circulação extracorpórea, porém, com tratamento e medidas de suporte semelhantes às demais causas de SARA, como a causada pela sepse, por exemplo. Outras complicações respiratórias, incluem a disfunção diafragmática e derrame pleural. A incidência de complicações gastrointestinais é de 0,5- 3%, incluindo a isquemia mesentérica, doença dispéptica, pancreatite, colecistite e diverticulite.[17]

Internação Prolongada em Unidade de Terapia Intensiva

O tempo de permanência prolongado em UTI é potencialmente importante pelo desafio emocional ao paciente, à equipe e à família e os custos ao sistema de saúde, bem como pela morbidade associada, principalmente ventilação mecânica prolongada, infecções nosocomiais, desnutrição e disfunção cognitiva. Fatores de risco potenciais seriam: idade avançada, cirurgia não eletiva, fração de ejeção do ventrículo esquerdo baixa, infarto do miocárdio recente, história de doença pulmonar ou doença renal e reoperação/reexploração.[18]

Outros Aspectos Relevantes

Aspecto importante refere-se à comunicação com a família, que deve estar ciente dos riscos que envolvem os procedimentos e confortável em expor suas dúvidas à equipe.

Finalizando, afirmamos que o papel da equipe de enfermagem nos cuidados, criando e otimizando protocolos, monitorando e sinalizando ou intervindo em condições de máxima urgência e participando dos *rounds* multiprofissionais, é de extremo valor para o sucesso do tratamento.

REFERÊNCIAS BIBLIOGRÁFICAS

1. Nashef SAM. European system for cardiac operative risk evaluation (euroscore). *Eur J Cardiothorac Surg* 1999;16:9-13.
2. Morris DC *et al.* Management of patients after cardiac surgery. *Curr Probl Cardiol* 1999 Apr.;24(4):161-228.
3. Langes M. Intravascular volume therapy with colloids in cardiac surgery. *J Cardiothorac Vasc Anesth* 2011 Oct.:25;(5):847-55.
4. Hillis LD, Smith PK, Anderson JL *et al.* 2011 ACCF/AHA Guideline for Coronary Artery Bypass Graft Surgery. A report of the American College of Cardiology Foundation/American Heart Association Task Force on Practice Guidelines. Developed in collaboration with the American Association for Thoracic Surgery, Society of Cardiovascular Anesthesiologists, and Society of Thoracic Surgeons. *J Am Coll Cardiol* 2011 Dec. 6;58(24):e123-210.
5. Lazar HL. The society of thoracic surgeons practice guideline series: blood glucose management during adult cardiac surgery. *Ann Thorac Surg* 2009;87:663-69.
6. Koch CG *et al.* Morbidity and mortality risk associated with red blood cell and blood-component transfusion in isolated coronary artery bypass grafting. *Crit Care Med* 2006;34(6):1608-16.
7. Riha H *et al.* Pro: methylene blue as a rescue therapy for vasoplegia after cardiac surgery. *J Cardiothorac Vasc Anesth* 2011 Aug.;25(4):736-38.
8. Force T. Perioperative myocardial infarction after coronary artery bypass surgery. *Circulation* 1990;82:903-12.
9. ESC/ACCF/AHA/WHF Task force for the redefinition of myocardial infarction. universal definition of myocardial infarction. *Circulation* 2007;116:2634-53.
10. Smedira NG. Postcardiotomy mechanical support: risk factors and outcomes. *Ann Thorac Surg* 2001;71:S60-66.

11. Lahm T. Medical and surgical treatment of acute right ventricular failure. *JACC* 2010;56(18):1435-46.
12. Nasir A. Ventricular assist device therapy in post-cardiotomy cardiogenic shock: historical outcomes and current trends. *Interact Cardiovasc Thorac Surg* 2012 May;14(5):585-87.
13. Withlock,R. Bleeding in cardiac surgery: its prevention and treatment–an evidence-based review. *Crit Care Clin* 2005;21:589-610.
14. Wikkelsoe AJ. Monitoring patients at risk of massive transfusion with Thrombelastography or Thromboelastometry: a systematic review. *Acta Anaesthesiol Scand* 2011;55:1174-89.
15. Mitchell LB. Canadian cardiovascular society atrial fibrillation guidelines 2010: prevention and treatment of atrial fibrillation following cardiac surgery. *Canadian J Cardiol* 2011;27:91-97.
16. Doss M. Vacuum-assisted suction drainage versus conventional treatment in the management of poststernotomy osteomyelitis. *Eur J Cardiothorac Surg* 2002;22:934-38.
17. Perugini RA. Gastrointestinal complications following cardiac surgery: an analysis of 1477 cardiac surgery patients. *Arch Surg* 1997 Apr.;132(4):352-57.
18. Nouredin Messaoudi BM. Prediction of prolonged length of stay in the intensive care unit after cardiac surgery: the need for a multi-institutional risk scoring system. *J Cardiac Surg* 2009;24(2):127-33.

Capítulo 15

DIAGNÓSTICO DE INFARTO DO MIOCÁRDIO NO PÓS-OPERATÓRIO – IMPORTÂNCIA DA TROPONINA

Anna Karinina Bitarães de Sá

INTRODUÇÃO

Mais de 230 milhões de cirurgias de grande porte são realizadas no mundo a cada ano e este número cresce continuamente. Estima-se que 1% desses pacientes apresente infarto do miocárdio peroperatório (IMPO) com taxa de mortalidade cardiovascular em torno de 0,3%.[1] O perfil dos pacientes submetidos à cirurgia cardíaca tem-se modificado na última década. É esperado o aumento da incidência e prevalência da doença cardiovascular com o envelhecimento da população, uma vez que estes apresentam estreita correlação com a idade.[2] Consequentemente, mais pacientes de alto risco cardiovascular serão submetidos a cirurgia, tornando o IMPO um problema crescente.[3] A complicação cardiovascular é uma importante causa de morbidade e mortalidade em pacientes submetidos à cirurgia não-cardíaca eletiva, com prognóstico cardíaco adverso estimado em 4% dos pacientes em geral.[2] Estima-se que aproximadamente 1 milhão de pacientes a cada ano no mundo apresente complicações cardíacas maiores como: morte cardíaca, infarto do miocárdio e parada cardíaca após cirurgia não cardíaca.[4]

FISIOPATOLOGIA

Dois mecanismos distintos podem levar ao IMPO.[5]

1. Infarto do miocárdio peroperatório tipo 1: ocorre quando uma placa instável ou vulnerável sofre ruptura espontânea, fissura ou erosão, levando à trombose coronariana aguda, isquemia e infarto. Embora seja amplamente aceito que a inflamação da placa tenha importância significativa na sua instabilidade e na síndrome coronariana aguda (SCA) espontânea,[6] estressores externos como os que ocorrem no pós-operatório podem contribuir.

    Este mecanismo é endossado por estudos de autópsia, pequenos e retrospectivos, que investigaram a anatomia coronariana em pacientes com infarto fatal peroperatório. Danwood et al.[7] e Cohen e Aretz[8] descreveram a ruptura de placa em aproximadamente 50% dos pacientes enquanto Gualandro *et al.*[9] identificaram à angiografia aproximadamente 50% dos pacientes com ruptura de placa no IMPO de cirurgia não cardíaca. Landesberg *et al.*,[3] por sua vez, ressaltaram que a ativação simpática, a vasoconstrição coronariana e elementos pró- trombóticos promovem a ruptura da placa.

2. **Infarto do miocárdio peroperatório tipo 2:** as alterações hemodinâmicas têm um impacto significativo na isquemia miocárdica peroperatória. Assim, taquicardia, hipotensão, hipertensão, anemia, hipoxemia e disfunção miocárdica sistólica e diastólica no pós-operatório são causas comuns de depressão prolongada do segmento ST em pacientes com DAC submetidos a cirurgia não cardíaca de grande porte.

   Estudos que utilizaram a monitoração com holter no peroperatório de pacientes de alto risco submetidos à cirurgia de grande porte demonstraram que a depressão do segmento ST silenciosa é comum no pós-operatório e está associada ao aumento da mortalidade intra-hospitalar, morbidade e mortalidade a longo prazo.[10,11] A elevação de ST ocorreu em menos de 2% dos eventos isquêmicos e foi uma causa rara de infarto do miocárdio pós-operatório.[12-14]

   Os mecanismos tipos 1 e 2 não são processos exclusivos na fisiopatologia do IMPO. Portanto, medidas de prevenção e tratamento que atuem em ambos os mecanismos são essenciais para reduzir a ocorrência da SCA peroperatória.[9]

DIAGNÓSTICO E CLASSIFICAÇÃO DO INFARTO

A Organização Mundial de Saúde definiu o diagnóstico de infarto agudo do miocárdio fundamentado na presença de sintomas, alterações eletrocardiográficas e enzimáticas. Contudo, o avanço no desenvolvimento de biomarcadores e de exames de imagem permitiu uma definição mais precisa, conforme publicado na Definição Universal do Infarto do Miocárdio.[5] O termo infarto do miocárdio deve ser usado quando existir uma evidência de necrose miocárdica em um contexto clínico consistente com isquemia miocárdica. Sob essas condições, a detecção da elevação e/ou queda de biomarcadores cardíacos (preferencialmente a troponina), apresentando ao menos um valor acima do percentil 99 a partir do limite de referência, deve-se associar à evidência de isquemia miocárdica através de um dos seguintes critérios: sintomas de isquemia; alterações eletrocardiográficas indicativas de nova isquemia (novas alterações do ST-T ou novo bloqueio divisional do ramo esquerdo); desenvolvimento de ondas Q patológicas; evidência de nova perda de miocárdio viável ou nova alteração contrátil segmentar à imagem.

Com o advento de biomarcadores mais sensíveis, como a troponina, houve aumento no diagnóstico de pequenas lesões miocárdicas que, no entanto, muitas vezes não preenchem critério para infarto do miocárdio. Denominado como *troponin leak*, também estão correlacionados com pior prognóstico a longo prazo.[15]

Diagnóstico de Infarto do Miocárdio no Pós-Operatório...

Diagnosticar IMPO é frequentemente difícil. A maioria dos pacientes é assintomática, podendo estar sedados ou anestesiados. As alterações eletrocardiográficas são súbitas e/ou transitórias e os marcadores bioquímicos têm limitada sensibilidade e especificidade pela lesão musculoesquelética coexistente.[16] Consequentemente, o IMPO é, muitas vezes, reconhecido de forma tardia (3º a 5º dia de pós-operatório) resultando em alta mortalidade (30 a 70%).[3]

O infarto do miocárdio pode ser clinicamente classificado em cinco tipos:[5]

1. Infarto do miocárdio espontâneo relacionado com a isquemia decorrente de evento primário coronariano, como erosão plaquetária e/ou ruptura, fissura ou dissecção.
2. Infarto do miocárdio secundário à isquemia decorrente do aumento da demanda de oxigênio ou queda da oferta. Por exemplo: espasmo arterial coronariano, embolia coronariana, anemia, arritmia, hipertensão ou hipotensão.
3. Morte súbita cardíaca inesperada, com sintomas sugestivos de isquemia miocárdica acompanhada de nova elevação do segmento ST, ou novo bloqueio divisional esquerdo, ou evidência de trombo recente à angiografia ou autopsia. Ainda que o evento tenha ocorrido antes da elevação de biomarcadores cardíacos ou que não tenham sido obtidas amostras de sangue.
4a. Infarto do miocárdio associado à angioplastia coronariana.
4b. Infarto do miocárdio associado à trombose de *stent* documentado à angiografia ou autópsia.
5. Infarto do miocárdio associado à cirurgia de revascularização miocárdica.

Os pacientes podem manifestar mais de um tipo de infarto do miocárdio simultânea ou sequencialmente.[5]

O critério diagnóstico para o infarto do miocárdio após cirurgia de revascularização miocárdica (CRVM) é fundamentado no aumento do valor da troponina maior do que 5 vezes o percentil 99 acima do limite de referência durante as primeiras 72 horas após a cirurgia, quando associado ao aparecimento de novas ondas Q patológicas ou novo bloqueio de ramo esquerdo; ou a nova oclusão arterial de um enxerto ou artéria coronariana nativa documentada à angiografia; ou a perda de viabilidade miocárdica evidenciada por exame de imagem.[5]

TROPONINA

Isquemia e infarto do miocárdio frequentemente ocorrem sem sintomas ou alterações eletrocardiográficas. Mesmo na ausência de sintomas clínicos aparentes, o IMPO permanece com impacto prognóstico importante. Assim, a detecção e tratamento precoces constituem-se um desafio no cuidado do paciente durante o período peroperatório.[17,18,10,19]

As troponinas cardíacas são marcadores bioquímicos altamente sensíveis e específicos e são consideradas padrão de excelência na avaliação de pacientes com diagnóstico de infarto do miocárdio na SCA. Este conceito foi designado não somente pelo seu valor diagnóstico, mas também prognóstico, adicionando a predição de morbidade e mortalidade a longo prazo.[2,20] O mesmo ocorre com a elevação das troponinas no pós-operatório.[21,22]

A troponina está presente em duas formas dentro do miocárdio onde existe um *pool* de citosol e um componente estrutural ou miofibrilar. Acredita-se que após a lesão cardíaca, o componente citosólico seja liberado primeiro, seguido pela forma estrutural em decorrência de uma alta permeabilidade da membrana. Este processo define a "lesão reversível".[23]

A troponina I é um dos três componentes do complexo da troponina, podendo ser encontrada livre ou como um complexo binário ou terciário. Foi demonstrado que após um infarto agudo do miocárdio, a principal parte da troponina I no sangue forma um complexo com a troponina cardíaca e somente 5 a 10% do antígeno permanece livre como molécula.[24] A formação deste complexo influencia na imunodetecção da troponina I.

Conforme uma metanálise realizada em pacientes com SCA, a troponina I e T mostraram sensibilidade e especificidade para predizer infarto do miocárdio e morte cardíaca. A isoforma I usualmente é mais acessível e amplamente utilizada,[25] uma vez que não tem sido descrita em doenças musculoesqueléticas em contraste com a troponina T. Diversos estudos demonstraram que de uma a quatro isoformas da troponina T podem ser detectadas no músculo esquelético humano, obtido de pacientes com distrofia muscular de Duchenne, polimiosite e doença renal crônica. Contudo, a troponina T de segunda ou terceira geração é mais específica para injúria do miocárdio.[26,27]

Através da mensuração da troponina, observou-se que a maioria dos IMPO ocorre entre 24 a 48 horas após a cirurgia, na fase de maior estresse pós-operatório.[12,28] Mais de 90% da elevação da troponina é iniciada em menos de 24 horas,[3] com pico em torno de 20 horas após o procedimento cirúrgico. Os pacientes que não evoluem com infarto, apresentam um nível de troponina mais baixo e pico mais precoce (8 a 10 horas).[26]

O valor prognóstico da troponina I foi comparado a diversos modelos de risco preditivo clínico. O Euroscore, reconhecido como modelo de risco de predição em cirurgia cardíaca e validado como um dos escores de risco multifatorial mais robusto para pacientes em cirurgia cardíaca,[29] apresenta um bom poder discriminativo em predizer mortalidade intra-hospitalar.[30,31] Contudo, apresenta resultados menos convincentes quanto ao tempo de internação e morbidade cardíaca não fatal.[32] Foi demonstrada a superioridade da combinação do Euroscore com a troponina I no pós-operatório quando comparado a utilização do Euroscore isoladamente. Este estudo[33] sugere que uma única mensuração da troponina I nas primeiras 24 horas de pós-operatório prediz evento adverso intra-hospitalar e pode ser utilizada na prática clínica como um fácil e custo-efetivo recurso para a detecção de pacientes de alto risco.

Diagnóstico de Infarto do Miocárdio no Pós-Operatório...

Cirurgia Vascular

A elevação da troponina é comum (15,5%) no pós-operatório de cirurgia vascular e está associada a pior prognóstico a curto prazo (15% de mortalidade em 30 dias).[34]

Pacientes submetidos à cirurgia vascular que apresentaram isquemia miocárdica moderada a grave, na estratificação pré-operatória com cintilografia, foram associados a um aumento na incidência de elevação da troponina e da isquemia no pós-operatório em 2,7 e 5 vezes, respectivamente.[35]

Marston *et al.* correlacionaram a elevação da troponina no valor 3 vezes acima do normal, colhida 48 horas após cirurgia vascular, ao prognóstico a longo prazo. O preditor mais importante de elevação da troponina foi o clampeamento da aorta, demonstrando que o estresse cirúrgico relacionado com a complexidade da cirurgia vascular deve ser um fator mais importante no prognóstico pós-cirurgia do que a extensão da doença coronariana pré-operatória.[36] Howell *et al.*,[37] por sua vez, demonstraram que 40% dos pacientes apresentaram aumento da troponina no pós-operatório de cirurgia vascular. Dois terços desses pacientes eram compatíveis com o diagnóstico de *troponin leak*. Sugere-se que a isquemia microvascular inflamatória mediada e insultos embólicos possam ser responsáveis por esta mionecrose subclínica. Esta entidade, distinta da tradicional patologia macrovascular, apresenta aumento significativo da mortalidade a curto e longo prazos, apesar de significativamente menor quando comparado ao IMPO documentado. Até o momento, não há consenso de como abordar esse contexto clínico.

Cirurgia Ortopédica

A incidência da elevação da troponina pós-operatória está entre 0 e 8,9% para as cirurgias ortopédicas eletivas[38] e 22 a 52,9% para cirurgia ortopédica de emergência, principalmente fratura de quadril.[39] Curiosamente, a incidência da elevação da troponina em algumas séries de cirurgia de emergência ortopédica são maiores do que as de pacientes submetidos à cirurgia vascular, o que aumenta a possibilidade de DAC subjacente em pacientes ortopédicos ou, talvez, reflita a natureza emergencial do procedimento com significativa influência do estresse peroperatório.[17] Em comparação, a cirurgia eletiva tem a oportunidade de otimizar o *status* cardiovascular e focar nos fatores de risco. Diferentemente, a abordagem emergencial não permite uma intervenção cardiovascular agressiva, uma vez que a cirurgia é idealmente realizada de forma precoce.[40] Adiar uma cirurgia ortopédica em um contexto de emergência está associada à maior morbidade, enquanto sua realização nas primeiras 24 a 48 horas está associada à redução da mortalidade em 1 ano.[41]

Pacientes com níveis de troponina normal no pós-operatório apresentaram uma redução significativa da mortalidade em 1 ano (3,5%) quando comparado com aqueles que mantiveram elevação sustentada da troponina (17,1%).[42] A elevação ocorreu, predominantemente, no 1º dia de pós-operatório, e são com frequência clinicamente silenciosas.[39]

Alcock *et al.* descreveram que a cirurgia ortopédica, principalmente a artroplastia de joelho e quadril, permaneceu como um preditor independente de necrose miocárdica peroperatória. Embora não investigado neste estudo, uma outra razão potencial para o aumento da prevalência da troponina T ultrassensível após a cirurgia ortopédica é embolia gordurosa subcutânea. Este fenômeno tem sido reportado em mais de 67% dos pacientes submetidos à cirurgia ortopédica de articulação de membros inferiores. É possível que mais eventos embólicos significativos contribuam para o estresse cardíaco hemodinâmico por meio do aumento da pressão da artéria pulmonar, resultando na elevação da troponina.[2]

Cirurgia Cardíaca

O primeiro estudo que correlacionou os níveis de troponina T após a CRVM com prognóstico a longo prazo, demonstrou que a troponina T foi o melhor preditor de mortalidade em 1 ano sendo superior à CKMB.[43] Este resultado foi confirmado por uma metanálise que demonstrou uma associação significativa entre a troponina I e a mortalidade a curto e longo prazos após cirurgia cardíaca.[44]

Estudos demonstraram a presença de correlação entre a concentração sérica de troponina I no pré-operatório com o aumento da mortalidade cirúrgica e eventos adversos após CRVM de emergência.[45,46] Contudo, o valor diagnóstico e prognóstico da troponina I no pré-operatório é limitado e controverso, sendo raramente considerada no contexto da cirurgia cardíaca.[33]

O estudo publicado por Lim *et cols.*[47] demonstrou que uma única aferição da troponina I após 1 hora de pós-operatório de revascularização miocárdica tem razoável acurácia para detecção precoce do infarto (demonstrado através de uma nova captação no realce tardio) e alta acurácia para detecção precoce de um infarto extenso à ressonância magnética.[47] A mensuração de IL-6 e FNT alfa tem um valor preditivo moderado para uma nova alteração na captação do realce tardio. O autor propõe a adição desses dois biomarcadores a um algoritmo diagnóstico, contendo a mensuração da troponina na primeira hora de pós-operatório, para potencializar a acurácia diagnóstica.

Entretanto, a acurácia da troponina I no pós-operatório em predizer um prognóstico adverso deve ser diferente entre os procedimentos cirúrgicos cardíacos. Portanto, é necessário estabelecer diferentes cortes para uma identificação apurada do paciente de alto risco. A liberação da troponina é quase 2 vezes maior após a troca de válvula mitral quando comparado com o reparo valvar, o que é consistente com a necessidade de uma manipulação cardíaca mais extensa.[48] O preditor mais forte de elevação da troponina após a cirurgia de válvula mitral é o tempo de circulação extracorpórea. Provavelmente, este dado está correlacionado com a inadequada cardioproteção favorecendo a lesão cardíaca.[20]

A elevação da troponina I após cirurgia cardíaca valvar mitral e aórtica em pacientes com coronárias normais foi relacionada, exclusivamente, com o tempo de circu-

Diagnóstico de Infarto do Miocárdio no Pós-Operatório...

lação extracorpórea[49,50] e de clampeamento aórtico. Diferentemente, a CRVM foi associada a inúmeros fatores, como tempo de clampeamento da aorta, qualidade da revascularização e proteção miocárdica, tipo e via de administração da cardioplegia.[51]

Inicialmente, houve interesse na mensuração da troponina no líquido pericárdico para diagnóstico de infarto do miocárdio após cirurgia cardíaca. Contudo, seu benefício não foi confirmado.[52]

OUTRAS CAUSAS DE ELEVAÇÃO DA TROPONINA

O aumento da troponina também pode ocorrer após pequenos insultos, decorrente de outras causas além de SCA, mesmo em pacientes sem DAC significativa à angiografia. Taquicardia, instabilidade hemodinâmica, estimulação adrenérgica prolongada, aumento das pressões de enchimento, estresse parietal ventricular e insuficiência cardíaca são fenômenos frequentes durante e após cirurgia de grande porte. Acredita-se que ambas elevações da troponina em níveis baixos ou convencional (lesão miocárdica e infarto) representem um contínuo de eventos no qual a longa duração da isquemia estresse induzida no pós-operatório esteja associada a níveis mais elevados de troponina e piora na sobrevida.[35]

São causas de elevação da troponina na ausência de doença cardíaca isquêmica evidente:[5]

- Contusão cardíaca ou outro trauma incluindo a cirurgia, ablação, marca-passo e etc.
- Insuficiência cardíaca aguda e crônica.
- Dissecção aórtica.
- Doença valvar aórtica.
- Cardiomiopatia hipertrófica.
- Arritmias.
- Síndrome do balonamento apical.
- Rabdomiólise com lesão cardíaca.
- Embolia pulmonar, hipertensão pulmonar grave.
- Insuficiência renal.
- Doença neurológica aguda, incluindo acidente vascular cerebral isquêmico ou hemorragia subaracnóidea.
- Doenças infiltrativas. Por exemplo: amiloidose, hemocromatose, sarcoidose e esclerodermia.
- Doença inflamatória. Por exemplo: miocardite ou extensão miocárdica de endocardite ou pericardite.
- Drogas tóxicas ou toxinas.
- Paciente crítico, especialmente com insuficiência respiratória ou sepse.
- Queimadura, especialmente se afetar mais do que 30% da superfície corporal.
- Exercício extremo.

PREVENÇÃO

A utilização da dosagem de troponina em um paciente de alto risco, pode auxiliar na identificação de um evento adverso durante o procedimento (como proteção cardíaca insuficiente, a realização de um procedimento tecnicamente inapropriado e complicações no pós-operatório) ou somente uma condição clínica mais grave.[33] Portanto, a monitoração com biomarcadores torna-se importante no pós-operatório. Isto enfatiza a necessidade de diagnóstico rápido, de monitoração intensiva e implementação de tratamento para o infarto peroperatório.[53]

Apesar dos pacientes com doença coronariana obstrutiva significativa serem conhecidos por apresentar alto risco de morte precoce e tardia após a cirurgia vascular, os estudos CARP e Decrease-V Pilot não demonstraram aumento de sobrevida a longo prazo com a revascularização coronariana pré-operatória neste grupo de pacientes. Logo, na ausência de dados suficientes que justifiquem uma intervenção agressiva no pré-operatório, novas estratégias devem ser elaboradas para intervir nos fatores de risco no pós-operatório de cirurgia não cardíaca de alto risco.[36]

Muitas questões relacionadas à terapia farmacológica durante o ato cirúrgico para prevenir o IMPO são mantidas sem reposta. A monitoração peroperatória cuidadosa para isquemia, a adoção de um limiar baixo para prevenir e tratar a taquicardia (evitando-se a hipotensão), baixo débito cardíaco e ou a descompensação cardíaca ajudam a prevenir o IMPO. A intervenção coronariana raramente está indicada como tratamento de primeira linha e a terapia antitrombótica pode exacerbar o sangramento. Estudos futuros são necessários para determinar qual paciente com IMPO requer uma intervenção agressiva no pós-operatório, tratamento farmacológico e/ou intervenção coronariana para aumentar o tempo de sobrevida a longo prazo.[42]

A prevenção da lesão miocárdica deveria ser o principal objetivo com a atenção principal em otimizar o *status* cardiovascular. Fatores anestésicos e cirúrgicos são importantes considerações, assim como, a atenção aos sinais vitais, a prevenção de hipóxia e a monitoração de fluidos devem ser benéficos.[17] Diferentes estratégias cirúrgicas podem reduzir o dano miocárdico peroperatório na população em geral submetida a CRVM, como: cardioplegia anterógrada/retrógrada e balão intra-aórtico no pré-operatório.[54]

A avaliação pré-operatória adequada é fundamental para identificar pacientes sob risco cardiovascular elevado, iniciar terapia de redução de risco e selecionar a técnica cirúrgica e anestésica ideal. A intervenção farmacológica antes da cirurgia com betabloqueador, inibidor da enzima conversora da angiotensina e estatina é uma importante consideração.[36] O tipo de anestésico utilizado deve ser avaliado. Agentes voláteis como sevoflurano e desflurano estão associados a uma redução significativa na liberação da troponina após a cirurgia cardíaca, assim como, a administração de levosimendan antes da circulação extracorpórea.[49,50,55,56] Pacientes que não necessitaram de suporte inotrópico durante a cirurgia tiveram menor probabilidade de elevação deste biomarcador.

Diagnóstico de Infarto do Miocárdio no Pós-Operatório...

CONCLUSÃO

Até o presente momento, não há diretrizes sobre como manejar a lesão cardíaca assintomática ou elevação da troponina na ausência de sintomas clínicos. Isto difere do tratamento da isquemia miocárdica sintomática e infarto pós-cirurgia, na qual a mensuração da troponina é recomendada.[17]

Portanto, a diretriz vigente da Sociedade Americana de Cardiologia orienta:[57]

- *Classe I:* a mensuração da troponina no pós-operatório é recomendada em pacientes com alteração eletrocardiográfica ou dor torácica típica de SCA.

- *Classe II b:* a mensuração da troponina no pós-operatório não é bem estabelecida em pacientes clinicamente estáveis e que tenham sido submetidos à cirurgia vascular e de risco intermediário.

- *Classe III:* a mensuração da troponina no pós-operatório não está recomendada em pacientes estáveis assintomáticos que tenham sido submetidos a procedimento de baixo risco.

A Diretriz da Sociedade Europeia de Cardiologia orienta que a mensuração de biomarcadores não deve ser utilizada de rotina como prevenção de eventos cardíacos em pacientes submetidos à cirurgia não cardíaca.[58]

REFERÊNCIAS BIBLIOGRÁFICAS

1. Weiser TG, Regenbogen SE, Thompson KD *et al.* An estimation of the global volume of surgery: a modeling strategy based on avalilable data. *Lancet* 2008;372:139-44.
2. Alcock RF, Kouzios D, Naoum C *et al.* Perioperative myocardial necrosis in patients at high cardiovascular risk undergoing elective non-cardiac surgery. *Heart* 2012;98:792-98.
3. Landesberg G, Beattie WS, Mosseri M *et al.* Perioperative Myocardial Infarction. Circulation 2009;119:2936-44.
4. Devereaux PJ, Goldman L, Cook DJ *et al.* Perioperative cardiac events in patients undergoing noncardiac surgery: a review of the magnitude of the problem, the pathophysiology of the events and methods to estimate and communicate risk. *CMAJ* 2005;173:627-34.
5. Thygesen K, Alpert AS, White HD *et al.* Universal Definition of Myocardial Infarction. *Circulation* 2007;116:2634-53.
6. Libby P, Aikawa M. Stabilization of atherosclerotic plaques: new mechanisms and clinical targets. *Nat Med* 2002;8:1257-62.
7. Danwod MM, Gutpa DK, Southern J *et al.* Pathology of fatal perioperative myocardial infarction: implications regarding pathophysiology and prevention. *Int J Cardiol* 1996;57:37-44.
8. Cohen MC, Aretz TH. Histological analysis of coronary artery lesions in fatal postoperative myocardial infarction. *Cardiovasc Pathol* 1999;8:133-39.
9. Gualandro DM, Campos CA, Calderaro D *et al.* Coronary plaque rupture in patients with myocardial infarction after noncardiac surgery: frequent and dangerous. *Atherosclerosis* 2012;222:191-95.

10. Mangano DT, Browner WS, Hollenberg M *et al*. Association of perioperative myocardial ischemia with cardiac morbidity and mortality in men undergoing noncardiac surgery. The Study of Perioperative Ischemia Research Group. *N Engl J Med* 1990;323:1781-88.
11. Fukumoto Y, Hiro T, FFujii T *et al*. Localized elevation of shear stress is related to coronary plaque rupture. *J Am Coll Cardiol* 2008;51:645-50.
12. Landesberg G, Mosseri M, Zahger D *et al*. Myocardial infarction after vascular surgery: the role of prolonged stress-induced, ST depression-type ischemia. *J Am Coll Cardiol* 2001;37:1839-45.
13. Landesberg G. Monitoring for myocardial ischemia. *Best Pract Res Clin Anaesthesiol* 2005;19:77-95.
14. Landesberg G, Shatz V, Akopnik I *et al*. Association of cardiac troponin, CK-MB, and postoperative myocardial ischemia with long-term survival after major vascular surgery. *J Am Col Cardiol* 2003;42:1547-54.
15. Riedel BJ, Grattan A, Martin B *et al*. Long-term outcome of patients with perioperative myocardial infarction as diagnosed by troponin I after routine surgical coronary artery revascularization. *J Cardio Anesthesia* 2006;20:781-87.
16. Adams JE, Sicard GA, Allen BT *et al*. Diagnosis of perioperative myocardial infarction with measurement of cardiac troponin I. *N Engl J Med* 1994;330:670-74.
17. Chong CP, Gaal WJV, Savige J *et al*. Cardiac injury and troponin testing after orthopaedic surgery. *Int J Care Injured* 2011;42:855-63.
18. Lee TH, Marcantonio ER, Mangione CM *et al*. Derivation and prospective validation of a simple index for prediction of cardiac risk of major noncardiac surgery. *Circulation* 1999;100:1043-49.
19. Choi JH, Cho DK, Song YB *et al*. Preoperative NT-proBNP and CRP predict perioperative major cardiovascular events in noncardiac surgery. *Heart* 2010;96:56-62.
20. Monaco F, Landoni G, Biseli C *et al*. Predictors of cardiac troponin release after mitral valve surgery. *J Cardio Anesthesia* 2010;24:931-38.
21. Kim L, Martinez E, Faraday N *et al*. Cardiac troponin I predict short-term mortality in vascular surgery patients. *Circulation* 2002;106:2366-71.
22. Bursi F, Babuin L, Barbieri A *et al*. Vascular surgery patients: perioperative and long-term risk according to the ACC/AHA guidelines, the additive role of post-operative troponin elevation. *Eur Heart J* 2005;26:2448-56.
23. Babuin L, Jaffe A. Troponin: the biomarker of choice for the detection of cardiac injury. *CMAJ* 2005;173:1191-202.
24. Katrukha A, Bereznikova A, Esakova T *et al*. Troponin I is released in bloodstream of patients with acute myocardial infarction not in free form bur as complex. *Clin Chem* 1997;43:1379-85.
25. Olatidoye AG, Wu AH, Feng YJ *et al*. Prognostic role of troponin T versus troponin I in unstable angina pectoris for cardiac events with meta-analysis comparing published studies. *Am J Cardiol* 1998;81:1405-10.
26. Dehoux M, Provenchère S, Benessiano J *et al*. Utility of cardiac troponin measurement after cardiac surgery. *Clinica Chimica Acta* 2001;311:41-44.
27. Apple FS. The specificity of biochemical markers of cardiac damage: a problem solved. *Clin Chem Lab Med* 199;37:1085-89.
28. Le Manach Y, Perel A, Coriat P *et al*. Early and delayed myocardial infarction after abdominal aortic surgery. *Anesthesiology* 2005;102:885-91.

29. Nilsson J, Algotsson L, Hoglund P et al. Comparison of 19 pre-operative risk stratification models in open-heart surgery. *Eur Heart J* 2006;27:867-74.
30. Nashef SA, Roque F, Michel P et al. European system for cardiac operative risk evaluation (EuroSCORE). *Eur J Cardiothoracic Surg* 1999;16:9-13.
31. Roques F, Nashef SA, Michel P et al. Risk factors and outcome in European cardiac surgery: Analysis of the EuroSCORE multinational database of 19,030 patients. *Eur J Cardiothorac Surg* 1999;15:816-22.
32. Toumpoulis IK, Anagnostopoulos CE, Swistel DG et al. Does EuroSCORE predict length of stay and specific postoperative complications after cardiac surgery? *Eur J Cardiothorac Surg* 2005;27:128-33.
33. Fellahi JL, Le Manach Y, Daccache G et al. Combination of EuroSCORE and Cardia Troponin I Improves the Prediction of adverse outcome after cardiac surgery. *Anesthesiology* 2011;114:330-39.
34. Redfern G, Rodseth RN, Biccard BM. Outcomes in vascular surgical patients with isolated postoperative troponin leak: a meta-analysis. *Anaesthesia* 2011;66:604-10.
35. Landesberg G, Mosseri M, Shatz V et al. Cardiac troponin after major vascular surgery. *J Am Coll Cardiol* 2004;44:569-75.
36. Marston N, Brenes J, Garcia S et al. Peak postoperative troponin levels outperform preoperative cardiac risk indices as predictors of long-term mortality after vascular surgery. Troponins and postoperative outcomes. *J Crit Care* 2012;27:66-72.
37. Howell SJ, Thompson JP, Nimmo AF et al. Relationship between perioperative troponin elevation and other indicators of myocardial injury in vascular surgery patients. *Br J Anaesth* 2006;96:303-9.
38. Mouzopoulos G, Kouvaris C, Antonopoulos D et al. Perioperative creatine phosphokinase (CPK) and troponin I trends after elective hip surgery. *J Trauma Injury Infet Crit Care* 2007;63:388-93.
39. Ausset S, Minville V, Marquis C et al. Postoperative myocardial damages after hip fracture repair are frequent and associated with a poor cardiac outcome: a three-hospital study. *Age Ageing* 2009;38:488-89.
40. Biccard BM, Naidoo P, Vasconcellos K. What is the best pre-operatve risk stratification tool for major adverse cardiac events following elective vascular surgery? A prospective observational cohort study evaluating pre-operative myocardial ischaemia monitoring and biomarker analysis. *Anaesthesia* 2012;67:389-95.
41. Morrison RS, Chassin MR, Siu AL et al. The medical consultant's role in caring for patients with hip fracture. *Ann Intern Med* 1998;128:1010-20.
42. Chong CP, Gaal WJ, Ryan JE et al. Does cardiology intervention improve mortality for post-operative troponin elevations after emergency orthopaedic-geriatric surgery? A randomized controlled study. *Injured* 2012 July;43(7):1193-98.
43. Kathiresan S, Servoss SJ, Newell JB et al. Cadiac troponin elevation after coronary artery bypass grafting is associated with increased one-year mortality. *Am J Cardiol* 2004;94:879-81.
44. Lurati-Buse GA, Koller MT, Grapow M et al. Th prognostic value of troponine release after adult cardiac surgery: A meta-analysis. *Eur J Cardiothorac Surg* 2010;37:399-406.
45. Thielmann M, Neuhauser M, Marr A et al. Predictors and outcomes of coronary artery bypass grafting in ST elevation myocardial infarction. *An Thorac Surg* 2007;84:17-24.
46. Thielmann M, Massoudy P, Neuhauser M et al. prognostic value of preoperative cardiac troponin I in patients undergoing emergency coronary artery bypass surgery with non-ST-elevation or ST-elevation acute coronary syndromes. *Circulation* 2006;114(Suppl I):I-448-53.

47. Lim CCS, Cuculi F, Gaal WJ et al. Early diagnosis of perioperative myocardial infarction after coronary bypass grafting: A study using biomarkers and cardiac magnetic resonance imaging. *Ann Thorac Surg* 2011;92:2046-53.
48. Landoni G, Pappalardo FF, Calabro MG et al. Myocardial necrosis biomarkers after different cardiac surgical operations. *Minerva Anesthesiol* 2007;73:49-56.
49. Landoni G, Biondi-Zoccai GG, Zangrillo A et al. Desflurane and sevoflurane in cardiac surgery: A meta-analysis of randomized clinical trials. *J Cardiothorac Vasc Anesth* 2007;21:502-11.
50. Landoni G, Fochi O, Tritapepe L et al. cardiac protection by volatile anesthetics. A review. *Minerva Anestesiol* 2009;75:269-73.
51. Vermes E, Mesguich M, Houel R et al. Cardiac troponin I release after open heart surgery: A marker of myocardial protection? *Ann Thorac Surg* 2000;70:2087-90.
52. Fellahi JL, Léger P, Philippe E et al. Pericardial cardiac troponin I release after coronary artery bypass grafting. Anesth Analg 1999;89:829-34.
53. Devereaux PJ, Xavier D, Pogue J et al. Characteristics and short-term prognosis of perioperative myocardial infarction in patients undergoing noncardiac surgery. *Ann Inter Med* 2011;154:523-28.
54. Paparella D, Scrascia G, Paramythiotis A et al. Preoperative cardiac troponin I to assess midterm risks of coronary bypass grafting operations in patients with recent myocardial infarction. *Ann Thorac Surg* 2010;89:696-703.
55. Tritapepe L, De S, Vitale D et al. Levosimendan pre-treatment improves outcomes in patients undergoing coronary artery bypass graft surgery. *Br J Anaesth* 2009;102:198-204.
56. Landoni G, Mizzi A, Biondi-Zoccai G et al. Reducing mortality in cardiac surgery with Levosimendan: a meta-analysis of randomized controlled trials. *J Cardiothorac Vasc Anesth* 2010;24:51-57.
57. Fleisher LA, Beckman JA, Brown KA et al. ACC/AHA 2007 guidelines on perioperative cardiovascular evaluation and care for noncardiac surgery: executive summary: a report of the american college of cardiology/american heart association task force on practice guidelines (Writing Committee to Revise the 2002 Guidelines on Perioperative Cardiovascular Evaluation for Noncardiac Surgery): developed in collaboration with the American Society of Echocardiography, American Society of Nuclear Cardiology, Heart Rhythm Society, Society of Cardiovascular Anesthesiologists, Society for Cardiovascular Angiography and Interventions, Society for Vascular Medicine and Biology and Society for Vascular Surgery. *Circulation* 2007;116:1971-96.
58. Poldermans D, Bax JJ, Boersma E et al. Guidelines for preoperative cardiac risk assessment and perioperative cardiac management in non-cardiac surgery: the Task Force for Preoperative Cardiac Risk Assessment and Perioperative Cardiac Management in Non-cardiac Surgery of the European Society of Cardiology (ESC) and European Society of Anaesthesiology (ESA). *Eur H J* 2009;30:2769-812.

Capítulo 16

FIBRILAÇÃO ATRIAL NO PACIENTE CRÍTICO

Daniela Beraldo Silva Mendes
Leonardo Baumworcel

FIBRILAÇÃO ATRIAL AGUDA NO PÓS-OPERATÓRIO DE CIRURGIA CARDÍACA

A fibrilação atrial aguda (FAA) ocorre frequentemente no pós-operatório de cirurgia cardíaca (CC) e tem sido descrita em uma incidência em torno de 15 a 40% em pacientes em pós-operatório de revascularização miocárdica; 37-50% pós-cirurgia valvar e cerca de 60% nos casos associados.[1-4] A incidência de FA neste cenário pós-operatório está aumentando, talvez mais relacionada com o aumento da idade dos pacientes cirúrgicos do que pelos fatores técnicos propriamente ditos.[5] Grande parte dos estudos aponta a FAA como responsável pelo aumento no tempo de internação e na mortalidade hospitalar nos pacientes submetidos à revascularização miocárdica.[2-4,6-8] O pico da incidência é do 2º para o 3º dia de pós-operatório, sendo que em cerca de 40% dos pacientes ocorre mais de um episódio.[1,2,6] Em contrapartida, o *flutter* atrial costuma ser uma complicação mais tardia do PO de CC. Nesses pacientes ocorre o mecanismo de reentrada que envolve estímulos atípicos entre barreiras naturais; incisões atriais; cicatrizes e o istmo cavotricuspídeo.[9,10]

Definição

FA é definida como uma arritmia cardíaca com as seguintes características:

- Presença de intervalo RR absolutamente irregular no eletrocardiograma (ECG), ou seja, o intervalo RR não apresenta nenhum padrão de repetição.

- Não se observa onda P no ECG, ressaltando a possibilidade de encontrarmos alguma irregularidade na linha de base do traçado, correspondendo à atividade atrial, principalmente em V1, com uma frequência em torno de 300 bpm.

A fisiopatologia da FAA no PO de CC decorre de prováveis alterações degenerativas preexistentes, associadas a anormalidades eletrofisiológicas do período peroperatório, como a dispersão da refratariedade atrial; alteração da velocidade de condução e do potencial transmembrana.[11]

Existem diversos fatores e condições clínicas associadas à cirurgia, que aumentam a sua incidência. O papel desempenhado por cada um desses fatores individualmente é ainda incerto:

- Pericardite.
- Lesão atrial associada à manipulação ou sua canulação.
- Distensão atrial aguda por sobrecarga de volume ou de pressão.
- Inadequada cardioproteção.
- Isquemia atrial.
- Estado hiperadrenérgico.
- Complicações pulmonares.
- Hipocalemia e hipomagnesemia.[12,13]
- Inflamação pós-circulação extracorpórea.

A incidência de fibrilação atrial é descrita, em diversos estudos, como menor nos pacientes submetidos à cirurgia cardíaca sem circulação extracorpórea (CEC), provavelmente por induzir menos inflamação.[14,15]

Fatores de Risco[2,4,11]

São fatores de risco bem conhecidos para o desenvolvimento de FA no pós-operatório de CC:

- Idade, os pacientes idosos têm maior propensão a desenvolver tal arritmia.
- História prévia de fibrilação atrial.
- Doença valvar mitral (particularmente estenose mitral).
- Aumento do átrio esquerdo ou cardiomegalia.
- Tempo de CEC prolongado.
- DPOC.
- Obesidade.
- Ausência do uso de betabloqueador previamente.
- Uso crônico de digital.
- BNP alto no pré-operatório.
- Estenose de artéria coronária direita.

Apesar de todos estes fatores descritos, nenhum possui o poder preditivo adequado de identificar o risco individual de desenvolver FAA no PO de CC. A camada adiposa epicárdica, da janela aortopulmonar, contém gânglios parassimpáticos. Há controvérsia se a preservação de tal camada poderia diminuir o risco de FAA no PO de CC.[16,17] Nos pacientes sem história prévia de arritmia atrial; a fibrilação atrial usualmente é autolimitada, revertendo na média em até 12 horas, em mais de 90% dos pacientes. Aparentemente, a administração de antiarrítmicos não parece alterar tal evolução.[18] A fibrilação atrial no pós-operatório de cirurgia cardíaca está associada ao aumento da incidência de AVC isquêmico intra-hospitalar[3,4,7] e o tratamento profilático

Fibrilação Atrial no Paciente Crítico

não diminui tal incidência possivelmente pela associação de comorbidades como: idade avançada, AVC prévio, doença carotídea, doença vascular periférica e tempo de CEC.[19,20] A fibrilação atrial está mais associada ao AVC quando é acompanhada por baixo débito cardíaco.[20] Além disso, como a presença de fibrilação atrial e ou *flutter* atrial no pré-operatório está associada à menor sobrevida em 5 e 10 anos, tem sido sugerido o emprego da ablação por radiofrequência adicional à revascularização miocárdica.[21]

Prevenção

Medidas profiláticas podem diminuir substancialmente a incidência da FAA pós CC. A profilaxia é empregada, especialmente, nos pacientes com diversos fatores de risco para desenvolver tal arritmia.[1] O betabloqueador é a terapia profilática mais usada.[1,2,22,23] Diminui a incidência para 12-16% após revascularização, 15-20% após cirurgia valvar;[22] e além disso também diminui a resposta ventricular nos pacientes em ritmo sinusal e mesmo naqueles com arritmia. O benefício do seu emprego é observado quando iniciado previamente ou logo após a cirurgia; independente da dose ou do agente administrado. É recomendação iniciar o seu uso após a cirurgia, assim que possível nos pacientes sem contraindicação.[24] O agente bloqueador β_1 seletivo parece ser mais seguro nos pacientes com componente de reatividade brônquica. O tempo do uso do tratamento profilático é incerto, mas grande parte dos pacientes requer seu uso por tempo indeterminado, para o tratamento de outras comorbidades (insuficiência cardíaca, hipertensão, infarto do miocárdio).[24]

O sotalol é um antiarrítmico da classe III com atividade betabloqueadora que também diminui a incidência de fibrilação atrial e segundo alguns estudos é mais eficaz que o betabloqueador,[25] fato não confirmado em metanálise.[26] Já a amiodarona oferece proteção similar ao betabloqueador e ao sotalol; também diminui a incidência de arritmias ventriculares e AVC. Estudos mostram diminuição da incidência de arritmias no per e pós-operatório,[26] mas com maior necessidade do uso do marca-passo e alargamento do QT. Portanto; seu uso é limitado decorrente do maior número de efeitos adversos; sendo indicada para os pacientes com contra indicação ao uso do betabloqueador e alto risco de desenvolver FAA no PO de CC (história prévia de FA e cirurgia valvar mitral).[27] A digoxina parece não prevenir a FA, mas pode adicionar eficácia ao tratamento com betabloqueadores.[28] Há estudos controversos sobre a diminuição da incidência de FAA no PO de CC envolvendo o uso de sulfato de magnésio, estatinas, IECAS, corticoides, acetilcisteína e nitroprussiato.[2,29-33]

Como terapia não farmacológica, o emprego do marca-passo atrial vem sendo examinado em diferentes estudos para prevenir fibrilação atrial e, na maior parte deles, mostra significativa redução da sua incidência.[26]

Estudo recente abordou o aspecto inflamatório da FA no pós-operatório de CC. Esse estudo randomizado e multicêntrico (*Copps Trial*, N = 336) demonstrou o papel protetor da colchicina, mesmo quando administrada a partir do 3º pós-operatório da cirurgia cardíaca. A incidência de FAA no 1º mês nesse estudo foi de 12% nos pacientes tratados com colchicina, comparada com 22% no grupo-controle (P < 0,05, com NNT de 11).[34] Além disso, essa medida simples não apresentou efeitos colaterais na dose de 1 mg 2 vezes ao dia no 1º dia, seguida de 0,5 mg, 2 vezes ao dia a partir de então, e resultou em diminuição significativa no tempo de internação.

Tratamento

Em linhas gerais, o tratamento profilático pode diminuir a incidência de fibrilação atrial em cerca de 50%.[26] O tratamento é similar ao utilizado em outras circunstâncias, com a exceção que a terapia supressiva não é necessária por um longo tempo em razão do curso autolimitado da arritmia neste contexto. Em 80% dos pacientes, ocorre reversão espontânea em até 24 horas e em 90%, no período de 6 a 8 semanas.[1,18]

Como opções terapêuticas, há o controle da frequência cardíaca *versus* a cardioversão química ou elétrica.[35] O controle da frequência cardíaca, em decorrência de história natural da doença é efetivo e seguro,[36] sendo mais bem alcançado com os betabloqueadores.[18] Também diminuem a resposta ventricular, os bloqueadores de canal de cálcio e os digitálicos, mas com menor efetividade.

A cardioversão elétrica (CVE) é bem tolerada, mas geralmente desnecessária decorrente do curso autolimitado e a alta taxa de recorrência da arritmia, sendo indicada para os pacientes instáveis ou muito sintomáticos.[37] Nos casos refratários à CVE transtorácica, pode ser considerada a desfibrilação interna de baixa energia, com eletrodos epicárdicos ou transvenosos, ou ainda a administração de antiarrítmicos antes de nova tentativa de CVE.[38] A cardioversão química, por sua vez, é realizada com drogas antiarrítmicas da classe IA, IC ou III; com eficácia similar entre elas, restaurando o ritmo sinusal em 40-60% dos casos.[39]

Anticoagulação

Os riscos de eventos embólicos são maiores à medida que aumenta a duração da arritmia e os fatores de risco do paciente, dentre eles, doença reumática mitral, tromboembolismo prévio, hipertensão arterial sistêmica, insuficiência cardíaca e diabetes melito.[35] Os pacientes que desenvolvem FAA no PO de CC possuem um significativo aumento no risco de desenvolver AVC intra-hospitalar; provavelmente mais pelo somatório de comorbidades do que pela arritmia propriamente, pois o tratamento profilático diminui a incidência da arritmia, mas não do AVC.[20,26]

O papel da anticoagulação é incerto pelo maior risco de sangramento no pós-operatório imediato. Estes pacientes necessitam de maior vigilância, pela possibilidade maior risco de derrame pericárdio e tamponamento cardíaco.[40] Nos pacientes de alto risco para eventos embólicos e que apresentam fibrilação atrial com mais de 48 horas de duração, é recomendada anticoagulação oral, com antagonistas da vitamina K, por 4 semanas após reversão para ritmo sinusal. Naqueles casos em que a FA tor-

Fibrilação Atrial no Paciente Crítico

na-se permanente, manter por tempo indefinido a anticoagulação oral. Nos pacientes com risco maior de eventos embólicos recomenda-se o uso da heparina até o ajuste do INR (entre 2-3), se os riscos de sangramento forem considerados aceitáveis.[24]

O paciente que cursa com FAA no PO de CC, geralmente, recebe alta hospitalar em ritmo sinusal com o uso de droga antiarrítmica. No entanto, reavaliações nas semanas seguintes devem envolver a realização de Holter para melhor caracterizar o comportamento da arritmia.

FIBRILAÇÃO ATRIAL NO PACIENTE CRÍTICO NÃO CARDÍACO

A fibrilação atrial (FA) é a arritmia cardíaca mais comum, ocorrendo em 1-2% da população geral. Espera-se que a prevalência da FA dobre nos próximos 50 anos, à medida que a população envelhece. No ambiente de terapia intensiva, a FA tem atraído grande atenção decorrente da frequência com que ocorre, e também seu prognóstico.[41] O risco de desenvolver FA no ambiente de terapia intensiva é maior do que o risco da população geral, mas difere com cada perfil de UTI. O risco estimado é em torno de 4 a 9% na população de paciente em terapia intensiva, comparado, por exemplo, a incidência de cerca de 30-40% nos pacientes em pós-operatório de cirurgia cardíaca, como demonstrado acima.[42] Annane *et al.*, estudando mais de 1.300 pacientes em UTIs gerais da Europa, descreveram incidência de FA de 8% e, embora a mortalidade tenha sido maior neste grupo, quando comparado com o grupo-controle (29 *vs.* 17%, OR 1,95, IC 1,27-3,01), após análise multivariada, a presença da taquiarritmia supraventricular não foi causa independente de mortalidade. Já em pacientes com choque séptico, a incidência de FA pode alcançar mais de 40%, como descrito em outra série que descreveu FA em pacientes clínicos. Neste estudo, a FA também não estava associada, independentemente, a maior mortalidade.[43,44]

No entanto, sabemos que, no geral, o potencial risco em desenvolver FA é corroborada pelos seguintes dados:

A) A FA confere um risco 5 vezes maior de AVC.
B) Um a cada cinco eventos de AVC atribui-se à FA.
C) O AVC relacionado com FA pode ser fatal.
D) Os pacientes que sobrevivem a este evento normalmente apresentam uma morbidade maior do que aqueles que apresentam AVC relacionados com outras causas.

É comprovado, também, que o risco de morte decorrente de um AVC relacionado com uma FA é o dobro daqueles relacionado com outras causas, além de carregar consigo maior custo para o sistema de saúde. Por fim, a maioria dos pacientes que manifesta FA apresenta uma progressão para a forma permanente, caso nenhuma intervenção seja adotada.

Outro fator associado a aumento da sua incidência e para o risco das suas complicações é a hipertensão arterial. Algumas situações inerentes ao ambiente de terapia intensiva também parecem estar relacionados com o surgimento e a gravidade de suas complicações, como a inflamação que ocorre, por exemplo, no choque, na sepse e nos estados pós-operatório de grandes cirurgias.[45]

Classificação

Clinicamente, a FA deve ser classificada em cinco tipos, considerando-se o seu prognóstico. Todo paciente que apresenta FA pela primeira vez é considerado como FA nova, independente do tempo da duração ou das complicações. FA paroxística é aquela que termina espontaneamente, usualmente em 48 horas, apesar dos paroxismos poderem durar até 7 dias. O marco de 48 horas é importante em decorrência do manejo clínico. A FA persistente é aquela cuja duração é maior do que 7 dias, ou aquela que necessita de uma cardioversão para sua reversão, seja esta química ou elétrica. Quando a doença dura mais de 1 ano e se decide pelo controle de ritmo, ela é considerada de longa permanência. O último tipo é a FA permanente, que é definitiva e opta-se por adotar uma estratégia de controle de frequência e não mais objetiva-se a reversão.[46]

Diagnóstico Clínico e Laboratorial

A presença de um pulso irregular deve sempre levantar a hipótese de FA. Assim, é necessária a realização de um ECG para confirmar o diagnóstico. Qualquer arritmia que apresenta as características da FA evidenciadas no ECG padrão de 12 derivações, ou que dure mais que 30 segundos, deve ser considerada FA. Todo paciente que interna com suspeita de AVC ou ataque isquêmico transitório deve ser investigado quanto à presença ou paroxismos de FA.

Os exames complementares que ajudam na propedêutica da FA incluem ecocardiograma para avaliar:

A) A função do ventrículo esquerdo.
B) Doenças valvares.
C) O padrão dos átrios (diâmetro e volume).
D) A presença de doenças congênitas. A função tireoidiana, hemograma, eletrólitos, função renal e avaliação da atividade inflamatória, por intermédio da PCR, são outras variáveis que contribuem nas tomadas de decisões.

Avaliação

Todo paciente com FA deve ter sua história colhida com riqueza de detalhes para poder definir em qual situação clínica ela está associado, como a insuficiência cardíaca (IC), problemas pulmonares, hipertensão mal controlada, ou hipertireoidismo. Além disso, devem-se investigar suas consequências já impostas, como baixo débito, angina ou congestão por hipodiastolia ventricular. Na próxima etapa de avaliação, devem-se investigar quando os sintomas começaram a ocorrer ou quando a arritmia foi diagnosticada pela primeira vez. Essa preocupação surge porque os pacientes que apresentam

Fibrilação Atrial no Paciente Crítico

esta arritmia com menos de 48 horas possuem uma menor chance de ter trombos intracavitários decorrentes da estase de sangue nos átrios e podem ser candidatos à cardioversão direta, sem a necessidade de um ecocardiograma transesofágico (ETE). No caso de não se conseguir precisar o início do quadro ou este ocorrer há mais de 48 horas e se opte pelo controle do ritmo, será necessária a realização de um ETE antes da cardioversão.[47] Os pacientes que apresentam FA e sinais de insuficiência cardíaca aguda, principalmente sinais de choque, merecem o controle rápido da arritmia, usualmente com cardioversão elétrica, antes da propedêutica usual para FA. Deve-se ressaltar que a terapia para uma causa precipitante deve ser iniciada antes de cardioversão em pacientes estáveis, pois isso pode resultar em reversão ao ritmo sinusal.

Conduta

Inicialmente deve-se focar no controle dos sintomas e nos riscos associados a esta arritmia. Então, é necessário estimar o risco de AVC decorrente da FA e o risco de sangramento decorrente da possibilidade da necessidade de anticoagulação. Vale salientar que todas as diretrizes sobre FA dizem respeito ao cenário do paciente cardiológico, e não exatamente o paciente crítico séptico, em choque, DMOS ou em pós-operatório de grandes cirurgias. Assim, muito do que fazemos é extrapolado da literatura cardiológica. A FA que ocorre particularmente nos pacientes críticos, excetuando-se o pós-operatório de cardíaca, é pouquíssimo estudada, e poucos são os trabalhos que abordam este tema.[48] Ao nos confrontarmos com pacientes críticos em FA, geralmente idosos, vivendo uma resposta inflamatória exacerbada, em estado de choque, ou recém-operados, veremos que é limitada a aplicabilidade das medidas diagnósticas e terapêuticas das diretrizes, como a anticoagulação e mesmo a reversão para o ritmo sinusal. Além disso, muitas das medidas terapêuticas nem sequer foram testadas neste cenário,[48,49] e é bem possível que o desenvolvimento de FA em pacientes em choque séptico, por exemplo, seja preferencialmente um marcador de gravidade.[49] Tendo em mente essas questões, seguem adiante medidas gerais que devem ser individualizadas no contexto do paciente crítico.

A avaliação do risco de AVC compreende a análise de vários fatores, que podem ser encontrados em alguns escores de risco. O CHADS2 é um escore desenvolvido pelo AF *Investigators and Stroke Prevention in Atrial Fibrillation* (SPAF) *Investigators criteria*, e é fundamentado no somatório dos pontos da seguinte forma: dois pontos caso apresente história de AVC ou AIT e um ponto caso apresente idade superior a 75 anos, hipertensão arterial, diabetes ou insuficiência cardíaca. Os pacientes com mais de dois pontos beneficiam-se da anticoagulação com marevan caso não existam outras contraindicações. Os pacientes com 1 a 2 pontos apresentam risco intermediário, logo podem ser anticoagulados, ou usar somente antiplaquetários dependendo do caso. Já os pacientes com pontuação de 0 a 1 são de baixo risco, podendo ser tratados somente com antiplaquetários.[50]

O risco de sangramento deve ser avaliado antes do início da anticoagulação. Assim como para avaliação do risco de AVC, o risco de sangramento pode ser avaliados por diversos escores. O HAS-BLED é um desses escores. Os pacientes que apresentam mais do que três pontos são considerados de alto risco e devem ser anticoagulados com mais cautela. Cada uma das seguintes situações soma um ponto: hipertensão não controlada, doença hepática crônica, disfunção renal (Creat > 2,3, diálise ou transplante renal), AVC prévio, sangramento em atividade, labilidade do INR, idade superior a 65 anos e uso de álcool ou drogas como antiagregantes e anti-inflamatórios.[51]

Portanto, o tratamento da fibrilação apresenta três componentes, quais sejam:

1. O controle da frequência cardíaca.
2. A reversão para ritmo sinusal.
3. A prevenção do AVC.

Como já mencionado anteriormente, a presença de instabilidade clínica deve ser tratada com cardioversão elétrica. Quatro circunstâncias exigem a cardioversão urgente: isquemia ativa (sintomática ou evidência eletrocardiográfica), evidência de hipoperfusão, manifestações graves de insuficiência cardíaca (incluindo edema pulmonar) e a presença de síndrome de preexcitação (pois pode conduzir a uma frequência ventricular extremamente rápida, decorrente da presença de uma via acessória). Nessas situações, a restauração para o ritmo sinusal normal tem precedência sobre a necessidade de proteção de risco tromboembólico. Anticoagulação endovenosa com heparina deve ser iniciada, mas não deve causar atraso na cardioversão.

Na ausência de instabilidade e caso a arritmia tenha iniciado há menos de 48 horas, dar preferência para a cardioversão química, e em caso de falha, a cardioversão elétrica. O antiarrítmico mais utilizado para cardioversão química é a amiodarona, com a dose de ataque inicial de 300 mg seguida pela manutenção venosa de 1,2-1,8 g por dia. Após alguns dias de tratamento endovenoso, normalmente, segue-se uma fase de impregnação oral com 600-800 mg, até completar uma dose cumulativa de 10 g. No caso de pacientes sem doença cardíaca estrutural, pode-se tentar a cardioversão com propafenona. Em geral, quando o episódio de FA ocorre isoladamente, sem instabilidade clínica e com reversão do fator precipitante, não há necessidade de terapia de manutenção. Caso a arritmia tenha iniciado-se há mais de 48 horas, duas opções terapêuticas são possíveis, a primeira seria o controle da frequência com bloqueadores do canal de cálcio ou betabloqueadores, e em menor extensão pode ser utilizado digital ou amiodarona. A segunda opção seria o controle do ritmo, e assim reverter a FA após a exclusão da existência de trombos com ETE. Esta pode ser feita tanto por via química, com amiodarona, ou elétrica. A anticoagulação com heparina não fracionada ou de baixo peso molecular deve ser iniciada caso não exista contraindicação, seguida da manutenção com anticoagulante oral, lembrando-se da avaliação caso a caso.[52]

REFERÊNCIAS BIBLIOGRÁFICAS

1. Maisel WH, Rawn JD, Stevenson WG. Atrial fibrillation after cardiac surgery. *Ann Intern Med* 2001;135:1061.
2. Mathew JP, Fontes ML, Tudor IC *et al.* A multicenter risk index for atrial fibrillation after cardiac surgery. *JAMA* 2004;291:1720.
3. Villareal RP, Hariharan R, Liu BC *et al.* Postoperative atrial fibrillation and mortality after coronary artery bypass surgery. *J Am Coll Cardiol* 2004;43:742.
4. Creswell LL, Schuessler RB, Rosenbloom M *et al.* Hazards of postoperative atrial arrhythmias. *Ann Thorac Surg* 1993;56:539.
5. Diretriz de Fibrilação Atrial da Sociedade Brasileira de Cardiologia. *Arq Bras Cardiol* 2009;92(6 Supl 1):24.
6. Aranki SF, Shaw DP, Adams DH *et al.* Predictors of atrial fibrillation after coronary artery surgery. Current trends and impact on hospital resources. *Circultion* 1996;94:390.
7. Almassi GH, Schowalter T, Nicolosi AC *et al.* Atrial fibrillation after cardiac surgery: a major morbid event. *Ann Surg* 1997;226:501.
8. Quader MA, McCarthy PM, Gillinov AM *et al.* Does preoperative atrial fibrillation reduce survival after coronary artery bypass grafting. *Ann Thorac Surg* 2004;77:1514.
9. Verma A, Marrouche NF, Seshadri N *et al.* Importance of ablating all potential right atrial flutter circuits in postcardiac surgery patients. *J Am Coll Cardiol* 2004;44:409.
10. Seiler J, Schmid DK, Irtel TA *et al.* Dual. loop circuits in postoperative atrial macro re. entrant tachucardias. *Heart* 2007;93:325.
11. Cox JL. A perspective of postoperative atrial fibrillation in cardiac operations. *Ann Thorac Surg* 1993;56:405.
12. Wahr JA, Parks R, Boisvert D *et al.* Preoperative serum potassium levels and perioperative outcomes in cardiac surgery patients. Multicenter Study of Perioperative Ischemia Research Group. *JAMA* 1999;281:2203.
13. Aglio LS, Stanford GG, Maddi R *et al.* Hypomagnesemia is common following cardiac surgery. *J Cardiothorac Vasc Anesth* 1991;5:201.
14. Tomic V, Russwurm S, Moller E *et al.* Transcriptomic and proteomic Patterns of systemic inflammation in on. pump and off. pump coronaru artery bypass grafting. *Circulation* 2005;112:2912.
15. Wijeysundera DN, Beattie WS, Djaiani G *et al.* Off. pump coronary artery surgery for reducing mortalitu and morbidity: meta. analusis of randomized and observational studies. J Am Coll Cardiol 2005;46:872.
16. Singh S, Johnson PI, Lee RE *et al.* Topography of cardiac ganglia in the dult human heart. *J Thorac Cardiovasc Surg* 1996;112:943.
17. Cummings JE, Gill I, Akhrass R *et al.* Preservation of the anterior fat pad paradoxically decreases the incidence of postoperative atrial fibrillation in humans. *J Am Coll Cardiol* 2004;43:994.
18. Lee JK, Klein GJ, Krahn AD *et al.* Rate. control versus conversion strategy in postoperative atrial fibrillation: a prospective, randomized pilot study. *Am Heart J* 2000;140:871.
19. Reed GL 3rd, Singer DE, Picard EH *et al.* Stroke following coronary. artery bypass surgery. A caase control estimate of the risk from carotid bruits. *N Engl J Med* 1988;319:1246.
20. Hogue Jr CW, Murphy SF, Schechtman KB *et al.* Risk factors for early or delayed stroke after cardiac surgery. *Circulation* 1999;100:642.
21. Jones RH. The year in cardiovascular surgery. *J Am Coll Cardiol* 2005;45:1517.

22. Crystal E, Connolly SJ, Sleik K et al. Interventions on prevention of postoperative atrial fibrillation in patients undergoing heart surgery: a meta. analysis. *Circulation* 2002;106:75.
23. Khuri SF, Okike On, Josa M et al. Efficacy of nadolol in preventing supraventricular tachycardia after coronary artery bypass grafting. *Am J Cardiol* 1897;60:51D.
24. Eagle KA, Guyton RA, Davidoff R et al. ACC. AHA 2004 guideline update for coronary artery bypass graft surgery: summary article. A report of the American College of Cardiology. American Heart Association Task Force on Practice Guidelines (Committee to Update the 1999 Guidelines for Coronary Artery Bypass Graft Surgery). *J Am Coll Cardiol* 2004;44:e2113.
25. Gomes JA, Ip J, Santoni-Rugiu F et al. Oral sotalol reduces the incidence of postoperative atrial fibrillation in coronary artery bypass surgery patients: a randomized, double. blind, placbo. controlled study. *J Am Coll Cardiol* 1999;34:334.
26. Crystal E, Garfinkle MS, Connolly SS et al. Interventions for preventing post. operative atrial fibrillation in patients undergoing heart sugery. *Cochrane Database Syst Rev* 2004 Oct. 18;(4):CD003611.
27. Mitchell LB, Exner DV, Wyse DG et al. Profhylactic oral amiodarone for the prevention of arrhythmias that begin early after revascularization, valve replacement, or repair: PAPABEAR: a randomized controlled trial. *JAMA* 2005;294:3093.
28. Kowey PR, Taylor JE, Rials SJ et al. Meta. analysis of the effectiveness of prophylactic drug terapy in preventing supraventricular arrhythnmia early after coronary artery bypass grafting. *Am J Cardiol* 1992;69:963.
29. Shiga T, Wajima Z, Inoue T et al. Magnesium prophylaxis for arrhythmias after cardiac surgery a meta. anlysis of randomized controlled trials. *Am J Med* 2004;117:325.
30. Patti G, Chello M, Candura D et al. Randomized trial of atorvastatin for reduction of postoperative atrial fibrillation in patients undergoing cardiac surgery: results of the ARMYDA. 3 (Atorvastatin for Reduction of Myocardial Dysrhythmia After cardiac surgery) study. *Circulation* 2006;114:1455.
31. Ozaydin M, Peker O, Erdogan D et al. N. acetylcysteine for the prevention of postoperative atrial fibrillation: a prospective, randomized, placebo. controlled pilot study. *Eur Heart J* 2008;29:625.
32. Cavolli R, Kaya K, Aslan A et al. Does sodium nitroprusside decrease the incidence of atrial fibrillation after myocardial revascularization a pilot study. *Circulation* 2008;118:476.
33. Ho KM, Tan JA. Benefits and risks of corticosteroid prophylaxis in adult cardiac surgery: a dose. response meta. analysis. *Circulation* 2009;119:1853.
34. Imazio M, Brucato A, Ferrazzi P et al. Colchicine reduces postoperative atrial fibrillation: results of the Colchicine for the Prevention of the Postpericardiotomy Syndrome (COPPS) atrial fibrillation substudy. *Circulation.* 2011; 124(21):2290-95.
35. Fuster V, Ryden LE, Cannom DS et al. ACC. AHA. ESC 2006 Guideline for the Management of Patients with Atrial Fibrillation Report of the American College of Cardiology. American Heart Associaion Task Frce on Practice Guidelines and the European Society of Cardiology Committee for Practice Guidelines (Writing omittee to Revise the 2001 Guidelines for the Management of Patients With Atrial Fibrillation). *J Am Coll Cardiol* 2006;48:e149.
36. Solomon AJ, Kouretas PC, Hopkins RA et al. Early discharge of patients with new. onset atrial fibrillation after cardiovascular sugery. *Am Heart J* 1998;135:557.

37. Waldo AL, MacLean WA, Cooper TB *et al.* Use of temporarily placed epicardial atrial wire electrodes for the diagnosis and treatment of cardiac aarrythmias following open. heart surgery. *J Thorac Cardiovasc Surg* 1978;76:500.
38. Nichol G, McAlister F, Pham B *et al.* Meta. analysis of randomized controlled trials of the effectiveness of antiarrhythmic agents at promoting sinus rhythm in patients with atrial fibrillation. *Heart* 2002;87:535.
39. Liebold A, Wahba A, Birnbaum DE. Low energy cardioversion with epicardial wire electrodes:new treatment of atrial fibrillation after open heart sugery. *Cirulation* 1998;98:883.
40. Malouf JF, Alam S, Gharzeddine W *et al.* The role of anticoagulation in the development of pericardial effusion and late tamponade after cardiac surgery. *Eur Heart J* 1993;14:1451.
41. Seguin P, Launey Y. Atrial fibrillation is not just an artefact in the ICU. *Critical Care* 2010;14:182.
42. Bender JS. Supraventricular tachyarrhythmias in the surgical intensiva care unit: an under. recognized event. *Am Surg* 1996;62:73-75.
43. Meierhenrich R, Steinhilber E, Eggermann C *et al.* Incidence and prognostic impact of new. onset atrial fibrillation in patients with septic shock: a prospective observational study. *Crit Care* 2010;14(3):R108.
44. Annane D, Sébille V, Duboc D *et al.* Incidence and prognosis of sustained arrhythmias in critically ill patients. *Am J Respir Crit Care Med* 2008;178(1):20-25.
45. Goss CH, Carson SS. Is severe associated with new. onset atrial fibrillation and stroke? *JAMA* 2011;306:2264-66.
46. Camm JC, Kirchhof P *et al.* Guidelines for the management of atrial fibrillation. *Eur Heart J* 2010;31:2369-429.
47. Klein AL, Grimm RA, Murray RD *et al.* Use of transesophageal echocardiography to guide cardioversion in patients with atrial fibrillation. *N Engl J Med* 2001;344:1411-20.
48. Kanji S, Stewart R, Fergusson DA *et al.* Treatment of new. onset atrial fibrillation in noncardiac intensive care unit patients: a systematic review of randomized controlled trials. *Crit Care Med* 2008;36(5):1620-24.
49. Seguin P, Launey Y. Atrial fibrillation is not just an artefact in the ICU. *Crit Care* 2010;14(4):182.
50. Gage BF, Waterman AD, Shannon W *et al.* Validation of clinical classification schemes for predicting strokes: results from the national registry of atrial fibrillation. *JAMA* 2001;285:2864-70.
51. Pisters R, Lane DA, Nieutwwlaat R *et al.* A novel user friendly score (HAS. BLED) to asses one. year risk major bleeding in atrial fibrillation patients: the Euro Heart Survey. *Chest* 2010 Nov.;138(5):1093-100.
52. Sleeswijk ME, Noord TV, Tulleken JE *et al.* Clinical review: treatment of new. onset atrial fibrillation in medical intesive care patients. a clinical framework. *Ciritical Care* 2007;11:233.

Capítulo 17

MONITORAÇÃO DA OXIGENAÇÃO TECIDUAL

Alexandre Marini Isola

INTRODUÇÃO

Os tecidos do organismo humano dependem do suprimento contínuo de oxigênio para que suas funções fisiológicas sejam mantidas.[1] Após chegar aos alvéolos, o oxigênio difunde-se para a corrente sanguínea e é transportado aos tecidos pelo sangue arterial. Ao chegar aos tecidos, o oxigênio é consumido no metabolismo da glicose com o objetivo de gerar energia em um processo que produz ATP e gás carbônico. O gás carbônico formado no metabolismo da glicose é retirado dos tecidos pelo sangue venoso e eliminado pelos pulmões. A troca de oxigênio por gás carbônico nos alvéolos é chamada de hematose, processo essencial para a vida. Nos paciente críticos, frequentemente ocorre redução da hematose, com consequentes prejuízos tanto para a oxigenação tecidual, quanto para a eliminação de gás carbônico. A redução da oxigenação tecidual pode provocar disfunção de células, tecidos, órgãos e sistemas. A elevação do conteúdo de gás carbônico provoca acidose, que também pode provocar disfunção celular. Por este motivo, o profissional que trata de pacientes graves deve estar familiarizado com diagnóstico, monitoração e tratamento dos distúrbios envolvendo troca gasosa pulmonar. Detectar precocemente essas alterações, a fim de instituir condutas para sua correção, tem direta correlação, com o prognóstico do paciente crítico.

TROCA GASOSA PULMONAR

Uma das funções mais importantes dos pulmões é realizar a hematose contínua entre o ar inspirado e o sangue da circulação pulmonar com o objetivo de garantir a oxigenação tecidual e eliminação do gás carbônico.[1-3]

O ar ambiente no nível do mar é composto por nitrogênio (78,62%), oxigênio (20,84%), dióxido de carbono (< 1%) e vapor d'água (< 1%). Levando-se em consideração a pressão atmosférica ao nível do mar de 760 mmHg, a pressão parcial de oxigênio no ar ambiente é de aproximadamente 760 × 0,21 = 159 mmHg.

O ar seco, ao ser inspirado, é aquecido e umedecido, chegando ao alvéolo com uma composição diferente daquela do ar ambiente. Nos alvéolos de indivíduos jovens e sadios, a pressão parcial de oxigênio alveolar (PAO_2) está em torno 100 mmHg, a pressão parcial de gás carbônico alveolar ($PACO_2$) em torno de 40 mmHg e a pressão de vapor d'água (PVH_2O) em torno de 47 mmHg (Quadro 17-1).

Quadro 17-1 Comparação da composição do ar alveolar com o ar atmosférico

Gases	Ar atmosférico		Ar alveolar	
	Pressão parcial	Concentração	Pressão parcial	Concentração
N_2	597,0 mmHg	78,62%	569,0 mmHg	74,9%
O_2	159,0 mmHg	20,84%	104,0 mmHg	13,6%
CO_2	0,3 mmHg	0,04%	40,0 mmHg	5,3%
H_2O	3,7 mmHg	0,50%	47,0 mmHg	6,2%
Total	760,0 mmHg	100%	760,0 mmHg	100%

Os alvéolos e capilares pulmonares possuem paredes extremamente finas para permitir uma difusão rápida e eficiente do oxigênio e gás carbônico por meio da membrana alveolocapilar.[3-6] Apesar de o sangue permanecer em contato com o alvéolo por 0,7 segundo em condições de repouso, ele atinge a sua oxigenação máxima após completar apenas 1/3 deste tempo. Mesmo na presença de doença pulmonar cursando com restrição à difusão de gases, a oxigenação do sangue permanece normal em repouso. Porém, durante o exercício físico, o fluxo sanguíneo pulmonar é mais rápido, diminuindo o tempo para a troca gasosa e reduzindo a oxigenação tecidual. Por este motivo, os pacientes portadores de doença pulmonar com aumento da espessura da membrana alveoloarterial são incapazes de oxigenar o sangue no exercício da mesma forma que no repouso, gerando, assim, uma limitação da capacidade física. No agravamento da doença pulmonar pode ocorrer prejuízo na troca gasosa com consequente alteração na concentração sanguínea de oxigênio mesmo em repouso (Fig. 17-1).

Como o dióxido de carbono (CO_2) apresenta uma difusão através da membrana alveolocapilar bem mais rápida do que a de oxigênio, sua importância como marcador de troca gasosa entre sangue e alvéolo é menos relevante. Na realidade, o CO_2 é um bom marcador de ventilação alveolar, que é o principal determinante da sua concentração sanguínea.

A difusão de gases pela membrana é diretamente proporcional à sua área, diferença entre as pressões parciais do gás nos seus dois lados e inversamente proporcional à sua espessura. A difusão também depende da constante de difusibilidade que é diretamente proporcional à solubilidade do gás e inversamente proporcional ao seu peso molecular. A velocidade da troca dos gases pela membrana é determinada pela equação a seguir:

Monitoração da Oxigenação Tecidual

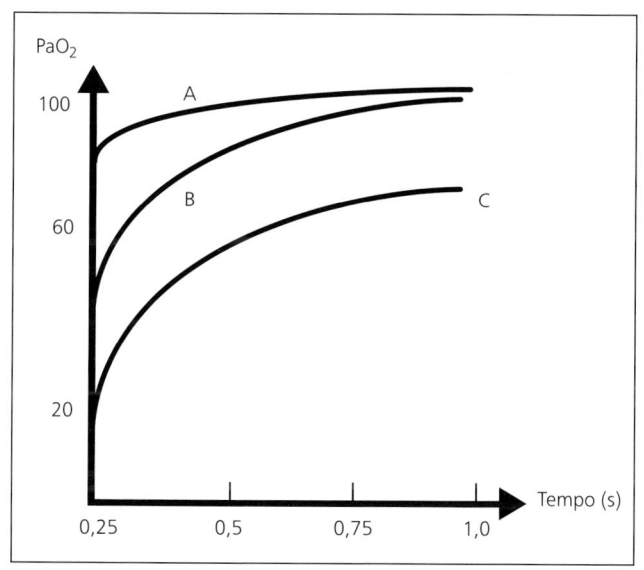

Fig. 17-1. Tempo de contato da hemácia com alvéolo × PaO_2. Na linha A, indivíduo normal. Na linha B, prejuízo nas trocas gasosas moderado, mas em repouso consegue manter a PaO_2. Na linha C, um caso mais grave, mesmo em repouso apresenta baixa PaO_2, piorando muito ao esforço.

$$Vgás = \alpha \frac{A}{T} D (P1-P2)$$

onde:

Vgás = velocidade de difusão do gás.
A = superfície de troca.
T = espessura da membrana de troca.
D = coeficiente de difusibilidade do gás (ver a seguir).
P1 – P2 = diferença de pressão do gás dos dois lados da membrana.

O coeficiente de difusibilidade (D), é particular de cada gás e pode ser obtido pela fórmula:

$$D = \frac{\text{Solubilidade do gás}}{\sqrt{\text{peso molecular}}}$$

O dióxido de carbono se difunde 20 vezes mais rápido que o oxigênio, que, por sua vez, difunde-se 2 vezes mais rápido que o nitrogênio. Como o oxigênio possui um coeficiente de difusibilidade bem mais baixo que o CO_2, ele necessita que a diferença de pressões parciais nos dois lados da membrana seja bem superior à diferença observada com o CO_2 para que a velocidade de difusão dos dois gases seja equivalente.

Surfactante

Como os alvéolos apresentam uma tendência natural de colapsar, os pneumócitos tipo II produzem o surfactante que diminui a tensão superficial do líquido intra-alveolar, permitindo que os alvéolos se mantenham abertos. Situações em que ocorre falta ou diluição do surfactante podem cursar com colapso alveolar e insuficiência respiratória como a doença da membrana hialina e a broncoaspiração. Como o surfactante começa a ser produzido apenas no final da gestação, crianças nascidas prematuramente podem apresentar um quadro de insuficiência respiratória grave por falta de surfactante nos seus pulmões. Uma situação comumente encontrada nas unidades de terapia intensiva é a broncoaspiração quando o material aspirado pode diluir o surfactante favorecendo o colapso alveolar, ao mesmo tempo em que produz uma intensa reação inflamatória com consequente edema na membrana alveolocapilar, prejuízo da troca gasosa e insuficiência respiratória aguda.

Relação Ventilação-Perfusão

Para que ocorra uma troca gasosa ideal é necessário que o volume de ar alveolar (V) seja próximo ao volume de sangue que passa pelo pulmão (Q). Essa relação é chamada de relação ventilação-perfusão (V-Q) que normalmente é próxima de 1. Se, por exemplo, a ventilação alveolar for de 4,2 L/minuto e o fluxo pulmonar de 5 L/minuto, a V-Q será de 4,2/5 ou 0,84, que é considerada dentro da faixa da normalidade.

Redução da relação entre ventilação-perfusão

A redução na relação V-Q é uma das causas de hipoxemia. Ocorre em situações como atelectasia ou consolidação alveolar, por exemplo, onde uma área é hipoventilada e normoperfundida. Quando uma área não é ventilada, mas permanece perfundida, recebe o nome de *shunt* que, na realidade, corresponde ao grau máximo da redução da relação V-Q produzindo uma relação V-Q = 0, o que igualmente leva a uma oxigenação incompleta do sangue e hipoxemia. O *shunt* ocorre fisiologicamente com o sangue das artérias brônquicas que se destinam à irrigação do parênquima pulmonar. Cerca de 1/3 do sangue da circulação venosa brônquica retorna ao átrio direito enquanto os restantes 2/3 retornam ao átrio esquerdo sem ser oxigenados pelo pulmão. O *shunt* nao fisiológico ocorre, por exemplo, em situações de colapso alveolar maciço resultando na presença de área normoperfundida e não oxigenada, resultando em hipoxemia. A hipoxemia secundária à presença de *shunt* não responde bem ao tratamento com oxigênio, porque nas áreas pulmonares bem ventiladas a hemoglobina encontra-se quase completamente saturada e uma oferta adicional de oxigênio não vai aumentar a saturação arterial e o conteúdo arterial de oxigênio. Na presença de *shunt*, uma oxigenação

Monitoração da Oxigenação Tecidual

adequada apenas pode ser restabelecida pela restauração da ventilação nas áreas hipoventiladas a partir de fisioterapia, uso de pressão expiratória final positiva (PEEP) ou mesmo CPAP, que recrutam áreas pulmonares colapsadas, permitindo ao alvéolo manter-se aberto e ativo na hematose.

Aumento da relação entre ventilação-perfusão

Por outro lado, a presença de hipoperfusão em uma área normoventilada caracteriza o efeito espaço-morto, que também exerce influência nas trocas gasosas. No desequilíbrio extremo da relação V-Q, uma área pulmonar que não receba perfusão apresentará o índice V-Q de valor infinito referido como *espaço morto alveolar* que em conjunto com o espaço morto anatômico forma o *espaço morto fisiológico*, áreas em que a troca gasosa não ocorre (Fig. 17-2).[3,4,7]

Assim sendo, os pulmões constituem-se em órgão de interface entre o sangue e os gases, sejam eles provenientes do ar ambiente ou aqueles oriundos do próprio metabolismo do organismo, atingindo um equilíbrio dinâmico de trocas que, se alterado, poderá ser tolerado até determinados limites de reserva funcional.[3,8]

O adequado entendimento da fisiologia das trocas gasosas é fundamental para se poder estabelecer o raciocínio clínico do dia a dia e, assim, as condutas mais adequadas frente aos dados obtidos com a monitoração das trocas gasosas.

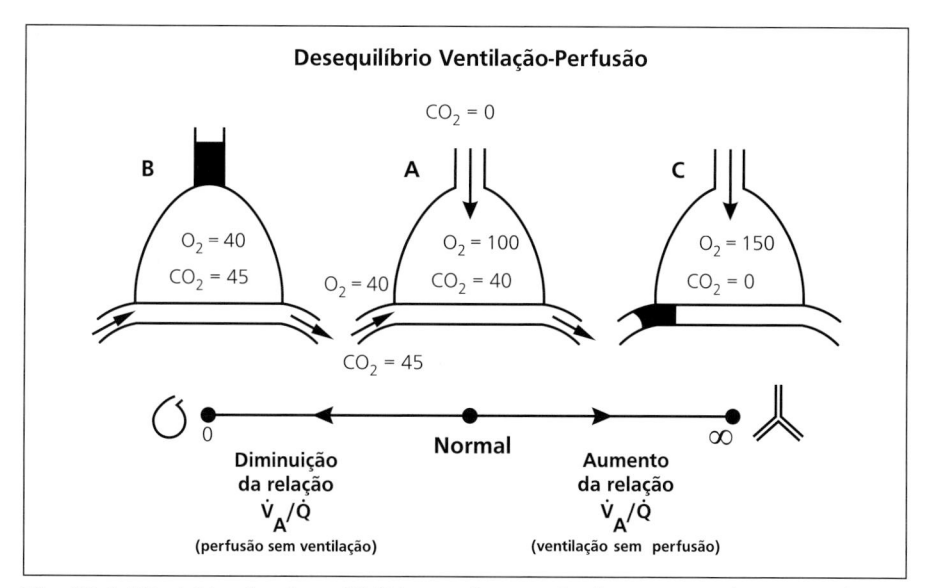

Fig. 17-2. Distúrbios da relação V-Q intrapulmonar, desde o *shunt* total até a ventilação de espaço morto alveolar.

OXIGENAÇÃO TECIDUAL

A oxigenação tecidual é determinada pelo fluxo de sangue e pela quantidade de oxigênio ofertados aos tecidos. A distribuição do sangue pelo organismo é controlada por alguns mecanismos, a saber:

A) Fluxo central ou sistêmico (débito cardíaco).
B) Fluxo regional (distribuição de fluxo entre os órgãos).
C) Fluxo microrregional (distribuição de fluxo dentro do órgão).

A hipoperfusão tecidual é o principal fator responsável pelo desenvolvimento e manutenção da síndrome da disfunção de múltiplos órgãos e sistemas (SDMOS). Essencialmente, em um estado de choque, há um desequilíbrio entre a oferta de O_2 e o seu consumo, levando a sofrimento tecidual, secundário à queda na concentração celular de oxigênio. Tal fato resulta em declínio da produção aeróbica de adenosina trifosfato (ATP) e consequente redução da velocidade das reações enzimáticas e funcionamento das organelas das quais a célula depende. Assim, a manutenção de um transporte de oxigênio adequado constitui-se em objetivo primário no tratamento de pacientes graves. Monitorar a medida da oxigenação tecidual é muito importante para o médico intensivista identificar e classificar a hipóxia:

1. **Hipóxia hipóxica**: quando o comprometimento da oferta de O_2 deve-se a alterações na capacidade de troca a nível pulmonar, o que raramente é causa de hipóxia tecidual.
2. **Hipóxia circulatória**: ocorre quando qualquer comprometimento da circulação limita a oferta de O_2.
3. **Hipóxia anêmica**: quando anormalidades da oxigenação tecidual decorrem de queda importante na taxa de hemoglobina.
4. **Hipóxia citopática**: ocorre quando a produção de adenosina trifosfato a partir do metabolismo aeróbio é limitada não pela inadequada oferta de O_2, mas por alterações nos elementos celulares necessários à realização da fosforilação oxidativa, ou seja, pela incapacitação de se usar o O_2 como aceptor de elétrons e por fim gerar ATP em níveis fisiológicos.

O transporte de oxigênio (DO_2) é função primordial do sistema cardiocirculatório. O perfeito entendimento dos processos fisiopatológicos envolvidos no transporte de oxigênio é fundamental para a correta interpretação clínica e laboratorial das manifestações apresentadas pelo paciente, facilitando a intervenção com medidas terapêuticas adequadas.

Sob condições normais, a oferta de oxigênio às células é controlada pela taxa metabólica celular, processo denominado "oferta direcionada pela demanda". O tônus vascular da microcirculação atua de acordo com as necessidades celulares, visando manter a PO_2 intracelular acima de um nível mínimo. Em várias doenças, o DO_2 pode, em um dado momento, tornar-se inferior às necessidades celulares. Identificar

Monitoração da Oxigenação Tecidual

essas situações é, portanto, vital no dia a dia do intensivista, visando ajustar e otimizar o DO_2.

A oferta de O_2 (DO_2) é a quantidade de O_2 oferecida aos tecidos por unidade de tempo e é determinada pelo produto do débito cardíaco ou perfusão sistêmica (Q) multiplicado pelo conteúdo total de oxigênio no sangue arterial (CaO_2):

$$DO_2 = DC \cdot CaO_2 \cdot 10$$

O consumo sistêmico de O_2 (VO_2) pode ser definido pela diferença entre o conteúdo arterial e venoso de O_2, ou a diferença entre o DO_2 e o retorno na circulação venosa:

$$VO_2 = DC \cdot (Ca\text{-}vO_2) \cdot 10$$

A taxa de extração de O_2 (TEO_2) é a quantidade proporcional de O_2 consumido dividido pela quantidade de O_2 ofertado. A TEO_2 em humanos em repouso e na ausência de condições patológicas varia entre 0,25 e 0,33, levando a uma saturação da oxi-hemoglobina no sangue venoso misto (SvO_2) de 65 a 70%.

$$TEO_2 = VO_2/DO_2$$

SATURAÇÃO VENOSA DE OXIGÊNIO (SvO_2)

A SvO_2 é uma média da saturação venosa da oxi-hemoglobina proveniente de todos os leitos vasculares perfundidos. Assim sendo, territórios com alto fluxo sanguíneo e baixa taxa de extração de O_2 (p. ex.: rim e intestino) têm maior influência que órgãos com alta taxa de extração de O_2 (p. ex.: coração) no resultado final da SvO_2. Por esta razão, torna-se mais difícil definir um valor de SvO_2 que reflita uma inadequada oferta de O_2 regional. Uma variação da SvO_2 entre 65 e 75% reflete equilíbrio entre oferta e demanda de O_2 global. A SvO_2 cai se a oferta de O_2 estiver comprometida, ou então se a demanda sistêmica de O_2 ultrapassa a disponibilidade do mesmo. Quando os mecanismos compensatórios atingem seu máximo e ainda assim a SvO_2 permanece baixa, inicia-se a hipóxia tecidual global geralmente acompanhada por hiperlactatemia e acidose lática. [9]

Os seres humanos apresentam a capacidade de manter constante o VO_2, dentro de determinada faixa de variação da DO_2. Quando a DO_2 cai abaixo de um nível crítico (DO_{2crit}), o VO_2 passa a ser dependente linearmente das variações da DO_2. Este DO_{2crit} parece ser constante (para determinada demanda metabólica) e independe da maneira pela qual a DO_2 foi reduzida (seja por queda da perfusão, queda dos níveis de hemoglobina ou, ainda, por queda da saturação da oxi-hemoglobina). Um dos mecanismos que explica a manutenção constante do VO_2 com a queda da DO_2, antes do ponto de DO_{2crit}, é o aumento da TEO_2, ou seja, os tecidos conseguem extrair mais O_2 na medida em que cai a DO_2, até um limite onde todos os mecanismos de otimização da extração são atingidos. A partir deste ponto (DO_{2crit}), a extração de O_2 é máxima e futuras quedas na DO_2 não podem mais ser compensadas, levando à consequente redução do VO_2. Desta maneira, se a oferta diminuir além da DO_{2crit}, tal fato cursará com queda no VO_2, iniciando-se hipóxia tecidual, desencadeando o metabolismo anaeróbico, a fim de se tentar suportar uma limitada produção de ATP e manter a vida celular. No entanto, tal via de produção de ATP é menos eficaz que a aeróbia e está associada ao aumento da produção de lactato (Fig. 17-3).[10] Esta relação entre oferta e consumo de oxigênio é bifásica onde o VO_2 é independente da oferta na presença de níveis normais de DO_2 passando à dependente quando a oferta de O_2 cai abaixo do DO_{2crit}.

Porém, na presença de sepse, decorrente do aumento da demanda de O_2, da depressão miocárdica e da alteração na capacidade de otimizar a extração de O_2 há uma modificação no DO_{2crit}, que ocorre muito mais precocemente, levando o paciente a entrar em dependência patológica com valores muito maiores de DO_2 quando comparados com a situação fisiológica. Nessa situação, o organismo estará em uma situação de mais elevado VO_2, e para que esse consumo seja mantido de forma aceitável, será preciso manter a oferta (DO_2) em níveis muito mais altos para uma situação sem choque. Na prática, o DO_{2crit} estará deslocado anterior e superiormente no gráfico, ou

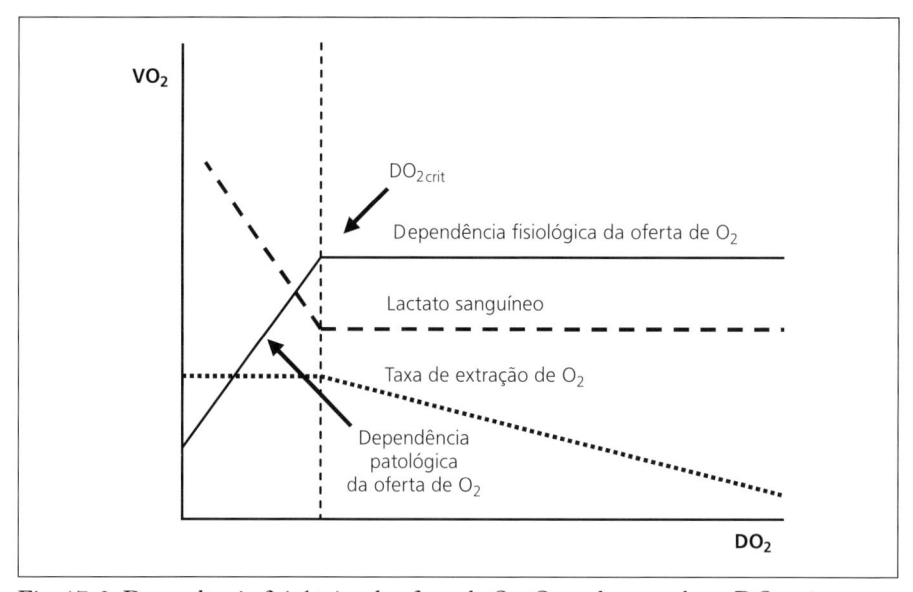

Fig. 17-3. Dependência fisiológica da oferta de O_2. Quando a queda na DO_2 atinge o ponto de DO_{2crit}, o VO_2 começa a cair com relação linear à queda na DO_2, e como a TEO_2 já atingiu sua máxima capacidade de compensação, a demanda metabólica de O_2 deixa de ser atendida, iniciando-se, então, metabolismo anaeróbico com elevação do lactato sanguíneo.

Monitoração da Oxigenação Tecidual

seja, um valor de DO_{2crit} muito maior que o fisiológico, antes de se iniciar a dependência de variação linear entre DO_2 e VO_2 (Fig. 17-4).

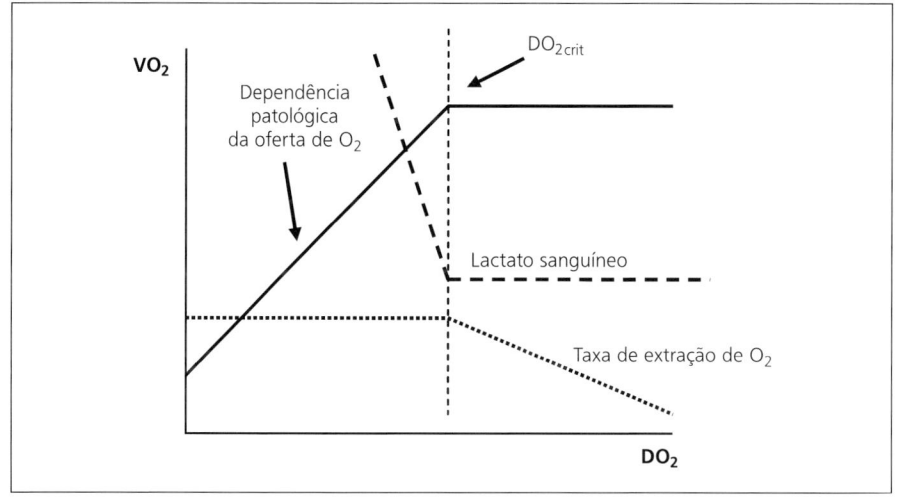

Fig. 17-4. Dependência patológica da oferta de O_2. Note que a demanda de VO_2 está muito aumentada e a DO_2 crítica deslocada para a direita (Fig. 17-3).

A determinação de uma relação bifásica entre DO_2 e VO_2 requer a medida de vários conjuntos de dados acima e abaixo do DO_{2crit}, o que, algumas vezes, inviabiliza esta observação. Um interessante estudo realizado em pacientes sépticos foi capaz de demonstrar esta dependência patológica. Ao coletar medidas em uma fase A, que os pacientes encontravam-se instáveis durante o período de ressuscitação e com oferta de O_2 abaixo do DO_{2crit}, observaram-se níveis de lactato elevados (na maioria dos pacientes) indicando metabolismo anaeróbio. Em uma fase B, com os pacientes agora estáveis e DO_2 mais elevado, observou-se lactato normal (na maioria dos pacientes).[11]

LACTATO

A concentração aumentada de lactato no sangue de pacientes críticos bem como a redução de seu *clearance* apresentam relação com um mau prognóstico.

As principais causas de hiperlactatemia são o aumento da velocidade da via glicolítica, anaerobiose e inibição da enzima PDH.

DIFERENÇA VENOARTERIAL DE CO_2

A falência circulatória se acompanha de acúmulo tecidual de CO_2. O aumento do CO_2 tecidual se desenvolve como consequência do metabolismo aeróbico e pelo efeito tampão do bicarbonato tecidual, necessário para corrigir o excesso de íons hidrogênio liberados a partir dos ácidos orgânicos, durante o metabolismo anaeróbico. O desenvolvimento da hipercapnia tecidual ocorre de maneira global. Em condições de metabolismo anaeróbico, espera-se que a queda na produção de CO_2 (VCO_2), seja menor que a queda no consumo de O_2 (VO_2). Em outras palavras, a relação VCO_2/VO_2 (quociente respiratório) deve aumentar. De acordo com a equação de Fick, o VO_2 depende do débito cardíaco e da diferença arteriovenosa de O_2, assim como o VCO_2 dependeria do débito cardíaco e da diferença venoarterial de CO_2. Assim, o quociente respiratório poderia ser representado pela relação entre a diferença venoarterial de conteúdo de CO_2 ($Cv-aCO_2$) e a diferença arteriovenosa do conteúdo de O_2 ($Ca-vO_2$). Em condições habituais, a variação do conteúdo de CO_2 apresenta uma relação linear com a tensão deste gás ($PaCO_2$ e $PvCO_2$). Em resumo, sob condições de metabolismo anaeróbico, o aumento do quociente respiratório poderá ser detectado utilizando-se a seguinte relação: $PvCO_2 - PaCO_2/ Ca-vO_2$. Em um estudo, Mekontso-Dessap et al. demonstraram que em condições de hipoperfusão tecidual, definida por um nível de lactato sanguíneo > 2,0 mmol/L, uma relação $PvCO_2 - PaCO_2/Ca-vO_2$ > 1,4 foi o melhor preditor de hiperlactatemia (ROC 0,85 ± 0,03) e um bom índice prognóstico. [12]

CONCLUSÃO

A monitoração dos marcadores de oxigenação tecidual é importante no paciente crítico. Os dados obtidos com a monitoração direcionam a conduta do intensivista. É sabido que monitorar não se constitui em terapêutica em si. Há de se raciocinar com os dados obtidos a fim de se estabelecer a conduta adequada. Esta sim será decisiva na evolução final do paciente.

REFERÊNCIAS BIBLIOGRÁFICAS

1. Levitzki MG. *Pulmonary physiology.* 4th ed. New York: McGraw-Hill, 1995.
2. Nunn JF. *Applied respiratory physiology.* 3rd ed. London: Butterworth, 1987. p. 207-39.
3. West JB. *Respiratory physiology, the essentials.* 5th ed. Baltimore: Williams & Wilkins, 1995. p. 71-88.
4. Guyton AC, Hall JE. *Human physiology and mechanisms of disease.* 6th ed. Philadelphia: WB Saunders, 1997. p. 324-36.
5. Matthews LR. *Cardiopulmonary anatomy and physiology.* Philadelphia: Lippincott, 1996.
6. Power I, Kam P. *Principles of physiology for the anaesthetist.* London: Arnold, 2001
7. Davidson C, Treacher D. *Respiratory critical care.* London: Arnold, 2002.
8. Griffiths MJD, Evans TW. *Respiratory management in critical care.* Navarra: *BMJ*, 2004.
9. Krenzar Bl. Normal values of SvO_2 as therapeutic goal in patients with multiple injuries. *Intensive Care Med* 1997;23:65-70.
10. Schlichtig R. O_2 uptake, critical O_2 delivery and tissue wellness. In: Pinsky MR, Dhainaut JFA. *Pathophysiologic foundations of critical care.* Baltimore: Williams and Wilkins, 1993. p. 119-39.
11. Friedman G, De Backer D, Shahla M et al. Oxygen supply dependency can characterize septic shock. *Intensive Care Med* 1998;24:118-23.
12. Mekontso-Dessap A et al. Combination of venoarterial PCO_2 difference with arteriovenous O_2 content difference to detect anaerobic metabolism in patients. *Intensive Care Med* 2002;28:272-77.

Capítulo 18

COMPLICAÇÕES PULMONARES NO PACIENTE CIRÚRGICO

Luiz Claudio Lazzarini
Fernando Huauji Chacur

INTRODUÇÃO

As complicações pulmonares são comuns nas unidades cirúrgicas e responsáveis por significativa morbidade e mortalidade pós-operatória,[1] sendo que a incidência destas complicações na literatura varia de 5 a 80%, dependendo da população estudada, dos critérios utilizados para a sua definição e da estrutura hospitalar.[1,2] Neste aspecto, unidades hospitalares amplas com grande movimento cirúrgico e equipes treinadas tendem a ter menos complicações do que unidades hospitalares pequenas. No geral, as complicações pulmonares são tão frequentes quanto as cardiológicas na população de pacientes submetidos a cirurgias não cardíacas.[3]

A definição de complicação pulmonar no paciente cirúrgico é variável, o que dificulta a comparação de ensaios clínicos. Habitualmente, ela inclui infecções respiratórias de vias aéreas superiores e inferiores, atelectasia, broncospasmo, exacerbação de doença pulmonar obstrutiva crônica e insuficiência respiratória com necessidade de ventilação mecânica prolongada. Insuficiência respiratória, definida como a necessidade de ventilação mecânica por período superior a 48 horas pós-cirurgia, é um importante indicador de mortalidade pós-operatória, elevando-a de 2 para 26% em 30 dias.[4] Outras definições de complicações pulmonares incluem obstrução de via aérea superior, piora de apneia obstrutiva do sono, derrame pleural pós-operatório, pneumonite de aspiração, edema pulmonar e laceração ou ruptura de traqueia.

Os custos hospitalares e a duração da internação nos pacientes com complicações pulmonares são muito mais elevados que os causados por complicações de outra natureza, como por eventos cardiovasculares, infecciosos e tromboembólicos. Por estas razões, é necessária a identificação de pacientes com fatores de risco para complicações pulmonares e o desenvolvimento de estratégias para minimizá-las.

DOENÇAS DE FATORES DE RISCO PARA COMPLICAÇÕES PULMONARES

O principal fator relacionado com o desenvolvimento de complicações pulmonares pós-cirúrgicas é o local e o tipo da cirurgia. Tal fator difere do encontrado nas complicações cardiológicas, cujo principal fator preditivo é o relacionado com a doença do paciente. Deste modo, mesmo indivíduos previamente saudáveis, quando submetidos à cirurgia de alto risco, apresentam uma maior probabilidade de desenvolver complicações pulmonares no pós-operatório. Com relação ao local da cirurgia, as intervenções realizadas próximas ao diafragma são as que apresentam o risco mais proeminente, pois sua disfunção no período pós-operatório imediato, mesmo que temporária, resulta em dificuldade de mobilização das secreções e expansão pulmonar, fatores diretamente relacionados com o desenvolvimento de complicações. Neste contexto, as cirurgias com maior risco são as de origem torácica, aórtica e abdominal alta.[1,5-7] Embora afastados do diafragma, as cirurgias de cabeça e de pescoço também apresentam um risco aumentado de complicações pulmonares. Fatores de risco adicionais relacionados com o procedimento são as cirurgias de emergência, cirurgias de longa duração (tempo cirúrgico acima de 3 horas de duração) e necessidade de múltiplas transfusões. Com relação ao paciente, os principais fatores de riscos são a idade avançada (> 60 anos), estado físico > 2 pela classificação da Sociedade Americana de Anestesiologia (ASA), presença de insuficiência cardíaca congestiva, doença pulmonar obstrutiva crônica, hipertensão arterial pulmonar e apneia obstrutiva do sono. Alguns fatores questionáveis de aumentar o risco de complicações pulmonares incluem o uso regular de álcool e/ou tabaco, emagrecimento, alteração do sensório, anestesia geral (comparada com a anestesia epidural ou espinal), infecção viral aguda do trato respiratório e presença de hipercapnia ($PaCO_2$ > 45 mmHg). Por outro lado, não há estudos que comprovem o risco aumentado relacionado com obesidade, diabetes melito, asma brônquica controlada ou imobilidade.

DOENÇAS RELACIONADAS COM COMPLICAÇÕES PULMONARES NO PÓS-OPERATÓRIO

A atelectasia é uma das complicações pulmonares mais comuns, particularmente após cirurgias torácicas ou abdominais.[7,8] Ela pode desenvolver-se por vários fatores incluindo a diminuição da complacência pulmonar, inadequada ventilação regional, retenção de secreção ou dor pós-operatória, resultando em redução da expansão pulmonar e do reflexo de tosse. Pode ser assintomática ou se manifestar com aumento do esforço respiratório e/ou hipoxemia arterial. A hipoxemia tem início retardado, tipicamente tornando-se evidente após o 2º dia, podendo estender-se até o 5º dia.[8] Deste modo, na presença de hipoxemia no pós-operatório imediato, deve-se procurar outras etiologias, como hipoventilação por efeito anestésico residual, obstrução de via aérea superior e edema pulmonar, entre outras.

O broncospasmo pós-cirúrgico é relativamente comum, manifestando-se clinicamente com dispneia, tosse, sibilância, taquipneia e tempo expiratório prolongado. Entre os fatores causais em pacientes cirúrgicos incluem o uso de medicações liberadoras de histamina (opiáceos, atracurium etc.), broncoaspiração, mesmo que discreta, reação alérgica a drogas ou exacerbação de doença pulmonar obstrutiva prévia.

Complicações Pulmonares no Paciente Cirúrgico

A pneumonia manifesta-se normalmente nos primeiros 7 dias de pós-operatório com quadro de febre, expectoração purulenta, leucocitose e aparecimento de novo infiltrado pulmonar. No ambiente hospitalar é normalmente causada por bacilos Gram-negativos e *Staphylococcus aureus*. Fatores adicionais que predispõem ao desenvolvimento de pneumonia por *S. aureus* incluem neurocirurgia, politraumatizados (principalmente traumatismo craniano) e coma. É importante salientar a necessidade de descartar diagnósticos diferenciais de febre e infiltrados pulmonares no pós-operatório, incluindo tromboembolismo pulmonar, atelectasia e lesão pulmonar aguda.

A obstrução aguda da via aérea ocorre, no período pós-operatório imediato e manifesta-se com estridor laríngeo, associado a dispneia, taquipneia, sudorese e agitação. As causas mais comuns são edema de laringe, laringospasmo, paralisia de prega vocal iatrogênica e obstrução pela língua.

Pequenos derrames pleurais são muito comuns no pós-operatório, principalmente após cirurgias abdominais, resolvendo-se espontaneamente em alguns dias, sem necessidade de intervenção.[9] Se houver suspeita de derrame complicado (em razão de embolia pulmonar, infecção etc.), deve-se avaliar a realização de toracocentese ou outras abordagens diagnósticas da mesma forma que em derrames pleurais em pacientes não cirúrgicos.

A broncoaspiração pode ocorrer durante a indução anestésica ou no pós-operatório imediato, durante a extubação. Manifesta-se com dispneia, taquicardia, taquipneia, febre, broncospasmo e hipoxemia arterial. Fatores de risco para seu desenvolvimento são cirurgias de urgência, patologias esofágicas e abdominais obstrutivas e pacientes com estado geral muito comprometido.

O edema pulmonar cardiogênico, geralmente, ocorre nos primeiros 3 dias de pós-operatório e está relacionado com a sobrecarga hídrica e a presença de insuficiência ventricular esquerda prévia. A presença de laringospasmo ou outras obstruções de vias aéreas superiores pode resultar em pressão intratorácica negativa e edema pulmonar não cardiogênico.

Em pacientes portadores de apneia obstrutiva do sono, esta pode ser acentuada em frequência e gravidade no período pós-operatório.[10] Entre os fatores para este aumento incluem o uso de anestésicos, sedativos e opioides, resultando em relaxamento da musculatura da faringe e colapso da via aérea.

A ruptura e a laceração traqueal são complicações descritas após intubação orotraqueal e resultam no desenvolvimento de pneumotórax, pneumomediastino e enfisema subcutâneo.[11]

ESTRATÉGIAS PARA REDUÇÃO DE RISCO

As estratégias para a redução das complicações pulmonares no pós-operatório devem ser reservadas principalmente para os pacientes com risco aumentado, como nos pacientes submetidos à cirurgia torácica ou abdominal alta em presença de um fator de risco adicional ou múltiplos fatores de risco em outros tipos de cirurgias.

A estratégia mais eficaz para evitar as complicações pulmonares é a aplicação de modalidades para expansão pulmonar, que devem idealmente serem iniciadas mesmo antes da cirurgia e prosseguir no período pós-operatório. Entre as modalidades sugeridas estão o uso de espirometria de incentivo e os exercícios de respiração profunda.[12] Nos pacientes incapazes de realizar tais atividades, é indicada a administração de pressão positiva intermitente ou CPAP. Neste sentido, já foi descrito que a utilização do CPAP reduz significativamente o risco de pneumonia e atelectasia.[13] Contudo, o uso de CPAP também está associado a complicações inerentes ao método como distensão gástrica, barotrauma, hipoventilação e desconforto do paciente, entre outros.[14] Todas estas manobras são mais eficazes se ensinadas ao paciente e iniciadas no período pré-operatório.

Outro importante fator na redução das complicações pulmonares é a utilização criteriosa de sondas nasogástricas, que devem ser utilizadas somente nos pacientes com cirurgia abdominal ou naqueles com náuseas ou distensão abdominal, já que a sua colocação está associada a risco aumentado de broncoaspiração.[15] Quando possível, a utilização de cirurgia laparoscópica em vez de cirurgia aberta é aconselhada, visto que a metanálise mostrou redução a metade das complicações pulmonares nos paciente submetidos à cirurgia bariátrica laparoscópica, quando comparados aos submetidos à cirurgia aberta.[16] A utilização pós-operatória de anestesia epidural torácica em cirurgias próximas ao diafragma também é um fator de redução significativa de risco de complicações pulmonares. Por outro lado, é questionável se a cessação aguda do tabagismo no pré-operatório reduz o risco de complicações pulmonares no pós-operatório. Se positiva, a abstinência deve ser por um período superior a 8 semanas,[17] visto que a abstinência por um período inferior a este teve resultados conflitantes na literatura, inclusive com relatos de aumento de risco.[18] Recomenda-se que todos os pacientes que estejam em avaliação pré-operatória abandonem o tabagismo logo que possível, de preferência no período superior a 2 meses.

A doença pulmonar obstrutiva crônica é um importante fator de risco para complicações pulmonares pós-cirúrgicas.[19,20] Os pacientes sintomáticos devem utilizar broncodilatadores regulares e, dependendo dos sintomas associados e da gravidade da doença, deve ser avaliada a administração concomitante de antibióticos e corticosteroide.

A asma brônquica controlada não acrescenta risco adicional de complicações pulmonares, porém a asma mal controlada é um conhecido fator de risco[21,22] e medidas para seu controle devem ser implementadas antes da cirurgia. Pacientes que recebam doses superiores a 20 mg ao dia de prednisona ou equivalente por mais de 3 semanas nos últimos 6 meses podem desenvolver supressão do sistema hipotalâmico-hipofisário-suprarrenal e podem necessitar de administração suplementar de corticoide no peroperatório.

Embora não existam trabalhos criteriosos, recomenda-se que pacientes apresentando infecção respiratória aguda, incluindo quadros virais, devam adiar cirurgias não emergenciais.

Complicações Pulmonares no Paciente Cirúrgico

O controle adequado da dor pode minimizar as complicações pulmonares no pós-operatório ao permitir a deambulação precoce e a capacidade de realizar respirações profundas, sendo particularmente importante após cirurgias torácicas ou abdominais superiores. O controle da dor com a utilização de analgesia epidural em vez de opioide parenteral em pacientes de alto risco mostrou redução das complicações pulmonares no pós-operatório.[23]

A obstrução aguda da via aérea é uma emergência médica, que necessita de avaliação e tratamento imediatos, incluindo o uso de broncodilatadores, corticosteroide e intubação ou acesso cirúrgico traqueal de urgência. O tratamento da apneia obstrutiva do sono é similar aos pacientes não cirúrgicos, com a utilização de CPAP, quando possível e evitando-se dormir em posição supina, posição corporal que facilita a redução do diâmetro das vias aéreas superiores durante o sono. As lacerações de traqueia necessitam, usualmente, de correção cirúrgica de urgência exceto em pacientes estáveis com pequenas lesões, ou com alto risco de mortalidade operatória.

REFERÊNCIAS BIBLIOGRÁFICAS

1. Fisher BW, Majumdar SR, McAlister FA. Predicting pulmonary complications after nonthoracic surgery: a systematic review of blinded studies. *Am J Med* 2002;112:219-25.
2. Lawrence VA, Hilsenbeck SG, Mulrow CD *et al.* Incidence and hospital stay for cardiac and pulmonary complications after abdominal surgery. *J Gen Intern Med* 1995;10:671-78.
3. Fleischmann KE, Goldman L, Young B *et al.* Association between cardiac and noncardiac complications in patients undergoing noncardiac surgery: outcomes and effects on length of stay. *Am J Med* 2003;115:515-20.
4. Johnson RG, Arozullah AM, Neumayer L *et al.* Multivariable predictors of postoperative respiratory failure after general and vascular surgery: results from the patient safety in surgery study. *J Am Coll Surg* 2007;204:1188-98.
5. Gracey DR, Divertie MB, Didier EP. Preoperative pulmonary preparation of patients with chronic obstructive pulmonary disease: a prospective study. *Chest* 1979;76:123-29.
6. Hall JC, Tarala RA, Tapper J *et al.* Prevention of respiratory complications after abdominal surgery: a randomised clinical trial. *BMJ* 1996;312:148-52.
7. Xue FS, Li BW, Zhang GS *et al.* The influence of surgical sites on early postoperative hypoxemia in adults undergoing elective surgery. *Anesth Analg* 1999;88:213-19.
8. Powell JF, Menon DK, Jones JG. The effects of hypoxaemia and recommendations for postoperative oxygen therapy. *Anaesthesia* 1996;51:769-72.
9. Light RW, George RB. Incidence and significance of pleural effusion after abdominal surgery. *Chest* 1976;69:621-25.
10. Bolden N, Smith CE, Auckley D. Avoiding adverse outcomes in patients with obstructive sleep apnea (OSA): development and implementation of a perioperative OSA protocol. *J Clin Anesth* 2009;21:286-93.
11. Massard G, Rougé C, Dabbagh A *et al.* Tracheobronchial lacerations after intubation and tracheostomy. *Ann Thorac Surg* 1996;61:1483-87.

12. Fagevik Olsén M, Hahn I, Nordgren S *et al.* Randomized controlled trial of prophylactic chest physiotherapy in major abdominal surgery. *Br J Surg* 1997;84:1535-38.
13. Stock MC, Downs JB, Gauer PK *et al.* Prevention of postoperative pulmonary complications with CPAP, incentive spirometry, and conservative therapy. *Chest* 1985;87:151-57.
14. Chacur FH, Vilella Felipe LM, Fernandes CG *et al.* The total face mask is more comfortable than the oronasal mask in noninvasive ventilation but is not associated with improved outcome. *Respiration* 2011;82:426-30.
15. Cheatham ML, Chapman WC, Key SP *et al.* A meta-analysis of selective versus routine nasogastric decompression after elective laparotomy. *Ann Surg* 1995;221:469.
16. Weller WE, Rosati C. Comparing outcomes of laparoscopic versus open bariatric surgery. *Ann Surg* 2008;248:10-15.
17. Myers K, Hajek P, Hinds C *et al.* Stopping smoking shortly before surgery and postoperative complications: a systematic review and meta-analysis. *Arch Intern Med* 2011;171:983.
18. Warner MA, Offord KP, Warner ME *et al.* Role of preoperative cessation of smoking and other factors in postoperative pulmonary complications: a blinded prospective study of coronary artery bypass patients. *Mayo Clin Proc* 1989;64:609-16.
19. Smetana GW, Lawrence VA, Cornell JE. American College of Physicians. Preoperative pulmonary risk stratification for noncardiothoracic surgery: systematic review for the American College of Physicians. *Ann Intern Med* 2006;144:581.
20. Kroenke K, Lawrence VA, Theroux JF *et al.* Operative risk in patients with severe obstructive pulmonary disease. *Arch Intern Med* 1992;152:967.
21. Gold MI, Helrich M. A study of complications related to anesthesia in asthmatic patients. *Anesth Analg* 1963;42:238.
22. National Asthma Education and Prevention Program. *Expert panel report III: guidelines for the diagnosis and management of asthma.* Bethesda, MD: National Heart, Lung, and Blood Institute, 2007. (NIH publication no. 08-4051). Disponível em: <www.nhlbi.nih.gov/guidelines/asthma/asthgdln.htm>
23. Liu SS, Wu CL. Effect of postoperative analgesia on major postoperative complications: a systematic update of the evidence. *Anesth Analg* 2007;104:689.

Capítulo 19

ASSISTÊNCIA VENTILATÓRIA

Luiz Claudio Lazzarini
Fernando Huauji Chacur

INTRODUÇÃO

A assistência ventilatória em pós-operatório normalmente é considerada após as primeiras 12 a 24 horas de cirurgia, já que nos pacientes não complicados, que normalmente são a maioria, a ventilação mecânica nas primeiras 24 horas se dá na intenção de manter a ventilação alveolar até o paciente não ter mais nível crítico anestésico que possa suprimir o marca-passo respiratório central. Nesses pacientes, deve-se manter modos ventilatórios em que haja ciclos respiratórios controlados para garantir a ventilação alveolar mínima. Com o passar das horas o paciente passa a ter disparo espontâneo e modos ventilatórios puramente espontâneos podem ser iniciados. Antes, porém, deve-se considerar a possibilidade da recirculação de anestésico, por isso a comunicação com o anestesiologista sobre as drogas utilizadas durante a anestesia deve ser feita.

Os processos tradicionais de desmame relatados abaixo podem ser utilizados apenas como uma orientação, pois esses pacientes não complicados e com menos de 24 horas de ventilação mecânica, normalmente não cursam com atrofia diafragmática nem complacência pulmonar reduzida de forma significativa.

Descrevemos abaixo as rotinas básicas de ventilação em algumas situações ou complicações comuns, assim como as orientações do nosso serviço.

SARA

A lesão pulmonar aguda (LPA) é um termo utilizado para descrever a resposta do pulmão frente a uma série de agressões diretas ao seu parênquima, ou a consequências de processo inflamatório sistêmico. A síndrome da angústia respiratória aguda (SARA), tradução mais grave da LPA, tem sido definida como um tipo de insuficiência respiratória aguda, caracterizada por dispneia e taquipneia de início agudo, hipoxemia refratária à oxigenoterapia, cianose e alterações da mecânica ventilatória (queda de complacência e aumento da resistência estática), que na radiografia de tórax é acompanhada de infiltrados geralmente bilaterais difusos, porém, na tomografia computadorizada vemos consolidação alveolar heterogeneamente distribuída e colapso alveolar e de pequenas vias em zona dependente de gravidade, que traduzem um edema pulmonar não cardiogênico. Desde a sua descrição em 1967,[1] teve uma relação com politrauma, sepse, pancreatite, pneumonia e broncoaspiração. Em um contexto mais recente, observou-se, também, a própria ventilação mecânica (VM), como fator tanto de gênese como de agravamento e perpetuação da SARA traduzidos por hiperdistensão de áreas normais do pulmão (volutrauma), abertura e oclusão repetitiva de alvéolos colapsados (atelectrauma/biotrauma), toxicidade pelo oxigênio e concomitante liberação de mediadores inflamatórios, que levaram ao estabelecimento de novas rotinas e protocolos no sentido de reduzir esta causa importante de morbidade e mortalidade no contexto do paciente crítico.

Para se estabelecer a presença da SARA ou LPA mais comumente é utilizado a definição da *American European Consensus Conference*:[2]

- Presença de uma ou mais condições clínicas predisponentes.
- Relação PaO_2/FiO_2 < 300 para LPA.
- Relação PaO_2/FiO_2 < 200 para SARA.
- Infiltrado radiológico novo, geralmente bilateral.
- PCP ≤ 18 mmHG ou evidência ecocardiográfica de boa função de ventrículo esquerdo.

Obs.: a presença de disfunção cardíaca ou PCP elevada não afastam o diagnóstico de SARA/IPA, apenas configura que pode também existir uma contribuição de edema pulmonar cardiogênico na gênese da hipoxemia.

Obs.: essa definição não leva em consideração nem a FiO_2 (que consideramos FiO_2 = 1,0) nem o nível de PEEP para obtenção da relação PaO_2/FiO_2 (consideramos normalmente 5 mmHg), o que pode levar à discrepância na avaliação do mesmo paciente por grupos diferentes. Foi necessário uma nova definição para SARA/LPA que tivesse menos variações entre médicos.[3]

Mais recentemente, em 2012, foi proposto *The Berlin Definition*.[4] Nessa definição, a nominação *Acute Lung Injury* (Injúria Pulmonar Aguda) deixa de existir e a SARA passa a ser denominada de acordo com sua gravidade, conforme descrito no Quadro 19-1.

Quadro 19-1 Relação PaO_2/FiO_2

Gravidade ARDS	PaO_2/FiO_2*	Mortalidade**
Leve	200-300	27%
Moderada	100-200	32%
Acentuada	< 100	45%

*Com PEEP 5+.
**co-hort.

Ventilação Mecânica da SARA/LPA

Iniciar e manter VM com estratégia protetora

A) Modo ventilatório, de preferência iniciar em modos controlados à pressão como pressão controlada (PCV), bilevel, pressão de suporte. O modo volume controlado pode ser usado desde que se observe a pressão *plateau*.
B) Ajustar, manter e monitorar o volume corrente em cerca de 4 a 6 mL/kg, levando em consideração o peso ideal do paciente.
C) Objetivar uma pressão *plateau* com valor máximo de 30 cmH_2O, preferencialmente abaixo de 27 cmH_2O. A pressão de *plateau* representa a pressão alveolar máxima, portanto, quanto menor a pressão de *plateau* utilizada, menor a hiperdistensão dos alvéolos não dependentes de gravidade e menor a lesão associada à VM. Tem-se usado cada vez mais valores de pressão *plateau* menores, muitas vezes aceitando-se uma elevação gradual da $PaCO_2$.
D) Quando em PCV tentar manter Δ de pressão < 15 mmHg.
E) Em pacientes com SARA grave o uso de cizatracurium (curare) e a supressão de esforço respiratório espontâneo intenso nas primeiras 24 horas parece ser benéfico.[5]
F) Usar frequência respiratória entre 10 a 20 inc/min. Se necessário, elevar até no máximo 30 ipm, tentando manter $PaCO_2 \leq 50$ cmH_2O.
G) Pode-se aceitar hipercarbia moderada instalada lentamente ($PaCO_2 \leq 65\text{-}80$ mmHg), mantendo-se o pH $\geq 7,25$. Casos de pressão intracraniana elevada e acidose metabólica importante fogem à regra.
H) Relação inspiração/expiração entre 1:2 e 1:1.
I) Tentar manter $PaO_2/FiO_2 > 300$; se necessário, deve-se recrutar e elevar a PEEP, desde que não seja ultrapassada a pressão de *plateau* máxima de 30 cmH_2O.
J) Manter FiO_2 a menor possível, de forma que a PaO_2 esteja acima de 70 mmHg, e/ou pulso-oximetria acima de 90%. Um paciente com a PEEP adequada normalmente mantém uma boa oxigenação com uma FiO_2 de 0,3 a 0,4.
K) Durante o recrutamento e escolha da PEEP, observar pressão arterial, frequência e débito cardíacos, bem como sinais de hipoperfusão miocárdica ou sistêmica.
L) Após 15 minutos de ajuste do ventilador deve-se colher nova gasometria e checar se as metas foram atingidas.

Instalação, ajuste e retirada do PEEP

A PEEP se tornou hoje, um recurso indispensável no manuseio da SARA, por manter os alvéolos abertos durante a expiração e neutralizar os efeitos deletérios do biotrauma, assim como da FiO_2 alta.

Para isso, deve-se orientar sobre as várias estratégias que podem ser usadas no ajuste inicial.

Optamos pelas consideradas mais práticas e de rápida resposta, que são:

- Iniciar com PEEP entre 10 e 15 cmH$_2$O e checar se as metas foram obtidas (pressão *plateau* < 30 e PaO$_2$/FiO$_2$ > 300).
- Elevar a PEEP 3 cmH$_2$O progressivamente até PaO$_2$/FiO$_2$ > 300, porém, sem ultrapassar pressão *plateau* de 30.
- Pode-se usar o recrutamento alveolar em casos de SARA grave.

Tão importante quanto aplicar a PEEP, é saber o momento ideal para sua retirada, que deve ser gradual.

As condições que devem ser atendidas para isso são as seguintes:

- Processo inflamatório evoluindo com melhora.
- Estabilidade cardiocirculatória.
- PaO$_2$/FiO$_2$ > 300.
- Reduzir 2 a 3 pontos na PEEP a cada 8 a 12 horas, observando sempre se a queda não é maior que 15%, ou se a PaO$_2$/FiO$_2$ cai abaixo 250.

Recrutamento alveolar

- Só devem ser recrutados os pacientes que estiverem evoluindo com relação PO$_2$/FiO$_2$ < 300.
- Avaliar o potencial de recrutamento, a SARA/LPA precoce (até 48 horas) ou extrapulmonar tendem a responder melhor ao recrutamento. Paciente com tórax rígido parece responder pior do que o que apresenta mecânica normal.
- Não recrutar paciente com pneumotórax, fístula broncopleural, instabilidade hemodinâmica ou arritmia grave.
- Monitorar SpO$_2$, ECG e PAM durante o recrutamento.

As formas para recrutamento alveolar mais usadas são:

- *CPAP:* sedar bem o paciente, curarizar somente se necessário, elevar o nível de CPAP para 40 mmHG e manter por 40 segundos. Repetir 5 minutos depois, se necessário.
- *PCV:* sedar bem o paciente, manter PCV em 15 cmH$_2$O, iniciando com PEEP em 20 e subindo 5 pontos de PEEP até no máximo a 45 cmH$_2$O, permanecendo 2 minutos em cada estágio. Por permitir a ventilação e o alívio cíclico da pressão na fase expiratória, causa menos instabilidade hemodinâmica que o recrutamento em CPAP. Porém, pode ocorrer hipotensão, principalmente com PEEP > 30 cmH$_2$O ou na presença de hipovolemia.

Seguimento da SARA

Os pacientes com SARA grave podem ter uma diferença em até 50% na PaO$_2$/FiO$_2$ quando colhido com FiO$_2$ de 1,0 ou FiO$_2$ de 0,4, por isso, para efeito de tomada de decisão e acompanhamento, optamos por colher pelo menos 1 vez ao dia uma gasometria com FiO$_2$ de 1.

Assistência Ventilatória

- *Hipercarbia:* primeiro elevar a frequência respiratória, depois considerar hipercarbia permissiva, caso seja necessário a hipercabia a $PaCO_2$ pode ser bem tolerada até ao nível de 65 a 80 mmHg, desde que sua progressão seja lenta e o pH sérico > 7,25. Pacientes com disfunção cardíaca, renal ou instabilidade hemodinâmica grave toleram menos a hipercarbia, nesse caso, avaliar instilação intratraqueal de gás.
- *Hipocarbia:* primeiro reduzir volume corrente e tentar manter pressão *plateau* menor que 27 cmH_2O, depois reduzir a frequência respiratória.
- *Melhora da oxigenação:* primeiro reduzir FiO_2 até 0,4, depois reduzir PEEP. Assim que a PEEP chegar a 10 cmH_2O deve-se avaliar o protocolo de desmame.
- *Piora da oxigenação:* primeiro elevar a PEEP depois a FiO_2 para que PaO_2 fique maior que 70 mmHg. Considerar recrutamento alveolar, e se FiO_2 > 0,6, considerar PRONA.[6]

Aproximadamente 25% dos paciente com SARA desenvolvem cor *pulmonale*, o que tem mostrado piorar o prognóstico.[7]

Nesses casos:

- A pressão de *plateau* deve ser mantida abaixo de 27 cmH_2O.
- A PEEP intrínseca elevada secundária a uma frequência respiratória elevada deve ser evitada.
- Reduzir a PEEP.
- Limitar a hipercarbia a 50 mmHg.

Chamamos essas medidas de "RV *(right ventricle) protective approach*". Para identificar esses pacientes o ecocardiograma deve ser utilizado nos primeiros dias de ventilação mecânica em pacientes com SARA grave.

Outras formas menos convencionais como ECMO *(extracorporeal membrane oxygenation)*, $ECCO_2R$ *(extracorporeal CO_2 removal)*, HFOV *(High frequency oscillatory ventilation)* e o uso de cizatracurium (bloqueador neuromuscular) na fase precoce da SARA grave podem ser avaliadas em casos específicos, mas fogem a essa revisão.

DPOC

Os pacientes com DPOC grave com frequência apresentam exacerbação de sua doença com aumento da obstrução e necessidade de ventilação mecânica invasiva. O pós-operatório do paciente com DPOC normalmente difere da exacerbação da doença, pois não apresentam um fundo infeccioso. Diferentes dos asmáticos em geral, são pacientes mais velhos, com mais comorbidades e mais desnutridos. A mortalidade desses pacientes em ambiente de terapia intensiva fica em torno de 24,5%.

A hiperinsuflação dinâmica pulmonar (HDP) está relacionada com a mortalidade nos pacientes com DPOC em ventilação mecânica. A HDP nas doenças obstrutivas é decorrente de vários fatores: do aumento da resistência nas vias aéreas (Raw), da redução da retração elástica (aumento da complacência), do tempo expiratório curto para o grau acentuado de obstrução de vias aéreas e do volume corrente elevado. Os pacientes com DPOC apresentam trabalho respiratório (WOB) elevado tanto por ter de vencer a elevação da Raw como por apresentar HDP com rebaixamento do diafragma.

O paciente com DPOC, diferentemente do asmático que tem obstrução fixa, apresenta obstrução com característica mais cíclica estando acentuada, principalmente, na expiração. A redução da retração elástica por perda de parênquima pulmonar com alteração da arquitetura pulmonar leva a instabilidade das pequenas vias, com colapso dinâmico durante a expiração. Na DPOC, além da obstrução dinâmica, o aumento da Raw decorrente de edema, secreção e broncospasmo, levam a elevação do autoPEEP ou alçaponamento de ar *(air trapping)*.

Do ponto de vista da ventilação mecânica o auto PEEP é expresso pela elevação da pressão *plateau*, pela persistência do fluxo expiratório no início da inspiração na curva fluxo-volume ou pela medida do PEEP intrínseco na pausa expiratória com o PEEP do ventilador em zero.

As regras básicas para ventilar pacientes com DPOC são:[8-11]

- Modos PSV, volume assisto/controlado, ou pressão assisto/controlada.
- PEEP externa entre 5 a 10 cmH$_2$O, calculada em menor que 80% do auto PEEP.
- Volume corrente entre 5 e 8 mL/kg (peso ideal), mantendo pressão *plateau* < 30 cmH$_2$O.
- Tempo inspiratório deve ser o mais próximo possível ao tempo neuroinspiratório do paciente, normalmente entre 0,6 e 1. Quanto mais dispneico o paciente, menor o tempo neuroinspiratório.
- Forma de curva com fluxo desacelerado quando em volume assisto/controlado.
- Pico de fluxo > 80 L/min quando em volume assisto/controlado.
- Relação I:E < 1:3 (p. ex.: 1:4, 1:5 etc).
- Frequência respiratória entre 8 e 14.
- Sedar paciente, se necessário, para manter FR baixa e relação I:E baixa.
- FiO$_2$ necessária para manter PaO$_2$ acima de 55 mmHg.
- Ventilação-minuto adequada para manter pH > 7,15 sendo que a PaCO$_2$ entre 65 e 80 mmHg é aceitável.
- O disparo deve ficar ente -1 e -2 cmH$_2$O (quando à pressão) e 2 L/min (quando há fluxo).
- Quando em PSV, observar também a ciclagem maior que 30 a 40% do fluxo inspiratório máximo.

ASMA AGUDA

No asmático, a obstrução é fixa, a instabilidade das pequenas vias aéreas e o colapso dinâmico expiratório não são comuns como no paciente com enfisema. Portanto, a aplicação de PEEP externa (do respirador) deve ser a menor possível.

Assistência Ventilatória

Em decorrência das muitas unidades ventilatórias periféricas estarem desconectadas da via aérea central, a pressão alveolar pós-obstrução (auto-PEEP) não é transmitida adequadamente para o ventilador, o que torna a sua medida imprecisa e subestimada. Portanto, o aprisionamento aéreo no paciente com asma grave é mais bem acompanhado pelas mudanças na pressão *plateau* do que pela medida direta da auto-PEEP.

O objetivo é a redução da auto-PEEP e da hiperinsuflação pulmonar – redução da pressão *plateau*. Melhor sincronismo ventilador-paciente; redução de disparos ineficazes; redução do trabalho respiratório; repouso da musculatura respiratória. Os pontos da ventilação mecânica são:[8-10]

- Modo assisto/controlado preferencialmente, com controle de pressão ou volume.
- Tentar manter pressão de *plateau* ≤ 30 cmH$_2$O.
- PEEP externa: 0 a 5 cmH$_2$O desde que não ocorra elevação na pressão *plateau*.
- Volume corrente: entre 5 e 8 mL/kg (peso ideal), mantendo pressão *plateau* ≤ 30 cmH$_2$O.
- Ventilação-minuto adequada para manter pH > 7,25. Aceitar hipercarbia, em pacientes jovens e hemodinamicamente estáveis.
- Pico de fluxo > 80-100 L/min e forma de curva com fluxo desacelerado, quando em volume assisto/controlado. Quando em modo pressão controlada, o tempo de elevação da pressão inspiratória *(rising time)* deve ser baixo.
- Tempo inspiratório curto: < 1,0.
- Relação I:E: < 1:3 (p. ex.: 1:4, 1:5 etc). Em PSV, ajustar a ciclagem para fluxo maior que 30% do fluxo inspiratório máximo.
- Frequência respiratória: entre 8 e 16.
- FiO$_2$ necessária para manter PaO$_2$ > 60 mmHg.

Fármacos depressores do SNC podem ser empregados para manter o volume-minuto, a frequência respiratória e a relação I:E baixos, excepcionalmente, associados a agentes bloqueadores neuromusculares que devem ser monitorados pelo *train of four* (TOF).

PACIENTE NEUROLÓGICO

O paciente com possibilidade de injúria cerebral deve ser ventilado com o objetivo principal de cumprir a medidas de proteção cerebral acima da proteção pulmonar. Do ponto de vista da ventilação mecânica os parâmetros mais importantes são: manter a PaCO$_2$, a PaO$_2$, a SatO$_2$ e a pressão de perfusão cerebral. Devemos sempre observar a possibilidade de pacientes neurológicos terem hipertensão intracraniana e a influência que a elevação das pressões intratorácicas podem ter sobre a elevação da pressão intracraniana e redução da pressão arterial média, levando a uma importante queda da pressão de perfusão cerebral.

Algumas vezes, os pacientes apresentam SARA e hipertensão intracraniana. Nesses casos quando há necessidade de pressões intratorácicas mais altas, a avaliação da pressão intracraniana é importante. Os pontos da ventilação mecânica são:[1,8,9,12]

- Modo assisto/controlada com ciclos respiratórios com volume controlado ou pressão controladas (tentar manter Δ de pressão < 15 mmHg).
- Pressão de *plateau* < 30 cmH$_2$O. Os modos com controle de volume podem levar a pressões altas indesejáveis.
- Frequência respiratória de 15 a 20 na intenção de manter a pCO$_2$ em torno de 35 mmHg. Caso ocorra elevação dos níveis de pCO$_2$ a frequência deve ser elevada. É recomendada a monitoração do ETCO$_2$.
- PEEP inicial de 5 cmH$_2$O, podendo ser elevada para 10 cmH$_2$O caso a FiO$_2$ esteja maior que 0,6. Se houver necessidade de PEEP maior, preferencialmente, deve-se monitorar a pressão intracraniana.
- A FiO$_2$ deve ser elevada para manter a pO$_2$ entre 80 e 100 mmHg.
- Curva de fluxo descendente.
- Sedação e analgesia aprofundadas para evitar a hiperventilação. Em alguns casos selecionados, se necessário, associar agente bloqueador neuromuscular.

Um detalhe nos paciente neurológicos é que nos critérios de progressão para desmame além dos descritos abaixo, deve-se incluir pressão intracraniana ≤ 20 mmHg, pressão de perfusão cerebral ≥ 60 mmHg.

DESMAME

O processo de desmame é o processo de descontinuação da ventilação mecânica e deve-se pensar nele assim que o paciente é colocado no ventilador. O processo inicia-se quando a causa que levou a insuficiência respiratória tenha sido estabilizada e o paciente tenha os sinais vitais estáveis. O atraso no desmame leva ao aumento da incidência de pneumonia, tempo de interação e dos custos. Por outro lado, o desmame muito agressivo e prematuro leva a aumento da necessidade de reintubação, aumento da incidência de pneumonia, fadiga da musculatura respiratória e deterioração das trocas gasosas. Em pacientes com disfunção ventricular esquerda ou isquemia miocárdica a precocidade do desmame pode acarretar insuficiência cardíaca e piora da isquemia. Assim, alguns pontos devem ser seguidos diariamente.

Pontos que Devem Ser Acompanhados Diariamente[13-15]

- Iniciar modos ventilatórios que mantenham atividade diafragmática como PSV ou Bivent (BIPAP, Bilevel) assim que o paciente apresente estabilidade alveolar, hemodinâmica e metabólica.
- Se possível iniciar com PSV em torno de 15 cmH$_2$O e ir reduzindo 2 a 3 pontos até adequar o volume corrente em torno de 5 a 7 mL/kg (peso ideal) e frequência respiratória menor que 25 ipm.

Assistência Ventilatória

- Monitorar oximetria de pulso, PA e ECG.
- Controlar a infusão de sedativos, verificando o despertar diário.
- Nos casos de cirurgia cardíaca sem disfunção do VE deve-se usar propofol ou dexmedetomidina, caso seja necessário sedação nos pós-operatório imediato.
- Evitar curarização.
- Realizar *screening* diário de metas.
- Realizar teste de ventilação espontânea nos pacientes que passarem no *screening*.

Screening Diário de Metas

- $PaO_2/FiO_2 \geq 200$ com $FiO_2 \leq 0,4$.
- $PEEP \leq 5\ cmH_2O$.
- Tosse adequada durante aspiração (*peak flow* > 160 L/min) e reflexo de engasgo presente.
- Ausência de infusão contínua de vasopressor (exceto dopamina em dose < 5 µg/kg/min).
- Paciente acordado e com ausência de infusão contínua de sedativo.

Teste de Ventilação Espontânea após Passar no *Screening*

- Paciente acordado.
- Colocar o paciente em $PSV = 5\ cmH_2O$ e $PEEP = 5\ cmH_2O$ ou em peça em T por 30 minutos. Para pacientes com tubos finos (5 a 7), usar $PSV = 7\ cmH_2O$.
- Intolerância ao teste:
  - Freq. Resp > 35 ipm por mais de 5 minutos.
  - SaO_2 < 90% por mais de 30 segundos com bom sinal no monitor.
  - FC > 130 bpm ou > 20% de aumento na frequência cardíaca. Durante mais de 5 minutos.
  - Pressão sistólica > 180 ou < 90 mmHg.
  - Agitação, ansiedade ou relato de dispneia por mais de 5 minutos.

Cerca de 80% dos pacientes passam no primeiro teste de ventilação espontânea. Passar no teste de ventilação espontânea significa, aproximadamente, 87% de possibilidade de permanecer fora da ventilação mecânica (VM) por mais de 48 horas.

Nos pacientes traqueostomizados que passam no *screening* diário de metas pode-se optar pela não realização do teste de ventilação espontânea para se descontinuar a VM.

Uma vez que ocorra falha de desmame por fadiga, o paciente só deverá realizar nova tentativa após 24 horas. A realização do teste antes de 24 horas leva a persistência da fadiga muscular sem evidência de benefício clínico.

Pacientes que apresentam derrames pleurais volumosos apresentam indicação de drenagem de alívio antes da progressão do desmame.

Pacientes com DPOC podem-se beneficiar do uso de ventilação não invasiva de extubação precoces.[16]

Existe evidência que o treinamento muscular em pacientes de pós-operatório com séries de pressões inspiratórias, com carga entre -4 e -20 mmHg 2 vezes ao dia, pode reduzir o tempo de desmame. Mais estudos, porém, devem ser feitos antes de essa técnica se tornar rotina.

REFERÊNCIAS BIBLIOGRÁFICAS

1. Ashbaugh DG, Biglow DB, Petty TL *et al.* Acute respiratory distress in adults. *Lancet* 1967;2:319-23.
2. Bernard GR, Artigas A, Brigham KL *et al.* The American-European Consensus Conference on ARDS. Definitions, mechanisms, relevant outcomes, and clinical trial coordination. *Am J Respir Crit Care Med* 1994 Mar.;149(3 Pt 1):818-24.
3. Villar J, Blanco J, Kacmarek RM. Acute respiratory distress syndrome definition: do we need a change? *Curr Opin Crit Care* 2011;17:13-17.
4. The ARDS definition task force. The acute respiratory distress syndrome: what's in a Name? *JAMA*, 2012 June 20;307(23):2542-44.
5. Papazian L *et al.* Neuromuscular blockers in early acute respiratory distress syndrome – *N Engl J Med* 2010;363:1107-16.
6. Alsaghir AH, Martin CM. Effect of prone positioning in patients with acute respiratory distress syndrome: a meta-analysis. *Crit Care Med* 2008;36(2):603-9.
7. Bouferrache K, Baron AV. Acute respiratory distress syndrome, mechanical ventilation, and right ventricular function. *Curr Opin Crit Care* 2011;17:30-35.
8. Kacmarek R, Dimas S. *Essentials of respiratory care.* St Louis, MO: Mosby Elsevier, 2005.
9. Tobin MJ. Principles and practice of mechanical ventilation. 2nd ed. New York: McGrawHill, 2006.
10. García Vicente E, Sandoval Almengorb JC, Díaz Caballeroc LA *et al.* Invasive mechanical ventilation in COPD and asthma. *Med Intensiva* 2011;35:288-98.
11. Ward NS. Clinical concise review: mechanical ventilation of patients with chronic obstructive pulmonary disease. *Crit Care Med* 2008 May 01;36(5):1614-19.
12. Johnson VE, Huang JH, Pilcher WH. Special Cases: mechanical ventilation of neurosurgical patients. *Crit Care Clin* 2007;23:275-90.
13. Pelosi P, Esteban A. For the Ventilatory Study Group Management and outcome of mechanically ventilated neurologic patient. *Crit Care Med* 2011;39(6):1482-92.
14. MacIntyre NR, Cook DJ, Ely Jr EW *et al.* Evidence based guideline for weaning and discontinuing ventilatory support: a collective task force facilitated by the American College of Chest Physicians; the American Association for Respiratory Care; and the American College of Critical Care Medicine. *Chest* 2001 Dec.;120(6 Suppl):375S-95.
15. BouAkl I, Bou-Khalil P, Kanazi G *et al.* Weaning from mechanical ventilation. *Curr Opin Anesthesiol* 2012;25:42-47.
16. Farah R, Makhoul N. Optimal time needed for withdrawal of mechanical ventilation in patients with chronic obstructive pulmonary disease. *Isr Med Assoc J* 2011 Oct.;13(10):609-12.

Capítulo 20

ECMO PARA TRATAMENTO DE HIPOXEMIA REFRATÁRIA

Pedro Vitale Mendes
Marcelo Park
Eduardo Leite Vieira Costa
Luciano Cesar Pontes de Azevedo

INTRODUÇÃO

A oxigenação por membrana extracorpórea (ECMO, do inglês *ExtraCorporeal Membrane Oxygenation*) caracteriza-se pela oxigenação sanguínea e pela remoção de gás carbônico (CO_2) mediante bombeamento mecânico do sangue em um circuito extracorpóreo, ao longo de uma membrana onde ocorre a difusão dos gases. O principal objetivo desta terapia é permitir uma ventilação mecânica menos lesiva ao pulmão, possibilitando a recuperação gradual do estresse agudo que gerou a insuficiência respiratória. Com base nestes dois conceitos básicos este capítulo visa discutir fisiologia, aplicabilidade clínica e aspectos técnicos do uso de ECMO como suporte respiratório na unidade de terapia intensiva (UTI).

HISTÓRICO E EVIDÊNCIA CLÍNICA ATUAL

Atualmente, a circulação extracorpórea como suporte respiratório é uma modalidade de resgate, com uso restrito a situações de hipoxemia refratária ou nas quais o suporte ventilatório necessário para manter oxigenação e ventilação adequadas é, por si só, um fator agravante da lesão pulmonar. A síndrome do desconforto respiratório agudo (SDRA) é a condição clínica que constitui a principal causa de hipoxemia refratária com necessidade de ECMO. A SDRA caracteriza-se por intenso processo inflamatório, lesão endotelial capilar e do epitélio alveolar, com redução do surfactante.[1] Clinicamente, consiste em diminuição da complacência pulmonar, colapso alveolar e superfície de troca gasosa reduzida.

Há cerca de 30 anos, a mortalidade dos pacientes com SDRA superava 90%.[2] A partir da publicação dos estudos que utilizaram uma estratégia de ventilação pulmonar com baixos volumes correntes e controle das pressões alveolares, essa mortalidade foi reduzida significantemente.[3,4] Considerando esta queda na mortalidade com a ventilação protetora, o conceito de que a ECMO seria uma condição segura de ventilação e oxigenação enquanto o pulmão "descansaria", impulsionou o uso de circulação extracorpórea como suporte respiratório em hipoxemia grave.

O relato inicial de uso de ECMO de forma bem-sucedida foi em 1972 em um paciente politraumatizado com insuficiência respiratória.[5] Contudo, os primeiros estudos clínicos que avaliaram o uso de ECMO em insuficiência respiratória não demonstraram efeitos significantes da terapia.[2,6] Possíveis explicações para tais resultados incluem recrutamento tardio de pacientes, o uso de membranas menos biocompatíveis e uma ventilação mecânica com alto volume-corrente (não protetora). Assim, até o final da década de 1990, a necessidade de equipes especializadas no manejo de ECMO e o resultado desses estudos fizeram com que esta terapia ficasse restrita a poucos centros e casos selecionados.

A partir do final da década de 1990, com a comprovação dos benefícios da ventilação protetora em SDRA, o uso de ECMO adquiriu um novo contexto de forma a permitir uma terapia menos lesiva ao pulmão. Aliado a isso, melhoras tecnológicas na circulação extracorpórea, como o surgimento de membranas biocompatíveis de polimetilpenteno, circuitos revestidos por heparina e bombas centrífugas, reduziram as complicações associadas à ECMO, abrindo um nova possibilidade para o uso desta terapia.

No ano de 2009 com a pandemia do novo vírus influenza A (H1N1) e a síndrome respiratória aguda grave causada por essa doença, houve um interesse renovado no uso de ECMO para tratar os pacientes com hipoxemia refratária causada pelo vírus. Em uma análise retrospectiva de 215 pacientes com influenza A, que necessitaram de UTI, 102 destes utilizaram alguma forma de terapia de resgate para hipoxemia refratária, incluindo ventilação de alta frequência, posição prona, uso de óxido nítrico e ECMO.[7] Na Oceania, de 201 pacientes sob ventilação mecânica com Influenza A (H1N1), 68 (34%) necessitaram de suporte extracorpóreo como medida de resgate.[8] Assim, apesar de pouca evidência clínica até aquele momento, o uso de ECMO como suporte respiratório ressurgiu como alternativa para estes pacientes com hipoxemia refratária.

Desde então, têm surgido estudos sobre transferência de pacientes com hipoxemia refratária para centros de ECMO, com mortalidades inferiores à descrita para SDRA em estudos prévios.[9-12] No final de 2009 houve a publicação do estudo britânico *Cesar Trial*, no qual 180 pacientes com hipoxemia refratária foram randomizados para serem transferidos para um centro especializado em ECMO para receber esta terapia ou manter ventilação mecânica convencional no hospital de origem. O resultado foi um aumento de 47 para 63% no número de pacientes que sobreviveram sem disfunções no grupo que foi transferido para iniciar ECMO.[13] A partir de 2010, foi criado, em São Paulo, o grupo de Suporte Respiratório Extracorpóreo do Hospital das Clínicas da Faculdade de Medicina da USP e do Hospital Sírio-Libanês. Este é o primeiro grupo brasileiro criado com o objetivo de realizar ECMO de rotina em pacientes com hipoxemia refratária. Até o momento, o grupo utilizou esta tecnologia em 10 pacientes, com resultados satisfatórios.[14]

Apesar de um histórico controverso, o desenvolvimento tecnológico no suporte extracorpóreo, aliado às técnicas de ventilação protetora, tem gerado evidências que faz do uso de ECMO para suporte respiratório uma técnica em expansão e com resultados encorajadores.

ECMO para Tratamento de Hipoxemia Refratária

RACIONAL FISIOLÓGICO, INDICAÇÕES E CONTRAINDICAÇÕES

O racional fisiológico da ECMO em situações de hipoxemia refratária consiste em corrigir a hipoxemia e a acidose respiratória graves ao mesmo tempo em que permite estabelecer uma ventilação pulmonar menos lesiva. Assim, é possível manter as trocas gasosas necessárias pela ECMO mesmo em situações em que a ventilação pulmonar aproxima-se de zero.

Existem, basicamente, dois tipos de ECMO de acordo com o sistema vascular utilizado. Na ECMO como suporte respiratório, a modalidade utilizada é a venovenosa (VV), na qual o sangue é retirado e devolvido em um território venoso central. Uma outra modalidade de ECMO (venoarterial), será referida mais adiante. Assim, na ECMO VV o sangue drenado da veia cava inferior do paciente passa através da membrana de oxigenação, em que ocorre a troca de oxigênio e gás carbônico e, então, retorna próximo ao átrio direito para se misturar com o fluxo venoso sistêmico. Esta mistura de sangue proveniente da ECMO e sangue venoso sistêmico passa pelos pulmões onde realizará nova troca gasosa e retorna às câmaras cardíacas esquerdas, para ser distribuído à circulação arterial sistêmica. Em caso de mau posicionamento das cânulas, parte do sangue oxigenado proveniente da ECMO pode ser, novamente, drenado para o circuito sem passar pela circulação pulmonar. Este fenômeno é chamado de recirculação e pode prejudicar a terapia de suporte extracorpóreo aplicada ao paciente.

Com estes conceitos básicos sobre o funcionamento da ECMO, fica mais simples compreender quais variáveis determinam os parâmetros de oxigenação (PaO_2 e SaO_2) e entender o que fazer para corrigir eventuais distúrbios. Desta maneira, a SaO_2 avaliada na gasometria arterial periférica depende:

A) Do fluxo sanguíneo da ECMO, pois determina a quantidade de sangue que entrará no circuito para realizar a troca gasosa.
B) Do débito cardíaco do paciente, pois quanto maior o débito cardíaco (estados hiperdinâmicos), menor quantidade de sangue na circulação arterial terá passado pelo circuito da ECMO.
C) Do grau de recirculação do sangue.
D) Da saturação de oxigênio do sangue venoso do paciente, que reflete o consumo de oxigênio nos tecidos.
E) Da função pulmonar, pois o sangue vindo da ECMO ainda passa pela circulação pulmonar, podendo fazer novas trocas gasosas.

Por outro lado, quando analisados os determinantes da pressão parcial de CO_2 ($PaCO_2$), deve-se levar em consideração a maior difusibilidade do CO_2. Desta maneira, o principal componente que determina a $PaCO_2$ é o fluxo de ar *(sweeper)* que passa pela membrana de oxigenação, pois pela sua alta difusibilidade, o CO_2 presente no sangue e no ar que passa pela membrana entram rapidamente em equilíbrio. Assim, enquanto o *sweeper* exerce pouco efeito sobre a oxigenação sanguínea, é o principal determinante da eliminação de CO_2 do sangue e, consequentemente, correção da acidose respiratória.

O uso da circulação extracorpórea pode ser iniciado, também, para oferecer suporte cardiorrespiratório e não apenas respiratório. Este modo é iniciado em pacientes com instabilidade hemodinâmica ou após uma parada cardiorrespiratória, com falência cardíaca. Nestes casos, a canulação realizada é a venoarterial (ECMO-VA), que ocorre um *bypass* cardíaco e o fluxo gerado pela bomba mecânica é capaz de complementar ou substituir totalmente (em caso de falência cardíaca) o fluxo gerado pelo coração. Em decorrência da gravidade destes doentes e das complicações associadas ao modo venoarterial, a sobrevida dos pacientes com necessidade de suporte cardiopulmonar é de apenas 33%.[12]

O momento ideal para início da terapia extracorpórea como suporte respiratório ainda não está bem definido. O início da ECMO em até 6 dias do estabelecimento da hipoxemia refratária está associado a uma sobrevida de 72%, enquanto aqueles pacientes que iniciaram o suporte após 7 dias apresentaram uma sobrevida de apenas 31%[12]. Os critérios para uso de ECMO utilizados nas UTIs das Disciplinas de Emergências Clínicas e Pneumologia do HCFMUSP e na UTI do Hospital Sírio-Libanês estão descritos no Quadro 20-1. Com relação às contraindicações, os critérios não são uniformes na literatura e variam muito conforme a publicação.[15-17] Em geral, são consideradas contraindicações absolutas a presença de doença de base em estado terminal e doenças crônicas limitantes. São contraindicações relativas a impossibilidade de anticoagulação sistêmica, ventilação mecânica e lesão pulmonar por tempo maior do que 7 dias, falência de acesso venoso e disfunções orgânicas que limitariam o benefício da ECMO.

Quadro 20-1 Indicações de ECMO em insuficiência respiratória em adultos

Critérios obrigatórios
• Intubação traqueal e ventilação mecânica
• Doença pulmonar de início agudo
• Infiltrado pulmonar bilateral
• Relação PaO_2/FiO_2 < 200 com pressão expiratória final positiva ≥ 10 cmH_2O
• Possibilidade de reversão da lesão pulmonar
Critérios complementares (há necessidade de pelo menos um)
• Relação PaO_2/FiO_2 ≤ 50 com FiO_2 = 1, por pelo menos 1 hora, com ou sem o uso de manobras de resgate (recrutamento alveolar, óxido nítrico inalatório e posição prona)
• Escore de Murray *(Lung Injury Escore)* > 3, com paciente em piora do quadro clínico
• Hipercapnia com manutenção do pH ≤ 7,20 em uso de FR ≥ 35 ciclos/min (quando possível), volume corrente = 4-6 mL/kg e pressão de *plateau* ≤ 30 cmH_2O
• Relação PaO_2/FiO_2 ≤ 50 com FiO_2 ≥ 0,8 por pelo menos 3 horas, apesar da realização de manobras de resgate

Adaptado de Azevedo LC, Park M, Costa EL *et al.* Oxigenação extracorpórea por membrana na hipoxemia grave: hora de revermos nossos conceitos? *J Bras Pneumol* 2011;37(6):7-12.
Relação P/F corresponde à relação entre Pressão arterial de O_2 e a FiO_2.

ECMO para Tratamento de Hipoxemia Refratária

MANEJO DO PACIENTE EM ECMO

Após o início do suporte extracorpóreo, a bomba deve ser ajustada a uma baixa rotação por minuto de maneira a gerar um fluxo de cerca de 500 mL/min. Assim que todo o circuito estiver preenchido com sangue do paciente, deve-se elevar lentamente o fluxo gerado pela bomba até atingir a oximetria de pulso almejada. Em associação ao aumento no fluxo sanguíneo, deve-se ajustar o *sweeper* de O_2 de maneira a manter uma relação de cerca de 1:1 entre ambos os fluxos. A Figura 20-1 mostra o sistema da ECMO.

Com o paciente sem instabilidade hemodinâmica e a ECMO em funcionamento com parâmetros estáveis, o próximo passo consiste em ajustar a ventilação mecânica de maneira a reduzir o agravamento da lesão pulmonar associada à ventilação. Em geral, opta-se por seguir a estratégia utilizada pelos estudos clínicos atuais,[13] que consiste em uso de modo pressão controlada, pressão positiva ao final da expiração (PEEP) de 10-15 cmH_2O, pressão de pico de 20-25 cmH_2O, fração inspirada de O_2 (FiO_2) de 0,3 e frequência respiratória de 10 irpm. Após modificação da ventilação mecânica, o controle dos parâmetros estabelecidos na ECMO será feito por intermédio da análise da gasometria arterial e ajuste do fluxo de sangue e *sweeper* de acordo com as metas de pressão parcial dos gases e pH sanguíneo descritos no Quadro 20-2. Conforme previamente descrito neste capítulo, para correções da $PaCO_2$ deve-se ajustar o *sweeper* da ECMO, enquanto correções na PaO_2 e SaO_2 são realizadas principalmente por meio do aumento ou redução no fluxo de sangue. É importante lembrar que fluxos de sangue muito altos podem estar associados à hemólise no interior do circuito, enquanto fluxos muito baixos podem predispor à formação de coágulos.

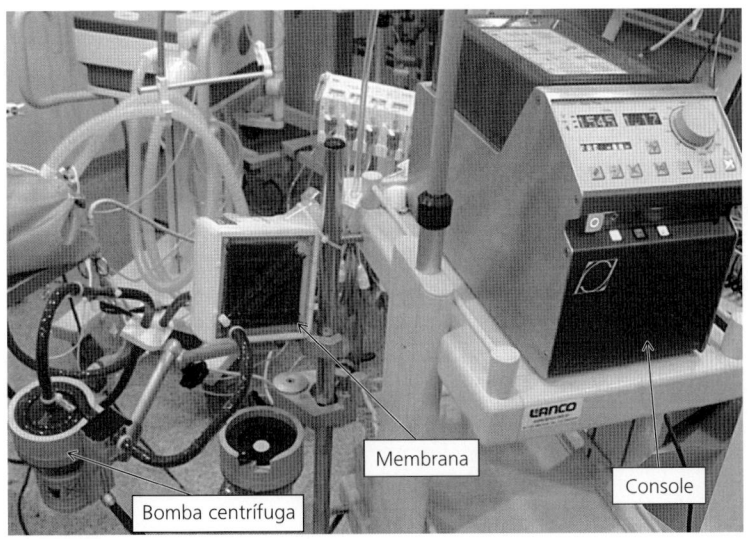

Fig. 20-1. Sistema da ECMO consistindo em bomba centrífuga, console e membrana de trocas.

Quadro 20-2 Metas durante ECMO-VV

• PaO$_2$ entre 55-65 mmHg
• SaO$_2$ entre 88-95%
• PaCO$_2$ entre 35-45 mmHg ou pH > 7,2

A anticoagulação do paciente em ECMO é um dos pontos fundamentais da terapia, visto que a formação de trombos e coágulos no sistema é responsável por redução na troca gasosa, ativação do sistema inflamatório e, possivelmente, perda de todo o circuito. Por outro lado, o uso de materiais biocompatíveis menos trombogênicos associado ao risco de complicações hemorrágicas nestes pacientes demandam constante revisão da terapia anticoagulante. Atualmente, recomenda-se o uso de heparina não fracionada em infusão contínua com monitoração a cada 6 horas para atingir um valor de razão (R) do tempo de tromboplastina parcial ativada (TTPA) entre 1,5 e 2,5. Ácido acetilsalicílico na dose de 300 mg pode ser associado à heparina. A presença de hemorragias obriga a redução na meta de anticoagulação ou suspensão da infusão de heparina e administração de AAS.

A monitoração de todo o circuito da ECMO deve ser realizada várias vezes ao dia pela equipe da UTI e pelo menos 1 vez ao dia por um especialista em ECMO. O objetivo é identificar precocemente a presença de dobras nos tubos do circuito, sangramentos, inflamação ou infecção em local de inserção de cânulas e a presença de coágulos no sistema. A membrana de oxigenação é vistoriada diariamente com o uso de um foco de luz para facilitar a visualização de trombos e coágulos em sua superfície. A coleta de exames laboratoriais é essencial no controle evolutivo do paciente e no diagnóstico de complicações decorrentes da terapia extracorpórea. Gasometrias arteriais, venosas, pré- e pós-membrana permitem avaliar a troca gasosa no circuito e devem ser realizadas pelo menos 1 vez ao dia. Controle de hemoglobina sérica e TTPA permitem avaliar a presença de sangramentos, hemólise e a eficácia da terapia anticoagulante e também deve ser realizado mais de 1 vez ao dia. Eletrólitos séricos, função hepática, função renal, avaliação das provas de hemólise e radiografia de tórax no leito podem ser realizados uma vez ao dia apenas.

Retirada do Suporte Extracorpóreo

O desmame da ECMO com posterior retirada do suporte deve ser realizado quando a função pulmonar do paciente permite oxigenação e ventilação adequadas apenas com a ventilação mecânica em parâmetros não lesivos ao pulmão. A necessidade de baixos fluxos na ECMO para atingir a PaO$_2$ desejada, melhora radiológica e uma saturação arterial de O$_2$ progressivamente maior que a venosa são sinais que sugerem recuperação pulmonar e permitem a realização do teste de retirada da ECMO.

O teste é realizado com o paciente acordado e capaz de demonstrar sinais de desconforto com a cessação da terapia. Inicialmente, os parâmetros ventilatórios são ajustados de forma a oferecer uma ventilação protetora que permanecerá depois da

ECMO para Tratamento de Hipoxemia Refratária

retirada da ECMO. Após ajuste da ventilação, o *sweeper* do misturador de ar e oxigênio é reduzido à zero de forma que não ocorram mais trocas gasosas na membrana de oxigenação, apenas no pulmão do próprio paciente. Após 1 hora nestas condições, uma nova gasometria é coletada e a presença de uma PaO_2 superior a 55 mmHg, associado a uma $PaCO_2$ inferior a 60 mmHg permitem a cessação do suporte extracorpóreo e decanulação do paciente. Durante todo o teste, o paciente é monitorado e a presença de queda da oximetria de pulso (menor que 85%) ou sinais evidentes de desconforto respiratório determina a interrupção da prova e retorno ao suporte por ECMO. O Quadro 20-3 resume as condições necessárias para o término da ECMO.

Quadro 20-3 Retirada da terapia extracorpórea

• Paciente acordado e confortável durante o teste
• Ventilação mecânica: PEEP ≤ 10 cmH_2O; Vt ≤ 6 mL/kg; FiO_2 ≤ 0,6
• Interrupção do fluxo de gás pela membrana. (*sweeper* = ZERO)
• PaO_2 > 55 mmHg; $PaCO_2$ < 60 mmHg ou pH > 7,3 em hipercápnicos crônicos após 1 hora de teste

Critérios extraídos de Park M, Costa ELV, Azevedo LCP, Afonso Junior JE, Samano MN, Carvalho CRR. Extracorporeal membrane oxygenation as a bridge to pulmonary transplantation in Brazil: Are we ready to embark upon this new age? *Clinics* 2011;66(9):1659-1661. Vt = volume-corrente.

COMPLICAÇÕES DURANTE O SUPORTE EXTRACORPÓREO

O suporte respiratório através de ECMO caracteriza-se por ser uma medida de resgate e, sendo assim, deve ser realizado em centros especializados no manejo desta terapia com o objetivo de reduzir as complicações. Se necessário, o suporte pode ser iniciado no hospital de origem, após canulação pela equipe especializada e o paciente transferido para a continuação da terapia em um centro de referência.[13,18] Porém, mesmo em instituições familiarizadas com ECMO, a incidência de complicações permanece alta[12] e demanda constante monitoração do circuito e do paciente. As complicações podem ser divididas em associadas ao paciente e associadas ao circuito de ECMO propriamente dito, conforme será discutido mais adiante. O Quadro 20-4 apresenta as principais complicações e suas incidências.

Complicações Associadas ao Paciente

A hemorragia é a principal complicação que acomete o paciente em ECMO. Pode estar relacionada com o sítio de punção ou ferida operatória (mais comuns) ou, ainda, a procedimentos ou em locais não relacionados com a ECMO, como hemorragia intracraniana e gastrointestinal, que por sua vez são mais raras, mas de maior gravidade. Em uma análise de 405 pacientes em ECMO no período de 1989 a 2003, sangramentos no sítio de punção ocorreram em 31,4% dos pacientes, enquanto hemorragias do trato gastrointestinal ocorreram em 7,4%.[19] O uso de anticoagulação sistêmica, a presença de coagulopatias e plaquetopenia decorrentes da formação de microtrombos no

Quadro 20-4 Complicações e incidência durante ECMO em adultos

Coágulos no sistema	
• Membrana de oxigenação	12,2%
• Circuito	17,8%
Sangramento	
• Sítio cirúrgico	19%
• Local de canulação	17%
• Pulmonar	8,1%
• Trato gastrointestinal	5,1%
• Sistema nervoso central	3,8%
Infecção nosocomial (qualquer sítio)	21,3%
Hemólise	6,9%
Coagulação intravascular disseminada	3,7%

Adaptado de Brodie D, Bacchetta M. Extracorporeal Membrane Oxygenation for ARDS in Adults. *N Engl J Med* 2011;365(20):1905-1914.

circuito ou da doença de base do paciente, são as principais causas para esta alta incidência. A principal medida para reduzir a incidência de hemorragias nos pacientes em circulação extracorpórea consiste na prevenção. Cuidados locais no momento da punção, evitar procedimentos cirúrgicos e invasivos que não sejam extremamente necessários são medidas fundamentais no manejo destes pacientes. No caso de hemorragias de menor gravidade, o tratamento inicial consiste em reduzir a infusão de heparina de forma a manter o R entre 1,2-1,5 e avaliar a necessidade de transfusão de plaquetas. Caso o sangramento persista, apesar destas medidas e de cuidados locais como compressão mecânica e curativo oclusivo, optar por suspender a infusão de heparina até controle do sangramento. Em caso de sangramentos maiores, o uso de plasma fresco congelado e outros hemoderivados deve ser considerado para reversão de coagulopatia e plaquetopenia.

Outra complicação significativa é a presença de hemólise no sistema.[20] Geralmente esta ocorre em decorrência da formação de coágulos e trombos, proporcionando trauma celular e lise das hemácias. Assim, sua prevenção é feita pela anticoagulação do paciente conforme previamente discutido. O controle seriado de valores de hemoglobina, bilirrubina indireta, haptoglobina, desidrogenase lática e hemoglobina livre, permite o reconhecimento precoce da existência desta complicação para tratamento adequado.

Alterações neurológicas são comuns e ocorrem em até 50% dos pacientes em ECMO, podendo estar diretamente relacionadas com o suporte.[21] Os eventos incluem encefalopatia, isquemias, convulsões e hemorragias. Destas, a mais temida é a hemorragia intracraniana com incidência de até 18,9% dos pacientes e associada à alta mortalidade.[22]

ECMO para Tratamento de Hipoxemia Refratária

Complicações Associadas ao Circuito

As complicações associadas ao circuito incluem embolia gasosa, desconexão ou ruptura do sistema com perda sanguínea maciça, formação de coágulos e perda de fluxo no sistema. Embolia gasosa e ruptura do sistema são as de maior risco ao paciente e demandam imediato clampeamento do circuito com cessação do suporte extracorpóreo até correção do problema.

Ao contrário de suporte através de ECMO-VA, no qual pequenas embolias gasosas representam um risco maior pela possível embolização para sistema nervoso central, o uso de ECMO-VV é mais tolerante com embolias de pequena monta, pois o destino do sangue é a circulação pulmonar. Porém, com as bombas centrífugas utilizadas atualmente, a pressão negativa gerada para sucção do sangue chega a atingir 100 mmHg ou mais e, assim, qualquer descuido no manejo do circuito pode proporcionar uma entrada maciça de ar no sistema. Nestas situações, o circuito deve ser clampeado, e os parâmetros ventilatórios reajustados de forma a proporcionar a ventilação sem o auxílio da ECMO. Procedimentos esses também requeridos nas desconexões e rupturas.

Por último, a ocorrência de queda no fluxo de sangue é uma complicação comum que pode ser grave pela hipoxemia resultante. Sua principal causa é a presença de hipovolemia e consequente redução no fluxo da cânula de drenagem. No caso do uso de bombas centrífugas, a pressão negativa gerada pela bomba em um leito vascular com pouco conteúdo sanguíneo, pode fazer com que a cânula passe a sugar a parede do vaso ou do átrio direito. A oclusão do orifício de drenagem proporciona uma queda abrupta do fluxo sanguíneo e consequente hipoxemia. Em alguns casos, esta sucção da parede torna-se intermitente pelo movimento da cânula dentro do vaso, causando um aparente "chicoteamento" dos tubos de drenagem da ECMO. Nestas situações, pode-se tentar reposicionar o paciente ou realizar uma manobra de elevação dos membros inferiores para aumentar o retorno venoso. Caso não haja retorno do fluxo normal, deve-se reduzir o fluxo (rotações por minuto) da bomba para interromper a sucção da parede do vaso e, posteriormente, elevar lentamente até o valor desejado. Considerando que o manejo dos pacientes em ECMO inclui uma terapia restritiva em fluidos, o uso de expansões volêmicas com o intuito de reverter esta situação torna-se uma alternativa apenas quando as outras medidas não tenham surtido efeito.

CONCLUSÕES

A oxigenação por membrana extracorpórea constitui uma terapia de resgate ao paciente em hipoxemia refratária quando outras medidas terapêuticas falham. Seu uso vem crescendo progressivamente nos últimos anos com resultados promissores. Contudo, em razão do alto risco de complicações, ainda caracteriza-se por ser uma terapia de alta complexidade e que deve estar reservada a centros especializados.

REFERÊNCIAS BIBLIOGRÁFICAS

1. Ashbaugh DG, Bihelow BD, Petty TL et al. Acute respiratory distress in adults. *Lancet* 1967;2:319-23.
2. Zapoul WM, Snide MT, Hill JD et al. Extracorporeal membrane oxygenation in severe acute respiratory failure. A randomized prospective study. *JAMA* 1979;242(20):2193-96.
3. The acute respiratory distress syndrome network. Ventilation with lower tidal volumes as compared with traditional volumes for acute lung injury and the acute respiratory distress syndrome. *N Eng J Med* 2000;342(18):1301-8.
4. Amato MB, Barbas CS, Medeiros DM et al. Effect of a protective-ventilation strategy on mortality in the acute respiratory distress syndrome. *N Engl J Med* 1998;338(6):347-54.
5. Hill JD, O'Brien TJ, Murray JJ et al. Prolonged extracorporeal oxigenation for acute post-traumatic respiratory failure (Shock-Lung Syndrome). *N Engl J Med* 1972;286:629-34.
6. Gattinoni L, Pesenti A, Mascheroni D et al. Low-frequency positive-pressure ventilation with extracorporeal CO_2 removal in severe acute respiratory failure. *JAMA* 1986;256(7):881-86.
7. Kumar A, Zarychanski R, Pinto R et al. Critically ill patients with 2009 influenza A(H1N1) infection in Canadá. *JAMA* 2009;302(17):1872-79.
8. Extracorporeal Membrane Oxygenation (ANZ ECMO) Influenza Investigators et al. Extracorporeal Membrane Oxygenation for 2009 Influenza A(H1N1) Acute Respiratory Distress Syndrome. *JAMA* 2009;302(17):1888-95.
9. Holzgraefe B, Broomé M, Kalzen H et al. Extracorporeal membrane oxynation for pandemic H1N1 2009 respiratory failure. *Minerva Anestesiol* 2010;76(12):1043-51.
10. Ciapetti M, Cianchi G, Zagli G et al. Feasibility of inter-hospital transportation using extra-corporeal membrane oxygenation (ECMO) support of patients affected by severe swine-flu(H1N1)-related ARDS. *Scand J Trauma Resusc Emerg Med* 2011 May 27;19:32.
11. Noah MA, Peek GJ, Finney SJ et al. Referral to an extracorporeal membrane oxygenation center and mortality among patients with severe 2009 influenza A(H1N1). *JAMA* 2011 Oct. 19;306(15):1659-68.
12. Conrad SA, Rycus PT, Dalton H. Extracorporeal Life Support Registry Report 2004. ASAIO J, 2005;51(1):4-10.
13. Peek GJ, Mugford M, Tiruvoipati R et al. Effi cacy and economic assessment of conventional ventilatory support versus extracorporeal membrane oxygenation for severe adult respiratory failure (CESAR): a multicentre randomised controlled trial. *Lancet* 2009;374(9698):1351-63.
14. Park M, Costa ELV, Azevedo LCP et al. Extracorporeal membrane oxygenation as a bridge to pulmonary transplantation in Brazil: are we ready to embark upon this new age? Clinics 2011; Clinics 2012 (aceito para publicação) 66(9):1659-1661.
15. Chauhan S, Subin S. Extracorporeal membrane oxygenation, an anesthesiologist's perpective: physiology and principles. Part 1. *Ann Cardiac Anaesth* 2011;14(3):218-29.
16. Brodie D, Bacchetta M. Extracorporeal membrane oxygenation for ARDS in adults. *N Engl J Med* 2011;365(20):1905-14.
17. MacLaren G, Combes A, Bartlett RH. Contemporary extracorporeal membrane oxygenation for adult respiratory failure: life support in the new era. *Int Care Med* 2012;38(2):210-20.

18. Foley DS, Pranikoff T, Youger JG *et al.* A review of 100 Patients transported on extracorporeal life support. *ASAIO J* 2002;48(6):612-19.
19. Hemmila MR, Rowe SA, Boules TN *et al.* Extracorporeal life support for severe acute respiratory distress syndrome in adults. *Ann Thorac Surg* 2004;240:595-605.
20. Bennett M, Horton S, Thuys C *et al.* Pump-induced haemolysis: a comparison of short-term ventricular assist devices. *Perfusion* 2004;19(2):107-11.
21. Mateen FJ, Muralidharan R, Shinohara RT *et al.* Neurological injury in adults treated with extracorporeal membrane oxygenation. *Arch Neurol* 2011;68(12):1543-49.
22. Kasirajan V, Smedira NG, McCarthy JF *et al.* Risk factors for intracranial hemorrhage in adults on extracorporeal membrane oxygenation. *Eur J Cardiothorac Surg* 1999;15(4):508-14.

Capítulo 21

PNEUMONIA NOSOCOMIAL

Fernando Borges Rodriguez
Thiago Thomaz Mafort

INTRODUÇÃO

A pneumonia nosocomial (PN) pode ser definida como inflamação do parênquima pulmonar causada por microrganismos que não estavam presentes ou incubados previamente à internação, ocorrendo após 48 horas ou mais da admissão no hospital.[1,2] Sua classificação pode ser subdividida de acordo com o tempo de apresentação em precoce e tardia, sendo consideradas pneumonias precoces as que ocorrem nas primeiras 96 horas de internação e as tardias as que ocorrem após este período.[3]

A pneumonia associada à ventilação mecânica (PAVM) é aquela que ocorre 48 horas ou mais após a intubação orotraqueal, sendo consideradas PAVM precoces as que ocorrem nos primeiros 4 dias de ventilação mecânica e tardias do 5º dia em diante.

Esta é a principal causa de infecção nosocomial em pacientes submetidos à ventilação mecânica (VM), sendo responsável pela maioria das pneumonias que ocorrem nas unidades de tratamento intensivo (UTI).[5]

A pneumonia associada a cuidados de saúde diz respeito a pacientes que estiveram hospitalizados por 2 ou mais dias nos últimos 90 dias, residentes em asilos ou que mantenham contato permanente com serviços de saúde, que receberam antibioticoterapia intravenosa recente, quimioterapia ou cuidados especializados em feridas e hemodiálise nos últimos 30 dias.[1]

Este capítulo abordará a pneumonia nosocomial com enfoque na pneumonia associada à ventilação mecânica.

EPIDEMIOLOGIA

Segundo o *Natinal Nosocomial Infections Survaillance* (NNIS) *System* a PN é a segunda causa mais frequente de infecção adquirida em ambiente hospitalar, com uma taxa de 6,1 casos por 1.000 altas.[5] Ela representa, aproximadamente, 25% do total de infecções nosocomiais, sendo responsável por 50% dos antibióticos prescritos no ambiente hospitalar. Oitenta e seis por cento destas infecções estão associadas à ventilação mecânica (Fig. 21-1).

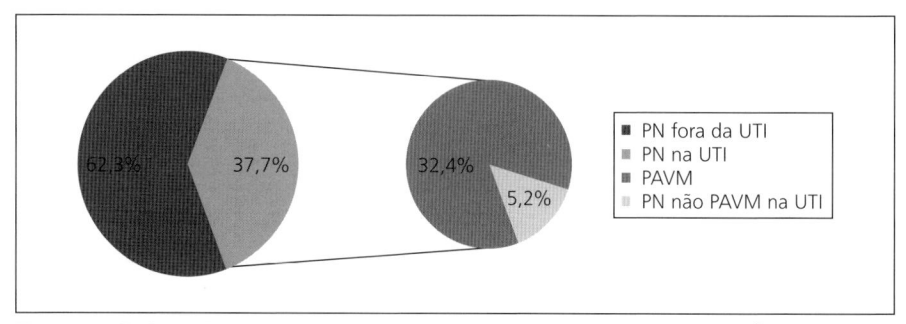

Fig. 21-1. Relação PN no hospital/UTI e PAVM/PN na UTI (adaptada).[2]

A PN aumenta o tempo de internação hospitalar em média em 7 a 10 dias por paciente e pode gerar um custo extra ao redor de 40.000,00 dólares americanos.[1] Estudos mais recentes mostram que pacientes que adquiriram PAVM apresentam aumento nos tempos médios de ventilação mecânica, internação na UTI e no hospital, bem como excesso de custo.[6,7]

A ventilação mecânica aumenta a chance de PN de 6 a 20 vezes.[1,8-10] A incidência mediana de PAVM de acordo com dados do NNIS é de 7,6 casos por 1.000 dias de VM. Porém, é difícil inferir a real incidência ou prevalência da PAVM em razão de múltiplos fatores, como a diferenciação entre traqueobronquite e pneumonia, colonização *versus* infecção nas vias aéreas inferiores e uso de diferentes critérios clínicos e laboratoriais para o diagnóstico da PAVM.[11] Por exemplo, a incidência de PAVM pode ser até 2 vezes maior em pacientes em que a rotina diagnóstica inclui culturas qualitativas ou semiquantitativas quando comparadas a culturas quantitativas de secreções das vias aéreas inferiores.[6,12]

O risco de PAVM se eleva gradualmente de acordo com o tempo de exposição à VM, sendo 3% ao dia nos primeiros 5 dias, 2% ao dia entre o 5º e 10º dia e 1% ao dia daí em diante.[13] Este risco é cumulativo.

A PN tem uma mortalidade atribuível que varia de 30 a 70%, porém, muitos pacientes críticos morrem decorrrente da gravidade da doença de base, e não decorrente da pneumonia. A mortalidade atribuível à PAVM tem sido estimada ao redor de 30 a 50%,[1,10,14,15] porém, alguns estudos não mostraram este acréscimo nas taxas de mortalidade.[7,16]

ETIOLOGIA

Os agentes etiológicos responsáveis pela PN variam de acordo com os hospitais em razão das diferenças nas populações estudadas e no uso de métodos diagnósticos.[8,12,17] As bactérias são os agentes mais comuns sendo variado seu espectro e podendo ser polimicrobianas em 50% ou mais dos casos.[18-20] Menos frequentemente, podemos encontrar vírus e fungos como causadores da PN. Estes agentes são menos comuns em pacientes imunocompetentes. Infecções por espécies de *Candida spp.* e *Aspergillus*

Pneumonia Nosocomial

fumigatus podem ocorrer em transplantes de órgãos e neutropênicos. As infecções por *Aspergillus* sugerem transmissão aérea e podem estar relacionadas com ductos de ventilação contaminados com esporos. Por outro lado, a presença de *Candida spp.* em material colhido das vias aéreas é frequente, mas usualmente representa colonização, e não infecção, raramente requerendo tratamento.[21] Já no caso de etiologias virais, estas se dão comumente em surtos e podem ser sazonais, sendo os vírus influenza, parainfluenza, adenovírus e vírus sincicial respiratório responsáveis por 70% dos casos.[22,23]

As bactérias aeróbicas Gram-negativas são as mais frequentes, sendo o *Staphylococcus aureus* oxacilinorresistente (Staphylo Oxa-R) o agente Gram-positivo mais comum. Dentre as bactérias Gram-negativas destacam-se a *Pseudomonas aeruginosa*, *Klebsiella pneumoniae*, *Escherichia coli*, espécies de *Acinetobacter spp*, *Enterobacter spp*, *Serratia marcencens* e *Proteus spp*. Além destas, o *Streptococcus pneumoniae*, *Haemophylus influenzae* e o *Staphylococcus aureus* oxacilinossensível (Staphylo Oxa-S), também podem causar PN, sendo mais frequentes em PN precoces.

Dados do programa SENTRY de vigilância, de 1997-1998, mostram as bactérias isoladas como agentes patogênicos com maior frequência em onze hospitais de três estados brasileiros (Quadro 21-1).[18]

A incidência de bactérias multirresistentes varia de acordo com o hospital e a população em questão, sendo influenciada pela política local de uso dos antimicrobianos e pelo tempo de início da infecção. Pneumonias tardias têm maior incidência de germes multirresistentes, bem como pacientes portadores de doenças crônicas e submetidos a tratamento antimicrobiano prévio.[1,18,24] A presença de germes multirresistentes está relacionada com maior morbidade e mortalidade (Quadro 21-2).[14,25-27]

Quadro 21-1 Prevalência de agentes bacterianos em hospitais brasileiros (adaptado)[18]

Ordem de prevalência	% Representado pela espécie (n)
Pesudomonas aeruginosa	30,1
Staphylococcus aureus	19,6
Acinetobacter spp.	13,0
Klebsiella spp.	9,5
Enterobacter spp.	8,4
Enterococcus spp.	4,0
Serratia spp.	4,0
Escherechia coli	3,4
Stenotrophomonas maltophilia	2,5
Proteus spp.	1,0
Estafilococos coagulase-negativa	0,6

Quadro 21-2 Fatores de risco para PN por germes multirresistentes (adaptado)[1]

• Terapia antibiótica nos últimos 90 dias
• Hospitalização por 5 ou mais dias
• Alta frequência de resistência antibiótica na comunidade ou unidade hospitalar em questão
• Presença de fatores de risco para pneumonia associada a cuidados de saúde
• Terapia ou doenças imunossupressoras

FATORES DE RISCO

Os principais fatores de risco para PN são aqueles que predispõem os pacientes a colonização das vias aéreas superiores e do trato digestório com microrganismos patogênicos.[13] Dentre estes fatores, podemos destacar uso prévio ou continuado de antibióticos, tabagismo, desnutrição, cirurgia (principalmente de longa duração, torácica ou de abdome superior), presença de placas dentárias, uso de terapias que elevam o pH gástrico, a intubação orotraqueal e a VM. A SARA, a doença pulmonar obstrutiva crônica e queimaduras extensas também se apresentam como fatores de risco.

Além destes, podemos citar, ainda, condições que favoreçam aspirações como: escala de coma de Glasgow menor que nove, neurocirurgias, sinusite e presença de cateteres nasogástricos ou nasoenterais (Quadro 21-3).[1,2,8-10,28]

PATOGÊNESE

A pneumonia desenvolve-se a partir da entrada de microrganismos no trato respiratório inferior. A principal rota de entrada dos agentes patogênicos é a aspiração de agentes infectantes da orofaringe.[29,30] Caso os mecanismos de defesa e de clareamento bacteriano (reflexo glótico e da tosse, sistema de transporte mucociliar, anticorpos e complemento, leucócitos polimorfonucleares, macrófagos e linfócitos) sejam superados ocorrerá uma resposta inflamatória destrutiva que determina a infecção pulmonar.[31,32] Quando o paciente está em ventilação mecânica, a broncoaspiração da secreção oriunda da via área próxima ao balonete do tubo endotraqueal (região subglótica) associada ao trauma local e à inflamação provocada por este fazem parte da patogênese da infecção pulmonar. Além disso, a formação de biofilme infectado no tubo traqueal é uma fonte potencial de microrganismos. Há outros mecanismos patogênicos mais incomuns, como a inalação ou inoculação direta de patógenos no trato respiratório (por nebulização ou aspiração), disseminação hematogênica (infecções a distância, translocação bacteriana intestinal ou colonização de cateteres) ou disseminação por contiguidade (empiema ou abscessos subfrênicos).[1,2,29,30,32] O estômago e os seios da face podem ser reservatórios potenciais de patógenos que contribuem para a colonização da orofaringe, mas a importância desta via é discutível.[33]

Pneumonia Nosocomial

Quadro 21-3 Principais fatores de risco independentes para PAVM (adaptado)[31]

Fatores maiores (OR > 3,0)
• Trauma
• Queimaduras extensas
• Doenças neurológicas
• Tempo de VM (> 7 dias)
• Colonização do trato respiratório por bacilos Gram-negativos
• Ausência de antibioticoterapia
• Uso de PEEP (< 7 cmH$_2$O)
Fatores menores (OR 1,5 a 3,0)
• Doença pulmonar obstrutiva crônica
• Cirurgia torácica ou de abdome superior
• Administração de bloqueadores neuromusculares
• Tabagismo (> 20 maços-ano)
• Hipoalbuminemia à admissão (< 2,3 g/dL)
Outros fatores (análise univariada, não confirmados em regressão logística)
• Idade > 60 anos
• Sexo masculino
• Piora do SOFA
• SARA
• Cateter nasoenteral
• Nutrição enteral por qualquer via
• Insuficiência renal
• Bacteriemia
• Dreno de tórax

MANIFESTAÇÕES CLÍNICAS

As manifestações clínicas da PN/PAVM são inespecíficas, não existindo sinais e sintomas patognomônicos. Normalmente, esta condição apresenta-se como uma constelação de alterações clínicas e laboratoriais que incluem febre ou hipotermia, dor torácica, dispneia, taquipneia, tosse, produção de secreções purulentas, hipoxemia, leucocitose ou leucopenia, podendo estar somadas a alterações radiológicas e de outros biomarcadores. Febre e tosse (com ou sem secreção purulenta) ocorrem em aproximadamente 85% dos pacientes, no mesmo percentual pode-se observar crepitações na ausculta pulmonar, dispneia em 72% e dor torácica em 46% e atrito pleural em 5%. Infelizmente, estas manifestações podem ser mimetizadas por várias outras condições clínicas como SARA, hemorragia e embolia pulmonar, insuficiência cardíaca congestiva, atelectasias, tumores e outras.[2]

As manifestações radiológicas, embora tenham importante papel na suspeição diagnóstica, tem baixo valor preditivo positivo, pois apresentam baixas taxas de correlação com dados histopatológicos. Além disso, há grande discordância entre observadores nas interpretações dos achados radiológicos, mesmo quando se comparam especialistas. Para o diagnóstico de PAVM, os sinais radiológicos como infiltrados alveolares, broncogramas aéreos e infiltrados pulmonares novos ou progressivos tem sensibilidades variando de 87-100%, 58-83% e 50-78%, respectivamente, sendo a especificidade desconhecida.[31]

DIAGNÓSTICO

O diagnóstico de PN/PAVM requer a confirmação de um processo inflamatório no parênquima pulmonar associado à presença de um microrganismo patogênico. Para isso, lançamos mão de uma série de instrumentos diagnósticos que vão desde a história e o exame físico, passando por exames complementares até a realização de procedimentos invasivos como a biópsia pulmonar. Na prática, costuma-se utilizar três instrumentos para o diagnóstico de PN/PAVM: quadro clínico, achados radiográficos e alterações laboratoriais. No entanto, nem sempre esses fatores estão presentes com clareza e em concomitância, principalmente nos pacientes gravemente enfermos e em ventilação mecânica. Além disso, há outras potenciais causas para estas alterações que não PN/PAVM.

A presença de febre (ou hipotermia), leucocitose (ou leucopenia), infiltrado radiográfico sugestivo e secreção traqueal purulenta apresentam alta sensibilidade, mas baixa especificidade para o diagnóstico.[34] Uma ferramenta rotineiramente utilizada para se buscar um diagnóstico mais preciso é o escore desenvolvido por Pugin *et al.*, denominado CPIS *(clinical pulmonary infection score)*.[35] Este combina fatores clínicos, radiográficos, fisiológicos (relação P/F) e dados microbiológicos com o objetivo de aumentar a especificidade do diagnóstico (Quadro 21-4). A presença de um CPIS maior que 6 tem uma boa correlação com achados de culturas quantitativas obtidas por broncoscopia. No entanto, estudos posteriores ao lançamento do CPIS demonstraram que sua *performance* é apenas moderada[35] com sensibilidade variando entre 72-77% e especificidade entre 42-85% para o diagnóstico de PAVM.

Quando há suspeita de PN/PAVM se deve buscar o agente etiológico causador. Todos os pacientes devem ter hemoculturas coletadas além de secreção respiratória. Esta pode ser obtida de diversas formas: análise do escarro, aspirado traqueal, lavado broncoalveolar (BAL), escovado brônquico com cateter protegido, mini-BAL, escovado às cegas ou biópsia pulmonar. A análise da secreção respiratória é importante para a decisão terapêutica, pois mesmo antes da cultura estar finalizada a avaliação do perfil bacteriológico pelo método de Gram pode direcionar a antibioticoterapia.[1,31,32,34]

O BAL e a escova brônquica são realizados por meio de broncoscopia, o que requer profissional especializado além de serem exames de maior custo. O material

Pneumonia Nosocomial

Quadro 21-4 CPIS (adaptado)[35]

	Pontos		
	0	1	2
Temperatura (°C)	36,1-38,4	38,5-39	> 39
Leucócitos	4.000-11.000	< 4.000 ou > 11.000 (mais 1 pt se ≥ 500 bastões)	
Secreções (0-4 + por aspiração) – total/dia	< 14 +/dia	< 14 +/dia (mais 1 pt se secreção purulenta)	
P/F	> 240 ou SARA		< 240 sem SARA
Radiografia de torax	Sem infiltrado	Infiltrado difuso	Infiltrado localizado
Microbiologia	Negativa ou crescimento ≤ 1+	Crescimento > 1+ (mais 1pt se mesma bactéria no Gram)	

obtido por estes métodos são obstante precisos para o diagnóstico de PAH/ PAV, no entanto estudos que analisaram o prognóstico a longo prazo dos pacientes submentidos a broncoscopia diagnóstica não demonstraram diminuição da mortalidade.[31,32,34]

Os métodos não broncoscópicos (aspirado traqueal, mini-BAL e escovado às cegas) são procedimentos relativamente simples e com rendimentos comparáveis com os procedimentos broncoscópicos para o diagnóstico de PN/PAVM. A biópsia pulmonar é reservada para casos selecionados, principalmente aqueles com apresentação atípica.[31,32,34] O Quadro 21-5 mostra os pontos de corte dos diferentes métodos.

Vale ressaltar que a busca pelo agente etiológico também inclui coleta de outros materiais, como o líquido pleural no caso de derrame pleural associado, culturas de cateteres possivelmente infectados ou de outros materiais que podem ser possíveis fontes de microrganismos.

Rotstein *et al.* desenvolveram um algoritmo que é bastante útil para o diagnóstico de PN/PAVM (Fig. 21-2).

Quadro 21-5 Métodos para o diagnóstico de PN/PAVM (adaptado)[32]

Exame	Ponto de corte
Escarro	10^6 ucf/mL
Aspirado traqueal	10^{5-6} ufc/mL
Broncoscopia com LBA	10^4 ufc/mL
Broncoscopia com escovado protegido	10^3 ufc/mL
Biópsia pulmonar	> 10 ufc/mL

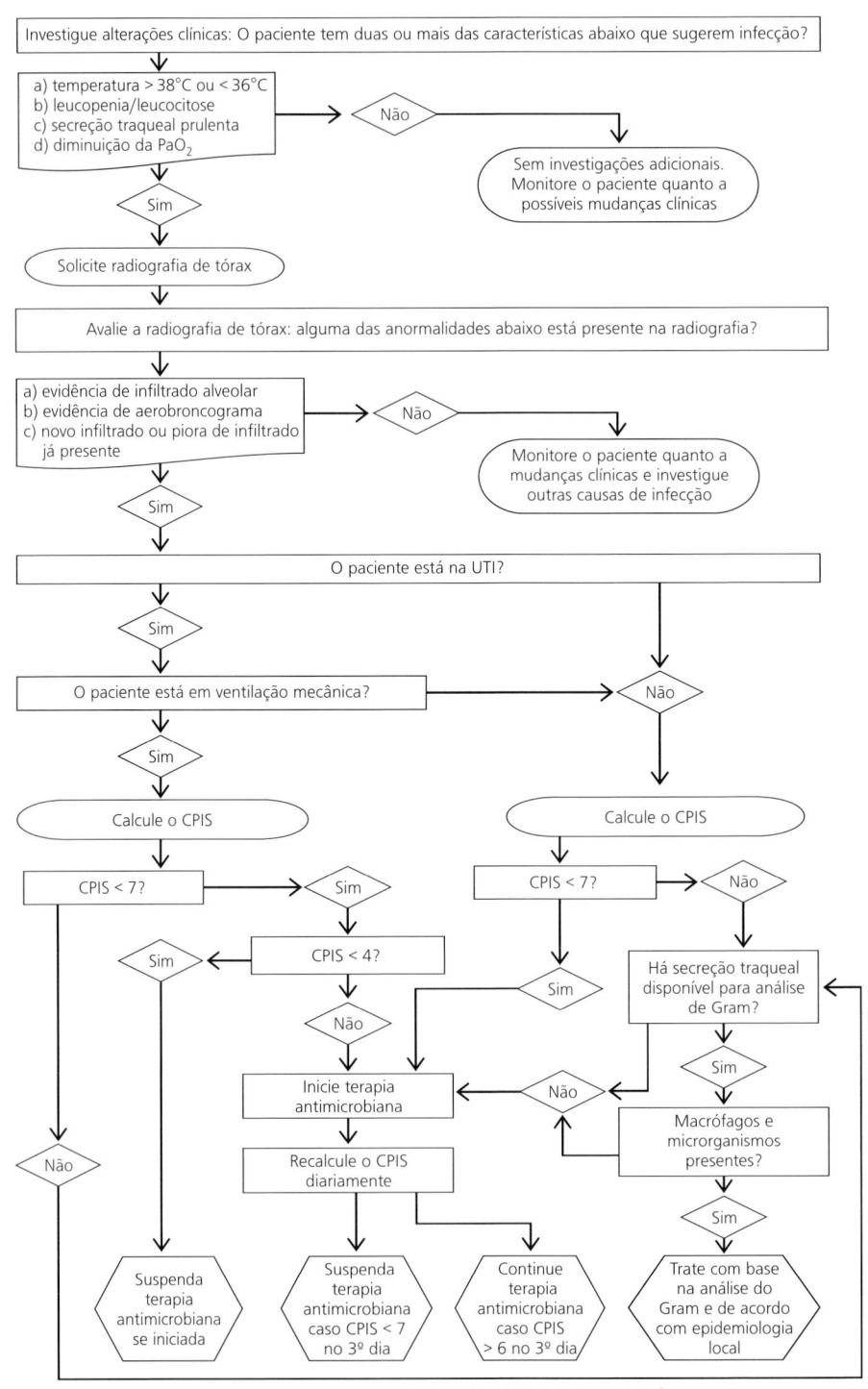

```
Investigue alterações clínicas: O paciente tem duas ou mais das características abaixo que sugerem infecção?
                │
                ▼
  ┌─────────────────────────────┐
  │ a) temperatura > 38°C ou < 36°C │ ──► Não ──► Sem investigações adicionais.
  │ b) leucopenia/leucocitose   │              Monitore o paciente quanto a
  │ c) secreção traqueal prulenta │              possíveis mudanças clínicas
  │ d) diminuição da PaO₂       │
  └─────────────────────────────┘
                │ Sim
                ▼
       Solicite radiografia de tórax
                │
                ▼
  Avalie a radiografia de tórax: alguma das anormalidades abaixo está presente na radiografia?
                │
  ┌─────────────────────────────────┐
  │ a) evidência de infiltrado alveolar │ ──► Não ──► Monitore o paciente quanto a
  │ b) evidência de aerobroncograma     │              mudanças clínicas e investigue
  │ c) novo infiltrado ou piora de infiltrado │        outras causas de infecção
  │    já presente                      │
  └─────────────────────────────────┘
                │ Sim
                ▼
       O paciente está na UTI?
                │ Sim
                ▼
    O paciente está em ventilação mecânica? ──► Não ──►
                │ Sim                                  │
                ▼                                      ▼
         Calcule o CPIS                         Calcule o CPIS
                │                                      │
                ▼                                      ▼
          CPIS < 7? ──Sim──► CPIS < 4?           CPIS < 7? ──Não──► Há secreção traqueal
                │              │                       │              disponível para análise
                │ Não          │ Não                   │ Sim          de Gram?
                │              ▼                       ▼                    │ Sim
                │         Inicie terapia ◄──Não── (...)              Macrófagos e
                │         antimicrobiana                              microrganismos
                │              │                                      presentes?
                │              ▼                                          │ Sim
                │         Recalcule o CPIS                                 ▼
                │         diariamente                              Trate com base
                ▼                                                   na análise do
          Suspenda          Suspenda         Continue              Gram e de acordo
          terapia           terapia          terapia               com epidemiologia
          antimicrobiana    antimicrobiana   antimicrobiana        local
          se iniciada       caso CPIS < 7    caso CPIS
                            no 3º dia        > 6 no 3º dia
```

Fig. 21-2. Algoritmo para o diagnóstico de PN/PAVM (adaptada).[2]

Pneumonia Nosocomial

O diagnóstico com base nos atuais critérios disponíveis nem sempre é preciso. Uma outra arma do arsenal propedêutico que pode auxiliar no diagnóstico é o uso de biomarcadores.[36,37] Atualmente, as duas substâncias mais estudadas e disponíveis para uso clínico são a proteína C reativa (PCR) e a procalcitonina (PCT). A PCR parece ter importância maior na avaliação evolutiva do que no diagnóstico inicial. Pacientes que não apresentam queda de PCR no 4º dia após início de antibioticoterapia parecem ter pior prognóstico. Já a PCT parece ter um papel mais importante no auxílio diagnóstico de PAVM. Níveis elevados desta substância estão relacionados com a infecção bacteriana e sepse. Foram relatados níveis mais elevados de PCT em pacientes portadores de PAVM, em comparação com pacientes sem pneumonia, sendo que estes níveis foram significativamente superiores nos pacientes que não sobreviveram.[36,37]

TRATAMENTO

O tratamento empírico inicial com base em esquema terapêutico adequado está relacionado com menores taxas de mortalidade. Desta forma, a decisão de se iniciar prontamente os antibióticos, após o diagnóstico clínico da pneumonia, é de fundamental importância, e a escolha adequada passa pelo conhecimento da prevalência dos agentes e os respectivos perfis de sensibilidade da unidade que o paciente está internado. Este aspecto é bastante importante, uma vez que, dentro do mesmo hospital, os esquemas empíricos para tratamento da PN/PAVM podem diferir dependendo da unidade que o paciente está internado.[1,31,32]

A PN/PAVM tem grande possibilidade de ser causada por germes potencialmente resistentes, uma vez que, usualmente, os pacientes apresentam comorbidades e encontram-se internados no hospital há vários dias. Por conta disso, a escolha do esquema antibiótico inicial leva em conta diversos fatores de risco para a presença de germes multirresistentes.

Há um grupo pequeno de pacientes que apresentam baixo risco para patógenos potencialmente resistentes. Neste estão incluídos àqueles internados por um período menor do que 5 dias, sem uso de antibiótico por mais de 24 h nos últimos 15 dias, e sem outros fatores de risco para colonização da orofaringe por patógenos multirresistentes. Considerar como agentes prováveis: *Streptococcus pneumoniae, Haemophilus influenzae, Sthapylococcus aureus* sensível à oxacilina, Enterobactérias sensíveis *(Escherichia coli, Klebsiella pneumoniae, Proteus sp., Serratia marscenses)*. Vale ressaltar que esta lista de bactérias pode ser modificada de acordo com as características da microbiota local. Para este grupo as opções terapêuticas disponíveis são: um betalactâmico + inibidor de betalactamases sem ação contra *Pseudomonas spp.* (amoxicilina-sulbactam, ampicilina-sulbactam, amoxicilina-clavulanato) ou uma fluoroquinolona (levofloxacino ou moxifloxacino). Uma cefalosporina de terceira geração também pode ser utilizada neste grupo, no entanto, estes antibióticos têm levado ao desenvolvimento de bactérias Gram-negativas produtoras de betalactamase de espectro estendido.[1,31,32,34]

A maioria dos pacientes que desenvolve PN/PAVM apresenta fatores de risco para germes potencialmente resistentes. Neste grupo, estão incluídos os pacientes internados por um período de 5 ou mais dias; aqueles que utilizaram antibióticos por mais de 24 horas nos últimos 15 dias e que apresentam outros fatores de risco para colonização da orofaringe por agentes potencialmente resistentes, como: neurocirurgia, SARA, trauma craniano, uso de corticoide (ou outro estado clínico ou medicação imunossupressora) e VM prolongada. Também devemos incluir neste grupo os pacientes com pneumonia relacionada com cuidados de saúde. Neste grupo, devemos considerar como agentes prováveis, além dos citados anteriormente, *P. aeruginosa*, *Acinetobacter spp.*, *Stenotrophomonas maltophilia*, enterobactérias resistentes e *Staphylococcus aureus* oxacilinorresistente (Staphylo Oxa-R).

Os esquemas antibióticos indicados neste caso devem incluir obrigatoriamente um agente antipseudomonas. Dependendo do contexto clínico e do perfil do hospital também deve ser incluído um antibiótico que cubra Staphylo Oxa-R. As opções são: cefalosporinas (cefepime ou ceftazidima), Carbapenêmicos (imipenem ou meropenem), betalactâmicos com inibidores da betalactamase (piperacilina/tazobactam) associados à fluoroquinolona (ciprofloxacino ou levofloxacino ou moxifloxacino) ou aminoglicosídeo (amicacina ou gentamicina). Para a cobertura de Staphylo Oxa-R podemos utilizar: vancomicina, linezolida ou teicoplanina. A Figura 21-3 esquematiza as opções terapêuticas.[1,31,32,34]

O tempo ideal de antibioticoterapia para PAVM é tema de diversos trabalhos. Estudos publicados recentemente[38-40] mostraram que terapêutica de curta duração (8 dias) tem eficácia semelhante aos esquemas classicamente utilizados (15 dias) inclusive com menos pressão seletiva na seleção de bactérias multirresistentes. A exceção se faz quando a PAVM é causada por bactérias Gram-negativas não fermentadoras, especialmente *P. aeruginosa*, quando a antibioticoterapia deve ser feita por período mais prolongado (mínimo de 10 dias).[38-40]

O acompanhamento dos pacientes com PN/PAVM deve ser criterioso e intensivo. Dados clínicos, laboratoriais e radiográficos devem ser obtidos com frequência para avaliar a evolução terapêutica. Estes dados também devem ser utilizados para auxiliar na definição da duração do tratamento antibiótico. Neste contexto, os biomarcadores também são importantes, uma vez que a queda evolutiva nos níveis de PCR e PCT está relacionada com melhor prognóstico e menor índice de falha.[41]

PREVENÇÃO

Por todos os motivos já citados (alta incidência, grande impacto na morbimortalidade e elevados custos adicionais), muita importância é dada a estratégias de prevenção da PN/PAVM. Várias medidas trazem grande vantagem quando comparadas com o não uso ou simplesmente o tratamento de um novo evento de PN/PAVM.

Pneumonia Nosocomial

```
┌─────────────────────────────────────┐
│ Suspeita clinicorradiológica de PN/PAVM │
└─────────────────────────────────────┘
                  ↓
┌─────────────────────────────────────┐
│ Obter secreção respiratória para    │
│ cultura quantitativa                │
└─────────────────────────────────────┘
                  ↓
┌─────────────────────────────────────┐
│ Considerar a presença de fatores de risco │
│ para patógenos resistentes          │
└─────────────────────────────────────┘
         ↙                    ↘
```

Baixo risco
< 5 dias no hospital
Sem uso de ATB nos últimos 15 dias
Sem outros fatores de risco

Alto risco
> 5 dias no hospital
Com uso de ATB nos últimos 15 dias
Outros fatores de risco: neurocirurgia, corticoide, VM prolongada, SARA

Patógenos Prováveis
S. pneumoniae, H. influenzae S. aureus Oxa-S, enterobactérias sensíveis
(E. coli, K. pneumoniae, Enterobacter sp, S. marcescens)

Patógenos prováveis
Pseudomonas aeruginosa
Acinetobacter sp.
Stenotrophomonas maltophilia
Enterobactérias multirresistentes
S. aureus Oxa-R

Considere padrão local de resistência

– Betalactâmico + inibidor de betalactamases não antipseudomonas
– Fluoroquinolonas
– Cefalosporina de 3ª geração não antipseudomonas

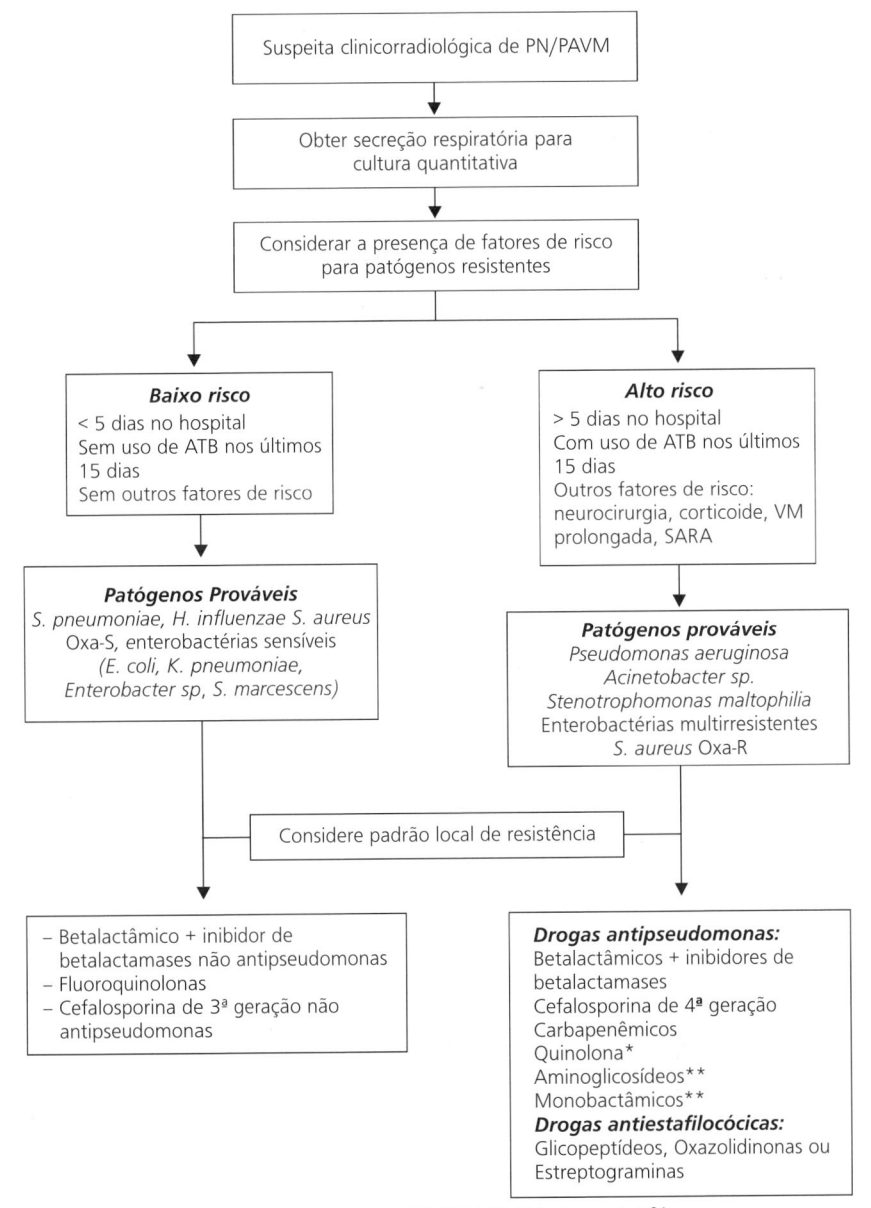

Drogas antipseudomonas:
Betalactâmicos + inibidores de betalactamases
Cefalosporina de 4ª geração
Carbapenêmicos
Quinolona*
Aminoglicosídeos**
Monobactâmicos**
Drogas antiestafilocócicas:
Glicopeptídeos, Oxazolidinonas ou Estreptograminas

Fig. 21-3. Algoritmo para tratamento da PN/PAVM (adaptada).[31]

Abordagens simples como a lavagem das mãos, uso apropriado de luvas, gorros e capotes de isolamento (medidas gerais/universais de controle de infecção), desinfecção de materiais e equipamentos que entrem em contato com as vias aéreas e o trato respiratório inferior são bastante úteis e podem ter grande impacto na diminuição dos casos de PN/PAVM.[1,2,42,43]

Várias estratégias diretamente relacionadas com a patogenia podem ser adotadas e, usualmente, elas são divididas em estratégias não farmacológicas e farmacológicas. A Figura 21-4 mostra a correlação de alguns fatores patogênicos e exemplos de medidas preventivas diretamente relacionadas, e a Figura 21-5 nos dá uma visão geral de abordagem preventiva contra PAVM.[44,45]

A abordagem multidisciplinar (corpo médico, enfermagem, fisioterapia e farmacêuticos, dentre outros) está associada a menores taxas de infecções nosocomiais, incluindo a PAVM. Ainda neste contexto, um quantitativo adequado de profissionais de enfermagem e fisioterapia por leito de UTI tem impacto positivo não só nas taxas de PN/PAVM como também no tempo de internação na UTI.[45]

Os circuitos da ventilação mecânica podem acumular líquidos condensados contaminados que, se aspirados, podem resultar em PAVM. Trocas frequentes destes circuitos não são recomendadas, podendo, inclusive, aumentar a chance de PAVM. Eles devem ser trocados somente quando estiverem visivelmente sujos e deve-se ter atenção quanto à não mobilização dos condensados dos circuitos para o trato respiratório, esvaziando-os e posicionando o tubo traqueal de forma adequada sempre que necessário.[1,2,42,43,45] Já no que diz respeito ao uso de umidificadores por troca de calor ou filtros higroscópicos e sua correlação com a PAVM, não há recomendação de preferência de um sobre o outro por não existir diferença nas taxas de PAVM entre eles.[46]

Outras medidas não farmacológicas de grande importância são as que dizem respeito ao posicionamento do paciente no leito, ao manejo da pressão do balonete do tubo traqueal *(cuff)*, a drenagem de secreções subglóticas e adoção de estratégias para extubação precoce.

Fatores patogênicos	Medidas de prevenção
Colonização da orofaringe e dos seios nasais	Higiene oral com clorexidina a 2%
Acúmulo de secreções na região subglótica (acima do *cuff* do tubo traqueal)	Drenagem de secreções subglóticas
Lesão da mucosa traqueal pela presença do tubo traqueal / Microaspirações de secreções ao redor do *cuff*	Novos tubos traqueais com novos formatos de *cuff* + manutenção de pressões
Biofilme na parede interna do tubo traqueal / Colonização do trato respiratório superior	Tubos traqueais impregnados com prata
PAVM	

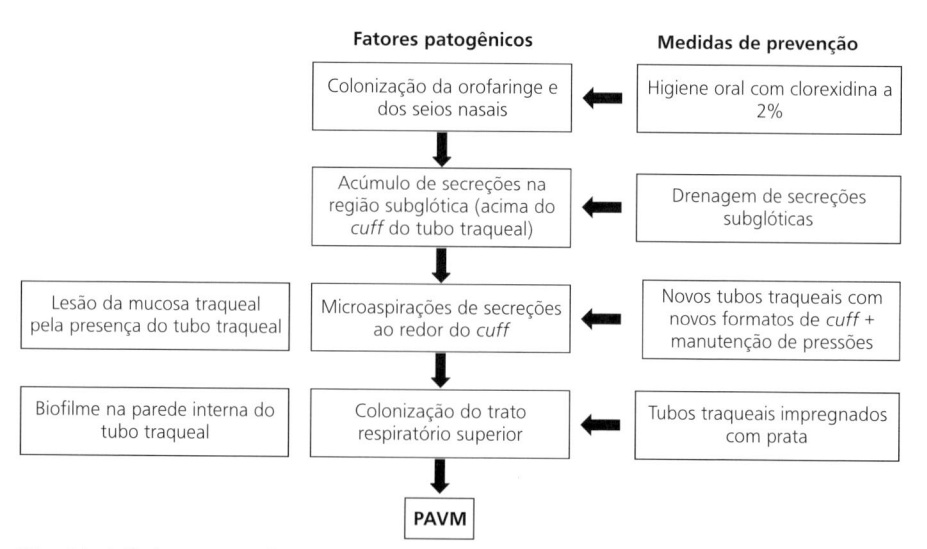

Fig. 21-4. Relação entre fatores patogênicos e medidas de prevenção (adaptada).[44]

Pneumonia Nosocomial

Medidas gerais	Prevenção de aspiração
1. Medidas universais de controle de infecção – higiene das mãos 2. Atenção multidisciplinar – boa relação equipe técnica/leito	1. Cabeceira da cama elevada a 30/45 graus 2. Evitar trocas desnecessárias dos circuitos da ventilação 3. Drenagem de secreções subglóticas
Descontaminação	**Extubação precoce**
1. Descontaminação oral com clorexidina a 2% 2. Descontaminação seletiva do trato gastrointestinal (DSTGI) 3. Tubo orotraqueal impregnado com prata	1. Protocolo de desmame 2. Interrupção diária da sedação

(Centro: Medidas de prevenção de PAVM)

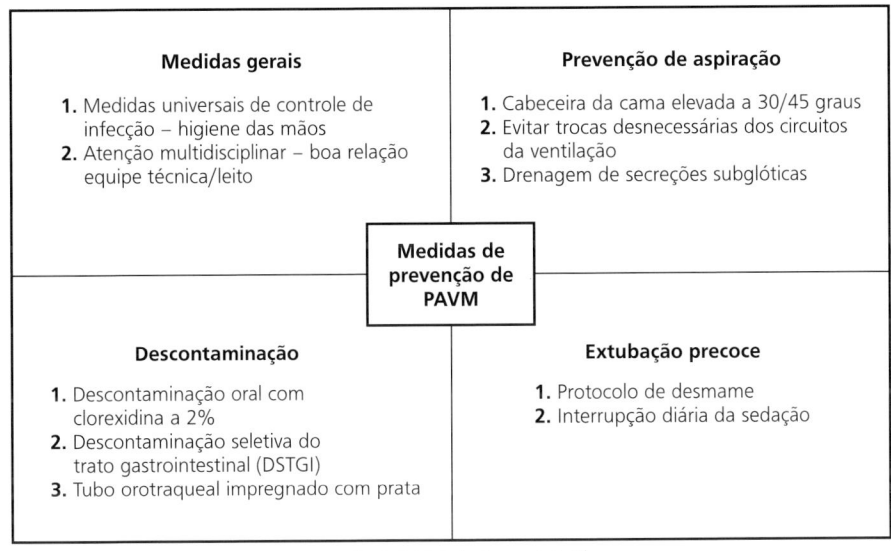

Fig. 21-5. Medidas de prevenção de PAVM (adaptada).[45]

Pacientes posicionados com a cabeceira elevada entre 30 e 45 graus têm menor chance de aspirar conteúdo gástrico, bem como a manutenção da pressão interna do *cuff* do tubo traqueal entre 20 e 35 cmH$_2$O diminui a microaspiração de secreções subglóticas, diminuindo, assim, a chance de PN/PAVM.[1,2,42,44,45]

A drenagem de secreções subglóticas já apresenta evidências de impacto positivo na PAVM.[45,47,48] Uma metanálise publicada em 2005 mostrou que seu uso reduziu o risco de PAVM em aproximadamente 50% e atrasou este evento, quando ocorreu, em 6,8 dias, tendo ainda impacto no tempo de VM e de internação na UTI.[47]

O uso de protocolos de desmame associados ao desligamento diário da sedação (despertar diário) está fortemente associado a menores tempos de intubação traqueal e VM, favorecendo a diminuição das taxas de PAVM.[45]

Com relação às estratégias farmacológicas que podem ter impacto nas taxas de PN/PAVM podemos citar o uso de tubos traqueais impregnados com prata (para impedir a formação de biofilmes bacterianos), a descontaminação oral com clorexidina a 2%, a descontaminação seletiva do trato gastrointestinal (DSTGI), o despertar diário e o uso de medicações para profilaxia de hemorragia digestiva alta.[45]

O uso de tubos traqueais impregnados com prata foi estudado em um ensaio clínico prospectivo, randomizado e multicêntrico e resultou em menores taxas de PAVM (4,8% *vs.* 7,5%) quando comparado com tubos de uso habitual.[49]

A descontaminação oral com clorexidina a 2% mostrou-se eficaz em reduzir as taxas de PAVM em pacientes admitidos por causas traumáticas ou em pós-operatório de cirurgias cardíacas. Apesar de não haver evidências de benefícios em outros subgrupos de pacientes, esta medida foi recentemente adicionada ao *bundle* ventilatório do *Institute for Healthcare Improvement* (IHI). Outra estratégia de descontaminação é a DSTGI, que consiste no uso de antibióticos não absorvíveis aplicados na cavidade orofaríngea e no estômago, combinados ou não a uma cefalosporina de terceira geração por via intravenosa. Uma série de estudos e metanálises mostraram que esta estratégia está associada a menores taxas de PN/PAVM e mortalidade, principalmente em pacientes cirúrgicos. No entanto, os grandes estudos multicêntricos publicados até hoje falharam em demonstrar diferenças de mortalidade quando se comparou a DSTGI com controles.[50] Somente após ajuste de variáveis, um grande estudo mostrou diferença de 3,5% na mortalidade a favor do grupo da DSTGI.[51] No entanto, a DSTGI não é recomendada pelas sociedades de infectologia decorrrente da falta de dados quanto a possível emergência de germes multirresistentes.

Outro aspecto relacionado com o trato gastrointestinal, que está relacionado com as taxas de PN/PAVM, é a alteração do pH gástrico pelo uso de medicações a fim de prevenir úlceras de estresse. Este tópico é controverso e já foi estudado em vários ensaios clínicos. A profilaxia das úlceras de estresse está associada a menor chance de sangramento gastrointestinal e maior colonização microbiana do trato aerodigestório. Após serem avaliados riscos e benefícios, a recomendação atual é de que se use a profilaxia contra úlceras de estresse, sendo esta uma das medidas do *bundle* ventilatório preconizado pelo IHI.[52]

O Quadro 21-6 resume as medidas farmacológicas e não farmacológicas de prevenção da PAVM, correlacionando com os graus de evidências que as suportam.[45]

Por fim, o *bundle* ventilatório preconizado pelo IHI é um conjunto de medidas que quando agrupadas em um feixe *(bundle)* e implementadas em uma estratégia do tipo "tudo ou nada", pode resultar em melhora substancial nas taxas de PAVM. O *bundle* consta de cinco medidas: cabeceira elevada, despertar diário, higiene oral com clorexidina a 2% e as profilaxias contra trombose venosa profunda e hemorragia digestiva alta por úlcera de estresse. Apesar das evidências a favor do uso do *bundle* ventilatório não serem suportadas por grandes trabalhos randomizados, seu uso está associado a menores taxas de PAVM e, até o momento, essa estratégia deve ser adotada na forma como é recomendada pelo IHI.[53]

CONCLUSÃO

A PN é importante causa de morbidade e mortalidade, impactando de forma importante no aumento do custo dos cuidados de saúde, sendo a segunda causa mais frequente de infecção nosocomial e a primeira em pacientes submetidos à VM. Sua incidência varia de acordo com a metodologia diagnóstica, mas admite-se que ocorra de 5 a 15 casos por 1.000 admissões hospitalares e a VM aumenta em 6 a 20 vezes o risco de adquirir PN.

As bactérias aeróbias Gram-negativas são os agentes etiológicos mais frequentes seguidos pelo *S. aureus* MRSA e a presença de germes multirresistentes aumenta o risco de morte.

Pneumonia Nosocomial

Quadro 21-6 Medidas farmacológicas e não farmacológicas para prevenção de PAVM (adaptado)[45]

Medidas não farmacológicas	Grau de evidência	Medidas farmacológicas	Grau de evidência
Precauções universais	Nível I	Higiene oral com clorexidina a 2%	Nível II
Higiene das mãos	Nível I	Descontaminação seletiva do trato gastrointestinal	Nível II
Relação *staff*/leito	Nível II	Tubo traqueal impregnado com prata	Nível I
Cabeceira elevada	Nível I	Interrupção diária da sedação	Nível II
Pressão adequada do *cuff*	Nível II		
Drenagem de secreções subglóticas	Nível II		
Evitar trocas do circuito da VM	Nível II		
Extubação precoce	Nível I		
Graus de evidência			
Nível I (elevado): evidência proveniente de ensaios clínicos bem conduzidos, randomizados e controlados			
Nível II (moderado): evidência proveniente de ensaios clínicos bem conduzidos, controlados, porém sem randomização (incluindo coortes e estudos caso-controle) e análises sistemáticas coletadas de forma não randomizada			
Nível III (baixo): evidência proveniente de estudos de casos e opinião de *experts*			

Várias estratégias podem ser utilizadas para o diagnóstico da PN, principalmente no que diz respeito à PAVM. Uma estratégia combinando critérios clínicos e microbiológicos pode resultar em um bom balanço entre sensibilidade e especificidade, permitindo suspeição e tratamento precoces com confirmação do caso posteriormente.

Usualmente, um curso de antibioticoterapia curto pode ser administrado (6 a 8 dias) sem prejuízo no que diz respeito à mortalidade e recrudescência da pneumonia. Isto resulta em menor utilização de antibióticos e, possivelmente, menor pressão de seleção de germes multirresistentes.

Uma série de medidas simples de prevenção devem ser adotadas com o intuito de minimizar a incidência da PN. O uso destas medidas em feixes ou *bundle* está associado à redução das taxas de PAVM.

A combinação de medidas estruturadas de prevenção, diagnóstico e tratamento (incluindo tratamento precoce e apropriado, curso curto de antibioticoterapia e descalonamento antibiótico) podem resultar em diminuição das taxas de pneumonia e redução da morbimortalidade.

REFERÊNCIAS BIBLIOGRÁFICAS

1. Niederman MS, Craven DE, Bonten MJ. American Thoracic Society and Infectious Diseases Society of America (ATS/IDSA): guideline for the management of adults with hospital-acquired, ventilator-associated, and healthcare-associated pneumonia. *Am J Respir Crit Care Med* 2005;171(4):388-416.
2. Rotstein C, Evans G, Born A et al. Clinical practice guidelines for hospital-acquired pneumonia and ventilator-associated pneumonia in adults. *Can J Infect Dis Med Microbiol* 2008;19(1):19-53.
3. Ibrahim EH, Ward S, Sherman G et al. A comparative analysis of patients with early-onset vs late-onset nosocomial pneumonia in the ICU setting. *Chest* 2000;117:1434-42.
4. Richards MJ, Edwards JR, Culver DH et al. Nosocomial infections in medical intensive care units in the United States. National Nosocomial Infections Survaillance System. *Crit Care Med* 1999;27:887-92.
5. Nosocomial infection rates for interhospital comparison: limitations and possible solutions. A report from the National Nosocomial Infections Survaillance (NNIS) System *Infect Control Hosp Epidemiol* 1991;12:609-21.
6. Restrepo MI, Anzueto A, Arroliga AC et al. Economic burden of ventilator-associated pneumonia based on total resource utilization. *Infect Control Hosp Epidemiol* 2010;31(5):509-15.
7. Kollef MH, Hamilton CW, Ernst FR. Economic impacto f ventilator-associated pneumonia in a large matched cohort. *Infect Control Hosp Epidemiol* 2012;33(3):250-56.
8. Chastre J, Fagon JY. Ventilator-associated pneumonia. *Am J Respir Crit Care Med* 2002;165:867-903.
9. Celis R, Torres A, Gatell JM et al. Nosocomial pneumonia: a multivariate analysis of risk factors and prognosis. *Chest* 1988;93:318-24.
10. Torres A, Aznar R, Gatell JM et al. Incidence, risk and prognostic factors of pneumonia in mechanically ventilated patients. *Am Rev Respir Dis* 1990;142:523-28.
11. Koerlenti D, Lisboa T, Brun-Buisson C et al. Spectrum of pratice in the diagnosis of nosocomial pneumonia in patients requiring mechanical ventilation in European intensive care units. *Crit Care Med* 2009;37(8):2360-68.
12. Bonten MJ, Bergmans DC, Stobberingh EE et al. Implementation of bronchoscopic techniques in the diagnosis of ventilator-associated pneumonia to reduce antibiotic use. *Am J Respir Crit Care Med* 1197;156:1820-24.
13. Cook DJ, Walter SD, Cook RJ et al. Incidence of and risk factors for ventilator-associated pneumonia in critically ill patients. *Ann Intern Med* 1998;129:440.
14. Heyland DK, Cook DJ, Griffith LE et al. Canadian Critical trials Group. The attributable morbidity and mortality of ventilator-associated pneumonia in the critically ill patient. *Am J Respir Crit Care Med* 1999;159:1249-56.
15. Ylipalosaari P, Ala-Kokko TI, Laurila J et al. Intensive care acquired infection is na independent risk fator for hospital mortality: a prospective cohort study. *Crit Care* 2006;10:R66.
16. Bregeon F, Ciais V, Carret V et al. Is ventilator-associated pneumonia an independent risk factor for death? *Anesthesiology* 2001;94:554-60.
17. Grosman RF, Fein A. Evidence-based assessment of diagnostic tests for ventilator-associated pneumonia: executive summary. *Chest* 2000;117:177-81.

18. Consenso Brasileiro de Pneumonias em indivíduos imunocompetentes. Parte II – Pneumonia nosocomial. *J Pneumol* 2001 Abr.;27(Supl 1):S22-S41.
19. National Nosocomial Infections Survaillance (NNIS). System Report, data summary from January 1992 through June 2004, issued October 2004. *Am J Infect Control* 2004;32:470-85.
20. Boersbia S, Papazian L, Saux P et al. Repertoire of intensive care unit pneumonia microbiota. *PLoS One* 2012;7(2):e32486.
21. El-Ebiary M, Torres A, Fabregas N et al. Significance of the isolation of Candida species from respiratory samples in critically ill, non-neutropenic patients. *Am J Respir Crit Care Med* 1997;156:583-90.
22. Hall CB, Douglas Jr RG, Geiman JM et al. Nosocomial respiratory syncytial vírus infections. *N Engl J Med* 1975;293:1343-46.
23. Goldmann DA. Epidemiology and prevention of pediatric viral respiratory infections in health-care institutions. *Emerg Infect Dis* 2001;7(2):249-53.
24. Touillet JL, Chastre J, Vuagnat A et al. Ventilator-associated pneumonia caused by potentially drug-resistant bacteria. *Am J Respir Crit Care Med* 1998;157:531-39.
25. Vidaur L, Planas K, Sierra R et al. Ventilator-associated pneumonia – Impact of organismis on clinical resolution and medical resources utilization. *Chest* 2008;133:625-32.
26. Teixeira PJ, Hertz FT, Cruz DB et al. Pneumonia Associada à Ventilação mecânica: impacto da multirresistência bacteriana na morbidade e mortalidade. *J Bras Pneumol* 2004;30(6):540-48.
27. Tablan OC, Anderson LJ, Besser R et al. Healthcare Infection Control Practices Advisory Committee, Centers for Disease Control and Prevntion. Guidelines for preventing health-care-associated pneumonia, 2003: recommendations of the CDC and Health-Care Advisory Committee. *MMWR Recomm Rep* 2004;53(RR-3):1-36.
28. Raghavendran K, Mylotte JM, Scannapieco FA. Nursing home-associated pneumonia, hospital-acquired pneumonia and ventilator-associated pneumonia: the contribution of dental biofilms and periodontal inflammation. *Periodontol 2000* 2007;44:164-77.
29. Bonten MJ. Controversies on diagnosis and prevention of ventilator-associated pneumonia. *Diagn Microbiol Infect Dis* 1999;34:199-204.
30. Kieninger A, Lipsett P. Hospital-acquired pneumonia: pathophysiology, diagnosis, and treatment. *Surg Clin N Am* 2009;89(2):439-61.
31. Diretrizes brasileiras para tratamento das pneumonias adquiridas no hospital e das associadas à ventilação mecânica – 2007. *J Bras Pneumol* 2007;33(Supl 1):S1-S30.
32. Rufino R, Oliveira JG, Kirk K et al. Pneumonia adquirida no hospital – visão crítica. *Revista do Hospital Universitário Pedro Ernesto – UERJ* 2010;9(2):30-40.
33. Rouby JJ, Laurent P, Gosnach M et al. Risk factors and clinical relevance of nosocomial maxillary sinusitis in the critically ill. *Am J Respir Crit Care Med* 1994;150:776-83.
34. Steven M, Jonathon D. Ventilator-associated pneumonia: diagnosis, treatment, and prevention. *Clin Microbiol Rev* 2006;19(4):637-57.
35. Shan J, Chen H, Zhu J. Diagnostic accuracy of clinical pulmonary infection score for ventilator-associated pneumonia: a meta-analysis. *Respirat Care* 2011;56(8):1087-94.
36. Simon L, Gauvin F, Amre DK et al. Serum procalcitonin and C-reactive protein levels as markers of bacterial infection: a systematic review and meta-analysis. *Clin Infect Dis* 2004;39(2):206-17.

37. Grover V, Soni N, Kelleher P *et al.* Biomarkers in the Diagnosis of Ventilator-Associated Pneumonia. *Current Respiratory Medicine Reviews* 2012;8(3):184-92.
38. Chartre J, Wolff M, Fajon J *et al.* Comparison of 8 vs 15 days of antibiotic therapy for ventilator-associated pneumonia in adults. *JAMA* 2003;290(19):2588-98.
39. Singh N, Rogers P, Atwood CW *et al.* Short-course empiric antibiotic therapy for patients with pulmonary infiltrates in the intensive care unit. *Am J Respir Crit Care Med* 2000;162:505-11.
40. Dhanani J, Roberts JA, Lipman J. Antibiotic therapy of pneumonia in critical care. *Current Respiratory Medicine Reviews* 2008;8:228-38.
41. Albrich WC, Dirremund F, Bucher B *et al.* Effectiveness and safety of procalcitonin-guided antibiotic therapy in lower respiratory tract infections in "Real Life". *Arch Intern Med* 2012;172(9):715-22.
42. Ferrer R, Artigas A. Clinical review: non-antibiotic strategies for preventing ventilator-associated pneumonia. *Critical Care* 2002;6:45-51.
43. Lorente L, Blot S, Rello J. Evidence on measures for the prevention of ventilator-associated pneumonia. *Eur Respir J* 2007;30:1193-207.
44. Zolfaghari PS, Wyncoll DL. The tracheal tube: gateway to ventilator-associated pneumonia. *Critical Care* 2011;15:310-18.
45. Maselli DJ, Restrepo MI. Strategies in the prevention of ventilator-associated pneumonia. *Ther Adv Respir Dis* 2011;5:131-41.
46. Siempos II, Vardakas KZ, Kopterides P *et al.* Impact of passive humidification on clinicaloutcomes of mechanically ventilated patients: a metaanalysis of randomized controlled trials. *Crit Care Med* 2007;35:2843-51.
47. Dezfulian C, Shojania K, Collard HR *et al.* Subglottic secretion drainage for preventing ventilator-associated pneumonia: a metaanalysis. *Am J Med* 2005;118:11-18.
48. Lorente L, Lecuona M, Jimenez A *et al.* Influence of endotracheal tube with polyurethane cuff and subglottic secretions drainage on pneumonia. *Am J Respir Crit Care Med* 2007;176:1079-83.
49. Kollef MH, Afessa B, Anzuetto A *et al.* NASCENT Investigation Group. Silver-coated endotracheal tubes and incidence of ventilator-associated pneumonia: the NASCENT randomized trial. *JAMA* 2008;300:805-13.
50. O'Grady NP, Murray PR, Ames N. Preventing ventilator-associated pneumonia – Does the evidence support the practice? *JAMA* 2012;307(23):2534-39.
51. de Smet AM, kluytmans JA, Cooper BS *et al.* Decontamination of the digestive tract and oropharynx in ICU patients. *N Engl J Med* 2009;360(1):20-31.
52. Srigley JA, Meade MO. Evidence-based infectious diseases. 2nd ed. Blackwell Ltda. *BMJ Books* 2009;13:213-25.
53. Lawrence P, Fulbrook P. The ventilator care bundle and its impacto n ventilator-associated pneumonia: a review of the evidence. *Nurs Crit Care* 2011;16(5):222-34.

Capítulo 22

INFECÇÕES INTRA-ABDOMINAIS

Gerson Luiz de Macedo
André Miguel Japiassú

INTRODUÇÃO

Infecções que se originam de vísceras abdominais ocas (trato gastrointestinal) e se espalham pela cavidade peritoneal estão associadas com a formação de peritonite ou abscesso peritoneal. É o sítio de sepse mais comum nas Unidades de Tratamento Intensivo (UTI) após o pulmonar, e tem elevada gravidade, com evolução frequente para Síndrome de Disfunção Orgânica Múltipla (SDOM) e óbito.[1]

Apesar dos grandes avanços conquistados no que diz respeito ao diagnóstico e tratamento intensivo dos pacientes com infecção grave, a mortalidade dos pacientes com peritonite secundária grave persiste elevada, com cerca de 30% de mortalidade. A introdução do tratamento cirúrgico na 2ª década do século passado, quando não se dispunha de antibióticos para o tratamento de infecções, reduziu a mortalidade de 90%, para aproximadamente 40% em 1926.[2] Com o advento da antibioticoterapia na década de 1940 e o desenvolvimento de antibióticos de "largo espectro", a terapia empírica com associação de antimicrobianos apresentou incremento de sobrevida de 10% em população com a forma complicada de peritonite secundária, comparada ao resultado cirúrgico isolado.

ASPECTOS EPIDEMIOLÓGICOS E CLASSIFICAÇÃO

A taxa de mortalidade das infecções intra-abdominais depende principalmente dos microrganismos responsáveis pela infecção, do intervalo de tempo transcorrido entre a infecção e o tratamento cirúrgico e do estado imunitário do paciente. Idade avançada, comorbidade grave e sítio anatômico exceto apêndice são considerados como fatores de risco independentes de mortalidade nesses pacientes.[3]

O escore APACHE II pode ser usado como método de estratificação de risco em pacientes com peritonite: pacientes com escores superiores a 20 pontos têm chance de mortalidade acima de 50%.[4]

O número e o tipo de bactéria envolvida nas infecções peritoneais aumentam progressivamente quando progredimos no tubo digestivo em direção ao cólon. *Bacteroides fragilis*, *Escherichia coli*, *Streptococcus sp* e *Peptoestreptococcus* foram os microrganismos mais frequentemente isolados em estudo que englobou 255 pacientes com infecção intra-abdominal.

A classificação e as características das peritonites devem ser separadas, principalmente porque o manuseio e o tratamento necessários são diferentes.[1,3] As peritonites são classificadas como:

- *Primária:* surgem sem que haja perfuração no trato gastrointestinal; é comum em pacientes com cirrose hepática e síndrome nefrótica; parece se originar de bacteriemias transitórias ou procedimentos invasivos (por exemplo endoscopia digestiva ou cateterismo vesical ou gástrico); as culturas apresentam crescimento de apenas uma cepa bacteriana (mais comum *E. coli* e *Klebsiella* sp., e outras bactérias Gram-negativas que constituem a microbiota habitual do hospedeiro).
- *Secundária:* surgem a partir de perfuração no trato gastrointestinal; é comum nos casos de obstrução intestinal, após cirurgias gástricas ou intestinais ou após trauma aberto perfurante; ocorre contaminação polimicrobiana; pode ser difusa ou formar abscesso. Quando de origem comunitária, os germes são da microbiota endógena do próprio paciente (*E. coli, Bacteroides fragilis,* outros); bactérias de perfil maior de resistência estão presentes quando a peritonite secundária é de origem hospitalar (*Pseudomonas aeruginosa, Enterobacter sp, Acinetobacter sp., Proteus sp* e outras).
- *Terciária:* decorre da manutenção ou recorrência de peritonites secundárias, após 48-72 horas de tratamento adequado; há formação de abscessos em múltiplos locais da cavidade peritoneal e perda de macrófagos peritoneais e de capacidade de opsonização de bactérias e toxinas; associada à translocação bacteriana e germes multirresistentes (*Enterococcus* sp, MRSA, *S. epidermidis, Acinetobacter* sp.) e infecção por *Candida* sp.; evolução frequente para SDOM; a resolução é prolongada e difícil.[5,6]

MANIFESTAÇÕES CLÍNICAS

As infecções intra-abdominais são particularmente difíceis de diagnosticar, principalmente no doente crítico. Muitos estão inconscientes ou sedados e a história clínica é incompleta. O exame físico é inespecífico, com distensão abdominal, aumento do volume de gases abdominais e/ou de líquidos em forma de ascite. Nem sempre há localização de dor ou febre. A história de cirurgia abdominal ou trauma recente, hepatopatia moderada a grave, hemorragia digestiva por varizes esofagianas, possibilidade de embolia arterial (arritmias cardíacas), doença arterial periférica, trombofilia ou uso de vasopressores em doses elevadas e choque hipovolêmico pode ajudar na predição de processos patológicos abdominais.[7]

Sinais inexplicados de sepse e/ou novas disfunções orgânicas estão presentes: hipotensão persistente, hipoxemia, elevação de escórias nitrogenadas ou bilirrubinas, hiperlactatemia, trombocitopenia progressiva, *delirium*, sonolência, confusão mental e hiperglicemia. Encefalopatia, *flapping*, hipotermia ou febre baixa, dor abdominal e

Infecções Intra-Abdominais

choque são sinais sutis que acompanham o surgimento de peritonites espontâneas. Infecções de feridas operatórias também são preditoras de intercorrências infecciosas intra-abdominais, e curativos devem ser inspecionados rotineiramente no período pós-operatório.[7] Aspecto de líquidos provenientes de drenos ou cateteres oriundos da cavidade peritoneal podem facilitar o diagnóstico de peritonite secundária ou terciária.

O diagnóstico diferencial está dividido em causa de dor abdominal com e sem possibilidade de desenvolvimento de infecções intra-abdominais, com amplo espectro de patologias (de trauma perfurante a causas metabólicas) (Quadro 22-1).

Exames Complementares

Coleta de líquido peritoneal (contagem celular total e específica, glicose, LDH, proteínas e albumina, amilase, exame citopatológico, bacterioscopia e culturas): dependendo da origem da peritonite, este exame tem diferentes interpretações.[8,9] A coleta de secreção da cavidade abdominal para cultivo deve ser realizada de rotina, não havendo necessidade de múltiplas coletas. O uso de *swab* não é apropriado para cultivo de microrganismos anaeróbios. O esfregaço de secreção da cavidade abdominal com coloração pelo método de Gram pode ter valor, quando se trata de peritonite secundária hospitalar. Este método auxilia no conhecimento da infecção causada por cocos Gram-positivos resistentes (*S. aureus* e *Enterococcus* sp.).

- A microbiologia envolvida nestas infecções está representada no Quadro 22-2:

Quadro 22-1 Diagnóstico diferencial de infecções intra-abdominais.

Causas de infecções intra-abdominais	Causas de dor abdominal, mimetizando peritonite
Colangite, colecistite aguda	Pneumonia em lobos inferiores
Abscesso hepático	Cetoacidose diabética
Pancreatite aguda grave	Porfiria intermitente aguda
Úlcera gástrica ou duodenal ativa	Intoxicação por chumbo
Esofagite moderada a grave	Intoxicação por opioides
Angina mesentérica e colônica	Náuseas e vômitos no pós-operatório
Volvo de intestino delgado ou grosso	
Neoplasias intestinais	
Doença diverticular de cólon	
Constipação crônica e formação de bolo fecal	
Doença inflamatória intestinal	
Tiflite (neutropenia grave)	
Colite pseudomembranosa (*C. difficile*)	

- *Peritonite primária (espontânea):* é fundamental que o resultado seja o isolamento de uma cepa bacteriana, já que estas infecções não são polimicrobianas. A bacterioscopia pode ser relevante para orientar a necessidade cobertura antibiótica para Gram-negativos e/ou Gram-positivos. Deve-se pedir a mensuração da albumina ou proteínas no líquido e comparar com a concentração no plasma (diferenças de albumina sérica e peritoneal menores que 1,1 g/dL sugerem origem espontânea), assim como a contagem de neutrófilos (geralmente acima de 500/mm^3 no diagnóstico e abaixo de 250/mm^3 após 48 horas com tratamento eficaz) e pouca alteração nos níveis normais de glicose e LDH. O exame citopatológico é importante para afastar ascite neoplásica em casos selecionados.

- *Peritonite secundária:* citometria do líquido é muito elevada, LDH, proteínas e glicose estão muito alteradas, e a bacterioscopia e cultura revelam crescimento polimicrobiano. A bacterioscopia só orienta o diagnóstico diferencial entre peritonite primária e secundária, e não ajuda da escolha de antimicrobianos. Mesmo os resultados de cultura do líquido em casos de peritonite fecal apenas orientam a presença ou não de germes menos frequentes, como enterococos ou pseudomonas *sp*. Ao contrário do tipo primário, a paracentese de acompanhamento de tratamento não é útil.

- *Peritonite terciária:* as características do líquido peritoneal são semelhantes às da secundária, porém, a cultura resulta em germes com certo grau de resistência antimicrobiana, como Pseudomonas sp., *Acinetobacter* sp., *Staphylococcus* sp. (inclusive MRSA) e *Candida* sp.

- *Radiografia simples:* pode fornecer sinais de gases na parede ou fora de alça intestinal (indicando isquemia intestinal ou perfuração livre), obstrução intestinal (principalmente empilhamento de "moedas" tipo pregas de intestino delgado ou

Quadro 22-2 Microbiologia de infecções intra-abdominais.

Classificação da Peritonite	Germes possíveis
Primária (espontânea)	• *E. coli, Streptococcus pneumoniae, Klebsiella* sp. • É incomum a participação de anaeróbios
Secundária	• Estômago, duodeno, vias biliares e jejuno proximal: bactérias Gram-positivas e negativas aeróbias e aeróbias facultativas • Jejuno distal e íleo: bactérias Gram-negativas facultativas e anaeróbias • Cólon e reto: bactérias anaeróbias facultativas e obrigatórias, *Streptococci* sp. e enterococos
Terciária	• *Staphylococcus* sp. (inclusive MRSA e coagulase-negativa), enterococos, Pseudomonas sp., *Acinetobacter* sp., *Candida* sp.

Infecções Intra-Abdominais

distensão cecal maior que 10-12 cm de diâmetro), e fístulas quando se injeta contraste pelo trato superior ou por drenos.

- *Ultrassonografia:* é muito útil no diagnóstico diferencial de processos em abdome superior (fígado e vias biliares) e inferior (trato ginecológico e urinário); também pode localizar líquido livre em cavidade e coleções intra-abdominais como hematomas e abscessos.
- *Tomografia computadorizada:* é o exame de escolha em casos de abdome agudo, principalmente com o doente em UTIs, pois é muito sensível ao diagnóstico de diversas patologias abdominais.[7] Deve ser realizado com contraste venoso e enteral, para elucidar perfurações intestinais, pancreatite aguda, coleções intra-abdominais e retroperitoneais. No entanto, exige que o paciente seja transportado para aquém da UTI e fique sujeito a complicações do transporte. O exame de TC abdominal total negativo para sítios de infecção abdominais indica chance pequena de intervenção cirúrgica eficaz, principalmente no início do processo; no entanto quando é realizada após múltiplas intervenções cirúrgicas, sua utilidade é bem inferior ao risco de complicações relacionadas ao uso de contraste ou do transporte.

TRATAMENTO

É fundamentado na tríade baseada em antibioticoterapia de espectro amplo, ressuscitação hemodinâmica e controle do foco de infecção abdominal.[7]

Tratamento Antimicrobiano (Fig. 22-1)

- *Peritonite espontânea:* cefalosporinas de 3ª geração (cefotriaxone) ou quinolonas (ciprofloxacin ou norfloxacin) são excelentes opções e a duração antecipada para infecções controladas rapidamente é de 5-7 dias;[10]
- *Peritonite secundária:* betalactâmicos (amoxicilina/clavulanato, ampicilina/sulbactam, ticarcilina/clavulanato, piperacilina/tazobactam ou imipenem/meropenem) têm cobertura ampla sobre bactérias Gram-positivas e negativas e anaeróbios e podem ser administrados isoladamente; cefalosporinas de 3ª e 4ª geração e quinolonas devem ser associadas a metronidazol ou clindamicina para cobertura de bactérias associadas. A duração do tratamento depende do controle do foco, que se tiver sucesso, pode ser limitada a 5-7 dias.[11-13]
- *Peritonite terciária:* a cobertura deve ser ampliada a germes resistentes a antibioticoterapia usual, como vancomicina para enterococos e MRSA, polimixina B e aminoglicosídeos ou tigeciclina para *Acinetobacter* sp. e *Pseudomonas* sp.; o tratamento deve ser estendido por 14-21 dias.[14-16]
- *A associação de antifúngicos (fluconazol, anfotericina B ou caspofungina):* deve ser avaliada nos casos de deiscência de anastomoses intestinais, reoperações com achado de abscessos e pancreatite aguda grave com formação de necrose infectada; o medicamento é mantido até resolução do foco (média de 14 dias).[17,18]

```
                              ┌─────────────┐
                              │  PERITONITE │
                              └──────┬──────┘
          ┌──────────────────────────┼──────────────────────────┐
     ┌────┴─────┐              ┌─────┴─────┐              ┌─────┴─────┐
     │ PRIMÁRIA │              │ SECUNDÁRIA│              │ TERCIÁRIA │
     └────┬─────┘              └─────┬─────┘              └─────┬─────┘
```

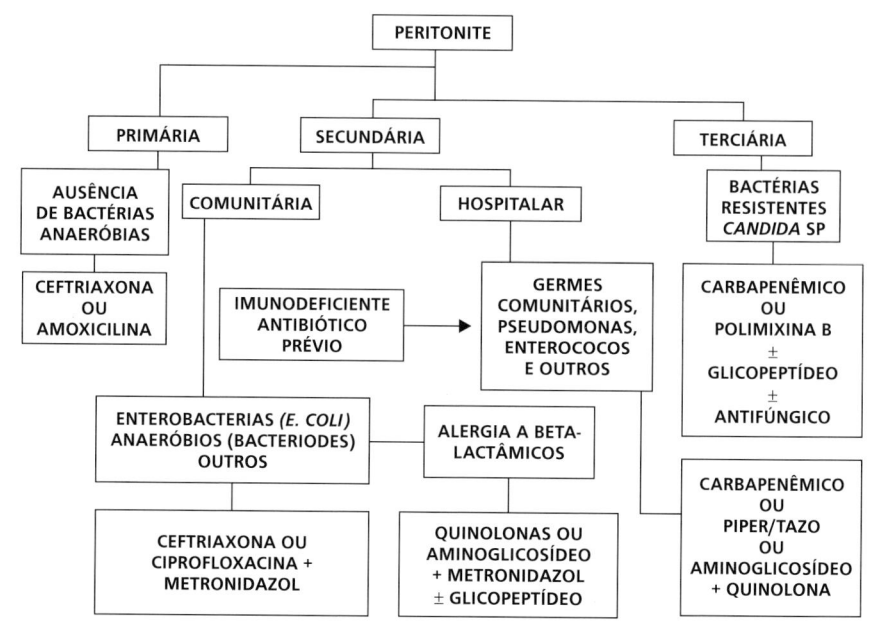

Fig. 22-1. Seleção de antibioticoterapia para o tratamento de peritonite, segundo classificação.

- *Nefrotoxicidade e ototoxicidade:* apesar da sua toxicidade comparada a outros antibióticos, os aminoglicosídeos continuam sendo utilizados com frequência em associação com antibióticos betalactâmicos em virtude de sua excelente atividade contra bacilos entéricos Gram-negativos e seu baixo custo.[19] Em pacientes com peritonite secundária hospitalar, os aminoglicosídeos podem ser considerados de primeira escolha, dependendo do padrão local de sensibilidade dos germes hospitalares.

Ressuscitação Hemodinâmica

A reposição volêmica pode ser realizada com soluções cristaloides (40-60 mL/kg) ou coloides (20-30 mL/kg) nas primeiras 24 horas. Aminas vasopressoras devem ser usadas preferencialmente em doses menores, já que a circulação esplâncnica é muito sensível a hipoperfusão. O uso adjuvante de dobutamina pode aumentar a perfusão renal e, talvez, hepatoesplâncnica, mesmo na presença de função cardíaca normal.[20] Vasopressina e terlipressina podem reduzir a perfusão esplâncnica, principalmente em doentes hipovolêmicos e/ou com doença arterial periférica.[21]

Infecções Intra-Abdominais

Controle do Foco de Infecção Abdominal

Medidas cirúrgicas para erradicar o foco infeccioso e prevenir a contaminação prolongada da cavidade peritoneal são fundamentais para o sucesso do tratamento.[20] Três fases são conhecidas e realizadas no mesmo tempo ou em cirurgias sequenciais:

- *Drenagem:* a abordagem percutânea é atraente porque é menos invasiva e pode ser realizada à beira do leito, mas as coleções devem ser únicas e isolada da cavidade por parede bem individualizada (o que raramente ocorre nos primeiros dias de formação de abscessos) ou localizada no retroperitôneo. A cirurgia aberta está indicada na maioria dos casos, com mais de uma coleção e nas primeiras semanas após início da peritonite.

- *Desbridamento:* é importante nos casos onde ocorre necrose de alça intestinal ou pancreatite com material infectado, já que a necrose perpetua a infecção principalmente por bactérias anaeróbias.

- *Restauração da anatomia e tratamento definitivo:* nem sempre é possível na primeira abordagem cirúrgica, e pode ser realizada em várias etapas (desvio do trajeto, com estomias, fistulização/drenagem do trânsito e reconstrução do trânsito intestinal).

A duração do tratamento com antibióticos deve ser baseada principalmente por critérios clínicos.[7] A normalização da temperatura e contagem de leucócitos com melhora da função gastrointestinal são indicadores de eficácia terapêutica. Devemos considerar o período mínimo de 5 dias e o máximo de 14 dias para a utilização de antibióticos nesses pacientes, considerando que o foco de peritonite foi drenado e sanado. Limitando a duração do uso de antibióticos para infecção intra-abdominal, podemos prevenir o desenvolvimento de microrganismos resistentes, encurtar o tempo de internação e diminuir os custos hospitalares.

A persistência ou recorrência de evidência clínica de infecção após 5 dias de antibioticoterapia torna imperativa a reavaliação clínica e cirúrgica, sendo a tomografia computadorizada ideal para a pesquisa de abscesso abdominal.[7] A monitoração da pressão intra-abdominal pode ser muito útil quando associada aos critérios clínicos para a decisão de nova intervenção cirúrgica no paciente.[22]

REFERÊNCIAS BIBLIOGRÁFICAS

1. Ordonez CA, Puyana JC. Management of peritonitis in the critically ill patient. *Surg Clin N Am* 2006;86:1323-49.
2. Kirschiner M. Die Behandlung der akuten eitrigen freien Bauchfellentzuendung. *Langenb Arch Chir* 1926;142:253-311.
3. Pacelli F, Doglietto GB, Alfieri S *et al*. A proposed classification of intra-abdominal infections. Multivariate analysis on 604 patients. *Arch Surg* 1996;131:641-45.
4. Bohnen JMA, Mustard RA, Oxholm SE *et al*. APACHE II score and abdominal sepsis. *Arch Surg* 1988;123:225-29.

5. Ohmann C, Wittmann DH, Wacha H. Prospective evaluation of prognostic scoring systems in peritonitis. Peritonitis Study Group. *Eur J Surg* 1993;159:267-74.
6. Bosscha K, Reijnders K, Hulstaert PF *et al.* Prognostic scoring systems to predict outcome in peritonitis and intra-abdominal sepsis. *Br J Surg* 1997;84:1532-34.
7. Solomkin JS, Mazuski JE, Bradley JS *et al.* Diagnosis and Management of complicated intra-abdominal infection in adults and children: Guidelines by the Surgical Infection Society and the Infectious Diseases Society of America. *Surg Infect* 2010;11(1):79-109.
8. Kokoska ER, Silen ML, Tracy Jr TF *et al.* The impact of intraoperative culture on treatment and outcome in children with perforated appendicitis. *J Pediatr Surg* 1999;34:749-53.
9. Bilik R, Burnweit C, Shandling B. Is abdominal cavity culture of any value in appendicitis? *Am J Surg* 1998;175:267-70.
10. Rimola A, Garcia-Tsao G, Navasa M *et al.* Diagnosis, treatment and prophylaxis of spontaneous bacterial peritonitis: a consensus document. *J Hepatol* 2000;32:142-53.
11. Solomkin JS, Dellinger EP, Christou NV *et al.* Results of a multicenter trial comparing imipenem/cilastatin to tobramycin/clindamycin for intra-abdominal infections. *Ann Surg* 1990;212:581-91.
12. Walker AP, Nichols RL, Wilson RF *et al.* Efficacy of a beta-lactamase inhibitor combination for serious intraabdominal infections. *Ann Surg* 1993;217:115-21.
13. Cohn SM, Lipsett PA, Buchman TG *et al.* Comparison of intravenous/oral ciprofloxacin plus metronidazole versus piperacillin/tazobactam in the treatment of complicated intraabdominal infections. *Ann Surg* 2000;232:254-62.
14. Dupont H, Carbon C, Carlet J. Monotherapy with a broad-spectrum beta-lactam is as effective as its combination with an aminoglycoside in treatment of severe generalized peritonitis: a multicenter randomized controlled trial. *Antimicrob Agents Chemother* 2000;44:2028-33.
15. Roehrborn A, Thomas L, Potreck O *et al.* The microbiology of postoperative peritonitis. *Clin Infect Dis* 2001;33:1513-19.
16. Nathens AB, Rotstein OD, Marshall JC. Tertiary peritonitis:clinical fatures of a complex nosocomial infection. *World J Surg* 1998;22(2):158-63.
17. Shorr AF, Chung K, Jackson WL *et al.* Fluconazole prophylaxis in critically ill surgical patients: A metaanalysis. *Crit Care Med* 2005;33:1928-35.
18. Carneiro HA, Anastasios Mavrakis A, Mylonakis E. Candida peritonitis: an update on the latest research and treatments. *World J Surg* 2011;35:2650-59.
19. Drusano GL, Ambrose PG, Bhavnani SM *et al.* Back to the future: using aminoglycosides again and how to dose them optimally. *Clin Infectious Dis* 2007;45(6);753-60.
20. Dellinger RP, Levy MM, Carlet JM *et al.* Surviving sepsis campaign: international guidelines for management of severe sepsis and septic shock: 2008. *Intensive Care Med* 2008;34(1):17-60.
21. Farand P, Hamel M, Lauzier F *et al.* Organ perfusion/permeability related effects of norepinephrine and vasopressin in sepsis. *Can J Anesth* 2006;53(9):934-46.
22. Malbrain MLNG, Chiumello D, Pelosi P *et al.* Incidence and prognosis of intraabdominal hypertension in a mixed population of critically ill patients: A multiple-center epidemiological study. *Crit Care Med* 2005;33(2):315-22.

Capítulo 23

INJÚRIA RENAL AGUDA NO PACIENTE CRÍTICO

José Mauro Vieira Júnior

INTRODUÇÃO

A injúria renal aguda (IRA) é um tópico extremamente importante na unidade de terapia intensiva (UTI), pois pode comprometer uma grande parcela dos pacientes críticos e está associada a prognóstico desfavorável. A presença de IRA também se associa a elevados custos de tratamento e aumenta sobremodo a utilização dos recursos humanos na UTI.

EPIDEMIOLOGIA DA IRA NA UTI

Dados atuais têm demonstrado que a incidência de IRA vem aumentando nos hospitais e mais notoriamente, nas unidades de terapia intensiva sendo que a incidência pode ser variável dependendo da definição que se utiliza. Após a introdução do critério RIFLE (descrito abaixo), tem sido reportada uma incidência variando entre 10,8 e 60%, dependendo da série.[1,2] Se observarmos a incidência de IRA em pacientes com sepse grave e choque séptico, esta pode atingir até 50% dos pacientes.[3]

Nas últimas décadas, houve uma mudança nítida no perfil das IRAs hospitalares. Enquanto nas décadas de 1960 e 1970 as principais causas de IRA hospitalar eram as complicações obstétricas (placenta prévia e abortamentos sépticos), além de transfusões incompatíveis, por exemplo, a partir dos anos de 1980 começou a observar-se uma mudança nas causas e evolução da IRA, caracterizada pelas alterações abaixo:[4]

A) Aumento no número de cirurgias de grande porte, como vasculares e oncológicas (correção de aneurisma de aorta, ressecções tumorais extensas com quimioterapia intraoperatória).
B) Melhor atendimento de urgência ao trauma grave, com entrada no hospital de pacientes graves que outrora não chegariam ao hospital, mas sob risco de desenvolver IRA.
C) Avanço na tecnologia de suporte ao choque cardiogênico (melhor atendimento ao infartado com choque, com uso de angioplastia na fase aguda e procedimentos cirúrgicos de revascularização na fase aguda), o que ampliou a incidência de IRA nessa população.

D) Aumento de cirurgias complexas de transplante de um ou mais órgãos sólidos em pacientes com falências orgânicas avançadas. Esses pacientes são mantidos vivos até estágios bem avançados da sua doença e submetidos a várias drogas potencialmente nefrotóxicas (ciclosporina, tacrolimus).
E) Aumento da realização de exames de imagens e procedimento de radiologia intervencionista nos pacientes críticos, que utilizam contraste radiológico em doses elevadas.
F) Avanços no tratamento do paciente séptico (antibióticos e ressuscitação volêmica precoce), que, a despeito de melhorar o prognóstico, podem aumentar o número de pacientes vivos sob risco de desenvolver IRA e/ou insuficiência de múltiplos órgãos (IMOS).
G) O progressivo envelhecimento da população, o que fez aumentar substancialmente a população idosa internada em UTI, que por características próprias dessa população (função renal reduzida de base, maior risco de sepse e nefrotoxicidade) aumenta a chance de desenvolver IRA e falência orgânica múltipla.

Portanto, os elementos acima ajudam a justificar a mudança do perfil da IRA hospitalar, que na verdade passa a ocorrer, predominantemente, na UTI. Houve, assim, aumento de casos relacionados ao desenvolvimento de choque (cardiogênico ou séptico), assim como relacionado com o uso de fármacos potencialmente nefrotóxicos e cirurgias de alta complexidade, em pacientes de alto risco. Esse perfil se mantém até os dias de hoje.

PATOGÊNESE

Em grande parte dos pacientes internados em UTI há uma redução basal da função renal, o que os torna mais suscetíveis à IRA, independente da causa da internação hospitalar. Vale notar que raramente realizamos na UTI uma avaliação da filtração glomerular (FG) pela *clearance* de creatinina (e poucas vezes estimamos a *clearance* pela fórmula de Cockcroft-Gault). Como a presença da creatinina sérica dentro dos valores descritos como normais (até 1,2 mg/dL) não assegura uma filtração glomerular normal, muitas vezes deixamos de identificar pacientes sob risco de desenvolver IRA na UTI. Assim, os pacientes idosos têm predisposição para IRA, pois já partem de uma filtração basal reduzida. Outras causas associadas à diminuição basal da FG são: insuficiência cardíaca, cirrose e nefropatia de base (principalmente nefropatia diabética, nefroesclerose hipertensiva e aterosclerose macrovascular renal).

Outro fator importante associado ao desenvolvimento de IRA na UTI é o uso frequente de drogas nefrotóxicas. No Quadro 23-1, estão enumerados os principais fatores de risco para desenvolver IRA, assim como os mecanismos de indução ou agravamento da condição. No Quadro 23-2 estão citadas as principais substâncias que predispõem ou são a causa direta de IRA na UTI.[5]

Os mecanismos comumente envolvidos na IRA do paciente crítico são a hipoperfusão renal (choque, hipovolemia, desidratação), além de alterações inflamatórias

Injúria Renal Aguda no Paciente Crítico

Quadro 23-1 Fatores de risco e mecanismo de indução de IRA na UTI

Fator	Mecanismo
Idade avançada	Filtração glomerular reduzida; aterosclerose; déficit basal para concentrar a urina
ICC, cirrose hepática	Hipoperfusão/vasoconstrição renal. Fluxo renal dependente de vasodilatadores locais
Aterosclerose difusa	Eventos isquêmicos ao rim por nefropatia isquêmica associada
Doença renal de base	Diminuição da reserva renal com alterações na autorregulação e hemodinâmica glomerular
Drogas nefrotóxicas	Contraste para exames radiológicos e diuréticos são as principais causas na UTI
Tempo de circulação extracorpórea (CEC) prolongado	Indução de síndrome da resposta inflamatória sistêmica (SRIS) e hemoglobinúria
Sepse	Liberação de citocinas e produção de óxido nítrico
Choque de qualquer natureza	Vasoconstrição renal

ICC = insuficiência cardíaca congestiva.

sistêmicas relacionadas com a síndrome de resposta inflamatória sistêmica (SIRS). Outros fatores associados são a lesão tubular aguda direta relacionada com drogas, e a hipertensão intra-abdominal que pode acompanhar algumas patologias (ressuscitação volêmica vigorosa, sepse abdominal, insuficiência hepática com ascite volumosa). Vale ressaltar o papel muito particular da sepse na patogênese da IRA (ver adiante).

Quadro 23-2 Principais drogas que predispõem à IRA na UTI

- Contraste radiológico
- Anfotericina B
- Anti-inflamatório não esteroide
- Inibidor da enzima conversora de angiotensina
- Aminoglicosídeos
- Aciclovir
- Vancomicina
- Polimixina
- Álcool
- Alopurinol
- Diuréticos
- Metotrexato

DIAGNÓSTICO

O diagnóstico clássico da IRA tem sido feito por meio da divisão em IRA pré-renal, renal e pós-renal. Essa classificação tem sido útil, inclusive, na possibilidade de facilitar a abordagem terapêutica. As IRAs pré-renal e renal são consideradas um espectro contínuo dos mesmos insultos, visto que a manutenção de uma lesão pré-renal por um período prolongado pode levar à disfunção renal intrínseca. Na IRA renal, deve-se tomar cuidado com a hipervolemia, diminuir a infusão de líquidos e programar um tratamento renal substitutivo, pois a lesão (necrose tubular aguda, NTA) já está instalada e deve durar de 4 a 6 semanas na maior parte das vezes. Por outro lado, diante da suspeita da IRA pré-renal, todo o esforço deve ser feito para reverter o hipofluxo renal (infusão de volume, ou inotrópicos e drogas vasoativas na ICC e nas fases iniciais da sepse). Outro aspecto é tratar a causa básica que levou ao hipofluxo e, consequentemente, à insuficiência renal. Já na IRA pós-renal, a conduta padronizada é a desobstrução do trato urinário, se não dos dois rins, pelo menos temporariamente do melhor rim, para retirar o paciente da uremia.

No Quadro 23-3, estão demonstrados os parâmetros mais utilizados para ajudar a diferenciar entre IRA pré-renal e renal. A característica predominante da IRA pré-renal é a manutenção da capacidade de preservação de água e sal pelos túbulos. Contudo, na sepse, muitas vezes, o sódio urinário e a fração de excreção de sódio (FeNa) são baixos, impedindo a diferenciação entre hipovolemia e NTA. Outra situação em que esses marcadores não são confiáveis é com o uso de diuréticos de alça. Muitas vezes, encontramos pacientes com IRA que já receberam uma ou mais doses de diuréticos ou já recebiam diuréticos por sua doença de base (cardiopatia, por exemplo). Há alguns anos, a fração de excreção urinária de ureia (FeU) foi testada em pacientes cardiopatas, como um marcador de lesão tubular proximal (independente da ação do furosemida na alça de Henle).[6] Esses autores verificaram que FeU baixa (≤ 35%) denota túbulo proximal preservado e, portanto, hipofluxo renal, enquanto FeU maior que 35% indica lesão tubular proximal (NTA). Essa estratégia diagnóstica pode ser útil em pacientes com ICC em uso prévio de diuréticos, entretanto, a maioria dos estudos sugere, atualmente, que os marcadores bioquímicos convencionais (FeNa, NaU, OsmolU) têm pouco valor discriminatório na IRA do paciente crítico quanto à reversibilidade e classificação em pré-renal *vs.* renal.[7]

Quadro 23-3 Marcadores urinários e bioquímicos no diagnóstico diferencial entre IRA pré-renal e NTA

Doença	Urina I	Osm U	U/P Osm	NaU	FeNa	FeU
Pré-renal	Normal	> 500	> 1	< 20	< 1%	< 35%
NTA	Cilindros granulares e epiteliais	< 350	< 1	> 20	> 1%	> 35%

OsmU = osmolalidade urinária (mOsm/L); U/P Osm = relação osmolalidade urinária sobre a plasmática; NaU = sódio urinário; FeNa = fração de excreção de sódio; FeU = fração de excreção de ureia.
A equação abaixo demonstra a forma do cálculo da fração de excreção de qualquer dos marcadores de diferenciação entre IRA renal e pré-renal.
Fe"X"= [(U/P)"X"/(U/P)Creat] × 100.

Injúria Renal Aguda no Paciente Crítico

Mais recentemente, outras abordagens para o diagnóstico e a classificação da IRA vêm sendo consideradas. A primeira considera pacientes sob risco *(Risk)*, pacientes submetidos à lesão renal *(Injury)*, aqueles em que já se instalou a falência do órgão *(Failure)*, aqueles em que a função renal está perdida por um tempo acima do esperado para uma NTA *(Loss)*, e aqueles que evoluem para insuficiência renal terminal *(End stage kidney disease)*, originando o acrônimo **RIFLE**. Esta nova classificação é mais sensível, pois não espera por grandes elevações da creatinina e tampouco considera o paciente oligúrico apenas após completar 24 horas com diurese < 500 mL. Ela utiliza três níveis crescentes de gravidade fundamentados na concentração de creatinina sérica e redução do débito urinário e duas evoluções clínicas (perda prolongada da função renal e insuficiência renal terminal). Os estudos de validação demonstraram que a classificação RIFLE tem relevância clínica para o diagnóstico de IRA, classifica, adequadamente, a gravidade da doença e monitora de forma correta a progressão da IRA. O Quadro 23-4 demonstra a classificação de RIFLE para IRA.[8,9]

Mais recentemente, uma modificação nos critérios **RIFLE** foi proposta por um grupo de nefrologistas, originando a chamada classificação AKIN *(acute kidney injury network)*.[9] O critério AKIN está descrito no Quadro 23-5. O objetivo dos autores foi melhorar a reprodutibilidade e a sensibilidade dos critérios de diagnóstico da IRA. Assim, os autores consideraram que aumentos de 0,3 mg/dL na creatinina em 48 horas poderiam ser considerados no diagnóstico de IRA. Todos os pacientes recebendo terapia de substituição renal foram considerados como pertencentes ao estágio 3 de AKIN ou classificação **F** (falência) do RIFLE. A comparação destes critérios sugere que as duas classificações têm semelhante robustez, sensibilidade e habilidade preditiva para identificação de pacientes com IRA na UTI.[8,10]

Quadro 23-4 Aplicação da classificação de RIFLE para diagnóstico de IRA.
O paciente pode preencher critérios para IRA pelo ritmo de filtração glomerular (ou Creat) ou por alterações do débito urinário. O pior critério determina a classificação da IRA

Estágio	Critério da creatinina sérica	Critério do débito urinário
Risk	Aumento de × 1,5 o basal	< 0,5 mL/kg/h por pelo menos 6 horas
Injury	Aumento de × 2 o basal	< 0,5 mL/kg/h por pelo menos 12 horas
Failure	Aumento × 3 vezes o basal ou ≥ 0,5 mg/dL se basal > 4 mg/dL	< 0,3 mL/kg/h por 24 horas ou anúria por 12 horas
Loss	Perda completa da função renal > 4 semanas	
End-stage	End stage kidney disease	

ESKD = *end-estage kidney disease* (insuf. renal terminal); RFG = ritmo de filtração glomerular.

Quadro 23-5 Índice AKIN *(Acute Kidney Injury Network)* para diagnóstico de IRA

Estágio	Critério da creatinina sérica	Critério do débito urinário
Estágio 1	Aumento de 0,3 mg/dL (em 48 h) ou aumento 1,5× o basal	< 0,5 mL/kg/h por ≥ 6 horas
Estágio 2	Aumento 2× o basal	< 0,5 mL/kg/h por ≥ 12 horas
Estágio 3	Aumento 3 vezes o basal ou de pelo menos 0,5 mg/dL se Creat ≥ 4 mg/dL, ou início de terapia de reposição renal	< 0,3 mL/kg/h por ≥ 24 horas ou anúria ≥ 12 h

Entretanto, embora mais sensíveis, os critérios diagnósticos de IRA atualmente empregados também se baseiam no uso da creatinina sérica, apesar da conhecida limitação deste exame laboratorial para o diagnóstico da IRA no paciente crítico (é pouco sensível, eleva-se tardiamente, exige estabilização, sofre interferência da secreção tubular e de drogas, se diluiu com grandes reposições volêmicas e sofre grande influência do estado nutricional e do metabolismo proteico). Há alguns anos, pesquisadores demonstraram que, na sepse, a creatinina pode ter um desempenho ainda pior do que na IRA não séptica para o diagnóstico da queda da filtração glomerular. Esses autores demonstraram que em animais de experimentação submetidos ao modelo de sepse da ligadura e da perfuração cecal (CLP), a elevação da creatinina não era a esperada pelo grau de lesão renal. Aparentemente, por algum mecanismo ainda não esclarecido no metabolismo muscular, a sepse atenua a elevação da creatinina, tornando esse marcador de disfunção renal ainda mais falho nesse cenário de IRA.

Pelos motivos expostos acima, nos últimos anos, a literatura nefrológica foi inundada por inúmeros estudos que têm apresentado potenciais novos biomarcadores para o diagnóstico de IRA no paciente crítico, principalmente no cenário do pós-operatório. Potencialmente, e em alguns casos isso já tem sido comprovado, alguns desses biomarcadores são mais sensíveis, permitindo diagnóstico mais precoce da IRA, algumas vezes até 48 horas antes da elevação da creatinina. Além disso, muitos biomarcadores parecem correlacionar-se melhor com alguns desfechos dos pacientes, como mortalidade, necessidade de diálise e chance de recuperação da função renal. Na maior parte dos estudos, esses biomarcadores foram testados no diagnóstico da IRA pós-cirurgia cardíaca ou naquela relacionada com o contraste iodado e são vários os candidatos potenciais para a aplicação prática, sendo que para alguns destes biomarcadores já existem, inclusive, *kits* comerciais disponíveis. Os mais estudados são a NGAL *(netrophil gelatinase-associated lipocalin)*, o KIM-1, a IL-18 e o L-type FABP *(Liver – type fatty acid binding protein)*.

Recentemente, estudos testando a NGAL em pacientes críticos foram publicados com resultados encorajadores, e, especificamente, na população de pacientes sépticos esse biomarcador também teve um bom desempenho. Pacientes sépticos atendidos na emergência foram avaliados quanto à possibilidade de desenvolverem IRA por intermédio da dosagem da NGAL na chegada ao hospital. A NGAL teve um bom desempenho em predizer o risco de desenvolver IRA (boa sensibilidade e especificidade). Em outros estudos, avaliando pacientes críticos, boa parte deles com sepse, a NGAL teve um desempenho apenas razoável.

MANIFESTAÇÕES CLÍNICAS

Em razão de a IRA apresentar frequentemente sintomatologia inespecífica, a abordagem de anamnese e exame físico é usualmente pouco elucidativa nestes pacientes. Na UTI, dois principais aspectos devem ser abordados pela sua importância e sua implicação no tratamento:

Hipervolemia

Em pacientes críticos, frequentemente, ocorre perda da capacidade de manutenção do balanço de água e sal, gerando, assim, impacto na morbidade destes indivíduos, notoriamente aqueles com IRA. Muitos desses pacientes com IRA na UTI encontram-se em insuficiência respiratória aguda, principalmente dependentes de ventilação mecânica (VM) invasiva. Estudo recente demonstrou que a presença de IRA correlaciona-se com maior dificuldade de realização de desmame da ventilação mecânica. Neste estudo, o tempo para desmame da VM em pacientes com IRA é mais que o dobro quando comparado com o grupo sem IRA (83 horas $vs.$ 33,5 horas, P < 0,05).[11] Estes dados, em consonância com a literatura, demonstram o impacto negativo exercido pela lesão renal aguda em órgãos a distância.[12-14]

Acidose

A acidose metabólica é uma característica importante do paciente em UTI. As causas mais importantes são a hipoperfusão e/ou hipóxia tecidual e a resultante produção excessiva de ácido lático. A IRA contribui de maneira importante com a acidose, pois, com a IRA, desenvolve-se uma incapacidade de excretar ácido e gerar álcalis, que associada à hiperlactatemia, piora os níveis do tampão (HCO_3^-), leva à queda do pH sanguíneo, com suas consequências no metabolismo celular.

ABORDAGEM INICIAL DO PACIENTE COM IRA

A conduta inicial ao paciente com IRA em UTI consiste em uma abordagem ampla, visando a tentativa do estabelecimento do diagnóstico diferencial entre uma NTA instalada e uma IRA pré-renal; a restauração da perfusão renal, assegurando um bom fluxo renal, independente da causa; o estabelecimento do diagnóstico etiológico, eliminando as causas potenciais e tratar a doença de base.

Como podemos depreender todas essas fases se completam e se sobrepõem. Para assegurar sua realização, as medidas abaixo são empregadas:

- Obtenção de história com ênfase a insultos isquêmicos e nefrotóxicos (cirurgias, hipotensão, sepse, necessidade de VM e drogas vasoativas, potenciais drogas ne-

frotóxicas, hipertensão intra-abdominal, determinar presença de insuficiência cardíaca sistólica ou diastólica); conhecer a função renal de base antes da IRA, avaliar doenças de base associadas (HAS grave, DM, doenças imunológicas etc.).
- Conhecer o comportamento temporal da diurese e da ascensão dos níveis de ureia e creatinina. Avaliar marcadores urinários e exame de urina.
- Assegurar euvolemia e boa perfusão renal, por meio de ampla ressuscitação volêmica ou por meio de inotrópicos, quando indicado.
- Quando houver indicação, solicitar exames subsidiários sanguíneos e urinários. A ultrassonografia renal tem papel de destaque na UTI, pois é um exame rápido, não invasivo e pode ser feito à beira do leito. O aspecto ultrassonográfico pode indicar que a disfunção renal é realmente aguda com base no tamanho do rim, na ecogenicidade do órgão e pode assegurar que não há dilatação ureteropiélica (hidronefrose), o que determinaria o diagnóstico de IRA pós-renal.
- Analisar criteriosamente a prescrição médica do paciente, tomando cuidado não só com drogas que são potencialmente nefrotóxicas (como vancomicina, aminoglicosídeos e anti-inflamatórios), mas também com aquelas que se acumulam com a IRA e podem ser, por exemplo, neurotóxicas (como carbapenêmicos, cefepime).

DIURÉTICOS

Uma prática comum em terapia intensiva é o uso de diuréticos de alça, como a furosemida, após a instalação da IRA, uma vez assumindo-se que houve restabelecimento de uma boa perfusão renal. Sua utilização tem por objetivo facilitar o manuseio de volume nos pacientes críticos com IRA e oligúria. Estudos recentes, contudo, demonstraram que o uso de diuréticos em pacientes com IRA estava associado a pior prognóstico.[15,16] Não fica claro o real motivo dessa associação, se é que é verdadeira. Provavelmente, deve-se ao fato de pacientes mais oligúricos e anúricos e, portanto, mais graves do ponto de vista renal e, provavelmente, sistêmico, necessitarem de mais diuréticos. Além disso, é bem provável que a insistência com o uso de diuréticos retarde o tratamento dialítico do paciente com uremia, determinando pior prognóstico. Vale lembrar que já foi descrita, também, como fator de piora na mortalidade na IRA, o retardo em chamar o nefrologista para avaliação e seguimento.[17] Restavam, então, duas dúvidas quanto ao emprego do diurético; ele é seguro? Se for, valeria, então, usá-lo na tentativa de converter uma IRA oligúrica em não oligúrica, retardando ou diminuindo a necessidade de diálise? Poucos estudos haviam sido realizados com esse objetivo, até que recentemente Cantarovich *et al.* não demonstraram qualquer benefício na IRA instalada, com uso de diuréticos com relação à necessidade de diálise ou mortalidade geral.[18] Mais recentemente, Uchino *et al.* revisaram a segurança da furosemida em 1.743 pacientes com IRA em UTI e não encontraram relação do seu uso com o prognóstico da IRA em UTI.[19] Desta forma, não existe benefício da utilização de diuréticos em termos de redução da mortalidade em pacientes com IRA, embora seu uso não seja deletério.

Injúria Renal Aguda no Paciente Crítico

IRA RELACIONADA COM A SEPSE

A sepse responde não somente a cerca de 30-40% das causas de internação em UTIs, mas também é causa principal ou importante fator adjuvante em até 50% dos casos novos de IRA que ocorrem no paciente crítico. De maneira geral, em torno de 30% dos pacientes com sepse grave desenvolvem IRA, enquanto esse número alcança 50% quando a sepse evolui para choque séptico.[3,20,21] A IRA relacionada com a sepse, além de ser muito comum, determina elevada mortalidade quando comparada com pacientes sépticos sem IRA. E pacientes com IRA séptica têm maior mortalidade com relação a outras causas de IRA no paciente crítico. Além disso, a IRA relacionada com a sepse parece ter uma fisiopatologia muito particular, tornando a abordagem a essa entidade diferente em vários aspectos da que se propõe ao paciente com IRA de outra etiologia. Abaixo, discutiremos muitos desses aspectos específicos à IRA relacionada com a sepse.

Do ponto de vista nefrológico, vale ressaltar que cerca de 50% ou mais das vezes em que um nefrologista é chamado na UTI, deve-se a um paciente crítico que tem como causa principal da IRA relacionada com a sepse. Por outro lado, intensivistas, que gastam boa parte do seu tempo ressuscitando pacientes com sepse, observarão, a despeito do quão eficiente eles foram na abordagem ao pacientes séptico, que até 30-50% desenvolverão algum grau de injúria renal. Bagshaw *et al.* observaram que não somente a IRA piora a evolução dos paciente sépticos de forma independente, como quando comparados com pacientes com IRA de origem não séptica, a mortalidade desses pacientes era mais elevada.[20] IRA relacionada com a sepse também aumenta o tempo de internação na UTI e no hospital. Outros autores, investigando 390 pacientes com choque séptico, observaram que 61% deles desenvolviam IRA, com mortalidade significativamente superior aqueles sem IRA.[21]

Classicamente, os fatores de risco independentemente associados ao risco de desenvolver IRA relacionada com a sepse, em grandes casuísticas, observados por meio de regressão logística, são: gravidade da doença, (p. ex.: escores elevados SOFA, SAPS II, dentre outros); choque; ventilação mecânica, transfusão sanguínea, retardo na administração de antibiótico, idade, comorbidades (HAS, DM, ICC) e filtração glomerular basal deprimida.[22]

FISIOPATOLOGIA DO RIM DA SEPSE

Os mecanismos fisiopatológicos que ajudam a explicar a IRA na sepse podem ser divididos em dois:

1. **Mecanismos hemodinâmicos sistêmicos e regionais:** não resta dúvida de que o choque estabelecido, ou mesmo a hipovolemia relativa (decorrente da intensa vasodilatação) que se seguem à sepse tem papel de destaque em determinar hipofluxo renal e disfunção orgânica. Este mecanismo, portanto, em nada difere dos mecanismos que explicam a IRA relacionada, por exemplo, com a isquemia-reperfusão por choque hemorrágico ou ao clampeamento da aorta acima

das artérias renais. Além disso, mesmo sem choque manifesto, pacientes hipertensos e idosos e, particularmente, aqueles com doença renal crônica de qualquer natureza, são muito suscetíveis a níveis de pressão arterial média considerados por muitos como aceitáveis, em decorrência da perda da autorregulação intrarrenal, o que contribui para a queda da filtração glomerular (chamada de IRA isquêmica não hipotensiva).

2. **Mecanismos não hemodinâmicos:** não é incomum a piora da função renal em pacientes "ressuscitados" precocemente e com pressão arterial normal ou até mesmo elevada e com a utilização de doses baixas de vasopressores. Atualmente sabe-se que a IRA relacionada com a sepse não é apenas secundária a hipotensão, choque ou hipovolemia. Dados experimentais *in vivo* e *in vitro* obtidos nas últimas décadas revelaram os mecanismos celulares e moleculares subjacentes à disfunção renal da sepse. Os principais mecanismos envolvem: ativação de cascata inflamatória sistêmica e intrarrenal, estresse oxidativo sistêmico e renal, ativação do processo de apoptose renal e alterações da microcirculação intrarrenal com hipóxia tecidual. Abaixo seguem algumas evidências do papel desses mecanismos ditos não hemodinâmicos.

Até a década de 1990, muito do que se conhecia a respeito da fisiopatologia da IRA derivava do modelo experimental de isquemia-reperfusão renal pelo clampeamento transitório das artérias renais de animais de experimentação, na maioria das vezes, roedores saudáveis. Esse clássico modelo de necrose tubular aguda grave e reversível em animais de pequeno porte foi muito útil para a compreensão de mecanismos fisiopatológicos incorporados até hoje à nossa prática médica. No entanto, está claro que esse modelo em nada se parece com o cenário da IRA do paciente crítico, em particular ao paciente com sepse, uma síndrome complexa, muitas vezes com mais de um agente etiológico, que determina uma resposta sistêmica exuberante englobando várias vias de sinalização, e que acomete pacientes com várias comorbidades crônicas.

Nos últimos anos, o foco de atenção da IRA se desviou para modelos experimentais de sepse. Modelos variados, que vão desde a injeção sistêmica de LPS, injeção de *E. coli*, inalação pulmonar de *Pseudomonas sp.*, injeção de coágulo infectado intraperitoneal, até a ligadura e perfuração do ceco. Esses modelos, muitos sujeitos a críticas, estão longe de recriar a situação do paciente crítico séptico descrita acima, mas torna o estudo da IRA relacionada com a sepse mais próximo da realidade. Com esses estudos, somados a estudos com animais *knockouts* e culturas de células, incorporamos uma série de informações que ilustram como a IRA relacionada com a sepse representa uma entidade muito específica quanto aos mecanismos fisiopatológicos. Abaixo, seguem algumas observações que ilustram esses fatos:

- Quase metade dos estudos com modelos de sepse mostram que a IRA se desenvolve com fluxo sanguíneo renal (FSR) preservado ou mesmo aumentado;[23,24]
- Na sepse existe maciça liberação na circulação de citoquinas e quimiocinas, além da formação de óxido nítrico e peroxinitrito, que podem explicar as alterações mi-

Injúria Renal Aguda no Paciente Crítico

cro-hemodinâmicas renais, além da inflamação local, produção de espécies reativas de oxigênio (ROS), além da ativação do processo de apoptose.
- Existem receptores de TNF em vários tipos celulares renais (célula mesangial, túbulos). Além disso, existe, nas células tubulares, toda a maquinaria para a produção local de diversas citoquinas, após o estímulo da sepse (p. ex.: injeção de LPS).
- Mais recentemente foi demonstrado que a sepse induz o aumento da expressão de proteínas do tipo TLR-4 em células renais, que pode explicar a ação direta de produtos de microrganismos em células tubulares.

Por todos os fatores expostos acima, fica claro que a IRA, que ocorre em decorrência da sepse, tem características fisiopatológicas próprias, que envolvem inflamação, ROS, apoptose, fluxo sanguíneo renal (FSR) preservado, mas com perda da autorregulação e alterações da microcirculação e hipóxia tecidual. Se por um lado isto torna o cenário ainda mais complexo para a compreensão desta síndrome, por outro abre uma possibilidade infinita para a utilização de biomarcadores e para a descoberta de medidas terapêuticas específicas. Assim, na sepse, é importante que não fiquemos restritos à abordagem hemodinâmica limitada e reducionista em que se investiu por todos os últimos anos, que visava, sem sucesso, atenuar ou proteger a IRA por meio do aumento do FSR, utilizando drogas como os agonistas dopaminérgicos, bloqueadores de cálcio e antagonistas de endotelina e adenosina.

IRA E SEPSE COMO DOENÇAS MULTISSISTÊMICAS

Sepse é uma doença multissistêmica, com comprometimento/disfunção multiorgânico, como disfunção pulmonar, renal, cardíaca e cerebral. Embora este ponto seja indiscutível, outra questão apenas recentemente debatida é a importância de uma determinada disfunção contribuindo para lesão de outros órgãos a distância, o chamado *crosstalking* entre órgãos.

No que diz respeito aos rins, existe um vasta evidência experimental na literatura demonstrando que a IRA é, por sua vez, também, uma doença multissistêmica, levando à disfunção de outros órgãos a distância. Assim, IRA isquêmica pode determinar disfunção cerebral, alterações celulares e moleculares subjacentes a uma marcada alteração na permeabilidade vascular pulmonar[12,13] e alterações cardíacas, tanto da função contrátil, quanto da reserva do fluxo coronariano.[14] É possível que essas alterações multiorgânicas determinadas por IRA isquêmica experimental possam ter relevância clínica, principalmente no cenário da sepse. Entretanto, a contribuição renal para a disfunção orgânica múltipla da sepse pode ser impossível de demonstrar na prática clínica, embora em parte possa explicar o impacto que esta falência orgânica tem naquela síndrome.

MEDIDAS TERAPÊUTICAS NA IRA RELACIONADA COM A SEPSE

Expansão de Volume: Cristaloides *vs.* Coloides

Reconhecemos, indubitavelmente, o papel da ressuscitação volêmica no tratamento da sepse, principalmente nas primeiras horas. Rivers *et al.*, elegantemente, demonstraram que com essa manobra, dentre outras medidas adjuvantes, e tendo como alvo algumas medidas hemodinâmicas de pré-carga (PVC) e do grau de adequação da perfusão periférica (SvO_2), havia diminuição do número de pacientes com sepse que evoluíram com disfunção de múltiplos órgãos, rins provavelmente incluídos neste desfecho.[25] Mais recentemente, outros autores reproduziram estudo muito semelhante e demonstraram que no grupo ressuscitado com alvos hemodinâmicos predefinidos, houve diminuição da incidência de IRA relacionada com a sepse com medidas de ressuscitação em que a expansão do intravascular com volume teve papel central.[26]

Há vários anos, a comunidade científica tem despendido grande esforço testando qual seria o tipo de expansor circulatório mais eficiente em termos de efetividade, efeitos colaterais e custo-benefício no tratamento do choque e, mais recentemente em particular, no tratamento da sepse. A discussão se coloides (gelatinas, amidos ou albumina) são superiores aos cristaloides (salina normal, ringer simples ou com lactato) é antiga e não resultou em boa evidência científica até os dias atuais. Provavelmente, os coloides não agregam benefício com relação aos cristaloides na maioria dos cenários no paciente crítico (excetuando-se, por exemplo, o paciente cirrótico) e não parece ser diferente com relação à sepse. Porém, além do custo elevado, nos últimos anos tem havido uma preocupação crescente com relação aos riscos de alguns coloides determinarem IRA, em particular os amidos sintéticos.[27,28] Embora a maioria dos estudos anteriores tenha testado amidos de geração antiga, com alto peso molecular e elevado grau de susbstituição na molécula, estudos mais recentes testaram moléculas de 3ª geração e obtiveram, em estudos observacionais, elevadas taxas de IRA na sepse quando comparados a cristaloides.[29] Alguns estudos randomizados multicêntricos, em fase de conclusão, provavelmente responderão, definitivamente, se o emprego de coloides, como amidos sintéticos no tratamento da sepse são seguros do ponto de vista renal.[30,31]

Vasopressores e Rim

Os vasopressores são parte importante do tratamento da sepse, para controlar a intensa vasodilatação sistêmica e hipotensão que ocorre neste estado. A pergunta que cabe é: os vasopressores são seguros do ponto de vista renal, ou contribuem, por sua vez, para a IRA? A resposta é sim, são seguros. Em muitos estudos experimentais, doses de noradrenalina, usualmente utilizadas na prática médica, mostraram-se não só seguras para a função renal, mas em muitos casos, houve aumento da filtração glomerular e/ou do fluxo urinário, independente da pressão arterial média.[32,33] Em estudo recente, Redfors *et al.* demonstraram que noradrenalina utilizada no choque distributivo aumenta a oferta de O_2 ao rim e a filtração glomerular.[34]

Com relação à vasopressina, este vasopressor alternativo à noradrenalina não se mostrou superior à última no tratamento do choque séptico, no estudo chamado VAAST. No entanto, análise posterior demonstrou que os pacientes que receberam vasopressina prioritariamente, comparados com os que usaram exclusivamente noradrenalina, tiveram proteção quanto ao desenvolvimento da IRA. A chance de pacientes com diagnóstico de IRA séptica leve, classificada como R (RIFLE) progredir para formas mais graves (I ou F) foi significativamente menor no grupo vasopressina (20,8 vs. 39,6%), assim como foi menor a necessidade de terapia renal substitutiva (17 vs. 37,7%).[35] Portanto, se este estudo não traz conclusões definitivas sobre a superioridade renal de um vasopressor sobre outro, ao menos permite assegurar que a vasopressina parece ser segura do ponto de vista renal.

Talvez o vasoconstritor ideal no cenário da sepse fosse a angiotensina II. Este potente vasoconstritor tem ação predominante na arteríola eferente, permitindo aumentar a pressão capilar glomerular e, por sua vez, a filtração glomerular. Em estudo retrospectivo avaliando os risco para IRA em pacientes com choque séptico, um dos fatores independentes que se revelaram foi o uso prévio de bloqueadores de angiotensina (BRA) ou inibidores da enzima conversora (IECA) durante a internação.[21] Um interessante estudo experimental testou infusões de angiotensina em animais sépticos. Este potente vasoconstritor levou à queda do FSR, mas com melhora da filtração glomerular e do fluxo urinário, provavelmente em função da vasoconstrição predominante da arteríola eferente no rim da sepse.[36]

Outro ponto com relação aos vasopressores diz respeito ao nível ideal de pressão arterial média (PAM) desejado em pacientes sépticos. Enquanto as principais diretrizes norteadoras de conduta sugerem que o alvo da PAM na sepse deva ser de pelo menos 65 mmHg, obtida com a combinação de volume e vasopressores, estudos mais recentes sugerem que níveis mais elevados de PAM, de pelo menos 75 a 80 mmHg, podem ser necessários para prevenir IRA.[37] Embora estudos observacionais como o descrito acima sejam sujeitos a críticas, o fato é que existe uma base racional importante para tentar manter uma PAM mais elevada em pacientes idosos, hipertensos, vasculopatas ou diabéticos, situações que podem cursar com perda da autorregulação intrarrenal diante de uma hipotensão relativa.

Em resumo, vasoconstritores não só parecem seguros do ponto de vista renal, como também devem ser considerados parte integral do tratamento para se prevenir a falência orgânica renal na sepse.

TRATAMENTO CONSERVADOR DA IRA

Além do uso de diuréticos para se tentar manter o balanço de água e sal, o tratamento conservador da IRA compreende o uso de bicarbonato endovenoso e a manutenção dos níveis de potássio com medidas clínicas. Entretanto, deve-se ter cuidado para não adiar, desnecessariamente, o início da diálise, em detrimento da piora clínica e do risco ao paciente. No ambiente da UTI, cerca de 20-50% das IRAs são dialíticas, e este número pode ser ainda mais alto dependendo da definição utilizada. Isso ocorre pela dificuldade de manter a homeostase interna de um paciente tão grave, muitas vezes com várias falências orgânicas, apenas com medidas clínicas. O retardo da diálise pode levar, inadvertidamente, a várias consequências danosas para o paciente, como:

A) *Hipervolemia:* que evolui subclínica até que ocorra uma descompensação clínica abrupta (congestão pulmonar e edema agudo de pulmão).
B) *Desnutrição:* o hipercatabolismo que acompanha essa síndrome, somado à restrição proteica (para evitar uremia) leva comumente à subnutrição. Atualmente, preferimos realizar diálise mais liberalmente para assegurar uma adequada oferta proteicocalórica, ao contrário de uma conduta mais conservadora adotada até alguns anos.
C) *Risco de infecção:* pacientes com IRA têm maior predisposição a infecções. Portanto, não é recomendado adiar a diálise, mesmo se as condições clínicas estiverem estáveis, em pacientes com alto risco de desenvolver infecções, como são os pacientes em UTI.
D) *Risco de complicações neurológicas:* os pacientes com IRA, principalmente os idosos, os com neuropatias (sequela de AVC, demências etc.) e hepatopatias crônicas têm alta propensão ao rebaixamento do nível de consciência em decorrência da uremia, muitas vezes em níveis usualmente não considerados perigosos (ureia em torno de 100 a 150 mg/dL). Portanto, o tratamento dialítico deve ser priorizado em detrimento do tratamento conservador nessa população.

TRATAMENTO DIALÍTICO

Ao contrário das indicações formais de diálise, em que não há muita margem para dúvida (acidose grave, hipervolemia refratária a diuréticos, hiperpotassemia não responsiva às medidas clínicas e pericardite), não há evidência forte na literatura a respeito do nível de ureia acima do qual se deve indicar a diálise no paciente crítico (quando a uremia é a única indicação). Sabe-se da literatura antiga que níveis de ureia acima de 200 mg/dL aumentam em muito a chance de o paciente desenvolver complicações graves da uremia. Assim, complicações da uremia como sangramentos, infecções, tamponamento, coma e gastrite, dentre outros, aumentam consideravelmente acima daquele nível. Estudos recentes demonstraram não haver evidência de que a realização de diálise contínua em pacientes críticos seja mais benéfica que uma diálise intermitente. Além disso, ao contrário dos pacientes estáveis com IRC dialítica, em que o estudo da cinética da ureia permite melhor adequação da dose necessária de diálise, nos pacientes com IRA isso ainda não foi testado e não saberíamos determinar a dose necessária da diálise a ser empregada. No entanto, a diálise mais intensa (maior dose) não se mostrou superior em dois grandes estudos.[38-40] As modalidades de diálise possíveis de serem utilizadas em pacientes críticos são várias e estão descritas no Quadro 23-6, que resume ainda as principais características, vantagens e desvantagens dessas modalidades.

Injúria Renal Aguda no Paciente Crítico

Quadro 23-6 Diferentes aspectos dos mais importantes métodos de diálise utilizados em terapia intensiva

Método	Características	Vantagens	Desvantagens
• HD clássica	• Muito empregada • *Clearance* difusional • Necessita de acesso venoso de alto fluxo	• Alta eficiência • Curta duração • Pode ser feita sem anticoagulação • Baixo custo	• Não tolerada em pacientes hemodinamicamente instáveis • Não permite a retirada de grandes volumes
• Hemodiálise lenta contínua (CVVHD)	• Bastante empregada em pacientes instáveis • *Clearance* difusional • método lento mais utilizado	• Melhor tolerada na instabilidade • Evita edema cerebral • Retirada gradual e contínua de grandes quantidades de volume	• Necessita, geralmente, de anticoagulação • Baixa eficiência • Alto custo
• Hemofiltração lenta contínua (CVVH)	• *Clearance* convectivo • Pouco empregada • Utiliza filtros altamente permeáveis	• Potencial benefício na remoção de mediadores inflamatórios da SIRS • Remove moléculas de peso molecular maior	• Alto custo • Necessita de anticoagulação • Necessita de sistema especializado para sua realização e reposição de grandes volumes de ultrafiltrado • Baixa eficiência
• Hemodiálise estendida • SLEDD	• Uso crescente • Tempo médio de 8 h de duração • Variação da HD clássica • Diária ou intermitente	• Mais bem tolerada por pacientes críticos • Pouca tecnologia empregada. • Uso de baixos fluxos de sangue e dialisado • Muitas vezes sem anticoagulação	• Capacidade limitada na remoção de líquidos • Não tolerada por pacientes com instabilidade hemodinâmica grave

(Continua)

Quadro 23-6 Diferentes aspectos dos mais importantes métodos de diálise utilizados em terapia intensiva (Cont.)

Método	Características	Vantagens	Desvantagens
• Ultrafiltração	• Nenhuma *clearance*, apenas remoção de volume • Pode ser rápida ou lenta contínua • Geralmente adjuvante à diálise	• Rapidez da instalação • Pouca tecnologia necessária	• Não oferece *clearance* • Risco de acidose metabólica (perda de bicarbonato)
• Diálise peritoneal	• Raramente utilizada em UTI • Intermitente ou contínua • Geralmente acesso por cateter de Tenckhoff	• Bem tolerada • Permite retirada gradual de líquidos • Baixo custo	• Baixas eficiência e capacidade em retirar grandes volumes • Risco de peritonite • Restrição ventilatória • Muitos problemas técnicos com o acesso

CVVH (hemofiltração venovenosa contínua) e CVVHD (hemodiálise venovenosa contínua, a "hemolenta") podem estar combinadas para realização de CVVHDF (hemodiafiltração), que combina *clearances* convectiva e difusional. SLEDD, *slow low eficiency daily dialysis*.

Injúria Renal Aguda no Paciente Crítico

TRATAMENTO DIALÍTICO DA IRA DA SEPSE

O tratamento atual da IRA relacionada com a sepse em nada difere do tratamento de qualquer injúria renal grave o suficiente que necessite de terapia renal substitutiva (TRS). Os últimos grandes estudos de TRS em pacientes críticos com IRA, já citados anteriormente, utilizaram combinações de diferentes técnicas de diálise (convecção e difusão) e em pelo menos um dos estudos houve associação de técnicas ora contínuas (CVVHDF), ora intermitentes (SLED ou HD clássica). Os dois estudos testaram se o aumento da dose de diálise, acima do que é atualmente realizado, levaria a melhora da mortalidade.[38-40] Com o resultado final negativo dos dois estudos, a análise de subgrupos, entre eles pacientes sépticos, foi o próximo passo. Infelizmente, mesmo neste subgrupo, não houve qualquer benefício em se aumentar a intensidade do tratamento dialítico.

Atualmente, é boa prática o uso de terapias dialíticas contínuas naqueles pacientes com instabilidade hemodinâmica grave, pois, além de parecer mais seguro para estes pacientes, existe alguma evidência na literatura médica sugerindo que os métodos contínuos facilitam a recuperação da IRA.[41] Quanto à dose de diálise contínua, é indicada a prescrição de um tratamento com pelo menos 35 mL/kg/h de ultrafiltrado (em casos de hemofiltração), para assegurar um mínimo de 25 mL/kg/h, após descontar as interrupções e perda de eficiência (diluição pré-capilar, coagulação do capilar). Contudo, os métodos intermitentes parecem também ser seguros na maioria dos casos, desde que adaptado ao paciente crítico (com ajuste da temperatura e do sódio do banho, por exemplo). Atualmente, a diálise do tipo SLEDD *(sustained, low efficiency daily dialysis)* permite que um método intermitente seja realizado com maior segurança no paciente crítico, sem prejuízo da eficiência. Mais importante do que tentar demonstrar a superioridade de um método sobre o outro, é o reconhecimento de que os pacientes com IRA grave (F da classificação RIFLE) talvez devam ser dialisados mais precocemente, como sugerem estudos retrospectivos recentes.[42]

PREVENÇÃO DA IRA

Em virtude do claro efeito da IRA na mortalidade, torna-se importante prevenir ou acelerar a resolução, inclusive das formas mais leves de IRA. Os objetivos das estratégias de prevenção incluem:

A) Preservar a função renal.
B) Prevenir óbito.
C) Prevenir complicações da IRA (hiperovolemia, alterações eletrolíticas, distúrbios acidobásicos.
D) Prevenir a necessidade de diálise crônica.

Diversos métodos não farmacológicos têm sido descritos como possivelmente úteis na prevenção de IRA. Destes, um dos principais métodos discutidos é a manutenção da volemia e da hidratação. A despeito de não haver estudos prospectivos e randomizados que compararam reposição volêmica *vs.* placebo na prevenção da IRA, reconhece-se que a hipovolemia é um importante fator contribuinte para a lesão renal. Estudos observacionais demonstraram benefício dos pacientes ressuscitados volemicamente em termos de melhor evolução. Contudo, como já exposto acima, a composição ideal dos fluidos de ressuscitação (ringer, solução salina) e a velocidade de infusão ainda não estão claras e devem ser individualizadas de acordo com a necessidade dos pacientes.

Outra recomendação clássica para prevenção de IRA é evitar a exposição a nefrotoxinas. Compostos claramente associados à nefrotoxicidade incluem aminoglicosídeos, anfotericina e contrastes radiológicos. Uma estratégia útil para prevenir nefrotoxicidade induzida por aminoglicosídeos é a administração de dose única diária em vez de doses fracionadas, ao passo que a nefrotoxicidade por anfotericina B pode ser reduzida por meio de utilização de preparações lipídicas, visto que as mesmas estão associadas a menor indução de insuficiência renal.

Em termos de prevenção da IRA por contraste iodado, as recomendações atuais incluem utilização de contraste não iônicos, quer sejam de baixa osmolaridade ou iso-osmolaridade. Outras abordagens possíveis para prevenção de IRA por contraste radiológico em pacientes de risco incluem a utilização de n-acetilcisteína e alcalinização urinária com bicarbonato de sódio, embora o real impacto dos exames contrastados na função renal dos pacientes críticos não esteja claro, nem tampouco qualquer tipo de profilaxia.[43]

Algumas abordagens farmacológicas testadas na prevenção de IRA são claramente negativas. O uso de dopamina em doses dopaminérgicas tem sido repetidamente demonstrado como não benéfico para prevenção da IRA. A despeito de a dopamina causar vasodilatação esplâncnica e, consequentemente, aumentar o fluxo sanguíneo renal, sua utilização não foi associada à prevenção de IRA, necessidade de diálise ou mortalidade.[44]

Talvez a medida em UTI que tenha se mostrado mais promissora na prevenção da disfunção renal pós-operatória e no paciente crítico tenha sido o controle glicêmico rigoroso.[45,46] No entanto, estudo recente, mais definitivo, não confirmou o papel benéfico daquela estratégia.[47] Por fim, quando tratamos da IRA que acompanha a sepse, cada vez fica mais claro que nesses casos não encontraremos uma profilaxia adequada, e sim um pacote de medidas implementadas que visam melhora da sobrevida do paciente crítico. São alguns exemplos a terapia de ressuscitação volêmica precoce e a ventilação mecânica protetora.

UMA POPULAÇÃO ESPECIAL – PÓS-OPERATÓRIO DE CIRURGIA CARDÍACA

A incidência de IRA após cirurgia cardíaca varia de 3 a 30%, dependendo da definição utilizada. E, embora apenas cerca de 1% de todos os pacientes necessitem de TRS, mesmo a IRA discreta (formas menos graves pelo RIFLE ou AKIN) determina pior prognóstico nesse cenário.[48] Os fatores identificados no pré-operatório que mais se correlacionam com o risco de desenvolver IRA, são: idade avançada, função renal basal comprometida, disfunção cardíaca, DPOC, doença vascular e presença de DM. Os fatores intra e pós-operatórios relacionados com prognóstico renal ruim são: cirurgia de válvula ou combinada, tempo prolongado de circulação extracorpórea (CEC), usualmente maior que 120 minutos, evolução com baixo débito e sangramento/transfusão intraoperatória.[48,49] A mortalidade de pacientes com IRA no pós-operatório de cirurgia cardíaca pode aumentar em até 8 vezes, quando comparados aos controles. Parte disso se dá em decorrência da sobrecarga de volume e do risco aumentado de infecções.

De todas as medidas testadas nesse cenário, algumas se destacam. O fenoldopam, um agonista dopaminérgico seletivo, mostrou resultados encorajadores em alguns estudos, embora estudo recente comparando fenoldopam com dopamina não mostrou qualquer superioridade quanto á função renal.[50] Embora metanálise recente sugira efeito renoprotetor do fenoldopam em cirurgia cardíaca, essa droga aumenta o risco de hipotensão e necessidade de vasopressores e não alterou mortalidade ou necessidade de TRS.[51] Como a patogênese da IRA pós-CEC, envolve, além de inflamação sistêmica, algum grau de hemólise intravascular, estudo recente testou a hipótese de que o uso pré-operatório de bicarbonato de sódio com fins de alcalinização da urina protegeria os efeitos deletérios do pigmento hemoglobina nos túbulos renais. Este estudo demonstrou efeitos positivos nos pacientes submetidos ao bicarbonato, com diminuição da NGAL e atenuação da queda da filtração glomerular e no diagnóstico de IRA.[52]

Outra estratégia que vem sendo testada, embora não aplicável indiscriminadamente para qualquer paciente, é a opção da cirurgia cardíaca sem CEC. Estudo recente avaliando banco de dados com mais de 700.000 cirurgias em 5 anos (das quais 158.000 sem CEC), sugere que naqueles pacientes com disfunção renal prévia, RFG < 60 mL/min, e particularmente aqueles com RFG < 30 mL/min, a cirurgia sem CEC diminui a necessidade de diálise e a mortalidade. Outro estudo, randomizado e prospectivo, mostrou que cirurgia sem CEC de fato diminui a incidência de IRA.[53]

Por fim, estudos em andamento testam a manobra de pré-condicionamento isquêmico remoto. Esta manobra, que consiste na isquemia de um braço na indução anestésica, através da repetidas (3 vezes) insuflações do manguito até 200 mmHg, por 5 minutos, com intervalos de 5 minutos, tem racional experimental, mas os resultados preliminares foram desapontadores.[54] Aguardamos a finalização dos estudos atuais,[55] para definir se essa intervenção aparentemente simples e sem custo determinará a proteção renal na cirurgia cardíaca.

CONCLUSÃO

A IRA traz um impacto alto e independente na mortalidade de pacientes críticos, especialmente se for dialítica. Além disso, a IRA gera um elevado custo de recursos humanos, tecnológicos e prolonga a internação hospitalar.

A despeito de todo o avanço nas formas de suporte às disfunções orgânicas em UTI, a mortalidade da IRA permanece alta, em torno de 50-60%, chegando a 80% se ocorre no contexto de outras falências orgânicas. Assim, o desafio atual é tirar proveito de todos os avanços tecnológicos disponíveis e reverter esse quadro no qual a instalação da IRA é um grave determinante da mortalidade em terapia intensiva.

É possível que nos próximos anos vejamos o surgimento de novas estratégias na abordagem do paciente com IRA na UTI, visando atenuar o terrível impacto que essa síndrome acarreta aos pacientes críticos. A uniformização da definição da IRA, associada ao reconhecimento precoce de pacientes sob risco, além da disseminação de biomarcadores, deve permitir o diagnóstico mais precoce e o estudo de novas intervenções terapêuticas.

REFERÊNCIAS BIBLIOGRÁFICAS

1. Hoste EA, Schurgers M. Epidemiology of acute kidney injury: how big is the problem? *Crit Care Med* 2008;36(Suppl):S146-51.
2. Lameire N, Van Biesen W, Vanholder R. Acute renal failure. *Lancet* 2005;365:417-30.
3. Schrier RW, Wang W. Acute renal failure and sepsis. *N Engl J Med* 2004 July 8;351(2):159-69.
4. Mehta RL, Pascula MT, Soroko S *et al.* Spectrum of acute renal failure in the intensive care unit: the PICARD experience. *Kidney Int* 2004;66:1613-21.
5. Perazella MA. Drug use and nephrotoxicity in the intensive care unit. *Kidney Int* 2012;81:1172-78.
6. Carvounis CP, Nisar S, Guro-Razuman S. Significance of the fractional excretion of urea in the differential diagnosis of acute renal failure. *Kidney Int* 2002;62:2223-29.
7. Bagshaw SM, Langenberg C, Haase M *et al.* Urinary biomarkers in septic acute kidney injury. *Intensive Care Med* 2007;33(7):1285-96.
8. Bagshaw SM, George C, Bellomo R. A comparison of the RIFLE and AKIN criteria for acute kidney injury in critically ill patients. *Nephrol Dial Transplant* 2008;23:1569-74.
9. Singbartl K, Kellum JA. AKI in the ICU: definition, epidemiology, risk stratification, and outcomes. *Kidney Int* 2012;81:819-25.
10. Mehta RL, Kellum JA, Shah SV *et al.* Acute kidney injury network: report of an initiative to improve outcomes in acute kidney injury. *Crit Care* 2007;11:R31.
11. Vieira Jr JM, Castro I, Curvello-Neto A *et al.* Effect of acute kidney injury on weaning from mechanical ventilation in critically ill patients. *Crit Care Med* 2007;35:184-91.
12. Li X, Hassoun HT, Santora R *et al.* Organ crosstalk: the role of the kidney. *Curr Opin Crit Care* 2009;15(6):481-87.
13. Deng J, Hu X, Yuen PS *et al.* Alpha-melanocyte-stimulating hormone inhibits lung injury after renal ischemia/reperfusion. *Am J Respir Crit Care Med* 2004;169(6):749-56.
14. Kelly KJ. Distant effects of experimental renal ischemia/reperfusion injury. *J Am Soc Nephrol* 2003;14(6):1549-58.
15. Mehta RL, Pascual MT, Soroko S *et al.* Diuretics, mortality, and nonrecovery of renal function in acute renal failure. *JAMA* 2002;288:2547-53.
16. Hoste EA. Six truths about acute kidney injury that the intensivists should be aware of. In: Vincent JL. (Ed.). *Yearbook of intensive care and emergency medicine.* Berlin: Springer, 2008. p. 551-58.
17. Mehta RL, McDonald B, Gabbai F *et al.* Nephrology consultation in acute renal failure: does timing matter? *Am J Med* 2002;113:456-61.
18. Cantarovich F, Rangoonwala B, Lorenz H *et al.* High-dose furosemide for established ARF: a prospective, randomized, double-blind, placebo-controlled, multicenter trial. *Am J Kidney Dis* 2004;44:402-9.
19. Uchino S, Doig GS, Bellomo R *et al.* Diuretics and mortality in acute renal failure. *Crit Care Med* 2004;32:1669-77.

20. Bagshaw SM, George C, Bellomo R. ANZICS Database Management Committee. Changes in the incidence and outcome for early acute kidney injury in a cohort of Australian intensive care units. *Crit Care* 2007;11(3):R68.
21. Plataki M, Kashani K, Cabello-Garza J et al. Predictors of acute kidney injury in septic shock patients: an observational cohort study. *Clin J Am Soc Nephrol* 2011;6(7):1744-51.
22. Zarjou A, Agarwal A. Sepsis and acute kidney injury. *J Am Soc Nephrol* 2011;22:999-1006.
23. Honore PM, Jacobs R, Joannes-Boyau O et al. Septic AKI in ICU patients. diagnosis, pathophysiology, and treatment type, dosing, and timing: a comprehensive review of recent and future developments. *Ann Intensive Care* 2011;1(1):32.
24. Langenberg C, Wan L, Egi M et al. Renal blood flow in experimental septic acute renal failure. *Kidney Int* 2006;69(11):1996-2002.
25. Rivers E, Nguyen B, Havstad S et al. Early goal-directed therapy in the treatment of severe sepsis and septic shock. *N Engl J Med* 2001;345(19):1368-77.
26. Lin SM, Huang CD, Lin HC et al. A modified goal-directed protocol improves clinical outcomes in intensive care unit patients with septic shock: a randomized controlled trial. *Shock* 2006;26(6):551-57.
27. Choi PT, Yip G, Quinonez LG et al. Crystalloids vs. colloids in fluid resuscitation: a systematic review. *Crit Care Med* 1999;27(1):200-10.
28. Brunkhorst FM, Engel C, Bloos F et al. Intensive insulin therapy and pentastarch resuscitation in severe sepsis. *N Engl J Med* 2008;358(2):125-39.
29. Bayer O, Reinhart K, Sakr Y et al. Renal effects of synthetic colloids and crystalloids in patients with severe sepsis: a prospective sequential comparison. *Crit Care Med* 2011;39(6):1335-42.
30. Perner A, Haase N, Wetterslev J et al. Comparing the effect of hydroxyethyl starch 130/0.4 with balanced crystalloid solution on mortality and kidney failure in patients with severe sepsis (6S–Scandinavian Starch for Severe Sepsis/Septic Shock trial): study protocol, design and rationale for a double-blinded, randomised clinical trial. Trials 12(1):24, 2011.
31. Crystalloid versus Hydroxyethyl Starch Trial (CHEST) Management Committee. The Crystalloid versus Hydroxyethyl Starch Trial: protocol for a multi-centre randomised controlled trial of fluid resuscitation with 6% hydroxyethyl starch (130/0.4) compared to 0.9% sodium chloride (saline) in intensive care patients on mortality. *Intensive Care Med* 2011;37(5):816-23.
32. Albanèse J, Leone M, Garnier F et al. Renal effects of norepinephrine in septic and nonseptic patients. *Chest* 2004;126(2):534-39.
33. Langenberg C, Bellomo R, May C et al. Renal blood flow in sepsis. *Crit Care* 2005;9(4):R363-74.
34. Redfors B, Bragadottir G, Sellgren J et al. Effects of norepinephrine on renal perfusion, filtration and oxygenation in vasodilatory shock and acute kidney injury. *Intensive Care Med* 2011;37(1):60-67.
35. Gordon AC, Russell JA, Walley KR et al. The effects of vasopressin on acute kidney injury in septic shock. *Intensive Care Med* 2010;36(1):83-91.
36. Wan L, Langenberg C, Bellomo R et al. Angiotensin II in experimental hyperdynamic sepsis. *Crit Care* 2009;13(6):R190.
37. Badin J, Boulain T, Ehrmann S et al. Relation between mean arterial pressure and renal function in the early phase of shock: a prospective, explorative cohort study. *Crit Care* 2011;15(3):R135.

38. Pannu N, Klarenbach S, Wiebe N *et al.* Renal replacement therapy in Patients with acute renal failure – A systematic review. *JAMA* 2008;299:793-805.
39. The VA/NIH Acute Renal Failure Trial Network. Intensity of renal support in critically Ill patients with acute kidney injury. *N Engl J Med* 2008;359:7-20.
40. Bellomo R, Cass A, Cole L *et al.* RENAL Replacement Therapy Study Investigators. Intensity of continuous renal-replacement therapy in critically ill patients. *N Engl J Med* 2009;361(17):1627-38.
41. Glassford NJ, Bellomo R. Acute kidney injury: how can we facilitate recovery? *Curr Opin Crit Care* 2011;17(6):562-68.
42. Karvellas CJ, Farhat MR, Sajjad I *et al.* A comparison of early versus late initiation of renal replacement therapy in critically ill patients with acute kidney injury: a systematic review and meta-analysis. *Crit Care* 2011;15(1):R72.
43. Cely CM, Schein RM, Quartin AA. Risk of contrast induced nephropathy in the critically ill: a prospective, case matched study. *Crit Care* 2012;16(2):R67.
44. Bellomo R, Chapman M, Finfer S *et al.* Low-dose dopamine in patients with early renal dysfunction: a placebo-controlled randomised trial. Australian and New Zealand Intensive Care Society (ANZICS) Clinical Trials Group. *Lancet* 2000;356:2139-43.
45. Schetz M, Vanhorebeek I, Wouters PJ. Tight blood glucose control is renoprotective in critically ill patients. *J Am Soc Nephrol* 2008;19(3):571-78.
46. Van den Berghe G, Wouters P, Weekers F. Intensive insulin therapy in critically ill patients. *N Engl J Med* 2001;345(19):1359-67.
47. Finfer S, Chittock DR, Su SY. NICE-SUGAR Study Investigators. Intensive versus conventional glucose control in critically ill patients. *N Engl J Med* 2009;360(13):1283-97.
48. Rosner MH, Okusa MD. Acute kidney injury associated with cardiac surgery. *Clin J Am Soc Nephrol* 2006;1:19-32.
49. Palomba H, Castro I, Neto ACL *et al.* Acute kidney injury prediction following alective cardiac surgery: AKICS score. Kidney Int 2007;72:624-31.
50. Bove T, Landoni G, Calabrò MG *et al.* Renoprotective action of fenoldopam in high-risk patients undergoing cardiac surgery: a prospective, double-blind, randomized clinical trial. *Circulation* 2005;111(24):3230-35.
51. Zangrillo A, Biondi-Zoccai GG, Frati E *et al.* Fenoldopam and acute renal failure in cardiac surgery: a meta-analysis of randomized placebo-controlled trials. *J Cardiothorac Vasc Anesth* 2012;26(3):407-13.
52. Weisberg LS. Sodium bicarbonate for renal protection after heart surgery: let's wait and see. *Crit Care Med* 2009;37(1):333-34.
53. Lamy A, Devereaux PJ, Prabhakaran D *et al.* Off-pump or on-pump coronary-artery bypass grafting at 30 days. *N Engl J Med* 2012;366(16):1489-97.
54. Rahman IA, Mascaro JG, Steeds RP *et al.* Remote ischemic preconditioning in human coronary artery bypass surgery: from promise to disappointment? *Circulation* 2010;122(11 Suppl):S53-59.
55. Faubel S, Chawla LS, Chertow GM *et al.* Ongoing clinical trials in AKI. *Clin J Am Soc Nephrol* 2012;7:861-73.

Capítulo 24

DISNATREMIAS NO PACIENTE CRÍTICO

José Mauro Vieira Júnior

INTRODUÇÃO

Os distúrbios hidreletrolíticos estão entre os principais problemas médicos encontrados no paciente internado na unidade de terapia intensiva. Eles acarretam elevada morbidade e mortalidade, principalmente se não reconhecidos e tratados pronta e adequadamente. Neste capítulo, abordaremos o tratamento racional de um dos principais distúrbios encontrados na unidade de terapia intensiva: os distúrbios de água e sódio (hiponatremia e hipernatremia).

HIPONATREMIA

A hiponatremia é um distúrbio hidreletrolítico extremamente comum em pacientes internados, particularmente em pacientes críticos. A prevalência de hiponatremia em uma população de pacientes críticos é de, aproximadamente, 15-20%.[1] Sabe-se que o desenvolvimento de hiponatremia em pacientes internados acarreta piora da sobrevida, além da hiponatremia grave funcionar como um marcador de condições subjacentes graves, como cirrose e insuficiência cardíaca congestiva (ICC) avançadas. São descritas faixas de mortalidade de até 30-50% em pacientes com hiponatremia grave.[2,3] Hiponatremia pode levar à alteração do nível de consciência, ao aumento do tempo de internação e outras complicações como convulsões, aspiração pulmonar, pneumonia e outras infecções.

Fisiopatologia

A hiponatremia é considerada, na verdade, um distúrbio de água e não do íon sódio. Aproximadamente, 60% do nosso peso corporal é composto de água (42 litros, em um adulto médio). Destes, apenas 3,5 litros estão no meio intravascular e 10,5 litros encontram-se no interstício. Vinte e oito litros encontram-se no intracelular. O sódio é o principal íon do meio extracelular, distribuindo-se livremente pelo espaço extracelular, e é o responsável pela manutenção da osmolalidade normal do meio interno. Em todo o organismo existem bombas de Na-K-ATPase nas membranas celulares, responsáveis por manter o íon sódio fora das células. A fórmula da osmolalidade plasmática demonstra o papel determinante do sódio em sua manutenção:

$$Osm = [2 \times Na] + [Glicose/18] + [Ureia/6]$$

Como consequência, a principal alteração da hiponatremia é a diminuição da osmolalidade plasmática e suas repercussões no metabolismo celular. Em resumo, os principais determinantes na regulação da osmolalidade plasmática, para mantê-la na faixa estreita de 280-290 mOsm/kg H_2O são a sede e a ingesta hídrica, por um lado, e a excreção de água livre pelos rins, por outro. Por sua vez, a excreção ou não de água livre pelos rins será determinada por concentrações do hormônio antidiurético (ADH) e por sua ação no ducto coletor renal.

Quadro Clínico

Na UTI, na maioria das vezes, as hiponatremias são assintomáticas e seu diagnóstico é realizado pela dosagem rotineira do sódio plasmático. No entanto, hiponatremias severas podem determinar ou contribuir para sintomas gastrointestinais, neurológicos e neuromusculares. Os mais comuns são: vômitos, fraqueza muscular, cefaleia, letargia, confusão mental, rebaixamento em grau variado do nível de consciência, coma, convulsões e, até, depressão respiratória. A sintomatologia vai depender não só do nível sérico do sódio, mas principalmente da rapidez com que se instalou o distúrbio. Níveis baixos de sódio, como 120 mEq/L, podem ser bem toleráveis por alguns pacientes, desde que tenham desenvolvido essa alteração cronicamente. São exemplos os pacientes com cirrose avançada ou ICC grau IV que estão estáveis. Hiponatremias crônicas, mesmo graves, determinam uma adaptação na osmolalidade intracerebral que ocorre lentamente, mas que impede o aparecimento de sintomas graves de hipo-osmolalidade. Geralmente, esses pacientes apresentam, cronicamente, alterações da marcha, alterações cognitivas e predisposição maior a quedas sutis. Sem dúvida, os mais temidos efeitos da hiponatremia, principalmente quando aguda, são o rebaixamento do nível de consciência e a convulsão. Os principais fatores de risco descritos que estão associados ao desenvolvimento de encefalopatia grave, podendo levar à herniação e depressão respiratória são: mulheres em idade fértil, uso de tiazídicos, presença de hipoxemia associada, lesão cerebral subjacente, exercício extenuante, polidipsia psicogênica, uso de 3,4-metilenodioxianfetamina *(ecstasy)*, uso de ocitocina na indução do trabalho de parto e crianças com hiponatremia aguda.[4-6]

Classificação

Existem várias maneiras de abordar a hiponatremia. Para compreender melhor seu mecanismo e, portanto, oferecer um tratamento mais racional, geralmente classificamos a hiponatremia em: pseudo-hiponatremia; hiponatremia com hipo-osmolalidade e hiponatremia com osmolalidade normal. Com relação às hiponatremias com osmolalidade reduzida, que compreendem a maioria dos casos, dividem-se, ainda, em hipo-osmolalidade com volume extracelular normal, aumentado ou diminuído. Essa estratégia permite não somente a compreensão do mecanismo, mas facilita um tratamento mais adequado para o distúrbio primário (Quadro 24-1). O Quadro 24-2 enumera as principais causas de hiponatremia na terapia intensiva.

Hiponatremia no pós-operatório

Os estados pós-operatórios são situações altamente suscetíveis ao desenvolvimento de hiponatremia, principalmente em cirurgias mais extensas. São fatores envolvidos na hiponatremia: resposta neuro-humoral ao trauma, hipovolemia relativa, uso de opioides e AINE, dor, náuseas e vômitos. Todos os fatores citados acima contribuem, em graus variados, para o aumento da secreção/ação do ADH, impedindo a excreção de água livre e explicando a alta incidência de hiponatremia no pós-operatório, que pode chegar a 12%, em cirurgia cardíaca, segundo casuística recente. Mais importante, o desenvolvimento de hiponatremia nesses pacientes estava associado a maior mortalidade (10 vs. 1,6%, P < 0,05).[7] Além disso, é fator de extrema importância no desencadeamento de hiponatremia no pós- operatório a administração inadvertida de fluidos/soluções hipotônicas. Trabalho recente apontou que o não reconhecimento de que fluidos hipotônicos no pós-operatório podem contribuir para hiponatremia é ainda uma das principais causas deste distúrbio no paciente cirúrgico.[8]

SIADH

A chamada secreção inapropriada do hormônio antidiurético (SIADH) diz respeito a situações muito particulares em que a secreção do ADH se mantém elevada a despeito de uma hipo-osmolalidade plasmática e hiponatremia. Essa síndrome é causada, geralmente, por uso de drogas, lesões cerebrais agudas ou neoplasias (síndromes paraneoplásicas). Seu diagnóstico passa, necessariamente, pela exclusão das cinco principais causas de hiponatremia:

1. Cirrose.
2. Insuficiência renal.
3. Hipotireoidismo.
4. Insuficiência cardíaca.
5. Insuficiência suprarrenal.

Na presença de uma suspeita clínica importante, como neoplasia ou lesão cerebral, hiponatremia e sinais de hiper ou normovolemia, a presença de uma osmolalidade urinária acima de 200 mOsm/L sugere o diagnóstico. Note que, na condição de sódio plasmático e osmolalidade baixos, uma osmolalidade urinária que não esteja abaixo de 100-200 mOsm/L, com o objetivo de excretar urina maximamente diluída, está totalmente inapropriada.[9,10]

Quadro 24-1 Classificação e abordagem das hiponatremias

Classificação	Mecanismo		Exemplos	Tratamento
Pseudo-hiponatremia	Parte do plasma é ocupado por proteína ou lípides, gerando baixos níveis de Na⁺ apenas laboratorialmente		Paraproteinemias Hiperlipidemia severa	Tratamento da doença de base. Atualmente, este problema foi corrigido (medida por eletrodo específico)
Osmolalidade normal	*Shift* de água por novos solutos introduzidos no plasma		Hiperglicemia (p/cada aumento de 100 mg/dL da glicemia, há diminuição de cerca de 1,5 a 2,5 mEq/L do Na⁺ plasmático)	Tratar a hiperglicemia
Hipo-osmolaridade	ADH aumentado		Diminuição do VCE e suas consequências neuro-hormonais	ICC insuf. hepática	Diuréticos + tratamento específico p/síndrome
			Perdas (renais ou não)	Perdas TGI Queimaduras SCPS S. Addison	Reposição com salina isotônica + tratamento da doença de base
	ADH normal		Secreção inapropriada	SIADH	Restrição de água livre
				Tiazídicos	Suspensão do tiazídico
				IRC	Diurético, HD
				Polidipsia primária	Tratamento psiquiátirco
				Hipotiroidismo	Reposição hormonal

ADH = hormônio antidiurético; ICC = insuficiência cardíaca congestiva; VCE = volume circulante efetivo; TGI = trato gastrointestinal; SIADH = secreção inapropriada do hormônio antidiurético; SCPR = síndrome cerebral perdedora de sal.

Disnatremias no Paciente Crítico

Quadro 24-2 Principais causas de hiponatremia na terapia intensiva

Causas
• ICC/cirrose/insuficiência renal aguda ou crônica exacerbada
• Iatrogenia (administração de fluidos hipotônicos)
• Pós-operatório (dor, náuseas, opioides, fluidos hipotônicos)
• Hiperglicemia (passagem de água)
• Insuficiência suprarrenal

O Quadro 24-3 enumera as principais causas de SIADH e o Quadro 24-4, os critérios diagnósticos da condição. Drogas são causa comum de SIADH, e que pode acometer pacientes críticos.[10] Algumas são usadas comumente no cenário do paciente crítico, como inibidores da bomba de prótons, opioides, AINH, IECAs, antipsicóticos e anticonvulsivantes (barbitúricos e principalmente a carbamazepina). Outros, como antidepressivos (tricíclicos e inibidores da recaptação da serotonina), embora classicamente relacionados com o desenvolvimento de hiponatremia, não são drogas frequentes nas UTIs.

Na maioria dos casos, como a SIADH não é acompanhada de hiponatremia grave, pode ser contornada apenas com restrição de água livre e, mais raramente, com o auxílio de diurético de alça (para induzir urina hipotônica) associado à oferta liberal de sódio, também na presença de restrição hídrica. Entretanto, nos casos mais graves, será necessária a correção da hiponatremia por meio da infusão de sódio hipertônico (NaCl 3%) até alcançar níveis menos perigosos de sódio plasmático. Vale lembrar que não se deve tentar corrigir a hiponatremia da SIADH com solução fisiológica (NaCl 0,9%), sob pena de agravar a hiponatremia.[10-12] Isso pode ocorrer quando a osmolalidade urinária está muito elevada. O motivo é simples: como a osmolalidade urinária está fixa em, por exemplo, 600 mOsm/kg, e a capacidade de manter a volemia está preservada, se infundirmos 1 litro de SF 0,9% (osmolalidade 300 mOsm/kg), esta carga

Quadro 24-3 Causas de SIADH

Causas de SIADH	Exemplos
Neoplasias	Pulmão (especialmente *oat-cell*), pâncreas, mesotelioma, linfoma, timoma, próstata
Doenças do sistema nervoso central	Traumatismo craniano, tumor, abscesso, encefalites, hidrocefalia
Doença pulmonar	Tuberculose, bronquiectasias, ventilação mecânica invasiva, empiema
Drogas	Fenotiazinas, carbamazepina, clorpropamida, antidepressivos tricíclicos, antidepressivos inibidores da recaptação da serotonina, AINE, ciclofosfamida, opioides

Quadro 24-4 Critérios diagnósticos de SIADH

Critérios diagnósticos de SIADH
• Baixa osmolalidade plasmática (< 270 mOsm/kg)
• Urina inapropriadamente concentrada (> 100-200 mOsm/kg), a despeito da hiponatremia
• Na urinário > 40 mEq/L (por expansão volêmica)
• Euvolemia

de soluto (300 mOsm) pode ser excretada em apenas 0,5 litro de urina. O 0,5 litro restante é mantido no organismo sob a forma de água livre, podendo contribuir para piorar a hiponatremia.[10-13] Outro aspecto do tratamento da SIADH diz respeito à inibição farmacológica do ADH. Existem drogas conhecidas que têm a propriedade de inibir a ação do ADH no ducto coletor. Demeclociclina (não presente no nosso meio), dentre outras tetraciclinas, é uma delas. Essas substâncias podem ser empregadas na tentativa de atenuar a SIADH.[12] Mais recentemente, foram desenvolvidas drogas inibidoras do receptor V2 (vaptans), que normalmente o ADH se liga na célula principal do ducto coletor. Essas drogas têm alta capacidade diurética e algumas delas foram testadas em estudos clínicos prospectivos e randomizados, tendo demonstrado benefício na correção da hiponatremia relacionada com a ICC e a SIADH.[14-16] Embora essas drogas tenham demonstrado um bom perfil de segurança, elas ainda carecem de resultados mais robustos, pois, apesar de seu alto custo, não determinaram mudança dos principais desfechos, como mortalidade e seu papel no paciente crítico não foi estudado.[16,17]

Síndrome cerebral perdedora de sal (SCPS)

A SCPS é uma condição clínica não totalmente compreendida do ponto de vista de sua patogênese, embora tenha sido descrita há várias décadas e seja de ocorrência relativamente comum no cenário do neurointensivismo.[18,19] A SCPS ocorre mais comumente após a hemorragia subaracnóidea, principalmente quando acompanhada do vasoespasmo cerebral, embora também possa ocorrer em neoplasias intracranianas e meníngeas e no trauma de crânio grave.[19] Sua manifestação mais comum é a poliúria, acompanhada de intensa natriurese, osmolalidade urinária elevada, osmolalidade plasmática baixa e hipovolemia. Geralmente é autolimitada a cerca de 3 semanas, mas tem alta morbidade e mortalidade neste período. O defeito primário que leva a essa intensa natriurese e poliúria ainda não está claro.[19,20] Pode tratar-se de um peptídio natriurético cerebral ou mesmo estar relacionada à presença de um efeito inibitório da Na/K-ATPase, tipo digoxina-*like*.[21,22] O Quadro 24-5 compara às manifestações da SCPS e da SIADH e tenta discriminar esses dois diagnósticos que cursam com hiponatremia, embora na prática, muitas vezes, esse diagnóstico diferencial seja impossível.

Disnatremias no Paciente Crítico

Quadro 24-5 Diagnóstico diferencial entre SIADH e SCPS

Características	SCPS	SIADH
Volume urinário	Elevado/muito elevado	Diminuído ou normal
Pressão arterial	Diminuída/normal	Normal
Pressão venosa central	Baixa	Normal
Na urinário	Muito elevado	Elevado (> 40 mEq/L)
Sede	Aumentada	Normal ou diminuída

A SIADH é o principal diagnóstico diferencial da SCPS, pois também pode ocorrer acompanhando quadros neurológicos. O tratamento da hiponatremia da SCPS é muito particular a essa situação. Retardo em seu reconhecimento e na rápida instalação de medidas agressivas podem ser catastróficos, uma vez que pode haver evolução rápida para hiponatremia grave em pacientes neuropatas altamente suscetíveis à complicação neurológica. A vigorosa infusão de solução fisiológica para impedir hipovolemia se faz necessária, embora muitas vezes não seja o suficiente para a correção/manutenção do sódio em valores normais, pois a natriurese pode ser muito elevada. Portanto, geralmente, há necessidade de oferta de NaCl endovenosa e pelo trato intestinal. Na impossibilidade de corrigir o sódio com estas medidas e em situações emergenciais também se faz uso do NaCl a 3%. Não é preciso lembrar a necessidade de várias dosagens de sódio plasmático ao longo do tempo para acompanhar a correção deste distúrbio. Como medida adjuvante ao tratamento mais agudo da hiponatremia relacionada com a SCPS, pode-se tentar a associação de fludrocortisona, na tentativa de manter o meio intravascular expandido e preservar sódio, embora o grau de evidência para esta recomendação seja fraco na literatura.[22]

Diversas

Na hiponatremia associada ao uso de tiazídicos, ocorre hiponatremia pela associação de hipovolemia, excesso de perda de sódio, estimulação do ADH e hipocalemia. Geralmente ocorre dentro de 2 a 3 semanas após sua introdução.[23] Já na insuficiência suprarrenal, uma perda excessiva de sal pela deficiência de aldosterona, associada à depleção da volemia e estímulo do ADH, induz à hiponatremia. O hipotiroidismo, por sua vez, induz hiponatemia por baixo débito cardíaco, levando ao aumento do ADH, associado a déficit, ainda não totalmente claro, na capacidade de excretar água livre nesta condição.

Tratamento geral da hiponatremia

O tratamento da hiponatremia será determinado não só pela gravidade dos sintomas apresentados pelo paciente, mas, principalmente, pela duração do distúrbio. Hiponatremias de início recente (< 48 horas) podem ser corrigidas mais rapidamente, enquanto distúrbios de maior duração ou de duração não conhecida devem ser corrigidos lentamente.[24,25] Na maioria dos casos de hiponatremia intra-hospitalar, e isso se aplica aos casos da terapia intensiva, o distúrbio é leve e crônico, ou muitas vezes é decorrente não só da doença de base, mas de manobras terapêuticas (p. ex.: soluções hipotônicas administradas iatrogenicamente, hiperglicemia mantida). Para essas alterações discretas a moderadas do sódio plasmático (Na~ 125-130 mEq/L), encontradas rotineiramente por meio de exames laboratoriais, será suficiente a diminuição (restrição) da infusão de água livre e tratamento da doença de base. Nas situações em que há necessidade de ressuscitação volêmica, pois a hiponatremia está associada à hipovolemia, deve-se tomar cuidado para tornar as soluções isotônicas. Em linhas gerais, atualmente recomenda-se que a correção da hiponatremia não ultrapasse 8 mEq/L em 24 horas, desde que o paciente não tenha edema cerebral ou sintomas neurológicos graves.[25]

Tratamento da hiponatremia severa

A hiponatremia severa é arbitrariamente definida como sódio < 120 mEq/L. Na maioria das vezes, a regra é a correção da hiponatremia para valores próximos a níveis que tirem o paciente do risco neurológico ou para a interrupção de estados convulsivos e de rebaixamento do nível de consciência. Em casos de hiponatremia severa (sódio < 120 mEq/L), em geral é seguro trazer os valores do sódio plasmático para próximo desse valor e, a partir de então, corrigir a hiponatremia bem mais lentamente. Já nas hiponatremias severas em que a instalação da hiponatremia foi sabidamente aguda (p. ex.: irrigações vesicais durante ressecção transuretral – RTU com manitol e diálise com banhos com sódio inadvertidamente baixo), pode-se corrigir o distúrbio mais rapidamente. Estes cuidados devem-se ao fato de as células neuronais se adaptarem à hipo-osmolalidade rapidamente, tornando o meio intracelular hipotônico e, assim, tornando o cérebro suscetível à lesão desmielinizante se submetido à rápida correção da osmolalidade plasmática.[24] Quando está indicada a correção rápida, e para valores não muito elevados e seguros, deve-se empregar a solução hipertônica de NaCl a 3%. Assim, nas situações emergenciais, o ideal é a correção de até 1 mEq/L por hora, por 4 a 6 horas e a seguir uma taxa de correção bem mais lenta, respeitando preferencialmente os 8 mEq/L nas 24 horas.

Existem vários fluxogramas para a correção da hiponatremia, a maioria deles considerando a água corporal total e o quanto se espera na correção.[24-27] Estes esquemas são de complexidade variável, mas servem, principalmente, para nortear o tratamento. Talvez mais importante que seguir rigorosamente roteiros preestabelecidos seja reconhecer o mecanismo patogênico da hiponatremia, abordando o distúrbio cuidadosamente e monitorando de perto as medidas terapêuticas, como a infusão de pequenas quantidades de solução hipertônica com coletas seriadas de sódio plasmático. Os roteiros dão apenas uma estimativa, mas deve-se monitorar de maneira rigorosa as tendências de correção ou de piora do distúrbio de sódio. Não são incomuns na prática, em pacientes instáveis e com hiponatremia severa, as diversas dosagens de sódio plasmático em um curto intervalo de tempo.

Disnatremias no Paciente Crítico

Método para a correção da hiponatremia com hipo-osmolalidade: sabendo-se que a água corporal total (ACT) é ~60% do peso; e conhecendo a concentração de sódio de algumas soluções de reposição de sódio, como a NaCl a 3% (513 mEq para litro infundido), estima-se qual será a variação do sódio sérico por meio da infusão dessa solução (NaCl 3%), por meio da seguinte fórmula:

> **Variação [Na] sérico** = [(Na infundido em 1 litro de solução) – (Na sérico medido)]/(ACT + 1)

Assim, por exemplo, utilizando-se a solução de NaCl a 3%, é possível prever o efeito de 1 litro dessa solução sobre a concentração de sódio sérico. Com efeito, em um paciente sintomático (peso 65 kg, com convulsões e rebaixamento da consciência), com hiponatremia aguda de 113 mEq/L (< 48 horas, sódio plasmático há 2 dias era 135 mEq/L), em virtude do manuseio inadequado de uma SIADH. Neste caso, sabe-se que 1 litro de NaCl 3% acarretaria a seguinte variação sérica do sódio: (513 – 113)/(ACT – 39 + 1) = 400/40 = 10 mEq/L. Como o paciente descrito está sintomático e a hiponatremia é aguda, deve-se corrigir o distúrbio mais liberalmente (1 mEq/L/h). Assim, se for infundido 1 litro de NaCl a 3% em 1 hora, serão corrigidos 10 mEq/L. Opta-se, assim, por infundir alíquotas de 100 mL a cada hora por, pelo menos, 4-6 horas, esperando elevar o sódio para ~120 mEq/L ou menos, desde que o paciente melhore do quadro neurológico. A partir daí, programa-se uma correção mais lenta, não ultrapassando 0,5 mEq/L/h, nas horas seguintes, mas idealmente respeitando 8 a 10 mEq/L no prazo total de 24 horas. Para tal fim, será necessário o acompanhamento do sódio sérico a cada 2 a 4 horas, dependendo da fase da correção. Neste caso, o diurético de alça pode ser empregado como medida adjuvante, para obter uma urina hipotônica, ajudando na excreção de água livre. Essa abordagem no tratamento das hiponatremias foi sugerida há mais de 1 década, embora alguns trabalhos, em maior ou menor grau, sugerem algum grau de imprecisão na predição da variação de sódio quando comparado com o efeito obtido após a infusão,[28,29] o que torna o julgamento clínico e a rigorosa monitoração das variações do sódio plasmático ao longo do tempo ainda mais imperiosos.

Complicações do tratamento da hiponatremia

Como comentado anteriormente, um dos efeitos colaterais mais temidos da hiponatremia está relacionado com sua correção. Trata-se da desmielinização osmótica (no passado chamada de mielinólise pontina), uma síndrome neurológica grave e irreversível, caracterizada por tetraparesia flácida de aparecimento tardio após a correção da hiponatremia, em razão da desidratação neuronal. O substrato da lesão pontina é evidente ao exame de RM que fecha o diagnóstico. Raramente, a mielinólise pode ocorrer em topografia extrapontina. Essa síndrome está relacionada com correções inadvertidamente rápidas, mas há descrições mesmo nos casos em que a correção foi mais cuidadosa. Geralmente, ocorre em até 1 semana após a correção do sódio plasmático, mas os achados na RM podem ser evidentes apenas semanas após o início do quadro neurológico. Os fatores de risco relacionados com seu desenvolvimento são: velocidade na correção do sódio > 15 mEq/L/24 horas ou > 20 mEq/L/48 horas, hipocalemia, hipoxemia, desnutrição, alcoolismo, insuficiência hepática, grandes queimados e uso crônico de tiazídicos. Durante o tratamento da hiponatremia, muitas vezes o mecanismo de perpetuação da hiponatremia é abortado (p. ex.: restabelecimento da volemia, diminuição do aporte de fluidos hipotônicos, reposição de cortisol ou hormônio tireoidiano). Assim, o risco de correção exagerada aumenta nessas situações. Alguns autores sugerem o uso do hormônio antidiurético (ADH) ao primeiro sinal de hipercorreção da hiponatremia, embora essa estratégia não seja encarada como segura pela maior parte da comunidade médica.[25] No entanto, nesses casos, torna-se necessária a infusão de soluções hipotônicas para ajustar a taxa de correção da hiponatremia.

HIPERNATREMIA

A hipernatremia também não é um distúrbio de água incomum na terapia intensiva. É definida como elevações na concentração plasmática de sódio acima de 145 mEq/L. Pode provocar sequelas neurológicas mesmo quando corrigida, e valores acima de 160 mEq/L estão associados à alta mortalidade intra-hospitalar. Como o sódio plasmático é o principal determinante da osmolalidade plasmática, esse distúrbio é sempre acompanhado por hiperosmolalidade, o que causa a produção crônica de solutos orgânicos (osmólitos). Este efeito torna o cérebro altamente suscetível ao edema cerebral quando se inicia a correção da hipernatremia.[30] O Quadro 24-6 enumera as principais causas de hipernatremia na terapia intensiva.

Quadro Clínico

A hipernatremia, quando grave, geralmente cursa com alterações neuromusculares e depressão ou irritabilidade do sistema nervoso central. Se o mecanismo de defesa da sede está preservado e há acesso à água livre, então o problema da hipernatremia estará minimizado. Por isso, a hipernatremia é tão importante em crianças e idosos, e parti-

Quadro 24-6 Principais causas de hipernatremia na terapia intensiva

Causas
• Febre, queimaduras, sudorese excessiva
• Diarreia (lactulose, antibióticos, *Clostridium dificille*)
• Diurese osmótica (manitol, diuréticos de alça)
• Dieta enteral hipertônica
• Diabetes insípido (DI) central (neurocirurgia de hipófise/TCE)

Administração indevida de líquidos hipertônicos (atenção com altos volumes de bicarbonato de sódio e salina hipertônica).

Disnatremias no Paciente Crítico

cularmente nos portadores de doença neurológica. Além de muitas vezes o mecanismo da sede estar comprometido, no idoso geralmente há um déficit na liberação de ADH. Dentro da terapia intensiva, o maior desafio para tratar hipernatremias consiste no tratamento do diabetes insípido (DI) de origem central, visto que raramente encontraremos DI nefrogênico na UTI, que ocorre nos pacientes usuários crônicos de lítio. A perda excessiva de água, com poliúrias que podem chegar a > 10 litros/dia, é a principal manifestação do DI central. As principais causas são o TCE grave e a cirurgia para correção de processos expansivos cerebrais na topografia do eixo hipotálamo-hipofisário. O DI manifesta-se por hiperosmolalidade plasmática e densidade urinária geralmente < 1,005 (ou OsmU< 100 mOsm/kg). Deve-se sempre descartar poliúria decorrente de glicosúria.[30]

Tratamento

O tratamento da hipernatremia consiste na reposição de grandes volumes de água livre de solutos, seja IV ou enteral, dependendo da urgência e da gravidade do distúrbio. Em geral, assim como na hiponatremia, a correção não deve ultrapassar 0,5 mEq/L/hora.[30] Para encontrar uma estimativa do déficit de água livre que determinado paciente apresenta, estima-se pela fórmula:[30]

$$\text{Déficit de água livre} = [(\text{Na medido} - 140) \times \text{ACT}]/140$$

Assim, em um paciente com sódio = 168 mEq/L e 68 kg (ACT~40 litros), o déficit total de água seria, aproximadamente, 8 litros. A reposição não deveria ultrapassar mais do que 4 litros nas primeiras 24 horas, com monitoração rigorosa da taxa de correção do Na plasmático. Pode-se utilizar NaCl 0,45% ou mesmo SG 5% (tomando cuidado com a glicemia). De maneira similar ao tratamento da hiponatremia, pode-se aplicar a seguinte fórmula: alteração esperada no Na plasmático (com a infusão de 1 litro de determinada infusão):

$$[\text{Na infundido (mEqL)} - \text{Na sérico}]/(\text{ACT} + 1)$$

Neste caso, a resolução seria: 0 (não há Na no SG 5%)-168/41 = 4 mEq/Litro. Portanto, para corrigir 0,5 mEq/L/hora nas primeiras 24 horas, necessita-se de ~3 litros, sem contar as perdas das 24 horas seguintes.

O tratamento do DI central consiste na reposição nasal (10 μg intranasais até de 8/8h, em que 1 mL = 100 μg) de desmopressina (DDAVP). O início de ação nessa formulação ocorre em cerca de 1 hora e seu efeito é de até 6 horas. Na impossibilidade da administração intranasal (tampão nasal, trauma de base do crânio, paciente intubado ou não colaborativo), utiliza-se a apresentação IV (4 μg/mL). A dose varia de 1 a 2 μg SC ou IV até 8/8 horas. Seu início de ação é mais rápido (30 minutos). Atenção com a resposta terapêutica em idosos, que são muito suscetíveis à ação do

DDAVP sendo que, muitas vezes, essas doses devem ser diminuídas. Normalmente, o DI após TCE e cirurgia têm seu início abrupto após o evento, com hipernatremia e poliúria importantes e de duração autolimitada. Raramente, o dano é irreversível. Por fim, deve-se tomar cuidado com a correção da hipernatremia em alguns casos menos comuns, nos quais, provavelmente em virtude do edema/trauma da haste hipofisária e déficit da secreção de ADH, ocorre inicialmente um período de poliúria e déficit de concentração, seguido de uma liberação de ADH, que pode durar dias. Portanto, nessas situações pode ocorrer inversão do distúrbio, associada ao tratamento de reposição hormonal, gerando, ocasionalmente, hiponatremias graves.

CONCLUSÃO

Os distúrbios de água e de sódio estão entre as principais alterações apresentadas pelo paciente crítico e impõem um desafio ao intensivista. Somente a compreensão fisiopatológica desses distúrbios propicia uma abordagem racional a seu tratamento. Embora muitas das medidas empregadas descritas no tratamento desses distúrbios ainda careçam de estudos randomizados, a maior parte delas tem apoio em dados experimentais e nos resultados da prática clínica (pequenas séries e opinião de especialistas da área). A melhor compreensão da desmielinização osmótica e dos riscos inerentes à correção dos distúrbios do sódio têm mudado nos últimos anos a abordagem das disnatremias e o advento de novas drogas, como os vaptans, poderá ajudar no tratamento da hiponatremia.

REFERÊNCIAS BIBLIOGRÁFICAS

1. Moritz ML, Ayus JC. Dysnatremias in the critical care setting. *Contrib Nephrol* 2004;144:132-57.
2. Stelfox HT, Ahmed SB, Khandwala F. The epidemiology of intensive care unit-acquired hyponatraemia and hypernatraemia in medical-surgical intensive care units. *Critical Care* 2008;12:R162.
3. Funk GC, Lindner G, Druml W *et al.* Incidence and prognosis of dysnatremias present on ICU admission. *Intensive Care Med* 2010;36:304-11.
4. Oh MS. Pathogenesis and diagnosis of hyponatremia. *Nephron* 2002;92(Suppl 1):2-8.
5. Ayus JC, Wheeler JM, Arieff AI. Postoperative hyponatremic encephalopathy in menstruant women. *Ann Intern Med* 1992;117:891-97.
6. Chow Km, Szeto CC, Wong TY *et al.* Risk factors for thiazide-induced hyponatremia. *QJM* 2003;96:911-17.
7. Stelfox HT, Ahmed SB, Zygun D. Characterization of intensive care unit acquired hyponatremia and hypernatremia following cardiac surgery. *Can J Anesth* 2010;57:650-58.
8. Moritz ML, Ayus JC. Hospital-acquired hyponatremia–why are hypotonic parenteral fluids still being used? *Nat Clin Pract Nephrol* 2007;3(7):374-82.
9. Pokaharel M, Block CA. Dysnatremia in the ICU. *Curr Opin Critical Care* 2011;17:581-93.

10. Baylis PH. The syndrome of inappropriate antidiuretic hormone secretion. *Int J Biochem Cell Biol* 2003;35:1495-99.
11. Ellison DH. Disorders of sodium and water. *Am J Kidney Dis* 2005;46:356-61.
12. Verbalis J, Goldsmith SR, Greenberg A et al. Hyponatremia treatment guidelines 2007: Expert panel recommendations. *Am J Med* 2007;120:S1-21.
13. Hoorn EJ, Lindemans J, Zietse R. Development of severe hyponatraemia in hospitalized patients: treatment-related risk factors and inadequate management. *Nephrol Dial Transplant* 2006;21:70-76.
14. Schrier RW, Gross P, Gheorghiade M et al. Tolvaptan, a selective oral vasopressin V2-receptor antagonist, for hyponatremia. *N Engl J Med* 2006;355:2099-112.
15. Konstam MA, Gheorghiade M, Burnett Jr JC et al. Effects of oral tolvaptan in patients hospitalized for worsening heart failure: the EVEREST Outcome Trial. *JAMA* 2007;297(12):1319-31.
16. Gross PA, Wagner A, Decaux G. Vaptans are not the mainstay of treatment in hyponatremia: perhaps not yet. *Kidney Int* 2011;80(6):594-600.
17. Lehrich RW, Greenberg A. Hyponatremia and the use of vasopressin receptor antagonists in critically Ill patients. *J Intensive Care Med* 2012 July;27(4):207-18.
18. Betjes MGH. Hyponatremia in acute brain disease: the cerebral salt wasting syndrome. *Eur J Int Med* 2002;13:9-14.
19. Palmer BF. Hyponatremia in a neurosurgical patient: syndrome of inappropriate antidiuretic hormone secretion versus cerebral salt wasting. *Nephrol Dial Transplant* 2000;15:262-68.
20. Berendes E, Walter M, Cullen P et al. Secretion of brain natriuretic peptide in patients with aneurismal subarachnoid haemorrhage. *Lancet* 1997;349:245-49.
21. Menezes JC, Troster EJ, Dichtchekenian V. Digoxin antibody decreases natriuresis and diuresis in cerebral hemorrhage. *Intensive Care Med* 2003;29:2291-96.
22. Kinik ST, Kandemir N, Baykan A et al. Fludrocortisone treatment in a child with severe cerebral salt wasting. *Pediatr Neurosurg* 2001;35:216-19.
23. Chow KM, Kwan BC, Szeto CC. Clinical studies of thiazide-induced hyponatremia. *J Nat Med Assoc* 2004;96:1305-8.
24. Adrogue HJ, Madias NE. Hyponatremia. *N Engl J Med* 2000;342:1581-89.
25. Adrogué HJ, Madias NE. The challenge of hyponatremia. *J Am Soc Nephrol* 2012 July;23(7):1140-48.
26. Vachharajani TJ, Zaman F, Abreo KD. Hyponatremia in critically ill patients. *J Intens Care Med* 2003;18:3-8.
27. Schrier RW, Bansal S. Diagnosis and management of hyponatremia in acute illness. *Curr Opin Crit Care* 2008;14(6):627-34.
28. Liamis G, Kalogirou M, Saugos V et al. Therapeutic approach in patients with dysnatraemias. *Nephrol Dial Transplant* 2006;21:1564-69.
29. Mohmand HK, Issa D, Ahmad Z et al. Hypertonic saline for hyponatremia: risk of inadvertent overcorrection. *Clin J Am Soc Nephrol* 2007;2:1110-17.
30. Adrogue HJ, Madias NE. Hypernatremia. *N Engl J Med* 2000;342:1493-99.

Capítulo 25

TERAPIA NUTRICIONAL NO PACIENTE CIRÚRGICO

Paulo César Ribeiro

INTRODUÇÃO

Sabemos, de longa data, que a desnutrição associa-se ao aumento da morbidade e mortalidade na população de pacientes cirúrgicos.[1-4] Nessa população, os portadores de câncer requerem atenção ainda maior, pois, neles, a fisiopatologia da desnutrição é diferente da dos pacientes cirúrgicos portadores de afecções benignas.

A desnutrição do paciente oncológico é multifatorial, resultando tanto de efeitos sistêmicos e locais do tumor, quanto dos processos terapêuticos necessários ao controle da doença. A desnutrição tem papel preponderante na incidência de complicações e na tolerância aos tratamentos propostos.[5]

Sabemos, até aqui, que o paciente cirúrgico desnutrido está sujeito a mais complicações e morre mais. No entanto, nutrir o paciente previamente à cirurgia pode reduzir a mortalidade e morbidade pós-operatórias? A resposta é sim. A literatura mostra, com bastante conforto, que nutrir o paciente desnutrido no período pré- e pós-operatório, reduz as taxas de morbidade e mortalidade.[6-10] O espectro da interferência nutricional no paciente desnutrido e no paciente desnutrido com câncer vai desde o simples suporte nutricional para minimizar as consequências da inanição, até utilizar nutrientes específicos em doses supranormais para modificar o metabolismo corporal com o intuito de combater a caquexia e reduzir complicações pós-operatórias.

EQUILÍBRIO CORPÓREO DE AMINOÁCIDOS

Os diferentes órgãos e tecidos retiram os aminoácidos necessários para sua atividade de um *pool* plasmático de aminoácidos, que normalmente é mantido pela ingestão proteica. Quando a ingestão é insuficiente para atender a demanda dos diferentes sistemas orgânicos, o papel do catabolismo muscular é o de prover aminoácidos para esse *pool* que alimentará os tecidos e os órgãos. Quanto maior a demanda para utilização de aminoácidos, mais significante é o catabolismo proteico muscular e a perda efetiva de tecido muscular. O crescimento tumoral é uma prioridade metabólica e tem sua demanda satisfeita por meio da retirada constante de aminoácidos do *pool* plasmático, independentemente se há ou não depleção nutricional. Portanto, a desnutrição não limita a disponibilidade de aminoácidos para o tumor, mas causa uma depleção galopante da massa muscular para manter o reservatório plasmático dos aminoácidos. Consequentemente, a repleção da proteína muscular é uma alta prioridade no tratamento nutricional destes pacientes e nutrir o indivíduo não faz o tumor crescer, mas, antes, auxilia a enriquecer o reservatório plasmático de aminoácidos e a preservar as massas muscular e visceral. Da mesma forma, outras situações de alta demanda como a resposta inflamatória sistêmica (SIRS) e a sepse causam depleções musculares rapidamente devastadoras.

A administração oral, enteral ou parenteral de aminoácidos estimula a síntese proteica, que, por sua vez, é extremamente sensível à dose de aminoácidos ofertada. Quando a concentração plasmática de aminoácidos aumenta 40 a 70%, vemos um aumento da síntese proteica muscular em 40-70%. Quando a concentração plasmática aumenta 300%, a síntese proteica aumenta um pouco menos do que 100%.[11]

No câncer, os aminoácidos essenciais estimulam a síntese proteica muscular muito mais eficientemente do que os não essenciais (Quadro 25-1).[12]

Quadro 25-1 Resumo dos mecanismos de equilíbrio corpóreo de aminoácidos

- O músculo serve como reservatório de aminoácidos para outros tecidos
- Aminoácidos exógenos estimulam a síntese proteica muscular
- Aminoácidos essenciais estimulam a síntese proteica muscular e aumentam a reutilização de aminoácidos não essenciais endógenos

NUTRIÇÃO PEROPERATÓRIA

Nutrição Peroperatória Convencional

A introdução rotineira de nutrição parenteral ou enteral para pacientes levemente desnutridos peroperatoriamente não traz benefícios, além de aumentar os riscos, no caso de nutrição parenteral e os custos, não sendo, portanto, recomendável.[9]

A terapia nutricional melhora a evolução dos pacientes com desnutrição moderada ou severa que recebem nutrição pós-operatória, e a modalidade enteral é preferida à parenteral, quando possível. Um estudo multicêntrico italiano abordando mais de 300 pacientes desnutridos com câncer gastrointestinal (perda ponderal superior a 10% do peso corporal), randomizados para receberem ou nutrição enteral ou parenteral convencionais, comparáveis em constituição, compilou índices de complicações pos-operatórias superiores (49 *vs.* 34%) nos pacientes do grupo parenteral, assim como permanência hospitalar mais longa.[7]

Apesar dos benefícios aparentes relativos ao uso de suporte nutricional pós-operatório para pacientes desnutridos, o mais racional é que essa intervenção seja feita desde o pré-operatório, por 10 a 15 dias. O objetivo não é reverter a desnutrição, o que seria impossível neste curto espaço de tempo, mas sim compensar alguns defeitos funcionais grosseiros, especialmente relacionados com a resposta imunoinflamatória e às defesas antioxidantes, antes do trauma cirúrgico.

Terapia Nutricional no Paciente Cirúrgico

Os dados de literatura são absolutamente concordantes em mostrar que a intervenção nutricional oral, parenteral ou enteral, pré-operatória por 10 a 15 dias e pós-operatória pelo tempo necessário, em pacientes cirúrgicos desnutridos reduz expressivamente as complicações pós-operatórias.[7-10]

Em resumo, os pacientes cirúrgicos com desnutrição moderada ou grave devem ser nutridos no pré-operatório por 10 a 15 dias imediatamente antes da cirurgia e manter a interferência nutricional no pós-operatório desde os primeiros momentos, até que consiga se alimentar de forma adequada por via oral. A preferência é sempre pela via enteral, mas se tal via não for possível ou suficiente para atender as necessidades nutricionais, não se deve retardar o início da nutrição parenteral.

Mas, o que fazer com a população de pacientes cirúrgicos bem nutridos ou levemente desnutridos previamente à cirurgia, que vão para a UTI no pós-operatório e lá ficam vários dias, impossibilitados de se alimentar por via oral? Aqui, a literatura é mais confusa. Temos, simultaneamente, estudos observacionais mostrando conclusões opostas. Alguns deles sugerem que a adequação proteicocalórica durante a permanência na UTI foi indiferente para a evolução dos pacientes[13] ou até contribuiu para maior morbidade;[14] outros sugerem melhora evidente na morbidade infecciosa.[15] O maior estudo observacional até hoje realizado mostra que os pacientes que mantem melhor adequação proteicocalórica na UTI evoluem melhor. Este trabalho chama a atenção para problemas estatísticos comuns que podem distorcer as conclusões dos estudos observacionais, uma vez que os doentes que permanecem pouco tempo na UTI, e que, portanto, geralmente são os menos graves, têm pouco tempo para atingir a meta nutricional e, frequentemente, têm alta da unidade antes de atingi-la. Os pacientes mais graves têm mais tempo para atingi-la e mantê-la. Assim, quando se separa o grupo que permaneceu na UTI por mais de 4 dias sem possibilidade de nutrição oral, ou mais puristicamente, o grupo que permaneceu na UTI por 12 dias antes de iniciar a nutrição oral, percebe-se que a adequação nutricional teve impacto em melhorar a morbidade e mortalidade desses pacientes.[16] Dentre os estudos prospectivos, randomizados, usando tanto nutrição parenteral quanto enteral, alguns mostram que a adequação nutricional na UTI foi capaz de reduzir morbidade e mortalidade[17] enquanto outros[18] mostram que ela não alterou a evolução na UTI.

É universal, no entanto, o conceito de que a nutrição enteral deva ser o mais precoce possível, preferivelmente nas primeiras 12 a 24 horas de internação na UTI, ainda que em quantidades inferiores à necessária, uma vez que ela tem ação relevante na preservação da imunidade local e sistêmica, e ajuda a modular a resposta inflamatória. Portanto, exige-se do intensivista empenho tanto na prescrição precoce da fórmula enteral quanto em sua progressão no sentido de atingir a meta nutricional proposta. No tocante à nutrição parenteral precoce, as conclusões são menos claras.

As diretrizes americanas[19] recomendam que, quando um paciente eutrófico está na UTI, impossibilitado de usar a via enteral, ou quando a via enteral cobre apenas parcialmente as necessidades nutricionais, a nutrição parenteral seja indicada apenas após o 7º dia de jejum, ou de nutrição enteral insuficiente.

Já as diretrizes europeias[20,21] recomendam que quando se percebe que um paciente na UTI não vai alcançar a meta nutricional dentro de 72 horas, a partir do momento de internação, a nutrição parenteral deve ser indicada imediatamente, de forma exclusiva ou em conjunto com a nutrição enteral, para completar a meta proposta.

Um estudo recente publicado por Van den Bergh avaliou de forma prospectiva e randomizada as duas diretrizes acima em, aproximadamente, 4.000 pacientes. A conclusão foi que a nutrição parenteral tardia, ou seja, após o 7º dia de jejum, contribuiu para a melhor evolução dos pacientes. No entanto, uma crítica importante a esse trabalho é que grande parte dos pacientes recebeu 35 kcal/kg/dia, o que consideramos uma hiperalimentação parenteral, que, por si só, poderia ser responsável pelos resultados negativos.[22]

De qualquer forma, na presença de uma situação altamente catabólica pós-operatória na UTI, mesmo em doentes eutróficos, o início da nutrição parenteral deve ser precoce, sempre que não puderem manter a meta nutricional por meio do trato gastrointestinal.

É fundamental que o paciente que vai iniciar uma terapia nutricional, seja enteral ou parenteral, não apresente distorções grosseiras do ponto de vista metabólico, eletrolítico e que os parâmetros de perfusão tecidual estejam adequados, independentemente do tipo ou da quantidade que recebe de droga vasoativa.

Regimes Especiais de Nutrição Peroperatória

Fórmulas nutricionais especiais têm sido desenvolvidas, contendo quantidades supranormais de nutrientes com efeito anabólico, imunoestimulante ou anti-inflamatório. Os mais empregados são os aminoácidos glutamina e arginina, os nucleotídeos e os ácidos graxos do tipo ômega 3.

A nutrição parenteral enriquecida com glutamina nas doses de 0,5 a 0,7 g/kg/dia, após cirurgias de grande porte, mostra-se superior à padrão, reduzindo complicações pós-operatórias e a permanência hospitalar.[23] A nutrição enteral enriquecida com glutamina não mostra os mesmos benefícios,[24] mas estudos recentes em humanos sadios sugerem, fortemente, que a ingestão de glutamina nas mesmas doses acima induz a expressão de proteínas do tipo *Heat-Shock* reduzindo citocinas inflamatórias, proteólise na mucosa intestinal e aumentando a síntese proteica.[25,26]

Os resultados clínicos mais impactantes com a nutrição peroperatória surgem de uma série de trabalhos bem desenhados, prospectivos e randomizados, da Itália.

A administração de 600 mL de uma dieta imunoestimulante contendo arginina, ácidos graxos do tipo ômega 3 e nucleotídeos, imediatamente antes da cirurgia, por via oral ou enteral, por 5 dias, em pacientes com câncer gastrointestinal e no pós-operatório, por jejunostomia, reduziu significativamente os índices de infecção pós-operatória e de permanência hospitalar.

O interessante é que quando este estudo foi realizado em pacientes bem nutridos e até com sobrepeso, a serem submetidos a cirurgia por câncer gastrointestinal, a ad-

Terapia Nutricional no Paciente Cirúrgico

ministração da dieta específica, seguindo o mesmo regime, levou à redução do índice de infecção pós-operatória em 50%. Neste estudo, ficou claro que na população de pacientes bem nutridos, ao contrário da de pacientes desnutridos, não valia a pena manter a dieta no pós-operatório.[27,28] A imensa maioria dos estudos que avaliou o uso de dietas imunomoduladoras no peroperatório de pacientes com câncer gastrointestinal e de cabeça e pescoço mostra benefícios inquestionáveis na redução da morbidade pós-operatória, principalmente infecciosa.[29-31] Hoje, não se admite que um paciente que vá ser submetido a uma cirurgia por câncer gastrointestinal ou de cabeça e pescoço não seja submetido a um preparo nutricional imunológico no pré-operatório, independentemente do seu estado nutricional, sendo uma recomendação grau A nas diretrizes de terapia nutricional das mais importantes sociedades internacionais, de nutrição parenteral e enteral.[20] Nos desnutridos, ela deve continuar no pós-operatório até que o paciente se alimente adequadamente por via oral. Algumas linhas de pesquisa mostram que o câncer e o trauma cursam com depleção plasmática de arginina por aumento da expressão da enzima arginase 1, que desvia o metabolismo da arginina para a formação de ureia e ornitina. Privados de arginina, os linfócitos passam a apresentar alterações estruturais e funcionais que interferem diretamente na imunidade do indivíduo, predispondo-o a infecções. A reposição de arginina reverte tais efeitos negativos. Quando a dieta possui arginina e ômega 3, os efeitos são potencializados. Este é um exemplo muito evidente do uso farmacológico da nutrição, como moduladora metabólica, influindo na evolução do paciente.[32]

Em suma, o uso de regimes especializados no peroperatório parece ser eficiente, reduzindo complicações pós-operatórias e tendo como saldo final uma vantagem econômica importante.[33]

Como a membrana celular é fosfolipídica, quando ingerimos ou recebemos por via parenteral ácidos graxos insaturados, eles se incorporam à membrana celular, modificando suas propriedades físico-químicas. Isto significa, de forma simplista, alteração na ação de receptores, na sinalização e transdução de sinais e no produto final da célula. Em se tratando da célula inflamatória, os ácidos graxos do tipo ômega 6, presentes no óleo de soja, estimulam a formação de mediadores inflamatórios agressivos, da série par como prostaglandina E2, leucotriene B4, tromboxano A4. Os ácidos graxos do tipo ômega 3 são um grupo de ácidos graxos poli-insaturados cujos mais expressivos representantes são o ácido eicosapentanoico (EPA) e o ácido docosa-hexanoico (DHA), ambos encontrados em altas concentrações em peixes como o salmão e a sardinha. Os ácidos graxos do tipo ômega 3 desviam o metabolismo para a formação de eicosanoides de série ímpar, como a prostaglandina E3, leucotriene B5 e tromboxane A5, muito menos agressivos. Assim, modulam a reposta inflamatória tornando-a mais branda e menos agressiva e, talvez, seja essa sua ação mais importante em melhorar a evolução de pacientes no peroperatório. Alguns trabalhos europeus, tanto observacionais como prospectivos e randomizados, sugerem fortemente que o uso de ômega 3 na dose de 0,15 a 0,20 g/kg/dia, por via parenteral, melhora a evolução pós-operatória dos pacientes.[34]

Metanálises avaliando o uso de ômega 3, tanto por via enteral quanto parenteral no período peroperatório concluem que o denominador comum é a redução de complicações infecciosas no pós-operatório.[34]

Devemos lembrar, no entanto, que doses muito altas de ômega 3 têm ação imunossupresora e hemorrágica, uma vez que reduz a agregação plaquetária.

Ambulatorialmente, os ômega 3 inibem o crescimento tumoral, possivelmente induzindo a apoptose, inibem a tumorigênese e aumentam a efetividade de alguns quimioterápicos como a doxorubicina e o 5-fluorouracil. Incrementam a taxa T-*helper*/T-supressor, prolongando a sobrevida de pacientes tanto eutróficos quanto desnutridos.[35,36]

O DHA tem ação mais significante na inibição da tumorigenese enquanto o EPA é muito efetivo no tratamento da caquexia.[37,38]

O fator indutor de proteólise (PIF) leva a um aumento de liberação de ácido aracdônico da membrana fosfolipídica, sendo, este último, metabolizado a citocinas como a prostaglandina E2, F2 alfa e aos ácidos 5, 12 e 15 hidroxieicosatetranoicos (HETES). O 15-HETE, a fração mais ativa, aumenta a degradação proteica, o que sugere sua ação como transdutor intracelular do PIF.[39] O 15-HETE ativa, ainda, o NF Kapa B, aumentando a expressão do sistema proteossoma-ubiquitina.[40]

O EPA age como antagonista do fator indutor da proteólise.

Alguns estudos clínicos mostram redução da perda de peso ou ganho de peso em pacientes com câncer de pâncreas, recebendo doses orais de EPA e/ou DHA que variam entre 3 a 12 g ao dia. A limitação da dose diária se faz por alterações gastrointestinais como náuseas e esteatorreia, mas se acredita que até 20 g sejam toleráveis ao dia para um adulto de 70 kg. A associação diária de EPA (2 g) com suplemento nutricional completo (600 calorias e 32 g de proteínas) otimizou o ganho de peso, principalmente às custas de tecido metabolicamente ativo, em pacientes com adenocarcinoma de pâncreas avançado.[41,42]

ALIMENTAÇÃO PRÉ-OPERATÓRIA IMEDIATA

A resistência à insulina é comum em pacientes com câncer e se agrava frequentemente no pós-operatório imediato. Estudos recentes do Karolinska Institute da Suécia mostram que a administração de uma carga líquida de carboidratos, por via oral, 8 e 2 horas antes da cirurgia, reduz a resistência à insulina no pós-operatório e a resposta catabólica, mostrando-se seguro do ponto de vista de esvaziamento gástrico.[43]

O racional para isto é que o jejum prolongado (12 horas) depleta muitos mecanismos protetores, aumenta a resposta inflamatória e a resistência à insulina, somando-se à resposta metabólica pós-operatória. Assim, o jejum prolongado pré-operatório potencializa as alterações metabólicas pós-operatórias. A administração de uma carga de carboidratos 2 horas antes da cirurgia ou de carboidratos com 10 g de proteína 3 horas antes da cirurgia é segura e reduz muito a resistência insulínica pós-operatória, a incidência de hiperglicemia e o catabolismo proteico.[43]

Terapia Nutricional no Paciente Cirúrgico

CONCLUSÕES

O que comemos tem o poder de influir no desenvolvimento de doenças futuras e na maneira como vamos reagir a complicações destas mesma doenças quando formos para a UTI. Uma vez na unidade de terapia intensiva, o tipo de nutrição escolhido e o tipo de nutrientes utilizados têm o poder de influenciar morbidade e mortalidade.

A fármaco nutrição abre perspectivas instigantes e nos obriga a um empenho em manter doses adequadas de dietas, que devem ser iniciadas no momento preciso, uma vez que ela é dependente de dose e de tempo.

O desenvolvimento de uma terapia nutricional para tipos específicos de pacientes, em estágios diferentes da abordagem peroperatória, visando melhorar os resultados, assim como a tolerância para os tratamentos adjuvantes é uma realidade.

A manutenção efetiva da massa corpórea magra, metabolicamente ativa, durante o tratamento, traz grandes benefícios para a imunidade, cicatrização e reabilitação dos pacientes, mas é um processo multifatorial, em que a nutrição é uma peça que não deve ser negligenciada.

Partilhar a comida é uma manifestação de amor. As refeições têm um poder gregário imenso e uma forma poderosa de identificação sóciopsíquica. A alimentação está presente como preponderante em todos os ciclos vitais e rituais que regem e sustentam nossa sociedade.

Logo, devemos ter em mente quão desestruturadora é a impossibilidade de se alimentar pelas vias naturais e da forma habitual. O eixo médico-paciente ainda tem uma representatividade muito forte no contexto terapêutico. Os médicos devem estar aptos a reconhecer as necessidades nutricionais de seus pacientes, assim como a melhor forma de implementá-las, mas também ter o bom-senso e as condições emocionais mínimas para lidar com a angústia da deformidade corporal que os acessos enterais e parenterais causam. Manter os envolvidos carinhosamente informados, e bem informados, sobre a necessidade e benefícios dos métodos utilizados ajuda a conseguir a aceitação e a aderência ao tratamento proposto. Dispor-se a refletir sobre o assunto e a aprender a agir junto ao enfermo e seus familiares com paciência e generosidade pode significar um diferencial terapêutico e humano.[44]

REFERÊNCIAS BIBLIOGRÁFICAS

1. Van Bokhorst MA, Quak JJ, Kulk DJ *et al.* Assessment of malnutrition parameters in head and neck cancer and their relation to post operative copmplications. *Head and Neck* 1997;19(5):419-25.
2. Durkin MT, McNulty MF, Mercer KG *et al.* Vascular surgical society of Great Britain and Ireland: contribution of malnutrition to postoperative morbidity in vascular surgical patients. *Br J Surg* 1999;86(5):702.
3. Norman K, Pichard C, Lochs H *et al.* Prognostic impact of disease related malnutrition. *Clinical Nutrition* 2008;27:5-15.
4. Fearon KCH, Moses AGW. Câncer Cachexia. *It J cardiol* 2002;85:73-81.
5. Tisdale MJ. Cancer anorexia and cachexia. *Nutrition* 2001;17:438.

6. Klein S, Kinney J, Jeejeeboy K. Nutrition support in clinical practice: review of published data and recommendations for future research and directions. *JPEN* 1997;21:133-56.
7. Bozzetti F, Braga M, Gianotti L. Postoperative enteral versus parenteral nutrition in malnourished patients with gastrointestinal cancer: a randomised multicenter trial. *Lancet* 2001;358:1487-92.
8. Bozzetti F, Gavazzi C, Miceli R. Perioperative TPN in malnourished, gastorintestina cancer patients: a randomized, clinical trial. *JPEN* 2000;24:7-14.
9. Kudsk KA, Croce MA, Fabian TC *et al.* Enteral versus parenteral feeding. Effects on septic morbidity after blunt and penetrating abdominal trauma. *Ann Surg* 1992;215(5):503-11.
10. Meyenfeldt von M, Meijerink W, Rouflart M *et al.* Peroperative nutritional support: a randomized clinical trial. *Clin Nut* 1992;11:180-86.
11. Volpi E, Ferrando AA, Yekel CW. Exogenous amino acids stimulate net protein synthesis in the elderly. *J Clin Invest* 1998;101(9):2000-7.
12. Volpi E, Kobayashi H, Sheffield-Moore M. Essential amino acids stimulate muscle protein anabolism in healthy older adults regardless of the presence of non-essential amino acids. *Am J Clin Nutr* 2003;78:250-58.
13. Cahill N, Murch L, Heyland DK *et al.* When early enteral feeding is not possible in crirtically ill patients: results of a multicenter observational study. *JPEN* 2011;35:160-68.
14. Arabi YM, Haddad S, Tamim HM *et al.* Near-target caloric intake in critically ill medical-surgical patients is associated with adverse outcomes. *JPEN* 2010;34:280-88.
15. Villet S, Chiolero RL, Berger M *et al.* Negative impacto of hypocaloric feeding and energy balance on clinical outcome in ICU patients. *Clin Nutr* 2005;24:502-9.
16. Daren KH, Cahill N, Day AG. Optimal amount of calories for critically ill patients: depends on how you slice the cake. *Crit Care Med* 2011;39(12):1-8.
17. Singer P, Anbar R, Cohen J *et al.* The tight calorie control study (TICACOS): a prospective randomized controlled pilot study of nutritional support in critically ill patients. *Int Care Med* 2011;37:601-9.
18. Rice TW, Mogan S, Hays M *et al.* Randomized trial of initial trophic versus full-energy enteral nutrition in mechanically ventilated patients with acute respiratory failure. *Crit Care Med* 2011;39: 967-74.
19. Martindale RG, McClave SA, Ochoa JB *et al.* Guidelines for the provision and assessment of nutrition support therapy in the adult critically ill patient. *JPEN* 2009;33:277-316.
20. Weimann A, Braga M, Laviano A *et al.* ESPEN guidelines on enteral nutrition:surgery including organ transplantation. *Clin Nut* 2006(25):224-44.
21. Singer P, Berger MM, Berghe GV *et al.* ESPEN guidelines on parenteral nutrition in the ICU. *Clin Nutr* 2009;28(4):387-400.
22. Casaer MP, Mesotten D, Van den Bergh G *et al.* Early versus late parenteral nutrition in critically ill adults. EPaNIC. *N Engl J Med* 2011 Aug. 11;365(6):506-17.
23. Novak F, Heyland DK, Avenell A. Glutamine supplementation in serious illness: a systematic review of the evidence. *Crit Care Med* 2002;30:2022.
24. Dechelotte P, Claeyssens S, Bozza J *et al.* Glutamine-enriched jejunal feeding improves phenil-alanine balance and spares endogenous glutamine in patientes after oesophagectomy. *Clin Nutr* 1998;17(Suppl 1):O17.

25. Coeffier M, Claeyssens S, Ducrotte P. Enteral glutamine stimulates protein syntesis and decreases ubiquitin mRNA level in human gut mucosa. *Am J Physiol Gastrointest Liver Physiol* 2003;285:G266-73.
26. Coeffier M, Le Pessot F, Marion R. Acute enteral glutamine infusion enhances heme-oxygenase-1 expression in human duodenal mucosa. *J Nutr* 2002;132:2570-73.
27. Braga M, Gianotti L, Vignali A. Preoperative oral arginine and n-3 fatty acid supplementation improves the immunometabolic host response and outcome after colorectal resection for cancer. *Surgery* 2002;5:805-14.
28. Braga M, Gianotti L, Nespoli L. A randomised controlled trial of preoperative oral supplementation with a specialized diet in patients with gastrintestinal cancer. *Gastroenterology* 2002;122:1763-70.
29. Drover JW, Dhaliwal R, Daren KH et al. Perioperative use of arginine-supplemented diets: a systematic review of the evidence. *Am Col Surg* 2011;212(3):385-99.
30. Luis DA, Cuellar L, Aller R et al. Clinical and biochemical outcomes after a randomized trial with a high dose of enteral arginine formula in postsurgical head and neck cancer patients. *Eur J Clin Nutr* 2007;61:200-4.
31. Braga M, Giannotti L, Nespoli L et al. Nutritional approach in,malnourished surgical patients. *Arch Surg* 2002(137):174-80.
32. Zhu X, Herrera G, Ochoa JB et al. Immunossupression and infection after major surgery: a nutritional deficiency. *Crit Care Clin* 2010;26:491-500.
33. Braga M, Giannotti L. Perioperative immunonutrition: cost-benefit analysis. *JPEN* 2005(29):S57-61.
34. Cerantola Y, Grass F, Shafer M. Immunonutrition in gastrointestinal surgery. *Brit J Surg* 2011;98:37-48.
35. Liu QY, Tan BKH. Dietary fish oil and vitamin E enhance doxorubicin effects in P388 tumor-bearing mice. *Lipids* 2002;37:549-56.
36. Liu G, Bibus DM, Bode AM. Omega 3 but not Omega 6 fatty acid inhibit AP-1 activity and cell transformation in BJ6 cells. *Proc Natl Acad Sci USA* 2001;98:7510-15.
37. Wigmore SJ, Todorov PT, Barber MD et al. Charteristicsof patients with pancreatic cancer expressing a novel cancer cachetic factor. *Br J Surg* 2000;87:53-58.
38. Argiles JM, Moore-Carrasco R, Fuster G. Câncer cachexia: the molecular mechanisms. *Int J Biochem Cell Biol* 2003;35:405-9.
39. Cabal-Manzano R, Bhargava P, Torres-Duarte A. Proteolysis-inducing factor is expressed in tumors of patients with gastrointestinal cancers and correlates with weight loss. *Br J Cancer* 2001;84:1599-601.
40. Smith HJ, Tisdale MJ. Induction of apoptosis by a cachetic-factor in murine myotubes and inhibition by eicosapentanoic acid. *Apoptosis* 2003;8:161-69.
41. Wigmore SJ, Barber MD, Tisdale MJ. Effect of oral eicosapentaenoic acido n weight loss in patients with pancreatic cancer. *Nutr Cancer* 2000;36:177-84.
42. Barber MD, Fearon KCH, Tisdale MJ. Effects of fish oil enriched nutritional supplement on metabolic mediators in patients with pancreatic cancer cachexia. *Nutr Cancer* 2001;40:118-24.
43. Lungqvist O, Soreide E. Preoperative fasting. *Br J Surg* 2003;90:400-6.
44. Barbosa JAG, Freitas MIF, Correia MITD. Terapia nutricional no paciente com câncer: a percepção do paciente. In: Waitzberg DL. *Dieta, nutrição e câncer*. São Paulo: Atheneu, 2004. p. 510-13.

Capítulo 26

HIPERGLICEMIA NO PACIENTE CRÍTICO

Aluysio Saulo Beiler Júnior

INTRODUÇÃO

A hiperglicemia e a resistência insulínica são distúrbios metabólicos comuns nos pacientes em pós-operatório que podem ocorrer tanto em pacientes com diabetes melito (DM), com ou sem diagnóstico prévio, como em pacientes sem DM que estão sob o estresse cirúrgico agudo.[1,2] Por muito tempo, acreditou-se que a hiperglicemia era uma resposta adaptativa fundamental para a manutenção da integridade de órgãos (neurônios e células sanguíneas) que dependem predominantemente da glicose como substrato metabólico.[3] Assim, não era rotineiramente controlada nas unidades de terapia intensiva (UTI). Na última década, surgiram evidências de que a perpetuação de níveis glicêmicos elevados, nos pacientes em pós-operatório imediato, está associada a pior desfecho.[4]

A hiperglicemia e as consequências metabólicas da resistência à insulina aumentam a morbimortalidade de pacientes críticos, facilitam o desenvolvimento de infecções e disfunção de múltiplos órgãos. É decorrente, principalmente, dos efeitos pró-inflamatórios e da toxicidade celular que, por si só, promovem o aumento dos níveis glicêmicos. Diversos estudos controlados têm avaliado o papel do controle glicêmico intensivo com insulina venosa nos pacientes internados em UTIs cirúrgicas. A partir destes estudos, existem controvérsias com relação ao nível adequado de glicose no sangue durante o controle glicêmico intensivo com insulina venosa.

DISTÚRBIOS GLICÊMICOS

O controle glicêmico é produto de uma complexa regulação de mecanismos celulares e neuroendócrinos.[5] Em pacientes graves, é comum o desenvolvimento de hiperglicemia secundária ao estresse da lesão aguda, principalmente no período pós-operatório. Este fenômeno é mediado por numerosos fatores e não somente pela condição metabólica basal do paciente. A resposta neuroendócrina (liberação de hormônios contrarreguladores, incluindo epinefrina, glucagon e cortisol) e a resistência insulínica são fatores determinantes. A hiperglicemia em pacientes internados em UTI, sem DM, resulta em pior desfecho do que em pacientes diabéticos.[6]

O estresse agudo promove a ativação do eixo hipófise-hipotálamo-suprarrenal, com a liberação de cortisol. Além disso, a secreção de epinefrina, glucagon e hormônio do crescimento estão aumentadas. Todos estes hormônios antagonizam as ações da insulina. Além da produção de hormônios contra reguladores, são liberadas diversas citocinas que aumentam a resistência insulínica, por meio da inibição de vias intracelulares normalmente ativadas pelo receptor de insulina.[5,7]

A hiperglicemia é altamente tóxica em razão da acentuada sobrecarga de glicose intracelular e os efeitos secundários tóxicos da glicólise e fosforilação oxidativa.[7] Durante a agressão aguda, a expressão de transportadores de glicose nas membranas das células é regulada positivamente. Com isso, os níveis elevados de glicose provocam sobrecarga e danos a estas células. Além da sobrecarga intracelular de glicose, a toxicidade ocorre por uma maior produção de radicais livres produzidos pela glicólise e fosforilação oxidativa.

O nível glicêmico elevado é um dos fatores primordiais no insucesso e no aumento da taxa de complicações associadas ao pós-operatório.[4] A hiperglicemia promove um prejuízo na quimiotaxia de neutrófilos, fagocitose, leva à glicosilação de imunoglobulinas, prejudica a cicatrização de feridas, altera a função da cascata do complemento e exacerba a inflamação.[5] Até certo ponto, o aumento resultante da glicose no sangue pode ser adaptável para fornecer substrato para órgãos que não necessitam de insulina para a captação de glicose, como cérebro e células sanguíneas. Não surpreendentemente, quando levado ao extremo pela agressão aguda, essas adaptações podem levar a consequências indesejáveis e que necessitam de intervenções.

Os pacientes diabéticos são propensos a complicações cardiovasculares peroperatórias decorrentes da doença cardiovascular subjacente, bem como infecções de ferida cirúrgica em razão da disfunção imune. No entanto, a hiperglicemia em não diabéticos também provoca complicações.[8-10] Embora um limiar específico de elevação glicêmica, que resulte em efeitos adversos não seja bem estabelecido, a maioria dos efeitos deletérios são relatados em concentrações de glicose > 200 mg/dL.[5] Assim como ocorre imunossupressão em pacientes diabéticos, há aumento na circulação sanguínea de citocinas pró-inflamatórias nos pacientes hiperglicêmicos não diabéticos. Por isso, as taxas aumentadas de sepse são um dos efeitos indesejáveis mais comuns da hiperglicemia. Vasoconstrição, bem como diurese osmótica levando à desidratação, distúrbios hidreletrolíticos e acidobases também ocorrem como resultado da hiperglicemia mantida. Por sua vez, a hiperosmolaridade pode levar a alterações no sistema nervoso central, com resultantes alterações do estado mental e déficits neurológicos que podem ser potencialmente fatais.

A hipoglicemia é um problema menos frequente quando comparado à hiperglicemia, porém pelo seu potencial de gravidade é o principal fator limitante do controle glicêmico. A hipoglicemia também está associada a aumento da mortalidade.[11-13] Hipoglicemia significativa é definida pela tríade de Whipple: sintomas de neuroglicopenia, concentração de glicose no sangue inferior a 40 mg/dL e alívio dos sintomas com a administração da glicose.[14] A hipoglicemia é um preditor independente de mortalidade e tem sido um problema recorrente, demonstrado em diversos estudos que avaliam o controle glicêmico intensivo.[15]

A variação do nível de glicose no paciente grave com controle glicêmico intensivo é um preditor independente de mortalidade.[16,17] Quanto maior a variação glicêmica, maior a chance de um desfecho adverso. Uma das preocupações com o controle glicêmico intensivo é que pode aumentar a variação da glicose.[18]

A instituição de um protocolo para monitorar intensivamente os níveis de glicose e tratar a hiperglicemia na UTI foi associada à substancial economia de custos. Esse achado, em conjunto com a melhora já demonstrada na morbimortalidade, apoia fortemente a adoção desta intervenção como uma medida padrão na UTI.[19]

CONTROLE GLICÊMICO

Com o objetivo de proteger órgãos e células decorrente da agressão aguda, a hiperglicemia induzida pela lesão celular pode refletir um risco evitável. Estabelecer uma relação causal entre hiperglicemia e resultados adversos, no entanto, requer estudos clínicos que avaliem o impacto da prevenção e/ou tratamento da hiperglicemia em pacientes críticos. Diversos estudos controlados têm avaliado o papel do controle glicêmico intensivo. A partir desses estudos, há controvérsias com relação ao nível de glicose no sangue durante a meta terapêutica.

O estudo de maior destaque foi realizado por van den Berghe, publicado em 2001.[4] Pela primeira vez, um ensaio clínico demonstrou redução de mortalidade com controle rigoroso da glicemia em pacientes internados em uma UTI cirúrgica. Foi um estudo prospectivo, randomizado e controlado. O grupo intervenção recebeu controle glicêmico intensivo (CGI) por infusão venosa de insulina caso glicose plasmática > 110 mg/dL, objetivando glicemia entre 80-110 mg/dL, enquanto no grupo-controle, a glicose plasmática foi tratada apenas se > 215 mg/dL e mantida entre de 180-200 mg/dL. Os autores demonstraram uma diminuição significativa na mortalidade, disfunção renal, necessidade de diálise e de alterações neuropáticas no grupo CGI. Contudo, havia no estudo diversos vieses, pois foi um trabalho em um único centro, sem cegamento, todos os pacientes tinham recebido uma quantidade significativa de glicose exógena (200-300 g/24 horas) e nutrição enteral/parenteral e havia, também, uma mortalidade elevada no grupo-controle.

A partir deste estudo seminal, originou-se o conceito de controle glicêmico intensivo, como um meio de normalizar os níveis elevados de glicose em pacientes críticos agudos. Assim, o controle glicêmico intensivo é definido por uma faixa de glicose-alvo de 80-110 mg/dL.

Embora o estudo de van den Berghe tenha tido diversas críticas, outros estudos retrospectivos também apoiaram as suas conclusões e muitos centros aprovaram protocolos de controle glicêmico.[20]

Os resultados do estudo de van den Berghe em pacientes predominantemente cirúrgicos, em conjunto com outros estudos retrospectivos de cirurgia cardíaca, foram rapidamente extrapolados para sugerir que CGI é altamente eficaz em pacientes críticos clínicos. No entanto, estudos randomizados subsequentes desenvolvidos pelo mesmo grupo e outros não foram capazes de reproduzir os melhores resultados em outras UTIs.[21-25] Com isso, nos anos posteriores, vários ensaios clínicos comparando o controle glicêmico intensivo e o tratamento-padrão não demonstraram tamanha diferença com relação à mortalidade.

Com a publicação destes estudos, o pêndulo do controle glicêmico começou a oscilar na direção oposta. Em março de 2009, o estudo NICE-SUGAR foi publicado.[26] Este foi o maior trabalho de controle intensivo da glicemia em UTI. Foi um estudo multicêntrico (42 centros), multinacional, randomizado, não cego, realizado em uma população mista clínica/cirúrgica de 6.104 pacientes, dos quais 35% foram internados na UTI após cirurgia de emergência ou eletiva. O controle glicêmico intensivo (glicose 81-108 mg/dL) foi comparado ao controle glicêmico convencional (144-180 mg/dL). Nenhuma diferença foi notada em 90 dias, com relação ao número de dias no hospital, número de dias na UTI, dias de ventilação mecânica e necessidade de terapia de substituição renal entre os grupos. Ao contrário do estudo de van den Berghe, maior mortalidade foi observada no grupo CGI (27,5%) *vs.* o grupo de tratamento convencional (24,9%). Em análise de subgrupo, nenhuma diferença significativa foi observada na população cirúrgica. Além disso, uma incidência 13 vezes maior de hipoglicemia grave (< 40 mg/dL) foi observada no grupo CGI. O NICE-SUGAR demonstrou um aumento absoluto da mortalidade e aumento da incidência de hipoglicemia no grupo-controle glicêmico intensivo quando comparados com o controle glicêmico padrão. Após a publicação do estudo, a literatura sobre controle glicêmico concentrou-se em comentários e análises dos resultados.

Uma metanálise envolvendo 34 estudos de pacientes em terapia intensiva clínica e cirúrgica mostrou benefício do CGI na diminuição do risco de sepse, especialmente na população cirúrgica. Porém, não foi capaz de demonstrar um benefício claro do CGI sobre a mortalidade hospitalar. A metanálise confirmou um aumento de 5 vezes na incidência de hipoglicemia significativa nos pacientes submetidos ao CGI.[27] Outra metanálise de 26 ensaios clínicos, que incluiu os dados NICE-SUGAR, não mostrou benefício significativo do CGI e a incidência de hipoglicemia foi 6 vezes maior.[28]

CONTROLE GLICÊMICO INTRAOPERATÓRIO

A extrapolação da melhora nos resultados da unidade de cuidados intensivos para a sala de cirurgia parece ser um processo lógico. Um estudo observacional evidenciou que níveis glicêmicos elevados no intraoperatório foi associado a aumento de complicações cardiovasculares, neurológicas, renais e respiratórias. Porém, complicações infecciosas permaneceram inalteradas.[29] Uma análise retrospectiva da *Mayo Clinic* sugeriu que a hiperglicemia intraoperatória foi fator de risco para complicações pós-operatórias em pacientes submetidos à cirurgia cardíaca.[30] Este mesmo grupo, em um estudo prospectivo, avaliou o controle glicêmico intensivo intraoperatório.[31] Quatro-

Hiperglicemia no Paciente Crítico

centos pacientes de cirurgia cardíaca foram randomizados para receber infusão contínua de insulina para manter os níveis de glicose entre 80-100 mg/dL ou o tratamento convencional para manter os níveis de glicose de 200 mg/dL. Não houve redução no tempo de internação hospitalar, mortalidade, infecção do esterno, arritmias cardíacas, acidente vascular cerebral e insuficiência renal. Embora seja em um único centro com baixa mortalidade e não randomizando diabéticos e não diabéticos, o estudo questiona a utilidade do controle glicêmico intensivo intraoperatório em pacientes submetidos à cirurgia.

PROTOCOLOS DE INFUSÃO DE INSULINA

Alcançar o controle glicêmico ideal no período operatório e no paciente crítico é um desafio.[32] O controle metabólico em pacientes graves é dependente de múltiplos fatores. Estes incluem variações na ingestão de glicose, via de ingestão de glicose (enteral *vs.* parenteral), a absorção de glicose, secreção de insulina endógena, administração de insulina exógena, cinética de insulina basal, variações na sensibilidade à insulina e perturbações da ação da insulina nos órgãos.[33] No entanto, a literatura recente não respalda o controle glicêmico intensivo para alcançar normoglicemia (glicemia < 110 mg/dL) no período operatório ou em estados críticos. Desde a publicação do NICE-SUGAR, o intervalo glicêmico tolerado em pacientes críticos é 140-180 mg/dL. Atualmente, a conduta de manter os níveis de glicose inferior a 180 mg/dL é aceito pela maioria das sociedades que têm atualizado suas recomendações desde a publicação do NICE-SUGAR.

Em geral, a administração subcutânea de insulina não é recomendada para controle da glicemia no período peroperatório e/ou em pacientes graves. A absorção é imprevisível por causa da variabilidade na perfusão da pele.[34] Além disso, o início da ação de formulações subcutâneas pode ser variável e geralmente é muito lenta para produzir o efeito desejado em tempo hábil. Protocolos de infusão venosa de insulina são mais eficazes nos cuidados agudos. Os protocolos têm de ter uma meta glicêmica a ser alcançada (intervalo alvo de glicose), concentração de insulina a ser utilizada, forma de aferição da glicemia e taxa de variação glicêmica. Aspectos práticos do protocolo incluem: ordem simples para iniciar, facilidade de implementação e treinamento adequado do pessoal de enfermagem. Um protocolo de infusão de insulina escolhido para uma determinada instituição ou UTI deve ser testado e revisado nesse cenário. Além disso, o desenvolvimento de uma estratégia de segurança para a detecção, prevenção e tratamento de hipoglicemia é necessário.[15,35] Frequentemente esquecemos que a insulina é um dos medicamentos mais potentes e perigosos que administramos nos cuidados do paciente crítico cirúrgico e o erro na sua administração pode ser fatal.

REFERÊNCIAS BIBLIOGRÁFICAS

1. Umpierrez GE, Isaacs SD, Bazargan N et al. Hyperglycemia: an independent marker of in-hospital mortality in patients with undiagnosed diabetes. *J Clin Endocrinol Metab* 2002;87:978-82.
2. Norhammer A, Tenerz A, Nillson G et al. Glucose metabolism in patients with acute myocardial infarction and no previous diagnosis of diabetes mellitus: a prospective study. *Lancet* 2002;359:2140-44.
3. Vanhorebeek I, Langouche L, Van den Berghe G. Intensive insulin therapy in the intensive care unit: update on clinical impact and mechanisms of action. *Endocr Pract* 2006;12:14-21.
4. Van den Bergh G, Wouters P, Weekers F et al. Intensive insulin therapy in critically ill patients. *N Engl J Med* 2001;345:1359-67.
5. Akhtar S, Barash PG, Inzucchi SE. Scientific principles and clinical implications of perioperative glucose regulation and control. *Anesth Analg* 2010;110:478-97.
6. Egi M, Bellomo R, Stachowski E et al. Blood glucose concentration and outcome of critical illness: the impact of diabetes. *Crit Care Med* 2008;36:2249-55.
7. Van den Berghe G. How does blood glucose control with insulin save lives in intensive care? *J Clin Invest* 2004;114:1187-95.
8. Ata A, Lee J, Bestle SL et al. Postoperative hyperglycemia and surgical site infection in general surgery patients. *Arch Surg* 2010;145:858-64.
9. Hanazaki K, Maeda H, Okabayashi T. Relationship between perioperative glycemic control and postoperative infections. *World J Gastroenterol* 2009;15:4122-25.
10. King JT, Goulet JL, Perkal MF et al. Glycemic control and infections in patients with diabetes undergoing noncardiac surgery. *Ann Surg* 2011;253:158-65.
11. D'Ancona G, Bertuzzi F, Sacchi L et al. Iatrogenic hypoglycemia secondary to tight glucose control is an independent determinant for mortality and cardiac morbidity. *Eur J Cardiothorac Surg* 2011 Aug.;40(2):360-66.
12. Yakubovich N, Gerstein HC. Serious cardiovascular outcomes in diabetes: the role of hypoglycemia. *Circulation* 2011;123:342-48.
13. Siegelaar SE, Hermanides J, Oudemans-van Straaten HM et al. Mean glucose during ICU admission is related to mortality by a U-shaped curve in surgical and medical patients: a retrospective cohort study. *Crit Care* 2010;14:R224.
14. Whipple AO. The surgical therapy of hyperinsulinism. *J Int Chir* 1938;3:237-76.
15. Kavanagh BP, McCowen KC. Glycemic control in the ICU. *N Engl J Med* 2010;363:2540-46.
16. Krinsley JS. Glycemic variability: a strong independent predictor of mortality in critically ill patients. *Crit Care Med* 2008;36:3008-13.
17. Mackenzie IM, Whitehouse T, Nightingale PG. The metrics of glycemic control in critical care. *Intensive Care Med* 2011;37:435-43.
18. Karon BS, Boyd JC, Klee GG. Glucose meter performance criteria for tight glycemic control estimated by simulation modeling. *Clin Chem* 2010;56:1091-97.
19. Krinsley JS, Jones RL. Cost analysis of intensive glycemic control in critically ill adult patients. *Chest* 2006 Mar.;129(3):644-50.
20. Krinsley JS. Association between hyperglycemia and increased hospital mortality in a heterogeneous population of critically ill patients. *Mayo Clin Proc* 2003;78:1471-78.
21. Hoedemaekers CW, Pickkers P, Netea MG et al. Intensive insulin therapy does not alter the inflammatory response in patients undergoing coronary artery bypass grafting: a randomized controlled trial [ISRCTN95608630]. *Crit Care* 2005;9:R790-97.

22. Bilotta F, Spinelli A, Giovannini F et al. The effect of intensive insulin therapy on infection rate, vasospasm, neurologic outcome, and mortality in neurointensive care unit after intracranial aneurysm clipping in patients with acute subarachnoid hemorrhage: a randomized prospective pilot trial. *J Neurosurg Anesthesiol* 2007;19:156-60.
23. Bilotta F, Caramia R, Cernak I et al. Intensive insulin therapy after severe traumatic brain injury: a randomized clinical trial. *Neurocrit Care* 2008;9:159-66.
24. Brunkhorst FM, Englel C, Bloos F et al. Intensive insulin therapy and pentastarch resuscitation in severe sepsis. *N Engl J Med* 2008;358:125-39.
25. Arabi YM, Dabbagh OC, Tamim HM et al. Intensive versus conventional insulin therapy: a randomized controlled trial in medical and surgical critically ill patients. *Crit Care Med* 2008;36:3190-97.
26. Finfer S, Chittock DR, Su SY et al. Intensive versus conventional glucose control in critically ill patients. *N Engl J Med* 2009;360:1283-97.
27. Wiener RS, Wiener DC, Larson RJ. Benefits and risks of tight glucose control in critically ill adults: a meta-analysis. *JAMA* 2008;300:933-44.
28. Griesdale DE, de Souza RJ, van Dam RM et al. Intensive insulin therapy and mortality among critically ill patients: a meta-analysis including NICE-SUGAR study data. *CMAJ* 2009;180:821-27.
29. Quattara A, Lecomte P, LeManach Y et al. Poor intraoperative blood glucose control is associated with a worsened hospital outcome after cardiac surgery in diabetic patients. *Anaesthesiol* 2001;18:277-94.
30. Gandhi GY, Nuthall GA, Abel MD et al. Intraoperative hyperglycemia and perioperative outcomes in cardiac surgery patients. *Mayo Clin Proc* 2005;80:862-66.
31. Gandhi GY, Nuthall GA, Abel MD et al. Intensive intraoperative insulin therapy versus conventional glucose management during cardiac surgery. *Ann Int Med* 2007;146:233-43.
32. Lleva RR, Inzucchi SE. Hospital management of hyperglycemia. *Curr Opin Endocrinol Diabetes Obes* 2011;18:110-18.
33. Hovorka R, Chassin LJ, Ellmerer M et al. A simulation model of glucose regulation in the critically ill. *Physiol Meas* 2008;29:959-78.
34. Descachy A, Vugnat AC, Ghazali AD et al. Accuracy of bedside glucometry in critically ill patients: influence of clinical characteristics and perfusion index. *Mayo Clin Proc* 2008;83:400-5.
35. Goldberg PA, Siegel MD, Sherman RS et al. Implementation of a safe and effective insulin infusion protocol in a medical intensive care unit. *Diabetes Care* 2004;27:461-67.

Capítulo 27

INSUFICIÊNCIA SUPRARRENAL NO PACIENTE GRAVE

Flávio Eduardo Nácul
Renata Carnevale Carneiro
Diamantino Salgado

INTRODUÇÃO

A insuficiência suprarrenal é a situação clínica em que a produção de hormônios pela glândula suprarrenal é insuficiente para que células, tecidos e órgãos mantenham a homeostase. O presente capítulo tem como objetivo revisar a abordagem diagnóstica e terapêutica da insuficiência suprarrenal no paciente grave.

EIXO HIPOTÁLAMO-HIPÓFISE-SUPRARRENAL

As glândulas suprarrenais (ou adrenais) foram descritas, primeiramente, pelo anatomista Bartolomeu Eustachius, em 1552. Mas o papel funcional das glândulas suprarrenais foi descrito apenas no início do século XX pelo inglês Thomas Addison;[1] e o primeiro esteroide sintetizado para o tratamento da insuficiência suprarrenal ocorreu em 1937. O conceito de insuficiência suprarrenal (IS) no paciente crítico surgiu na década de 1970 e em 1976 o primeiro grande estudo de reposição de corticoide no paciente grave foi realizado.[2] Desde então, o assunto vem sendo motivo de grande discussão.

A produção de glicocorticoides é regulada pelo eixo hipotálamo hipofisário. Em indivíduos saudáveis, o cortisol é secretado de acordo com o ciclo circadiano e um sistema de *feedback* pode inibir ou estimular sua produção conforme estado metabólico do organismo. Infecção, trauma, dor, hipotensão arterial, hipoglicemia e outros sinais de estresse são detectados pelo sistema nervoso central e transmitidos para o hipotálamo a fim de que haja aumento da produção de cortisol. O sistema nervoso central aumenta a liberação de hormônio liberador de corticotropina (CRH) que circula até a hipófise anterior e estimula a liberação da corticotropina (ACTH). O ACTH, por sua vez, circula até a glândula suprarrenal onde estimula a produção de cortisol no córtex da suprarrenal, mais especificamente na zona glomerulosa. O cortisol plasmático inibe o eixo hipotálamo-hipofisário-suprarrenal por meio de um efeito *feedback* negativo na hipófise e hipotálamo.

O cortisol é o principal corticosteroide secretado no córtex da glândula suprarrenal. Sua ação é essencial, pois regula a transcrição de genes em todas as células humanas. O cortisol apresenta atuação no metabolismo de lipídios, proteínas e carboidratos além de atuar na resposta imunológica, produção de catecolaminas, manutenção do tônus vascular e na integridade e permeabilidade vascular. A deficiência de cortisol aumenta a morbimortalidade do paciente grave.[1,2] Andrógenios e aldosterona também são produzidos pela suprarrenal, porém, não sofrem influência do ACTH.

INSUFICIÊNCIA SUPRARRENAL EM PACIENTES GRAVES

Classificação e Prevalência

A insuficiência suprarrenal pode ser classificada como primária (disfunção suprarrenal), secundária (disfunção hipofisária) e terciária (disfunção hipotalâmica). A insuficiência suprarrenal primária é caracterizada pela destruição do córtex e da medula com consequente queda na secreção de cortisol, aldosterona, androgênios e adrenalina. Na insuficiência suprarrenal secundária e terciária ocorre redução na produção de ACTH com consequente diminuição da produção de cortisol, sem deficiência de aldosterona e hormônios sexuais.

Enquanto a insuficiência suprarrenal primária apresenta prevalência de um caso por 8.000 habitantes em países europeus[3], a incidência de insuficiência suprarrenal no paciente grave pode atingir 90%, dependendo do critério de diagnóstico utilizado (Quadro 27-1).

Quadro 27-1 Causas de insuficiência suprarrenal no paciente grave

Primária	Secundária
Infecção	**História de uso de corticoide**
• Tuberculose	**Sepse**
• Meningococcemia	**Doença hipotalâmica**
• HIV	• HIV
• Citomegalovírus	• Câncer
• Fungo	• Doença infiltrativa
• Sepse	• Sarcoidose
Trombose	• Histiocitose
• Heparina	• Hipofisite linfocítica
• Síndrome do anticorpo antifosfolipídeo	**Hipófise**
Hemorragia	• Tumor
• Coagulopatia	• HIV
• Coagulação intravascular disseminada	• Cirurgia
• Anticoagulante	• Irradiação
• Trauma	• Necrose e sangramento
Câncer	• Pós-parto
Adrenalite autoimune	• Traumatismo craniano
Drogas	
• Cetoconazol	
• Etomidato	

Fisiopatogenia

Durante diferentes condições agudas de estresse, sobretudo nos estados de choque, um conjunto de mecanismos endócrino-metabólicos são ativados com o objetivo de garantir adequado suprimento de oxigênio aos tecidos. Entre eles, a ativação do eixo hipotálamo-hipófise-suprarrenal (HHS) com resultante aumento dos níveis de cortisol que é essencial por garantir adequada atividade do sistema simpático, controle pressórico e uma correta modulação do sistema imunológico. Quando, por qualquer razão no funcionamento do eixo HHS, a produção de cortisol é insuficiente para atender a demanda funcional do organismo, cria-se uma condição patológica reconhecida como IS. Termos como IS relativa ou IS do paciente crítico, foram recentemente abandonados para a utilização do termo insuficiência suprarrenal relacionada com a doença grave (CIRCI – *Critical Illness-Related Corticosteroid Insufficiency*).[5]

Embora qualquer condição aguda grave possa cursar com IS,[6] pode-se dizer que sepse grave e choque séptico (decorrente da elevada prevalência e da gravidade) são os modelos mais estudados para o diagnóstico da IS. No paciente grave, a concentração de cortisol plasmático pode chegar a valores maiores do que 60 µg/dL.[7,8] Em estados inflamatórios graves como a sepse, a produção de citocinas pode inibir a formação e atuação do cortisol, influenciando tanto o eixo hipotálamo-hipofisário como, diretamente, a suprarrenal. As citocinas IL-6 e TNF-alfa inibem a produção hipofisária de ACTH e suprarrenal de cortisol[9] enquanto a IL-1 inibe a síntese de receptores de glicocorticoide.[10] Os pacientes com infecção apresentam aumento em até 20 vezes da corticostatina, peptídeo com potente ação anti-ACTH.[2]

A presença de IS nestes pacientes pode estar ligada à perpetuação do choque e da DMOS, por meio da produção de elevados níveis de óxido nítrico (NO), depressão miocárdica, deficiência de vasopressina, resistência periférica a catecolaminas. Todos estes fatores convergem para uma maior taxa de letalidade observadas nesses indivíduos.

Grande atenção vem sendo dada nas últimas décadas ao diagnóstico e o tratamento de disfunção suprarrenal na sepse. CIRCI deve ser entendida no contexto de disfunção multiorgânica, que ocorre nos estados inflamatórios, em particular na sepse. O eixo HHA pode ser comprometido em seus diversos níveis, desde o hipotálamo até mecanismos periféricos pós-receptores que levam à resistência aos hormônios esteroides, levando à disfunção do eixo em intensidade variável.

Apesar de estudos de necropsia realizados em indivíduos que morreram por choque séptico mostrarem que cerca de 30% apresentavam hemorragia ou necrose bilateral de suprarrenal, o mecanismo da insuficiência suprarrenal no paciente grave é provavelmente uma disfunção do eixo hipotálamo-hipófise-suprarrenal secundário ao aumenta da produção de citocinas.[11]

MANIFESTAÇÕES CLÍNICAS

As manifestações clínicas da insuficiência suprarrenal podem ser discretas e inespecíficas tornando o diagnóstico mais difícil. Fadiga, fraqueza, anorexia, perda de peso, náuseas, vômitos, diarreia e cólicas abdominais são algumas das manifestações encontradas. A presença de desidratação, hipovolemia, hipotensão postural, hiponatremia e hiperpotassemia estão relacionados com a deficiência de mineralocorticoide enquanto hiperpigmentação pode ocorrer quando ocorre aumento de corticotropina (ACTH). Perda de pelos está relacionado com a deficiência na produção de androgênios.

Muitas vezes, a insuficiência de suprarrenal só é detectada na crise suprarrenal. Ela ocorre em cerca de 9% dos pacientes com insuficiência suprarrenal em um período de 3-15 anos, podendo chegar a 21% no período de 35 anos.[9] Os sintomas são: choque, hiponatremia, hipoglicemia, hipotensão arterial, diminuição do nível de consciência podendo evoluir para coma e morte.

Nos pacientes críticos, sintomas e sinais podem ser frustros e o diagnóstico depende de alto índice de suspeição. Em geral, a presença de hipotensão persistente, necessidades crescentes de aminas ou dificuldade no desmame de vasopressores estão presentes. Outros achados que podem também ser encontrados são hipoglicemia, eosinofilia e hiponatremia.

DIAGNÓSTICO

A suspeita clínica de insuficiência suprarrenal deve ser confirmada com exames laboratoriais que podem incluir a dosagem de plasmática de cortisol e ACTH e testes do ACTH humano sintético (cortrosina). Outros testes, como da hipoglicemia insulínica, da metirapona e de autoanticorpos suprarrenais, são infrequentemente utilizados.

A dosagem de **cortisol plasmático** é de fácil execução, mas de difícil interpretação, especialmente nos pacientes graves. Nos pacientes ambulatoriais, a presença de concentrações de cortisol plasmático, colhidos entre 8 e 9 horas, inferiores a 3 µg/dL confirmam o diagnóstico de insuficiência suprarrenal enquanto valores acima de 19 µg/dL o excluem. Nos pacientes graves, os diferentes autores sugerem diferentes pontos de corte para o diagnóstico de insuficiência suprarrenal, sendo a maioria a favor do valor de 10 a 15 mg/dl. Por outro lado, os diferentes autores também sugerem diferentes pontos de corte para excluir o diagnóstico de insuficiência suprarrenal, sendo a maioria a favor do valor de 34 µg/dl.

Quando a dosagem de cortisol não for suficiente para estabelecer ou excluir o diagnóstico de insuficiência suprarrenal (p. ex.: valores entre 10 a 15 g/dL e 34 µg/dmL), sugere-se a realização do **teste da cortrosina**. O teste é realizado com a injeção intravenosa de 250 µg de ACTH humano sintético (cortrosina). O cortisol sérico é dosado antes e 30 e 60 minutos após a injeção. Uma concentração plasmática de cortisol pós-administração de cortrosina menor do que 20 µg/dL ou uma elevação do cortisol (delta cortisol) inferior a 9 µg/dl confirma o diagnóstico de insuficiência suprarrenal.

Insuficiência Suprarrenal no Paciente Grave

A dosagem da **concentração plasmática de ACTH** pode auxiliar na diferenciação entre insuficiência suprarrenal primária da secundária e terciária. A presença de dosagem aumentada de ACTH (> 100 pg/mL) confima a presença de insuficiência suprarrenal primária enquanto um ACTH sérico menor do que 20 pg/mL sugere insuficiência suprarrenal secundária ou terciária.

Cerca de 90% da quantidade total de cortisol circulante é ligado a proteínas (proteína ligadora de cortisol e albumina). Mas é apenas a sua forma livre que guarda propriedades biológicas. Diagnóstico de IS por meio da medida de cortisol total (fração ligada à proteína e à livre) pode hiperestimar a presença de IS em pacientes com condições agudas uma vez que fisiologicamente há redução nos níveis plasmáticos de proteínas de fase aguda, inclusive proteína ligadora de cortisol e albumina. Cortisol livre menor do que 2 µg/dL e a variação menor do que 3,1 µg/dL, após o teste da cortrosina, são os valores sugeridos para o diagnóstico de insuficiência suprarrenal no paciente crítico com hipoalbuminemia.[12]

No paciente grave, o diagnóstico de insuficiência suprarrenal é motivo de grande discussão, sendo que não existe um consenso sobre o melhor critério diagnóstico. É importante, também, ressaltar que o paciente crítico é bastante dinâmico em seu metabolismo e um teste que pode ser normal em um momento, pode-se tornar alterado após poucas horas.[14]

O exame inicial sugerido é a concentração de cortisol plasmático. Valores inferiores a 10 µg/dL sugerem o diagnóstico de insuficiência suprarrenal enquanto maiores que 34 µg/dL praticamente o afastam. Quando o cortisol sérico se encontra entre 10 µg/dL e 34 µg/dL, o teste da cortrosina está indicado. Se o teste da cortrosina mostar um delta cortisol inferior a 9 µg/dL, o diagnóstico de insuficiência suprarrenal está confirmado.

Por todas estas dificuldades, o diagnóstico de CIRCI não precisa de confirmação laboratorial para justificar o início de esteroides quando a suspeita clínica é forte.

TRATAMENTO

O entusiasmo na utilização de esteroides em pacientes críticos e, fundamentalmente, no choque séptico, foi recentemente reduzido após a publicação dos resultados negativos do estudo CORTICUS.[12] Porém, as várias limitações ligadas ao desenho do estudo fizeram com que os resultados não pudessem ser completamente extrapolados, incluindo potenciais vícios de seleção de pacientes, predomínio de pacientes cirúrgicos na população estudada, de modo que muitas dúvidas ainda persistem, considerando os aspectos diagnósticos, terapêuticos e mesmo com relação ao real papel dos esteroides nos pacientes graves e, principalmente, na sepse.

Metanálise de 12 estudos investigando doses moderadas de corticoide em pacientes com choque séptico revelou significante redução da mortalidade em 28 dias (37,5 *vs.* 44%, p = 0,02), redução da disfunção orgânica e tempo de permanência na UTI.[13]

Em 2010, um painel de especialistas concluíram que a despeito dos resultados negativos do estudo CORTICUS, as evidências sugerem que o uso de esteroides tem alta probabilidade (> 80%) de eficácia na reversão do choque e na redução de mortalidade.[14]

A última versão da campanha de sobrevivência à sepse, editada após os resultados do estudo CORTICUS, sugere reposição de doses moderadas de hidrocortisona a pacientes com choque séptico após ressuscitação volêmica e que cursem com necessidades crescentes de aminas.[15,16]

O protocolo de tratamento da insuficiência suprarrenal aguda ou crônica consiste na reposição de corticoides. Na crise suprarrenal, a dose recomendada é de 300 mg de hidrocortisona endovenosa ao dia, com redução gradativa da dose nas 72 horas subsequentes.

No choque séptico, uma vez decidido o início do tratamento com esteroides; hidrocortisona é a mais recomendada pelos seus efeitos glicocorticoide e mineralocorticoide. O tratamento deve ser iniciado com 200 a 300 mg diárias de hidrocortisona intravenosa (em infusão contínua ou fracionados em três a quatro doses ao dia) assim que existir a suspeita clínica de insuficiência suprarrenal sem necessidade de dosagem de cortisol ou da realização do teste da cortrosina durante aproximadamente 10 dias em doses progressivamente decrescentes. Reduzir progressivamente a dose (p. ex.: 300 mg ao dia por 3 dias, 200 mg ao dia por 3 dias e 100 mg ao dia por 3 dias).

CONCLUSÃO

No paciente grave, a insuficiência suprarrenal deve ser suspeitada em todo paciente com instabilidade hemodinâmica e necessidade de uso de aminas vasopressoras por um período superior a 12-24 horas. O tratamento baseia-se no uso de hidrocortisona em doses descrescentes por um período aproximado de 10 dias.

REFERÊNCIAS BIBLIOGRÁFICAS

1. Addison T. On the constitutional and local effects of disease of the suprarrenal capsules. *Med Classics* 1937;2:244-93.
2. Schumer W. Steroids in the treatment of clinical septic shock. *Ann Surg* 1976 Sept.;184(3):333-41.
3. Marik P, Zaloga G. Adrenal insufficiency in the critically Ill: a new look at na old problem. *Chest* 2002;122:1784-96.
4. Venkayesh B, Co-hen J. Adrenal insufficiency. In: O'Donnell J, Nácul F. (Eds.). Surgical intensive care medicine. New York: Springer, 2010. p. 399-406.
5. Farloni A, Lauretti S, de Bellis A *et al*. Italian Addison network study: update of diagnostic criteria for the etiological classification of primary adrenal insufficiency. *J Clin Endcrinol Met* 2004;89:1598-604.
6. Salgado DR, Verdeal JCR, Rocco JR. Adrenal function testing in patients with septic shock. *Crit Care* 2006;10(5):R1497.
7. Marik PE. The diagnosis of adrenal insufficiency in the critically ill patient: does it really matter? *Crit Care* 2006;10(6):176.

8. Pariante CM, Pearce BD, Pisell TL et al. The proinflammatory cytokine, interleukin-1α, reduces glucocorticoid receptor translocation and function. *Endocrinology* 1999;140:4359-66.
9. Annane D, Bellissant E, Bollaert P *et al.* Corticosteroids for Severe Sepsis and Septic Shock: a Systemic Review and Meta-analysis. *BMJ* 2004;328:480-84.
10. Gaillard RC, Turnill D, Sappino P et al. Tumor necrosis factor α inhibits the hormonal response of the pituitary gland to hypothalamic releasing factors. *Endocrinology* 1990;127:101-6.
11. Prigent H, Maxime V, Annane D. Clinical review: corticotherapy in sepsis. *Crit Care* 2004;8:122-29.
12. Hamrahian A, Oseni T, Arafah B. Measurements of serum free cortisol in critically Ill patients. *N Engl J Med* 2004;350:1629-38.
13. Annane D, Bellissant E, Bollaert PE *et al.* Corticosteroids in the treatment of severe sepsis and septic shock in adults: a systematic review. *JAMA* 2009 June 10;301(22):2362-75.
14. Moran JL, Graham PL, Rockliff S *et al.* Updating the evidence for the role of corticosteroids in severe sepsis and septic shock: a Bayesian meta-analytic perspective. *Crit Care* 2010;14(4):R134.
15. Sprung CL, Annane D, Keh D *et al.* Corticus Study Group hydrocortisone therapy for patients with septic shock. *N Engl J Med* 2008 Jan. 10;358(2):111-24.
16. Dellinger RP, Levy MM, Carlet JM *et al.* Surviving sepsis campaingn. *Crit Care Med* 2008 Jan.;36(1):296-327. Erratum in: *Crit Care Med* 2008 Apr.;36(4):1394-96.

Capítulo 28

HEMOTRANSFUSÃO

Marcos Miranda
Flávia Freitas Martins
Flávio Eduardo Nácul

INTRODUÇÃO

O sangue é o responsável por inúmeras funções vitais orgânicas. Destacam-se a oxigenação, hemostasia e seu papel na proteção imunológica e no equilíbrio acidobásico. Alterações importantes dessas funções (principalmente da oxigenação tecidual) podem indicar a necessidade de reposição do sangue e seus componentes pela hemotransfusão.

Apesar da hemotransfusão ser uma prática médica bem estabelecida há vários anos, estudos recentes têm reavaliado seus benefícios, riscos e indicações. Neste capítulo será apresentada uma revisão sobre a transfusão de concentrado de hemácias, plaquetas, plasma e crioprecipitado. O objetivo desta revisão é apresentar os parâmetros clínicos e laboratoriais que devem guiar a transfusão de hemocomponentes em pacientes críticos.

COLETA, PREPARO E ARMAZENAMENTO DOS HEMOCOMPONENTES[1]

Imediatamente após a coleta, o sangue deverá ser armazenado a 4 ± 2°C, exceto se for utilizado como fonte de plaquetas. Neste caso, deverá ser armazenado a 22 ± 2°C, até que as plaquetas sejam separadas, respeitando um período máximo de 8 horas.

Depois de coletadas, as bolsas de sangue total são processadas para separação e obtenção de componentes sanguíneos específicos.

A esterilidade deve ser mantida durante o processamento mediante o emprego de métodos assépticos. A transferência do componente de uma bolsa-satélite para a outra deve ser realizada em circuito fechado, garantindo-se, assim, a separação dos diferentes componentes sem contato com o exterior. Manipulações dos hemocomponentes que exijam a abertura do circuito devem ser feitas sob fluxo laminar.

Se o circuito for aberto durante o processamento e os componentes não forem utilizados, estes deverão ser descartados.

Os anticoagulantes deverão ser empregados conforme recomendação dos fabricantes das bolsas em função do volume de sangue a ser coletado. O anticoagulante mais utilizado é o citrato de sódio (atua quelando o cálcio). As formas ácido-citrato-dextrose (ACD) ou citrato-fosfato-dextrose (CPD) conferem ao sangue um pH ácido necessário a viabilidade das hemácias. A adição de adenina ao CPD (CPDA) permite maior tempo de estocagem com maior quantidade de hemácias viáveis.

COMPONENTE ERITROCITÁRIO

Concentrado de Hemácias

São os eritrócitos que permanecem na bolsa, depois que esta é centrifugada, e o *plasma rico em plaquetas* é extraído. A separação dos eritrócitos do plasma pode ocorrer em qualquer momento antes da data de expiração do sangue. Os concentrados de hemácias têm hematócrito entre 65 e 75% (bolsas com solução preservativa CPDA-1). Uma unidade de concentrado de hemácias (200-300 mL) aumenta o hematócrito, em média, em 3%.

Quando o meio conservante utilizado é o CPDA-1, há uma data de vencimento de 35 dias a partir da flebotomia e o conservado em soluções aditivas (SAG-M ou outras) de 42 dias.

Alguns concentrados de hemácias podem ser selecionados para obtenção de tipos especiais de componentes eritrocitários:

- *Concentrado de hemácias lavadas:* são obtidos após lavagens das hemácias com solução isotônica de cloreto de sódio com a finalidade de eliminar a maior quantidade possível do plasma sobrenadante. Pode conter quantidades variáveis dos leucócitos e plaquetas. Sua temperatura de armazenamento pode ser de $4 \pm 2°C$. A validade destes componentes expira 24 horas após sua obtenção. São indicadas em pacientes com história de alergia ou anafilaxia a proteínas do plasma (p. ex.: deficiência de IgA).

- *Concentrado de hemácias desleucocitado ou leucorreduzido:* são concentrados de hemácias dos quais foram retirados mais de 99,9% dos leucócitos originalmente presentes. Essa remoção é obtida através de filtros de leucócitos. Deve conter menos que 5×10^2 leucócitos por componente. São armazenados a $4 \pm 2°C$ e sua validade expira 24 horas depois de aberto o sistema. Se forem preparados em circuito fechado, sua validade é a mesma do sangue total que lhe deu origem. São destinados a pacientes que apresentam reações transfusionais febris não hemolíticas ou a pacientes que necessitarão de múltiplas transfusões (para evitar aloimunização anti-hLA).

- *Hemácias irradiadas:* são reservadas para os receptores imunodeprimidos (uso de poliquimioterapia, imunossupressores, AIDS e transplante de medula óssea) ou que receberão sangue doado por familiares (quando o receptor for parente em primeiro grau do doador) para reduzir o risco de doença do enxerto *vs.* hospedeiro. A irradiação atua destruindo os linfócitos T citotóxicos que poderiam proliferar e reagir contra os tecidos do receptor. Na verdade, todos os componentes celulares do sangue (concentrado de plaquetas e hemácias) devem passar por esse processo quando indicado. Concentrado de hemácias irradiado pode ser utilizado até, no máximo, 28 dias após a data da irradiação, desde que a validade original do componente seja respeitada.

Hemotransfusão

Outros tipos de componentes eritrocitários:

- *Concentrado de hemácias congeladas:* quando são conservados em temperaturas iguais ou inferiores a 65°C negativos, na presença de um agente crioprotetor (p. ex.: glicerol), a validade dos concentrados de hemácias congeladas é de 10 anos, a contar da data da doação do sangue. O método de preparação deve assegurar a recuperação de, pelo menos, 80% dos glóbulos vermelhos originalmente presentes na unidade. As hemácias podem ser congeladas dentro do período de até 15 dias depois da coleta do sangue apesar de o recomendável ser de até 6 dias. Quando os componentes forem descongelados devem ser transfundidos dentro de, no máximo, 4 horas, se ficarem armazenados a 22 ± 2°C, ou dentro de 24 horas, se ficarem armazenados a 4 ± 2°C. Decorrente do alto custo são principalmente indicadas na preservação de sangues raros.

- *Hemácias rejuvenescidas:* as hemácias podem ser rejuvenescidas até 3 dias após o seu vencimento, desde que tenham sido mantidas a 4 ± 2°C. O rejuvenescimento é feito por meio de um método que restabeleça os níveis normais de 2,3-DPG e ATP. Depois de rejuvenescidos, os glóbulos vermelhos podem ser transfundidos dentro das 24 horas.

O concentrado de hemácias tem sua indicação na elevação dos níveis de hemoglobina em pacientes anêmicos, corrigindo déficits da oxigenação tecidual. É amplamente utilizado, já que a anemia é uma alteração comumente encontrada em pacientes internados em unidades de terapia intensiva em que, aproximadamente, 95% dos pacientes apresentam redução da concentração de hemoglobina para valor abaixo do normal em seu 3º dia de internação.[2-6] De 20 a 50% de todos os pacientes internados em UTI e 85% daqueles que permanecem na UTI por período superior a 1 semana, recebem, ao menos, uma transfusão de concentrado de hemácias. Chama atenção que mais de 2/3 destas transfusões não estão relacionadas com perda aguda de sangue.[6]

A fisiopatologia da anemia no paciente crítico é multifatorial (Quadro 28-1), incluindo redução das concentrações de eritropoietina endógena secundária à inflamação, aumento da apoptose da medula óssea, oferta reduzida de ferro para a produção de hemoglobina, terapias de substituição renal e perdas de sangue (venopunção para coleta de exames, trauma, cirurgia, procedimentos invasivos ou sangramento oculto).

A deficiência de ferro é uma importante causa de anemia em pacientes críticos assim como uma deficiência funcional de ferro associada à inflamação e respostas de fase aguda. Hepcidina, um regulador da homeostase do ferro produzido no fígado, já foi reconhecido como um mediador importante da hipoferremia associada à inflamação, atuando como um contrarregulador da absorção intestinal de ferro e da sua liberação por macrófagos resultando em redução da sua disponibilidade.[7]

Alguns estudos têm demonstrado que a disfunção medular pós-choque com aumento da taxa de apoptose pode ser um mecanismo adicional para a anemia.[8]

Quadro 28-1 Causas de anemia em pacientes de terapia intensiva

Anemia crônica preexistente
Hemodiluição
Perda sanguínea por: • Cirurgia, trauma • Sangramento gastrointestinal • Outras fontes de sangramento • Coleta de exames • Procedimentos invasivos
Redução da hematopoiese por: • Redução da síntese de eritropoietina • Resistência à eritropoietina • Deficiência de ferro (real ou funcional)
Redução da vida das hemácias
Hemólise aumentada
Deficiências nutricionais

A transfusão de concentrado de hemácias tem como objetivo primordial aumentar a oferta tecidual de oxigênio no paciente crítico, porém, dados da última década mostraram que a hemotransfusão para tratamento de anemia em pacientes de terapia intensiva hemodinamicamente estáveis não está associada a melhor prognóstico. Na verdade, estratégias restritivas para transfusão de hemácias (hemotransfusão apenas considerada em pacientes com hemoglobina < 7 g/dL e mantida entre 7 e 9 g/dL) foram consideradas no mínimo tão eficientes e possivelmente superiores a uma estratégia mais liberal (hemotransfusão considerada em pacientes com hemoglobina < 10 g/dL e mantida entre 10 e 12 g/dL).[9] A exceção ficando por conta de pacientes com doença coronariana descompensada.[10]

Apesar de todo o conhecimento adquirido sobre a associação de hemotransfusão e desfecho clínico adverso o estudo CRIT publicado em 2004 revelou que muito pouco mudou na prática clínica diária e que estratégias restritivas ainda não são uniformemente aplicadas.[11,12] Este e outros estudos revelam que "hemoglobina baixa" ainda é, e de longe, a indicação transfusional mais comum, chegando a 90% dos casos.[6]

Além de todas essas considerações, é importante lembrar que os hemocomponentes são escassos e que sua utilização cada vez mais se aproxima do total disponível com projeções para um futuro bem próximo prevendo um déficit importante.

Sendo assim, seja por motivos relacionados com a segurança, economia e/ou falta de benefícios reais, diretrizes devem ser propostas e postas em prática para o uso mais racional dos hemocomponentes.

Hemotransfusão

COMPONENTE PLAQUETÁRIO

Concentrado de Plaquetas

Obtido após uma segunda centrifugação do sangue total (centrifugação intensa do *"plasma rico em plaquetas"* separando o concentrado de plaquetas e o "plasma pobre em plaquetas" (plasma fresco congelado). Também podem ser obtidos por aférese (plaquetoférese). Deve ser conservado a 22 ± 2°C e sob agitação contínua. Sua validade pode ser de 3 a 5 dias, dependendo do tipo de bolsa plástica utilizada. As plaquetas obtidas mediante procedimentos de aférese em circuito fechado têm validade de até 5 dias e exigem as mesmas condições de conservação que as plaquetas de sangue total.

O número de plaquetas presentes em cada unidade obtida a partir do sangue total é, em média, $5,5 \times 10.^8$ Já aquelas unidades obtidas por aférese contêm, em média, 3×10^{13} plaquetas. Assim, a administração de uma unidade de plaquetas (suspensa em um volume de 50-70 mL de plasma) aumenta a sua contagem sanguínea em 5.000 a 10.000/mL em um adulto de 70 kg.

Trombocitopenia é outro achado bastante comum em pacientes críticos e pode resultar de:

- Produção inadequada como resultado de radioterapia, quimioterapia, medicações, doenças crônicas (uremia, hepatopatia etc.).
- Aumento do consumo periférico ou destruição de plaquetas (coagulação intravascular disseminada, sepse, púrpura trombocitopênica trombótica, trombocitopenia induzida pela heparina).
- Diluição secundária à transfusão maciça.
- Sequestro (espenomegalia).

Alterações qualitativas (com disfunção plaquetária) também podem ocorrer. Estas alterações não são tão claras como as alterações quantitativas (numérica), mas podem ser a causa de sérias hemorragias. Estudos laboratoriais da função plaquetária podem ser diagnósticos.

A transfusão de plaquetas é utilizada para a profilaxia ou tratamento do sangramento associado às alterações quantitativas ou qualitativas plaquetárias.

Plaquetas desleucocitadas são plaquetas das quais foram retirados, por filtração, mais de 99,9% dos leucócitos originalmente presentes nos componentes. Um concentrado de plaquetas desleucocitado deve conter menos de 5×10^2 leucócitos. Sua validade é de 4 horas, quando preparados em sistema aberto. Se a preparação ocorrer em sistema fechado, a unidade conserva a validade original do concentrado de plaquetas.

Quando indicado, o concentrado de plaquetas pode ser irradiado (assim como o concentrado de hemácias), mantendo sua data de validade original.

PLASMA FRESCO CONGELADO

É o plasma separado de uma unidade de sangue total por centrifugação e totalmente congelado até 8 horas da coleta.

O plasma fresco congelado contém todos os fatores de coagulação, além das outras proteínas circulantes, como a albumina. Usualmente, 10-15 mL de plasma por kg de peso aumentam a concentração dos fatores de coagulação em 20%. Cada unidade de plasma fresco congelado possui, em média, 250-300 mL. Deve ser mantido constantemente em estado de congelamento a temperatura de 20°C negativos ou inferior e pode ser armazenado por um período de até 12 meses, a contar da data da flebotomia. Se a temperatura de estocagem for mantida constantemente a 30°C negativos, estes componentes têm a validade de 24 meses.

Consensualmente as indicações, mais importantes, da utilização de plasma são:

- Reposição de deficiência de fatores de coagulação para tratamento de sangramentos.
- Reversão do efeito anticoagulante da varfarina.
- Púrpura trombocitopênica trombótica (PTT).

O chamado plasma comum (ou plasma simples) é aquele cujo congelamento ocorreu após mais de 8 horas da coleta do sangue total que lhe deu origem. Também pode ser resultado da transformação de um plasma fresco congelado, cujo período de validade expirou. Não contém fatores de coagulação e, no passado, já foi utilizado como expansor plasmático. Pode ser conservado à temperatura de 20°C negativos ou inferior, durante 5 anos, a partir da data da flebotomia e por até 4 anos, se resultar de PFC cuja validade tenha expirado.

Já o plasma isento do crioprecipitado é aquele do qual foi retirado, em sistema fechado, o crioprecipitado. Deve ser congelado à temperatura de 20°C negativos ou menos, tendo assim a validade de 5 anos.

CRIOPRECIPITADO

Crioprecipitado é o precipitado branco insolúvel em frio formado quando o plasma fresco congelado é descongelado até 2-6°C. Ele é removido por centrifugação e separado em circuito fechado, recongelado (em até 1 hora após sua obtenção) e somente descongelado novamente imediatamente antes do uso. Deve ser mantido constantemente em estado de congelamento, à temperatura de 20°C negativos ou inferior, e pode ser armazenado por um período de até 12 meses, a contar da data da flebotomia. Se a temperatura de estocagem for mantida constantemente a 30°C negativos, este componente têm a validade de 24 meses.

O crioprecipitado contém fibrinogênio (em média 150 mg/dL), fatores VIII (no mínimo 80 unidades internacionais) e XIII, fator de von Willebrand e fibronectina. A quantidade de fibrinogênio encontrada no crioprecipitado é metade daquela encontrada no plasma fresco congelado, mas com um volume 10 vezes menor (30-50 mL).

Hemotransfusão

As principais indicações para o uso de crioprecipitado são:

- Nas reposições de fibrinogênio.
- Deficiências de fator XIII.
- Na doença de von Willebrand irresponsiva a desmopressina.
- Deficiências de fator VIII e na hemofilia.

RECOMENDAÇÕES PARA TRANSFUSÃO DE HEMOCOMPONETES EM TERAPIA INTENSIVA

Concentrado de Hemácias

Em 1942, Adams e Lundy propuseram a consagrada "regra 10/30" como uma sugestão de gatilho transfusional peroperatório em pacientes cirúrgicos de alto risco. Quase 7 décadas depois, o adequado manejo da anemia em pacientes críticos permanece controverso. No entanto, no decorrer de todos estes anos, dados experimentais e clínicos contribuíram em muito para o nosso entendimento da fisiologia da anemia (com importantes conceitos sobre o transporte/oferta de oxigênio) orientando mudanças em nossas práticas transfusionais.

Pacientes instáveis e com sepse grave ou pacientes cirúrgicos de alto risco podem beneficiar-se de um protocolo transfusional com base na medida da saturação venosa central sendo o gatilho *(trigger)* para hemotransfusão uma $SvcO_2 < 70\%$ (considerando Hct < 30%, Hb < 10 g/dL e um paciente já adequadamente ressuscitado hemodinamicamente).[11-17]

Em pacientes estáveis hemodinamicamente com défcts perfusionais resolvidos e na ausência de isquemia miocárdica, hipoxemia grave, hemorragia aguda, cardiopatias cianóticas ou acidose lática recomenda-se a adoção de uma estratégia restritiva com hemotrasfusão apenas quando a hemoglobina encontrar-se abaixo de 7 g/dL, almejando-se uma taxa de 7-9 g/dL em adultos.

Em pacientes com doença arterial coronariana níveis de hemoglobina que deveriam indicar a hemotransfusão ainda não estão bem definidos pela enorme quantidade de dados contraditórios na literatura.[10,18-25] Como a musculatura cardíaca apresenta alto metabolismo e normalmente a taxa de extração de oxigênio neste tecido é superior a 70% (em outros tecidos normalmente se situa entre 20 e 30%), fica restrita a possibilidade de incrementos desta extração serem utilizados pelo tecido como mecanismo de compensar a queda da oferta de oxigênio ao miocárdio. Em pacientes com coronárias normais, o desequilíbrio entre a oferta e o consumo miocárdico de oxigênio é compensado pela vasodilatação coronariana com aumento do fluxo sanguíneo, porém em coronariopatas, este mecanismo também se encontra prejudicado, explicando a necessidade de um gatilho transfusional diferente. Embora o real benefício da transfusão neste grupo de pacientes nunca tenha sido diretamente provado, as práticas transfusionais atuais terminam por aumentar o uso de concentrado de hemácias (CH) nestes pacientes com doença cardíaca isquêmica a ponto deste grupo específico ser responsável por 14,3% de todas as transfusões de CH realizadas.[6] A luz dos dados que hoje dispomos, podemos inferir, apenas, que normalmente não são necessários níveis de hematócrito maiores que 30% (podendo a hemotransfusão, nesse caso, aumentar a mortalidade), em pacientes com coronariopatia instável níveis próximos a 30% talvez fossem os mais indicados (principalmente para os pacientes que se apresentam com síndrome coronariana aguda com supra de ST, não ficando tão claro o benefício para aqueles com síndrome sem supra) e que pacientes com coronariopatia estável podem tolerar hematócritos de 25% sem a necessidade de hemotransfusão. A melhor abordagem desse grupo de pacientes com doença arterial coronariana provavelmente é a reavaliação constante do balanço entre a oferta miocárdica de oxigênio e a demanda (alterações dinâmicas do eletrocardiograma, ecocardiograma, saturação venosa de oxigênio etc.) hemotransfundindo quando a oxigenação for inadequada e a adoção de medidas não transfusionais não for possível ou não surtir efeito (p. ex.: redução da frequência cardíaca). Vale destacar, também, que muitas vezes essas alterações são reversíveis com práticas transfusionais mínimas (com um aumento de 1 a 2 g/dL da taxa de hemoglobina).[22]

CONCENTRADO DE PLAQUETAS

Quanto à transfusão de plaquetas, as diretrizes[26,27] recomendam sua administração quando sua contagem é inferior a 5.000/mm³ (ou 10.000/mm³ dependendo da referência adotada) independente da presença de sangramento ativo (profilática). Considera-se a transfusão com contagens entre 5.000-30.000/mm³ se existe um risco importante de sangramento. Transfunde-se de forma terapêutica nos casos de plaquetometria menor que 50.000/mm³ associados a sangramento. Contagens superiores a 50.000/mm³ são normalmente necessárias para cirurgias e procedimentos invasivos. De uma forma geral, a dose recomendada é de uma unidade a cada 10 kg de peso.

A transfusão de plaquetas está contraindicada na púrpura trombocitopênica trombótica (PTT), por aumentar a formação dos microtrombos.

Plasma Fresco Congelado

Há alguns anos um estudo prospectivo envolvendo 1.440 pacientes vítimas de trauma concluiu que a transfusão de plasma fresco congelado (PFC) está associada ao aumento do risco de falência orgânica múltipla após o trauma, mesmo quando os resultados são ajustados à idade, à gravidade e à quantidade de concentrados de hemácias transfundidos.[28] Recomendações são para a não utilização de PFC para o tratamento de alterações laboratoriais da coagulação sem a presença de sangramento ativo ou planejamento de procedimentos cirúrgicos ou invasivos. A criação de protocolos de uso empírico de PFC é vista com ressalvas e pode contribuir para o uso inadequado deste hemocomponente, por exemplo, a utilização de PFC durante a transfusão maciça de concentrado de hemácias na ausência de sangramento microvascular difuso não encontra respaldo na literatura.

Hemotransfusão

De forma geral é administrado da seguinte forma:

- Reposição de deficiência de fatores de coagulação para tratamento de sangramentos: normalmente utilizado nesse caso na presença de sangramento microvascular com INR ou relação do PTT excedendo 1,5. A dose recomendada para estes casos, de 10-15 mL/kg, é a dose necessária para se atingir 20 a 30% da concentração dos fatores de coagulação, sendo esta concentração suficiente para normalizar os testes de coagulação. Incluem-se nesta indicação, entre outros, os pacientes com insuficiência hepática, coagulação intravascular disseminada e coagulopatias hereditárias (com exceção da Hemofilia A).
- Reversão do efeito anticoagulante da varfarina em pacientes com sangramento ou que necessitam de reversão imediata (vitamina K necessita de, pelo menos, 6-12 horas para iniciar seu efeito). Dose recomendada: 5-8 mL/kg.

Por apresentar efeitos adversos, o uso de plasma comum e de plasma fresco congelado não deve ser utilizado para reposição volêmica.

Crioprecipitado

A maior vantagem do crioprecipitado sobre o plasma fresco congelado é o menor volume necessário de reposição, já que os fatores presentes são bem mais concentrados.

Atualmente, a maior indicação do crioprecipitado é a reposição de fibrinogênio estando sua administração formalmente indicada em pacientes que apresentam redução intensa do fibrinogênio (abaixo de 50 mg/dL) ou sangramento significativo associado à concentração de fibrinogênio inferior a 100 mg/dL. Tipicamente, a administração de uma unidade de crioprecipitado a cada 10 kg de peso aumenta a concentração de fibrinogênio plasmático em 50 mg/dL. A dose deve ser repetida até que o nível plasmático alcance 100 mg/dL.

Eventualmente, o crioprecipitado pode ser utilizado em pacientes com sangramento e deficiência do fator de von Willebrand. Nesses casos, a dose preconizada é diferente daquela para reposição de fibrinogênio: uma unidade a cada 5 kg de peso.

A reposição de fator XIII não indica o uso de crioprecipitado já que para isso basta uma unidade de plasma fresco congelado.

Na terapêutica da hemofilia A recomenda-se o uso de concentrados de fator VIII purificados ou de fator VIII recombinante, não se justificando o risco de uso de crioprecipitado nesses casos.

Como o crioprecipitado não possui fator V, quando o seu uso é indicado para a coagulopatia resultante da coagulação intravascular disseminada deve-se, concomitantemente, administrar plasma fresco congelado (Quadro 28-2).

Quadro 28-2 Resumo das recomendações para transfusão de hemocomponentes em terapia intensiva

Concentrado de hemácias	
Pacientes instáveis e com sepse grave ou pacientes cirúrgicos de alto risco	Podem beneficiar-se de um protocolo transfusional com base na medida da saturação venosa central sendo o *trigger* para hemotransfusão uma $SvcO_2 < 70\%$
Pacientes estáveis hemodinamicamente com déficits perfusionais resolvidos e na ausência de isquemia miocárdica, hipoxemia grave, hemorragia aguda, cardiopatias cianóticas ou acidose lática	Recomenda-se a adoção de uma estratégia restritiva com hemotransfusão apenas quando a hemoglobina encontrar-se abaixo de 7 g/dL almejando-se uma taxa de 7-9 g/dL em adultos
Pacientes com coronariopatia instável	Níveis próximos a 30% talvez fossem os mais indicados (principalmente para os pacientes que se apresentam com síndrome coronariana aguda com supra de ST, não ficando tão claro o benefício para aqueles com síndromes sem supra)
Pacientes com coronariopatia estável	Podem tolerar hematócritos de 25% sem a necessidade de hemotransfusão
Plasma fresco congelado	
Reposição de deficiência de fatores de coagulação para tratamento de sangramentos com INR ou relação do PTT excedendo 1,5	Dose: 10-15 mL/kg
Reversão do efeito anticoagulante da varfarina em pacientes com sangramento ou que necessitam de reversão imediata	Dose: 5-8 mL/kg
Não deve ser utilizado para reposição volêmica	
Concentrado de plaquetas	
Quando contagem é inferior a $5.000/mm^3$ independente da presença de sangramento ativo (transfusão profilática)	Dose: uma unidade/10 kg de peso
Considera-se a transfusão com contagens entre $5.000\text{-}30.000/mm^3$ se existe um risco importante de sangramento	
Transfunde-se de forma terapêutica nos casos de plaquetometria menor que $50.000/mm^3$ associados a sangramento	
Contagens superiores a $50.000/mm^3$ são normalmente necessárias para cirurgias e procedimentos invasivos	
Crioprecipitado	
Fibrinogênio abaixo de 50 mg/dL ou sangramento significativo associado à concentração de fibrinogênio inferior a 100 mg/dL	Administrar uma unidade a cada 10 kg de peso. A dose deve ser repetida até que o nível plasmático alcance 100 mg/dL

Hemotransfusão

RISCOS ASSOCIADOS À TRANSFUSÃO DE HEMOCOMPONENTES

Com o melhor controle sobre os bancos de sangue, a incidência de doenças virais transmitidas por transfusão caiu muito em vários países. Porém, outros riscos associados permanecem e não podem ser esquecidos. Estes outros riscos estão relacionados com fatores não infecciosos e defeitos/erros que ocorrem no processo como um todo. Significante é o potencial risco de fatores humanos envolvidos no processo de transfusão levarem à administração errada de hemocomponentes.[13,29]

Com o progresso da prevenção de transmissão de doenças virais, o erro humano tornou-se 100 a 1.000 vezes mais associado a eventos adversos relacionados com transfusão que a chance do paciente contrair HIV ou hepatites (Fig. 28-1).

TRALI (do inglês *Transfusion-related acute lung injury*) é uma importante e grave consequência da transfusão de componentes alógenos e se manifesta tipicamente por dispneia, taquipneia, febre e hipotensão podendo resultar em hipoxemia grave, necessidade de ventilação mecânica e eventual progressão para SARA.

Metanálise envolvendo 13.152 pacientes documentou associação entre hemotransfusão alogênica e significante aumento da infecção bacteriana pós-operatória.[30] Nesse mesmo trabalho, analisando-se o subgrupo de pacientes vítimas de trauma, o resultado foi o mesmo.

Em recente estudo, envolvendo pacientes cirúrgicos submetidos a cirurgia não cardíaca, a hemotransfusão associou-se com maior tempo de hospitalização pós-operatória e com maior número de complicações antes da alta. O risco de infecção da ferida operatória quase dobrou nos pacientes hemotransfundidos. Além disso, observou-se aumento da mortalidade a cada unidade de hemácias transfundida.[31]

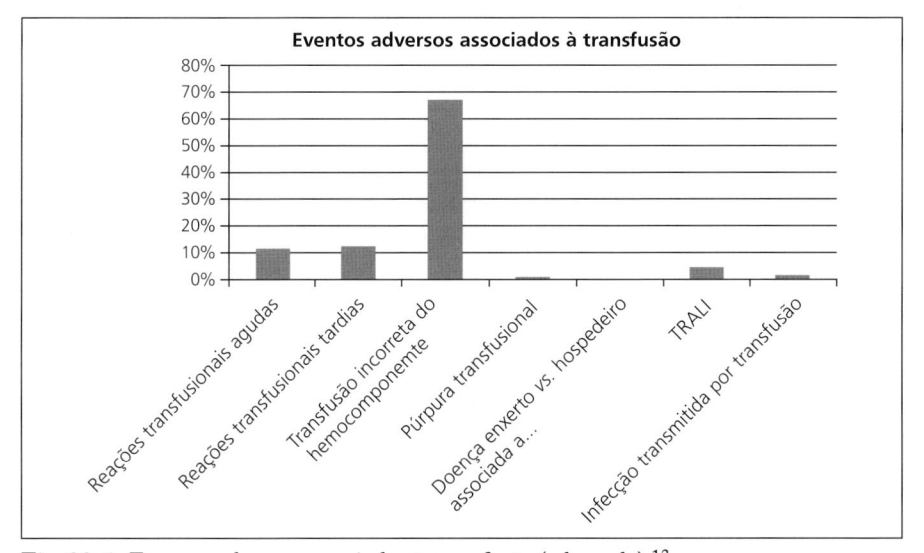

Fig. 28-1. Eventos adversos associados à transfusão (adaptada).[13]

Também já foi demonstrada a existência de associação estatística entre a transfusão e a diminuição de funções orgânicas, assim como entre a transfusão e o aumento da mortalidade.[2]

Análise secundária do estudo CRIT revelou aumento da incidência de pneumonia associada à ventilação mecânica em pacientes hemotransfundidos.[32]

Em outro estudo prospectivo, envolvendo 2.085 pacientes clínicos e cirúrgicos, observou-se aumento significativo do número de infecções nosocomiais, da mortalidade e do tempo de internação nos pacientes hemotransfundidos, sendo que o número de hemotransfusões foi fator de risco independente para a infecção nosocomial.[33]

Evitar transfusões desnecessárias, adotando-se uma estratégia restritiva, poderia reduzir a incidência de efeitos adversos.

Outra consideração a ser feita é que o objetivo final de aumento da oferta tecidual de oxigênio muitas vezes não é atingido. Isto ocorre por diversos mecanismos intrínsecos ao próprio concentrado de hemácias estocado como uma P_{50} reduzida e a perda de 2,3-DPG (ambas resultando em aumento da afinidade da hemoglobina pelo oxigênio e redução da capacidade de liberação do mesmo a nível celular).[34,35] Outro mecanismo importante é aquele relacionado com a alteração da biologia do óxido nítrico eritrocitário nas hemácias estocadas, o que acaba por levar à vasoconstrição, à agregação plaquetária e à oferta ineficiente de oxigênio aos tecidos.[36] Além disso, as hemácias estocadas passam por alterações morfológicas que, após 2 semanas do processamento, já resultam em redução da habilidade de circular pela microcirculação.[37,38] A hemólise das hemácias transfundidas resulta em hemoglobina livre assim como uma variada gama de substâncias biologicamente ativas que entram na circulação levando à resposta inflamatória e à vasoconstrição, reduzindo ainda mais a perfusão (Quadro 28-3).

ESTRATÉGIAS PARA REDUÇÃO DA NECESSIDADE DE TRANSFUSÃO EM TERAPIA INTENSIVA

A adoção de protocolos institucionais baseados em evidência é muito importante, assim como políticas mais rígidas de controle e auditoria.

Estratégias que reduzam a perda de sangue por venopunção para coleta de exames estão disponíveis e muitas vezes são simples como a coleta de pequenos volumes de sangue (sem desperdícios no processo) e uma política mais judiciosa na solicitação diária de exames diagnósticos. Sistemas fechados de coleta sanguínea também podem ser utilizados com este objetivo.

O uso de eritropoietina recombinante apesar de reduzir o número de unidades hemotransfundidas não alterou o desfecho clínico desses pacientes[39,40] e não foi recomendado como terapia padrão para anemia em pacientes sépticos pela última revisão do *Surviving Sepsis Campaign*.[41]

Estratégias peroperatórias como a pré-doação, hemodiluição normovolêmica aguda e uso da recuperação intraoperatória de sangue *(cell saver)*, apesar de promissoras quando adotadas em cirurgias de grande porte, não eliminam a necessidade de

Hemotransfusão

Quadro 28-3 Complicações relacionadas com a hemotransfusão

• Reações hemolíticas
• Reações alérgicas ou anafiláticas
• Reação febril não hemolítica
• Efeitos imunossupressores
• Transmissão de infecções
• TRALI
• Doença enxerto *versus* hospedeiro
• Intoxicação pelo citrato (anticoagulante) com hipocalcemia transitória e alcalose metabólica
• Hipotermia
• Hiperpotassemia
• Hipervolemia e congestão pulmonar
• Trombocitopenia e coagulopatia dilucionais
• Sepse bacteriana (classicamente *Yersinia enterocolytica*)

transfusão e carecem de mais estudos quanto ao seu papel nos desfechos morbidade e mortalidade.

O controle térmico peroperatório em pacientes cirúrgicos já se mostrou eficaz na redução de complicações hemorrágicas pós-operatórias por reduzir as alterações da coagulação secundárias à hipotermia. Desta forma, a adoção de medidas de conservação de calor e de aquecimento em pacientes cirúrgicos pode reduzir o uso de hemocomponentes.

Visando-se o uso judicioso dos hemocomponentes, a decisão de se transfundir um concentrado de hemácias deve sempre se basear em diversos aspectos (decisão multifatorial) combinando a clínica (sinais e sintomas examinados à beira do leito) com alterações laboratoriais que em última análise refletem alterações na oxigenação tecidual (no balanço entre a oferta e o consumo tecidual de oxigênio). Neste contexto, o valor da hemoglobina é nada mais do que um guia auxiliar, mas nunca determinante.

O uso de hemoderivados como substitutos do plasma fresco congelado e do crioprecipitado deve sempre ser considerado (Quadro 28-4). Ainda neste contexto, alguns pacientes com sangramento poderiam beneficiar-se do uso de fatores recombinantes (p. ex.: fator VII recombinante ativado, fator VIII recombinante) ou outros tratamentos (p. ex.: DDAVP, antifibrinolíticos, protamina) em substituição ao uso de hemocomponentes.

A real indicação do uso de concentrado de plaquetas, plasma fresco congelado ou crioprecipitado e a monitoração da resposta a esse uso pode ser mais bem avaliada com o uso da tromboelastografia reduzindo o uso desnecessário de hemocomponentes. O uso destes hemocomponentes, apenas quando fisiologicamente indicados, e

Quadro 28-4 Uso de hemoderivados como substitutos do plasma fresco congelado e do crioprecipitado

Hemoderivado	Conteúdo	Indicações/observações
Concentrado Protrombínico	Fatores II, VII, IX e X	Alternativa ao plasma para a reversão da anticoagulação oral. Permite a administração de menor volume além de possuir ação mais rápida. Associar 5 a 10 mg de vitamina K
Concentrado de Fibrinogênio	Fibrinogênio	Opção ao uso de crioprecipitado em pacientes com sangramento e nível plasmático de fibrinogênio < 100 mg/dL

não apenas para "tratar" um exame alterado, é de suma importância. Aqui, mais do que nunca, o tratamento/controle da causa base da discrasia é fundamental e muitas vezes mais importante do que o tratamento da própria discrasia.

PERSPECTIVAS FUTURAS

Nos próximos anos, esperamos novas descobertas no campo da medicina transfusional.

Já sabemos que a administração de hemocomponentes, que contém mediadores biológicos ativos, pode ser entendida como uma complexa "terapia imunomodulatória", de fato, algumas correlações já têm sido feitas entre o uso de concentrado de hemácias desleucocitados e melhores desfechos, particularmente no cenário da cirurgia cardíaca. A transfusão de concentrados desleucocitados neste grupo de pacientes resultou, em alguns estudos, em menor incidência de complicações infecciosas pós-operatórias associadas a mortalidade.[42-44] A expansão destes achados para outros grupos de pacientes ainda deve ser objeto de estudos.

Estudos que promovem a adoção de estratégias restritivas em cenários em que, sabidamente, a transfusão de hemocomponentes é maior, como na cirurgia cardíaca, pode dar-nos base científica para o uso cada vez mais limitado e racional destes hemocomponentes.[45]

Existe, também, muito espaço para pesquisas sobre a qualidade do sangue transfundido ("novo" × "velho") e seu papel no prognóstico dos pacientes.[46]

REFERÊNCIAS BIBLIOGRÁFICAS

1. Resolução – RDC nº 343, 13 Dez. 2002, publicada no DOU 17 Jan. 2003. Republicada por ter saído com incorreção no original publicado no DOU nº 245, seção I, p. 133, 19 Dez. 2002.
2. Vincent JL, Baron JF, Reinhart K et al. Anemia and blood transfusion in critical care investigators. Anemia and blood transfusion in critical ill patients. *JAMA* 2002;288:1499-507.

3. Corwin L, Parsonnet KC, Gettinger A. RBC transfusion in the ICU: is there a reason? *Chest* 1995;108:767-71.
4. Littenberg B, Corwin H, Gettinger A *et al.* A practice guideline and decision aide for blood transfusion. *Immunohematology* 1995;11:88-92.
5. Rodriguez RM, Corwin HL, Gettinger A *et al.* Nutritional deficiencies and blunted erythropoietin response as causes of the anemia of critical illness. *J Crit Care* 2001;16:36-41.
6. Wang JK, Klein HG. Red blood transfusion in the treatment and management of anaemia: the search for the elusive transfusion trigger. *Vox Sang* 2010;98:2-11.
7. Nemeth E, Rivers S, Gabayan V *et al.* IL-6 mediates hypoferremia of inflammation by inducing the synthesis of the iron regulatory hormone hepcidin. *J Clin Invest* 2004;113:1271-76.
8. Parreira JG, Rassian S, Poli de Figueiredo LF *et al.* Impact of shock and fluid ressuscitation on the morphology and apoptosis of bone marrow: an experimental study. *J Trauma* 2004;56:1001-8.
9. Hebert PC, Wells G, Blajchman MA *et al.* A multicenter, randomized, controlled clinical trial of transfusion requirements in critical care. Transfusicon Requirements in Critical Care (TRICC) Investigators, Canadian Critical Care Trials Group. *N Engl J Med* 1999;340:409-17.
10. David RG. Transfusion of packed red blood cells in patients with ischemic heart disease. *Crit Care Med* 2008;36:1068-74.
11. Corwin HL, Gettinger A, Pearl RG *et al.* The CRIT study: anemia and blood transfusion in the critically ill-current clinical practice in the United States. *Crit Care Med* 2004;32:39-52.
12. Shah JS, Hickey R. Anemia and blood transfusion in the critically ill: a decade without change. *Crit Care Med* 2004;32:290-91.
13. Williamson LM, Lowe S, Love EM *et al.* Serious hazards of transfusion (SHOT) initiative: analysis of the first two annual reports. *BMJ* 1999;319:16-19.
14. Adam RC, Lundy JS. Anesthesia in cases of poor risk. Some suggestions for decreasing the risk. *Surg Gynecol Obstet* 1942;74:1011-101.
15. Vallet B *et al.* Physiologic transfusion triggers. *Best Pract Res Clin Anaesth* 2007 June;21(2):173-81.
16. Rivers E, Nguyen B, Havstad S *et al.* Early Goal-Directed Therapy Collaborative Group. Early goal directed therapy in the treatment of severe sepsis and septic shock. *N Engl J Med* 2001;345:1368-77.
17. Vallet B, Robin E, Lebuffe G. Venous oxygen saturation as a physiologic transfusion trigger. *Crit Care* 2010;14:213-17.
18. Carson JL, Duff A, Poses RM *et al.* Effect of anaemia and cardiovascular disease on surgical mortality and morbidity. *Lancet* 1996;348(9034):1055-60.
19. Hebert PC, Yetisir E, Martin C *et al.* Is a low transfusion threshold safe in critically ill patients with cardiovascular diseases? *Crit Care Med* 2001;29:227-34.
20. Wu WC, Rathore SS, Wang Y *et al.* Blood transfusion in elderly patients with acute myocardial infarction. *N Engl J Med* 2001;345:1230-36.
21. Rao SV, Jollis JG, Harrington RA *et al.* Relationship of blood transfusion and clinical outcomes in patients with acute coronary syndromes. *JAMA* 2004;292:1555-62.
22. Spahn DR, Smith RL, Veronee CD *et al.* Acute isovolemic hemodilution and blood transfusion: effects on regional function and metabolism in myocardium with compromised coronary blood flow. *J Thorac Cardiovasc Surg* 1993;105:694-704.

23. Sabatine MS, Morrow DA, Giugliano RP et al. Association of hemoglobin levels with clinical outcomes in acute coronary syndromes. *Circulation* 2005;111:2042-49.
24. Yang X, Alexander KP, Chen AY et al. CRUSADE investigators: the implications of blood transfusions for patients with non-STsegment elevation acute coronary syndromes: results from the CRUSADE National Quality Improvement Initiative. *J Am Coll Cardiol* 2005;46:1490-95.
25. Singla I, Zahid M, Good CB et al. Impact of blood transfusions in patients presenting with anemia and suspected acute coronary syndrome. *Am J Cardiol* 2007;99:1119-21.
26. College of American Pathologists. Practice parameter for the use of fresh-frozen plasma, cryoprecipitate, and platelets. *JAMA* 1994;271:777-81.
27. American Society of Anaesthesiologists Task Force on Blood Component Therapy. Practice guidelines for blood component therapy. *Anesthesiology* 1996;84:732-47.
28. Johnson JL, Moore EE, Kashuk JL et al. Effect of blood products transfusion on the development of postinjury multiple organ failure. *Arch Surg* 2010;145:973-77.
29. Williamson LM, Cohen H, Love EM et al. The Serious Hazards of Transfusion (SHOT) initiative: the UK approach to haemovigilance. *Vox Sang* 2000;78(Suppl 2):291-95.
30. Hill GE, Frawley WH, Griffith KE et al. Allogenic blood transfusion increases the risk of postoperative bacterial infection: a meta-analysis. *J Trauma* 2003;54:908-14.
31. Bower WF, Jin L, Underwood MJ et al. Peri-operative blood transfusion increases length of hospital stay and number of postoperative complications in non-cardiac surgical patients. *H K Med J* 2010;16:116-20.
32. Shorr AF, Duh MS, Kelly KM et al. CRIT Study Group. Red blood cell transfusion and ventilator-associated pneumonia: A potential link? *Crit Care Med* 2004;32:666-74.
33. Taylor RW, O'Brien J, Trottier SJ et al. Red blood transfusions and nosocomial infections in critically ill patients. *Crit Care Med* 2006;34:2302-8.
34. Woodson RD. Importance of 2,3 DPG in banked blood: new data in animal models. *Prog Clin Biol Res* 1982;108:69-78.
35. Hogman CF, Knutsen F, Loof H. Storage of whole blood before separation: the effect of temperature on red cell 2,3 DPG and the accumulation of lactate. *Transfusion* 1999;39:492-97.
36. Schechter AN, Gladwin MT. Hemoglobin and the paracrine and endocrine functions of nitric oxide. *N Engl J Med* 2003;348:1483-85.
37. Fitzgerald RD, Martin CM, Dietz GE et al. Transfusion red blood cells stored in citrate phosphate dextrose adenine-1 for 28 days fails to improve tissue oxygenation in rats. *Crit Care Med* 1997;25:726-32.
38. Hovav T, Yedgar S, Manny N et al. Alteration of re cell aggregability and shape during blood storage. *Transfusion* 1999;39:277-81.
39. Corwin HL, Gettinger A, Rodriguez RM et al. Efficacy of recombinant human erythropoietin in the critically ill patient: a randomized double-blind, placebo-controlled trial. *Crit Care Med* 1999;27:2346-50.
40. Corwin HL, Gettinger A, Pearl RG et al. EPO Critical Care Trials Group. Efficacy of recombinant human erythropoietin in critically ill patients. *JAMA* 2002;28:2827-35.
41. Dellinger RP, Levy MM, Carlet JM et al. Surviving Sepsis Campaign: International guidelines for management of severe sepsis and septic shock: 2008. *Intens Care Med* 2008;34:17-60.
42. Blajchman MA. The clinical benefits of the leukoreduction of blood products. *J Trauma* 2006;60:S83-90.

43. Bilgin YM, van de Watering LM, Eijsman L *et al.* Is increased mortality associated with post-operative infections after leukocytes containing red blood cell transfusions in cardiac surgery? An extended analysis. *Transfus Med* 2007;17:304-11.
44. Bilgin YM, Brand A. Transfusion-related immunomodulation: a second hit in an inflammatory cascade? *Vox Sang* 2008;95:261-71.
45. Hajjar LA, Vincent JL, Auler JOC *et al.* Transfusion requirements after cardiac surgery. The TRACS Randomized Controlled Trial. *JAMA* 2010;304:1559-67.
46. Tsai AG, Hofmann A, Cabrales P *et al.* Perfusion vs. oxygen delivery in transfusion with "fresh" and "old" red blood cells: the experimental evidence. *Transf Apheresis Sci* 2010;43:69-78.

Capítulo 29

ANORMALIDADES DA COAGULAÇÃO EM PACIENTES CRÍTICOS

Rubens Carmo Costa Filho

INTRODUÇÃO

O sistema de hemostasia promove o equilíbrio dinâmico entre forças biológicas pró-coagulantes e anticoagulantes do organismo. Dele, nascem os processos pró-coagulantes (via intrínseca e extrínseca), que envolvem as proteínas da coagulação, sistema complemento, neutrófilos e plaquetas. Em contrapartida, as proteases inibidoras que participam dos processos de anticoagulação controlam várias etapas desta complexa cascata envolvendo inibidores plasmáticos, anticoagulantes naturais e a fibrinólise endógena (Quadro 29-1).[1] Em condições normais, estas forças se equilibram em uma hemostasia perfeita, o que em tese não perturbaria o fluxo sanguíneo natural, bem como a adequada oxigenação tecidual.[2] Quando este processo ocorre em um segmento vascular de maneira desregulada, ocorrem as tromboses e hemorragias.

O endotélio exerce uma influência determinante no equilíbrio entre forças coagulantes e anticoagulantes. Quando alterado, o endotélio funciona como elemento amplificador patológico dos distúrbios da coagulação/inflamação. As forças que desestruturam esta harmonia estão por trás de doenças graves, que podem levar a vários graus de coagulação intravascular disseminada dependendo do tempo, da intensidade e da natureza da agressão sistêmica. A sepse grave, trombocitopenia induzida pela heparina *(Heparin Induced Thrombocitopenia – HIT)*, síndrome antifosfolípide (SAF), síndromes mielodisplásicas (SMD), púrpuras trombocitopênicas trombóticas (PTT) e o trauma podem ser denominadas como causadoras dos trombo-hemorrágicos (Quadro 29-2). Todas estas situações podem iniciar, perpetuar ou amplificar fenômenos lesivos ao endotélio através de mecanismos diferentes.[3-6]

O grande desafio do intensivista atual é compreender a fisiopatologia do modelo celular da coagulação para que possa identificar e perceber o que estaria alimentando estas forças destrutivas.[5,6] A monitoração destes processos, além dos testes globais da coagulação, permite a ampliação das estratégias terapêuticas. Pretende-se, neste capítulo, descrever e ilustrar as bases fisiopatológicas modernas da coagulação que podem mudar o curso das doenças críticas mais comuns.

Quadro 29-1 Inibidores das proteases plasmáticas do sistema de contato da coagulação e fibrinólise endógena[1]

Inibidores	Concentração plasmática [nM]	Peso molecular [daltons]	Principal alvo enzimático
α1-antitripsina	45.000	55.000	Fator XI, Elastases
Antitrombina III	4.700	62.000	Fator IXa, Xa, Trombina
α2-macroglobulina	3.400	725.000	Kalicreína, Trombina e Plasmina
Inibidor do C1	2.300	105.000	Fator XIIa e Kalicreína
α2-antiplasmina	1.050	67.000	Plasmina
Heparina cofator II	600	65.000	Trombina
Inibidor do ativador do plasminogênio (PAI-1)	200	50.000	Ativador do plasminogênio tecidual (t-PA), uroquinase
Inibidor da proteína C (PAI-3)	10	53.000	Proteína C, kalicreína
Inibidor do caminho do fator tecidual (TFPI)	0,25	40.000	Fator VIIa (Fator Tecidual), Fator Xa (Fator Tecidual)

O maior inibidor do sistema de contato é o inibidor C1 que contabiliza cerca de 95% da capacidade inibitória plasmática para o Fator XIIa e mais de 50% na direção da kalicreína. A deficiência hereditária do inibidor C1 resulta em angioedema em vez da predisposição a sangramentos. A α1-antitripsina é o maior inibidor natural do Fator XIa, mas seu papel principal destina-se à inibição das elastases neutrofílicas. Sua deficiência resulta no enfisema, devido a seu efeito oponente às elastases do alvéolo pulmonar. A antitrombina é o maior inibidor dos fatores IXa, Xa e trombina. Embora sua presença neutralize 3 vezes a soma total de trombina gerada no sangue, seu decréscimo em cerca de 40 a 50% predispõe a processos trombóticos. Isto passa a ser relevante quando em situações de inflamação sistêmica, gera-se mais trombina e a síntese hepática de ATIII diminui assim como seu consumo. A α2-Macroglobulina é um inibidor secundário para muitas proteases da coagulação e enzimas do sistema fibrinolítico, que incluem a kalicreína, trombina e plasmina. Sua deficiência não está relacionada com distúrbios clínicos. A α2-antiplasmina é o inibidor primário da plasmina agindo para prevenir uma resposta fibrinogenolítica a estímulos injuriantes ao coágulo, e limitando a ação fibrinolítica da plasmina, permitindo que o tampão hemostático permaneça intacto até uma completa estabilização do coágulo. A ausência de sua ação favorece a dissolução do coágulo antes que ele se estabilize, provocando hemorragias. A deficiência de PAI-1 também contribui para tendência hemorrágica. Mais uma vez, diante de estímulos inflamatórios, há aumento do PAI-1 e do TAFI *(Thrombin-Activatable Fibrinolysis Inhibitor)* – (Inibidor da ativação da fibrinólise induzida pela trombina) uma carboxipeptidase que cliva o C-terminal dos resíduos de lisina que deriva das fibrinas, portanto, impede que o plasminogênio, plasmina e t-PA liguem-se às fibrinas, e promovam sua dissolução. Mais uma evidência de que nas inflamações há um desvio para que aconteçam os processos pró-coagulantes.

Anormalidades da Coagulação em Pacientes Críticos

HEMOSTASIA SOB A ÓTICA MOLECULAR DA COAGULAÇÃO

As vias intrínseca e extrínseca propostas por Davie[1] e Macfarlane,[7] tornaram-se, hoje, muito mais uma descrição esquemática e didática sobre coagulação do que sua explicação fisiológica. O modelo celular proposto mais recentemente reflete mais apropriadamente estes fenômenos.[6] O primeiro modelo em cascata descreve um desenho em forma de "Y", distintos entre vias "intrínseca" e "extrínseca" iniciados pelo Fator XII e pelo complexo fator tecidual (FT) – Fator VII (FT/FVII), respectivamente. Estas vias convergem em uma via comum por meio da formação do complexo protrombinase (FXa/FVa). No entanto, este esquema desenhado há mais de 40 anos não explica, literalmente, o processo de hemostasia *in vivo*. Suas limitações são destacadas por certas observações clínicas, descritas a seguir:

A) Os pacientes com deficiência dos fatores iniciais da via intrínseca, como o Fator XII, ou kininogênio de alto peso molecular *(High Molecular weigth Kininogen – HMK)*, ou a pré-kalicreína promovem um prolongamento do tempo parcial do tempo de tromboplastina ativada (PTTa), o que não gera tendência a sangramento, mas, ao contrário, uma predisposição à trombose.

B) Componentes da via intrínseca (como os Fatores VIII e IX) têm um papel fundamental na hemostasia, pois ausentes ou em baixa atividade (menor que 5%) levam a hemorragias (hemofilias), embora a via extrínseca esteja intacta.

C) Pacientes com deficiência de fatores VII, V e X – igualmente possuem uma tendência a desenvolver sangramentos importantes, embora a via intrínseca permaneça intacta.

D) Como o modelo em cascata explicaria a ativação dos fatores IX e XI pela trombina, se eles "precedem" sua geração?

Assim, estas duas vias não operam de forma independente como descritas no passado. Recentemente, Wolfram Ruf e Zaverio Ruggeri[8] descrevem outra maneira de compreender este processo, ao destacar a ativação da via intrínseca por microrganismos e lesão, como uma resposta imune ancestral adquirida dos invertebrados. Em contraste, o braço da via extrínseca é ativado pelo FT, também um membro dos receptores da família das citocinas. O FT expressado pelo endotélio das células vasculares após lesão, liga-se ao Fator VIIa para ativar o Fator Xa, montando um complexo ternário temporário (FT/FVIIa/FXa). Este complexo inicial no modelo celular é modulado pelo TFPI *(Tissue-factor pathway inhibitor)* (Quadro 29-1), um anticoagulante natural sintetizado pelas células endoteliais e os neutrófilos (Fig. 29-1). Os neutrófilos, por sua vez, que utilizam elastases e catepsinas para destruição de patógenos, desempenham um papel adicional, ao interromper a ação do anticoagulante natural TFPI. O TFPI forma um complexo ternário e temporário com os fatores da coagulação FT/VIIa/FXa – "aprisionando" o fator Xa. O excesso e o desequilíbrio destes fenômenos, como na sepse grave, agravam este processo, podendo levar a um estado protrombótico disseminado, principalmente porque o endotélio lesionado perde suas propriedades anticoagulantes como expressão de ADPases, PGI_2, e óxido nítrico (ON).

Quadro 29-2 Sangramentos e tromboses observados nas síndromes trombo-hemorrágicas complexas comumente observadas no cenário de terapia intensiva (adaptado de Warkentin)[4]

Desordem	Sangramento	Microtrombose	Macrotrombose
SMD	Mucosas, SNC, retina, retroperitoneal, pós-operatório, tecido profundo	PV e TE: intracraniana, isquemia digital, eritromelalgia	PV e ET: artéria cerebral (TIA e AVC) oclusão venosa da retina, trombose do seio venoso, coronária (IAM, TVP, EP, trombose mesentérica, veia hepática e sistema porta)
CIVD	Variável depende da causa	Variável, cerebral (estado mental), renal (oligúria), pele *(purpura fulminans)*: necrose de extremidades (deficiência de proteína C)	Variável, tromboses de artérias e veias de calibre grande com adenocarcinoma subjacente ou HIT, ou uso inapropriado de terapia trombolítica
Sepse	Associado à trombocitopenia e a distúrbios do PT e PTTa	Variável, disfunção orgânica necrose cutânea e extremidades	Incomum, exceto se coexistir com trombofilias hereditárias (isquemia/necroses extremidades dos membros
PTT-HUS	Usualmente não há sangramento, porém, existe a possibilidade de existirem petéquias e equimoses com a trombocitopenia	DOM (SNC, renal) decorrente de microagregados plaquetas e VWF	Ocasional em artéria cerebral (AVC em crianças quando presente a forma congênita)
HIT	Sangramento incomum, exceto durante terapia anticoagulantes	Usualmente associado à varfarina, raramente CIVD franca	TVP e EP, trombose de seio venoso cerebral, trombose arterial dos membros, cerebral (AVC), coronária (IAM), infarto suprarrenal hemorrágico
Necrose cutânea induzida por varfarina	Necrose precoce cutânea parece hematoma cutâneo	Trombose das vênulas intradérmicas (necrose de pele), gangrena de membros	Associada a grandes vasos venosos predispondo à trombose microvascular e necrose de extremidades

Anormalidades da Coagulação em Pacientes Críticos

SAF	Sangramento incomum; quando presente usualmente está associado à trombocitopenia, níveis baixos de fator II baixos, ou terapias anticoagulantes	Tromboses microvasculares com a possibilidade de desenvolvimento DOM em casos graves	Trombose venosa em locais incomuns (membros superiores, abdominal, renal e cerebral), EP, artérias cerebral (TIA e AVC) e coronária (IAM), isquemia retiniana, endocardite não bacteriana, infarto suprarrenal; perda recorrente fetal (infarto da placenta)

SMD = síndrome mielodisplásica; SNC = sistema nervoso central; PV = policitemia vera; TE = trombocitose essencial; TIA = ataque isquêmico transitório; AVC = acidente vascular cerebral; IAM = infarto agudo miocárdico; TVP = trombose venosa profunda; EP = embolia pulmonar; CIVC = coagulação intravascular disseminada; HIT = trombocitopenia induzida por heparina; PT = tempo de protrombina; PTTa = tempo de tromboplastina parcial ativada; PTT-HUS = púrpura trombocitopênica trombótica-síndrome hemolítica urêmica; VWF = fator de von Willebrand; DOM = disfunção orgânica múltipla; SAF = síndrome antifosfolípide.

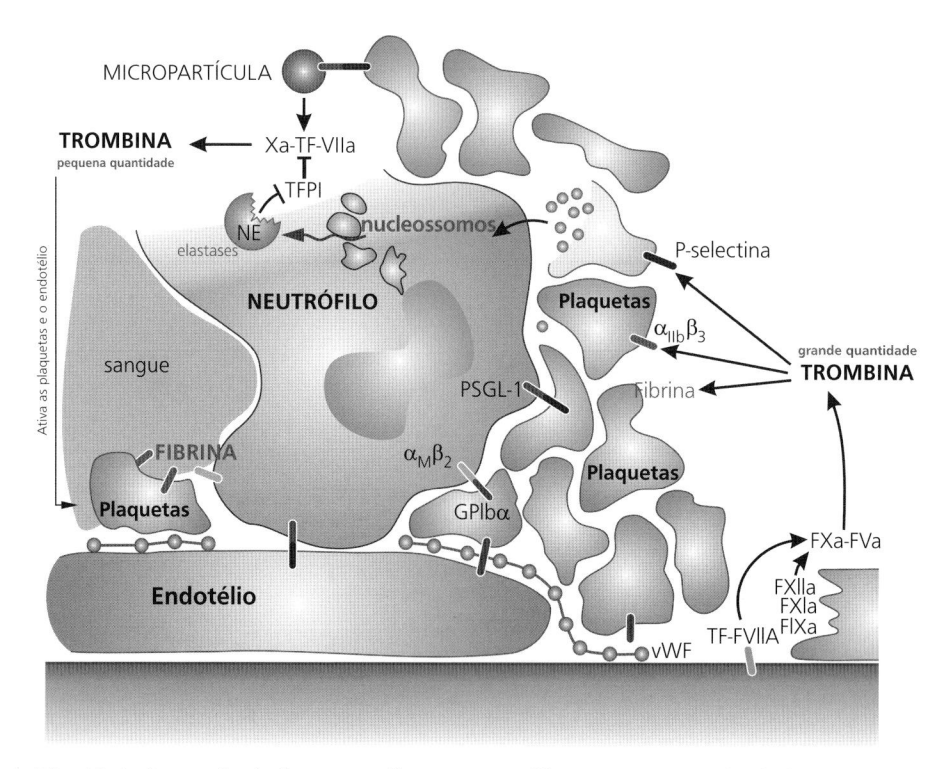

Fig. 29-1. A ação dupla dos neutrófilos: os neutrófilos possuem uma dupla função: 1. Promover a defesa contra patógenos. 2. Aumentar a intensidade dos processos trombóticos. Estas funções refletem a preservação evolucionária das espécies, em que a coagulação do sangue e a defesa antimicrobiana se relacionam. As enzimas liberadas dos neutrófilos fazem o endotélio perder, por exemplo, os glicosaminoglicanos, a trombomodulina (TM-uma glicoproteína de membrana endotelial), entre outros elementos anticoagulantes que compõem o glicocálix endotelial. Adicionalmente, as elastases neutrofílicas inativam o TFPI (inibidor do caminho do fator tecidual), um anticoagulante natural que mitiga o excesso de ativação do FXa e, portanto, diminui a formação de trombina. Sua inativação se faz em uma plataforma de nucleossomos (poliânions oriundos de fragmentos nucleares do DNA rompido), fundamentais para que o TFPI seja inativado. O coágulo formado evitaria a disseminação de infecção de patógenos através da circulação. Neste contexto, mais trombina é gerada pelos complexos tenase e protrombinase. Mais plaquetas se ativam, e mais micropartículas são lançadas na circulação. O excesso de trombina inibe a enzima metaloprotease (ADAMTS-13-A Disintegrin and Metalloprotease with Thrombospondin motif type 13), que tem como função a clivagem do vonWillebrand de alto peso molecular, vital à adesividade plaquetária pelo receptor GPIbα. Este segundo mecanismo produz mais intensa agregação plaquetária, forte estruturação de fibrinas e aumento do processo pró-trombótico. Estas interações são agravadas pelos estados de choque circulatório ou intensos processos inflamatórios.

Anormalidades da Coagulação em Pacientes Críticos

Por fim, o modelo centrado na célula ("celulocêntrico") da coagulação, proposto por Maureane Hoffman e Dougald Monroe, em 2001,[5,6] também não separa as vias extrínsecas e intrínsecas e pode ser descrito em três fases consecutivas – início, amplificação e propagação, utilizando as células que expressam o FT e as plaquetas para a estruturação destes complexos sobre suas membranas ricas em fosfolípides.

MODELO DA COAGULAÇÃO CENTRADO NA CÉLULA

As reações da coagulação têm como palco as membranas celulares ricas em fosfolípides, em vez de vesículas, como descritas nos laboratórios que realizam e analisam coagulogramas, como o tempos de protrombinas (TP) e o ensaios do tempo de tromboplastina parcial ativado (TTPa). O papel das células neste processo *in vivo* é de importância vital. A hemostasia requer a formação de um coágulo denso e impermeável constituído de plaquetas e fibrinas, no local da lesão, e adicionalmente, depende da presença de poderosas enzimas coagulantes que ativam este processo. Estes fenômenos estruturam-se sobre a superfície de membranas celulares, como as plaquetas e o endotélio vascular. As plaquetas gerando ações pró-coagulantes, e o endotélio promovendo ações anticoagulantes naturais, em um equilíbrio perfeito.

O conceito do modelo celular é fundamentado na participação de dois tipos de células:

1. As chamadas células que apresentam e/ou expressam o fator tecidual (FT): fibroblastos, macrófagos, endotélio.
2. As plaquetas.

Segundo Schecter,[9] cerca de 20% do FT está disponível na superfície celular, 30% permanece dentro da célula e 50% está latente ou inativo nas células não vasculares, como as células musculares lisas, fibroblastos, placenta, células mesangiais renais, astrócitos. O ponto-chave é manter estas células não ativadas, sobretudo quando em contato com fluxo sanguíneo, até o momento de se conjugarem, ou se relacionarem diante um processo ativador (lesão). A ativação da coagulação ocorre secundariamente a um estímulo e desenvolve-se conforme as etapas descritas a seguir.

Fase 1 – Início da Coagulação

A fase inicial localiza-se sobre as membranas das células que expressam o FT, que normalmente ficam fora da luz do vaso (endotélio). O complexo FT/FVIIa/FXa ativa pequenas quantidades de fatores IX e X. O Fator Xa depois de ativado, liga-se ao cofator Va (existente na superfície das plaquetas) para montar o complexo protrombinase. O cofator Va surge da ativação parcial das plaquetas, oriundo dos grânulos α, no momento em que elas são ativadas quando se ligam aos componentes da matriz extracelular. Outra fonte da ativação do Fator V acontece pela ativação do Fator X, ou por proteases não coagulantes como as elastases e a catepsina G expressadas pelas células da linhagem monocitária.[10]

Pode-se descrever a fase do início da coagulação, nas nove etapas a seguir, cuja finalidade seria produzir um selante impermeável composto de fibrinas e plaquetas, no local da lesão e fundamentais para cessar sangramentos (Fig. 29-2).

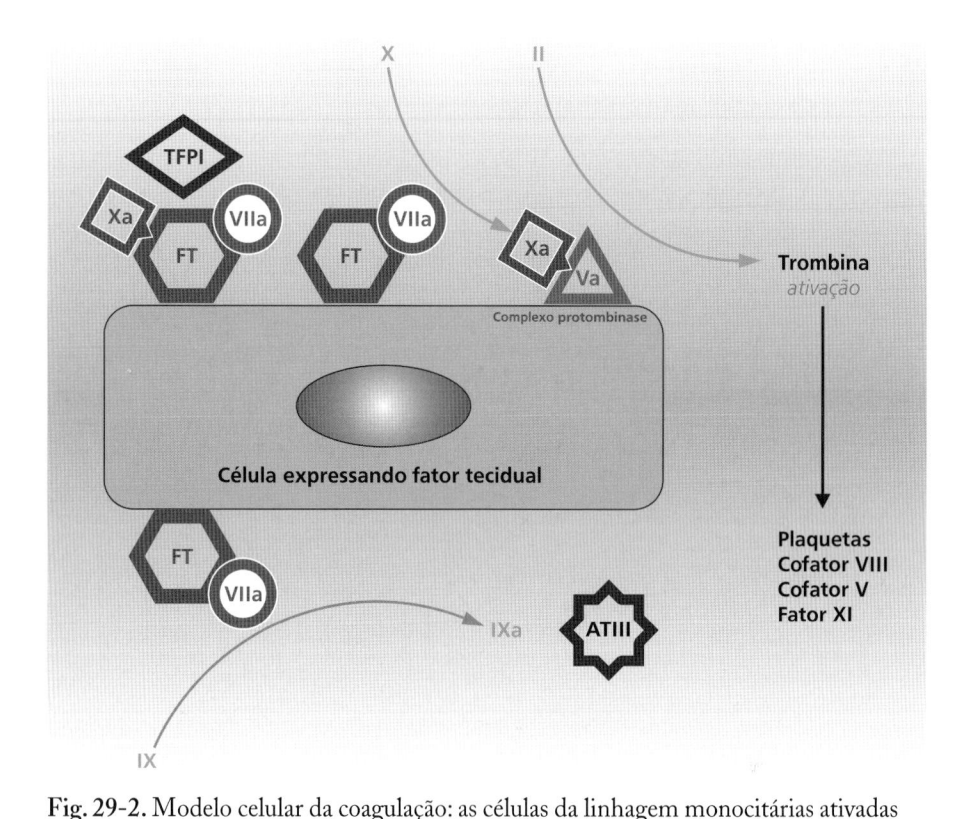

Fig. 29-2. Modelo celular da coagulação: as células da linhagem monocitárias ativadas (por endotoxinas, complexos imunes, citoquinas, P-selectina e plaquetas) expressam o fator tecidual (astrócitos, células do músculo liso, células da epiderme, glomérulos renais, adventícia vascular e placenta). Forma-se uma pequena quantidade de fatores ativados quando estas células não vasculares são expostas aos fatores plasmáticos.
Uma pequena quantidade de trombina produzida nesta fase é crítica para amplificar a resposta procoagulante e, assim, garantir o início bem-sucedido da coagulação.
Uma vez formada a trombina, ela se liga aos receptores de alta afinidade (GPIb e PAR-1 (*Protease-Activated Protein Receptor-1*) que têm importância crítica para ativação das plaquetas, do Fator VIII, (liberando-o do fator vonWillebrand) e do Fator XI. Nesta fase, a inibição do Fator Xa pela ATIII é pouco afetada, principalmente quando próximo da superfície celular. O Fator IXa é pouco inibido pela ATIII e TFPI, ao contrário do Fator Xa, que distante da superfície celular é diretamente inibido pelo TFPI. O raio de ação do FX só é eficaz quando próximo da superfície da célula, diferente do Fator IX como mostrado na figura. Cerca de 20% do fator tecidual está disponível na superfície celular, 30% é intracelular e 50% está latente ou inativo nas células não vasculares.

Anormalidades da Coagulação em Pacientes Críticos

1. O FT é uma proteína transmembrana, que age como receptor e cofator do Fator VII que circula inativo em 99%.
2. O FT liga-se ao FVII, ativa-o em FVIIa para formar um complexo.
3. Uma vez formado o complexo FT/FVIIa – há a ativação dos fatores sanguíneos solúveis X e IX (ainda zimogênios), que em seguida se associam aos seus cofatores (V e VIII respectivamente) sobre as membranas celulares (fosfolípides), para formarem os complexos mais poderosos da natureza, no que cerne a geração de trombina. Atualmente sabe-se que eles funcionam sinergicamente, diferente do que se imaginava nos anos 1960.[1,7]
4. Ativados, os FIXa e FXa, apresentam diferentes funções. O FXa, localizado na superfície das membranas, é relativamente protegido da inativação dos inibidores das proteases plasmáticas (Quadro 29-1),[11] mas quando ele se dissocia das células que apresentam os FT, como os monócitos, é rapidamente inibido na fase fluida sanguínea pelo anticoagulante natural inibidor da via do fator tecidual ou TFPI e antitrombina (ATIII).
5. O FXa ativado, liga-se ao seu cofator FV para formar o complexo protrombinase, que gera pequenas quantidades de trombina na vizinhança das células que expressam o FT.
6. O FIXa exerce um efeito pequeno sobre a região das células que expressaram o FT no local da injúria. Ele tem uma capacidade maior de se ligar às plaquetas, que se aproximam por difusão, ativando-as, e agregando-se ao cofator VIII formando sobre essas superfícies o complexo tenase, capaz de gerar uma ativação bem maior de FXa na vizinhança das plaquetas. Em contraste com o Fator Xa, o FIXa pode-se afastar mais livremente dos monócitos na fase fluida, porque não é inibido pelo TFPI, porém, também é inativado pela ATIII, só que mais lentamente do que acontece com o FXa.
7. O complexo FT/FVIIa ativa não somente o FX, mas também o FIX, o que sugere uma ligação da via intrínseca com a extrínseca. Este complexo é ativo em um nível maior fora do sistema vascular, como no sistema linfático. O FVII é provavelmente ligado ao FT no espaço extravascular mesmo na ausência de lesão, e os fatores IX e X podem ser ativados caso migrem para estes espaços.
8. Desta forma, o complexo FT/FVIIa permanece montado mesmo sem lesão. Pequenas quantidades de FXa e FIXa são sempre geradas ao seu redor e em uma quantidade menor gera trombina. Para formar um coágulo selante, bastam quantidades maiores de zimogênios, normalmente trazidos pelas membranas das plaquetas ativadas no local do dano vascular, que sob a forma de fator VIII/vWF (complexos de fator VIII e vonWillebrand) produzem mais trombina que arranja rapidamente estes fenômenos.
9. O grande componente do processo hemostático é composto por plaquetas e FVIII ligado a multímeros grandes, Fator vonWillebrand (FvW). Estes componentes normalmente entram em contato com o vaso lesionado, aderindo ao colágeno, fibronectina e vitronectina, na superfície da lesão.

Fase 2 – Amplificação da Coagulação

Após uma formação de trombina em pequena quantidade, dá-se início a amplificação, cujo principal objetivo foca na ativação das plaquetas e mais geração de trombina. A trombina ali formada também ativa os cofatores V e VIII sobre sua superfície e o FXI localizado naquela vizinhança.

As etapas a seguir descrevem estes fenômenos (Fig. 29-3):

- A ligação das plaquetas ao FVW ou colágeno, torna-as ativadas parcialmente.
- A trombina que se forma resultante da expressão do FT/FVIIa não é suficiente para transformar o fibrinogênio solúvel em polímero de fibrinas (insolúvel), mas o bastante para ativar as plaquetas. A trombina é o maior ativador de plaquetas na natureza.
- A pequena quantidade de cofator Va necessária para se conjugar ao FXa, e formar o complexo protrombinase, é ativado pelo próprio FXa, na vizinhança das plaquetas, ou por outras proteases como as elastases e cathepsin G produzidas pelas células da linhagem monocitária ativadas pela própria trombina. Este sinergismo é uma prova de como os processos inflamatórios estão atrelados aos de coagulação.
- Pequenas frações de trombina, geradas pelas células que expressam o FT, servem para acelerar quatro processos:
    1. Ativar mais plaquetas.
    2. Ativar o cofator VIII e dissociá-lo dos multímeros do FVW, conjugados na superfície plaquetária.
    3. Ativar o cofator FV na superfície das plaquetas.
    4. Ativar o FXI.

Fase 3 – Propagação da Coagulação

A fase de propagação acontece com a presença de plaquetas completamente ativadas. A característica fundamental deste momento contempla a montagem de complexos e sinergismo de ações para promover uma explosão de trombina, que amplifica a hemostasia de acordo com as seguintes etapas (Fig. 29-3):

- O Fator IXa ativado na fase inicial liga-se ao cofator VIIIa sobre a membrana das plaquetas.
- Uma quantidade adicional de Fator IXa é ativada pela ação do Fator XIa, que está ligada a membrana plaquetária. O FIXa, formado na vizinhança da lesão, difunde-se em direção às plaquetas, sobretudo para liberar FVIII e FVW complexados e inativos na superfície de suas membranas.
- O FXI ligado na superfície das plaquetas é ativado pela trombina que ali se concentra, sem a necessidade da presença do FXIIa para ser ativado.[7,12]
- O Fator Xa se associa rapidamente ao FVa, formando o complexo protrombinase, que desencadeia uma explosão na produção de trombina de magnitude suficiente

Anormalidades da Coagulação em Pacientes Críticos

O FXI é ativado na superfície plaquetária pela trombina e funciona como um amplificador para ativação adicional do FX

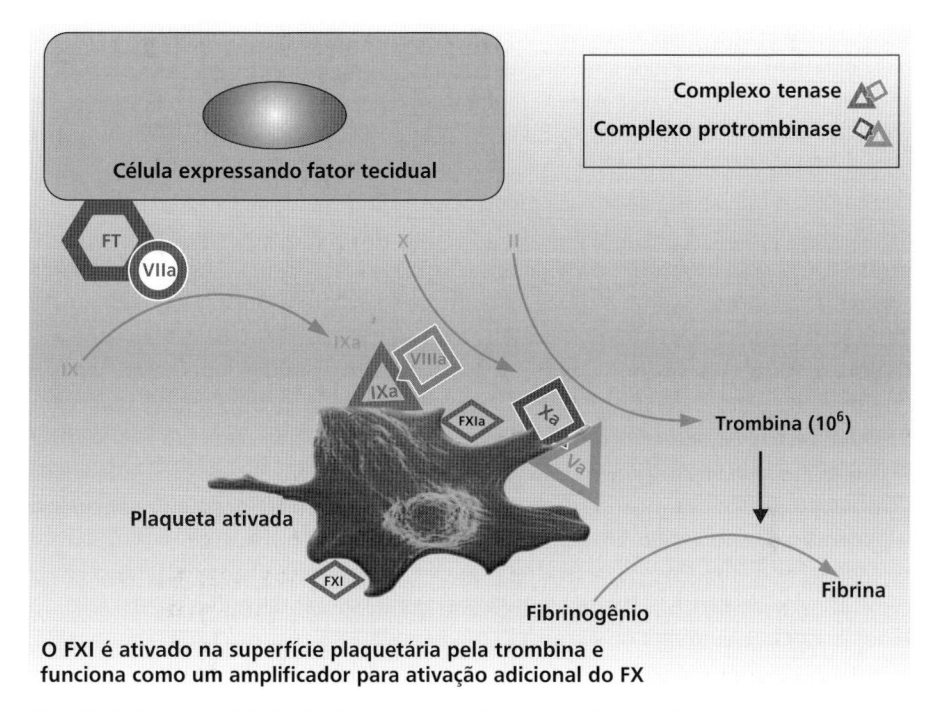

Fig. 29-3. Modelo Celular da Coagulação: sobre as membranas das plaquetas ativadas montam-se os complexos tenase e protrombinase. A geração de trombina é amplificada em uma grandeza de 10^6. A meia-vida da trombina é de ≈ 16 segundos. Somente com esta magnitude de produção de trombina pode-se obter uma hemostasia perfeita.
A interação entre plaquetas e montagem dos complexos tenase e protrombinase são os elementos-chave do modelo celular da coagulação para que as fibrinas se estruturem.

para coagular o fibrinogênio. A interação entre os quatro componentes do complexo protrombinase (Fator Xa, Fator Va, fosfolípides e cálcio), gera um aumento na taxa de ativação de protrombina cerca de 300.000 vezes, o que não se obteria isoladamente com o Fator Xa, ao seu substrato protrombina (FII), para gerar a trombina.

As plaquetas são as únicas células nas quais a propagação da coagulação acontece efetivamente, pois somente em sua superfície ocorre a montagem dos complexos protrombinase (FXa/FVa) e tenase (FIX/VIIIa) em larga escala. Este conceito do modelo da cascata da coagulação sugere que as vias intrínsecas e extrínsecas serviram para o entendimento de uma dinâmica de interações de fatores de acordo com uma época (anos 60).[1,7] Atualmente, o Fator XII ou seus cofatores, (pré-kalicreína e kininogênio de alto peso molecular) da via intrínseca, não parecem necessários para a hemostasia. Maureane Hoffman[6] considera que os mais importante componentes da via intrínseca são o FXI e os complexos tenase (FIXa/VIIIa) e protrombinase (FXa/Va). Porém, ativação e montagem devem ocorrer sobre as membranas de plaquetas, com presença de cálcio, para gerar quantidade de trombina suficiente, para que as fibrinas se formem de modo bem estruturado. Este modelo conceitual deixa claro que na hemofilia A (deficiência do Fator VIII), por exemplo, a ativação adicional de FX é abolida na segunda fase da coagulação (amplificação) pela ausência da formação do complexo tenase (FIXa/FVIIIa) e por isto a geração insuficiente de trombina leva ao sangramento. Exames histológicos de coágulos de pacientes hemofílicos revelaram que as fibrinas estabilizam a porção periférica do tampão hemostático, enquanto na parte central do coágulo havia pouca ou nenhuma formação de fibrinas.[13] Estas observações sugerem que a formação de fibrinas na periferia do coágulo é menos dependente do Fator VIII do que na parte central, e que o coágulo para ser bem estruturado necessita de uma elevada produção de trombina. Outro aspecto relevante é que o Fator XI não é essencial para geração de trombina na superfície das plaquetas, mas serve como um mecanismo amplificador desta geração. O modelo celular explica por que a deficiência de Fator XI (hemofilia C) apresenta tão variáveis graus de sangramentos. As plaquetas de diferentes indivíduos manifestam diferentes montagens destes complexos em sua superfície, e daí, diferentes atividades do complexo tenase e pró-trombinase, mesmo na presença de níveis idênticos de proteínas pró-coagulantes e anticoagulantes. Elas mostram grande variabilidade na geração de trombina por depender da ativação do Fator X e pela ação direta do Fator XI.

PLAQUETAS

Em 1882, o patologista italiano Giulio Bizzozero,[14] denominado o "pai das plaquetas", descreveu este "novo elemento" morfológico do sangue com um diâmetro de 2 a 5 μm, espessura de 0,5 μm e volume cerca de 6 a 10 fentolitro.[15-17] As plaquetas possuem enorme importância aos fenômenos hemorrágicos e trombóticos[14,18] principalmente no modelo celular da coagulação. Seu principal papel fisiológico seria interagir com o endotélio lesado, ali se acumular para iniciar a coagulação do sangue e reparar a ruptura endotelial. Elas são ativadas ao contato imediato de substratos de colágeno, ou proteínas da matriz extracelular expostas na injúria endotelial. A aderência das plaquetas à estas estruturas, faz liberar mediadores solúveis de seus grânulos de armazenamento, aumentando recrutamento e agregação entre elas. Estes eventos são regulados por interações complexas que envolvem muitas famílias de moléculas, incluindo selectinas, integrinas, lípides e citoquinas (Fig. 29-4).[19]

As plaquetas são "células" anucleadas fundamentais para coagulação, com funções inflamatórias e regenerativas, capazes de influenciar as respostas imunes inatas e adaptativas (Fig. 29-5).[20,21]

A trombina é uma protease, fundamental como ativadora das plaquetas em sinergia com outros agonistas, como o ADP e tromboxane A2 (TXA2) e o colágeno exposto. A Trombina ativa o receptor de membrana plaquetário (*Protease-Activated Receptor – PAR*), promovendo o influxo intracelular de cálcio e diminuindo a síntese de AMP. Esta ativação permite com que a plaqueta modifique seu citoesqueleto e, por conse-

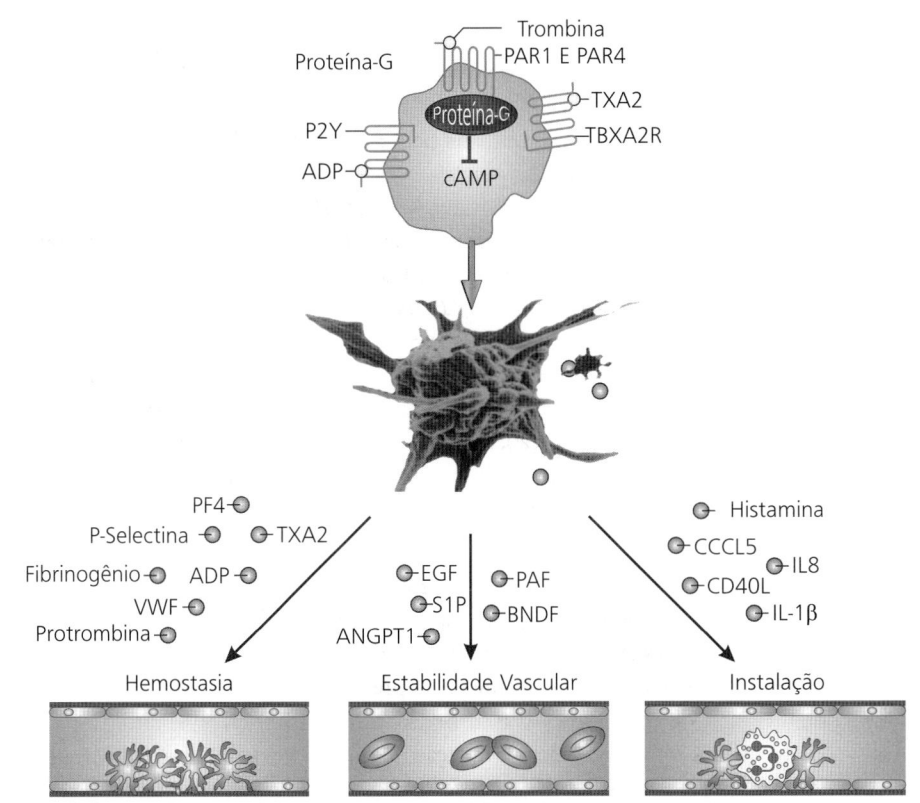

Anormalidades da Coagulação em Pacientes Críticos

Fig. 29-4. Ações biológicas das plaquetas. Como reguladora dos processos em hemostasia, estabilidade dos vasos e processos inflamatórios: fator de vonWillebrand (VWF), fator plaquetário-4 (PF4), tromboxano A2 (TXA2), receptor de tromboxane A2 (TBA2R), fator neutrofílico derivado do cérebro (BNDF – *Brain-Derived Neutrophilic Factor*) fator de crescimento epidérmico (EGF – *Epidermal Growth Factor*), esfingnosina 1-fosfato (S1P – *Sphingosine 1-Phosphate*), angiopoetina 1 (ANGPT1 – *Angiopoetin* 1) e o fator de ativação plaquetário (PAF – *Platelet-Activating Factor Acetylhydrolase*) e interleucinas inflamatórias = interleucina-8 (iL-8), IL-1β, C-C *motif chemokine* 5 (CCL5; também conhecido como RANTES), ligante CD40 (cD40L) (adaptada e modificada de Gay *et al.*).[17]

guinte, sua forma, o que maximiza sua capacidade de aderência durante a formação do coágulo. O tromboxano A2 (TXA2) liga-se a proteína G acoplada ao receptor P2Y e ao receptor de tromboxano A2 (TBA2R), com a finalidade de estimular a degranulação (exocitose), que cursa através dos canais OCS *(open canalicular system)*. Em última análise, os grânulos densos contêm agonistas que servem para amplificar a ativação plaquetária, e os grânulos α contêm substâncias que aumentam sua adesividade. As plaquetas ativadas podem promover a liberação dos corpúsculos de Weibel-Palade, levando à estimulação adicional de mais plaquetas e leucócitos, fazendo com que as histonas liberadas acelerem o processo da formação do trombo.[22-25]

As plaquetas também são responsáveis pela manutenção da fisiologia vascular, por promoverem uma estabilidade das junções endoteliais pela liberação do fator neutrofílico derivado do cérebro *(Brain-Derived Neutrophilic Factor – BNDF)*, fator de crescimento epidérmico *(Epidermal Growth Factor EGF)*, Esfingnosina 1- fosfato *(Sphingosine 1-Phosphate – S1P)*, Angiopoetina 1 *(Angiopoetin 1 –ANGPT1)* e o fator de ativação plaquetário *(Platelet Activating Factor – PAF)*.[26] Ao liberarem uma série de fatores relacionados com a inflamação são reconhecidas hoje como moduladoras da integridade endotelial, assim como o trânsito de informações entre as células circulantes do sangue e os locais de inflamação (Figs. 29-5 e 29-6). As plaquetas ativas, além de seus efeitos sobre a coagulação, também estimulam o endotélio a expressarem receptores para moléculas de adesão e citocinas, no sentido de promover um maior recrutamento dos leucócitos e sua infiltração, durante o processo de inflamatório.[17]

As ações das elastases em conjunto com as micropartículas decorrentes do processo inflamatório promovem um desequilíbrio na balança anticoagulante natural. Nas síndromes trombo-hemorrágicas, com a inflamação ampliada, o estado hipercoagulante predomina em sua fase inicial, com a injúria endotelial que perde sua propriedade anticoagulante, sobretudo pela menor expressão e destruição de uma importante glicoproteína de membrana, a trombomodulina (TM). A TM se liga a um excesso de trombina gerada na microcirculação. Este complexo TM/Trombina ativa outras substancias envolvidas na hemostasia como, por exemplo, a Proteína C (PC) ou o inibidor de fibrinólise ativado pela trombina *(thrombin activated fibrinolysis inhibitor – TAFI)*. A proteína C ativada (PCa), atua como anticoagulante com a finalidade desmontar os complexos tenase (FIXa/FVIIIa) e protrombinase (FXa/Va). O TAFI atua como antifibrinolítico, por inativar a ação da plasmina sobre a fibrina. As interações entre endotélio lesionado, plaquetas ativadas, neutrófilos e monócitos, e o excesso de trombina gerada, compõem as forças que amplificam os estados pró-coagulantes e, certamente, são agravadas na sepse grave, HIT, APS, entre outras (Quadro 29-2).

Reações biológicas, quando em excessivas e desorganizadas, produzem dano ao hospedeiro, sobretudo quando impedem o fluxo de sangue a áreas vitais. Massberg *et al.*[27] evidenciaram que o colágeno e as plaquetas ativadas promovem a ativação dos neutrófilos com a liberação dos nucleossomas e proteases. Este efeito inibe o anticoagulante natural TFPI, que tem a finalidade de bloquear a propagação de um estado protrombótico. Na sepse grave, por exemplo, há carência de TM no endotélio lesionado, que são destruídas pelas elastases neutrofílicas, o que faz comprometer muito a ativação da PC, importante substrato anticoagulante do complexo TM/trombina. Por haver uma diminuição de TM endotelial e PCa, dois anticoagulantes naturais imprescindíveis, intensifica-se o estado de hipercoagulabilidade. A Figura 29-6 descreve em resumo as múltiplas ações da trombina no contexto do modelo celular da coagulação, bem como nas desordens trombo-hemorrágicas.

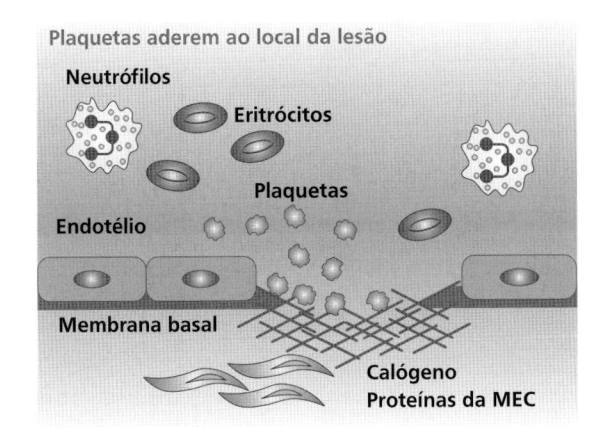

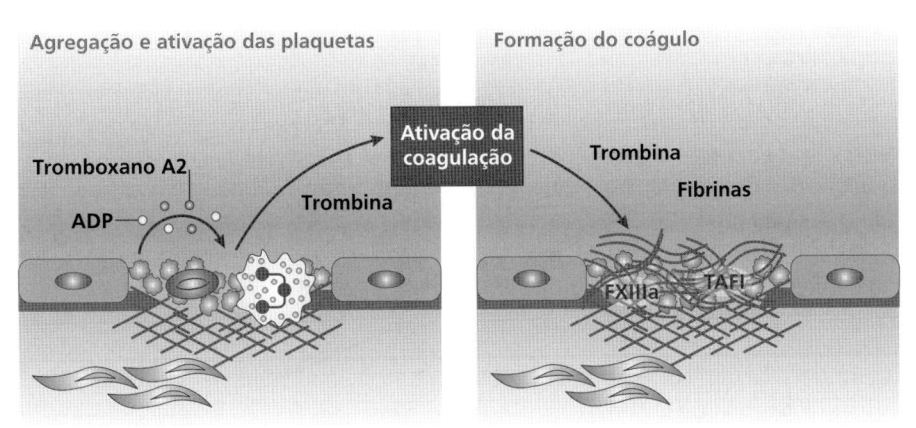

Anormalidades da Coagulação em Pacientes Críticos

Fig. 29-5. Mecanismo evolutivo da regeneração tecidual e hemostasia com ativação dos de uma hemostasia perfeita: o papel primário das plaquetas é promover a hemostasia. No entanto, sabe-se que sua presença promove uma propagação constante na produção de trombina, que desempenha um papel crucial na estruturação de uma coágulo perfeito, através de uma polimerização ideal de fibrina. A trombina também ativa o Fator XIII (uma transglutaminase) que estabiliza o coágulo e o TAFI (*Thrombin-Activatable Fibrinolysis Inhibitor* – Inibidor da Fibrinólise ativado por Trombina) que impede que a plasmina desmonte o coágulo formado. Portanto, quando a concentração de trombina é baixa, forma-se um coágulo muito mais suscetível à ação da plasmina, podendo acontecer ressangramentos em um período de 48 horas. Isto é observado nos hemofílicos, em que a geração de trombina é pequena.

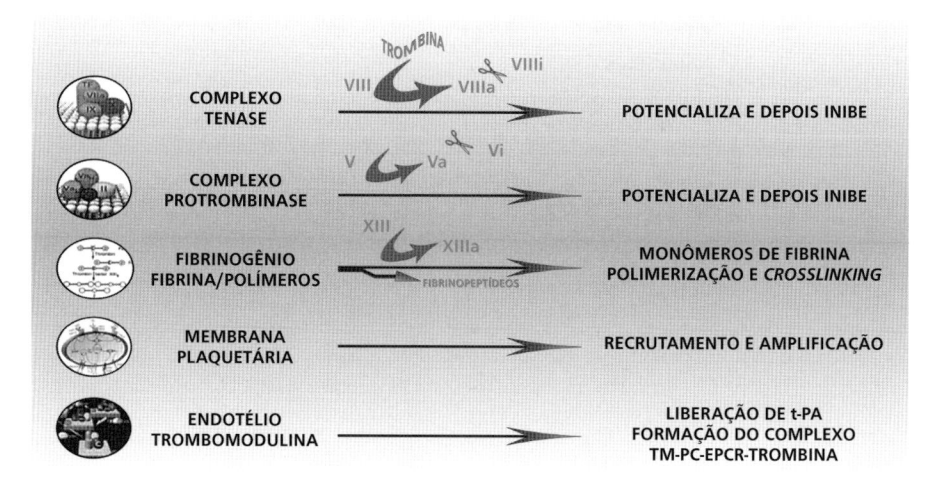

Fig. 29-6. As ações da trombina, no contexto do modelo celular da coagulação: a tesoura representa o inibidor anticoagulante natural proteína C. Associada à molécula de trombomodulina estas reações de clivagem dos complexos protrombinase e tenase são amplificadas. Ressalta-se que nos processos de inflamação e lesão endotelial há uma regulação à menor destas moléculas, tornando o processo pró-trombótico mais intenso. No desenho observa-se que as membranas recebem estes complexos. Na sepse, por exemplo, a glicoproteína de membrana trombomodulina é destruída pela lesão endotelial. A síntese de proteína C pelo fígado também é diminuída. As múltiplas ações da trombina resultam em tendências pró-coagulantes, potencialização das reações de estruturação da fibrina e ativação das plaquetas, com efeitos limitadores na dissolução do coágulo ao se conjugar TM-TAFI e, por último, a molécula de TM ao conjugar com a PC (proteína C) e faz ativar os mecanismos contrarreguladores de um processo pró-coagulante. A perda deste equilíbrio desenvolvem as manifestações clínicas observadas nas síndromes trombo-hemorrágicas descritas no Quadro 29-2.

TROMBOCITOPENIAS

As anormalidades da coagulação envolvendo as plaquetas (quantidade e função) são os distúrbios da coagulação mais comuns no ambiente de terapia intensiva. Cerca de 50% dos pacientes graves apresentam trombocitopenias,[28,29] na maioria das vezes relacionada com o emprego de medicações. A incidência de trombocitopenia dentro da UTI varia de 15 a 60%, sendo que esta variação deve-se a diferentes definições, populações estudadas e tempo de permanência nas UTIs (Fig. 29-7).[28,30] Muitas vezes, estas trombocitopenias não determinam sangramento, e outras vezes esta baixa contagem de plaquetas é artificial, especialmente quando elas se aderem aos neutrófilos, produzindo um fenômeno denominado de satelismo plaquetário, induzido pelo EDTA dos tubos de coleta. O satelismo é identificado pela análise da lâmina e contagem manual utilizando-se a câmera de Neubauer.[31] O método de excelência para contagem de plaquetas é o de contraste de fase manual, em que também existem limita-

Anormalidades da Coagulação em Pacientes Críticos

ções, como subjetividade, consumo de tempo e uma variabilidade interobservador de 10 a 25%.[31-34] Outra situação possível é a presença de trombocitopenia é mais intensa do que parece. Pela presença de partículas similares às plaquetas e que não podem ser discriminadas pelos equipamentos que fazem análise por impedância (Pentra-120) ou óptica (ADVIA 120 ou ADVIA 2120).[32] A presença destas interferências superestimam a contagem de plaquetas.[33,35] Portanto, diante de uma trombocitopenia, cabe ao intensivista conhecer qual o contexto da trombocitopenia e quais os instrumentos seu laboratório de referência utiliza. As transfusões de plaquetas são, habitualmente, praticadas quando a contagem está entre 5.000-30.000/mm^3. Para cirurgias ou procedimentos invasivos o limite de segurança fica acima de 50.000 mm^3. Porém, antes de decidir qualquer abordagem terapêutica frente a manifestações clínicas consequentes a uma trombocitopenia, deve-se considerar que a transfusão de sangue ou componentes pode ser mais deletéria do que resolutiva.[36-40]

COAGULOPATIAS DE CONSUMO EM UTI

A coagulopatia de consumo e seus sinônimos (coagulação intravascular disseminada – CIVD, distúrbios trombo-hemorrágicos consumptivos, desfibrinação) não deveria ser vista como um diagnóstico, mas como uma síndrome clinicopatológica. Esta síndrome é caracterizada por uma ativação endotelial sistêmica, envolvendo os processos de coagulação dependentes do fator tecidual e da atenuação das vias de anticoagulação, por deficiência dos anticoagulantes naturais proteína C, proteína S e antitrombina, favorecendo a ocorrência de tromboses, com depósitos de fibrinas na microcirculação. A heterogeneidade de suas manifestações clínicas, curso imprevisível, múltiplas formas de tratamento e comorbidades distintas, levam a enormes dificuldades de se conduzir ensaios clínicos, por isso seu manuseio acaba sendo individualizado. Assim como a anemia, as coagulopatias de consumo refletem o "resultado" de uma força motriz, geralmente uma doença muito grave, que pode ter um pano de fundo genético, doença adquirida, ou a interação dos dois componentes.

A ativação sistêmica da hemostasia em um cenário de doença grave, pode levar a um amplo espectro de manifestações, sejam elas mínimas e sem efeitos clínicos, ou graves e generalizadas associadas a difusas microtromboses ou hemorragias, que predispõem ao surgimento de disfunção orgânica múltipla.

Injúrias anatômicas limitadas podem consumir localmente os fatores da coagulação, como o aneurisma dissecante da aorta ou hemangiomas cavernosos gigantes (Síndrome de Kasabach-Merritt[48,49]) e levar a CIVD crônica muitas vezes latente. Cerca de 40% dos pacientes com aneurismas de aorta apresentam evidências laboratoriais de consumo, com elevado níveis de produtos da degradação da fibrina. A correção cirúrgica destes aneurismas de aorta costumam cursar com dramáticos episódios de hemorragias no período peroperatório por ter uma CIVD crônica latente.[50-53] O pré-tratamento destes casos com infusão de heparina e reposição dos fatores da

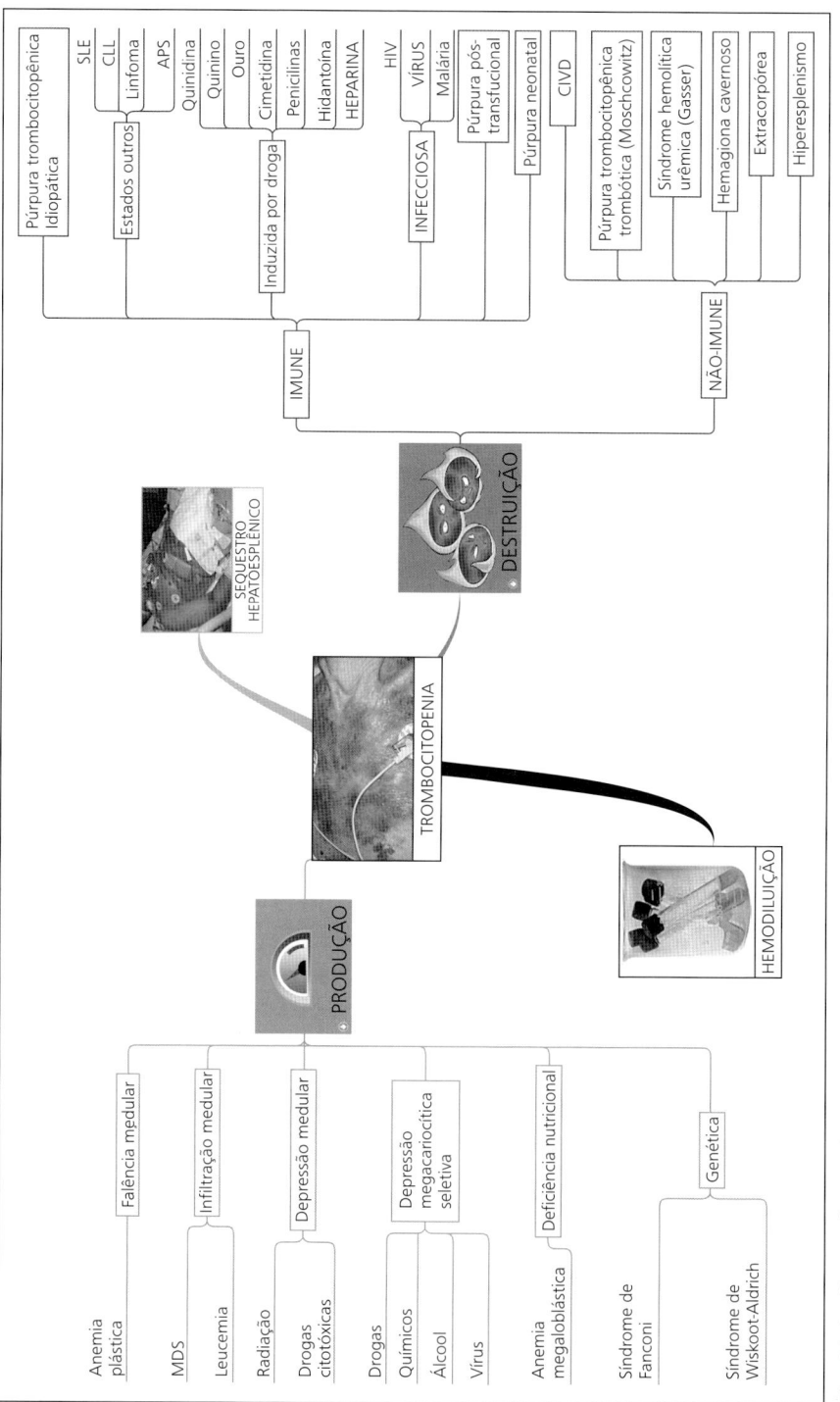

Fig. 29-7. Causas de trombocitopenias: as plaquetas basicamente se desequilibram em decorrência das alterações de produção, destruição, diluição e sequestro hepatoesplênico. A trombocitopenia pode coexistir com mais de uma causa nos pacientes críticos.

TROMBOCITOPENIA

PRODUÇÃO
- Falência medular
  - Anemia plástica
  - MDS
- Infiltração medular
  - Leucemia
- Depressão medular
  - Radiação
  - Drogas citotóxicas
- Depressão megacariocítica seletiva
  - Drogas
  - Químicos
  - Álcool
  - Vírus
- Deficiência nutricional
  - Anemia megaloblástica
- Genética
  - Síndrome de Fanconi
  - Síndrome de Wiskott-Aldrich

SEQUESTRO HEPATOESPLÊNICO

DESTRUIÇÃO

IMUNE
- Púrpura trombocitopênica Idiopática
- Estados outros
  - SLE
  - CLL
  - Linfoma
  - APS
- Induzida por droga
  - Quinidina
  - Quinino
  - Ouro
  - Cimetidina
  - Penicilinas
  - Hidantoína
  - HEPARINA
- INFECCIOSA
  - HIV
  - VÍRUS
  - Malária
- Púrpura pós-transfucional
- Púrpura neonatal

NÃO-IMUNE
- CIVD
- Púrpura trombocitopênica trombótica (Moschcowitz)
- Síndrome hemolítica urêmica (Gasser)
- Hemangioma cavernoso
- Extracorpórea
- Hiperesplenismo

HEMODILUIÇÃO

Anormalidades da Coagulação em Pacientes Críticos

coagulação, antes do procedimento cirúrgico corretivo, parece ter potencial para reduzir as complicações hemorrágicas e a isquemia orgânica.[54]

TROMBOCITOPENIA IMUNE INDUZIDA PELA HEPARINA

A trombocitopenia imune induzida pela heparina *(Heparin Induced Thrombocytopenia – HIT)* é um estado devastador protrombótico resultante de um efeito temporário das heparinas, especialmente das não fracionadas. Seu diagnóstico respalda-se em uma avaliação clínica de probabilidade da doença e testes laboratoriais. Mais recentemente, Cuker *et al.*,[11] em uma tentativa de mitigar o excesso de diagnóstico que estes testes podem promover, desenvolveram um modelo de diagnóstico pré-teste, denominado de *HIT Expert Probability Score – HEP Score* com base na opinião de especialistas, que poderia ser utilizado para guiar as terapias e as decisões clínicas (Quadro 29-4).

A administração de heparina pode deslocar o PF4 do endotélio e aumentar a sua concentração sérica de maneira a estimular a produção de anticorpos anti-heparina/PF4 que ativam as plaquetas e provocam um estado pró-coagulante que reverte com a suspensão do uso de heparina.[60,61] No início da terapia com heparina, pode surgir uma moderada diminuição da contagem de plaquetas, com concomitante aumento da ativação plaquetária.[57] Recentemente, Gao *et al.*[58] descreveram importantes observações relativas aos efeitos pró-agregantes dos anticoagulantes com elevada carga negativa, como as heparinas não fracionadas. A sinalização via complexo glicoproteína (GP) IIb/IIIa (integrina $\alpha IIb\beta 3$) induzida pela heparina não fracionada é mais intensa do que as heparinas de baixo peso molecular.[58] As heparinas de baixo peso molecular (HBPM) e a fondaparinux não induzem agregação ou secreção granular em si, porém, potencializam os efeitos das baixas doses de adenosina difosfato (ADP) à sua estimulação. Parece que quanto menor for a molécula, como fondaparinux e HBPM, menor seria sua capacidade de se ligarem a outras proteínas, além da antitrombina.[59] A ligação direta de heparina com o receptor plaquetário GPIIb/IIIa, promove uma ativação plaquetária mediada pela fosfatidil-inositol-3 quinase.

Como a HIT se manifesta clinicamente por trombose arteriais e venosas, desde os anos de 1970, foi estabelecido que o manuseio da HIT inclui a suspensão do uso de heparina associada à imediata anticoagulação com inibidores diretos da trombina, seja para tratar a HIT associada à tromboses estabelecidas ou na prevenção controle ou recorrência de novas tromboses.[62] Existem três tipos de anticoagulantes aprovados em várias partes do mundo para seu tratamento:

1. Danaproides.
2. Lepirudina.
3. Argatroban.

Opção mais recente para o tratamento da HIT em nosso mercado é a fondaparinux, um pentassacarídeo ligante da antitrombina (inibidor indireto da trombina), aprovado para tratamento e profilaxia de TVP. Esta heparina de peso molecular ultra-

Quadro 29-4 HEP Escore (adaptado de Cuker, A. et al.)[11]

Característica clínica	Escore
Magnitude da trombocitopenia	
• < 30%	-1
• 30-50%	1
• > 50%	3
Tempo na queda de contagem de plaquetas	
Quando HIT típica é suspeitada	
• Início da queda < 4 dias após exposição de heparina	-2
• Início da queda 4 dias após exposição da heparina	2
• Início da queda 5-10 dias após exposição de heparina	3
• Início da queda 11-14 dias após exposição de heparina	2
• Início da queda > 14 dias após exposição de heparina	-1
Quando pacientes são expostos previamente à heparina (até 100 dias)	
• Início da queda < 48 horas após reexposição de heparina	2
• Início da queda > 48 horas após reexposição de heparina	-1
Trombocitopenia mais baixa	
• $\leq 20 \times 10^9\ L^{-1}$	-2
• $> 20 \times 10^9\ L^{-1}$	2
Trombose – (selecionar somente uma opção)	
Quando HIT típica é suspeitada	
• Novo TEV ou TEA $\geq$ 4 dias após exposição de heparina	3
• Progressão ou preexistência de TEV ou TEA durante heparinização	2
Quando rápido início de HIT é suspeitada	
• Novo TEV ou TEA após exposição de heparina	3
• Progressão ou preexistência de TEV ou TEA durante heparinização	2
Necrose de pele	
• Necrose de pelo no local da injeção subcutânea da heparina	3
Reação sistêmica aguda	
• Reação sistêmica aguda após imediata injeção venosa de heparina	2
Sangramento	
• Presença de sangramentos, petéquias ou hematomas extensos	-1
Outras causas de trombocitopenia (selecionar todas que se aplicam)	
• Presença de trombocitopenia crônica	-1
• Nova trombocitopenia iniciada por medicação não heparínica	-2
• Infecção grave (sepse grave)	-2
• CIVD grave (definida como fibrinogênio < 100 mg dL^{-1} e Dímero D > 5 µg mL^{-1}	-2
• Dispositivo intravascular (p. ex.: BIA, VAD, ECMO)	-2
• *Bypass* cardiopulmonar dentro das 96 h prévias	-1
• Sem outra causa aparente	3

TEV = tromboembolismo venoso; TEA = tromboembolismo arterial; CIVD = coagulação intravascular disseminada; BIA = balão intra-aórtico; ECMO = oxigenação de membrana extracorpórea.

Anormalidades da Coagulação em Pacientes Críticos

baixo, assemelha-se aos danaparoides por ser de longa ação, precisar da AT para inibir a trombina (efeito indireto) e apresentar atividade antifator Xa. Provido de baixíssima reação cruzada aos anticorpos da HIT, tem sido considerado mais uma forma de tratamento para ela, com base em dois estudos canadenses que avaliaram somente 24 pacientes.[63,64] Os novos anticoagulantes orais foram testados *in vitro* em estudo recente, e não interagem com o PF4 ou anticorpos antiPF4/heparinas, tornando-os, também, atrativos como mais uma futura opção terapêutica no contexto de HIT.[65,66] No mercado brasileiro a fondaparinux já está disponível, assim como os novos anticoagulantes orais, todavia ainda não aprovados pela ANVISA para uso neste contexto.

Por último, é pertinente destacar que atualmente há um excesso deste diagnóstico, em decorrência de diversos ensaios imunológicos dependentes do PF4, da enorme sensibilidade destes testes, da grande quantidade de anticorpos detectados não relacionados com HIT e cerca de 50% dos pacientes de cirurgia cardíaca, que após circulação extracorpórea tornam-se positivos dentro da 1ª semana.[67,68] Os falsos diagnósticos e o laboratório errôneo estão conduzindo estes pacientes à maior exposição aos anticoagulantes alternativos, que além de elevarem os custos do tratamento, aumentam as complicações.[10,44,68,69] Curiosamente, não passam de 10% aqueles pacientes com suspeita de HIT e com o diagnóstico correto confirmado.[70,71]

MICROANGIOPATIAS TROMBÓTICAS ADQUIRIDAS

As duas formas mais comuns de microangiopatias trombóticas *(Thrombotic Microangiopaties – TMA)* são:

1. Síndrome hemolítica urêmica (SHU).
2. Púrpura trombocitopênica trombótica (PTT), descritas no passado como entidades distintas.

A PTT nos adultos caracteriza-se por deficiência grave de uma metaloprotease denominada de ADAMST-13 *(A Desintegrin and Metalloprotease with Thrombo Spondin 1-Like Domains)*, que leva a uma disfunção da clivagem do fator von Willebrand (FvW), usualmente por autoanticorpos. O acúmulo destes multímeros de alto peso molecular na microcirculação promove aumento das forças de cisalhamento *(shear stress)* com amplificação da agregação plaquetária e adicional fragmentação das células vermelhas, um ambiente propício à trombogênese na microcirculação, em especial arteríolas.[72] A PTT é caracterizada por febre, trombocitopenia, hemólise intravascular, fragmentos de células vermelhas que podem evoluir para a disfunção orgânica e sintomas neurológicos. A SHU, por outro lado, é uma doença heterogênea associada a infecção por microrganismos produtores de toxina, (*E. coli* 0157:H7 produtora de Shiga Toxina) e se apresenta, mais comumente, com insuficiência renal aguda e menos manifestações neurológicas (15 a 20%).[73,74] A diferenciação clínica destas duas entidades é difícil, principalmente pela enorme variabilidade da atividade da ADAMTS-13.

Por exemplo, na sepse grave há uma notada diminuição da atividade desta metaloprotease, enquanto outros autores também descreveram uma alteração importante da concentração da ADAMTS-13 na SHU.[75] A formação de trombose microvascular destas duas síndromes são similares, porém estas características patológicas não são específicas de PTT-SHU.[76] O termo microangiopatia trombótica – *(Thrombotic microangiopatic – TMA)* é um nome descritivo das anormalidades histológicas que são características da PTT-SHU. Alguns hematologistas preferem o termo TMA para todas as síndromes que podem ser descritas como PTT ou SHU.[77] A PTT tem sido um nome utilizado por anos para os adultos com anemia hemolítica microangiopática e trombocitopenia, com ou sem falência renal ou sintomas neurológicos e sem outra causa de TMA.[78]

O diagnóstico de PTT ainda é impreciso e complexo, bem como as indicações do tratamento com a plasmaférese ou corticoides. Antes da plasmaférese, a mortalidade desta síndrome beirava os 95%, enquanto, hoje, pode chegar a valores menores que 20%.[79]

CONCLUSÕES

Os eventos microtrombóticos são muito parecidos, no entanto, revelam-se cada vez mais complexos, sob a óptica de sua gênese, obrigando-nos a, cada vez mais, conhecermos os aspectos de diagnósticos precisos e monitorações confiáveis, destinadas a cada contexto clínico e do *expertise* de cada serviço. Neste mesmo sentido, deve-se entender as patologias que levam a sangramentos, não podendo deixar de se ignorar que embora todo sangramento seja igual, causas e hospedeiros são diferentes. A biologia molecular trouxe melhor compreensão da fisiopatologia de cada síndrome descrita neste capítulo. Embora o espectro clínico destas síndromes (TMA, CIVD, HIT, entre outras) possam parecer semelhantes, paulatinamente descortinam-se novas interações biológicas, que em um futuro próximo, produzirão melhores condições para diagnósticos precisos, prognósticos embasados, monitorações mais acuradas e, talvez, estratégias terapêuticas específicas.

REFERÊNCIAS BIBLIOGRÁFICAS

1. Davie EW, Ratnoff OD. Waterfall sequence for intrinsic blood clotting. *Science* 1964;145:1310-12.
2. Monroe DM, Hoffman M. What does it take to make the perfect clot? *Arterioscler Thromb Vasc Biol* 2006;26(1):41-48.
3. Marder TWV. Overview of complex thrombohemorrhagic disorders. In: Colman RW. (Ed.). *Hemostasis and thrombosis: basic principles and clinical practice*. 5th ed. Philadelphia: Lippincott Williams & Wilkins, 2006. p. 1553-56.
4. Warkentin TE. Think of HIT when thrombosis follows heparin. *Chest* 2006;130(3):631-32.
5. Monroe DM, Hoffman M, Roberts HR: Fathers of modern coagulation. *Thromb Haemost* 2007;98(1):3-5.

6. Hoffman M, Monroe DM, 3rd: A cell-based model of hemostasis. *Thromb Haemost* 2001;85(6):958-65.
7. Macfarlane RG. An enzyme cascade in the blood clotting mechanism, and its function as a biochemical amplifier. *Nature* 1964;202:498-99.
8. Ruf W, Ruggeri ZM. Neutrophils release brakes of coagulation. *Nat Med* 2010;16(8):851-52.
9. Schecter AD, Giesen PL, Taby O et al. Tissue factor expression in human arterial smooth muscle cells. TF is present in three cellular pools after growth factor stimulation. *J Clin Invest* 1997;100(9):2276-85.
10. Allen DH, Tracy PB. Human coagulation factor V is activated to the functional cofactor by elastase and cathepsin G expressed at the monocyte surface. *J Biol Chem* 1995;270(3):1408-15.
11. Cuker A, Arepally G, Crowther MA et al. The HIT Expert Probability (HEP) Score: a novel pre-test probability model for heparin-induced thrombocytopenia based on broad expert opinion. *J Thromb Haemost* 2010;8(12):2642-50.
12. Davie EW. A brief historical review of the waterfall/cascade of blood coagulation. *J Biol Chem* 2003;278(51):50819-32.
13. Sixma JJ, van den Berg A. The haemostatic plug in haemophilia A: a morphological study of haemostatic plug formation in bleeding time skin wounds of patients with severe haemophilia A. *Br J Haematol* 1984;58(4):741-53.
14. Bizzozero G. Sur un nouvel èlèment morphologique du sang chez les mammiferes et son importance dans la thrombose et dans la coagulation. *Arch Ital Biol* 1882;1:1-5.
15. White JG. Platelet structure. In: Michelson AD. (Ed.). *Platelets*. 2nd ed. Canada: Elsevier, 2007.
16. Boyles J, Fox JE, Phillips DR et al. Organization of the cytoskeleton in resting, discoid platelets: preservation of actin filaments by a modified fixation that prevents osmium damage. *J Cell Biol* 1985;101(4):1463-72.
17. Gay LJ, Felding-Habermann B. Contribution of platelets to tumour metastasis. *Nat Rev Cancer* 2011;11(2):123-34.
18. Fox JE, Boyles JK, Berndt MC et al. Identification of a membrane skeleton in platelets. *J Cell Biol* 1988;106(5):1525-38.
19. Ribatti D, Crivellato E. Giulio Bizzozero and the discovery of platelets. *Leuk Res* 2007;31(10):1339-41.
20. Semple JW, Italiano JE, Freedman J: Platelets and the immune continuum. *Nat Rev Immunol* 2011;11(4):264-74.
21. Weyrich AS, Zimmerman GA. Platelets: signaling cells in the immune continuum. *Trends Immunol* 2004;25(9):489-95.
22. Dole VS, Bergmeier W, Mitchell HA et al. Activated platelets induce Weibel-Palade-body secretion and leukocyte rolling in vivo: role of P-selectin. *Blood* 2005;106(7):2334-39.
23. Clark SR, Ma AC, Tavener SA et al: Platelet TLR4 activates neutrophil extracellular traps to ensnare bacteria in septic blood. *Nat Med* 2007;13(4):463-69.
24. Fuchs TA, Brill A, Duerschmied D et al. Extracellular DNA traps promote thrombosis. *Proc Natl Acad Sci USA* 2010;107(36):15880-85.
25. Brill A, Fuchs TA, Savchenko A et al. Neutrophil extracellular traps promote deep vein thrombosis in mice. *J Thromb Haemost* 2012 Jan.;10(1):136-44.
26. Nachman RL, Rafii S. Platelets, petechiae, and preservation of the vascular wall. *N Engl J Med* 2008;359(12):1261-70.

27. Massberg S, Grahl L, von Bruehl ML *et al.* Reciprocal coupling of coagulation and innate immunity via neutrophil serine proteases. *Nat Med* 2010;16(8):887-96.
28. Akca S, Haji-Michael P, de Mendonca A *et al.* Time course of platelet counts in critically ill patients. *Crit Care Med* 2002;30(4):753-56.
29. Rice TW, Wheeler AP. Coagulopathy in critically ill patients: part 1: platelet disorders. *Chest* 2009;136(6):1622-30.
30. Crowther MA, Cook DJ, Meade MO *et al.* Thrombocytopenia in medical-surgical critically ill patients: prevalence, incidence, and risk factors. *J Crit Care* 2005;20(4):348-53.
31. Costa-Filho R. Monitoring the coagulation. In: Luhlen R, Ranieri M, Moreno R *et al.* (Eds.). *Controversies in intensive care medicine.* Berlin: MWV, 2009. p. 287-310.
32. Briggs C, Harrison P, Machin SJ. Continuing developments with the automated platelet count. *Int J Lab Hematol* 2007;29(2):77-91.
33. Kunz D. Possibilities and limitations of automated platelet counting procedures in the thrombocytopenic range. *Semin Thromb Hemost* 2001;27(3):229-35.
34. Briggs CHP, Machin SW. *Platelet Counting in Michelson AD. Platelets.* 2nd ed. Elsevier/Academic, 2007.
35. Koh T, Kabutomori O, Nishiyama M *et al.* Discrepancy of platelet numbers between automated blood cell analysis and manual counting in the patients with thrombocytopenia. *Rinsho Byori* 1996;44(9):889-94.
36. Costa Filho RGF, Fernandes H, Lobo S. Tranfusão de hemácias em terapia intenssiva-Controvérsias entre evidências. *Rev Bras Ter Intensiva* 2009;21(3):315-23.
37. Hendrickson JE, Hillyer CD. Noninfectious serious hazards of transfusion. *Anesth Analg* 2009;108(3):759-69.
38. Freyssinet JM, Toti F. Formation of procoagulant microparticles and properties. *Thromb Res* 2010;125(Suppl 1):S46-48.
39. Warkentin TE. HIT: more than just heparin. *Blood* 2010;115(9):1664-65.
40. Smythe MA, Warkentin TE, Woodhouse AL *et al.* Venous limb gangrene and fatal hemorrhage: adverse consequences of HIT "overdiagnosis" in a patient with antiphospholipid syndrome. *Am J Hematol* 2011;86(2):188-91.
41. Warkentin TE, Sheppard JA, Moore JC *et al.* Laboratory testing for the antibodies that cause heparin-induced thrombocytopenia: how much class do we need? *J Lab Clin Med* 2005;146(6):341-46.
42. Visentin GP. Heparin-induced thrombocytopenia: molecular pathogenesis. *Thromb Haemost* 1999;82(2):448-56.
43. Price EA, Hayward CP, Moffat KA *et al.* Laboratory testing for heparin-induced thrombocytopenia is inconsistent in North America: a survey of North American specialized coagulation laboratories. *Thromb Haemost* 2007;98(6):1357-61.
44. Warkentin TE, Heddle NM. Laboratory diagnosis of immune heparin-induced thrombocytopenia. *Curr Hematol Rep* 2003;2(2):148-57.
45. Dashevsky O, Varon D, Brill A. Platelet-derived microparticles promote invasiveness of prostate cancer cells via upregulation of MMP-2 production. *Int J Cancer* 2009;124(8):1773-77.
46. Kalinkovich A, Tavor S, Avigdor A *et al.* Functional CXCR4-expressing microparticles and SDF-1 correlate with circulating acute myelogenous leukemia cells. *Cancer Res* 2006;66(22):11013-20.

47. Janowska-Wieczorek A, Marquez-Curtis LA, Wysoczynski M et al. Enhancing effect of platelet-derived microvesicles on the invasive potential of breast cancer cells. *Transfusion* 2006;46(7):1199-209.
48. Hagerman LJ, Czapek EE, Donnellan WL et al. Giant hemangioma with consumption coagulopathy. *J Pediatr* 1975;87(5):766-68.
49. Bieger R, Vreeken J, Stibbe J et al. Arterial aneurysm as a cause of consumption coagulopathy. *N Engl J Med* 1971;285(3):152-54.
50. Ten Cate JW, Timmers H, Becker AE. Coagulopathy in ruptured or dissecting aortic aneurysms. *Am J Med* 1975;59(2):171-76.
51. Fransson M, Rydningen H, Henriksson AE. Early coagulopathy in patients with ruptured abdominal aortic aneurysm. *Clin Appl Thromb Hemost* 2012 Jan.-Feb.;18(1):96-99.
52. Davies MJ, Murphy WG, Murie JA et al. Preoperative coagulopathy in ruptured abdominal aortic aneurysm predicts poor outcome. *Br J Surg* 1993;80(8):974-76.
53. Adam DJ, Haggart PC, Ludlam CA et al. Coagulopathy and hyperfibrinolysis in ruptured abdominal aortic aneurysm repair. *Ann Vascular Surg* 2004;18(5):572-77.
54. Mulcare RJ, Royster TS, Weiss HJ et al. Disseminated intravascular coagulation as a complication of abdominal aortic aneurysm repair. *Ann Surg* 1974;180(3):343-49.
55. Visentin GP, Ford SE, Scott JP et al. Antibodies from patients with heparin-induced thrombocytopenia/thrombosis are specific for platelet factor 4 complexed with heparin or bound to endothelial cells. *J Clin Invest* 1994;93(1):81-88.
56. Suh JS, Aster RH, Visentin GP. Antibodies from patients with heparin-induced thrombocytopenia/thrombosis recognize different epitopes on heparin: platelet factor 4. *Blood* 1998;91(3):916-22.
57. Greinacher A. Platelet activation by heparin. *Blood* 2011;117(18):4686-87.
58. Gao C, Boylan B, Fang J et al. Heparin promotes platelet responsiveness by potentiating alphaIIbβ3-mediated outside-in signaling. *Blood* 2011;117(18):4946-52.
59. Barradas MA, Mikhailidis DP, Epemolu O et al. Comparison of the platelet pro-aggregatory effect of conventional unfractionated heparins and a low molecular weight heparin fraction (CY 222). *Br J Haematol* 1987;67(4):451-57.
60. Warkentin TE. Drug-induced immune-mediated thrombocytopenia – from purpura to thrombosis. *N Engl J Med* 2007;356(9):891-93.
61. Amiral J, Wolf M, Fischer A et al. Pathogenicity of IgA and/or IgM antibodies to heparin-PF4 complexes in patients with heparin-induced thrombocytopenia. *Br J Haematol* 1996;92(4):954-59.
62. Warkentin TE, Greinacher A, Koster A et al. Treatment and prevention of heparin-induced thrombocytopenia: American College of Chest Physicians Evidence-Based Clinical Practice Guidelines. 8th ed. *Chest* 2008;133(6 Suppl):340S-80S.
63. Goldfarb MJ, Blostein MD. Fondaparinux in acute heparin-induced thrombocytopenia: a case series. *J Thromb Haemost* 2011;9(12):2501-3.
64. Warkentin TE, Pai M, Sheppard JI et al. Fondaparinux treatment of acute heparin-induced thrombocytopenia confirmed by the serotonin-release assay: a 30-month, 16-patient case series. *J Thromb Haemost* 2011;9(12):2389-96.
65. Krauel K, Hackbarth C, Furll B et al. Heparin-induced thrombocytopenia: in vitro studies on the interaction of dabigatran, rivaroxaban, and low-sulfated heparin, with platelet factor 4 and anti-PF4/heparin antibodies. *Blood* 2012 Feb. 2;119(5):1248-55.

66. Walenga JM, Prechel M, Jeske WP *et al.* Rivaroxaban–an oral, direct Factor Xa inhibitor–has potential for the management of patients with heparin-induced thrombocytopenia. *Br J Haematol* 2008;143(1):92-99.
67. Krauel K, Potschke C, Weber C *et al.* Platelet factor 4 binds to bacteria, [corrected] inducing antibodies cross-reacting with the major antigen in heparin-induced thrombocytopenia. *Blood* 2011;117(4):1370-78.
68. Cuker A, Cines DB. How I treat heparin-induced thrombocytopenia. *Blood* 2012 Mar. 8;119(10):2209-18.
69. Yusuf AM, Warkentin TE, Arsenault KA *et al.* Prognostic importance of preoperative anti-PF4/heparin antibodies in patients undergoing cardiac surgery. A systematic review. *Thromb Haemost* 2012;107(1):8-14.
70. Warkentin TE. How I diagnose and manage HIT. *Hematology Am Soc Hematol Educ Program* 2011;2011:143-49.
71. Warkentin TE. HIT paradigms and paradoxes. *J Thromb Haemost* 2011;9(Suppl 1):105-17.
72. Vincentelli A, Susen S, Le Tourneau T *et al.* Acquired von Willebrand syndrome in aortic stenosis. *N Engl J Med* 2003;349(4):343-49.
73. Elliott EJ, Robins-Browne RM, O'Loughlin EV *et al.* Nationwide study of haemolytic uraemic syndrome: clinical, microbiological, and epidemiological features. *Arch Dis Child* 2001;85(2):125-31.
74. Gerber A, Karch H, Allerberger F *et al.* Clinical course and the role of shiga toxin-producing Escherichia coli infection in the hemolytic-uremic syndrome in pediatric patients, 1997-2000, in Germany and Austria: a prospective study. *J Infect Dis* 2002;186(4):493-500.
75. Nolasco LH, Turner NA, Bernardo A *et al.* Hemolytic uremic syndrome-associated Shiga toxins promote endothelial-cell secretion and impair ADAMTS13 cleavage of unusually large von Willebrand factor multimers. *Blood* 2005;106(13):4199-209.
76. Hosler GA, Cusumano AM, Hutchins GM. Thrombotic thrombocytopenic purpura and hemolytic uremic syndrome are distinct pathologic entities. A review of 56 autopsy cases. *Arch Pathol Lab Med* 2003;127(7):834-39.
77. George JN. How I treat patients with thrombotic thrombocytopenic purpura: 2010. *Blood* 2010;116(20):4060-69.
78. Hovinga JA, Vesely SK, Terrell DR *et al.* Survival and relapse in patients with thrombotic thrombocytopenic purpura. *Blood* 2010;115(8):1500-11; quiz 1662.
79. DeLoughery TG. Critical care clotting catastrophies. *Crit Care Clin* 2005;21(3):531-62.

Capítulo 30

CUIDADOS PALIATIVOS EM UTI

Lara Kretzer

INTRODUÇÃO

O final de vida dos pacientes que não sobrevivem à doença crítica apesar dos esforços da equipe multiprofissional frequentemente é inadequado por causa do mau controle da dor, dos conflitos com familiares e do prolongamento de tomada de decisões relacionadas com suspensão de medidas terapêuticas fúteis. A inclusão dos cuidados paliativos em UTI surge como uma resposta a este contexto sendo que a última década testemunhou um número crescente de estudos demonstrando os múltiplos benefícios da implementação de medidas paliativas em UTI, incluindo a diminuição do tempo de internação em UTI de pacientes em final de vida, melhora do controle de sintomas, aumento da satisfação familiar, redução de ansiedade, depressão e do estresse pós-traumático de familiares, redução de conflitos a respeito do foco do cuidado e a redução do tempo entre definição do mau prognóstico e início de medidas plenamente paliativas.[1]

A literatura também enfatiza que a inclusão de cuidados paliativos não resulta em aumento da mortalidade nas UTIs, mas apenas redução do prolongamento do morrer daqueles pacientes cuja morte é inevitável.[2] É importante salientar que estes benefícios não são colhidos, apenas, por pacientes terminais e por aqueles com doença aguda que não sobrevivem à UTI, mas também por aqueles sobreviventes para os quais nenhuma medida de resgate de vida foi limitada. Esta distribuição global de benefícios ocorre porque a incorporação dos princípios do modelo paliativo contribui para o melhor alívio do sofrimento físico e psíquico de todos os pacientes e seus familiares.

Outro fator que tem contribuído para o crescente interesse pelos cuidados paliativos no Brasil foi a entrada em vigor, em 2010, do novo código de ética médica que, pela primeira vez, inclui os cuidados paliativos entre seus princípios fundamentais (princípios XXII): "nas situações clínicas irreversíveis e terminais, o médico evitará a realização de procedimentos diagnósticos e terapêuticos desnecessários e propiciará aos pacientes sob sua atenção todos os cuidados paliativos apropriados". No capítulo V, dedicado à relação com pacientes e familiares, o código reforça que "nos casos de doença incurável e terminal, deve o médico oferecer todos os cuidados paliativos disponíveis sem empreender ações diagnósticas ou terapêuticas inúteis ou obstinadas, levando sempre em consideração a vontade expressa do paciente ou, na sua impossibilidade, a de seu representante legal".[3]

Apesar dos benefícios demonstrados pela literatura e do reconhecimento da relevância ética dos cuidados paliativos pelo CFM, ainda são poucas as UTIs brasileiras que incorporaram o modelo paliativo em complementação ao modelo tradicional voltado ao resgate de vida. Em grande parte, o desconhecimento do que são cuidados paliativos e os seus métodos contribuem para isso. Os objetivos deste capítulo, desta forma, são introduzir o conceito de cuidados paliativos em UTI e discutir brevemente três das principais contribuições deste modelo de cuidado à terapia intensiva: decisões de final de vida, comunicação com familiares e identificação de sintomas.

CUIDADOS PALIATIVOS – CONCEITOS

De acordo com a Organização Mundial da Saúde (OMS), o cuidado paliativo é uma "abordagem que visa melhorar a qualidade de vida dos pacientes e seus familiares que enfrentam problemas decorrentes de uma doença grave, que ameaça potencialmente a vida, através da prevenção e alívio do sofrimento, com identificação precoce, avaliação adequada e tratamento impecável dos problemas não só físicos, mas também os psicossociais e espirituais".[4] Os cuidados paliativos aceitam a morte como processo natural da vida; no entanto, a morte não é seu foco principal. Não se pretende antecipá-la nem retardá-la. O foco principal dos cuidados paliativos é o de oferecer a melhor qualidade de vida possível aos seus pacientes. Para este fim, por vezes medidas invasivas serão necessárias, por vezes essas medidas serão inapropriadas.

O conceito mais importante é de que os cuidados paliativos não são alternativos ao modelo curativo, mas um modelo de cuidado complementar que tem o seu papel exercido em paralelo com as medidas curativas desde o diagnóstico de doença ameaçadora ou limitadora de vida. Inicialmente, seu papel pode ser menor, voltado para o alívio de sintomas provocados pela doença e seu tratamento. Na medida em que a doença progride, no entanto, é possível que algumas medidas de cunho curativo sejam abandonadas; seja porque não oferecerão benefício, seja porque o paciente já não mais tolera o tratamento. Neste momento, os cuidados paliativos vão sendo intensificados, até o momento em que se perceba que a morte está próxima e é inevitável, momento este em que apenas os cuidados paliativos serão adequados. O plano de cuidados paliativos a ser desenvolvido durante todo este processo evolutivo da doença é essencialmente multiprofissional, incluindo atenção à família que se estende durante o período de luto.

Também em UTI esses princípios são verdadeiros. De acordo com as recomendações do comitê de cuidados paliativos da AMIB, todos os pacientes que internam na UTI devem receber cuidados paliativos a partir do momento da internação, ainda que a expectativa seja de recuperação plena. Isso porque todos os pacientes e seus familiares podem-se beneficiar das ações paliativistas: aqueles pacientes que terão recuperação plena vão beneficiar-se de um melhor controle de seus sintomas, e aqueles pacientes que não sobreviverão à UTI vão beneficiar-se de cuidados de final de vida mais adequados. Em ambos os casos, os familiares beneficiar-se-ão de um atendimento mais acolhedor e humano.

Cuidados Paliativos em UTI

A AMIB define que pacientes críticos podem estar em três possíveis fases de internação em UTI de acordo com as expectativas prognósticas, fases estas que vão guiar a atuação dos cuidados paliativos a estes pacientes. Pacientes em fase 1 são aqueles dos quais recuperação plena é esperada. Nestes casos, os cuidados paliativos complementam os cuidados com objetivo curativo, principalmente por meio de controle de sintomas e apoio aos pacientes e seus familiares. Em fase 2 encontram-se aqueles que, apesar de todos os esforços de cunho curativo, apresentam uma recuperação pouco satisfatória ou ausente, e a impressão prognóstica passa a ser menos positiva. Nestes casos, a equipe começa a estabelecer limites com relação aos tratamentos que julgam ser adequados. Enquanto alguns tratamentos de cunho curativo serão considerados apropriados, outros serão considerados inadequados e, por esta razão, limitados. Medidas paliativas passam a ser intensificadas, incluindo a intensificação do preparo familiar para a possível morte. Tomando como exemplo um paciente que apresenta uma internação prolongada em UTI decorrente de pós-operatório complicado de cirurgia torácica, que se encontra fragilizado e apresenta duas falhas prévias de desmame da ventilação mecânica, é possível que a equipe julgue que um novo ciclo de ventilação mecânica possa ser adequado diante de uma nova infecção respiratória. No entanto, a mesma equipe também pode considerar que, pelas características do quadro clínico, medidas de suporte orgânico como diálise e drogas vasoativas não devam ser instituídas. Finalmente, pacientes em fase 3 são aqueles em que a impressão prognóstica é de que a morte é iminente ou inevitável. Nesta fase, apenas medidas paliativas seriam indicadas.[5]

Entender o papel dos cuidados paliativos em complementação ao modelo curativo é fundamental para diminuir a ansiedade dos profissionais diante do peso de decisões que envolvam prognóstico e início ou suspensão de terapias. Não existe a busca por um momento pontual no tempo em que o paciente passa a ser "paliativo". O plano de cuidado de pacientes com doença ameaçadora de vida é mais adequadamente visto como sendo um processo em que as decisões são progressivamente tomadas e reavaliadas de acordo com a evolução da doença, capacidade funcional do paciente, opções terapêuticas disponíveis e expressões de autonomia do paciente e valores da família.

PROCESSOS DE TOMADA DE DECISÃO EM FINAL DE VIDA

Diante da presença de novos problemas em pacientes que se encontram nas fases 2 e 3, decisões frequentemente devem ser tomadas com relação aos ajustes necessários no plano de cuidados. A introdução ou mesmo suspensão de medidas terapêuticas nestes casos é guiada por um processo de tomada de decisão complexo, que, além da avaliação médica, deve contar também com as perspectivas da equipe multiprofissional, do paciente e de sua família. Este processo envolve não apenas elementos técnicos; envolve, também, valores dos indivíduos envolvidos, e em especial os do paciente. É fundamental o respeito aos princípios éticos de beneficência e, sobretudo, de autonomia do paciente e permitir o tempo necessário para que as partes envolvidas compreendam e aceitem as limitações prognósticas e a necessidade de mudanças de enfoque no plano de cuidados são elementos importantes deste processo. Cada paciente é um contexto e é diferente; desta maneira, decisões de final de vida também devem ser contextualizadas e individualizadas.

O entendimento prognóstico, evidentemente, é passo inicial importante no reconhecimento de pacientes que estejam em fase 2 ou 3 de internação em UTI. Para isso, a equipe deve ter conhecimento, entre outras variáveis, do padrão evolutivo da doença de base do paciente, avaliar o impacto da doença aguda sobre a doença de base, identificar a presença de comorbidades e de fatores de mau prognóstico, avaliar o estado funcional do paciente e o padrão de resposta às tentativas anteriores de tratamento.[6]

Reconhecido o mau prognóstico, é preciso identificar o novo problema (nova sepse por exemplo) e colocá-lo dentro do contexto específico de cada paciente. Isto inclui:[7]

- A identificação do impacto do problema sobre a qualidade de vida e a sobrevida do paciente (acentuação de sintomas, por exemplo).
- Avaliação das medidas terapêuticas disponíveis, incluindo a avaliação realista das possibilidades de benefício, riscos associados e grau de desconforto que a medida pode gerar.
- Pesar os benefícios e riscos potenciais das terapias disponíveis com os riscos potenciais da não introdução das terapias.
- Discutir cuidadosa e empaticamente as alternativas terapêuticas, assim como a possibilidade de não instituição destas medidas com o paciente e/ou familiares; o objetivo é a busca do consenso.

COMUNICAÇÃO AOS FAMILIARES

No contexto da terapia intensiva é comum que o paciente não apresente capacidade comunicativa intacta. Desta maneira, a comunicação com fins mais informativos ou de tomada de decisão é feita com os familiares. A relação com familiares é comumente razão de grande ansiedade aos profissionais. Conflitos uso de termos como "família difícil" infelizmente são comuns. Este antagonismo, no entanto, é tão prejudicial quanto desnecessário, já que profissionais são parte em um processo interativo e têm um interesse em comum: o bem do paciente. Como regra geral, pode-se dizer que a raiz deste problema encontra-se no despreparo comunicativo dos profissionais.

Comunicar-se bem com familiares é habilidade básica de profissionais da saúde, principalmente em um contexto em que o paciente enfrenta risco de morte iminente, em que os desejos prévios do paciente precisam ser determinados por outros, e em que decisões de final de vida venham a ser necessárias. Infelizmente esta habilidade é subvalorizada, muitas vezes com efeitos devastadores. A literatura médica é repleta de estudos que demonstram que as deficiências nas capacidades comunicativas dos profissionais da saúde, mais notoriamente os médicos, favorecem os conflitos, dificultam as tomadas de decisão e aumentam os riscos de ansiedade, depressão, estresse pós-traumático e luto complicado em familiares. A boa comunicação, por outro lado, tem sido apontada como principal fator de satisfação de familiares, independente de desfecho clínico do paciente.[8]

A comunicação não é um momento de transmissão de informações; é um processo interativo cujo objetivo é o entendimento mútuo e a busca do consenso. A comunicação tem um papel fundamental na construção da relação da equipe com pacientes e seus familiares, facilitando, quando adequada, que esta relação seja baseada na confiança e no respeito mútuo. É exatamente esta confiança e respeito mútuos que vão diminuir os conflitos, facilitar a tomada de decisões e diminuir a ansiedade dos familiares. Por meio de uma comunicação adequada, os familiares vão perceber não apenas a competência técnica do profissional, mas também a sua capacidade de compreender o sofrimento do outro e seu empenho em mitigar esse sofrimento. A percepção da combinação entre capacidade técnica e empatia por si só é fonte de grande conforto aos familiares. Ser empático envolve por parte do profissional a expressão da compreensão do grau de sofrimento do familiar diante do risco da perda de um ente querido e ao testemunhar o sofrimento imposto pela doença e pelas intervenções intensivas.

Nesse processo interativo, a família está em desvantagem por ter menor conhecimento técnico e maior impacto emocional, o que aumenta a responsabilidade ética e a necessidade de competência comunicativa dos profissionais. Os familiares estão em forte estresse emocional e podem reagir ao estresse e ao sofrimento das mais diversas maneiras; por meio do choro inconsolável, desespero, demonstrações de agressividade, silêncio, necessidade da busca de um culpado e da negação. As capacidades de entendimento da situação, bem como de tomada de decisão estão prejudicadas. Além disso, situações críticas trazem à tona questões familiares que vão modular essas reações de estresse e a maneira como esses familiares reagem durante o processo de comunicação. Compreender que o ser humano reage de diversas maneiras ao estresse e ajustar a comunicação às necessidades específicas de cada família é fundamental. Além de apontar à necessidade de treinamento contínuo em comunicação, a literatura oferece vários exemplos de intervenções e protocolos de comunicação que resultaram em maior satisfação familiar e melhora do processo de tomada de decisão.[9,10] De maneira geral, estes protocolos incluem:

- Alocar tempo e local adequado para a comunicação.
- Utilizar linguagem clara, livre de linguagem técnica, metáforas e jargões; oferecer folhetos explicativos também pode ajudar.
- Verificar grau de entendimento da situação e expectativa dos familiares e estimular ativamente as perguntas pelos mesmos.
- Escutar atentamente ao que é dito e validar as emoções que os familiares expressam.
- Assegurar aos familiares de que o paciente não está sofrendo.

- Se houver decisão de limitação terapêutica, assegurar aos familiares de que a mudança de foco não significa abandono do paciente ou diminuição de atenção e cuidados e que o alívio do sofrimento será prioridade da equipe.
- Ajustar o grau de informação aos desejos dos familiares e as suas capacidades comunicativas. Da mesma maneira, o grau de envolvimento dos familiares nos processos de tomada de decisão em final de vida deve ser titulado aos desejos e ao preparo dos mesmos. Nem todos os familiares desejam ou estão preparados para a tomada de decisões de final de vida. Não é recomendável e nem justo impor o peso deste tipo de decisão a quem não está preparado para tomá-la.

AVALIAÇÃO DE SINTOMAS

Uma das estratégias utilizadas pelo modelo paliativo para oferecer qualidade de vida por meio do alívio de sofrimento dos pacientes em UTI é o controle adequado dos sintomas decorrentes das doenças e de seus tratamentos. Embora sejam poucos, os estudos sobre o tema têm demonstrado que pacientes críticos apresentam alta carga de sintomas. Delgado-Guay *et al.*,[11] por exemplo, demonstraram que, em um subgrupo de pacientes críticos portadores de neoplasias, os sintomas mais prevalentes foram fadiga (95%), dor (84%), dispneia (82%), *delirium* (81%), ansiedade (65%), constipação (60%) e depressão (45%). Já Puntillo *et al.*[12] observaram que os sintomas mais prevalentes em pacientes internados em UTI geral foram fadiga (74,7%), boca seca (70,8%) e ansiedade (57,9%). A dor esteve presente em 40,4% das avaliações e dispneia em 43,9%. Destes sintomas, o gerador de maior sofrimento foi dispneia, seguida por medo, confusão e dor.

Nestes estudos, a avaliação objetiva dos sintomas foi com base na *Edmonton Symptom Assessment Scale* (ESAS), uma escala que avalia presença e intensidade de nove sintomas (dor, cansaço, náusea, depressão, ansiedade, sonolência, alterações de apetite, dispneia, mal-estar), assim como gradua a intensidade dos mesmos. Além destes sintomas, outros sintomas podem ser adicionados à escala de cada paciente conforme necessário. A exemplo de Puntillo *et al.*, a sensação de boca seca foi incluída na escala em decorrência da alta prevalência e do grau de desconforto que causa a pacientes críticos. A graduação da intensidade dos sintomas pela ESAS, ao ser rotineiramente avaliada, pode auxiliar a equipe na monitoração dos resultados obtidos com as medidas instituídas.[13] Apesar de excelente, a grande limitação do uso da ESAS em UTI é a necessidade de integridade comunicativa, nem sempre presente do paciente crítico. A presença de *delirium* como fator limitante é especialmente destacada pelos autores citados acima que chamam a atenção para a necessidade imperiosa de identificação e controle deste sintoma. Existem outras escalas que se baseiam em dados indiretos para identificação de alguns destes sintomas, como a *Critical Care Observation Tool*[14] e a *Behavioral Pain Scale*.[15] Embora imperfeitas, um aspecto fundamental das escalas de controle de sintomas é a maior sistematização do cuidado que as mesmas promovem, aumentando, assim, as chances de identificação precoce da presença de sintomas e sua melhor abordagem.

Cuidados Paliativos em UTI

O espaço deste capítulo não permite discussão sobre a abordagem específica dos sintomas mais importantes em UTI, como dor, dispneia, *delirium*, boca seca, medo, fraqueza e distúrbios do sono. Algumas considerações, no entanto, devem ser feitas com relação a conduta adequada diante de sintomas refratários. Apesar dos melhores esforços da equipe, alguns sintomas serão refratários ao tratamento. Quando estes sintomas refratários forem fonte de grande sofrimento físico ou mesmo existencial ao paciente, a equipe deve considerar a propriedade da sedação paliativa, seja temporária ou definitiva, como medida de conforto. As situações que mais comumente indicam o início de sedação paliativa são: dor incontrolável, dispneia refratária (incluindo quando esta ocorre após a suspensão de suporte ventilatório mecânico) e *delirium* agitado. Menos frequentemente é indicada no tratamento paliativo de vômitos incoercíveis, tosse refratária e urgências como hemorragias maciças (hemoptise, erosão tumoral de grandes vasos), asfixias e convulsões.[16-18] As drogas mais utilizadas para a sedação paliativa são os benzodiazepínicos; mais frequentemente o midazolam. A ausência de efeito cumulativo do propofol faz com que esta droga seja uma boa escolha quando a sedação paliativa é temporária. Os barbitúricos são pouco utilizados, mas podem ser bem indicados em casos de convulsões refratárias e em pacientes que desenvolveram alta tolerância a outras medicações sedativas.[18]

O uso de sedação paliativa costuma ser razão de grande angústia aos profissionais da saúde, principalmente decorrente do risco de apneia. No entanto, quando bem indicada e realizada, a sedação paliativa raramente precipita a morte do paciente. Além disto, em raros casos em que a apneia ocorre, a morte costuma ser interpretada como um efeito indesejável, embora não imprevisível, da sedação paliativa, cujo objetivo único foi o de obter o alívio de sofrimento intolerável. Legalmente, esta interpretação é conhecida como doutrina do duplo efeito,[19] sendo amplamente reconhecida em jurisprudências a níveis nacional e internacional. No entanto, são medidas de boa prática durante o uso da sedação paliativa:

A) A documentação sistemática do processo de tomada de decisão, incluindo as tentativas prévias de controle do sintoma e as sugestões oferecidas por especialistas.[18,19]
B) As doses utilizadas devem ser cuidadosamente tituladas, seguindo o princípio de que a dose ideal é a menor dose necessária para obtenção do alívio do sintoma. O registro de uma titulação cautelosa contribui imensamente para que se estabeleça a distinção entre a intenção de buscar o conforto e a intenção implícita de precipitar apneia.[18,19]

CONCLUSÃO

Em conclusão, pode afirmar-se que o modelo paliativista não é apenas estratégia alternativa à obstinação terapêutica, mas fundamentalmente uma estratégia bastante efetiva de melhora da qualidade da assistência e humanização das UTIs. Diante disso, é recomendável que o modelo de cuidado paliativo seja incorporado como complementação ao modelo de resgate de vida nas UTIs e que seja oferecido a todos os pacientes críticos desde o primeiro dia de internação.

REFERÊNCIAS BIBLIOGRÁFICAS

1. Nelson J, Basset R, Boss R et al. Model for structuring a clinical initiative to enhance palliative care in intensive care units: a report from the IPAL-ICU project. *Crit Care Med* 2010;38:1765-72.
2. Mosenthal AC, Murphy PA, Barker LK et al. Changing the culture around end-of-life care in the trauma intensive care unit. *J Trauma* 2008;64:1587-93.
3. Conselho Federal de Medicina. Código de Ética Médica: resolução CFM 1.931, de 17 de setembro de 2009. Brasília: Conselho Federal de Medicina, 2010.
4. Acesso em: Jun. 2012. Disponível em: <www.who.int/cancer/palliative/definition/en/>
5. Moritz RD, Deicas A, Capalbo M et al. II Fórum do "Grupo de Estudos do Fim da Vida do Cone Sul": definições, recomendações e ações integradas para cuidados paliativos na unidade de terapia intensiva de adultos e pediátrica. *RBTI* 2011;23(1):24.
6. Glare PA, Sinclair CT. Palliative medicine review: prognostication. *J Palliat Med* 2008;11(1):84-103.
7. Driver LC, Bruera E. Decision-making. In:. Anderson MD. *Palliative care handbook.* Houston: University of Texas Health Science Printing, 2000.
8. Lautrette A, Darmon M, Megarbane B et al. A communicative strategy and brochure for relatives of patients dying in the ICU. *N Engl J Med* 2007;356:469-78.
9. Curtis JR, Patrick DL, Shannon SE et al. The family conference as a focus to improve communication about end-of-life care in the intensive care unit: opportunities for improvement. *Crit Care Med* 2001;29:26-33.
10. Laurette A, Darmon M, Megarbane B et al. A communication strategy and brochure for relatives of patients dying in the ICU. *N Engl J Med* 2007;356:469-78.
11. Delgado-Guay MO, Parsons HA, Li Z et al. Symptom distress, interventions, and outcomes of intensive care unit cancer patients referred to a palliative care consult team. *Cancer* 2009;115:435-45.
12. Puntillo KA, Arai S, Cohen N et al. Symptoms experienced by intensive care unit patients at high risk of dying. *Crit Care Med* 2010;38:2155-60.
13. Maciel MG. Avaliação do paciente em cuidados paliativos. In: *Academia nacional de cuidados paliativos. manual de cuidados paliativos.* Rio de Janeiro: Diagraphic, 2009.
14. Gélinas C, Fillian L, Puntillo KA et al. Validation of the critical care pain observation tool in adult patients. *Am J Crit Care* 2006;15:420-27.
15. Sessler CN, Grap MJ, Ramsay MA. Evaluating and monitoring analgesia and sedation in the intensive care unit. *Crit Care* 2008;12(Suppl 3):S2.
16. Lanken PN, Terry PB, DeLisser HM et al. An official American Thoracic Society clinical policy statement: palliative care for patients with respiratory diseases and critical illnesses. *Am J Respir Crit Care Med* 2008;177:912-27.
17. Daud ML. Drug management of terminal symptoms in advanced cancer patients. *Curr Opin Support Palliat Care* 2007;1:202-6.
18. Cherny NI, Radbruch L et al. European Association for Palliative Care (EAPC) recommended framework for the use of sedation in palliative care. *Palliat Med* 2009;23:581-93.
19. Truog RD, Capmbell ML, Randall Curtis J et al. Recommendations for end-of-life care in the intensive care unit: a consensus statement by the American College of Critical Care Medicine. *Crit Care Med* 2008;36:953-63.

Capítulo 31

ÍNDICES DE GRAVIDADE NO PACIENTE CIRÚRGICO – MARCADORES PROGNÓSTICOS

Flávio Eduardo Nácul
José Rodolfo Rocco

INTRODUÇÃO

Os índices de gravidade dos pacientes foram desenvolvidos nas últimas décadas, com o objetivo de avaliar o prognóstico dos pacientes e ser um instrumento útil para as equipes médicas, pesquisadores e gestores na área de saúde.

HISTÓRICO

Uma das primeiras tentativas de classificar os pacientes com relação à gravidade da doença foi criada em 1953 pela médica americana Virginia Apgar ao criar uma escala para avaliar recém-nascidos.[1] Em 1967, Killip e Kimball classificaram os pacientes com infarto do miocárdio com base na gravidade do quadro clínico.[2] Em 1974, Ranson publicou os critérios para avaliar a gravidade dos pacientes portadores de pancreatite aguda, enquanto Teasdale e Jennett apresentaram a escala de coma de Glasgow para avaliar os pacientes com trauma de crânio,[3] Baker criou o *Injury Severity Escore* (IIS) para pacientes vítimas de trauma[4] e David Cullen publicou o *Therapeutic Intervention Scoring System* (TISS) para classificar os pacientes críticos.[5] Em 1981, Knaus publicou o *Acute Physiologic* e *Chronic Health Evaluation Score* (APACHE escore).[6] No ano de 1984, Jean-Roger Le Gall descreveu o *Simplified Acute Physiology Escore* (SAPS).[7] Em 1985, Stanley Lemeshow apresentou o *Mortality and Prediction Models* (MPM)[8] e Knaus publicou o APACHE II. Em 1991, Copeland descreveu o *Physiologic and Operative Severity score for the Enumeration of Mortality and Morbidity score* (POSSUM escore) para pacientes cirúrgicos[9] e Knaus publicou a terceira versão do APACHE (APACHE III). Em 1993, Rocco publicou o índice prognóstico no choque séptico[10] e Le Gall descreveu o SAPS II. Dois anos depois, Marshall apresentou o *Multiple Organ Dysfunction Escore* (MODS escore),[11] e em 1996, Vincent publicou o *Sepsis-related Organ Failure Assessment* (SOFA escore) enquanto Le Gall, Klar e

Lemeshow descreveram o *Logistic Organ Dysfunction System* (LODS).[12,13] Também em 1996, Bastos validou o escore APACHE em UTIs brasileiras.[14] Mais recentemente surgiram as novas versões dos escores: APACHE IV, SAPS3 e MPM_0 III.

ESCORES PROGNÓSTICOS

Os sistemas de escores correlacionam variáveis independentes (características dos pacientes) com as variáveis dependentes (alta ou óbito) por meio de um modelo matemático. Essas variáveis devem ser facilmente obtidas durante as atividades práticas de assistência aos pacientes admitidos na UTI. Incluem idade, sinais vitais, dados do exame físico e exames de laboratório. Em alguns modelos prognósticos essas características são coletadas nas primeiras 24 horas da admissão do paciente (p. ex.: APACHE II, SAPS II, MPM). Em alguns escores mais recentes (SAPS3, MPM_0 III) as variáveis são coletadas à admissão na UTI. Eles são utilizados para estimar a probabilidade de óbito de um grupo de pacientes internados em uma UTI, para comparar o desempenho de duas diferentes UTIs e para comparar grupos de pacientes em trabalhos científicos.

O desenvolvimento dos escores prognósticos permitiu que algumas características como idade avançada, cirurgias de emergência, a presença de doenças crônicas e certos diagnósticos fossem reconhecidos como associados ao aumento do risco de óbito. A aplicação adequada destes sistemas pode ser uma ferramenta útil na triagem de pacientes para a UTI, nas decisões médicas, bem como na comunicação com as famílias e na otimização de recursos.[15]

Os escores prognósticos podem ser avaliados segundo sua discriminação, calibração e a taxa de letalidade padronizada (TLP). A discriminação, avaliada pela área abaixo da curva ROC, mostra a habilidade do modelo em distinguir os pacientes que morrem daqueles que sobrevivem. A calibração pode ser avaliada por um gráfico ou por uma estatística *goodness-of-fit* e avalia a correspondência entre a estimativa de óbito produzida pelo modelo e o número real de óbitos em todo extrato de gravidade. A TLP é a razão entre o número de pacientes que efetivamente faleceram sobre aqueles preditos a falecer. A presença de um escore menor que a unidade significa que a letalidade observada foi menor que a predita. Assim, o bom modelo é aquele que apresenta uma boa discriminação associada à boa calibração e com TLP próxima da unidade, combinação que caracteriza especialmente os escores APACHE IV, SAPS3 e MPM III, quando utilizados para uma população geral de pacientes admitidos na UTI.[16]

Os escores prognósticos podem ser gerais para avaliar pacientes críticos como um todo (TISS, APACHE, SAPS, MPM, POSSUM, MODS e LODS) ou específicos, com o objetivo de avaliar os portadores de uma doença específica (Ranson, Glasgow, Killip-Kimball, Rocco e SOFA). Neste capítulo, serão abordados os escores prognósticos mais comumente utilizados.

TISS

O escore TISS considera o número de intervenções ao qual o paciente é submetido e está fundamentado na premissa de que a gravidade está diretamente relacionada com o número de intervenções. Assim, por exemplo, um paciente recebe quatro pontos se estiver em ventilação mecânica, três pontos se estiver fazendo uso de uma amina vasopressora, dois pontos se receber nutrição enteral e, apenas, um ponto se estiver com monitoração eletrocardiográfica. A sua maior utilidade consiste em prever o número de enfermeiros necessários por leito.

IIS

Criado para pacientes vítimas de politraumatismo, é fundamentado na localização anatômica da lesão. Nesse sistema, o corpo é dividido em regiões: cabeça e pescoço, face, tórax, abdome e extremidades. Para cada região a pontuação pode variar de zero a cinco. Para o cálculo do escore, é considerada a soma do quadrado das três regiões mais gravemente afetadas.

APACHE

O sistema APACHE foi desenvolvido com base em dados coletados de 1979 a 1982 em 13 hospitais americanos. A escolha dos parâmetros utilizados e o peso de cada um foram elaborados por um grupo de *experts*. O modelo utiliza o parâmetro mais alterado nas primeiras 24 horas de internação na unidade de terapia intensiva. O APACHE I utilizava 32 variáveis e no APACHE II o número de parâmetros foi reduzido para 13. O APACHE III foi desenvolvido entre 1988 e 1989 com informações de 40 hospitais americanos, enquanto o APACHE IV foi criado em 2006.[17] Para o cálculo do APACHE, são considerados os somatórios de três índices:

1. Índice com base nos maiores desvios da normalidade dos parâmetros fisiológicos nas primeiras 24 horas de internação.
2. Índice atribuído à idade do paciente.
3. Índice atribuído à presença de comorbidades.

SAPS

O sistema SAPS foi desenvolvido e validado por meio dos dados obtidos de 110 hospitais europeus e 27 hospitais americanos. O SAPS II utiliza 17 variáveis, sendo 12 fisiológicas. As demais variáveis são idade, tipo de admissão (clínica ou cirúrgica, cirurgia eletiva ou de urgência) e presença ou não de AIDS, câncer com metástase e neoplasia hematológica. Recentemente foi publicado o SAPS3, que contou com a participação de vários hospitais brasileiros, já sendo validado seu uso em UTI brasileira.

MPM

O MPM II consiste em uma evolução do MPM I e inclui quatro modelos: MPM II$_0$, com dados coletados na primeira hora de internação, MPM II$_{24}$, preenchido nas primeiras 24 horas, MPM II$_{48}$, com informações após 48 horas e MPM II$_{72}$, com dados das primeiras 72 horas. O MPM II$_0$ consiste em quinze variáveis que inclui idade, três variáveis fisiológicas, cinco variáveis baseadas no diagnóstico da doença aguda, tipo de admissão, ventilação mecânica e história de ressuscitação cardiopulmonar antes da admissão na UTI. O MPM$_{24}$, MPM$_{48}$ e MPM$_{72}$ avaliam treze variáveis, mas o peso de cada variável difere nos diferentes modelos. No sistema MPM, o resultado final já é a probabilidade de morte. Sua última versão (MPM$_0$ III) coleta os dados à admissão na UTI.[18]

POSSUM

O escore POSSUM foi criado para avaliar doentes cirúrgicos e foi aprimorado com o desenvolvimento do P-POSSUM. Atualmente é um instrumento útil para comparar cirurgiões ou hospitais. O P-POSSUM é calculado com base em 12 parâmetros fisiológicos e 6 parâmetros relacionados com a cirurgia. O site www.riskprediction.org.uk faz o cálculo do P-POSSUM.

MODS

Avalia 6 parâmetros fisiológicos:

1. Função pulmonar (PaO_2/FiO_2).
2. Função renal (concentração plasmática de creatinina).
3. Função hepática (concentração plasmática de bilirrubina).
4. Função cardiovascular (frequência cardíaca X PVC/PAM).
5. Função hematológica (contagem de plaquetas).
6. Função neurológica (escala de coma de Glasgow).

Para cada parâmetro o paciente pode receber de zero a quatro pontos. A presença de uma contagem superior a 20 pontos está associada à mortalidade de 100% na UTI.

LODS

Desenvolvido a partir do banco de dados do SAPS II, esse modelo avalia 12 variáveis nas primeiras 24 horas de internação, podendo a soma dos pontos variar de 0 a 22. Seu objetivo é determinar o grau de disfunção orgânica embora também possa ser utilizado para predizer mortalidade.

SOFA

O escore SOFA avalia o índice de gravidade com base no número de disfunções orgânicas. O escore avalia seis parâmetros: respiração (relação PaO_2/FiO_2), coagulação (contagem de plaquetas), função hepática (bilirrubina), sistema cardiovascular (necessidade de aminas vasoativas), sistema nervoso (escala de coma de Glasgow) e rins (creatinina). Ele pode ser calculado diariamente para a avaliação da evolução do paciente.

Índices de Gravidade no Paciente Cirúrgico – Marcadores Prognósticos

COLETA DE DADOS

Como os modelos prognósticos são baseados em variáveis clínicas, a acurácia dos dados coletados é imprescindível. É de fundamental importância que o profissional responsável pela coleta dos dados tenha treinamento, condições de trabalho e remuneração adequadas para dar confiabilidade aos resultados.

Erros na coleta de dados são comuns, especialmente quando as definições não são claras ou não são bem conhecidas pelo profissional responsável pela coleta dos dados. Por exemplo, a escala de coma de Glasgow, que apresenta um peso grande no modelo APACHE, é frequentemente motivo de controvérsia, especialmente quando o paciente está sedado.

LIMITAÇÕES DOS MODELOS

Como visto anteriormente, os escores prognósticos são utilizados para avaliar o desempenho da UTI por meio da taxa de letalidade padronizada (TLP). Entretanto, a letalidade na UTI depende dos critérios de alta da unidade, enquanto a letalidade hospitalar é afetada por transferências para outros hospitais e para clínicas de apoio. Assim, o resultado da TLP como instrumento para avaliar o desempenho da UTI pode ser influenciado por práticas locais.

ESCORES PROGNÓSTICOS PARA POPULAÇÕES ESPECÍFICAS

Os escores prognósticos são fundamentadas em uma população heterogênea de pacientes admitidos na UTI e não necessariamente se aplicam a grupos especiais de pacientes, como portadores de câncer, idosos ou obesos. Soares e Salluh validaram o escore SAPS3 para pacientes com câncer,[19] enquanto Soares demonstrou que pacientes com câncer e idade superior a 60 anos apresentam menor sobrevida quando internados em UTI.[20,21] Goulenox mostrou que pacientes obesos apresentam maior mortalidade quando internados em UTI,[22] enquanto Bochiccio publicou que a obesidade está associada a substancial aumento na mortalidade de pacientes vítimas de trauma.[23] Por outro lado, Ray mostrou não haver relação entre obesidade e evolução em pacientes críticos,[24] enquanto Morris não encontrou associação entre obesidade e aumento da letalidade em pacientes com lesão pulmonar aguda.[25]

ESCORES PROGNÓSTICOS PARA NOVOS DESFECHOS

Os escores prognósticos tradicionalmente utilizam a letalidade ou tempo de hospitalização como desfechos, provavelmente porque são mais facilmente mensurados. A qualidade de vida após alta hospitalar certamente é mais importante para o paciente e seus familiares embora seja mais difícil de avaliar. Alguns estudos têm utilizado como desfecho a *quality-adjusted life year*, uma medida que integra tempo e qualidade de vida.

ESCORES PROGNÓSTICOS COMO FERRAMENTAS PARA MELHORAR A QUALIDADE

O desfecho dos pacientes após a admissão na UTI depende da qualidade de atendimento durante a sua internação. Um bom atendimento está relacionado não apenas com a presença de especialistas em medicina intensiva e *round* diário multidisciplinar, mas também com a identificação de pacientes com alto risco. Os índices de gravidade do paciente são instrumentos úteis para identificar os pacientes com maior risco e, também, aqueles em que o tratamento é potencialmente ineficaz.

CONCLUSÃO

Nas últimas 3 décadas, diversos escores prognósticos vêm sendo aplicados visando estabelecer a gravidade dos pacientes admitidos na UTI e prever os seus desfechos. A maioria dos escores como o APACHE e o SAPS utiliza dados coletados nas primeiras 24 horas, enquanto outros como o SOFA utilizam medidas seriadas permitindo, assim, o acompanhamento das disfunções orgânicas durante a permanência do paciente na UTI. É importante salientar que os escores prognósticos não têm o poder de prever qual paciente vai evoluir para o óbito, mas podem classificar os pacientes naqueles de maior ou menor risco de morte.[26] Os escores prognósticos jamais devem substituir a observação clínica na tomada de decisões médicas, mas podem ser ferramentas úteis na difícil tarefa de tratar pacientes admitidos na UTI. Devemos utilizar os escores mais recentes, gerados em diferentes países (SAPS3 foi gerado em 35 países) ou com grande banco de dados (APACHE IV e o MPM_0 III com mais de 100.000 pacientes).[27]

Sem conhecer seu desempenho, é muito difícil melhorar a qualidade e diminuir os custos da UTI. Entretanto, apenas 10-15% das UTIs coletam, corriqueiramente, algum escore.[28]

REFERÊNCIAS BIBLIOGRÁFICAS

1. Apgar V. A proposal for a new method of evaluation of the newborn infant. *Anesth Analg* 1953;32:260-67.
2. Killip T 3rd, Kimball JT. Treatment of myocardial infarction in a coronary care unit. A two year experience with 250 patients. *Am J Cardiol* 1967;20(4):457-64.
3. Teasdale G, Jennett B. Assessment of coma and impaired consciousness. A practical scale. Lancet 1974;2(7872):81-84.
4. Baker SP, O'Neill B, Haddon Jr W *et al.* The injury severity score: a method for describing patients with multiple injuries and evaluating emergency care. *J Trauma* 1974;14(3):187-96.
5. Cullen DJ, Civetta JM, Briggs BA *et al.* Therapeutic intervention scoring system: a method for quantitative comparison of patient care. *Crit Care Med* 1974;2(2):57-60.
6. Knaus WA, Draper EA, Wagner DP *et al.* APACHE – Acute physiologic and chronic health eavaluation: a physiologically based classification system. *Crit Care Med* 1981;9:591-97.
7. Le Gall JR, Loirat P, Alperovitch A *et al.* A simplified acute physiology score for ICU patients. *Crit Care Med* 1984;12(11):975-77.

8. Lemeshow S, Teres D, Pastides H et al. A method for predicting survival and mortality of ICU patients using objectively derived weights. *Crit Care Med* 1985;13(7):519-25.
9. Copeland GP, Jones D, Walters M. POSSUM: a scoring system for surgical audit. *Br J Surg* 1991;78(3):355-60.
10. Rocco JR, Martins RA, David CM. Choque séptico: índice prognóstico baseado em regressão linear logística. *Rev Bras Terap Int* 1993;5:66-74.
11. Marshall JC, Cook DA, Christou NV et al. Multiple Organ Dysfunction Score: a reliable descriptor of a complex clinical outcome. *Crit Care Med* 1995;23:1638-52.
12. Vincent JL, Moreno R, Takala J et al. The SOFA (Sepsis-related Organ Failure Assessment) score to describe organ dysfunction/failure. On behalf of the Working Group on Sepsis-Related Problems of the European Society of Intensive Care Medicine. *Int Care Med* 1996;22(7):707-10.
13. Le Gall JR, Klar J, Lemeshow S et al. The logistic organ dysfunction system. A new way to assess organ dysfunction in the intensive care unit. *JAMA* 1996;276:802-10.
14. Bastos PG, Sun X, Wagner DP et al. Application of the APACHE III prognostic system in Brazilian intensive care units: a prospective multicenter study. *Int Care Med* 1996;22(6):564-70.
15. Stein KL. Scoring systems and outcome prediction. In: O'Donnell JM, Nacul FE. (Eds.). *Surgical intensive care medicine*. Boston: Kluwer Academic, 2001. p. 853-66.
16. Rocco JR. Escores prognósticos em medicina intensiva. In: Nacul FE. (Ed.). *Medicina intensiva – Abordagem prática*. Rio de Janeiro: Revinter, 2004. p. 555-62.
17. Zimmerman JE, Kramer AA, McNair DS et al. Acute Physiology and Chronic Health Evaluation (APACHE) IV: hospital mortality assessment for today's critically ill patients. *Crit Care Med* 2006 May;34(5):1297-310.
18. Moreno R. Severity of illness. In: Sibbald WJ, Bion JF. (Eds.). Evaluating critical care. Heidelberg: Springer, 2002. p. 51-68.
19. Soares M, Salluh JI. Validation of the SAPS 3 admission prognostic model in patients with cancer in need of intensive care. *Int Care Med* 2006 Nov.;32(11):1839-44.
20. Soares M, Carvalho MS, Salluh JI. Effect of age on survival of critically ill patients with cancer. *Crit Care Med* 2006;34(3):715-21.
21. Soares M, Darmon M, Salluh JI. Prognosis of lung cancer patients with life-threatening complications. *Chest* 2007;131(3):840-46.
22. Goulenok C, Monchi M, Chiche JD et al. Influence of overweight on ICU mortality: a prospective study. *Chest* 2004;125(4):1441-45.
23. Bochicchio GV, Joshi M, Bochicchio K et al. Impact of obesity in the critically ill trauma patient: a prospective study. *J Am Coll Surg* 2006;203(4):533-38.
24. Ray DE, Matchett SC, Baker K et al. The effect of body mass index on patient outcomes in a medical ICU. *Chest* 2005;127(6):2125-31.
25. Morris AE, Stapleton RD, Rubenfeld GD. The association between body mass index and clinical outcomes in acute lung injury. *Chest* 2007;131(2):342-48.
26. Breslow MJ, Badawi O. Severity scoring in the critically Ill. Part 2: maximizing value from outcome prediction scoring systems. *Chest* 2012;141(2):518-27.
27. Higgins TL, Teres D, Copes WS et al. Assessing contemporary intensive care unit outcome: an updated Mortality Probability Admission Model (MPM0-III). *Crit Care Med* 2007;35(3):827-35.
28. Breslow MJ, Badawi O. Severity scoring in the critically Ill. Part 1– Interpretation and accuracy of outcome prediction scoring systems. *Chest* 2012;141(1):245-52.

ÍNDICE REMISSIVO

Entradas acompanhadas por um *f* ou *q* em itálico referem-se a Figuras e Quadros respectivamente.

A

Abstinência
  do álcool, 18
  e *delirium*, 18
ACD (Ácido-Citrato-Dextrose), 315
Ácido
  acetilsalicílico, 156
    no PO de CC, 156
Acidose
  na IRA, 259
ACTH (Hormônio Liberador da Corticotropina), 307
ADH (Hormônio Antidiurético), 276
Adrenalina, 85
  molécula de, 85*f*
Agente(s)
  alfa-agonistas, 8
    centrais, 8
      clonidina, 8
      dexmedetomidina, 8
  analgésicos, 2
    derivados da morfina, 2
      fentanil, 3
      meperidina, 3
      morfina, 2
      opiáceos, 2
      opioides, 2
      remifentanil, 3
      tramadol, 3
    não opioides, 4
      AINEs, 4
  bacterianos, 229*q*
    em hospitais brasileiros, 229*q*
      prevalência de, 229*q*
  sedativos, 6
    benzodiazepínicos, 6
    etomidato, 7
    midazolan, 7
    propofol, 7
AINEs (Anti-Inflamatórios Não Esteroides), 4
AKIN (*Acute Kidney Injury Network*), 257
  índice, 258*q*
    para diagnóstico, 258*q*
    de IRA, 258*q*
Álcool
  abstinência do, 18
  e *delirium*, 18

Alimentação
  pré-operatória, 294
  imediata, 294
Altura
  da DVE, 48, 50*q*
  definindo a, 48, 50*q*
  discussão, 49
Aminoácido(s)
  equilíbrio corpóreo de, 289, 290*q*
  mecanismos de, 290*q*
  resumo dos, 290*q*
Amrinona, 91*f*
Analgesia, 1-8
  agentes analgésicos, 2
    derivados da morfina, 2
      fentanil, 3
      meperidina, 3
      morfina, 2
      opiáceos, 2
      opioides, 2
      remifentanil, 3
      tramadol, 3
    não opioides, 4
      AINEs, 4
  efeitos fisiológicos, 1
    da ansiedade, 1
    da dor, 1
  no PO de CC, 154
Anemia
  causas de, 318*q*
    em pacientes, 318*q*
      de terapia intensiva, 318*q*
Anormalidade(s)
  da coagulação, 333-354
    em pacientes críticos, 333-354
      coagulopatias de consumo, 349
        em UTI, 349
      HIT, 351
      modelo de, 339
        centrado na célula, 339
      ótica molecular da, 335
        hemostasia sob a, 335
      plaquetas, 344
      TMA, 353
      trombocitopenias, 348, 351
Ansiedade
  efeitos da, 1
    fisiológicos, 1

Antagonista(s)
    da endotelina-1, 31
        na prevenção do VC, 31
        após HSA, 31
Antibioticoprofilaxia
    no PO de CC, 155
Antibioticoterapia
    na sepse, 131
        seleção de, 250*f*
        para peritonite, 250*f*
Anticoagulação
    na FAA, 180
        do PO de CC, 180
    reversão de, 42
        no AVCh, 42
AP (Artéria Pulmonar)
    SO_2 na, 112*f*
APACHE (*Acute Physiologic* e *Chronic Health Evaluation Score*), 367, 369
APEV (Água Pulmonar Extravascular), 120
Ar
    alveolar, 190*q*
    e atmosférico, 190*q*
        comparação da composição, 190*q*
ASA (Sociedade Americana de Anestesiologia), 200
Asma
    aguda, 210
        assistência ventilatória na, 210
Aspiração
    na DVE, 52
Assistência
    ventilatória, 205-214
        asma aguda, 210
        desmame, 212
            pontos acompanhados diariamente, 212
            screening diário de metas, 213
            teste de ventilação espontânea, 213
            após *screening*, 213
        DPOC, 209
        paciente neurológico, 211
        SARA, 205
        VM da, 207
ATP (Adenosina Trifosfato), 131, 194
AVA (*Automated Vascular Analysis*), 144
AVC (Acidente Vascular Cerebral), 39
AVCh (Acidente Vascular Cerebral Hemorrágico)
    manejo neurointensivo no, 39-44
        principais dúvidas no tratamento, 39
            indicadores prognósticos, 39
            quando indicar cirurgia, 43
            tipo de cirurgia, 43
            tratamento neurointensivo, 40

B

BAL (Lavado Broncoalveolar), 232
Benzodiazepínico(s), 6
Betabloqueador(es)
    no PO de CC, 156
BIS (Índice Bispectral), 5

Bloqueio
    simpático, 34
    regional, 34
        no tratamento do VC, 34
BRA (Bloqueadores de Angiotensina), 265

C

CAM-ICU (*Confusion Assessment Method in a Intensive Care Unit*), 15
    manual, 18*q*
        para diagnóstico, 18*q*
            do *delirium*, 18*q*
    método, 19*f*
        diagrama de fluxo do, 19*f*
CaO_2 (Conteúdo Arterial de Oxigênio), 97, 108
CAP (Cateter da Artéria Pulmonar), 117
Cardiotomia
    choque cardiogênico após, 158
Catecolamina(s)
    síntese das, 88*f*
        a partir da fenilalanina, 88*f*
CC (Centro Cirúrgico), 46
CC (Cirurgia Cardíaca)
    e *delirium*, 19
    PO de, 153-162, 177
        avaliação inicial, 153
            na UTI, 153
        complicações específicas, 157
            choque cardiogênico, 158
                pós-cardiotomia, 158
            choque vasoplégico, 157
            delirium, 161
            disfunção ventricular direita, 159
            FA, 160
            IMPO, 157
            internação prolongada na UTI, 162
            lesão renal aguda, 161
            mediastinite, 161
            outros, 161
            outros aspectos relevantes, 162
            sangramentos, 159
        conduta terapêutica básica, 154
            ácido acetilsalicílico, 156
            analgesia, 154
            antibioticoprofilaxia, 155
            betabloqueadores, 156
            controle, 156
                da hipertensão arterial sistêmica, 156
                glicêmico, 156
            desmame da VM, 156
            estatinas, 156
            hemotransfusão, 157
            prevenção, 155
                de LAMG, 155
                do TVE, 155
            reposição, 154, 155
                eletrolítica, 155
                volêmica, 154
        FAA no, 177
            anticoagulação, 180
            definição, 177
            fatores de risco, 178
            prevenção, 179
            tratamento, 180

Índice Remissivo

CEC (Circulação Extracorpórea), 178, 270
Célula
  coagulação centrado na, 339
    modelo da, 339
      amplificação da, 342
      início da, 339
      propagação da, 342
CGI (Controle Glicêmico Intensivo), 301
  na sepse, 133
CH (Concentrado de Hemácias), 316
  na terapia intensiva, 321
Choque
  cardiogênico, 158
    pós-cardiotomia, 158
  séptico, 125q, 128f
    primeiras horas do, 128f
      suporte hemodinâmico nas, 128f
  vasoplégico, 157
    no PO de CC, 157
CIRCI (*Critical Illness-Related Corticosteroid Insufficiency*), 309
Circulação
  esplâncnica, 92
    estudos comparativos com relação à, 92
      entre drogas vasopressoras, 92
Cirurgia(s)
  de alto risco, 148
    microcirculação nas, 148
  no VC, 43
    após AVCh, 43
      quando indicar, 43
      que tipo, 43
    troponina na, 168
      cardíaca, 170
      ortopédica, 169
      vascular, 168
CIVD (Coagulação Intravascular Disseminada), 349
Clonidina, 8
CLP (Sepse da Ligadura e da Perfuração Cecal), 258
CO_2 (Gás Carbônico)
  diferença venoarterial de, 197
Coagulação
  amplificação da, 342
  em pacientes críticos, 333-354
    anormalidades da, 333-354
      coagulopatias de consumo, 349
        em UTI, 349
      HIT, 351
      modelo de, 339
        centrado na célula, 339
      ótica molecular da, 335
        hemostasia sob a, 335
      plaquetas, 344
      TMA, 353
      trombocitopenias, 348, 351
  início da, 339
  modelo da, 340f, 343f, 348f
    celular, 340f, 343f, 348f
      ações da trombina no, 348f
  propagação da, 342
  sistema de contato da, 334q
    proteases plasmáticas do, 334q
      inibidores das, 334q
      e fibrinólise endógena, 334q

Coagulopatia(s)
  de consumo, 349
  em UTI, 349
Coleta(s)
  de dados, 371
  de LCR, 52
    na DVE, 52
Coloide(s)
  cristaloides *versus*, 78
  dextranas, 77
  gelatinas, 77
  HEA, 77
  naturais, 76
  semissintéticos, 77
Complicação(ões)
  específicas do PO de CC, 157
    choque cardiogênico, 158
      pós-cardiotomia, 158
    choque vasoplégico, 157
    delirium, 161
    disfunção ventricular direita, 159
    FA, 160
    IMPO, 157
    internação prolongada na UTI, 162
    lesão renal aguda, 161
    mediastinite, 161
    outros, 161, 162
      aspectos relevantes, 162
    sangramento, 159
  pulmonares, 199-203
    no paciente cirúrgico, 199-203
      estratégias para redução de risco, 201
      fatores de risco, 199
        doenças de, 199
      no PO, 200
        doenças relacionadas, 200
Componente(s)
  do DC, 109q
    avaliação dos, 109q
    parâmetros de, 109q
  eritrocitário, 316
    CH, 316
  plaquetário, 319
    concentrado, 319
    de plaquetas, 319
Concentrado
  de plaquetas, 319, 322
Conduta
  na FA, 183
    no paciente crítico, 183
    não cardíaco, 183
  terapêutica básica, 154
    no PO de CC, 154
      ácido acetilsalicílico, 156
      analgesia, 154
      antibioticoprofilaxia, 155
      betabloqueadores, 156
      controle, 156
        da hipertensão arterial sistêmica, 156
        glicêmico, 156
      desmame da VM, 155
      estatinas, 156
      hemotransfusão, 157

prevenção, 155
  de LAMG, 155
  do TVE, 155
 reposição, 154, 155
  eletrolítica, 155
  volêmica, 154
Contratilidade
 miocárdica, 89
  fármacos que melhoram a, 89
   dobutamina, 90
   inibidores da fosfodiesterase, 90
   levosimendana, 91
Controle
 do foco, 131, 251
  de infecção, 251
   abdominal, 251
 infeccioso, 131
  na sepse, 131
 glicêmico, 301, 302
  intraoperatório, 302
 no PO de CC, 156
  da hipertensão arterial, 156
   sistêmica, 156
  glicêmico, 156
Corticoide(s)
 na sepse, 132
CPD (Citrato-Fosfato-Dextrose), 315
CPDA (Citrato-Fosfato-Dextrose-Adenina), 315
CPIS (*Clinical Pulmonary Infection Score*), 232, 233*q*
Craniectomia
 descompressiva, 61-68
  complicações, 67
  fisiopatogenia, 61
  indicações, 62
   infarto maligno da ACM, 65
   trauma, 63
  técnica, 62
CRH (Hormônio Liberador de Corticotropina), 307
Crioprecipitado, 320, 323
  substitutos do, 328*q*
   hemoderivados como, 328*q*
Cristaloide(s), 75
 soluções, 78*q*
 versus coloide, 78, 264
  na IRA, 264
  relacionada com sepse, 264
CRVM (Cirurgia de Revascularização Miocárdica), 167
Cuidado(s)
 paliativos, 359-365
 em UTI, 359-365
   avaliação de sintomas, 364
   comunicação aos familiares, 362
   conceitos, 360
   final de vida, 361
    tomada de decisão em, 361
Curativo
 na DVE, 52
Curva
 cardíaca, 81*f*
  de Starling, 81*f*
   efeitos da terapia peroperatória na, 81*f*
   de fluidos, 81*f*
 cinética, 75*f*
  após infusão de solução, 75*f*
   de ringer com lactato, 75*f*
 de Frank-Starling, 98*f*
CVE (Cardioversão Elétrica), 180

D

ΔPP (Variação de Pressão de Pulso), 99, 120
DA (Dopaminérgico(o))
 receptores, 87
DC (Débito Cardíaco), 97, 108, 111, 114, 132
 aferição do, 118*q*, 121
  métodos disponíveis para, 118*q*, 121
   disponibilidade no Brasil, 118*q*
   outros, 121
 componentes do, 109*q*
  avaliação dos, 109*q*
  parâmetros de, 109*q*
 estimativa do, 119
  pela análise, 119
   da onda de pulso, 19
DCA (Depressão Cortical Alastrante)
 na prevenção do VC, 32
  após HSA, 32
Delirium, 13-22
 abordagem ao paciente, 15
  diagnóstico, 15
   métodos para, 15
   exame físico, 15
   história, 15
 como indicador, 21
  de qualidade, 21
 diagnóstico do, 18*q*
  manual CAM-ICU para, 18*q*
 etiologia, 13, 16*q*
  avaliação da, 16*q*
 fatores, 13, 14*q*
  de risco, 13
   precipitantes, 14*q*
   predisponentes, 14*q*
 incidência, 13
 morbimortalidade, 13
 na pós-cirurgia cardíaca, 161
 opinião do especialista, 21
 patogenêse, 13
 PO, 16
  abstinência do álcool, 18
  CC e, 19
  polifarmácia, 18
  privação de sono, 19
 prevenção, 20
 tratamento, 20, 21*q*
  farmacológico, 21*q*
Desmame
 da assistência ventilatória, 212
  pontos acompanhados diariamente, 212
  screening diário de metas, 213
  teste de ventilação espontânea, 213
   após *screening*, 213
 da VM, 155
  no PO de CC, 155
Dexmedetomidina, 8
Dextrana(s), 77
DI (Diabetes Insípido), 285
Diálise
 métodos de, 267*q*, 268*q*
  em terapia intensiva, 267*q*, 268*q*
   diferentes aspectos dos, 267*q*, 268*q*
DINT (Déficit Isquêmico Neurológico Tardio), 29

Índice Remissivo

Disfunção
  ventricular direita, 159
    no PO de CC, 159
Disnatremia(s)
  no paciente crítico, 275-286
    hipernatremia, 284
    hiponatremia, 275
Distribuição
  dos fluidos corporais, 72
    em adulto, 72f
  dos líquidos infundidos, 73
  volume de, 74f
    das soluções, 74f
      para reposição hídrica, 74f
Distúrbio(s)
  glicêmicos, 299
Diurético(s), 260
DM (Diabetes Melito), 299
DO_2 (Oferta de Oxigênio), 97, 108, 111, 132, 195
  dependência da, 196f, 197f
    fisiológica, 196f
    patológica, 197f
  relação entre, 113
    e SvO_2, 113
    e VO_2, 113
Dobutamia, 90
  molécula da, 90f
Doença(s)
  de fatores de risco, 199
    para complicações pulmonares, 199
  multissistêmicas, 263
    IRA como, 263
    sepse como, 263
  relacionadas, 200
    com complicações pulmonares, 200
      no PO, 200
Dopamina, 87
  molécula da, 87f
Dor
  efeitos da, 1
    fisiológicos, 1
DPOC (Doença Pulmonar Obstrutiva Crônica)
  assistência ventilatória na, 209
Drenagem
  liquórica, 51
    na DVE, 51
  lombar, 31
    precoce, 31
      na prevenção do VC, 31
        após HSA, 31
Droga(s)
  administração de, 53
    intratecal, 53
      na DVE, 53
  inotrópicas, 85-93
    contratilidade miocárdica, 89
      fármacos que melhoram a, 89
  vasopressoras, 85-93
    estudos comparativos entre, 92
      circulação esplâncnica, 92
      mortalidade, 92
      restaurar a pressão arterial, 92
    resistência vascular periférica, 85
      fármacos que aumentam a, 85

DSMIV (*Diagnostical and Statistical Manual of Mental Disorders, Fourth Edition*), 13
DSTGI (Descontaminação Seletiva do Trato Gastrointestinal), 239
DTC (Dopller Transcraniano), 34
  monitoração com, 27
    multimodal, 27
    cerebral, 27
DVE (Derivação Ventricular Externa), 34
  protocolo de manejo das, 45-57
    administração de drogas, 53
      intratecal, 53
    aspectos técnicos, 46
      referentes à inserção da, 46
    aspiração, 52
    coletas de LCR, 52
    considerações gerais, 46
    curativo, 52
    definindo a altura, 48, 50q
    drenagem liquórica, 51
    fisioterapia, 52
    indicadores de qualidade, 57
    infecções relacionadas com, 54
    nível de evidência, 46
    proposta/escopo, 45
    registro da PIC, 50
    remoção da, 56
    sistema, 47, 53
      montagem do, 47
      obstrução do, 53
    sobre o protocolo, 45
    transportando o paciente, 47

E

EARLYDRAIN (*Early Lumbar Cerebroespinal Fluid Drainage in Aneurismal Subarachnoid Hemorrhage*), 32
$ECCO_2R$ (*Extracorporeal CO_2 Removal*), 209
ECG (Eletrocardiograma), 177
ECMO (*Extracorporeal Membrane Oxygenation*/Oxigenação por Membrana Extracorpórea), 209
  para tratamento, 215-223
    de hipoxemia refratária, 215-223
      complicações durante, 221, 222q
        do circuito, 223
        do paciente, 221
      contraindicações, 217
      evidência clínica, 215
        atual, 215
        histórico, 215
      indicações, 217, 218q
        em insuficiência respiratória, 218q
      paciente em, 219
        manejo do, 219
      racional fisiológico, 217
    sistema da, 219f
ECMO-VA (Oxigenação por Membrana Extracorpórea Venoarterial), 218
ECMO-VV (Oxigenação por Membrana Extracorpórea Venovenosa), 217
  metas, 220q

Efeito(s)
  fisiológicos, 1
    da ansiedade, 1
    da dor, 1
Eixo
  HHS, 307
Eletroencefalografia
  monitoração com, 27
    multimodal, 27
    cerebral, 27
Eletrólito(s)
  na prevenção do VC, 30
  após HSA, 30
Elevação
  da troponina, 171
  outras causas de, 171
EPP (Elevação Passiva das Pernas), 101
  técnica da, 101*f*
  mais adequada, 101*f*
Equilíbrio
  corpóreo, 289, 290*q*
  de aminoácidos, 289, 290*q*
    mecanismos de, 290*q*
Escala
  de Ramsay, 5*q*
Escore(s)
  prognósticos, 368, 371
    APACHE, 369
    como ferramentas, 372
      para melhorar a qualidade, 372
    IIS, 369
    LODS, 370
    MODS, 370
    MPM, 370
    para novos desfechos, 371
    para populações específicas, 371
    POSSUM, 370
    SAPS, 369
    SOFA, 370
    TISS, 369
Estatina(s)
  na prevenção do VC, 31
  após HSA, 31
  no PO de CC, 156
Estratégia
  ventilatória, 133
    protetora, 133
    na sepse, 133
Estudo(s)
  comparativos, 92
    entre drogas vasopressoras, 92
      circulação esplâncnica, 92
      mortalidade, 92
      restaurar a pressão arterial, 92
ETE (Ecocardiograma Transesofágico), 183
Etomidato, 7
Expansão
  do hematoma, 40
    como indicador prognóstico, 40
    no AVCh, 40

F

FA (Fibrilação Atrial)
  no paciente crítico, 177-184
  FAA, 177
    no PO de CC, 177
  não cardíaco, 181
    avaliação, 182
    classificação, 182
    conduta, 183
    diagnóstico, 182
      clínico, 182
      laboratorial, 182
  no PO de CC, 160
FAA (Fibrilação Atrial Aguda)
  no PO de CC, 177
    anticoagulação, 180
    definição, 177
    fatores de risco, 178
    prevenção, 179
    tratamento, 180
Fármaco(s)
  que aumentam, 85
    a resistência vascular periférica, 85
      adrenalina, 85
      dopamina, 87
      fenilefrina, 89
      noradrenalina, 86
      vasopressina, 88
  que melhoram, 89
    a contratilidade miocárdica, 89
FDE III (Inibidores da Enzima Fosfodiesterase III), 90
FEG (Fração de Ejeção Global), 120
Fenilalanina
  síntese a partir da, 88*f*
    das catecolaminas, 88*f*
Fenilefrina, 89
  molécula da, 89*f*
Fentanil, 3
Ferramenta
  para MH, 116
    no paciente cirúrgico, 116
      aferição do DC, 121
      CAP, 117
      estimativa do DC, 119
        pela análise da onda de pulso, 119
        termodiluição pulmonar, 117
FG (Filtração Glomerular), 254
Fibrinólise
  endógena, 334*q*
    sistema de contado da coagulação e, 334
    proteases plasmáticas do, 334*q*
    inibidores das, 334*q*
Fisioterapia
  na DVE, 52
Fluido(s)
  composição dos, 76*q*
  corporais, 72
    distribuição dos, 72
      em adulto, 72*f*
  infusão de, 97-102
    em pacientes graves, 97-102
      como avaliar a resposta à, 97-102
  terapia peroperatória de, 81*f*
    efeitos da, 81*f*
      na curva cardíaca de Starling, 81*f*

Índice Remissivo

tipos de, 75
 coloides, 76
  dextranas, 77
  gelatinas, 77
  HEA, 77
  naturais, 76
  semissintéticos, 77
 cristaloides, 75
Foco
 controle do, 131, 251
 de infecção, 251
  abdominal, 251
 infeccioso, 131
 na sepse, 131
Fosfodiesterase
 inibidores da, 90
Frank-Starling
 curva de, 98f
FSC (Fluxo Sanguíneo Cerebral), 26
FSR (Fluxo Sanguíneo Renal), 262

G

Gelatina(s), 77
Germe(s)
 multirresistentes, 230q
  fatores de risco por, 230q
  para PN, 230q

H

HAS (Hemorragia Subaracnóidea), 26
 tratamento do VC após, 29-34
  bloqueio simpático, 34
   regional, 34
  isquemia cerebral, 34
   proteção contra, 34
  milrinona venosa, 33
  nitroprussiato de sódio, 34
   intraventricular, 34
  prevenção, 30
   antagonistas da endotelina-1, 31
   DCA, 32
   drenagem lombar, 31
   estatinas, 31
   manutenção hídrica, 30
   nimodipina, 30
   outros eletrólitos, 30
   sulfato de magnésio, 30
   trombolítico intratecal, 32
  terapia, 32, 33
   dos "3H", 32
   endovascular, 33
HBPM (Heparina de Baixo Peso Molecular), 351
HDP (Hiperinsuflação Dinâmica Pulmonar), 209
HEA (Hidroxietilamido), 77
Hematoma
 expansão do, 40
Hemocomponente(s)
 armazenamento dos, 315
 coleta dos, 315
 preparo dos, 315
 transfusão de, 321, 324q, 325
  em terapia intensiva, 321, 324q
  recomendações para, 321, 324q
  riscos associados à, 325
Hemoderivado(s)
 como substitutos, 328q
  do crioprecipitado, 328q
  do PFC, 328q
Hemodinâmica
 quando monitorar a, 122
Hemostasia
 perfeita, 347f
 sob a ótica molecular, 335
  da coagulação, 335
Hemotransfusão, 315-328
 complicações, 327q
 componente, 316, 319
  eritrocitário, 316
   CH, 316
  plaquetário, 319
   concentrado de plaquetas, 319
 concentrado, 322
  de plaquetas, 322
 crioprecipitado, 320, 322
 em terapia intensiva, 326
  redução da necessidade de, 326
   estratégias para, 326
 hemocomponentes, 315, 321, 324q, 325
  armazenamento, 315
  coleta, 315
  preparo, 315
  transfusão de, 321, 324q, 325
   recomendações em terapia intensiva para, 321, 324q
   riscos associados à, 325
 na sepse, 132
 no PO de CC, 157
 perspectivas futuras, 328
 PFC, 320, 322
HEP (HIT *Expert Probability Score*), 351, 352q
HES (Hidroxietil Amidos), 129
HFOV (*High Frequency Oscillatory Ventilation*), 209
HHS (Hipotálamo-Hipófise-Suprarrenal)
 eixo, 307, 309
HIC (Hipertensão Intracraniana), 63
Hiperglicemia
 cirúrgica, 299-303
  no paciente crítico, 299
   controle glicêmico, 301, 302
    intraoperatório, 302
   distúrbios glicêmicos, 299
   infusão de insulina, 303
    protocolos de, 303
Hiperlactatemia
 causas de, 110q
Hipernatremia
 na terapia intensiva, 284q
  principais causas de, 284q
 quadro clínico, 284
 tratamento, 285
Hipertensão
 arterial, 156
  sistêmica, 156
   controle da, 156

Hipervolemia
  na IRA, 259
Hiponatremia
  abordagem das, 278*q*
  classificação, 276, 278*q*
    diversas, 281
    no PO, 277
    SCPS, 280
    SIADH, 277
  fisiopatologia, 275
  na terapia intensiva, 279*q*
    principais causas de, 279*q*
  quadro clínico, 276
  severa, 282
    tratamento da, 282
  tratamento da, 281, 283
    complicações do, 283
    geral, 281
Hipoxemia
  refratária, 215-223
    ECMO para tratamento de, 215-223
      complicações durante, 221, 222*q*
        do circuito, 223
        do paciente, 221
      contraindicações, 217
      evidência clínica, 215
        atual, 215
        histórico, 215
      indicações, 217, 218*q*
        em insuficiência respiratória, 218*q*
          paciente em, 219
            manejo do, 219
      racional fisiológico, 217
Hipóxia
  anêmica, 194
  circulatória, 194
  citopática, 194
  hipóxica, 194
HIT (Trombocitopenia Imune Induzida pela Heparina/*Heparin Induced Thrombocitopenia*), 333, 351
HMK (Kininogênio de Alto Peso Molecular/*High Molecular Weigth Kininogen*), 335

I

IC (Insuficiência Cardíaca), 182
ICC (Insuficiência Cardíaca Congestiva), 275
ICT (Isquemia Cerebral Tardia), 29
ICVCS (Índice de Colabamento da Veia Cava Superior), 100
ICVE (Índice de Contratilidade do Ventrículo Esquerdo), 120
IDVCI (Índice de Distensibilidade da Veia Cava Inferior), 100
IECA (Inibidores da Enzima Conversora da Angiotensina), 265
IHI (*Institute for Healthcare Improvement*), 240
IIS (*Injury Severity Score*), 367, 369
IMOS (Insuficiência de Múltiplos Órgãos), 254
IMPO (Infarto do Miocárdio no Peroperatório) de CC, 157

Indicador(es)
  prognósticos, 39
    no AVCh, 39
      expansão do hematoma, 40
      spot sign, 40
Índice
  cardíaco, 114*f*
    e TEO$_2$, 114*f*
      relação entre, 114*f*
  de gravidade, 367-372
    no paciente cirúrgico, 367-372
      coleta de dados, 371
      escores prognósticos, 368, 371
        ferramentas para melhorar a qualidade, 372
        novos desfechos, 371
        populações específicas, 371
      histórico, 367
      limitações dos modelos, 371
      marcadores prognósticos, 367-372
Infarto
  do miocárdio, 165-173
    no PO, 165-173
      diagnóstico de, 165-173
        importância da troponina, 165-173
Infecção(ões)
  do LCR, 55*q*
    definição das, 55*q*
      após ventriculostomia, 55*q*
  intra-abdominais, 245-251
    aspectos epidemiológicos, 245
    classificação, 245
    diagnóstico diferencial de, 247*q*
    manifestações clínicas, 246
      exames complementares, 247
    microbiologia de, 248*q*
    tratamento, 249
      antimicrobiano, 249
      controle do foco de, 251
      ressuscitação hemodinâmica, 250
  relacionadas com DVE, 54
Infusão
  de fluidos, 97-102
    em pacientes graves, 97-102
      como avaliar a resposta à, 97-102
  de insulina, 303
    protocolos de, 303
  de solução, 75*f*
    ringer com lactato, 75*f*
      curva cinética após, 75*f*
Inibidor(es)
  da fosfodiesterase, 90
Injúria
  pulmonar, 206
    aguda, 206
Inserção
  da DVE, 46
    aspectos técnicos, 46
Insuficiência
  respiratória, 218*q*
    em adultos, 218*q*
      indicações de ECMO em, 218*q*
Insulina
  infusão de, 303
    protocolos de, 303

Índice Remissivo

IPVP (Índice de Permeabilidade Vascular Pulmonar), 120
IRA (Injúria Renal Aguda)
  no paciente crítico, 253-274
    abordagem inicial, 259
    diagnóstico, 256
      classificação de RIFLE, 257q
      diferencial, 256q
        marcadores no, 256q
      índice AKIN, 258q
    diuréticos, 260
    drogas que predispõem à, 255q
      principais, 255q
    e sepse, 263
      como doenças multissistêmicas, 263
    epidemiologia, 253
      na UTI, 253
    fatores de risco, 255q
    manifestações clínicas, 259
      acidose, 259
      hipervolemia, 259
    mecanismo de indução, 255q
    patogênese, 254
    população especial, 270
      PO de CC, 270
    prevenção da, 269
    relacionada com a sepse, 261, 264, 269
      medidas terapêuticas, 264
      tratamento dialítico da, 269
    rim da sepse, 261
      fisiopatologia do, 261
    tratamento da, 265
      conservador, 265
      dialítico, 266
  pré-renal, 256q
    e NTA, 256q
      diagnóstico diferencial entre, 256q
      marcadores no, 256q
IS (Insuficiência Suprarrenal)
  em pacientes graves, 307-312
    causas de, 308q
    classificação, 308
    diagnóstico, 310
    eixo HHS, 307
    fisiopatogenia, 309
    manifestações clínicas, 310
    prevalência, 308
    tratamento, 311
Isquemia
  cerebral, 34
    proteção contra, 34

L

Lactato, 108
LAMG (Lesão Aguda da Mucosa Gastrointestinal)
  prevenção de, 155
    no PO de CC, 155
Laser
  Doppler, 143
LCR (Líquido Cefalorraquidiano), 45, 67
  coletas de, 52
    na DVE, 52
  infecções do, 55q
    definição das, 55q
    após ventriculostomia, 55q
LEC (Líquido Extracelular), 72
Lesão
  renal, 161
    aguda, 161
    pós-cirurgia cardíaca, 161
Levosimenano
  molécula do, 91*f*
Levosimendana, 91
LIC (Líquido Intracelular), 72
Limitação(ões)
  dos modelos, 371
    dos escores prognósticos, 371
Líquido(s)
  infundidos, 73
    distribuição dos, 73
LODS (*Logistic Organ Dysfunction System*), 368, 370
LPA (Lesão Pulmonar Aguda), 205
  VM da, 207
    com estratégia protetora, 207
      iniciar, 207
      manter, 207
    PEEP, 207
      ajuste do, 207
      instalação do, 207
      retirada do, 207
    recrutamento alveolar, 208
LPS (Lipopolissacarídeo), 126
LUMAS (*Lumbar Drainage in Subarachnoid Hemorrhage*), 32

M

Magnésio
  sulfato de, 30
    na prevenção do VC, 30
      após HSA, 30
Manejo
  das DVE, 45-57
    protocolo de, 45-57
      administração intratecal de drogas, 53
      aspectos técnicos, 46
        referentes à inserção da, 46
      aspiração, 52
      coletas de LCR, 52
      considerações gerais, 46
      curativo, 52
      definindo a altura, 48, 50q
      drenagem liquórica, 51
      fisioterapia, 52
      indicadores de qualidade, 57
      infecções relacionadas com, 54
      nível de evidência, 46
      proposta/escopo, 45
      registro da PIC, 50
      remoção da, 56
      sistema, 47, 53
        montagem do, 47
        obstrução do, 53
      sobre o protocolo, 45
      transportando o paciente, 47

no AVCh, 39-44
    da pressão arterial, 41
    neurointensivo, 39-44
        principais dúvidas no tratamento, 39
    restritivo, 79
    versus liberal, 79
Manutenção
    hídrica, 30
        na prevenção do VC, 30
        após HSA, 30
Marcador(es)
    no diagnóstico diferencial, 256*q*
        entre IRA pré-renal, 256*q*
        e NTA, 256*q*
            bioquímicos, 256*q*
            urinários, 256*q*
Mediastinite
    no PO de CC, 161
Meperidina, 3
MH (Monitoração Hemodinâmica)
    no paciente cirúrgico, 107-122
        de alto risco, 114
        melhor ferramenta para, 116
            aferição do DC, 121
            CAP, 117
            estimativa do DC, 119
                pela análise da onda de pulso, 119
                termodiluição pulmonar, 117
        otimização de fluxo, 108
        oxigenação tecidual, 108
        perfusão tecidual, 108
            lactato, 108
        qual, 107-122
        quando, 107-122
        quanto, 107-122
        relação entre DO_2, 113
            e SvO_2, 113
            e VO_2, 113
        SvO_2, 110
        tecnologias de, 108*q*
            classificação das, 108*q*
Microbiologia
    de infecções, 248*q*
        intra-abdominais, 248*q*
Microcirculação
    em pacientes graves, 137-149
        avaliação da, 137-149
            esquema representativo, 139*f*
            fisiologia, 138
            metodologias para, 141*q*
            nas cirurgias de alto risco, 148
            perfusão microvascular, 140
            pontos-chave, 149
        visualização da, 142
            direta, 142
                microscopia intravital, 142
                laser Doppler, 143
                OPS, 143
                SDF, 143
Microdiálise
    cerebral, 27
        monitoração da, 27
Microscopia
    intravital, 142
Midazolan, 7

Milrinona, 91*f*
    venosa, 33
        no tratamento do VC, 33
Miocárdio
    infarto do, 165-173
        no PO, 165-173
            diagnóstico de, 165-173
            importância da troponina, 165-173
MODS (*Multiple Organ Dysfunction Score*), 367, 370
Molécula
    da adrenalina, 85*f*
    da dobutamina, 90*f*
    da dopamina, 87*f*
    da fenilefrina, 89*f*
    da noradrenalina, 86*f*
    do levosimenano, 91*f*
Monitoração
    da oxigenação tecidual, 189-198
        diferença venoarterial, 197
            de CO_2, 197
        lactato, 197
        SvO_2, 195
        troca gasosa pulmonar, 189
            surfactante, 192
            V-Q, 192
    multimodal, 25-27
        cerebral, 26
            PIC, 26
            DTC, 27
            eletroencefalografia, 27
            microdiálise cerebral, 27
            pressão tecidual, 26
                de oxigenação cerebral, 26
        neurológica, 25-27
            conteúdo, 25
Morfina
    derivados da, 2
        fentanil, 3
        meperidina, 3
        morfina, 2
        opiáceos, 2
        opioides, 2
        remifentanil, 3
        tramadol, 3
Mortalidade
    estudos com relação à, 92
        comparativos, 92
        entre drogas vasopressoras, 92
MPM (*Mortality and Prediction Models*), 367, 370

N

NCEPOD (*National Confidential Enquiry into Post Ope rative Deaths*), 114
Neutrófilo(s)
    ação dupla dos, 338*f*
NGAL (*Netrophil Gelatinase-Associated Lipocalin*), 258
Nimodipina
    na prevenção do VC, 30
    após HSA, 30
NIRS (*Near-infrared Sectroscopy*/Espectroscopia no Infravermelho Próximo), 146
    metodologia, 147*f*

Índice Remissivo

tecnologia, 146*f*
   dispositivo do, 146*f*
Nitroprussiato
   de sódio, 34
      intraventricular, 34
      no tratamento do VC, 34
NMDA (N-metil-D-aspartato), 30
NNIS (*Natinal Nosocomial Infections Survaillance system*), 227
NO (Óxido Nitroso), 309
Noradrenalina, 86
   molécula da, 86*f*
NTA (Necrose Tubular Aguda), 256
   IRA pré-renal e, 256*q*
      diagnóstico diferencial entre, 256*q*
         marcadores no, 256*q*
            bioquímicos, 256*q*
            urinários, 256*q*
Nutrição
   peroperatória, 290, 292
      convencional, 290
      regimes especiais de, 292

O

ON (Óxido Nítrico), 126
Onda
   de pulso, 119
      análise da, 119
         estimativa do DC pela, 119
Opiáceo(s), 2
Opioide(s), 2
OPS (*Orthogonal Polarization Spectral*), 143
Ótica Molecular
   da coagulação, 335
   hemostasia sob a, 335
Otimização
   de fluxo, 108
      na MH, 108
   volêmica, 127*q*
      na sepse, 127*q*
      estratégia de, 127*q*
Oxigenação
   cerebral, 26
      pressão tecidual de, 26
         monitoração da, 26
   tecidual, 108, 146, 189-198
      avaliação direta da, 146
      monitoração da, 189-198
         diferença venoarterial, 197
         de CO_2, 197
         lactato, 197
         SvO_2, 195
         troca gasosa pulmonar, 189
         NIRS, 146

P

Paciente(s)
   cirúrgico, 107-122, 199-203, 289-295, 367-372
      complicações pulmonares no, 199-203
         estratégias para redução de risco, 201
         fatores de risco, 199
         doenças de, 199
         no PO, 200
         doenças relacionadas, 200
   índice de gravidade no, 367-372
      coleta de dados, 371
      escores prognósticos, 368, 371
         ferramentas para melhorar a qualidade, 372
         novos desfechos, 371
         populações específicas, 371
      histórico, 367
      limitações dos modelos, 371
      marcadores prognósticos, 367-372
   MH no, 107-122
      de alto risco, 114
      melhor ferramenta para, 116
      otimização de fluxo, 108
      oxigenação tecidual, 108
      perfusão tecidual, 108
      qual, 107-122
      quando, 107-122
      quanto, 107-122
      relação entre DO_2, 113
         e SvO_2, 113
         e VO_2, 113
      SvO_2, 110
   terapia nutricional no, 289-295
      alimentação pré-operatória, 294
         imediata, 294
      equilíbrio corpóreo, 289
      de aminoácidos, 289
      nutrição peroperatória, 290
   com DVE, 47
      transportando o, 47
   crítico, 177-184, 253-274, 275-286, 299-303, 333-354
      anormalidades da coagulação em, 333-354
         coagulopatias de consumo, 349
         em UTI, 349
         HIT, 351
         modelo de, 339
            centrado na célula, 339
         ótica molecular da, 335
            hemostasia sob a, 335
         plaquetas, 344
         TMA, 353
         trombocitopenias, 348, 351
      disnatremias no, 275-286
         hipernatremia, 284
         hiponatremia, 275
      FA no, 177-184
         FAA no PO de CC, 177
         não cardíaco, 181
      hiperglicemia cirúrgica no, 299-303
         controle glicêmico, 301, 302
            intraoperatório, 302
         distúrbios glicêmicos, 299
         infusão de insulina, 303
            protocolos de, 303
      IRA no, 253-274
         abordagem inicial, 259
         diagnóstico, 256
            classificação de RIFLE, 257*q*
            diferencial, 256*q*
            índice AKIN, 258*q*

diuréticos, 260
e sepse, 263
   como doenças multissistêmicas, 263
   epidemiologia na UTI, 253
   fatores de risco, 255q
   manifestações clínicas, 259
      acidose, 259
      hipervolemia, 259
   mecanismo de indução, 255q
   patogênese, 254
   população especial, 270
      PO de CC, 270
   prevenção da, 269
   principais drogas que predispõem à, 255q
   relacionada com a sepse, 261, 264, 269
      medidas terapêuticas, 264
      tratamento dialítico da, 269
   rim da sepse, 261
      fisiopatologia do, 261
   tratamento da, 265
      conservador, 265
      dialítico, 266
em ECMO, 219
   manejo do, 219
graves, 137-149, 307-312
   avaliação da microcirculação em, 137-149
      esquema representativo, 139f
      fisiologia, 138
      metodologias para, 141q
      nas cirurgias de alto risco, 148
      perfusão microvascular, 140
      pontos-chave, 149
   IS no, 307-312
      causas de, 308q
      classificação, 308
      diagnóstico, 310
      eixo HHS, 307
      fisiopatogenia, 309
      manifestações clínicas, 310
      prevalência, 308
      tratamento, 311
neurológico, 211
   assistência ventilatória no, 211
$PaCO_2$ (Pressão Parcial de Gás Carbônico Alveolar), 190
PAM (Pressão Arterial Média), 26, 52, 127, 129, 265
PaO_2 (Pressão Parcial de Oxigênio Alveolar), 189
PAVM (Pneumonia Associada à Ventilação Mecânica), 227
   diagnóstico, 232, 233q, 234f
      algoritmo para, 234f
      métodos para, 233q
   fatores de risco para, 231q
      independentes, 231q
   manifestações clínicas, 231
   prevenção de, 239f, 241q
      medidas de, 239f, 241q
         farmacológicas, 241q
         não farmacológicas, 241q
   tratamento, 237f
      algoritmo para, 237f
PCA (Analgesia Controlada pelo Paciente), 3
PCP (Presença de Disfunção Cardíaca), 206

PEEP (Pressão Positiva ao Final da Expiração), 101, 133
   ajuste do, 207
   instalação do, 207
   retirada do, 207
Perfusão
   microvascular, 140
      métodos de avaliação da, 140
         variáveis sistêmicas indiretas, 140
   tecidual, 108
      lactato, 108
Peritonite
   tratamento de, 250q
      antibioticoterapia para, 250f
      seleção de, 250f
PFC (Plasma Fresco Congelado), 320, 322
   substitutos do, 328q
      hemoderivados como, 328q
PIC (Pressão Intracraniana), 45, 61
   monitoração da, 26
   registro da, 50
      na DVE, 50
Plaqueta(s), 344
   ações biológicas das, 345f
   concentrado de, 319, 322
PN (Pneumonia Nosocomial), 227-241
   diagnóstico, 232, 233q, 234f
      algoritmo para, 234f
      métodos para, 233q
   epidemiologia, 227
   etiologia, 228
   fatores, 230, 238f
      de risco, 230
         por germes multirresistentes, 230q
      patogênicos, 238f
      e medidas de prevenção, 238f
   manifestações clínicas, 231
   no hospital/UTI, 228f
      e PAVM/PN na UTI, 228f
      relação, 228f
   patogênese, 230
   prevenção, 236
   tratamento, 235, 237f
      algoritmo para, 237f
PO (Pós-Operatório)
   complicações pulmonares no, 200
   doenças relacionadas com, 200
   de CC, 153-162, 177, 270
      avaliação inicial, 153
         na UTI, 153
      complicações específicas, 157
         choque cardiogênico, 158
            pós-cardiotomia, 158
         choque vasoplégico, 157
         delirium, 161
         disfunção ventricular direita, 159
         FA, 160
         IMPO, 157
         internação prolongada na UTI, 162
         lesão renal aguda, 161
         mediastinite, 161
         outros aspectos relevantes, 162
         outros, 161
         sangramentos, 159

Índice Remissivo

    conduta terapêutica básica, 154
        acido acetilsalicílico, 156
        analgesia, 154
        antibioticoprofilaxia, 155
        betabloqueadores, 156
        controle, 156
            da hipertensão arterial sistêmica, 156
            glicêmico, 156
        desmame da VM, 156
        estatinas, 156
        hemotransfusão, 157
        prevenção, 155
            de LAMG, 155
            do TVE, 155
        reposição, 154, 155
            eletrolítica, 155
            volêmica, 154
    FAA no, 177
        anticoagulação, 180
        definição, 177
        fatores de risco, 178
        prevenção, 179
        tratamento, 180
    hiponatremia no, 277
    população especial, 270
        IRA na, 270
POAP (Pressão Ocluída de Artéria Pulmonar), 98
Polifarmácia
    e *delirium*, 18
POSSUM (*Physiologic and Operative Severity Score for the Enumeration of Mortality and Morbidity Score*), 367, 370
PPC (Pressão de Perfusão Cerebral), 26, 52
PPV (Proporção de Vasos Perfundidos), 145*f*
Pressão
    arterial, 41, 92
        capacidade de restaurar a, 92
            drogas vasopressoras com, 92
        manejo da, 41
        no AVCh, 41
    tecidual, 26
        de oxigenação cerebral, 26
        monitoração da, 26
Prevenção
    da IRA, 269
    do IMPO, 171
    no PO de CC, 155, 179
        da FAA, 179
        de LAMG, 155
        do TEV, 155
Propofol, 7
Protease(s)
    plasmáticas, 334*q*
        do sistema de contato da coagulação, 334
            inibidores das, 334*q*
            e fibrinólise endógena, 334*q*
PTT (Púrpura Trombocitopênica Trombótica), 320, 333, 353
PTTa (Tempo de Tromboplastina Parcial Ativado), 335, 339
PVC (Pressão Venosa Central), 98, 102, 107, 127
PVD (Densidade de Vasos Perfundidos), 145*f*
PVH$_2$O (Pressão de Vapor d'Água), 190

Q

Qualidade
    indicadores de, 21, 57
    delirium como, 21
    DVE como, 57

R

Ramsay
    escala de, 5*q*
RASS (Escala de Richmond: Agitação e Sedação), 6*q*, 17*q*
Recrutamento
    alveolar, 208
        na VM, 208
        da SARA, 208
Regeneração
    tecidual, 347*f*
        mecanismo evolutivo da, 347*f*
Regime(s)
    especiais, 292
        de nutrição, 292
        peroperatória, 292
Remifentanil, 3
Remoção
    da DVE, 56
Reposição Volêmica
    com segurança, 71-81
        conceitos fundamentais, 71
            distribuição, 72, 73
                dos fluidos corporais, 72
                dos líquidos infundidos, 73
            fisiologia, 72
        manejo volêmico, 78
            cristaloide, 78
                versus coloide, 78
            restritivo, 79
                versus liberal, 79
        tipos de fluidos, 75
            coloides, 76
            cristaloides, 75
        tratar em lesionar, 71-81
    no PO de CC, 154
Reposição
    eletrolítica, 155
        no PO de CC, 155
    hídrica, 74*f*
        soluções para, 74*f*
        volume de distribuição das, 74*f*
Resistência
    vascular, 85
        periférica, 85
            fármacos que aumentam a, 85
Resposta
    à infusão de fluidos, 97-102
        em pacientes graves, 97-102
        como avaliar, 97-102
Ressuscitação
    hemodinâmica, 250
        nas infecções, 250
            intra-abdominais, 250
    volêmica, 126, 128
        na sepse, 126
        solução para, 128

Reversão
  de anticoagulação, 42
  no AVCh, 42
RIFLE (*Risk, Injury, Failure, Loss, End Stage Kidney Disease*), 253
  classificação de, 257*q*
    para diagnóstico, 257*q*
    de IRA, 257*q*
Rim
  da sepse, 261
  fisiopatologia do, 261
  vasopressores e, 264
ROS (Espécies Reativas de Oxigênio), 263
RVS (Resistência Vascular Sistêmica), 120

S

SAF (Síndrome Antifosfolípide), 333
Sangramento(s)
  nas síndromes trombo-hemorrágicas, 336*q*
    complexas, 336*q*
      na terapia intensiva, 336*q*
  no PO de CC, 159
SAPS (*Simplified Acute Physiology Score*), 367, 369
SARA (Síndrome da Angústia Respiratória Aguda), 161
  assistência ventilatória na, 205
  VM da, 207
    com estratégia protetora, 207
      iniciar, 207
      manter, 207
    PEEP, 207
      ajuste do, 207
      instalação do, 207
      retirada do, 207
    recrutamento alveolar, 208
    seguimento da, 208
SCA (Síndrome Coronariana Aguda), 165
SCPS (Síndrome Cerebral Perdedora de Sal)
  e hiponatremia, 280
  SIADH e, 281*q*
    diagnóstico diferencial entre, 281*q*
Screening
  diário, 213
    de metas, 213
      na assistência ventilatória, 213
    teste após, 213
    de ventilação espontânea, 213
SDF (*Sidestream Dark Field*), 143
  aparelho de, 144*f*
  imagem obtida com, 145*f*
SDMO (Síndrome da Disfunção de Múltiplos Órgãos), 125*q*
SDMOS (Síndrome da Disfunção de Múltiplos Órgãos e Sistemas), 194
SDOM (Síndrome de Disfunção Orgânica Múltipla), 245
SDRA (Síndrome do Desconforto Respiratório Agudo), 215
Sedação, 1-8
  agentes, 6, 8
    alfa-agonistas centrais, 8
      clonidina, 8
      dexmedetomidina, 8

sedativos, 6
  benzodiazepínicos, 6
  etomidato, 7
  midazolan, 7
  propofol, 7
efeitos fisiológicos, 1
  da ansiedade, 1
  da dor, 1
Sepse
  controvérsia no tratamento da, 125-134
    controle glicêmico, 133
      intensivo, 133
    estratégia ventilatória, 133
      protetora, 133
    ressuscitação volêmica, 126, 128
      solução para, 128
        antibioticoterapia, 131
        controle do foco infeccioso, 131
        corticoides, 132
        hemotransfusão, 132
        suporte inotrópico, 131
        suporte vasopressor, 129
  grave,125*q*
  IRA e, 263
    como doenças multissistêmicas, 263
  IRA relacionada com, 261
    medidas terapêuticas, 264
      expansão de volume, 264
      vasopressores, 264
    tratamento dialítico da, 269
  otimização volêmica na, 127*q*
    estratégia de, 127*q*
      metas para a, 127*q*
  rim da, 261
  fisiopatologia do, 261
Sequela(s)
  patológicas, 80*f*
    da sobrecarga volêmica, 80*f*
    nos sistemas orgânicos, 80*f*
SHU (Síndrome Hemolítica Urêmica), 353
SIADH (Secreção Inapropriada do Hormônio Antidiurético)
  causas de, 279*q*
  critérios diagnósticos de, 280*q*
  e hiponatremia, 277
  e SCPS, 281*q*
    diagnóstico diferencial entre, 281*q*
Síndrome(s)
  trombo-hemorrágicas, 336*q*
    complexas, 336*q*
      sangramentos nas, 336*q*
      tromboses nas, 336*q*
Síntese
  das catecolaminas, 88*f*
    a partir da fenilalanina, 88*f*
SIP (Síndrome da Infusão do Propofol), 7
SIRS (Síndrome de Resposta Inflamatória Sistêmica), 115, 255, 290
  definições,125*q*
Sistema(s)
  da ECMO, 219*f*
  de DVE, 47, 48*f*, 53
    montagem do, 47
    obstrução do, 53

Índice Remissivo

orgânicos, 80f
  sobrecarga volêmica nos, 80f
  sequelas patológicas da, 80f
SLEDD (*Sustained, Low Efficiency Daily Dialysis*), 269
SMD (Síndrome Mielodisplásicas), 333
SO (Sala de Operações), 107
SO_2 (Saturação de Oxigênio)
  na AP, 112f
  na VCI, 112f
  na VCS, 112f
Sobrecarga
  volêmica, 80f
    nos sistemas orgânicos, 80f
    sequelas patológicas da, 80f
Sódio
  nitroprussiato de, 34
    intraventricular, 34
    no tratamento do VC, 34
SOFA (*Sepsis-Related Organ Failure Assessment*), 367, 370
Solução(ões)
  coloidais, 78q
  cristaloides, 78q
  para reposição hídrica, 74, 75f
  ringer com lactato, 75f
    infusão de, 75f
      curva cinética após, 75f
Sono
  privação de, 19
  e *delirium*, 19
SPAF (*Stroke Prevention in Atrial Fibrillation*), 183
Spot sign
  como indicador prognóstico, 40
  no AVCh, 40
SRDA (Síndrome do Desconforto Respiratório Agudo), 133
Starling
  curva cardíaca de, 81f
    efeitos na, 81f
      da terapia peroperatória, 81f
      de fluidos, 81f
StO_2 (Saturação de Oxigenação Tecidual), 147
Sulfato
  de magnésio, 30
    na prevenção do VC, 30
    após HSA, 30
Suporte
  extracorpóreo, 220, 221
    complicações no, 221
      do circuito, 223
      do paciente, 221
    retirada do, 220
  hemodinâmico, 128f
    nas primeiras horas, 128f
      do choque séptico, 125q, 128f
    na sepse, 129, 131
    inotrópico, 131
    vasopressor, 129
Surfactante, 192
$SvcO_2$ (Saturação Venosa Central de Oxigênio), 113, 127
SvO_2 (Saturação Venosa de Oxigênio), 110, 117, 195
  DO_2 e, 113
    relação entre, 113
  média da, 110q
  variação da, 110q

T

TCE (Traumatismos Cranioencefálicos), 62
  por queda de patins, 64f
Tecnologia(s)
  de MH, 108q
    classificação das, 108q
TEO_2 (Taxa de Extração de Oxigênio), 111, 195
  índice cardíaco e, 114f
  relação entre, 114f
Terapia
  antitrombótica, 42
    no AVCh, 42
  do VC, 32, 33
    dos "3H", 32
    endovascular, 33
  extracorpórea, 221q
    retirada da, 221q
  intensiva, 279q, 284q, 318q
    anemia em pacientes de, 318q
      causas de, 318q
    hipernatremia na, 284q
      principais causas de, 284q
    hiponatremia na, 279q
      principais causas de, 279q
  nutricional, 289-295
    no paciente cirúrgico, 289-295
      alimentação pré-operatória, 294
      imediata, 294
      equilíbrio corpóreo, 289
      de aminoácidos, 289
      nutrição peroperatória, 290
Termodiluição
  pulmonar, 117
  CAP, 117
Teste
  de ventilação espontânea, 213
    após *screening*, 213
TEV (Tromboembolismo Venoso)
  prevenção do, 155
    no PO de CC, 155
TISS (*Therapeutic Intervention Scoring System*), 367, 369
TLP (Taxa de Letalidade Padronizada), 368
TMA (Microangiopatias Trombóticas Adquiridas), 353
TO_2 (Transporte de Oxigênio), 194
TOF (*Train of Four*), 211
TP (Tempo de Protombinas), 339
TRALI (*Transfusion-Related Acute Lung Injury*), 325
Tramadol, 3
Transfusão
  de hemocomponentes, 321, 324q, 325
    em terapia intensiva, 321, 324q
      recomendações para, 321, 324q
    riscos associados à, 325
      eventos adversos, 325f
      associados à, 325f
  necessidade de, 326
    em terapia intensiva, 326
    estratégias para redução da, 326
Troca Gasosa
  pulmonar, 189
Trombocitopenia(s), 348
  causas de, 350f

Índice Remissivo

Trombolítico
  intratecal, 32
  na prevenção do VC, 32
  após HSA, 32
Trombose(s)
  nas síndromes trombo-hemorrágicas, 336q
    complexas, 336q
    na terapia intensiva, 336q
Troponina
  cirurgia, 169, 170
    ortopédica, 169
    cardíaca, 170
    vascular, 169
  elevação da, 171
    outras causas de, 171
  importância da, 165-173
    no diagnóstico do IMPO, 165-173
      classificação do, 166
      fisiopatologia, 165
TRS (Terapia Renal Substitutiva), 269
TTPA (Tempo de Tromboplastina Parcial Ativada), 220

U

UTI (Unidade de Terapia Intensiva), 45, 107, 126, 129, 215, 227, 245
  avaliação na, 153
    inicial, 153
  coagulopatias em, 349
    de consumo, 349
  cuidados paliativos em, 359-365
    avaliação de sintomas, 364
    comunicação aos familiares, 362
    conceitos, 360
    final de vida, 361
      tomada de decisão em, 361
  internação prolongada na, 162
  IRA na, 253, 255q
    drogas que predispõem à, 255q
      principais, 255q
    epidemiologia da, 253
    indução de, 255q
      fatores de risco, 255q
      mecanismo de, 255q
    métodos de diálise, 267q-268q
      diferentes aspectos dos, 267q-268q

V

Variável(is)
  sistêmicas, 140
    indiretas, 140
      avaliação clínica, 140
      lactato, 142
      SvO_2, 140
Vasopressina, 88, 89f
Vasopressor(es)
  e rim, 264
VASST (*Vasopressin and Septic Shock Trial*), 130

VC (Vasospasmo Cerebral)
  após HSA, 29-34
  tratamento do, 29-34
    bloqueio simpático regional, 34
    milrinona venosa, 33
    nitroprussiato de sódio, 34
      intraventricular, 34
    prevenção, 30
    proteção contra isquemia cerebral, 34
    terapia, 32, 33
      dos "3H", 32
      endovascular, 33
VCI (Veia Cava Inferior)
  SO_2 na, 112f
VCS (Veia Cava Superior)
  SO_2 na, 112f
VD (Ventrículo Direito), 100
VDGF (Volume Diastólico Global Final), 120
VE (Ventrículo Esquerdo), 100
Ventilação
  espontânea, 213
    teste de, 213
      após *screening*, 213
Ventriculostomia
  pacientes submetidos à, 55q
    infecções do LCR em, 55q
    definição das, 55q
Visualização
  direta, 142
    da microcirculação, 142
      microscopia intravital, 142
      laser Doppler, 143
      OPS, 143
      SDF, 143
VM (Ventilação Mecânica), 206, 227
  da SARA, 207
    com estratégia protetora, 207
      iniciar, 207
      manter, 207
    PEEP, 207
      ajuste do, 207
      instalação do, 207
      retirada do, 207
    recrutamento alveolar, 208
    seguimento da, 208
  desmame da, 155
    no PO de CC, 155
VO_2 (Consumo de Oxigênio), 97, 111, 137, 195
  DO_2 e, 113
    relação entre, 113
VPS (Variação da Pressão Sistólica), 120
V-Q (Relação Ventilação-Perfusão)
  aumento da, 193
  intrapulmonar, 193f
    distúrbios da, 193f
  redução da, 192
VSI (Volume Sanguíneo Intratorácico), 120
VVS (Variação de Volume Sistólico), 99, 120

W

WOB (Trabalho Respiratório), 210